Mukanda
wa Sphere

Tshibungu tshia malu a diambuluisha bantu
badi bakenga ne Mikenji ya nshindamenu mu
diambuluisha bantu badi bakenga

SPHERE NTSHINYI?

TSHIBUNGU TSHIA MALU A DIAMBULUISHA
BANTU BADI BAKENGA

MÊYI MANENE A BUKUBI

MUKENJI MUNENE WA DIAMBULUISHA BANTU
BADI BAKENGA

DIPA BANTU MÂYI, DILAMA MUABA MUIMPE NE
DIKOLESHA MANKENDA

DIKUMBANA DIA BIAKUDIA NE DIDISHA

MUABA WA KUSOKOMENA NE
MUABA WA KUSOMBELA

MAKANDA A MUBIDI

Association Sphère
3, rue de Varembé
1202 Genève, Suisse
Email: info@spherestandards.org
Ku Internet: www.spherestandards.org

Dipatula dia kumpala mu 2000
Dipatula dibidi mu 2004
Dipatula disatu mu 2011
Dipatula dinayi mu 2018

Bena Kasumbu ka ma-ONG ne Kasumbu ka Nkuruse mukunze ne Ngondo mukunze bakabangisha mudimu wa difunda mukanda eu wa Sphere mu 1997, bua kupatula bungi kampanda bua mikenji idi yanyishibua mu buloba bujima mu bitupa binene bia mudimu wa diambuluisha bantu. Mikenji ayi yonso ke idi mienze Mukanda wa Sphere. Tshipatshila tshia Mukanda eu ntshia kulubuluja bulenga bua didifila mu mudimu wa diambuluisha bantu padiku bipupu anyi mvita, ne kufikisha bena mudimu wa diambuluishangana bua kudiumvua ne: badi ne dibanza dia kuandamuna kudi bantu badi mu dikenga. Tshibungu tshia malu a diambuluisha bantu badi bakenga ne Mikenji ya nshindamenu mu diambuluisha bantu badi bakenga ntshipeta tshia malu adi bantu ba bungi ne midimu ya bungi bamonemone mu nsombelu wa bantu. Nunku kabena ne bua kuangata mukanda eu bu udi uleja anu mmuenenu wa malu wa muntu kampanda anyi bulongolodi kansanga to. Mu 2016, mudimu wa Sphere wakalua kumanyika bu Association Sphère.

Mukanda eu badi bawabanya bua Association Sphère kudi Practical Action Publishing ne bena mudimu ne baleji-mpala bende mu buloba bujima. Practical Action Publishing (UK Company Reg. No. 1159018) ke kumpanyi mupatudi wa mikanda udi ne bukenji buonso bua Practical Action. Udi wenza mudimu wende anu bua kuambuluisha bua kukumbaja bipatshila bia kumpanyi wende munene wa dienza malu bua luse.

Practical Action Publishing, 27a, Albert Street, Rugby, CV21 2SG, Royaume-Uni
Tel +44 (0) 1926 634501
Ku Internet: www.practicalactionpublishing.com

Lungenyi lua difunda mukanda eu: Non-linear Design Studio, Milan, Italie
Mukudimuna kudi: Centre de Recherche Jurisconsulte (CRJ), RDC
Mutapa ku biamu kudi: ThompsonText, Royaume-Uni

Tshikebelu

Mêyi a mbangilu

Dipatula dia Mukanda wa Sphere bua musangu muinayi didi dikumbaja mufikilu wende wa 20. Ntshipeta tshia mudimu mukole udi bena mudimu wa diambuluisha bantu mu buloba bujima benze munkatshi mua tshidimu tshijima. Udi uleja malu mamonamona mu bule bua bidimu 20 mu dilonda mikenji mu miaba ivua mvita anyi dikenga, dipatula dia ngenzelu ya midimu ne dikuatshisha ngenzelu udi ukumbaja bulenga ne ufikisha bantu ku didiumvua mudibu ne dibanza dia kuandamuna.

Mukanda eu udi ne malu makajilula matokesha bimpe ne mmuashila pa manême, pa nshindamenu udi ulonda mikenji ne bikadilu bimpe bia bumuntu ne mibelu idi yambuluisha, bienzedi bilenga ne bijadiki bidibu basangishe bua kukolesha bena mudimu wa diambuluishangana miaba yonso idibu benzela mudimu.

Sphere udi ne muaba wa pa buawu mu tshitupa etshi ne mu tshimuenekelu tshidi amu tshienda tshishintuluka tshia mudimu wa diambuluishangana. Diupatula dia musangu eu nditokesha bimpe ne mapangadika mangata kudi bukua-matunga mu Tshisangilu tshia kumpala tshia mudimu wa diambuluishangana wa buloba bujima mu 2016, mu Programme wa 2030 wa Dilubuluja malu a matuku a bungi ne mu ngenyi mikuabu ya buloba bujima.

Kadi nansha mudi ngenzelu wa mudimu wenda ushintuluka, majinga a bantu a nshindamenu bua kushala ne muoyo mu diluangana dia mvita ne padiku bipupu adi anu a muomumue misangu yonso idi dikenga dibakuata. Sphere udi ufila dikuatshisha ne diambuluisha bua mishindu idibu bakuata mudimu mu buloba bujima anyi mu ditunga kampanda pa kuvuluija bualu bua nshindamenu budi bukengela kuenza bua kuambuluisha bantu bua kushala ne muoyo mu mushindu muakanyine, kupetulula nsombelu wabu ne kuasulula nsombelu ne bunême.

Sphere udi ne bukole ne mmumanyike mu buloba bujima bualu mmukanda wa bantu bonso. Bantu badi bawangata anu bu mukanda wabu bobu bine panyima pa bidimu bikese bionso padibu bakonkonona ne bafundulula mikenji ya nshindamenu eyi kudi bantu bine badi bakuata nayi mudimu. Ke tshikondo tshitudi tuambulula bonso pamue mapangadika atudi bangate ne tumvuangana pa bidi bitangila tshienzedi tshilengeja bua kujadika ne: bena mudimu eu badi mua kupeta malu mimpe miaba kayi yonso idibu. Bualu ebu budi buvuija Sphere mukanda wa nshindamenu ne wa kutemba ku bantu wa bunême bua bantu, ne bukenji bua bantu bua kudifila menemene mu diangata mapangadika adi alenga nsombelu wabu bobu bine.

Sphere udi tshimue tshia ku bishimikidi bia mudimu wa diambuluishangana. Ke muaba udi bena mudimu wa diambuluishangana bapiabapia batuadijila mudimu wabu, ne mukanda wa kuleja bua bena mudimu bapiluke, kufila mibelu bua bienzedi bidi ne bua kuenjibua kumpala kua bionso ne kupeta malu makuabu a bungi a mushindu wa kuenza mudimu eu. Benzejanganyi netu ba mudimu badi bafila dikuatshisha dikuabu mu bitupa bishilashilangane bia pa buabi kupita Sphere bua kuambuluisha bantu mu dipetulula makanda ne dilubuluka.

Dipatula mukanda dia musangu eu ndipete diambuluisha dia binunu bia bantu badi benza mudimu ne malongolodi mapite pa 450 mu matunga mapite pa 65 mu buloba bujiima. Dimanyika buloba bujiima didi dileja malu adi bena mudimu bashilangane bamone mu nsombelu kabukabu, mu ntatu ya katshia. Mikenji eyi kayivua mua kuikalaku bikala bantu ba bungi ba kunudi kabavua badifile ne muoyo mujima. Tudi tunuela tuasakidila wa bungi bua diambuluisha dienu mu difundulula dia mukanda mu bidimu makumi abidi bishale.

Ditekemena dietu ndia kutungunuka ne mudimu eu wa mushinga mukole ne kulonga malu tshiapamue nenu bu munudi nuenza mudimu ne Mukanda eu.

Martin McCann
Muludiki wa Komite wa mudimu wa Sphere

Christine Knudsen
Mulombodi munene

Mêyi a dianyisha

Dipatula dia Mukanda wa Sphere eu ntshipeta tshia ngenzelu wa diyukidilangana ne bantu bapitepite bungi ne bashilashilangane mu malu a kale a mukanda eu. Tuvua bapete mandamuna pabuipi ne 4 500 ku diambuluisha dia Internet a kudi malongolodi 190, ne bantu bapite pa 1 400 bavua babuele bobu bine mu bisangilu 60 bivuabu balongolole kudi benzejanganyi netu ba mudimu mu matunga 40. Kasumbu ka Sphere kadi ne dianyisha dia bungi bua bunene ne buondoke bua mapa a bantu bonso, kuelamu ne ma-ONG a mu ditunga, a muaba unudi basombele ne a bukua-matunga, bakokeshi ne mbulamatadi ya matunga, bisumbu bia Nkuruse Mukunze ne Ngondo Mukunze, ma-iniversite, malongolodi a ONU ne bena mudimu bangata muntu ku muntu.

Dikonkonona dia mukanda eu divua dilombola kudi biro bia Sphere.

Tudi bafunde nshapita wa Muaba wa kusokomena ne Muaba wa kusombela bua kuvuluka **Graham Saunders**, mufundi wa nshapita eu mu dipatula dia mukanda eu mu 2004 ne mu 2011. Ne yeye ke uvua mufidi wa mibelu mu difunda dia ntuadijilu dia mukanda eu mu 2018.

Graham uvua muena mudimu wa diambuluisha bantu wa dipoko ne mudifile bua malu a Muaba wa kusokomena. Mmuenenu wende wa malu, buludiki buende ne makanda a bungi avuaye nawu mbiambuluishe bikole mu diteka mu kalata malu a dipetesha bantu badi bakenga miaba ya kusokomena ne mu dilongoluela bena mudimu wa dipetesha bantu miaba ya kusokomena ba bipungu bitshiluala njila. Uvua amu udienzeja misangu yonso bua kulengeja nkuatshilu wetu wa mudimu mu tshitupa etshi. Netumujinge bikole bua muvuaye mpanda-njila, muenji wa mudimu ne mulunda mulelela.

Bafundi bende lumu ke bavua bafunde nshapita ya nsungasunga ne diambuluisha dia midimu mituangaja pamue ku lungenyi lua bamanyi bapiluke ba malu masunguluke ne babambuluishi bavuabu bateke ba mu mudimu wa diambuluisha bantu. Tshitupa tshinene tshia bafundi ne bamanyi bapiluke ba malu aba mbantu bavua batekibue kumpala kua bakuabu mu malongolodi a mu matunga abu, bafile dîba diabu ne benze madikolela onso bua kufila diabu dipa dia muntu pa nkayende mu dienza dia mudimu eu.

Kuvua kabidi tusumbu tua bafundi ne baledidi ba mikanda tuteka bua kuambuluisha bafundi ne bamanyi bapiluke mu mudimu wabu. Kasumbu ka Sphere kadi ne dianyisha bua mapa a mushinga mukole a kudi bantu bonso aba mu tshidimu tshijima tshia 2017 ne mu 2018. Nudi mua kupeta liste mujima wa bantu bonso bavua benze mudimu mu tusumbu tua midimu ne tua diledila mikanda mu site wa Internet wa Sphere, spherestandards.org. Tudi bafunde kuishi eku mêna a bafundi bamanyike ne bamanyi bapiluke.

Nshapita ya nshindamenu

- **Tshibungu tshia malu a diambuluisha bantu badi bakenga ne Tshisakidila tshia 1:** Dr Mary Picard
- **Mêyi manene a bukubi:** Simon Russell (Global Protection Cluster) ne Kate Sutton (Humanitarian Advisory Group)
- **Mukenji munene wa diambuluisha bantu badi bakenga:** Takeshi Komino (CWSA Japan) ne Sawako Matsuo (JANIC)

Nshapita ya ngenzelu wa mudimu

- **Mâyi, dilama muaba muimpe ne dikolesha mankenda:** Kit Dyer (NCA) ne Jenny Lamb (Oxfam GB)
- **Dikumbana dia biakudia:** Daniel Wang'ang'a (WVI)
- **Didisha:** Paul Wasike (Save the Children USA)
- **Muaba wa kusokomena ne muaba wa kusombela:** Seki Hirano (CRS) ne Ela Serdaroglu (IFRC)
- **Makanda a mubidi:** Dr Durgavasini Devanath (IFRC), Dr Julie Hall (IFRC), Dr Judith Harvie (International Medical Corps), Dr Unni Krishnan (Save the Children Australia), Dr Eba Pasha (muntu mudikadile)

Mateketa, makokeshi ne ndongoluelu idi yenza mudimu

- **Bana ne dikubibua dia bana:** Susan Wisniewski (Terre des Hommes)
- **Bakulakaje:** Irene van Horssen and Phil Hand (HelpAge)
- **Dikala mulume anyi mukaji:** Mireia Cano (GenCap)
- **Tshikisu tshienzela muntu bua mudiye mulume anyi mukaji:** Jeanne Ward (muntu mudikadile)
- **Balema:** Ricardo Pla Cordero (Humanity and Inclusion)
- **Bantu badi ne kishi ka VIH ne badi bakenga bua bualu ebu:** Alice Fay (UNHCR)
- **Dikuatshisha bua kuikala ne lungenyi luimpe ne bikadilu bimpe mu bantu:** Dr Mark van Ommeren (WHO), Peter Ventevogel (UNHCR)
- **Makenga a munananunanu:** Sara Sekkenes (UNDP)
- **Nsombelu ya mu bimenga:** Pamela Sitko (WVI)
- **Dilombola dia midimu idi basalayi ne badi kabayi basalayi benzela pamue:** Jennifer Jalovec ne Mark Herrick (WVI)
- **Muaba utudi basombele:** Amanda George ne Thomas Palo (Swedish Red Cross)
- **Dikepesha dia njiwu ya bipupu:** Glenn Dolcemascolo ne Muthoni Njogu (UNISDR)
- **Diambuluisha bantu ne makuta ne bisalu:** Isabelle Pelly (CaLP)
- **Dilongolola dia mulongo wa dipetela bintu, ne bintu bidi biambuluisha mu mudimu:** George Fenton (Humanitarian Logistics Association)
- **Dilondolola malu, dikonkonona, dibanza dia kuandamuna ne kulonga:** Joanna Olsen (CRS)

Kasumbu ka Baludiki ba Sphere (Ngondo muitanu wa 2018)

Action by Churches Together (ACT) Alliance (Alwynn Javier) * Aktion Deutschland Hilft (ADH) (Karin Settele) * CARE International (Phillipe Guiton) * CARITAS Internationalis (Jan Weuts) * Humanitarian Response Network, Canada (Ramzi Saliba) * InterAction (Julien Schopp) * The International Council of Voluntary Agencies (ICVA) (Ignacio Packer) * Fédération internationale des Sociétés de la Croix-Rouge et du Croissant-Rouge (IFRC) (David Fisher) * Corps médicaux internationaux (CMI) (Mary Pack) * Fédération luthérienne mondiale (FLM) (Roland Schlott) * Office Africain pour le développement et la coopération (OFADEC) (Mamadou Ndiaje) * Oxfam International - Intermón (Maria Chalaux Freixa) * Plan International (Colin Rogers) * RedR International (Martin McCann) * Save the Children (Unni Krishnan) * Sphere India (Vikrant Mahajan) * Armée du Salut (Damaris Frick) * World Vision International (WVI) (Isabel Gomes).

Tuasakidila kabidi kudi bena mu Kasumbu ka baludiki bavua babangishe ne balombole difundulula edi katshia batuadija: Sarah Kambarami (ACT Alliance) * Anna Garvander (Church of Sweden/LWF) * Nan Buzard (ICVA) * Barbara Mineo (Oxfam International – Intermón) * Maxime Vieille (Save the Children).

Bafidi ba makuta

Pa kumbusha mapa a kudi malongolodi a mu Kasumbu atudi batele kuulu eku, makuta a dienza nawu difundulula dia Mukanda eu avua mafile kudi:

Agence danoise pour le développement international (DANIDA) * Tshibambalu tshia malu a matunga a ku ba bende tshia bena Allemagne * Irish Aid * Mbulamatadi wa Australie – Tshibambalu tshia malu a matunga a ku ba bende ne bungenda (DFAT) * Direction générale pour la protection civile et les opérations d'aide humanitaire européennes de la Commission européenne (ECHO) ku diambuluisha dia Fédération internationale des Sociétés de la Croix-Rouge et du Croissant-Rouge (IFRC) * USAID's Office of United States Foreign Disaster Assistance (OFDA) * Agence suédoise de développement international (SIDA) ku diambuluisha dia Church of Sweden * Swiss Agency for Development and Cooperation (SDC) * Haut Commissariat des Nations unies pour les réfugiés (HCRNU) * United States Department of State Bureau of Population, Refugees and Migration (US-PRM).

Kasumbu ka babaluludi ba mukanda eu

Christine Knudsen, Mulombodi munene (Sphere)
Aninia Nadig, Mulombodi wa mudimu wa dilumbuluila ne dituangaja bantu (Sphere)
Bafundi: Kate Murphy ne Aimee Ansari (Bakudimunyi kabayi mikalu)
Balombodi ba dibalulula: Lynnette Larsen ne Miro Modrusan

Ne diambuluisha dia kudi bena mudimu wa Sphere:
Tristan Hale, Mulombodi wa mudimu wa dilonga ne wa dilongesha
Wassila Mansouri, Shefu wa mudimu wa dituangaja bantu ne dimanyisha ngumu
Juan Michel, Mulombodi wa dimanyishangana dia malu too ne mu Ngondo wa 9 wa 2017

Barbara Sartore, Mulombodi wa dimanyishangana dia malu kubangila mu Ngondo wa 10 wa 2017
Loredana Serban, Shefu wa dilongolola malu a mudimu ne a mpetu
Kristen Pantano ne Caroline Tinka, Benji ba mudimu batshituadijilaku
Diambuluisha bua kubala mukanda eu ku Internet: Markus Forsberg, (PHAP)
Lungenyi lua dienza Mukanda: Non-linear (www.non-linear.com)
Ditapa ku biamu, diakaja tshimuenekelu ne dipatula dia mukanda:
Practical Action Publishing (www.practicalactionpublishing.org)
Kimberly Clarke and Megan Lloyd-Laney (CommsConsult)

Tuasakidila wa manza ntente bua diambuluisha dikuabu mu tshikondo tshia dibalulula mukanda eu kudi James Darcy, Malcolm Johnston, Hisham Khogali, Ben Mountfield, Dr Alice Obrecht, Ysabeau Rycx, Panu Saaristo, Manisha Thomas ne Marilise Turnbull.

Baleji-mpala bavua balongolole diyikila ne bantu bua kumona mua kufundulula mukanda eu:

ADRA Argentina (Regional consultation with ADRAs South America)
Agency Coordinating Body for Afghan Relief (Afghanistan)
Alliance of Sphere Advocates in the Philippines (ASAP)
Amity Foundation (muena mu Kasumbu ka mudimu ka Mêyi a budisuile, Muleji-mpala bua ditunga dia Chine)
BIFERD (République démocratique du Congo)
Community World Service Asia (Thaïlande ne Pakistan)
Daniel Arteaga Galarza*, Sphere advisor to the National Risk Management System (Ditunga dia Équateur)
Dr Oliver Hoffmann* ne Muleji-mpala wa Sphere bua ditunga dia Allemagne
Grupo Esfera Bolivia
Grupo Esfera El Salvador
Grupo Esfera Honduras
Illiassou Adamou* pamue ne kasumbu kakese ka Dikubibua dia bana (Niger)
Indonesian Society for Disaster Management (MPBI)
Institut Bioforce (France)
InterAction (États-Unis d'Amérique)
Inter-Agency Accountability Working Group (Éthiopie)
Kasumbu ka ma-ONG a bena Corée a malu a dieleshangana maboko ne dilubuluka dia bukua-matunga (Ditunga dia Corée)
PNUD Chili
Sphere Community Bangladesh (SCB)
Sphere India
Tshisangilu tshia ma-ONG a bena Ukraine

*Baleji-mpala muntu ku muntu

Sphere
ntshinyi?

Mukanda

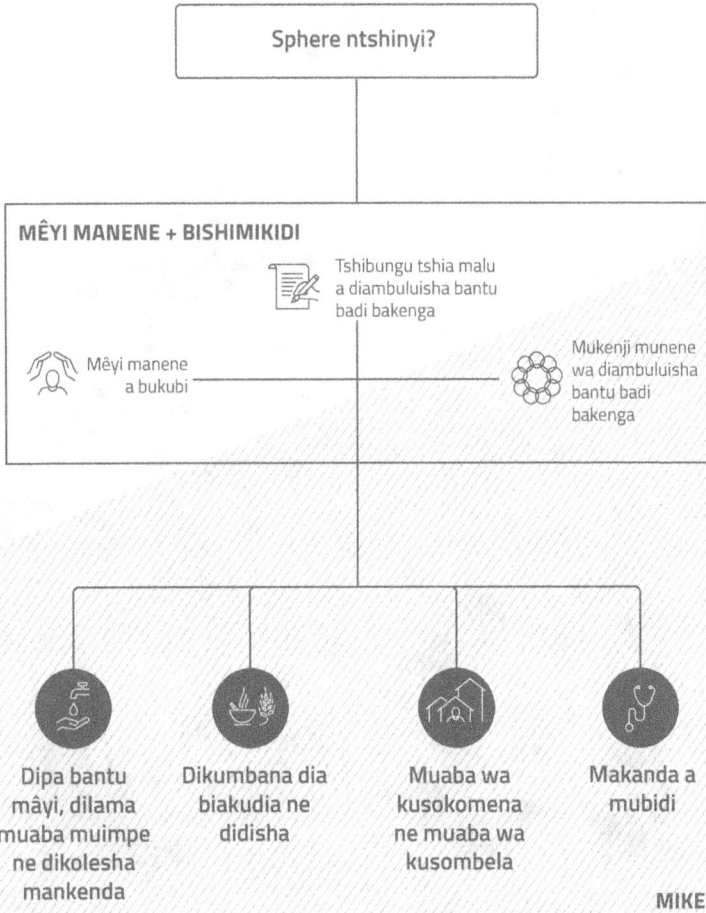

Sphere ntshinyi?

MÊYI MANENE + BISHIMIKIDI

Tshibungu tshia malu a diambuluisha bantu badi bakenga

Mêyi manene a bukubi

Mukenji munene wa diambuluisha bantu badi bakenga

Dipa bantu mâyi, dilama muaba muimpe ne dikolesha mankenda

Dikumbana dia biakudia ne didisha

Muaba wa kusokomena ne muaba wa kusombela

Makanda a mubidi

MIKENJI

TSHISAKIDILA TSHIA 1	Nshindamenu wa Sphere udi ulonda mikenji
TSHISAKIDILA 2	Mikenji ya Bikadilu
TSHISAKIDILA 3	Bikepeshilu ne bijikilu bia miaku

Tshikebelu

Sphere ntshinyi?

Mudimu udi mulue kumanyika ne: Sphere bakaubangisha mu 1997 kudi kasumbu ka malongolodi adi kaayi a mbulamatadi adi ambuluisha bantu ne bena mu Kasumbu ka Nkuruse mukunze ne Ngondo mukunze. Tshipatshila tshia mukanda eu tshivua tshia kulubuluja bulenga bua didifila diabu mu midimu ya diambuluisha bantu ne bua kudiumvua bikale ne dibanza dia kuandamuna bua bienzedi biabu. Lungenyi lua Sphere nduashila pa bishimikidi bibidi binene:

- Bantu badi bakenga bua tshipupu kampanda anyi bua diluangana dia mvita badi ne bukenji bua kuikala ne muoyo ne bunême; nunku badi ne bukenji bua kupeta diambuluisha; ne
- Malu onso adi mua kuenjibua adi ne tshia kuenjibua bua kukepesha dikenga dia bantu dikebesha kudi tshipupu anyi diluangana dia mvita.

Tshibungu tshia malu a diambuluisha bantu badi bakenga ne Mikenji ya nshindamenu bidi biteka bishimikidi binene ebi mu tshienzedi. Mêyi manene a bukubi adi umvuija bimpe mudimu wonso wa diambuluisha bantu, ne Mukenji munene wa mu diambuluisha bantu udi ne mêyi masuike adi ambuluisha bua bantu kudiumvua ne dibanza dia kuandamuna mu bitupa bionso bia mudimu. Bionso bisangisha bidi bienza Mukanda wa Sphere, udi mulue kuikala umue wa ku mikanda idi mimanyike buloba bujima ne udibu batele mu midimu ya diambuluisha bantu.

1. Mukanda

Bantu badi batamba kuenza mudimu ne Mukanda wa Sphere mbena mudimu badi badifile mu dipangadija, dilongolola anyi diteka mu tshienzedi diandamuna didi diambuluisha bantu. Munkatshi muabu mudi bena mudimu badi bafutshibua ne bena budisuile ba malongolodi a muaba udi bantu basombele, a ditunga ne a bukua-matunga adi ambuluisha padiku dikenga kampanda, pamue ne bantu bine badi mu dikenga. Badi benza kabidi mudimu ne Mukanda eu bua kutua mpanda ku diambuluishangana bua kulubuluja bulenga ne didiumvua ne dibanza dia kuandamuna padiku dikuatshisha, ne dikuba bantu bilondeshile mêyi manene a mudimu wa diambuluishangana. Badi batamba kuenza nawu mudimu kudi mbulamatadi mishilashilangane, bafidi ba mpetu, basalayi anyi bantu bakuabu pa nkayabu bua kumona mua kulombola bienzedi biabu bobu bine ne kupeta mushindu wa kuenza mudimu mu dieleshangana maboko ne malongolodi a mudimu wa diambuluisha bantu adi atumikila mikenji eyi.

Bakalombola difundibua dia Mukanda eu bua musangu wa kumpala mu 1998, ne kuluabu kuufundulula mu 2000, mu 2004, mu 2011 ne mpindieu mu 2018. Difundulula dionso ndishindamene pa malu adibu bayukidilangane ne bantu kabukabu, malongolodi adi kaayi a mbulamatadi (ONG), mbulamatadi mine ne midimu ya Bulongolodi bua Matunga Masanga. Mikenji idi milue kupatuka ne buludiki budiku mbipeta bia bijadiki ne bidi bileja malu adi benji ba mudimu batete kuenza munkatshi mua bidimu 20 mu buloba bujima.

Dipatula dia musangu muinayi eu didi dipetangana ne mufikilu wa 20 wa Mukanda wa Sphere ne didi dileja malu adi mashintuluke mu mudimu wa diambuluisha bantu mu kupita kua bidimu bionso ebi. Dipatula dia mukanda musangu eu didi dikonga mibelu mipiamipia pa bidi bitangila dienza mudimu mu nsombelu ya mu bimenga, dienza mudimu ne Mikenji ya nshindamenu mu makenga a munanunanu, ne Dikuatshisha bantu ku diambuluisha dia bisalu mu mushindu wa kulonda mikenji eyi. Nshapita yonso ya ngenzelu wa mudimu mmiakajilula bua kuleja ngenzelu wa mudimu mupiamupia, ne Mukenji munene wa diambuluisha bantu badi bakenga muakajilula udi upingana pa muaba wa Mikenji ya nshindamenu ya kale.

Nshapita inayi ya nshindamenu ne nshapita inayi ya ngenzelu wa mudimu

Mukanda eu udi uleja mudi bena kasumbu ka Sphere badisuike bua kuenza mudimu wa diambuluisha bantu pa kunemeka mêyi manene ne manême a bantu. Mmuashila pa dinemeka dia bukenji bua nshindamenu budi nabu bantu bua kuikala badifile menemene mu diangata dia mapangadika mu malu adi abatangila bua diakalenga diabu bobu bine.

Nshapita inayi ya nshindamenu idi ileja tshishimikidi tshiakanyine ne tshidi tshilonda mikenji bua kufila diambuluisha mu bantu. Idi yumvuija bimpe ne ishindika bitupa bionso bia ngenzelu wa mudimu ne programe. Idi yumvuija didifila ne njila ya kulonda bua kujadika ne: mudimu wa diambuluisha bantu udi wenzeka bimpe menemene, ne usaka benji ba mudimu eu bua kudiumvua ne: badi ne dibanza dia kuandamuna kudi bantu badibu benzela malu. Nshapita eyi idi yambuluisha muntu udi wenza nayi mudimu bua kutumikila Mikenji ya nshindamenu mu mushindu mutambe buimpe mu nsombelu kayi yonso. Muntu yeye mubale nshapita umue wa ngenzelu wa mudimu kadi kayi mubale nshapita ya nshindamenu udi mua kupanga kumona malu adi ne mushinga a mu mikenji eyi. Nshapita ya nshindamenu nyoyi eyi:

Sphere ntshinyi? (nshapita eu): Udi uleja mushindu udi Mukanda eu muikale, dikuatshisha diawu ne mêyi manene adimu. Bualu bua mushinga, udi uleja mushindu wa kuteka mu tshienzedi malu adi mu mukanda eu.

Tshibungu tshia malu a diambuluisha bantu badi bakenga: Dibue dia ditumba dia Mukanda wa Sphere, diumvuija ditaba didi nadi bonso badi badifile mu mudimu wa diambuluisha bantu dia se: bantu bonso badi bakenga badi ne bukenji bua kupeta bukubi ne diambuluisha. Bukenji ebu budi bujadika ngikadilu ya nshindamenu bua kuikala ne muoyo ne bunême. Tshibungu tshidi tshifila tshishimikidi tshidi tshilonda nsombelu mulenga ne mikenji bua Mêyi manene a bukubi, Mukenji munene wa diambuluisha bantu badi bakenga ne Mikenji ya nshindamenu. Ntshiashila pa Mikenji ya mu nsombelu ya mu 1994 ya Kasumbu ka bukua-matunga ka Nkuruse mukunze ne Ngondo mukunze ne Malongolodi adi kaayi a mbulamatadi (ONG) mu diambuluisha padiku tshipupu. Mikenji ya mu nsombelu idi amu tshitupa tshia mushinga mukole tshia Mukanda wa Sphere ⊕ tangila Tshisakidila 2.

Bua liste wa mikanda ya mushinga idi yenza tshishimikidi tshia mikenji tshia Tshibungu tshia malu a diambuluisha bantu badi bakenga ⊕ tangila Tshisakidila tshia 1.

Mikenji ya Bikadilu: Mêyi manene 10 a nshindamenu

1. Bujitu bua kuleja bumuntu ke bualu bua kumpala ku malu onso.
2. Diambuluisha didi difidibua kabiyi kutangila dikoba, mitabuja peshi ditunga dia bantu badi badipeta ne kakuyi disungulula dibi dia bantu dia mushindu kayi wonso. Malu a kumpala a kuenza mu diambuluisha mmatshinka bilondeshile anu majinga adiku.
3. Kabena ne bua kuenza mudimu ne diambuluisha bua kutua mpanda ku mmuenenu kampanda wa malu a tshididi anyi a tshitendelelu nansha.
4. Netudienzeje bua kubenga kuenza malu bu biamudimu bia malu a tshididi bia mbulamatadi wa ditunga kampanda mu matunga makuabu.
5. Netunemeke bilele ne bikadilu bia bantu.
6. Netukebe bua kuashila diambuluisha dietu padiku tshipupu pa makokeshi a muaba au.
7. Tudi ne bua kukeba mishindu ya kubueja bantu badi bapeta diambuluisha mu ditangila dia diambuluisha edi didibu bafila.
8. Diambuluisha difila didi ne bua kukepesha mateketa a bantu bua tshipupu mu matuku adi alua ne kukumbaja kabidi majinga a nshindamenu.
9. Tudi tudiumvua tuetu bine ne dibanza dia kuandamuna kudi bantu bine batudi tukeba bua kuambuluisha ne kudi bantu batudi bitabe bua kuangata mpetu kudibu.
10. Mu midimu ya difila ngumu, mamanyisha ne disuisha malu ku bantu, tudi ne bua kuangata bantu badi bakenga bua tshipupu bu bantu ba kunemeka, kadi ki mbu bintu bidi kabiyi ne ditekemena nansha.

Mikenji ya Bikadilu: Mêyi manene a Bikadilu a Kasumbu ka bukua-matunga ka Nkuruse mukunze ne Ngondo mukunze ne ma-ONG mu Programe ya diambuluisha padiku bipupu; bua malu makuabu onso ⊕ tangila Tshisakidila 2

Mêyi manene a bukubi: Dikudimuna didi ne dikuatshisha dia mêyi manene ne manême bilondeshile mikenji bidi Tshibungu tshia malu a diambuluisha bantu badi bakenga tshileja mu mêyi manene anayi adi atokesha diandamuna dionso dia mudimu wa diambuluishangana.

Mukenji munene wa diambuluisha bantu badi bakenga: Mapangadika tshitemba adi aleja mishindu minene ya kuenza malu ne majitu a ndongoluelu wa mudimu bua kufika ku ngenzelu mulenga wa mudimu ne kudiumvua ne dibanza dia kuandamuna mu dilamata Mikenji ya nshindamenu.

Nshapita inayi ya ngenzelu wa mudimu idi ikonga Mikenji ya nshindamenu mu bitupa binene bia diandamuna:

- Dipa bantu mâyi, dilama muaba muimpe ne dikolesha mankenda (WASH)
- Dikumbana dia biakudia ne didisha
- Muaba wa kusokomena ne muaba wa kusombela
- Makanda a mubidi

Bua kuamba bimpe, majinga a mu diambuluisha bantu kaena amu asanganyibua mu bitupa bisunguluke bimpe to. Diandamuna dimpe dia mudimu wa diambuluishangana didi ne bua kuikala dikonga majinga a bantu mu tshibungi, ne bitupa bia mudimu bidi ne bua kulombola ne kueleshangana maboko tshimue ne tshikuabu bua kuenza mudimu eu. Padiku dikenga dia munanunanu, bidi mua kupitshidila diandamuna dia mudimu wa diambuluishangana, bilomba nunku bua kueleshangana diboko menemene ne bena mudimu wa ditantshisha malu bua aye kumpala. Mukanda eu udi ne malu maledila adi apetangana adi mua kuambuluisha bua kuenza mudimu tshiapamue. Babadi badi ne bua kudifila bua kuibidilangana ne nshapita yonso eyi bua kumona mua kufila diandamuna dia mu tshibungi.

Mikenji ya nshindamenu idi yambuluisha nkuatshilu wa mudimu wa muomumue

Bijadiki bidiku ne malu mamonamona mu mudimu wa diambuluishangana ke bidi bitokesha mêyi aa. Adi aleja ngenzelu mutambe buimpe udi muanyishibue kudi bantu bonso. Bu mudiwu aleja manême a bantu adibu kabayi mua kubengela muntu nansha umue, badi ne bua kukuata nawu mudimu miaba yonso.

Nansha nanku, bidi bikengela kumvua nsombelu wa difidila diambuluisha, kumulombola ne kumukonkonona bua kumona mua kukuata mudimu bimpe ne mêyi aa.

Mushindu udi mikenji eyi mikale

Mikenji eyi idi ne tshimuenekelu tshia muomumue tshidi tshiambuluisha mubadi bua kumvua tshiambilu tshidi tshimanyike kudi bonso, kulua kulonda pashishe mulongo kampanda wa malu manene a kuenza, bileji binene ne malu a kulonda bua kumona mua kukumbaja mikenji eyi.

- **Mikenji** mmifumine ku dîyi dinene dia bukenji bua kuikala ne muoyo ne bunême. Nya bantu bonso ne a bulenga mushindu udiyi, mikale yakuila pa malu adi akengela kuenza padiku dikenga kampanda. Mu Mukenji munene wa diambuluisha bantu badi bakenga (CHS), mikenji eyi idi ipetangana ne "dipangadika" ne "tshimanyinu tshia bulenga".
- **Malu manene a kuenza** adi aleja malu adi ne dikuatshisha bua kukumbaja Mukenji wa nshindamenu. Nngenyi mifila ne imue misangu kabena mua kuenza nayi mudimu mu nsombelu yonso to. Muena mudimu udi ne bua kusungula malu adi matambe kuakanyina nsombelu udiku.
- **Bileji binene** bidi biambuluisha bu bipiminu bidi bileja ni udi mukumbaje mukenji eu. Bidi bifila mushindu wa kumona bipeta bia ngenzelu ne programe bilondeshile mukenji ne kumona bikala diandamuna edi ne bua kutungunuka. Malu makese adi malombibue pa bidi bitangila bungi ke malu matambe bukese adi mua kuenza bua kuitaba ne: bileji ebi mbikumbane anyi ki mbikumbane, ne bantu badi baitabija anu padibu bapunga dîyi dimue mu tshitupa kampanda.
- **Malu a kulonda** adi afila mumvuija a pa mutu adi ambuluisha malu manene a kuenza, ne malu adi apetangana a mu Mêyi manene a bukubi, Mukenji munene wa diambuluisha bantu badi bakenga ne mêyi makuabu adi mu Mukanda eu. Malu adi apetangana mmafidibue kabidi bu mêyi makuabu a mu Dieleshangana diboko dia mikenji ya mu diambuluisha bantu.

Dienza mudimu ne bileji binene

Bileji binene bia Sphere bidi mushindu wa kujoja bikala mukenji kampanda muikale ukumbajibua; ki mbia kubuejakaja ne mukenji muine to. Mukenji mmuanyishibue miaba yonso, kadi bileji binene, bia muomumue ne malu manene a kuenza, mbia kukonkonona bilondeshile nsombelu ne tshitupa tshia diandamuna. Kudi mishindu isatu ya bileji bia Sphere:

- **Bileji bia ngenzelu** bidi bijoja bikalabu bakumbaje bualu kampanda bua nshindamenu budi bulombibue. Tshilejilu: mumvuangana a muomumue adi manyishibue adibu benza nawu mudimu bua kukonkonona bikalaku biakudia bikumbane, bintu bia kudikuatshisha nabi ne mishindu ya kupita ne malu
  ⊕ *tangila Mukenji wa 1.1 wa dikonkonona dikumbana dia biakudia ne didisha: Dikonkonona dikumbana dia biakudia.*

- **Bileji bia diya kumpala** bidi bifila tshipiminu tshia kutangila natshi dikumbaja dia mukenji. Mbia kuenza nabi mudimu bua kujadika tshishimikidi, kuteka bipatshila ne benzejanganyi netu ba mudimu ne badi badifilemu, ne kushintulula malu bua kumona mua kufika ku bipatshila abi. Tshilejilu: bia pa lukama bia mêku anudi batangile bua kumona mua kulama bimpe mâyi mu bintu bibuikila bimpe misangu yonso ⊕ *tangila Mukenji 2.2 wa dipa bantu mâyi: Ngikadilu wa mâyi.* Nansha mudi tshipatshila tshitambe bunene tshikale tshia 100 pa lukama, bena mudimu badi ne bua kusangisha tshimanyinu etshi ne malu malelela adi amueneka muaba au, kulongolola malu adi alomba kualongolola bilondeshile nsombelu ne kuya kumpala bua kufika ku tshipatshila tshinudi badifundile mu kupita kua matuku.

- **Bileji bia tshipatshila** mbipatshila bisunguluke ne bidi mua kubadibua bidi bileja bungi butshintshikila budi bukengedibua mushindu wa se: bungi ebu buobu buikale bushadile nanku tshipatshila katshiena tshikumbajibua to. Bipatshila ebi bidi ne bua kukumbajibua ne lukasa luonso, tshianana programe mujima mmufuane kupangila. Tshilejilu: bia pa lukama bia bana ba ngondo isambombo too ne bidimu 15 badibu basale bua kantembele: tshipatshila ntshia 95 pa lukama ⊕ *tangila Luondapu lua nshindamenu – Mukenji 2.2.1 wa makanda a mubidi a bana: Masama adibu mua kubabidila pa kusadisha bana bisalu.*

Dipetangana ne mikenji mikuabu

Mukanda wa Sphere kawena wakuila bitupa bionso bia mudimu wa diambuluisha bantu bua kuikala ne muoyo ne bunême to. Malongolodi adi enza netu mudimu pamue mmenze mêyi makuabu a bitupa kabukabu bia mudimu, mashindamene pa lungenyi ne mapangadika a muomumue ne bidi mu Mukanda wa Sphere. Tudi mua kupeta malu aa ku diambuluisha dia Mukanda wa Sphere, mu Dieleshangana diboko dia mikenji ya diambuluisha bantu ne mu adrese ya ku Internet ya malongolodi menzejanganyi netu a mudimu.

- Livestock Emergency Guidelines and Standards (LEGS): LEGS Project
- Minimum Standards for Child Protection in Humanitarian Action (CPMS): Alliance for Child Protection in Humanitarian Action

- Minimum Standards for Education: Preparedness, Response, Recovery: Inter-Agency Network for Education in Emergencies (INEE)
- Minimum Economic Recovery Standards (MERS): Small Enterprise Education and Promotion (SEEP) Network
- Minimum Standard for Market Analysis (MISMA): Cash Learning Partnership (CaLP)
- Humanitarian Inclusion Standards for Older People and People with Disabilities: Age and Disability Consortium

2. Dikuata mudimu ne mikenji bilondeshile nsombelu

Midimu ya diambuluisha bantu itu yenzeka mu nsombelu mishilashilangane. Malu a bungi adi ne buenzeji pa mushindu udibu mua kukuata mudimu ne Mikenji ya nshindamenu mu nsombelu kampanda bua kumona mua kutua mpanda ku bukenji bua muntu bua kuikala ne muoyo ne bunême. Tudi mua kutela malu bu mudi:

- nsombelu udibu bafidila diambuluisha dia bantu;
- dishilangana pankatshi pa bisumbu bia bantu ne dishilangana dia muntu ne muntu;
- malu malelela adi enzeka ne a bintu bia dikuata nabi mudimu ikala ne buenzeji pa mushindu wikalabu mua kufila diambuluisha ne pa diambuluisha dine didibu ne bua kufila; ne
- bishimikidi ne bileji bijalame mu nsombelu mishilashilangane, pamue ne malu manene adi umvuija malu makuabu ne bipatshila bidibu bateke.

Bilele, muakulu, bukokeshi bua bena mudimu, dikala talalaa, mushindu wa kupeta tshintu, nsombelu ne mpetu ya muaba au nebikale ne buenzeji pa mudimu au. Bidi kabidi ne mushinga bua kubabidila kumpala kua dîba buenzeji bubi buonso budi mua kupangishisha diandamuna edi ne kuenza mushindu wa kukepesha buenzeji ebu ⊕ tangila Dîyi dinene dia bukubi dia 1 ne 2, ne Dipangadika 3 dia Mukenji munene wa diambuluisha bantu badi bakenga.

Mukanda wa Sphere ntshisumbu tshia mikenji ya budisuile bua bulenga ne didiumvua ne dibanza, muenza bua kukankamija bantu bua batambe kukuata mudimu ne mêyi aa mu mushindu udibi mua kuenzeka ne kuangata mêyi aa bu mêyi abu bobu bine. Ki mmukanda wa "mushindu wa" kulombola to, kadi ndiumvuija dia tshidi ne bua kuenjibua muaba kampanda bu bualu bua nshindamenu bua bantu kushalabu ne muoyo ne kupetululabu nsombelu muimpe ne bunême panyima pa dikenga.

Dilonda mikenji ya mu Sphere kadiena diumvuija diteka mu tshienzedi bienzedi binene bionso anyi dikumbaja bileji binene bionso bia mikenji yonso êyi to. Bulongolodi kampanda budi mua kukumbaja mêyi aa bilondeshile malu bungi kansanga, amue a kudiwu kaayi ku bukokeshi buabu. Difika muaba udi bantu bakenga, anyi disomba diabu kabayi talalaa bua malu a tshididi anyi a mpetu bidi mua kupangisha bua kukumbaja mikenji êyi mu nsombelu mikuabu.

Biobi bienzeke bua ne: malu a nshindamenu adi akengela kuenza mmapite nsombelu ya tshisumbu tshijima tshia bantu badi banuakidile, nutangile mushindu wa kukepesha ndululu idi mua kujuka, bu mudi dipetesha bantu ba muaba au midimu. Mu imue nsombelu, bakokeshi ba ditunga badi mua kulomba malu a nshindamenu adi akengela kuenza adi mikale mapitshidile Mikenji ya nshindamenu ya Sphere.

Mikenji ya Sphere idi ileja manême a nshindamenu a dikala ne muoyo ne bunême, ne adi a muomumue miaba yonso. Bidi mua kulomba imue misangu bua kuakajilula bileji ne malu adi akengela kuenza bua kumvuanganabi ne nsombelu udiku. Biobi mua kuenzeka ne: kabena bakumbaja mikenji eyi, nebilombe bua kutangila ne ntema lungenyi luonso ludibu bafila bua kukepesha malu adi akengela kuenza. Numvuangane bonso pamue malu adi alomba dishintulula ne numanyishe tshilema tshionso mu dienda dia mudimu bilondeshile malu malomba mu bualabale. Kabidi, malongolodi a mudimu wa diambuluisha bantu adi ne bua kukonkonona buenzeji budi dipanga kukumbaja mukenji kampanda mua kuikala nabu mu bantu ne kuangata mapangadika bua kukepesha bualu bubi buonso. Enza mudimu ne dishilangana mu ngenzelu wa malu bua kumona mua kutua mpanda ku bileji ebi ne kudienzeja bua kufikaku pa lukasa.

Mikenji idi ne dikuatshisha mu programe mujima

Badi ne bua kuenza mudimu ne mikenji ya Sphere mu bule bua programe mujima, kubangila ku dikonkonona ne disonsola dia malu, mu dipitshila mu dilubuluja dia lungenyi lua mudimu, dilongolola ne difuka dia programe, diteka malu mu tshienzedi ne dilondolola malu, too ne ku dikonkonona ne ku dilonga dia malu.

Dikonkonona ne disonsolola malu

Mikenji ya nshindamenu ya Sphere idi ifila tshishimikidi tshia dikonkonuena ne disonsoluela malu mu tshitupa ne tshitupa tshionso, ne liste ya dikontolola nayi malu idiku mu nshapita ne nshapita yonso. Biangatshile anu ku ntuadijilu mene kua dikenga, mikenji ya Sphere idi yambuluisha bua kusunguluja majinga adiku musangu au ne aleja dilondangana dia midimu idi ne bua kuenjibua bua kuandamuna ku majinga aa. Bungi bua malu malongolola ne adi mua kuenjibua bua kuambuluisha bantu mmafunda mu kabujima bua kukuambuluisha umone mua kufunda bipeta bidi bikengedibua mu difila diandamuna. Nunku mikenji idi yambuluisha kabidi bua kulengeja dilongolola dia malu pankatshi pa malongolodi kabukabu ne bitupa bishilashilangane.

Dilubuluja dia lungenyi lua mudimu ne dienza programe

Mukenji munene wa diambuluisha bantu badi bakenga ne Mikenji ya nshindamenu bidi bitua mpanda ku dilongolola dia mandamuna bua kufila dikuatshisha diakanyine didi diambuluisha bantu mu tshikondo tshiakanyine padi bantu batambe kuikala ne dijinga edi. Didifila dijima dia bantu badi bakenga ne dieleshangana maboko ne bakokeshi ba ditunga ne ba muaba au bidi ne mushinga mukole bua kuenza mudimu eu mu bitupa bionso.

Bienzedi binene ne bileji binene bidi bifila tshimuenekelu tshidi tshiambuluisha bua kusunguluja malu adi ne bua kuenjibua kumpala, kujadika bungi bua malu a kuenza ne kualongolola mu bitupa bishilangane. Ebi bidi biambuluisha bua kujadika ne:

mandamuna a bitupa bishilangane adi akolesha tshitupa tshimue ne tshikuabu ne atua mpanda ku bukokeshi bua bantu bine bua kukumbajabu majinga abu. Bienzedi binene ne bileji binene bidi bileja bulenga bua dikuatshisha didibu ne bua kupeta. Bidi kabidi bifila tshishimikidi bua kulombola disonsolola dia diandamuna didi disunguluja mushindu mutambe buimpe wa dikumbaja majinga adi mamanyike ne kukepesha buenzeji bubi budi mua kumueneka.

Dilongolola dia programe ditu pa tshibidilu diumvuija dikonkonona dia bitupa bishilangane bia diandamuna, bu mudi difila dia bintu bia ku mubidi, diambuluisha ne makuta, mudimu wa buludiludi, diambuluisha bua kuenza mudimu anyi disangisha dia bionso ebi. Disangisha disunguluke dia bitupa bia diandamuna bisungula ditu a dishintuluka ku musangu ne ku musangu. Mikenji ya nshindamenu idi itangila nanganga tshidi ne bua kuenjibua, kadi ki mmushindu udi dikuatshisha ne bua kufidibua nansha.

Diambuluisha ne makuta, mushindu kampanda wa dilongolola malu udi mushindamene pa malu a tshisalu, ke didibu batamba kukuata nadi mudimu bua kukumbaja majinga a bantu. Neusangane malu adi akuila dikuata mudimu ne makuta bua kuambuluisha bantu mu nshapita yonso ya Mukanda eu. Badi mua kuambuluisha bantu ne makuta bua kukumbaja majinga a bitupa kabukabu pamue ne majinga masunguluke a tshitupa kampanda. Badi kabidi mua kuenza nadi mudimu bua kuepuka bienzedi bia kansungasunga bidi bipangisha bantu bakaji bua kupeta bintu ne kabayi ne dîyi dia kuela mu malu adi atangila dilama dia bintu. Disombesha bantu makuta mu bitupa bikuabu didi mua kuikala mushindu muimpe wa kufila diambuluisha ne kukumbaja mêyi mu bitupa kabukabu. Diambuluisha dionso difila ne makuta didi ne bua kulonda panyima pa dikonkonona dia majinga a bitupa bionso, malu adi enda mu nsombelu au, mushindu udi tshisalu tshienda ne dikonkonona dia malu adi mua kuenzeka.

Bitupa bionso ki mbiakanyine bimpe bua kupeta diambuluisha dishindamene pa malu a bisalu to. Bidi nunku nanganga bua bantu badi benza midimu ya buludiludi anyi bua kuambuluisha badi benza mudimu. Bena mudimu wa luondapu ne wa biakudia badi mua kusungula bua kufila diambuluisha diabu kudi bena mudimu wa diambuluisha bakuabu badiku ne ku midimu ya luondapu ya muaba au idi kayiyi yenza mudimu bu mudi bisalu nansha.

Bua kujadika mushindu mutambe buimpe udibu mua kufila diambuluisha, nebikengele kuyikila ne bantu, kukonkonona malu a bisalu, kumanya mishindu idi bantu benzelangana midimu ne kumanya mulongo wa difidila bintu ne makokeshi a bia kuenza nabi mudimu. Dikonkonona dia diandamuna edi nedikale ne bua kuenjibua tshiakabidi tshikondo tshionso tshidi nsombelu ushintuluka ⊕ *tangila Tshisakidila: Dikuatshisha bantu ku diambuluisha dia bisalu.*

Diteka mu tshienzedi

Bikala mikenji ya Sphere kayiyi mua kukumbajibua bua bisumbu bionso anyi bua bimue bisumbu bia bantu badi bakenga, konkonona malu bua kumanya bua tshinyi bidi nanku ne umvuija malu adi ashilangana, pamue ne malu adi akengela kushintulula. Konkonona malu adi kaayi makanyine, kuelamu ne bukubi ne njiwu ya makanda a mubidi idi bantu mua kupeta. Ulame malu aa mu mikanda ne enza muebe muonso mu bitupa bikuabu bia mudimu ne bantu badi bakenga bua kujingulula njila miakanyine ya kukepesha nayi malu mabi adi mua kuenzeka.

Dilondesha malu, dikonkonona, dibanza dia kuandamuna ne dilonga malu

Dilondesha malu, dikonkonona, dibanza dia kuandamuna ne dilonga malu (MEAL) bidi biambuluisha bua kuangata mapangadika pa dîba ne mashindamene pa bijadiki. Bidi bipesha programe ya diambuluisha bantu njila wa kuakajilula malu bilondeshile nsombelu idi ishintuluka. Mikenji yonso ya nshindamenu idi ne bileji bidibu mua kulondesha bua kujadika ne: bidi bienda bikumbana, ni bidi bikumbajibua mushindu wa muomumue bua bisumbu bionso bia bantu, anyi bua kumanya malu bungi kayi adi akengela kuenza. Luapolo ya dikonkonona idi itua mpanda ku dilonga bua kulengeja ngenzelu ne nkuatshilu wa mudimu bua matuku atshilualua, ne yambuluisha bua kudiumvua ne dibanza dia kuandamuna. Ndongoluelu ya MEAL idi kabidi yambuluisha bua kuenza madikolela mapitshidile bua kulonga malu adi atangila ngenzelu muimpe wa mudimu wa diambuluisha bantu.

Dijingulula matekete ne makokeshi

Mu Mukanda mujima, mbenze mudimu ne muaku "bantu" mu ngumvuilu mualabale, bua kuleja lungenyi lua Sphere lua se: bantu bonso badi ne bukenji bua kuikala ne muoyo ne bunême, nanku badi ne bukenji bua kupeta diambuluisha. Muaku "bantu" udi ne bua kukonga bakaji, balume, bansongalume ne bansongakaji, kakuyi kutangila bidimu, bulema, ditunga, dikoba, tshisa, makanda a mubidi, malu a tshididi, tshidi muntu musungule mu bilele bia diangatangana, malu adi asunguluja muntu bikalaye mulume anyi mukaji, anyi tshimanyinu kayi tshikuabu tshionso tshidibu mua kukuata natshi mudimu bua kumanyisha tshidi muntu muikale yeye muine.

Bantu bonso kabena ne bukole anyi ne bukokeshi bua muomumue to. Bantu ne tusumbu tua bantu munkatshi mua tshisumbu tshijima tshia bantu kampanda mbashilangane mu makokeshi abu, majinga abu ne matekete abu, ne malu aa adi ashintuluka mu kupita kua matuku. Malu adi atangila muntu ne muntu bu mudi bidimu biende, ni mmulume ni mmukaji, bulema, ngikadilu wende bilondeshile mikenji anyi makanda a mubidi bidi mua kumupangisha bua kupeta dikuatshisha. Malu aa ne makuabu adi kabidi mua kuikala tshishimikidi tshia disunguluja bantu ku bukole. Diyukidilangana dîba dionso ne bakaji, balume, bansongakaji ne bansongalume bonso ba bidimu bishilangane ne bafumine miaba kabukabu – bikala muntu ne muntu pa diende dîba anyi mu tusumbu tusambakaja tua bantu – didi ne mushinga mukole bua kuenza programe mimpe. Kuikala nsonga anyi mukulakaje, mukaji anyi nsongakaji, muena bulema anyi wa tshisa tshikese kakuena kuvuija muntu muena butekete mu mishindu yonso ne miaba yonso to. Kadi, ndibuelakana dia malu a mushindu eu mu nsombelu kampanda ke didi mua kukolesha makokeshi, dinanukila anyi dipanga mua kupeta dikuatshisha bua muntu kayi yonso anyi bua tshisumbu tshia bantu.

Konkonona nsombelu udiku ne malu adi amueneka mu kupita kua matuku

– Nnganyi udi mu dikenga? – Majinga ne matekete – Ngenzelu ne makokeshi a mua kupita ne malu – Bamuangale? Batambakana? – Mmalu kayi adi ne mushinga wa bungi bua bantu badi bakenga?	– Mikanu ne njiwu bua bukubi – Nsombelu wa dikala talalaa ne dilonda dia mikenji – Dipeta dikuatshisha – Dipeta bantu badi bakenga? – Malu adi ashintuluka ku tshidimu adi mu mpukapuka	– Benzejanganyi netu ba mudimu ne malanda a bukole – Bukokeshi bua bambuluishi ne muoyo udibu nawu – Ndongamu ya diambuluisha ya bakokeshi ne benji ba mudimu bakuabu – Muaba wa bantu badi bakidilangane	– Bintu ne midimu idiku – Ndongoluelu ya bisalu ne milongo ya dipetela bintu – Bukokeshi bua bintu bidibu base – Bafidi ba midimu (ya makuta ne mikuabu) – Makokeshi, ntatu ya bintu bia mudimu

↓

Konkonona ne teka malu malondangane

Mmalu kayi adi akengela kutangila? Bua bisumbu kayi bia bantu? Mu tshitupa kayi tshia buloba? Mu tshikondo kayi? Bilondeshile mikenji kayi?

↓

Konkonona mishindu idiku ne sungula mushindu wikala diambuluisha bua kufidibua

Ela meji bua mishindu idiku mu nsombelu webe:	Ku mishindu eyi, sungula ya diambuluisha nayi bilondeshile dikonkonona diebe dia:	
– Dipetesha midimu buludiludi – Diabanya bintu – Dikuatshisha mu ngenzelu wa mudimu – Dilongolola malu bilondeshile mudi bisalu bienda – Dikuatshisha bantu ne makuta	– Malu a tshimpi-tshimpi ne dîba dikese didiku – Mushindu udi malu mua kuenzeka – Makokeshi – Bunême – Mikanu, njiwu ya bukubi	– Diakanyina, dikumbanyina dia mishinga – Bukole bua dikandamana – Dikala muena muabu – Ndudikilu wa malu wa mbulamatadi

↓

Enza programe muashila pa bulenga ne dibanza dia kuandamuna

Bipatshila binene	Dimanyishangana malu ne dibanza dia kuandamuna	Dilondesha nsombelu, ngenzelu, diya kumpala ne bipeta	Ngenzelu ya tshisabu ne ya dipatuka nayi
– Ditapulula bipeta bilondeshile balume/bakaji, bidimu ne bulema – Matekete ne dikubibua – Dinenga matuku a bungi anyi bua tshisabu	– Njila ya dimanyisha ngumu ya mu tshialu ne didilakana – Bulombodi – Didifila misangu yonso dia tshisumbu tshijima tshia bantu	– Disungula dia bileji – Ditapulula diakanyine dia bipeta bifunda	– Didifila dia bantu ba muaba au ne ditaba diabu dia malu – Ndongoluelu ya mu ditunga ne ditaba dia ditunga – Dienzejangana midimu pamue

Jingulula nsombelu udiku mpindieu bua kuenza mudimu ne mikenji (Tshimfuanyi tshia 1)

Mu nsombelu ya bungi, binsanga ne bisumbu bijima bia bantu bidi kabidi mua kuikala ne butekete bualu mbasombele mu bitupa bia kulekule, mudi bantu kabayi talalaa anyi bikole bua kufikaku, anyi bualu mbatangalake mu bitupa bia maloba bikale bapeta dikuatshisha ne bukubi bukese. Bisumbu bidi mua kuikala bipeta bintu bishadile ne babisunguluja bua ditunga diabu, tshisa, muakulu, mitabuja a tshitendelelu anyi a malu a tshididi, bidi bilomba ntema ya pa buayi bua kuleja dîyi dinene dia dibenga kuikala ne kansungasunga.

Padi bisumbu bishilangane biditue mu dienza dia programe, midimu ya diambuluishangana idi itamba kumvuika bimpe, ikonga bantu bonso ne idi mua kupatula bipeta bidi binenga musangu mule. Dibueja dia bantu badi bakenga ne didifila diabu bobu bine bidi ne mushinga wa bungi bua kuikala ne muoyo ne bunême.

Dilongolola dia bipeta bifunda

Mu nsombelu ya bungi, mbikole bua kupeta anyi kujadika bipeta bifunda bia malu a bantu. Kadi bipeta bifunda ne bitapulula bimpe nebileje majinga masunguluke ne buenzeji bua bienzedi mu bisumbu bishilangane. Bipeta bitapulula bimpe bidi mua kuambuluisha bua kumanya bimpe bantu badi batambe kuikala mu njiwu, kuleja bikalabu bakumbane bua kupeta dikuatshisha dia bumuntu ne kuenza nadi mudimu, ne muaba udi ukengela kuenza malu a bungi bua kufika muaba udibu. Bipeta bifunda mu mushindu muimpe udibu mua kubifunda ne bilondeshile bitupa bionso bidi bilonda nsombelu udiku bua kumvua malu adi ashilangana bikala muntu mulume anyi mukaji, bidimu biende, bulema, muaba udiye, tshisa tshiende, tshitendelelu, kasumbu anyi malu makuabu kayi onso adi mua kumupangisha bua kupeta dikuatshisha kakuyi kansungasunga.

Bua bipeta bifunda bia pa tshibidilu bia bidimu bia muntu, londa ngenzelu udibu benza nende mudimu mu ditunga wa diangata tusumbu tua bantu ba bidimu bia muomumue. Pikalaku kakuyi tusumbu tua bantu ba bidimu bia muomumue mu ditunga, enza mudimu ne tablo udi kuishi eku. Bidi mua kulomba bua kutapulula bimpe menemene bipeta bua kumona mua kufika muaba udi bisumbu bisunguluke bu mudi bana batekete, bana ba bitende, bansonga, bakaji anyi bakulakaje.

Luseke lua	Dikala ne bulema	Bidimu									
		0–5	6–12	13–17	18–29	30–39	40–49	50–59	60–69	70–79	80+
Bakaji	Badi kabayi ne bulema										
	Badi ne bulema										
Balume	Badi kabayi ne bulema										
	Badi ne bulema										

Bana

Bana badi tshitupa tshinene tshia bantu badi bakenga kadi kabatu batamba kumueneka to. Makokeshi a bana ne majinga abu adi ashilangana bilondeshile bidimu biabu ne mushindu udibu benda bakola. Bidi bikengela kuangata mapangadika a pa buawu bua kujadika ne: bana badi bakubibua ku malu mabi ne badi bapeta mushindu wa muomumue wa midimu ya nshindamenu idi ikengedibua.

Mu bikondo bia dikenga, bana batu batuilangana mpala ne njiwu mikole ya lufu, kuelamu ne malu bu mudi didia dibi, ditapuluka ne mêku abu, dipanyishibua, diangatshibua ku bukole ku busalayi mu tusumbu tua baluanganyi, ne malu a tshikisu a ku mubidi anyi a disangila nabu ku bukole, malu onso mikale alomba kuenza bualu ne lukasa kakuyi diladikija.

Malu mabi a mu dikubibua atu misangu mivule masuikakaja ne malu makuabu a bungi. Tshilejilu, bana ba bitende ne bansongalume mbafuanyike kuangatshibua ku busalayi mu tusumbu tua baluanganyi anyi kubenzeja mishindu mitambe bubi ya midimu bua bana. Bansongakaji mbafuanyike kuangatshibua bu bapika bua masandi anyi ba kupanyisha. Badi mua kulekela anyi kulengulula bana badi ne bulema. Bansongakaji badi ne bulema badi balomba ntema ya pa buayi bualu badi mu njiwu mitambe bunene ya kubenzelabu malu a tshikisu mu dilala nabu, kubendesha bundumba ne dibadiisha bibi.

Keba muebe muonso bua kupeta mmuenenu wa malu wa bansongalume ne bansongakaji ba bidimu ne ba miaba kabukabu, bua se: bamone mua kuikala ne buenzeji pa mushindu udibu bafila dikuatshisha, badilondesha ne badikonkonona. Tshipungidi tshia manême a bana tshidi tshiamba ne: muaku "muana" udi umvuija muntu yonso udi ne bidimu bishadile ku 18. Konkonona mushindu udi bantu badi mu dikenga bumvua tshidi bana bikale, bua kujadika ne: kakuena muana anyi nsonga nansha umue udi kayi upeta dikuatshisha to.

Bakulakaje

Bakulakaje badi tshitupa tshia bantu tshidi tshienda amu tshidiunda mu matunga a bungi, kadi misangu mivule batu babalengulula mu midimu ya diambuluisha bantu.

Mu bilele bia bungi, batu bangata muntu bu mukulakaje bua nsombelu kampanda (bu mudi kuikala kaku) anyi bua bimanyinu bia ku mubidi (bu mudi nsuki mitoke), kadi ki mbua bidimu to. Nansha mudi mikanda ya bungi yumvuija ne: bukulakaje budi bubangila pa bidimu 60 ne kupita apu, bidi mua kutamba kuakanyina bua kubalamu ne bantu ba bidimu 50 mu nsombelu idi makenga akuata bantu ne bilomba dibambuluisha.

Bakulakaje badi balua ne mamanya ne malu mamonamona a mushindu wa mua kupita ne kuenza malu bu bakuatshishanganyi, balongoledi ba midimu, balombodi ne batuadi ba mpetu. Misangu mivule bakulakaje ke batu balama bilele bia bankambua ne malu a kale ne badi mua kubangata bu bimanyinu bia malu a kabukulu. Dikala pa nkaya, butekete bua mubidi, ditapuluka dia bishimikidi bia mêku ne dia bisumbu bia bantu, disama dia munanunanu, ntatu ya mua kuenza malu ne diteketa dia lungenyi bidi bionso mua kutamba kutekesha bakulakaje mu nsombelu idi ilomba diambuluisha bantu.

Wikale mujadike ne: udi webeja bakulakaje malu ne ubabueja mu tshitupa tshionso tshia mudimu wa diambuluisha bantu. Tangila midimu idi miakanyine bidimu biabu ne idibu mua kuenza, nsombelu ne malu a kumanyisha, ne enza mudimu ne bipeta bifunda bitapulula bimpe bua kulondesha programe ne kuyilongolola.

Dikala mulume anyi mukaji

"Dikala mulume anyi mukanji" didi diakuila malu mashilangane bilondeshile ngikadilu wa muntu munkatshi mua bantu bikalaye mulume anyi mukaji mu bule bua matuku ende onso a muoyo. Ngikadilu eu udi mua kushintuluka mu kupita kua matuku, mu bilele bia bantu ne mu nsombelu yabu. Bikala muntu mulume anyi mukaji, udi misangu mivule bua kuenza midimu mishilangane, kuambula majitu, kuikala ne bukole ne kupeta mpetu bidibu mua kupesha bantu bakaji, bansongakaji, bansongalume ne bantu balume. Dijingulula malu mashilangane aa ne mushindu udiwu mashintuluke padiku dikenga mbualu bua mushinga mukole bua kumona mua kulongolola programe mimpe ya mudimu wa diambuluisha bantu ne kukumbaja manême abu. Makenga adi mua kupetesha mpunga kampanda wa kulongoluelamu amue malu a kansungasunga bua mudi muntu muikale mulume anyi mukaji, ne kupetesha bakaji, bansongakaji, bansongalume ne bantu balume makanda.

Dikala mulume anyi mukaji ki mmumue ne bukaji anyi bulume to, bualu bulume anyi bukaji budi bilondeshile bimuenekelu bia ku mubidi bia muntu kampanda.

"Dikala mulume anyi mukaji" kadiena diumvuija "anu bantu bakaji" to. Nansha mutu misangu mivule bantu bakaji ne bansongakaji batamba kutuilangana ne bipumbishi mu midimu idi isunguluja balume ne bakaji, bantu balume ne bansongalume batu pabu benzejibue kudi malu adibu batamba kutekemena kudibu bua mudibu balume. Dilongolola programe ya diakajangana malu pankatshi pa bantu balume ne bantu bakaji didi dilomba dibabueja mu muanda wa dilubuluja dia malanda matambe kuakanangana ne didifila diakanangane dia bakaji, bansongakaji, balume ne bansongalume.

Tshikisu tshienzela muntu bua mudiye mulume anyi mukaji

Tshiambilu "tshikisu tshienzela muntu bua mudiye mulume anyi mukaji" tshidi tshiumvuija tshikisu tshidi tshiashila pa dishilangana didi pankatshi ba bantu balume ne bantu bakaji. Tshidi tshiela kashonyi pa mushindu udi dipanga kuakanangana dia malu pankatshi pa bantu balume ne bantu bakaji dikale tshishimikidi tshia mishindu mitambe bungi ya malu a tshikisu adibu benzela bantu bakaji ne bansongakaji mu buloba bujima. Makenga adi mua kukolesha mishindu ya bungi ya tshikisu tshienzela muntu bua mudiye mulume anyi mukaji, kuelamu ne tshikisu tshia kudi muena diebe, dibakisha bana, diangatangana ku bukole ne dipanyisha bantu.

Malongolodi adi ne bujitu bua kuangata mapangadika onso adi akengedibua bua kupangisha diendesha bantu masandi ne dinyanga dia bantu badi mu dikenga, kuelamu ne midimu yabu bobu bine. Padibi bilua kumanyika ne: malu adibu babanda nawu muntu bua bikadilu bibi mmalelela, mbia mushinga mukole bua bamfumu badi bualu ebu butangila balumbuluishe muenji wa malu aa ne benze malu aa mu mushindu udi utokesha malu.

Balema

Bantu batue ku 15 pa lukama mu bantu bonso badi pa buloba badi ne mushindu kampanda wa bulema. Mu balema, tudi tubalamu ne aba badi ne ntatu ya ku mubidi, ya mu lungenyi, ya mu ngelelu wa meji anyi ya biumvuidi, ne ntatu eyi, mu disangishibua ne bipumbishi kabukabu, idi mua kupangisha bantu aba bua kudifilabu muabu muonso ne bimpe menemene mu malu a mu tshinsanga mu mushindu udi wakanangana ne bakuabu bantu.

Mu nsombelu ya diambuluishangana, balema mbafuanyike bikole kupetangana ne bipumbishi ne mikalu pa bidi bitangila dipeta muaba udi muntu mua kusombela, mashinyi adi ambula bantu, ngumu idibu bafila ne mamanyisha, ne nzubu anyi midimu ya diambuluisha bantu. Dilongolola bua kufila diandamuna ne didiakaja didi ne bua kutangila makokeshi ne majinga a bantu bonso badi ne bulema ne kuenza madikolela onso ne muoyo umue bua kumbusha bipumbishi bia ku mubidi, bia mu diyukidilangana ne mu mushindu wa diangata bantu bua bamone mua kupeta diambuluisha ne bafike ku didifila pabu. Njiwu idi mua kuikalaku bua bantu bakaji ne bansongakaji badi ne bulema idi mua kusangishibua ne dipanga kuakanangana dia malu adi atangila muntu bikalaye mulume anyi mukaji, ne kansungasunga.

⊕ *Tangila Mikanda idibu batele eyi: Washington Group Questions* bua bidi bitangila ditapulula dia bipeta bifunda bilondeshile bulema, ne ⊕ *Humanitarian inclusion standards for older people and people with disabilities,* bua kupeta mamanyisha makuabu.

Bantu badi ne kishi ka VIH ne badi bakenga bua bualu ebu

Mbia mushinga bua kumanya ditangalaka dia kishi ka VIH mu nsombelu musunguluke bua kushisha kujingulula matekete ne njiwu ne kumona mua kutokesha diandamuna dimpe. Ditambakana dia bantu didi mua kuvudija matekete a VIH, ne makenga mmafuane kupangisha bantu mua kubabidila disama, kuteta, kubeja, kuondopa ne kuenza midimu idi yambuluisha. Bitu bikengela misangu mivule kuangata mapangadika a pa buawu bua kukuba bantu ku tshikisu ne kansungasungga munkatshi mua bisumbu bia bantu badi ne njiwu ya bungi. Bualu ebu budi mua kuikala busuikakaja ne dipanga buakane mu malu adibu benzela muntu bua mudiye mulume anyi mukaji ne kansungasunga bualu udi ne bulema kampanda, muikale ne tshimuenekelu kampanda tshia bulume anyi bukaji anyi musungule bua kudileja bu mulume anyi mukaji. Nunku, dienza nunku didi mua kutekesha mu maboko bantu badi ne kishi ka VIH bua kukeba midimu idi ibambuluisha mu tshikondo tshia dikenga, bikala mine midimu eyi mikalaku. Malu a tshikisu, a kansungasunga ne ngenzelu mibi ya mua kupita ne malu bu mudi dikeba bua kuangatangana ne muntu bidi bitamba kunyanga nsombelu bienza bua ne: kishi ka VIH katampakane bikole mu bantu, nangananga munkatshi mua bantu bakaji, bansongakaji ne bisumbu bia ba-LGBTQI. Mu bantu badi batambe kuikala mu njiwu mikole tudi mua kutela balume badi bangatangana ne balume nabu, bantu badi baditua manga ne nshingi, bandumba, bantu badi bashintulule butaka, balema, ne badi mu buloko ne mu nsombelu mikuabu idi kayiyi ibapeteshula mushindu wa kutambakana ⊕ *tangila Luondapu lua nshindamenu – mukenji 2.3.3 wa makanda a mubidi a disangila ne a lulelu: kishi ka VIH.*

Malu bu mudi diendakana dikese mu tshikondo kampanda ne kutamba kuikala ne mushindu wa kupeta midimu idi yambuluisha bantu badi bakenga adi mua kukepesha ditampakana dia kishi ka VIH. Umbusha mu bantu ngenyi mibi idi mua kuikalaku pa bidi bitangila dikalaku dia bantu badi ne kishi ka VIH ne ditamba kutangalaka dia kishi ka VIH bua kuepuka bienzedi bidi bisungulujangana. Bantu badi ne kishi ka VIH badi ne bukenji bua kuikala pabu ne muoyo ne bunême, kabayi babasunguluja, ne badi ne bua kubapetesha midimu kakuyi kansungasunga.

Bantu badi ba-LGBTQI

Bantu badi badileja ne: mba-LGBTQI (mmumue ne: bakaji badi balala ne bakaji nabu, balume badi balala ne balume nabu, bantu badi bangatangana ne balume ne bakaji, bantu badi bashintulule butaka, balume badi banange balume nabu anyi batshiluma-tshikaji) batu misangu mivule mu njiwu mibandile ya kubenzelabu malu a kansungasunga, kubadiwula ne kubenzela malu a tshikisu a mu diangatangana ne a ku mubidi. Badi mua kupanga kupeta luondapu, muaba wa kulala, dibalongesha, dibangata ku mudimu, dibamanyisha ngumu ne midimu ya diambuluisha bantu. Tshilejilu, ba-LGBTQI batu misangu mivule batuilangana ne kansungasunga mu programe ya difila diambuluisha idi mishindamene pa mêku "a pa tshibidilu", bu mudi dipesha bantu miaba ya kulala ya lukasalukasa anyi diabanya dia biakudia. Bipumbishi bia mushindu eu bidi binyanga makanda abu a mubidi ne dikala ne muoyo, ne bidi mua kuikala ne bipeta bibi mu bule bua matuku kabayi mua kubanyisha mu tshisumbu tshia bantu. Longolola mandamuna masunguluke, mimpe ne adi akonga bantu bonso mu didiakaja ne mu didianjila kulongolola malu. Enza bua uyukilangane bimpe ne bantu ne malongolodi a ba-LGBTQI mu tshitupa tshionso tshia mudimu wa diambuluisha bantu.

Lungenyi luimpe ne dikuatshisha bua kuikala ne bikadilu bimpe mu bantu

Bantu batu bandamuna mu mishindu mishilangane padiku ditatshishibua dia lungenyi dikebesha kudi dikenga kampanda didi dikuate bantu. Bamue batu batamba kuteketa lungenyi bua dikenga, nangananga bikalabu babamuangeshe ku bukole, babatapulule ne mêku abu, bamone malu a tshikisu anyi bamone matuku mashale nsombelu idi itatshisha lungenyi. Mbia mushinga mukole bua kufila midimu ya nshindamenu idi yambuluisha mu mushindu udi muntu udiumvua muikale talalaa munkatshi mua bantu ne bilondeshile bilele bia muaba au bua kubenga kutatshisha bikole bantu badi bakenga ne kuepuka malu a kansungasunga.

Dikolesha dikuatshisha bua kuikala ne bikadilu bimpe mu bantu ne kudiambuluisha didi dilela nsombelu udi muikale ukuba, upetesha bantu badi bakenga mushindu wa kuambuluishangana bobu bine bua kupetulula makanda mu nsombelu wa munkatshi mua bantu ne mu lungenyi. Midimu idi mienza bua kuambuluisha muntu pa nkayende, dîku dijima anyi bisumbu bia bantu, kuelamu ne midimu ya luondapu, idi ne mushinga, kadi kayena ne bua kuenjibua anu kudi benji ba mudimu wa luondapu lua masama a lungenyi to. Idi kabidi mua kuenjibua kudi bantu ba patupu badibu balongeshe ne badibu balombola bimpe ⊕ tangila Mukenji 2.5 wa luondapu lua nshindamenu: Diondopa dia masama a lungenyi.

Bantu badi bakenga batu misangu mivule baleja mmuenenu wabu wa malu a mu nyuma anyi a bitendelelu, ne badi mua kudileja mudibu bena tshisumbu kampanda tshia malu a Nzambi. Bualu ebu butu misangu mivule tshitupa tshinene tshia mushindu udibu bamona mua kupita ne malu, ne butu ne buenzeji pa mushindu muakanyine wa kufila diandamuna munkatshi mua malu kabukabu adi atangila bantu. Kudi bijadiki bia bungi bidi bileja ne: bantu badi bakenga badi bapeta diambuluisha padi bena mudimu wa diambuluisha bangata ne mushinga mitabuja abu. Bisumbu bia malu a Nzambi bidiku bitu ne buenzeji bukole bua kudifila mu mudimu kampanda wa diambuluisha bantu. Mmuenenu wa malu udi uteka bantu munkatshi mua tshienzedi tshionso udi ulomba bua benji ba mudimu wa diambuluishangana bikale bamanye mitabuja a bantu badi bakenga. Kudi bintu bia mudimu bia bungi bidi mua kuambuluisha bua kufika ku tshipatshila etshi.

Dijingulula ndongoluelu udi wenza mudimu

Diambuluisha bantu ditu dienzeka mu nsombelu mishilangane bikole, kubangila mu nsombelu ya mu bimenga too ne ya ku misoko, ne mu diluangana ne tshipupu tshidi tshidituta diakamue, ne misangu mivule mu disangisha dia bionso ebi mu kupita kua tshikondo. Diambuluisha dimpe dia bantu badi mu dikenga mu dikumbaja majinga abu nedikale bilondeshile malu a muaba udibu, a dikala diabu talalaa, a mu nsombelu wa mu bantu, a mpetu, a tshididi ne bintu bidi bibanyunguluke. Nansha mudibu benze Mikenji ya nshindamenu mikale ituishila lungenyi pa dikuatshisha difila diakamue bua kusungila muoyo, badi mua kuenza nayi mudimu mu midimu ya diambuluisha bantu idi inenga ndambu wa matuku, mbingu, ngondo anyi mene bidimu. Diandamuna bua kuambuluisha bantu didi ne bua kushintuluka ne kudiakaja mu kupita kua tshikondo ne kuepuka diteka bantu mu dijinga dia kuikala bakeba anu bua babambuluishe. Dikonkonona malu ditungunuja dia ngikadilu ne dia nsombelu nedileje tshikondo tshidi tshikengela bua kuakajilula programe bilondeshile dishintuluka dia nsombelu, bu mudi malu mapiamapia a mu disomba talalaa anyi ntatu idi ilua bilondeshile mivu bu mudi disapalala dia mâyi.

Dikonkonona ditungunuja dia mushindu udi diambuluisha dikale ne buenzeji pa makokeshi a bantu ba muaba au bu mudi disumba dia bintu ne midimu anyi difuta bua kuambula bantu anyi kuambuisha bintu didi ne mushinga bua kujadika ne: mudimu wa diambuluisha bantu kawena wela manyi mu mudilu wa diluangana munkatshi mua bantu to ⊕ *tangila Dîyi dinene dia bukubi 2.* Padi makenga alua a munanunanu, matekete atu masokome katshia kuonso eku adi mua kukolesha majinga ne matekete makuabu, bilomba bukubi bukuabu ne madikolela bua kukandamena nsombelu. Amue a ku malu aa adi mua kuenjibua bimpe padiku dieleshangana diboko anyi mu dieleshangana diboko ne balubuluji ba mudimu eu.

Mishindu ya dilombola midimu bu mudi ndongoluelu ya tusumbu mmilombibue bua kujadika nkosoluelu muimpe wa mudimu ne bujitu ne kusunguluja ntanta idi pankatshi pa ngenzelu wa mudimu ne bulenga buende. Mbualu bua mushinga bua kubabidila divudijangana dia madikolela ne dijimija dia mpetu. Padi benzejanganyi ba mudimu bamanyishangana malu ne mamanya adibu nawu, pamue ne didianjila kulongolola malu ne midimu ya kuenza tshiapamue, bidi kabidi mua kuleja ne: malongolodi adi alombola malu bimpe bua kumona mua kupita ne njiwu ne alengeja bipeta bia mudimu wa diambuluishangana.

Dikankamija bena mudimu ba mu ditunga ne ba muaba au

Mukanda eu udi ulombola bantu bonso badi badifile mu mudimu wa diambuluisha bantu, mumanye muaba wa nzanzanza ne bujitu budi nabu ditunga didi diakidila bena mudimu; ne mmumanye kabidi muaba udi malongolodi adi ambuluisha bantu mua kuikala nawu mu ditua mpanda ku bujitu ebu. Mu diluangana dia mvita, muoyo wa kuenza wa bena mudimu ba mbulamatadi ne badi bakayi ba mbulamatadi bua kupepeja mushindu wa kufika kudi bantu newikale ne buenzeji bukole.

Muaba wa ditunga mu dilombola anyi mu diludika mudimu wa diambuluisha newikale bilondeshile malu kabukabu, bu mudi:

- dikalaku dia kasumbu ka bena mbulamatadi kadibu bapeshe mu mushindu wa pa buawu bujitu bua kuludika anyi kuteka mu tshienzedi diambuluisha dia bantu (misangu mivule batu bakabikila ne: Bakokeshi anyi Bulongolodi bua ditunga budi butangila malu a bipupu);
- muaba ne bukole bua bibambalu bia mbulamatadi bidi bitangila mudimu eu bua kupatula mikenji bu mudi mikenji idi itangila didiisha bantu ne eyi idi itangila manga a luondapu a nshindamenu ne bena mudimu wa diondopangana; ne
- midimu ya mbulamatadi kayiyi yenda bimpe, bu mudi mu bitupa bia ditunga mudi bantu baluangana mvita. Mu nsombelu idi kayiyi ya pa tshibidilu bu nunku, bena mudimu wa diambuluisha bantu badi imue misangu mua kuteka yabu mishindu ya diludika nayi mudimu.

Makenga a munanunanu

Padibi bimueneka patoke ne: mudimu wa diambuluisha bantu neunenge matuku a bungi kupita ngondo anyi bidimu bia bungi, tangila mishindu mishilangane ya kukumbaja majinga ne kuambuluisha bantu bua kuikalabu ne muoyo ne bunême. Ela meji bua mishindu ya kuenza mudimu ne benji ba mudimu badiku, bakokeshi ba muaba au, bisumbu bijima bia bantu bia muaba au, ntuangajilu ya bantu bua kupeta bukubi anyi baluluji ba midimu bua kumona mua kukumbaja majinga aa. Bidi bikengela kukonkonona malu bua kumona malu adi atatshisha mu nsombelu ne mu dikuba dia bantu, ne mushindu wikalabi mua kulenga manême a bantu badi bakenga. Bueja bantu ba nseke yonso balume anyi bakaji, ba bidimu bionso, badi ne bulema ne ba nsombelu yonso, ne ba mu bisumbu bidi biditole pa nkaya, mu disonsolola dia malu, mu dikonkonona, mu diangata dia mapangadika, mu dilondesha dia malu ne mu diatangila. Tungunuka ne kuenza malu adi anenga mutantshi mule ne adi ashala kashidi kumpala kua dîba padiku mushindu. Padi bena mudimu wa diambuluisha bantu bikale ne mushindu wa kuenza malu adi anenga musangu mule, malu aa adi ne bua kuenjibua kumpala kua mapangadika adibu bangate bua matuku makese.

Wikale mumanye bua se: bantu badi mu dikenga ke batu misangu mivule ba kumpala ku difila diambuluisha ku majinga abu bobu bine ne badikuba bobu nkayabu. Bakokeshi ba ditunga anyi ba muaba au, malongolodi a mu nsombelu wa bantu pamue, bena bitendelelu ne bakuabu batu bafila dikuatshisha dia mushinga mukole. Ikala mumanye ntuangajilu ya bena mudimu wa diambuluishangana idi midianjile kuikalaku eyi ne jadika mishindu ya kuyitua mpanda pamutu pa kuyitekesha anyi kuyivudija tshianana.

Nsombelu ya mu bimenga

Bu mudi bantu ba bungi pa buloba bujima benda bumbuka ku misoko batangile mu bimenga, bena mudimu wa diambuluishangana badi ne tshia kudilongolola bua kufila diandamuna mu nsombelu ya mu bimenga. Bitupa bia mu bimenga bitu bishilangana mu mushindu wa pa buawu mu nsombelu mikuabu bu mudi eyi:

- **Bungi bua bantu:** bungi bubandile bua bantu, nzubu, bintu bidibu base, mikenji ne bilele bia bantu mu tshipapu tshikese tshia buloba;
- **Dishilangana:** bantu ba bisumbu bishilangane mu malu a nsombelu, a bisa, a tshididi, a miakulu, a bitendelelu ne a mpetu mbasombe babuelakanangane menemene; ne
- **Makole:** nsombelu ya mu bimenga mmipepelele ne ishintuluka dîba dionso, ne ditamba kutambakana dia bantu ne dishintuluka ne lukasa dia malanda a makole adiku.

Mfumu wa komine ke wikala misangu mivule mukokeshi munene wa mbulamatadi, udi muikale mutuangane ne bakokeshi bakuabu ba mbulamatadi ne bibambalu biende, bu mudi ebi bidi bitangila mudimu wa diambuluisha bantu. Bidi bilomba kukonkonona bimpe menemene midimu ya nshindamenu, biakudia bikumbane ne bintu bia kudikuatshisha nabi, pamue ne malu onso a kansungasunga. Bantu badi basombele mu bimenga binene ne bikese batu bafutshila nzubu, basumba biakudia ne baya ku miaba ya luondapu. Mikenji ya nshindamenu bua kuikala ne muoyo ne bunême idi ikuata mudimu kakuyi kutangila mushindu udibu bafila dikuatshisha.

Badi mua kuenza mudimu ne Mikenji ya nshindamenu ya Sphere bua kuambuluisha mu miaba idi milongolola bua kubueja bintu bishilangane bia mudimu wa diambuluisha bantu mu bimenga, kuelamu ne ngenzelu ya diteka bantu pa muaba kampanda, kutangila badi badie nabu mutumba anyi miaba idibu basombele. Bisumbu bia bantu bidi biteka kaba kamue bikale ne bipatshila bimuebimue, bu mudi bilongelu, biota, bisumbu bia bantu bakaji ne bendeshi ba mashinyi, bidi mua kupetesha miaba mimpe ya dibuejila bintu. Dienza mudimu pamue ne benji ba mudimu ba muaba au (bu mudi bantu badi badienzela mudimu, bantu ba mu mbulamatadi wa ditunga adi, bamfumu ba muaba au ne bisumbu bia bantu) didi mua kuikala ne mushinga mukole bua kubangishilula, kutua mpanda ne kukolesha midimu idi midianjila kuikalaku pamutu pa kupingaja midimu mikuabu pa muaba wayi. Ela meji bimpe bua mushindu udi diambuluisha bantu mua kutua mpanda ku dilongolola dia malu a mpetu dia komine, kuleja mushinga wa dienza nunku mu tshikondo tshia dikenga ne mu matuku a bungi atshilualua.

Anu mutubi mu nsombelu yonso, dikonkonona dia nsombelu mu bintu bidi binyunguluke bantu mu bimenga didi ne bua kutangila mpetu ne mishindu idiku, bu mudi bisalu, makuta, biamu, miaba idi isangisha bantu ba bungi, bantu badi ne mamanya masunguluke, ne dishilangana dia malu a mu nsombelu ne a bilele bia bantu, pamue ne malu adi atangila njiwu idiku ne bukubi. Dikonkonona edi didi ne bua kutokesha diandamuna ne disungula dia ndekelu dia mushindu wa kufila diandamuna edi, bu mudi kuangata dipangadika dia kuambuluisha bantu ne bintu bia ku mubidi anyi ne makuta (ne mushindu mutambe buimpe wa kuenza nanku). Malu a mpetu adi mashila pa ditambakana dia makuta mu bimenga adi apetesha mishindu ya kudia malanda ne benji ba midimu mu bisalu ne mu malu a biamu, bidi bikale bipepeja dikuata mudimu ne diambuluisha bantu ne makuta.

Miaba idi bantu ba bungi basombele pamue

Miaba ne tumponya tudibu balongolole bua bantu kusombela pamue, bia muomumue ne miaba idi bantu basombe ba bungi ne misoko idi mitoloke diakamue, mmiaba idi miliyo ya bantu badibu bamuangeshe ku bukole bapete bua kusombela. Badi mua kuenza mudimu ne mikenji ya Sphere bua kujadika bulenga bua dikuatshisha mu nsombelu ya bisumbu bia bantu. Idi kabidi mua kuambuluisha bua kusunguluja malu adi ne bua kupita kumpala kua makuabu mu programe idi ikonga bitupa bia bungi bua kumona mua kujikila ntatu ya makanda a mubidi a bantu ba bungi, ne kunzulula njila bua kupetesha bantu badi mu miaba ya disombela idi mitoloke diakamue midimu ya nshindamenu.

Mu miaba idi bantu ba bungi basombele pamue, bukokeshi bua kulombola bua pa buabu budi mua kuambuluisha bua bantu kutamba kudiumvua ne bujitu bunene bua kuandamuna ne kuenza mudimu udi mulombola bimpe. Nansha nanku, miaba idi bantu ba bungi basombele pamue itu payi ne yayi ntatu ya bukubi ya pa buayi. Tshilejilu, padibu babengela bantu bukenji bua kuikala ne budikadidi bua kutambakana bua kumbuka muaba udibu babateke, mbafuane kupanga mushindu wa kufika muaba udi bisalu anyi kupeta bintu bia kudikuatshisha nabi. Bidi bikengela kabidi kuteya ntema ya pa buayi kudi binsanga bia bantu badi bakidile bakuabu, bualu dibenzela malu mashilangane bulelela anyi adibu bamone bu mashilangane didi mua kufikisha ku dijula ndululu anyi diluangana. Mu nsombelu ya nunku, bidi kabidi ne diambuluisha bua kulongolola mu mushindu mukuabu nsombelu ya mu tumponya ne kutabalela majinga a bantu ba binsanga bidi biakidile bakuabu bua kujadika ne: bantu badi mu dikenga badi ne mushindu wa kuikala ne muoyo ne bunême.

Nsombelu idi ne basalayi ba mu ditunga anyi ba bukua-matunga

Padi malongolodi adi ambuluisha bantu enza mudimu mu tshitupa tshimuetshimue tshidi basalayi ba ditunga anyi ba bukua-matunga batuilangane, mbualu bua mushinga mukole bua kumanya bukenji bua bantu ne bantu, mushindu udibu benza mudimu, makokeshi abu ne mikalu yabu. Padiku tshipupu ne diluangana dia mvita, malongolodi adi ambuluisha bantu adi mua kudimona akadi enza mudimu pabuipi menemene ne mulongo kampanda wa basalayi, kutekamu ne basalayi ba mbulamatadi udi mubakidile, bisumbu bia baluanganyi badi kabayi ba ditunga edi ne bakebi ba ditalala badi bafumine mu matunga mashilashilangane. Benji ba mudimu wa diambuluisha bantu badi ne bua kumanya se: mbulamatadi idi mibakidile idi ne bua kufila dikuatshisha ne bukudi kudi bantu badi mu dikenga mu ditunga diabu. Basalayi ba ditunga adi batu misangu yonso ne bujitu bua kuenza nanku.

Mêyi manene a mudimu wa diambuluisha bantu adi ne bua kulombola diyukidilangana dionso pankatshi pa bambuluishanganyi ne basalayi ne diludika dia midimu mu bitupa biayi bionso mudibu ne bua kuenza mudimu tshiapamue. Dimanyishangana malu, dilongolola ne ditapulula dia midimu mmalu manene asatu a mushinga bua kuludika bimpe midimu ya basalayi ne badi kabayi basalayi. Padibi mua kuenzeka bua ne: bena mudimu wa diambuluishangana ne basalayi bamanyishangane malu, bidi ne bua kuikala bilondeshile nsombelu udiku mu midimu idi yenjibua. Bena mudimu wa diambuluisha bantu kabena ne bua kumanyisha malu adi mua kulengelela tshimue tshia ku bisumbu bia baluanganyi bifuane kubapetesha mushindu wa kutshimuna tshikuabu tshisumbu anyi kuteka mioyo ya badi kabayi basalayi mu njiwu.

Imue misangu, bidi mua kulomba bua ne: malongolodi adi ambuluisha bantu enze mudimu ne mishindu imue ya pa buayi ya basalayi bua kutua mpanda ku midimu ya diambuluisha bantu. Dikuatshisha dia basalayi mu midimu ya diambuluisha bantu didi ne bua kushikila anu ku dikuatshisha ne bia mudimu ne dikuatshisha didi kadiyi dia buludiludi; dikuatshisha dia buludiludi nnjila wa ndekelu wa kulonda.

Dieleshangana diboko ne basalayi didi ne buenzeji bulelela anyi budi bantu mua kumona pa bidi bitangila dibenga dibuelakana dia bulongolodi budi buambuluisha bantu ne budikadidi buabu bua kuenza mudimu, nunku bidi bikengela kudianjila kuela meji bimpe kumpala kua dîba. Mikanda idi bantu ba matunga a bungi bitaba ne idi ifila mibelu idi ne bua kutokesha bimpe malu onso adibu balongolola bua kuludika midimu idi bena mudimu wa diambuluishangana ne basalayi benza pamue ⊕ tangila *Dipangadika 6 dia Mukenji munene wa diambuluisha bantu badi bakenga ne Mikanda idibu batele.*

Buenzeji bua muaba udi bantu pa mudimu wa diambuluisha badi bakenga

Muaba udi bantu basombele ne mudimu udibu benza bidi ne mushinga bua makanda abu a mubidi, dikala bimpe ne dipetulula makanda panyima pa dikenga. Diumvua mushindu udi nsombelu wa bantu badi bakenga muikale musuikila ku bintu bidi bibanyunguluke bua bobu kupetulula makanda didi kabidi mua kutokesha mushindu wa kuenza programe ne kufikisha ku mandamuna adi anenga matuku a bungi bua kumona mua kupita ne ntatu ya matuku atshilualua ne kukepesha njiwu ya matuku adi alua.

Midimu ya diambuluisha bantu idi ilenga nsombelu mu mushindu wa buludiludi ne udi kauyi wa buludiludi. Diandamuna dimpe dia mudimu wa diambuluisha bantu didi nunku ne bua kukonkonona ne ntema yonso njiwu idi mua kumueneka mu nsombelu pamue ne dikonkonona malu makuabu a bungi ne a nsombelu udiku. Programe idi ne bua kukepesha menemene buenzeji buayi mu nsombelu ne kumona mushindu udi disumba dia bintu, dibiambula, dibisungula, anyi mudi dienza mudimu ne mpetu ya mu buloba ne ya kuonso eku mua kukuba anyi kunyanga kabidi muaba udi bantu basombele ⊕ *tangila Mukenji wa 7 wa muaba wa kusokomena ne muaba wa kusombela: Dinenga dia muaba udi bantu basombele.*

Matunga ne provense idi mikale ituilangana ne bupele pamue ne bukokeshi anu bukese bua midimu ne bintu bidi binyunguluke bantu atu amona njiwu ya bungi padi bipupu bituta ne dinyungakanangana, bilela nunku dipingana didi ditungunuka dia dinyanguka dia nsombelu wa mu bantu ne wa bintu bidi bibanyunguluke. Bualu ebu budi ne buenzeji pa makanda a mubidi, dilongesha, bia kudikuatshisha nabi ne bintu bikuabu bidi bikengela bua kuikala talala, ne bunême, ne kuikala bimpe. Dinenga musangu mule dia muaba udi bantu didi tshitupa tshia mushinga mukole tshia ngikadilu mulenga wa diandamuna mu diambuluisha bantu ⊕ *tangila Dipangadika 3 ne dia 9 dia Mukenji munene wa diambuluisha bantu badi bakenga ne Mukenji wa 7 wa muaba wa kusokomena ne muaba wa kusombela: Dinenga dia muaba udi bantu basombele.*

Tshisakidila
Dikuatshisha bantu ku diambuluisha dia bisalu

Tshisakidila etshi tshidi tshifila malu makuabu a pa mutu ku mêyi a mbangilu a Mukanda wa Sphere, tshifila mamanyisha makuabu ne buludiki pa bidi bitangila dienza mudimu ne malu a bisalu bua kukumbaja Mikenji ya nshindamenu ne kuambuluisha bantu bua kukumbajabu majinga abu kunyima kua dikenga. Ntshiashila pa nshapita ya nshindamenu ne badi batela malu adimu mu nshapita ya ngenzelu wa mudimu. Nunku, tshidi tshitupa mene tshia Mukanda wa Sphere. Bua kuandamuna mu mushindu muimpe, benji ba mudimu wa diambuluisha bantu badi ne bua kumvua ntshinyi tshidi majinga mikale pamue ne mushindu wa kuakumbaja bimpe. Tshitupa tshia dikonkonona edi nkumvua mushindu udi malu a bisalu enda ne mbintu kayi ne mmidimu kayi idiku mu muaba, mu ditunga, mu provense ne mu bukua-matunga. Diumvua dia malu aa didi kabidi dipetesha programe ya diambuluisha bantu mushindu wa kuambuluisha bisalu, anyi anu mene bua kubenga kubinyanga dîba didibu bafila diambuluisha.

Dikonkonona dia bisalu mu dikononona dia diandamuna

Diakamue bobu bamane kukonkonona tshidi majinga ne makokeshi adi mua kuikalaku bua kumona malu adi akengela kuenza kumpala, badi ne bua kukonkonona mishindu mishilangane ya kufila diandamuna ne kukumbaja majinga aa. Dikonkonona dia diandamuna didi ne bua kujadika ne: njiwu ya mu dienza dia mudimu, ya mu dilongolola programe ne ya mu nsombelu pamue ne mishindu idi imueneka mbiangatshibue ne mushinga dîba dionso bua kujadika mushindu wikala dikuatshisha ne bua kufidibua. Bualu ebu budi mua kubikidibua imue misangu ne: "disungula dia ngenzelu".

Kusunguluja mushindu mutambe buimpe wa kufila diambuluisha bua kukumbaja majinga kudi kulomba:

- malu mamanyisha matapulula bimpe pa bidi bitangila malu adi ne bua kuenjibua kumpala ne pa mushindu udi bantu basue bua kupeta dikuatshisha, mu bitupa kabukabu ne mu kupita kua tshikondo; ne
- kumvua matekete a mu malu a dilama mpetu, aa adi madianjile kuikalaku ne aa adi dikenga dituale.

Bu tshitupa tshia dikonkonona dia diandamuna, dikonkonona dia malu a bisalu didi diambuluisha bua kusunguluja mushindu mutambe buimpe udi mua kuikalaku wa kukumbaja majinga a kumpalampala: diambuluisha ne bintu bia ku mubidi, dipetesha midimu, diambuluisha ne makuta anyi dikuata mudimu ne mishindu yonso eyi mu nsombelu kampanda. Dikonkonona dia malu a mishinga nediambuluishe bua kumona ntatu yonso ya mu bisalu, pamue ne malu a disumba ne dipana, anyi ndudikilu wa malu, mêyi, mikenji anyi bintu bidi bienza bidi bielela dienda mushinga mikale.

Nansha basungule diandamuna dia mushindu kayi, didi ne bua kuambuluisha malu a bisalu ne kudifila bua kukuba bintu bia kudiambuluisha nabi, midimu ne malu a bungenda a muaba au. Sphere mmushindamene pa kanemu kanene bua bantu badi bakenga ne pa ditua mpanda ku malu adibu basungule bua kupetululabu makanda. Pa kutangila mushindu udi bantu benza mudimu pamue ne bangenda ba muaba au bua kupeta bintu, midimu ne mpetu, dikonkonona dia malu a bisalu didi diambuluisha ngenzelu wa malu udi uteka bantu munkatshi mua tshienzedi.

Dilongolola dia malu ne miaba ya bisalu

Badi mua kuenza mudimu ne bisalu bua kuambuluisha bantu mu mishindu ya bungi mu musoko, mu ditunga anyi mu matunga. Badi mua kuenza dilongolola dia malu bilondeshile bidi bienzeka mu bisalu bua kufila dikuatshisha dia buludiludi, anyi badi mua kutua mpanda ku bisalu bua kuambuluisha bimpe bantu badi bakenga.

- Disumba dia bintu bia kudia ne bidi kabiyi bia kudia mu muaba au ne mu provense didi diambuluisha luseke lua dipetesha bantu bintu mu bisalu.
- Dikuatshisha ne makuta, diambuluisha bantu bua kusumba bintu bidi bimueneka muaba au anyi midimu didi diambuluisha luseke lua disumba bintu mu bisalu.
- Diambuluisha bintu bidi bantu benze bu mudi dilongolola dia njila idi mitangile ku bisalu, anyi diakajilula malu bu mudi mikenji bua kupangisha diteka dia mishinga, bidi biambuluisha tshisalu bua kuikalatshi tshiambuluisha bantu badi bakenga mu mushindu mutambe buimpe.

Misangu mivule, malu bu mudi dikala mulume anyi mukaji, tshisa tshia muntu anyi bulema, atu ne buenzeji bua buludiludi bua ku mubidi, bua mpetu anyi bua mu nsombelu bua kufika ku bisalu. Mmunyi mudi bantu balume, bakaji, bansonga anyi bakulakaje bafika mu bisalu mu mishindu mishilangane? Mbipepele bua bangenda-mushinga ba tshisa tshikuabu kusombabu makuta anyi? Malu aa ne makuabu adi ne buenzeji pa mushindu udi bantu mua kudifila mu malu a bisalu.

Malu a bikadilu bimpe ne a muaba udi bantu basombele nga diangata ne mushinga wa bungi dîba dia kulongolola programe idi miashila pa malu a tshisalu. Utabalele bua ne: malu a bungenda adi mafuane kujikija bintu bia ku tshifukilu, kunyanga kapepe, mâyi ne bintu bidi bitunyunguluke ki mmalubuluja mu mushindu udi uteka mioyo ya bantu mu njiwu mikuabu nansha.

Bintu, midimu ne bisalu: Paudi wandamuna ku majinga a mu diambuluisha bantu a kumpalampala, tangila bintu ne midimu. Mikenji ya bungi ya Sphere idi yumvuija difila mushindu kampanda wa bintu anyi mushindu wa kubipeta. Nansha nanku, midimu ya mu tshisumbu tshia bantu bu mudi ya luondapu ne ya tulasa mmitamba kumanyika yoyi bua difila anyi dipetesha mushindu wa kufika ku midimu ayi, ne katuena mua kusungula bua kuyipetesha bantu ku diambuluisha dia bisalu to. Paudi wenza mudimu ne bafidi ba midimu bakuabu anyi bangenda-mushinga, angata mapangadika bua kulondesha bimpe menemene ngikadilu wa midimu ne bintu bidibu bafila ⊕ *tangila Mukenji wa 1.4 wa ndongoluelu ya makanda a mubidi: Difila makuta a luondapu.*

Mu nsombelu mikuabu, programe idi miashila pa malu a bisalu idi yambuluisha buludiludi dipetesha bantu midimu mmiakanyine. Dikuatshisha ne makuta didi mua kuambuluisha difikisha dia bantu ku miaba ya luondapu anyi ya kulongela (pa kusumba bilamba bia balongi ne bintu bia kulonga nabi). Dilondesha makuta adi mêku atula didi difila bipeta bifunda bimpe bidi bileja mushinga wa midimu idibu babenzela, pamue ne eyi idi ne bua kuikala kabayi bafuta. Dilondesha makuta adi mêku atula didi ne bua kupeta misangu yonso diambuluisha dia ku bipeta bia dilondesha dia dikuatshisha bantu ne makuta.

Bitupa bidi bishindamene pa midimu bidi kabidi mua kutangila dilongolola dia programe idi mishindamene pa bisalu bua bintu bu mudi mishetekela miela buanga, difila dia biakudia bikumbajija ne manga a luondapu bikalabi bikumbaja ngikadilu ya bulenga ⊕ *tangila Mukenji wa 1.3 wa ndongoluelu ya makanda a mubidi: Manga adi akengedibua ne biamu bia kuondopa nabi.*

Mu nsombelu ya bungi, nebikengele kusangisha midimu ya diambuluisha ya malu a bisalu. Nebilombe pamuapa bua kuambuluisha programe ya malu a bisalu ne midimu mikuabu bu mudi eyi ya difila dikuatshisha mu ngenzelu wa mudimu. Disangisha edi neditungunuke kabidi mu bule bua programe ne didi mua kushintuluka kumbuka ku dikuatshisha ne bintu bia ku mubidi ne kuluadi dia ne makuta anyi tike ya diangata nayi bintu, peshi tshimue anyi tshikuabu. Dilondesha dia bisalu, pamue ne dilongesha dia programe, didi ne mushinga bua kushindika anyi kuakajilula mushindu wa dikuatshisha bantu.

Misangu yonso bitu bikengela dieleshangana diboko pankatshi pa mulongo wa difila dia bintu, bintu bidibu balongolole bua kuenza nabi mudimu ne midimu ya programe. Bua kupeta malu makuabu pa bidi bitangila bintu bia mudimu bidi biambuluisha bua kuenza disungula edi ne dikonkonona ⊕ *tangila Mikanda idibu batele.*

Liste ya dikontolola nayi malu

Liste wa dikontolola nende diambuluisha bantu ne makuta

Tshitupa etshi tshidi tshileja liste wa malu a kutangila bua kufila dikuatshisha mu dienza mudimu ne bisalu. Tshidi tshilonda njila wa dilongolola dia programe ne tshikonga malu makuabu a mushinga adi alomba kutangila paudi witaba bua kulonda ngenzelu wa malu eu bua kukumbaja Mikenji ya nshindamenu. Nsombelu ne nsombelu yonso mmushilangane ne mukuabu, ne mishindu ya ngenzelu wa difidila diambuluisha neyikale mushilangane bilondeshile bintu bidibu benze, dikubibua dia bipeta bifunda, mushindu udi bintu bikale ne dikuatshisha ne didisuika pamue mu malu a difila mpetu.

Dienza programe

- Jadika bimanyinu bia disungula nabi malu bilondeshile bipatshila bia programe ne buejamu malu masunguluke adi atangila dikuatshisha bantu ne makuta.
- Tangila bimpebimpe munda mua dîku muntu udi ne bua kupeta dikuatshisha ne makuta, muimanyine pa dikonkonona dimpe dia njiwu ne ujoje malu onso a bukubi adi mua kuikalaku.

- Sunguluja ngenzelu mimpe, idi bantu bonso mua kupeta ne miakane bua kufila dikuatshisha dishindamene pa nsombelu, bipatshila ne bunene bua programe pamue ne bukokeshi bua mpetu bua udi upeta dikuatshisha edi ne malu adiye musue.

- Enza makumi a bungi bua makuta a kufila bilondeshile majinga adiku ne mushinga wa dikumbaja mine majinga au.

- Leja misangu bungi kayi ikala difila dia makuta edi ne bua kuenzeka ne mutantshi wikaladi ne bua kunenga bilondeshile majinga, mivu, bukokeshi bua mufidi wa mpetu ne njiwu ya bukubi.

- Muaba udibi bifuanyike kuikala nanku ne udibi mua kuenzeka, angata lungenyi lua kuenza mudimu mu bitupa bishilashilangane.

- Jadika malu manene adiku ne bidi bileja mine malu aa bua kulondesha ngenzelu, mudimu, bipeta ne malu adi mua kumueneka.

Diteka mu tshienzedi

- Konga malu masunguluke a nsombelu udiku ne malu makuabu a mushinga pa bidi bitangila makuta a kutula bua midimu idibu basue kunuenzela ne teka bimanyinu bimanyike bimpe bia kusungula nabi midimu eyi.

- Ela meji bua dienza mudimu ne njila idi bantu bibidilangane nayi idi midianjile kuikalaku bua kukuba bantu bonso.

- Enza ndongoluelu ya difunda nayi ne ya disunguluja nayi malu idi miakanyine bua njila wa dienzela mudimu ne bua dikuba nende bipeta bifunda bidi bitangila malu a bantu.

- Jadika bua ne: difunda ne disunguluja bidi bikonga bipeta bifunda bidi mufidi wa makuta muikale nabi dijinga.

- Enza mudimu ne funda mu mikanda mapangadika audi muangate bua kukuba bipeta bifunda.

- Teka njila ya dipetela bipeta bifunda ku biamu mu dienza mudimu tshiapamue ne malongolodi mashilangane bu biobi mua kuenzeka nanku ("ndongoluelu idi yambuluishangana mu mudimu").

- Leja patoke nkuatshilu ya mudimu, miaba ne majitu a difila dia makuta, pamue ne njila ya mua kupita ne njiwu idi mua kuikalaku.

- Jadika ne: ngenzelu wa difila dikuatshisha ne makuta udiku ne mmuimpe.

- Ujadike bimpe ne: bisumbu bionso bia bantu badi mu dikenga bidi mua kupeta njila wa difidila bintu uudi musungule mu bule bua dikalaku dia mudimu eu.

- Jadikila bapetshi ba diambuluisha mua kupeta ngumu idi itangila bipatshila bia programe ne matuku ikala dikuatshisha ne makuta ne bua kunenga, bua bamanye mua kumanyisha mapangadika adibu bangate bua kutula makuta.

- Umanye se: benji ba mudimu wa difila makuta badi ne dibanza dia kuandamuna kudi baapetshi ku diambuluisha dia dilongolola malu ku diumvuangana ne dilondesha dia malu ⊕ *tangila Dipangadika 4 ne 5 dia Mukenji munene wa diambuluisha bantu badi bakenga.*

Dilondesha malu, dikonkonona ne dilonga

- Londesha ngenzelu, midimu, bipeta ne njiwu ya mu dikuatshisha ne makuta, pamue ne dilondesha dia malu a panyima pa diabanya makuta.
- Londesha malu bua kumona ni makuta anyi tike ya diangata nayi bintu bivua bifike mu bianza bia muntu udi mubiakanyine, kakuyi bualu, pa dîba ne mu bungi buvuawu ne bua buikala.
- Londesha malu a bisalu ne milongo ya dipetela bintu dîba dionso, kupita ne pa dilondesha dia mishinga ya bintu.
- Londesha ditula dia makuta dia mêku ne udifuanyikije ne bipeta bifunda bia malu a mu bisalu bua kumona bikala majinga aa alomba bua kuakumbaja pa kufila dikuatshisha dia makuta ne kukepesha bipeta bia nkuatshilu mubi wa mudimu ne mpetu.
- Londesha malu adi atangila njiwu idi mua kuikalaku ya dikuatshisha ne makuta, pamue ne njiwu ya bukubi ne buenzeji bubi kayi buonso pa bintu bia ku tshifukilu.
- Ela meji bua bipeta bidi bisuikila ku dikuatshisha bantu ne makuta.
- Ela meji pa tshibidilu bua kumona bikala disungula dia dikuatshisha ne makuta dikale dimpe mu dikumbaja majinga adi ashintuluka, akaja programe bilondeshile dishintuluka didiku ne tua mpanda ku dilonga dia malu didi ditungunuka bua programe yalonda matuku atshilualua.

Liste wa dikontolola nende dilongolola dia mulongo wa dipetesha bintu ne bintu bia mudimu

Tshitupa etshi tshidi tshileja liste wa malu a kutangila bua kulongolola mulongo wa dipetesha bintu ne bintu bia mudimu. Tshidi tshilonda njila wa dilongolola dia programe ne tshikonga malu makuabu a mushinga a kutangila.

Dilongolola dia mulongo wa dipetesha bintu (SCM) didi dituadija ne disungula dia bintu anyi mudimu. Didi dikonga dimanya muaba wafumina bintu bidi bikengedibua, mushindu wa kubipeta, dibilongolola bimpe, njiwu idi mua kuikalaku (pamue ne difuta assiranse), dibikuta, dibituma, dibiambuisha, dibilama, dibibala, dibifikisha ku muaba wabi ne dibiabanya. Mu SCM mudi benzejanganyi ba mudimu bashilashilangane, ne bidi ne mushinga bua kulombola midimu ⊕ *tangila Dipangadika 6 dia Mukenji munene wa diambuluisha bantu badi bakenga.*

Bidi bikengela dimanya dipiluke dia pa buadi dia SCM. Mishindu mikuabu ya mamanya adi akengedibua idi ikonga dilongolola dia diumvuangana, diambuisha bintu ne dibilama, dilongolola dia emvantere, dikonkonona dia mulongo wa difidila bintu ne dilongolola dia malu a kumanyisha, dilondesha dia dituma dia bintu ne dilongolola dia dibuejija bintu mu ditunga. Midimu ya dilongolola malu ne dialondesha idi ne bua kujadika ne: bintu bia kudia mbilama bimpe too ne ku miaba idibu babiabanya. Nansha nanku, malongolodi adi ambuluisha bantu adi pawu ne bujitu bua kujadika ne: bintu ne midimu (kuelamu ne midimu ya dikuatshisha bantu ne makuta) bidi bipeta bantu badi dijinga ne dikuatshisha edi.

Disumba bintu bia muaba au ne bia tshitupa atshi didi disonsola bisalu bia muaba au, ne bualu ebu budi mua kupesha bena madimi ne bena biapu lungenyi lua kupatula bintu bia bungi, ne bidi nunku mua kuyisha malu a mpetu a muaba au kumpala. Nansha nanku, padi bintu bimane kuikala bikese menemene, disumba bintu bia muaba au anyi bia tshitupa atshi didi mua kujula ntatu mu bisalu bikuabu anyi kunyanga ntuangajilu ya bangenda-mushinga idi mimane kuikalaku. Bishilangane, dibueja bintu bia ku babende didi mua kulua kunguijila bapatudi ba bintu ba muaba au anyi ba tshitupa atshi bintu bipitepite ne kunyanga kabidi ntuangajilu ya bangenda-mushinga idi mimane kuikalaku.

Dienza programe

- Konkonona bikala bintu ne midimu idi ikengedibua bikaleku mu muaba au kumpala kua kubikeba muaba mukuabu.
- Ela meji bua kuenza mudimu pamue ne bambudi ba bintu ba mu muaba au anyi tshitupa atshi badi bamanyike bimpe ne badi ne dimanya dia mushinga dia mikenji ya muaba au, ngenzelu ne njila ya kulonda, ne badi mua kuambuluisha bua kujadika ne: badi balonda mikenji ya ditunga didi dinuakidile ne difikisha dia bintu ne lukasa.
- Padiku diluangana dia mvita, wikale ne dîsu dikole menemene mu ditangila benji ba midimu.
- Wikale ne ntema bua kujadika ne: dikeba dia bintu anu mu tshitupa atshi kadiena dikebesha anyi dikolesha ndululu.
- Tangila bikala dienza mudimu ne bintu bia ku tshifukilu mua kunenga musangu mule, anyi dienza nabi mudimu didi mua kujudija diluangana dikuabu bua bintu bidiku.
- Jadika ngenzelu wa mudimu mutoke, muakane ne mubululuke wa dipetesha bantu kontra, pa kutangila mishindu ya muaba au, ya mu ditunga ne ya bukua-matunga.
- Bikala malongolodi a bungi mikala mu mudimu eu, enza muebe muonso bua kulombola dipeta dia bintu mu muaba unudi.

Diteka mu tshienzedi

- Suika malanda mimpe ne banupeteshi ba bintu, bangenda-mushinga ne banuenzedi ba midimu ba muaba au.
- Lomba bua bintu ne midimu bikale ne ngikadilu udi muakanyine ku diambuluisha dia kontra ne mu bienzedi bimpe bidi binenga musangu mule ne binemeka bintu bidi bitunyunguluke.
- Longesha ne ludika bena mudimu ba bitupa bionso bia mulongo wa dipetela bintu bua bamanye mua kulama bintu bilenga ne balamate dienza nunku, ne ngenzelu ya dikuba bintu bimpe (bua bapetshi ba bintu ne bena mudimu) pamue ne mu bienzedi bimpe bidi binenga musangu mule ne binemeka bintu bidi bitunyunguluke.

- Bueja bena mudimu ba malongolodi anudi nuenzejangana nawu mudimu ne banuenzedi ba midimu bakuabu mu dilongesha ne ubalongeshe mu muakulu wa muaba au.

- Teka ngenzelu ya mudimu idi yumvuija bantu dibanza dia kuandamuna, bu mudi dilongolola bua kusumba bintu, kubiambuisha ne kubilama, dienza emvantere, difila luapolo ne ndongoluelu ya malu a mfranga.

- Kuangatshi biakudia bua kufuta midimu ya bintu bia mudimu bu mudi diambula bintu mu mashinyi ne dibilonga mu depo. Makuta aa adi ne tshia bua kuikala mu ntudilu wa makuta mudianjila kulongolola wa nshindamenu.

- Mbimpe kutapulula depo ya biakudia ne eyi idi kayiyi ya biakudia. Paudi usungula depo kampanda, wikale mujadike ne: kabavua balaminamu bintu bia njiwu ne kakuena bualu bua njiwu budi mua kunyanga bintu nansha. Bidi bikengela kukonkonona malu bu mudi aa: dilamibua bimpe, bunene, mushindu mupepele wa kubuela ne kupatuka, dishindama dia nzubu ne mâyi ki mmafuane kubuela munda nansha kakese.

- Tangila bikalaku njiwu mu diambuisha dia bintu mu njila ne mu depo ne umone tshia kuenza.

- Mu nsombelu idi bantu baluangana, enza ndongoluelu ya dikontolola nayi malu ne lombola bitupa bionso bia mulongo wa dipetela bintu bua kukepesha njiwu ya dipaula dia bintu anyi dibiangata ku bukole kudi bitupa bidi mu diluangana.

- Konkonona ne angata ne mushinga malu adi atamba kumueneka mu malu a tshididi ne disomba talala, bu mudi dipambula dia bintu didi difuane kuenzeka bua kusonsolola diluangana mvita ⊕ *tangila Dîyi dinene dia bukubi 2.*

- Kepesha ne fila luapolo lua dijimina dia bintu mu bitupa bionso bia mulongo wa dipetela bintu.

- Lomba bua bainspektere badi bamanye mudimu wabu bimpe (bu mudi bamanyi ba biakudia bidi bimpe ne bena laboratware ya manga ya mbulamatadi) bua balue kutangila bintu bidi binyanguke anyi bidi kabiyi biakanyine ne bajadike bidi bikengela kuimansha.

- Umbusha bintu bidi binyanguke pa lukasa, kumpala kua biobi kulua bualu bua njiwu anyi budi bufuana kupangisha bantu mua kusomba talala. Mishindu ya diumbusha bintu idi ikonga dibipanyisha (tshilejilu, anyi bua kubidiisha nyama) ne kubijiika mu buloba anyi kubiosha mushindu udibi bianyishibue. Badi ne bua kubiumbusha nunku mu mêsu mua bakokeshi badi bualu ebu butangila. Mu mishindu yonso, bintu bidi kabiyi bimpe kabiena ne bua kubuela tshiakabidi mu mulongo wa dipetela bintu nansha. Kabiena ne bua kunyanga bintu bia muaba udi bantu basombele anyi kunyanga mpokolo ya mâyi nansha ⊕ *tangila Mukenji 5.1 too ne 5.3 ya Mushindu wa kumbusha bintu bia bukoya mu WASH.*

- Dilongolola dia malu dia ku dituku ne ku dituku didi dilomba kuenza lukasa ne mu mushindu mutokesha luapolo lua dipumbishibua anyi lua dipangadika dionso mu mulongo wa dipetela bintu. Longolola mikanda ne formilere mikumbane idi mua kuikalaku mu muakulu wa muaba au mu miaba yonso idibu bapeta bintu, babilama ne/anyi babiabanya. Kuenza malu nunku kudi kulama mulongo mufunda wa dilondesha nawu midimu.

Dilondesha malu, dikonkonona ne dilonga

- Londesha ne longolola njila ya dipetela bintu bua kuepuka dipambula dia bintu, ne dipangika diabi, pamue ne kuepuka dinyanguka dia tshisalu.
- Manyisha benji ba mudimu pa tshibidilu malu adi atangila madikolela a mu mulongo wa dipetela bintu.
- Manyisha malu adi akengela kumanyisha pa bidi bitangila bungi bua bintu, bintu binudi bindile bidi bilua ne bia kuabanya munkatshi mua benji ba mudimu wa dipetesha bantu bintu. Enza mudimu ne mulongo wa dilama dia bintu bua kuleja bimpe bilema ne ntatu idi mua kumueneka mu kupita kua tshikondo. Dimanyishangana malu munkatshi mua benzejanganyi ba mudimu didi mua kupepejila muntu mushindu wa kupeta makuta a kusomba bidi mua kuepula dikoseka dia mulongo wa dipetela bintu. Kuoku kakuyi bintu bikumbane, nebikengele kuteka biakudia pa muaba wa kumpala. Yukila ne benzejanganyi ba mudimu paudi ukonkonona malu a kuenza.
- Umanye se: didiumvua ne dibanza dia kuandamuna ne dimanyishangana malu bidi bileja malu masunguluke a mu njila ya difidila bintu.
- Ujadike bua ne: kudi ndongoluelu ya dilondesha nayi bintu ne dimanyisha malu anu ku tshibangidilu tshia mudimu wa diambuluisha.
- Konkonona pa tshibidilu bikala dikuatshisha dikale dikumbaje bimpe majinga adi ashintuluka, akaja programe bilondeshile malu adi mashintuluke ne tua mpanda ku dilonga didi amu ditungunuka bua programe ya matuku atshilualua.

Mikanda idibu batele ne mikuabu ya kubala

Dijingulula matekete ne makokeshi
Humanitarian Inclusion Standards for Older People and People with Disabilities. Age and Disability Consortium as part of the ADCAP programme. HelpAge, 2018. www.helpage.org

Dienza dia programe muashila pa ditabuja
A faith-sensitive approach in humanitarian response: Guidance on mental health and psychosocial programming. The Lutheran World Federation and Islamic Relief Worldwide, 2018. https://interagencystandingcommittee.org

Dikonkonona dia bisalu ne dienza dia programe mushindamene pa malu a bisalu
Minimum Economic Recovery Standards (MERS): Core Mukenji 2 and Assessment and Analysis Standards. The Small Enterprise Education and Promotion Network (SEEP), 2017. https://seepnetwork.org

Minimum Standard for Market Analysis (MISMA). The Cash Learning Partnership (CaLP), 2017. www.cashlearning.org

Diambuluisha ne makuta
CBA Programme Quality Toolbox. CaLP. http://pqtoolbox.cashlearning.org

Dilongolola dia mulongo wa dipetesha bintu ne bintu bia mudimu
Cargo Tracking: Relief Item Tracking Application (RITA). Logistics Cluster. www.logcluster.org

HumanitarianResponse.info: Logistics references page. UNOCHA. https://www.humanitarianresponse.info

Logistics Operational Guide (LOG). Logistics Cluster. http://dlca.logcluster.org

Oxfam Market Systems and Scenarios for CTP – RAG Model 2013. Logistics Cluster. www.logcluster.org

Toolkit for Logistics in C&V. Logistics Cluster. www.logcluster.org

Mikanda mikuabu ya kubala
Wewe musue kubala malu makuabu, suaku utangile mu www.spherestandards.org/handbook/online-resources

Tshibungu tshia malu a diambuluisha bantu badi bakenga

Tshibungu tshia malu a diambuluisha bantu badi bakenga

Tshibungu tshia malu a diambuluisha bantu badi bakenga tshidi tshifila bishimikidi bia malu malenga ne adi alonda mikenji pa bidi bitangila Mêyi manene a bukubi, Mukenji munene wa diambuluisha bantu badi bakenga ne Mikenji ya nshindamenu idi ilonda mu Mukanda eu. Mmuenze tshitupa tshia malu adibu bambe bua bukenji ne majitu bidi bilonda mikenji, eku muikale kabidi wakuila malu adi bantu ba bungi bitabuja.

Pa bidi bitangila bukenji ne majitu bidi bilonda mikenji, Tshibungu tshia malu a diambuluisha bantu badi bakenga tshidi tshileja mu tshikoso mêyi manene a nshindamenu adi alonda mikenji adi ne buenzeji bua bungi pa dikala bimpe dia bantu badi bakenga bua tshipupu anyi bua diluangana dia mvita. Bua bidi bitangila malu adi bantu ba bungi bitabuja, mukanda eu udi uteta bua kujadika dipetangana ku dîyi didi bena mudimu wa diambuluisha bantu bafike ku ditaba munkatshi muabu pa bidi bitangila mêyi manene adi ne bua kulombola diandamuna dionso padiku tshipupu anyi mvita, pamue ne midimu ne majitu a bantu bashilashilangane badi baditue mu mudimu eu wa diambuluishangana.

Tshibungu tshia malu a diambuluisha bantu badi bakenga ke tshishimikidi tshia dîyi dipunga dia bena mudimu wa diambuluishangana tshidi Mukanda wa Sphere utamba kuakuila ne tshidi tshilomba bantu bonso badi badifile mu mudimu wa diambuluisha bantu bua kuikalabu balonda mêyi manene a muomumue aa.

Malu atudi tuitabuja

1. Tshibungu tshia malu a diambuluisha bantu badi bakenga tshidi tshiumvuija bualu butudi tuitaba tuetu bonso bena mudimu wa diambuluisha bantu pa bualu bua se: bantu bonso badi bakenga bua tshipupu anyi mvita badi ne bukenji bua kukubibua ne kupeta diambuluisha bua kukumbajabu majinga a nshindamenu a mu nsombelu mu bunême buonso. Tudi tuela meji ne: mêyi manene adi mumvuija mu Tshibungu etshi ngadi bantu ba buloba bujima bitabuja, bakuata nawu mudimu bua kuambuluisha nawu bantu bonso badi bakenga bua tshipupu anyi bua mvita bua kuikalabu talalaa kakuyi bualu, nansha bobu bikale muaba kayi, ne bua bantu bonso badi basue kubambuluisha anyi kubasombesha talalaa kakuyi bualu. Mêyi manene aa adi asanganyibua mu mikenji ya bukua-matunga, kadi adi apetela bukole buawu nangananga ku dîyi dinene dia nsombelu mulenga dia **bumuntu**: dia se: bantu bonso mbaledibue bikale badikadile ne bikale ne bunême ne bukenji bua muomumue. Bilondeshile dîyi edi, tudi tuamba tushindika ne: bujitu **bua kuleja bumuntu** ke bualu bua mushinga mukole kumpala kua bionso, mbuena kuamba ne: tshienzedi tshionso tshidi ne bua kuenjibua bua kuepula anyi kukepesha dikenga dia bantu didi difumina ku tshipupu anyi diluangana dia mvita, ne kakuena bualu nansha bumue budi mua kupita dîyi dinene edi to.

Tuetu bonso bena midimu ya diambuluisha bantu ba muaba utudi basombele, ba mu ditunga dietu ne ba bukua-matunga tudi badisuike bua kulubuluja ne kulamata ku mêyi manene adi mu Tshibungu etshi ne bua kulonda Mikenji ya nshindamenu mu madikolela atudi tuenza bua kuambuluisha ne kukuba bantu badi mu dikenga. Tudi tulomba bonso badi badifila mu midimu ya diambuluisha bantu, pamue ne bena midimu ya mbulamatadi ne ya bantu pa nkayabu bua bitabe bua kulonda mêyi manene a bantu bonso, manême ne majitu bidi bifunda mu mukanda eu ne kubiangata bu dîyi didi bantu bonso badi benza mudimu wa diambuluishangana bitaba.

Mudimu wetu

2. Tudi tuitaba ne: majinga a nshindamenu a bantu badi bakenga bua tshipupu anyi bua mvita adi akumbajibua bangabanga ku madikolela abu bobu bine, ne ku diambuluisha dia tshinsanga ne malongolodi a muaba udibu basombele. Tudi tuitaba mudimu wa kumpala ne bujitu bua nzanzanza bua ditunga didi mu dikenga wa kuambuluisha pa dîba ne tshikondo bantu badi bakenga, kujadika bua ne: bantu aba mbakubibue ne badi talalaa kakuyi bualu, ne kubambuluisha bua kupetululabu makanda. Tudi tuitaba ne: bualu budi buenjibua ku budisuile ne bumanyike kudi mbulamatadi budi ne mushinga mukole bua kubabidila malu bimpe ne kufila diandamuna, ne pa bidi bitangila bualu ebu, Kumpanyi ya mu ditunga ya Kasumbu ka Nkuruse mukunze ne Ngondo mukunze ne bena mudimu bakuabu badi kabayi ba mu mbulamatadi badi ne mudimu wa mushinga mukole wa kuenza mu ditua bakokeshi ba mbulamatadi nyama ku mikolo. Muaba udi bakokeshi ba ditunga kabayi bakumbana mua kufila diambuluisha, tudi tushindika ne: mudimu wa tshinsanga tshitambe bunene tshia bukua-matunga, kuelamu ne bafidi ba mpetu ba mu mbulamatadi ne ba malongolodi kabukabu a mu bitupa bia matunga, ngua kuambuluisha matunga bua amone mua kukumbaja majitu awu. Tudi tuitaba ne tutua mpanda ku midimu ya pa buayi idi nayi bena midimu miomekela majitu aa ya Bulongolodi bua Matunga masanga ne Komite wa bukua-matunga wa Nkuruse mukunze.

3. Mutudi bena midimu ya diambuluisha bantu, tudi tutangila tshidi muaba wetu pa bidi bitangila majinga ne makokeshi a bantu badi mu dikenga ne majitu a mbulamatadi anyi bakokeshi badi ku mutu kuabu. Wetu mudimu mu diambuluisha dia bantu udi uleja bulelela bua se: bantu badi ne bujitu bua nzanzanza misangu yonso kabatu anu bakumbana bua bobu kukumbaja bujitu buabu menemene to, anyi imue misangu kabatu basue kuenza nanku to. Biobi ne bua kuenzeka, ne bilondeshile dikumbaja bujitu bua kuleja bumuntu ne mêyi manene makuabu adi asanganyibua mu Tshibungu etshi, netutue nyama ku mikolo madikolela onso ikala mua kuenjibua kudi bakokeshi badi bualu ebu butangila bua kukuba ne kuambuluisha bantu badi mu dikenga. Tudi tulomba bena mudimu bonso ba mbulamatadi ne badi kabayi ba mbulamatadi bua kunemaka muaba udi nawu midimu ya diambuluisha bantu; mmidimu idi mikale kayiyi isungulula bantu, mmidikadile ne kayena ibuelakana mu malu a bantu to. Tudi tulomba bua babapepejile mudimu wabu pa kubumbushila bijikilu bidi kabiyi bilonda mikenji ne bia tshianana, kuenza bua ne: bikale talalaa kakuyi bualu ne kubapetesha mushindu wa kufika pa dîba muaba udi bantu bikale bakenga.

Mêyi manene, bukenji ne majitu a bantu bonso

4. Midimu ya bumuntu itudi tuenza tudi tuyenza bua kuambuluisha bantu bilondeshile dîyi dinene dia bumuntu ne dia bujitu bua kuleja bumuntu, bamanye bukenji bua bantu bonso badi bakenga bua tshipupu anyi diluangana dia mvita, bikala bakaji, balume, bansongalume anyi bansongakaji. Bidi kabidi bikonga bukenji bua kukubibua ne kupeta diambuluisha bilondeshile mikenji ya bukua-matunga idi yakuila mudimu wa diambuluisha bantu, manême a bantu ne mikenji idi yakuila bena tshimuangi. Kadi bua mu Tshibungu etshi, tudi tutela mu tshikoso bukenji ebu mushindu eu:

- **bukenji bua kuikala ne muoyo ne bunême;**
- **bukenji bua kupeta diambuluisha dia bumuntu; ne**
- **bukenji bua kukubibua ne kuikala talalaa kakuyi bualu.**

Nansha mudibu kabayi bafunde bukenji ebu mu miaku eyi mu mikenji ya bukua-matunga, tudi tupeta munda muabu bukenji bujadika budi bulonda mikenji ne bufila nshindamenu mujalame wa bujitu bua kuleja bumuntu.

5. Bukenji **bua kuikala ne muoyo ne bunême** budi bumuenekela mu mapangadika a mikenji ya bukua-matunga, ne nangananga mapangadika adi atangila manême a muntu yonso a kuikala ne muoyo, ne nsombelu muakanyine ne kabayi mua kumukengesha anyi kumukisa, kumuenzela malu adi kaayi a bumuntu anyi kumunyoka mu mushindu udi umupuekesha milongo. Bukenji bua kuikala ne muoyo budi bumvuija bujitu bua kukuba muoyo muaba udi muikale njiwu. Bujitu ebu budi busua kumvuija ne: muntu kena mua kuepuka anyi kupangisha bua bafile diambuluisha didi disungila muoyo wa bantu. Bunême kabuena bumvuija anu ne: kuikala bimpe ku mubidi to; budi bulomba kunemeka muntu udi ukenga mu bujima buende, mmumue ne: malu adiye wangata ne mushinga, malu adiye witabuja yeye muine anyi a mu tshinsanga, ne kunemeka bukenji buabu bua bumuntu, bu mudi dikala ne budishikaminyi, budikadidi bua lungenyi ne kuikala ne mitabuja a tshitendelelu.

6. **Bukenji bua kupeta diambuluisha dia bumuntu** mbualu budi bukengedibua bua kuikala ne muoyo ne bunême. Budi busangisha bukenji bua kuikala ne nsombelu muakanyine, mmumue ne: biakudia biakanyine, mâyi mimpe, bilamba, muaba wa kulala ne malu makuabu adi akengedibua bua kuikala ne makanda mimpe a mubidi, malu adi majadikibue bimpe mu mikenji ya bukua-matunga. Mukenji munene wa diambuluisha bantu badi bakenga ne Mikenji ya nshindamenu bidi bileja bukenji ebu ne bifila mumvuija adi akuatshisha, nangananga pa bidi bitangila dipangadika dia kuambuluisha bantu badi bakenga bua tshipupu anyi diluangana dia mvita. Muaba udi bena mudimu ba mbulamatadi anyi badi kabayi ba mbulamatadi kabayi bakumbana mua kuambuluisha bantu mu mushindu eu, tudi tuela meji ne: badi ne bua kushila bakuabu bantu njila bua babambuluishe bua kuenza nunku. Diambuluisha dionso dia mushindu eu didi ne bua kufidibua bilondeshile dîyi dia **dibenga kuikala ne kansungasunga**, didi dilomba bua ne: diambuluisha dikale mua kufidibua anu bua dijinga didiku ne bilondeshile bunene bua dijinga edi. Kuenza malu nunku kudi kuleja dîyi dinene dia **dibenga kusungulula bantu**: mmumue ne: kabena mua kusungulula muntu nansha

umue bua bualu bumue anyi bukuabu bu mudi bidimu biende, dikala mukaji anyi mulume, bua dikoba diende, tshisa tshiende, tshilele tshia diangatangana tshidiye musungule, muakulu wende, tshitendelelu tshiende, bulema, makanda a mubidi, malu a tshididi anyi makuabu, anyi ditunga ne tshisumbu tshia bantu tshia kudiye mufumine.

7. **Bukenji bua kukubibua ne kuikala talalaa kakuyi bualu** mbuashile miji mu mapangadika a mikenji ya bukua-matunga, mu mapangadika a Bulongolodi bua Matunga masanga ne malongolodi makuabu a mbulamatadi, ne mu bujitu bua budikadidi bua matunga bua kukuba bantu bonso badi mu bitupa bia maloba adi ku bokokeshi buabu. Dikala bimpe ne dikala talalaa kakuyi bualu bidi ne mushinga mukole mu mudimu wa diambuluisha bantu, mmumue ne: dikuba bena tshimuangi ne bantu badi bamuangale munda mua ditunga diabu. Anu mudi mikenji yanyisha, bamue bantu badi mua kuikala ne butekete bua pa buabu bafuane kubenzela malu mabi ne kubasungulula mu mushindu mubi bua nsombelu udibu nende, tshilejilu, bua bidimu biabu, bualu mbantu balume anyi bakaji, bafike anyi batoke, ne bidi mua kulomba amue mapangadika a pa buawu bua kubakuba ne kubambuluisha. Bikalabi ne: ditunga kampanda ndipangile mushindu wa kukuba bantu mu nsombelu eyi, tudi tuela meji ne: ditunga edi didi ne bua kukeba diambuluisha dia bukua-matunga bua dimone mua kuenza nanku.

Mikenji idi itangila dikubibua dia bantu badi kabayi basalayi ne badi bamuangale idi ilomba ntema ya pa buayi muaba eu:

i.   Mu **diluangana ne biamvita** bilondeshile mudibu bumvuije mu mikenji ya mudimu wa diambuluisha bantu ya bukua-matunga, dipangadika dia pa buadi didi dilonda mikenji ndienza bua kukuba ne kuambuluisha bantu badi kabayi baluanganyi ba mvita. Bipungidi bia ku Genève bia mu 1949 ne Mumvuangana makuabu a mu 1977 bidi biambika bisumbu bionso bidi biluangana ne biamvita majitu a mu mikenji ya bukua-matunga ne idi kayiyi ya bukua-matunga. Tudi tuamba ne tushindika bualu bua se: badi ne bua kukuba bantu bonso badi kabayi basalayi bua kabababundi anyi kababasombuedi to, ne tudi tuakuila nangananga mushinga wa:

     ▪ dîyi dinene dia **ditapulula** bantu badi kabayi basalayi ne baluanganyi ba mvita, bintu bidi kabiyi bia basalayi ne bintu bia basalayi;
     ▪ dîyi dinene dia **ditshintshija malu** mu dienza mudimu ne bukole ne **ditapa ntala** mu dibunda dia mvita;
     ▪ bujitu bua kudikanda bua kuenza mudimu ne biamvita bidi kabiyi bisunguluja bantu anyi bidi mua kukebesha njiwu mipite bungi anyi ya patupu idi mua kukengesha anu bantu tshianana bilondeshile mudibu babienze; ne
     ▪ bujitu bua kufila njila bua bambuluishe bantu kakuyi kansungasunga.

Malu a bungi adi akengeshisha patupu bantu badi kabayi basalayi mu diluangana dia mvita adi afumina nangananga ku dipanga kulonda mêyi manene a nshindamenu aa.

ii. **Bukenji bua kukeba muaba wa kunyemena anyi kusokomena** mbukenji
bua mushinga mukole bua kukuba bantu badibu bakengesha anyi badibu
benzela malu a tshikisu. Bantu badi bakenga bua tshipupu anyi bua
mvita batu misangu mivule benzejibue bua kunyema kushiya nzubu yabu
benda bakeba muaba wa kusomba talalaa kakuyi bualu ne mushindu wa
kumona bintu bia kudiambuluisha nabi. Malu adi mu Tshipungidi tshia
mu 1951 tshidi tshiakuila bena tshimuangi (mudibu baafundulule) ne mu
bipungidi bikuabu bia bukua-matunga ne pankatshi pa amue matunga adi
afila bukubi bushindame bua bantu badi kabayi bakumbana mua kupeta
bukubi bua kudi mbulamatadi wa ditunga diabu anyi wa ditunga didibu
basombele badi benzejibue bua kukeba disomba bimpe talalaa mu ditunga
dikuabu. Munkatshi mua mêyi manene onso didi ne mushinga ngedi dia
dibenga kualuja: dîyi dia se: kabena ne bua kualuja muntu nansha umue
mu ditunga mudiye mufuane kujimija muoyo, budikadidi buende anyi dikala
ne bujima buende bua mubidi, anyi muaba udibu mua kumukengesha anyi
kumuenzela malu makuabu a tshikisu, adi kaayi a bumuntu peshi dinyoka
didi dimupuekesha milongo. Dîyi dimuedimue edi didi kabidi ditangila
bantu badi bamuangale munda mua ditunga diabu, mushindu udibi bileja
mu mikenji idi yakuila manême a bantu ne idi mifunda mu Mêyi manene a
buludiki a mu 1998 adi atangila dimuangala dia bantu munda mua ditunga ne
mikenji mikuabu idi yakuila mine malu aa mu ditunga ne pankatshi pa amue
matunga.

Tshitudi bapangadije

8. Tudi tuenza midimu yetu ne lungenyi lua se: bantu badi bakenga ke badi munkatshi
mene mua tshienzedi tshia mudimu wa diambuluishangana, kabidi tuitaba ne: didifila
dia bine bantu aba didi ne mushinga wa bungi mu difila dia diambuluisha mu mishindu
idi ikumbaja bimpe menemene majinga abu, bu mudi bantu badi ne butekete ne
badi kabayi basuibue mu tshinsanga tshiabu. Netuenze mueutu muonso bua kutua
mpanda ku madikolela adibu benza bua kubabidila, kulongolola ne kuandamuna
padiku tshipupu ne padiku diluangana dia mvita, ne kukolesha makokeshi a bena
mudimu ba muaba au mu bitupa bionso.

9. Tudi bamanye ne: malu adibu bateta kuenza bua kuambuluisha bantu imue
misangu adi mua kuikala ne bipeta bibi bivua kabiyi bielela meji. Mu diumvuangana ne
bantu badi bakenga ne pamue ne bakokeshi, tudi tukeba bua kukepesha menemene
bipeta bibi bionso bia tshienzedi tshia diambuluisha bantu mu tshisumbu tshia
bantu anyi muaba udibu basombele. Pa bidi bitangila diluangana ne biamvita, tudi
bamanye ne: mushindu udibu bambuluisha bantu udi mua kuenza bua ne: bantu badi
kabayi basalayi balue kupetakana ne njiwu, anyi ku musangu bifike ku dikuatshisha
mu mushindu uvua kauyi muelela meji tshimue tshia ku bisumbu bia baluanganyi ba
mvita. Tudi badisuike bua kukepesha malu onso a mushindu eu, bualu kuenza nunku
kudi kulonda mêyi manene atudi batele kuulu eku.

10. Netuenze malu mu diumvuangana ne mêyi manene a tshienzedi tshia mudimu wa diambuluisha bantu adi mu Tshibungu etshi ne mibelu ya nsungasunga idi mu Mikenji ya Bikadilu bua Kasumbu ka bukua-matunga ka Nkuruse mukunze ne Ngondo mukunze ne bua Malongolodi adi kaayi a mbulamatadi (ONG) mu diambuluisha padiku tshipupu (1994).

11. Mukenji munene wa diambuluisha bantu badi bakenga ne Mikenji ya nshindamenu bidi ne dikuatshisha dinene bua mêyi manene a bantu bonso adi mu Tshibungu etshi, mashindamene pa ngumvuilu udi nende bena midimu pa bidi bitangila malu a nshindamenu adi malombibue adi ne bua kuenjibua bua kuikala ne muoyo ne bunême ne malu adibu bamonemone mu diambuluisha bantu badi mu dikenga. Nansha mudi dikumbaja mikenji dilonda mulongo kampanda wa malu a kuenza, a bungi a kudiwu kaayi anu mua kutupita mutu, tudi badisuike bua kuteta anu kuteta misangu yonso bua kukumbaja mikenji eyi ne tudi batekemene se: netuikale ne bua kuandamuna bua bujitu ebu bilondeshile tshidi mikenji yamba. Tudi tulomba bantu bonso, pamue ne badi mu dikenga ne mbulamatadi idi ifila mpetu, malongolodi a bukua-matunga, ne benji ba mudimu badi pa nkayabu ne badi kabayi mu mbulamatadi, bua bitabe Mukenji munene wa diambuluisha bantu badi bakenga ne Mikenji ya nshindamenu, bayangate bu mêyi adibu bitabe bua kulonda.

12. Mu dilamata ku Mukenji munene wa diambuluisha bantu badi bakenga ne Mikenji ya nshindamenu, tudi tudisuika bua kuenza muetu muonso bua kujadika ne: bantu badi bakenga bua bipupu anyi diluangana dia mvita badi ne mushindu wa kupeta kuoku malu a nshindamenu adi akengela bua kuikalabu ne muoyo ne bunême, basombe talalaa kakuyi bualu, pamue ne dipeta mâyi mimpe, nkumba mimpe, biakudia, bidishi bia mubidi, muaba wa kulala ne luondapu bidi biakanyine. Bua bualu ebu, netutungunuke ne kutua mpanda ku matunga ne bantu bakuabu bua bafike ku dikumbaja majitu abu a nsombelu muimpe ne adi alonda mikenji bua diakalenga dia bantu badi bakenga. Ku luetu luseke, tudi tupangadija bua kulengeja bimpe ngenzelu wetu wa mudimu, ikale muakanyine ne tudiumvua tuetu bine ne dibanza dia kuandamuna mu dienza dikonkonona dimpe ne dilondolola dia malu didi diakanyine dia nsombelu wa muaba utudi, ku diambuluisha dia ditokesha dia malu a dimanyisha ne diangata dia mapangadika, ne ku diambuluisha dia dilombola dimpe dia mudimu ne dieleshangana diboko ne bena mudimu bakuabu badi bualu ebu butangila mu bitupa bionso, mushindu udibi biumvuija mu katoba ne mu katoba mu Mukenji munene wa diambuluisha bantu badi bakenga ne mu Mikenji ya nshindamenu. Tudi badisuike nangananga bua kuenza mudimu tshiapamue ne bantu badi bakenga, pa kuela kashonyi pa didifila diabu ne muoyo mujima mu mudimu wa diambuluisha bantu. Tudi tuitaba ne: tudi ne dibanza dinene dia kuandamuna kudi bantu bine batudi tukeba bua kuambuluisha.

Mêyi manene a bukubi

| Tshibungu tshia malu a diambuluisha bantu badi bakenga |

Mêyi manene a bukubi

DÎYI DINENE DIA 1	DÎYI DINENE 2	DÎYI DINENE 3	DÎYI DINENE 4
Kukolesha dikubibua, bunême ne manême a bantu, ne kuepuka bua kabalu kumona malu mabi makuabu	Kujadika mushindu udi bantu mua kupeta diambuluisha diakane, bilondeshile majinga abu ne kakuyi kansungasunga	Kuambuluisha bantu bua bumvue bimpe kunyima kua makenga adi mabavuile ku mubidi ne mu lungenyi bua malu a tshikisu adibu babakanyina bua kubenzela anyi adibu babenzele, adibu babenzeje anyi babapangishe ku bukole	Kuambuluisha bantu bua kuangata manême abu ne mushinga

TSHISAKIDILA Tshikepeshelu tshia Mikenji ya ngenzelu wa mudimu wa bukubi

44

Tshikebelu

Mêyi manene a bukubi

Mêyi manene a bukubi anayi adi ne bua kusanganyibua mu tshienzedi tshionso tshia mudimu wa diambuluisha bantu ne kudi benji bonso ba mudimu eu.

1. Kukolesha dikubibua, bunême ne manême a bantu, ne kuepuka bua kabalu kumona malu mabi makuabu.
2. Kujadika mushindu udi bantu mua kupeta diambuluisha diakane, bilondeshile majinga abu ne kakuyi kansungasunga.
3. Kuambuluisha bantu bua bumvue bimpe kunyima kua makenga adi mabavuile ku mubidi ne mu lungenyi bua malu a tshikisu adibu babakanyina bua kubenzela anyi adibu babenzele, adibu babenzeje anyi babapangishe ku bukole.
4. Kuambuluisha bantu bua kuangata manême abu ne mushinga.

Mêyi manene a bukubi ke nshindamenu wa manême adi mafunda mu Tshibungu tshia malu a diambuluisha bantu badi bakenga: bukenji bua kuikala ne muoyo ne bunême, bukenji bua kupeta diambuluisha dia bumuntu ne bukenji bua kupeta bukubi ne kuikala talalaa kuyi ne bualu. Mêyi manene adi aleja mudimu udi nawu bena mudimu bonso ba mudimu wa diambuluisha bantu padibu benza malu bua kukuba bantu. Nansha nanku, midimu ne majitu a bena mudimu wa diambuluisha bantu idi anu bua kuambuluisha midimu ya mbulamatadi. Mbulamatadi anyi bakokeshi bakuabu ke badi ne bujitu budi mikenji ibapesha bua kutabalela bua se: bantu badi mu teritware wabu anyi ku bukokeshi buabu badi bimpe, ne kakuena bualu bubi budi mua kukuata bantu badi kabayi basalayi padiku diluangana dia mvita. Ndekelu wa bionso, bakokeshi aba ke

---

Bukubi budi butangila dikala talalaa kakuyi bualu, dinemekibua ne diangata ne mushinga manême a bantu badi bakenga bua tshipupu anyi bua diluangana dia mvita. Komite kampanda udi utangila malu a midimu eyi (IASC) udi umvuija bukubi ne:

"... midimu yonso ikenjibu ne kipatshila ka se: bantu bamone mua kunemeka manême a muntu bilondeshile mifundu ne tshidiyi yumvuija mu mikanda ya mikenji idi itangila bualu ebu (mmumue ne: mikenji ya bukua-matunga idi itangila manême a muntu, mikenji ya bukua-matunga idi yakuila bena tshimuangi)."

Mu ngumvuilu mualabaja, bukubi budi bukonga malu onso adi menza kudi bena mudimu wa diambuluisha bantu ne baluidi ba manême a bantu bua kujadika ne: manême a bantu badi mu dikenga ne majitu a badi ne bukokeshi bilondeshile mikenji ya bukua-matunga badi babiumvua, babinemeka, babikuba ne babikumbaja kakuyi kansungasunga.

Bantu badi mu bukubi padibu babenzela bualu kampanda bua kubepula ku tshi-kisu, ku dibenzeja malu ku bukole anyi pa kubabudisha tshintu ku bukole. Misangu mivule kutu malu a mushinga adi atangila bukubi adi alenga bisumbu bijima bia bantu mu tshitupa tshionso tshia mudimu wa diambuluisha bantu, mudi mulomba dieleshangana maboko padibi bikengela bua kujikija bimpe ntatu. Bua dianda-muna dimpe dia bena mudimu wa diambuluisha bantu kufikishadi ku bukubi, mbia mushinga mukole bua kujingulula njiwu minene idi mua kuikalaku ne kumona mua kuyepuka, nansha njiwu minene idi mua kufumina ku dipanga kunemeka mikenji ya bukua-matunga idi itangila mudimu wa diambuluisha bantu, bena tshimuangi anyi idi yakuila manême a bantu.

badi ne bujitu bua kujadika bua ne: bantu mbakubibue ne kakuena bualu bubi budi mua kubenzekela ku dienza bualu kampanda anyi pa kukandika dienza bualu kansanga. Tshidi bena mudimu wa diambuluisha bantu ne bua kuenza tshidi mua kuikala anu bua kukankamija bakokeshi ne kubafikisha ku dikumbaja majitu abu. Ne biapangilabu bua kukumbaja majitu abu aa, bena mudimu wa diambulusha bantu badi mua kufila dikuatshisha kudi bantu bua bamone mua kupita ne malu adi menzeke.

Nshapita eu udi ufila buludiki pa mushindu udi malongolodi a midimu ya diambuluisha bantu badi bakenga mua kuambuluisha bua kukuba mu diambuluisha bantu bua bikale bimpe kakuyi bualu, bapete diambuluisha, bapetulule makanda panyima pa bobu bamane kukengeshibua ne tshikisu ne bua bapetulule manême abu.

Kuteka Mêyi manene mu tshienzedi

Muntu yonso udi wenza mudimu ne Mikenji ya nshindamenu ya Sphere udi ne bua kulekela Mêyi manene a bukubi aa amulombola, nansha yeye kayi muikala ne bukenji kampanda bua bukubi bua nsungasunga anyi bukokeshi kansanga bua pa buabu bua bukubi. Ebi bidi bilomba kumvua tshidi nsombelu muikale ne kuangata mapangadika bua kuepuka, kujikila anyi kujikija dinyanga dia malu ne njiwu idi mua kufikisha bantu kabatshiyi badiumvua kabidi talalaa. Mbia mushinga mukole bua kumanyisha malu ne kuambuluisha bantu bua bafike ku diangata mapangadika ne ngumvuilu muimpe wa malu pa bidi bitangila nsombelu wabu bobu bine ne ku dipetulula makanda.

Benji ba mudimu wa bukubi ba pa buabu badi ne bua kukumbaja Mêyi manene aa ne kukumbaja kabidi mikenji misunguluke ya pa mutu. Benji ba mudimu wa bukubi ba pa buabu badi bakumbaja mudimu eu wa pa buawu bashindamene pa bitupa bisunguluke bia malu adi ne bua kuelela meji bu mudi:

- dikubibua dia bana;
- tshikisu tshienzela muntu bua mudiye mulume anyi mukaji;
- bukenji bua kuikala ne nzubu, tshitupa tshia buloba ne kuikala muena tshintu;
- dijikija malu a mine itubu bajiika mu buloba;
- mushinga mubandile wa mikenji ne buakane;
- diakuila bantu ku tubadi bilondeshile mikenji;
- bakuidi ne baluidi ba manême a bantu;
- bantu badi bamuangale munda mua ditunga diabu; ne
- manême a bena tshimuangi.

⊕ *Tangila Mikanda idibu batele* ne *Tshisakidila: Mikenji ya ngenzelu wa mudimu wa bukubi*, idi yakuila pa mushindu wa kulondolola dîku, kupetulula mikanda, bukubi bua bipeta bifunda ne malu makuabu.

Midimu ya bukubi

Midimu idi itangila bukubi idi mua kuikala ya diepula, diandamuna, dilongolola ne diakajilula nsombelu wa bantu. Ditua Mêyi manene a bukubi mpanda didi dilomba disangisha midimu yonso eyi.

- **Diepula:** Diepula bantu ku malu adi mua kufikisha ku dinyanga dikala talalaa, bunême anyi manême abu, anyi dikepesha dibateka mu njiwu anyi dibafikisha ku njiwu eyi.
- **Diandamuna:** Dilekesha malu a tshikisu anyi a tshinyangu adi mikale enzeka pa kuandamuna diakamue ku malu a tshinyangu, a dienzeja bantu malu ku bukole ne dibapangisha bintu.
- **Dilongolola:** Dilongolola malu mabi adi enzeka anyi avua menzeke mu diondopa muntu (kufila kabidi ne dikuatshisha dia mu bikadilu bia nsombelu), dikuatshisha mu malu a mikenji ne dikuatshisha kayi dikuabu bua kumona mua kuambuluisha bantu bua kupetulula bunême buabu.
- **Diakajilula nsombelu:** Kuambuluisha bua bantu bamone mua kupeta nsombelu wa tshididi, wa bantu bonso, udi ulonda bilele, bishimikidi ne mikenji yabu udi ufikisha bantu ku dinemeka manême a bantu badi bakenga. Ebi bidi bikonga disaka bantu ku dinemeka manême a bantu bilondeshile mikenji ya bukua-matunga.

Diakuila bantu, bikala dia bantu bonso anyi dia muntu umue pa nkayende, ditu dimueneka mu mishindu yonso inayi ya midimu eyi. Padibu bafunyina bantu badi bakenga pa kubangatshila mapangadika anyi kubenzela malu ku bukole, bena mudimu wa diambuluisha bantu anyi malongolodi adi akuila manême a bantu badi ne bua kuakuila bantu bua kushintululabu mapangadika, bienzedi anyi malu adibu babenzela adi mua kunyanga manême a bantu badi bakenga. Badi mua kuenza nunku pa kuenzeja anyi kushintuisha muntu anyi bulongolodi budi bufuna bua bikadilu, diatshimue ne dikeba dishintuluka dia malu adibu benza ne kansungasunga anyi bilondeshile mikenji miela. Bidi kabidi mua kukonga difila dikuatshisha ku madikolela adi bantu bine benza bua kushala talalaa ne kukepesha njiwu idi mua kuikalaku.

Dîyi dinene dia bukubi dia 1:
Kukolesha dikubibua, bunême ne manême a bantu, ne kuepuka bua kabalu kumona malu mabi makuabu

Bena mudimu wa diambuluisha bantu badi benza malu bua kukepesha njiwu yonso ne malu adi mua kuteka bantu mu nsombelu mubi, kutekamu ne malu adi mua kuikala ne buenzeji bubi mu programe ya midimu ya diambuluisha bantu.

Dîyi dinene edi didi dikonga:

- Dijingulula njiwu ya bukubi idi mua kuikalaku mu nsombelu;
- Difila dikuatshisha didi dikepesha njiwu eyi idi mua kufikila bantu pa kukumbaja majinga abu ne bunême;
- Difila dikuatshisha mu nsombelu udi kayi uteka kabidi bantu mu njiwu ya ku mubidi, tshikisu anyi tshinyangu; ne
- Diambuluisha bantu mu mushindu muine udibu nawu wa kudikuba bobu bine nkayabu.

Bualu bua mushinga mukole mu dîyi edi mbua kuepuka buenzeji bubi budi mua kufumina ku dilongolola dia midimu ya badi bambuluisha bantu ⊕ *tangila Dipangadika 3 dia Mukenji munene wa diambuluisha bantu badi bakenga (CHS).*

Malu a kulonda

Dikonkonona dia nsombelu: : Anji kumvua tshidi nsombelu muikale ne dianjila kumona bipeta bia tshienzedi tshionso tshia mudimu wa diambuluisha bantu bidi mua kunyanga dikala talalaa, bunême ne bukenji bua bantu badi batata. Enza mudimu pamue ne benzejanganyi nebe ba mudimu ne bisumbu bia bantu balume, bakaji, bansongalume ne bansongakaji bua kukonkonona misangu yonso njiwu idi mua kuikalaku padiku dishintuluka dia nsombelu misangu ne misangu.

Dikonkonona edi didi mua kushindamena pa malu makese adi alonda aa, kadi kaena ashikidila anu apa to:

- Mmalu kayi adi mua kuikala atshinyisha, ateka bantu mu njiwu ne atekesha bukubi munkatshi mua tshisumbu tshijima tshia bantu? Mmakokeshi kayi adi nawu bantu bua kumona mua kukepesha mine malu au?
- Kudiku bisumbu bidi bituilangana mpala ne njiwu ya nsungasunga anyi? Bua tshinyi? Tshilejilu tangila tshisa, tshiota, kalasa, bikala muntu mulume anyi mukaji, bidimu, bulema anyi tshilele tshia diangatangana tshidi muntu mudisunguile.
- Kudi malu adi apangisha bantu bua kupeta dikuatshisha anyi kufila diabu dîyi mu mapangadika adibu bangata anyi? Malu aa adi mua kukonga malu adi apangisha dikala talalaa, nsombelu mulenga anyi a ku mubidi, anyi mushindu udibu bamanyisha malu aa.
- Mmalu kayi adi binsanga bia bantu ba muaba au benza bua kudikuba nkayabu? Mmushindu kayi udi malongolodi a mudimu wa diambuluisha bantu mua kufila dikuatshisha ne kubenga kunyanga madikolela aa? Kudiku malu mabi adi mua kumueneka bua mudi bantu bikale badikuba anyi?
- Bantu mbaditue mu bikadilu bibi bu mudi dienda bundumba, diselesha bana bakese, dibenzeja midimu anyi dimuangala didi diteka bantu mu njiwu anyi? Ntshinyi tshidibu mua kuenza bua kukepesha malu aa adi mua kuikala anyanga nsombelu?
- Midimu ya diambuluisha bantu idiku ne bipeta bibi bidi kabiyi bielela meji, bu mudi diteka bantu mu njiwu mu miaba ya diabanyina bintu anyi bifika ku diabulula bantu ba mu tshinsanga tshimue anyi ku ditapulukangana dia bantu badibu bakidile ne aba badi babakidile anyi? Ntshinyi tshidibu mua kuenza bua kukepesha njiwu eyi?
- Kudiku mikenji ya dinyoka nayi bantu idi mua kuikala iteka bukubi mu njiwu, bu mudi dienzejibua bua kuteteasha mubidi bua kishi ka VIH, dikandika dia diangatangana dia balume ne balume anyi bakaji ne bakaji, anyi mikenji mikuabu anyi?

Longolola ne lama dishintakaja dia malu mamanyisha ne ngenzelu udi uleja bujitu budi nabu bantu bua kuandamuna mu binsanga bia bantu, kutekamu ne aba badi mu njiwu, bua kumona mua kujadika ne kujikija bilumbu bia mu bukubi ebi.

Wamanya kulu kudibuejakaja mu dinyanga dia manême a bantu ku midimu idi isua kuanyishisha bilondeshile mikenji, ngenzelu ne bikadilu bidi bijula lutatu. Tshilejilu, tudi mua kutela midimu idi yambuluisha bua kumuangesha bantu ku bukole bua malu a tshididi anyi a busalayi, anyi idi ikolesha diluangana kabiyi buludiludi padibu basungula kabiyi ne ntema benzejanganyi ba mudimu peshi bangenda mushinga. Dikonkonona edi didi mua kukonga malu a kusungula ne mapangadika, udi ne bua kudienza ne kudienzalula mu mushindu mumvuike padi nsombelu ishintuluka.

Dikuatshisha dia bena mudimu wa diambuluisha bantu: Mushindu udibu bafila dikuatshisha edi ne nsombelu wa malu udiku padibu badifila, bidi mua kufikisha bantu ku dikala kumpala kua njiwu ya bungi, ku malu a tshikisu anyi ku dienzejibua ku bukole.

- Ambuluisha bantu mu nsombelu idi mitambe kuikala mimpe ne keba ne muoyo mujima mishindu ya kukepesha njiwu ne malu adi atekesha bantu. Tshilejilu, fila malongesha ne luondapu mu miaba idi bantu bonso mua kubipeta kakuyi bualu ⊕ *tangila Mukanda wa INEE*.
- Angata mapangadika matshintshikila onso paudi ufila anyi ulongolola dikuatshisha bua kukuba bantu ku ditapika ne ku diangatshibua ku bukole. Tshilejilu, dikuatshisha bantu ne bintu bia mushinga anyi ne makuta didi mua kujula dipawula dia bintu, bifuana kuteka baudi wambuluisha aba mu njiwu.
- Ambuluisha bantu bua bapete mishindu miakane ya kukumbaja majinga manene mu mushindu udi ukepesha ditekibua mu njiwu. Tshilejilu, fila bintu bidi mua kuambuluisha bua kulamba nabi bidi bikepesha dijinga dia kuya kuangula nkunyi mu miaba ya njiwu.
- Ela meji bua midimu idi ikuba bansonga, ne kuenji malu adi alela njiwu mikuabu to, bu mudi dienzeja bana midimu, dibakuata ku bukole anyi dibatapulula ne mêku abu ⊕ *tangila Mukanda wa SMPE*.
- Eleshangana maboko ne bamfumu ba mbulamatadi ne malongolodi a pa buawu pa bidi bitangila diumbusha mine idi mijiika mu buloba ne idi kayiyi mitayike mu miaba idibu bafila dikuatshisha kudi bantu ⊕ *tangila Mikenji ya bukua-matunga ya diluisha nayi mine itubu bajiika mu buloba*.
- Fuanyikija mu lungenyi buenzeji buonso budi kabuyi buelela meji budi mua kunyanga nsombelu wa bantu udi mua kubapangisha bua kuikala talalaa, ne bunême ne bukenji buabu.
- Yikilangana ne bisumbu bishilashilangane bia bantu ba mu tshinsanga, pa kutekamu ne bisumbu bia bantu badi mu njiwu ne malongolodi adibu beyemena, bua kujingulula mushindu mutambe buimpe wa kufila dikuatshisha adi. Tshilejilu, enza mudimu ne bantu badi ne bulema bua kujadika mushindu wa kufila dikuatshisha. Kakuena ne bua kuikala njiwu mikuabu ku dikala diabu dimpe anyi ku dikala dimpe dia bantu badibu beyemena bua kupeta dikuatshisha kudibu.

Ngenzelu idi yambuluisha bua kukuba bantu: Jingulula mishindu idi bantu bateta bua kudikuba bobu bine, mêku abu ne binsanga biabu. Tua nyama ku mikolo malu adi bena tshinsanga badiangatshila bua kudiambuluisha. Mudimu wa badi bambuluisha bantu kawena ne bua kunyangakaja bukokeshi budi nabu bantu bua kudikuba bobu nkayabu ne bantu bakuabu nansha.

Malu adi umvuika makole: Ujadike bua se: bantu kabena mu njiwu bilondeshile mushindu udi bena mudimu wa diambuluisha bantu bafunda ne bamanyisha malu. Longolola njila wa kukeba malu ne kuamanyisha. Njila eu udi ne bua kujadika mu nsombelu kayi idibu mua kumanyisha malu aa ne kunemeka dîyi didi dilomba dianyisha dia muoyo mudisuile. Dipanga kuenza nunku didi mua kunyanga dikala talalaa dia badi bashala ne muoyo ne dia bena mudimu.

Dîyi dinene dia bukubi 2:
Kujadika mushindu udi bantu mua kupeta diambuluisha diakane, bilondeshile majinga abu ne kakuyi kansungasunga

Bena mudimu wa diambuluisha bantu badi bamona malu adi apangisha bantu bua kupeta dikuatshisha ne bangata mapangadika bua kujadika ne: bantu badi bapeta diambuluisha edi bilondeshile majinga abu ne kakuyi kansungasunga.

Dîyi dinene edi didi dikonga:

- Kukonkonona bienzedi bionso bidi bipangisha ku bukole bantu bua kukumbaja majinga abu a nshindamenu, mu dienza mudimu ne mêyi manene a mudimu wa diambuluisha bantu ne mikenji idi itangila mudimu eu ⊕ *tangila Tshibungu tshia malu a diambuluisha bantu badi bakenga*;
- Kujadika bua ne: bantu badi bapeta dikuatshisha bilondeshile majinga abu, ne kabena babenzela malu ne kansungasunga bilondeshile bualu kampanda anyi kansanga to; ne
- Kujadika bua ne: bitupa bionso bia tshisumbu tshia bantu badi mu dikenga bidi bipeta dikuatshisha edi.

Tshidi ne mushinga mu Dîyi edi ndungenyi lua se: binsanga bia bantu bidi ne bua kupeta diambuluisha didi dikengela ⊕ *tangila Dipangadika 2 dia Mukenji munene wa diambuluisha bantu badi bakenga (CHS)*.

Malu a kulonda

Dibenga kuikala ne kansungasunga: Enza bua ne: bantu bapete diambuluisha pa kushindamena nangananga pa majinga nkayawu ne fila dikuatshisha edi bilondeshile majinga adiku. Edi ke dîyi dinene dia dibenga kuikala ne kansungasunga didi dijadika mu Mikenji ya Bikadilu ya bena Kasumbu ka bukua-matunga ka Nkuruse mukunze ne Ngondo mukunze ne Malongolodi adi kaayi a mbulamatadi (ma-ONG) mu diambuluisha padiku bipupu ⊕ *tangila Tshisakidila 2* ne *Tshibungu tshia malu a diambuluisha bantu badi bakenga*. Malongolodi a mudimu wa diambuluisha bantu kaena ne bua kutamba kutabalela anu tshisumbu kampanda tshia pa buatshi (tshilejilu, bantu badibu bamuangeshe badi mu kamponya kampanda anyi bisumbu bisunguluke bia bantu badi kabayi ba bungi) bikala ditabalela edi mua kuenzela tshisumbu tshikuabu bibi munkatshi mua bantu badi bakenga badi dijinga ne diambuluisha edi.

Bukenji bua kupeta diambuluisha dia bumuntu: Luangana bua bukenji bua bantu badi bakenga bua lutatu bua bapete diambuluisha dia bumuntu. Muaba udi bantu kabayi mua kukumbaja majinga abu a nshindamenu ne bakokeshi ba muaba au kabayi bakumbana mua kufila diambuluisha, bakokeshi abu kabena ne bua kukandika bua malongolodi adi ambuluisha bantu aa ambuluishe bantu kakuyi kansungasunga to. Bobu bakandike badi banyanga mikenji ya bukua-matunga, nangananga padiku diluangana dia mvita. Bantu badi bakenga bua lutatu elu kabena ne bua kuikala ne nsombelu kampanda wa pa buende bilondeshile mikenji bua bobu kupeta diambuluisha dia bumuntu ne bukubi nansha.

Bakokeshi kabena ne bua kukandika dikalaku dia majinga a bumuntu anyi kuenza mudimu ne bijikilu bidibu bafumba nkayabu bua kukepesha ditambakana dia bena mudimu wa diambuluisha bantu.

Malu adi bu bipumbishi: Enza bua bantu bafike ku dipeta diambuluisha dia bena mudimu eu pa kusunguluja ne kumvua bimpe malu onso adi mua kuikala bu bipumbishi adibu mua kuikala bapetangana nawu. Longolola malu bua kumbusha bijikulu ebi pikalaku mushindu.

- Konkonona bipumbishi bidi bikepesha budikadidi bua bantu bua kutambakana anyi bibapangisha bua kupeta diambuluisha. Bipumbishi ebi bidi mua kuikala baraje ya mu njila, mine idi mijika mu buloba ne miaba idibu bakontolola bantu. Mu diluangana dia mvita, bisumbu bidi biluangana bidi mua kuteka miaba idibu bakontolola bantu, kadi kabiena ne bua kuenza malu a kansungasunga bua bisumbu kampanda bia bantu badi bakenga anyi kupangisha bantu bua kupeta diambuluisha kakuyi bualu.
- Utangile bualu bua baraje idi mua kuikala ipangisha bimue bisumbu bia bantu anyi bantu basunguluke bua kupeta diambuluisha, bifikisha ku diambuluisha bantu didi kadiyi diakanangane. Baraje idi mua kufikisha ku malu a kansungasunga menzela bantu bakaji ne bana, bantu bakulakaje, bena bulema anyi badi bungi bukese. Idi kabidi mua kupangisha bantu bua kupeta dikuatshisha bilondeshile tshisa, tshitendelelu, malu a tshididi, diangatangana didibu basungule, didileja dia muntu mudiye mulume anyi mukaji, muakulu wende anyi bua malu makuabu.
- Manyisha bantu malu mu mishindu ne mu miakulu idibu mua kumvua, pa bidi bitangila ngenzelu ya malu idi mianyishibue ne idibu mua kumanyisha. Dikolesha bua kupetangana ne bisumbu bia bantu badi mu njiwu "basokome" bu mudi bantu bena bulema, bana ba mu tshisalu, anyi bantu badi basombele mu bitupa bidi bantu kabayi batamba kufika, bua kubambuluisha bua bapete dikuatshisha kakuyi lutatu.

Dîyi dinene dia bukubi 3:
Kuambuluisha bantu bua bumvue bimpe kunyima kua makenga adi mabavuile ku mubidi ne mu lungenyi bua malu a tshikisu adibu babakanyina bua kubenzela anyi adibu babenzele, adibu babenzeje anyi babapangishe ku bukole

Bena mudimu wa diambuluisha bantu badi bafila dikuatshisha diakamue ne dia musangu mule kudi bantu badibu benzele malu a tshikisu, pamue ne dibafila mu bianza bia bena midimu mikuabu padibi bikengela kuenza nanku.

Dîyi dinene edi didi dikonga:

- Difila badi bashale ne muoyo ku midimu ya diambuluisha idi miakanyine;
- Kuangata mapangadika onso adi makanyine bua kujadika ne: bantu badi bakenga aba kabena batekibua kumpala kua malu makuabu a tshikisu, a dibenzeja ku bukole anyi a dibapangisha ku bukole amue malu; ne
- Ditua mpanda ku madikolela adi bantu bine benza nkayabu bua kupetulula bunême buabu ne bukenji munkatshi mua binsanga biabu ne kuikala bimpe talalaa.

Tshidi ne mushinga mu Dîyi edi ndungenyi lua se: binsanga ne bantu badi mu dikenga bua lutatu kampanda badi bapeta diambuluisha dia pa mutu ne dilombola bimpe ⊕ *tangila Dipangadika 6 dia Mukenji munene wa diambuluisha bantu badi bakenga (CHS).*

....

Malu a kulonda

Dileja bantu kudibu mua kuya: Ikala mumanye mishindu idiku ya diludika bantu ne kuambuluisha badi bakenga bua malu a tshikisu bua bamone mua kupeta kakuyi lutatu diambuluisha dia midimu idi miakanyine. Bamue bantu kabena mua kukeba diambuluisha panyima pa tshikisu tshibenzela. Enza malu bua kujingulula bipumbishi bidi bipangisha bantu bua kukeba diambuluisha ne akaja mushindu wa dibaludika bilondeshile nsombelu udiku.

Ambuluisha bantu badi bashale ne muoyo panyima pa bamane kubenzela malu a tshikisu ku mubidi anyi bua mudibu balume anyi bakaji bua bobu kufika ku miaba idibu mua kupeta diambuluisha bu mudi luondapu, diambuluisha dia bampulushi, dikuatshisha dia lungenyi ne dia bikadilu, ne midimu mikuabu. Midimu eyi idi ne bua kuangata ne mushinga nsombelu wa muntu bikalaye mulume anyi mukaji, bidimu biende, bulema, tshilele tshia diangatangana tshidiye mudisunguile ne malu makuabu a mushinga ⊕ *tangila Malu a kulonda bua kubueja diambuluisha bua badibu benzele malu a tshikisu bua mudibu balume anyi bakaji mu mudimu wa diambuluisha bantu.*

Longolola ngenzelu mimpe ya dileja bantu kudibu mua kuya ne enza nayi mudimu bua kukuba bana, ngenzelu idi yambuluisha bana badibu benzele malu a tshikisu, babenzeje midimu ku bukole, babanyange ne babalekelele.

Tshienzedi tshia tshisumbu tshia bantu: Tua mpanda ku tshienzedi tshia mu tshisumbu tshia bantu ne midimu idibu benza bua kudiambuluisha nkayabu idi yambuluisha bua bantu kupetulula lungenyi lua bulongame ne kulengeja dikubibua diabu.

Ambuluisha ngenzelu idi bena dîku, tshisumbu tshia bantu anyi muntu pa nkayende wenza bua kudikuba, ne kupeta lungenyi luimpe ne bikadilu bimpe bia mu nsombelu wa bantu. Bua bualu ebu, udi mua kuenza bua bantu kuikalabu bapetangana bua kuyikidila pa nsombelu udibu nende, kusungula amue malu adi ateka bukubi mu njiwu adibu mua kulongolola, ne kuangata mapangadika ne kuateka mu tshienzedi bua kumona mua kujikija malu au.

Ambuluisha bisumbu bia bantu bia muaba au bu mudi bisumbu bia bansonga, bia bantu bakaji anyi bia bitendelelu bua bimone mua kuteka mu tshienzedi mishindu idi kayiyi ya tshikisu ya kudikuba nayi, ne ambuluisha bantu badi ne butekete.

Padibi mua kuenjibua, lama bena mêku kaba kamue, nansha mêku adi kaayi a pa tshibidilu, ne ambuluisha bantu ba mu musoko mukuabu anyi mu tshitupa tshikuabu bua bobu kusombela muaba umue.

Tua mpanda ku ngenzelu mimpe ya mu tshisumbu tshia bantu ya nsombelu mulenga bu mudi mishindu miakanyine bilondeshile bilele bia bantu bia dijiika bafue, bibilu ne bienzedi bia malu a ntendelelu, ne bienzedi bikuabu bidi kabiyi bibi mu bikadilu ne bilele bia bantu mu disomba diabu pamue.

Ditupa ku mikenji didi amu ditungunuka, dilondolola ne dimanyisha: Wamanya bua njila ya dimanyishila dinyanga dia manême a bantu ne londa ngenzelu ne mishindu idiku ya dimanyisha malu adi umvuika makole kakuyi diteka bantu mu njiwu ⊕ *tangila Dîyi dinene dia bukubi dia 1* ne *Tshisakidila: Mikenji ya ngenzelu wa mudimu wa bukubi.*

Bidi kabidi bikengela kukonkonona ditupa ku mikenji didi amu ditungunuka ne kulongolola malu pamue ne benzejanganyi ba mudimu ne bena midimu misunguluke ya pa buayi. Mbulamatadi ne bakokeshi bakuabu badi ne bualu ebu ke badi ne bujitu bua nzanzanza bua kukuba bantu. Kuenza mudimu pamue ne bena midimu misunguluke ya pa buayi bua kujadika bitupa bidi ne bujitu bilondeshile mikenji anyi bukokeshi bua kukuba bantu ne kubavuluija majitu abu.

Bena midimu ya dilama bantu bikale talalaa ne bua kunemeka mikenji, bampulushi ne basalayi, pamue ne balami ba ditunga badi ne mudimu munene wa kuenza bua kujadika ne: bantu mbasombe mu ditalala kakuyi bualu. Padibi biakanyine ne kakuyi bualu bua kuenza nanku, manyisha bampulushi anyi balami ba ditunga anyi basalayi ditupa ku mikenji didi dinyanga manême a bantu.

Mu diluangana dia mvita, enza bua utangile malongolodi adi afila midimu ya mushinga mukole ne adi makubibue mu mushindu wa pa buawu kudi mikenji ya bukua-matunga ya diambuluisha dia bantu, bu mudi bilongelu ne mpitadi, ne manyisha dibabunda dionso didibu mua kubenzela. Enza madikolela a pa buawu bua kukepesha njiwu ne mikanu ya diangata bantu ku bukole kuya nabu anyi dibenzeja midimu ku bukole bidi mua kuikala bienzeke mu miaba eyi.

Mushindu wa kuenza ne malu adi umvuika makole: Malongolodi adi ambuluisha bantu adi ne bua kuikala ne ngenzelu wa malu ne nkuatshilu wa mudimu bitoke bidi mua kuludika bena mudimu pa mushindu wa kuandamuna padibu bafika ku dimanya anyi ku didimuenena nkayabu malu mabi adibu benzelangane, ne pa mushindu wa kuyikidilangana ne bamanyi bapiluke anyi bena midimu ya pa buayi. Dilama malu masokoka a bantu didi ne bua kumvuijibua bimpe mu ngenzelu eyi.

Bijadiki bu mudi malu adi bantu bamone ne abu abidi, bimanyinu bia bantu ne bimfuanyi biabu bidi bifila njila bua kusunguluja bantu bidi mua kuikala malu adi umvuika makole ne adi mua kuteka bantu mu njiwu. Malu adi umvuika makole pa bidi bitangila dinyanga malu anyi ditupa ku mikenji mu malu masunguluke bidi ne bua kusangishibua kudi bena midimu ya pa buayi idi mikale ne mamanya, ngenzelu, bukokeshi ne bipungidi bidi bikengela ⊕ *tangila Tshisakidila tshia: Mikenji ya ngenzelu wa mudimu wa bukubi.*

Dîyi dinene dia bukubi 4: Kuambuluisha bantu bua kuangata manême abu ne mushinga

Bena mudimu wa diambuluisha bantu badi bambuluisha binsanga bia bantu badi bakenga bua kupetulula manême abu ku diambuluisha dia mamanyisha ne mikanda, ne badi batua mpanda ku madikolela adi akolesha dinemeka dia manême.

Dîyi dinene edi didi dikonga:

- Diambuluisha bantu bua kujadika manême abu ne kupeta diambuluisha dia kudi mbulamatadi anyi miaba mikuabu;
- Diambuluisha bantu bua kulama bimpe mikanda idibu nayi dijinga bua kuleja bukenji budibu nabu; ne
- Diluila bua kunemekabu menemene manême a bantu ne mikenji ya bukua-matunga, biambuluisha nunku bua kukolesha nsombelu mulenga wa bukubi.

Tshidi ne mushinga mu Dîyi edi ntshia se: badi bakenga bua lutatu kampanda badi ne bua kumanya bukenji buabu ne manême abu ⊕ *tangila Dipangadika 4 dia Mukenji munene wa diambuluisha bantu badi bakenga (CHS).*

··

Malu a kulonda

Malu a kumanyisha adi bantu mua kupeta: Fila malongesha ne malu a kumanyisha adi ambuluisha bantu bua kumvua ne kuluila manême abu. Manyisha bantu bukenji kayi budibu nabu, tshilejilu pa bidi bitangila mishindu idiku ya bobu kupingana ne kuasulula disomba pa muaba kampanda. Enza mudimu diatshimue ne malongolodi a pa buawu adi afila diambuluisha bilondeshile mikenji bua kumanyisha bantu bukenji budibu nabu mu diumvuangana ne mêyi ne mikenji ya ditunga.

Manyisha malu mu miakulu idi bantu badi mu dikenga aba mua kumvua. Enza mudimu ne mishindu ya bungi idiku ya dimanyishila malu (bu mudi malu mafunda, mazola anyi mu dîyi dikuata) bua kutangalaja bikole ngumu mu mushindu udibi mua kuenzeka. Teta bua kumona ngumvuilu wa malu wa bisumbu bishilashilangane pa kutangila bidimu bia bantu, bikalabu balume anyi bakaji, tulasa tudibu balonge ne muakulu wa ku dibele.

Mikanda: Bantu batu amu ne manême kabiyi kutangila bikalabu ne mikanda ya pa buayi. Nansha nanku, bobu bapangile kuikala ne mikanda kampanda bu mudi mukanda wa diledibua, mukanda wa dibaka, mukanda wa lufu, mukanda wa dienda nawu ku matunga makuabu, mukanda wa lupangu anyi mukanda wa njikijilu wa kalasa, bantu badi mua kutuilangana mpala ne bipumbishi bia kuikala ne bukenji anyi ne manême abu. Ubaleje midimu kudibu mua kuya bua bobu kupeta mikanda eyi anyi kuyenzulula.

Mikanda ya mbulamatadi idi mimanyike kudi bakokeshi ba muaba au kabena ne bua kuyibuejakaja ne mikanda mipatula kudi malongolodi adi ambuluisha bantu to, bu mudi tualata tua mposu anyi mikanda ya difundisha mêna. Mikanda idi mipatula kudi bakokeshi kayena ne bua kujadika muntu udi muakanyine kupeta diambuluisha dia malongolodi a mudimu wa diambuluisha bantu nansha.

Mua kupeta diambuluisha bilondeshile mikenji ne kuya ku tubadi: Bantu badi ne bukenji bua kukeba dilongolola dia malu bilondeshile mikenji ne malu makuabu pa kuya kudi mbulamatadi ne bakokeshi badi bualu abu butangila padiku dinyanga dia manême a muntu. Ebi bidi mua kulomba dimufuta bua tshintu kampanda tshidiye mujimije anyi dimupingajilatshi. Bantu badi kabidi ne bukenji bua kumona banyangi ba mikenji bikale ne bua kufidibua ku tubadi.

Ambuluisha bantu badi basungula bua kujikija bilumbu bilondeshile mikenji bua kupetabu njila ya kulumbulula kuakane mu mushindu muimpe. Dileja dimpe dia kudi muntu mua kuya padiye ne tshilumbu didi dilomba kumanya midimu idi mua kufila dikuatshisha adi.

Epuka disaka bantu bua kuya ku tubadi mu nsombelu idi ngenzelu ya ku tubadi atu mifuane kuenzela bantu badi bakengeshibue abu bibi kabidi. Tshilejilu, bafidi ba luondapu ne bena midimu ya diambuluisha badibu benzele malu a tshikisu bua mudibu balume anyi bakaji badi ne bua kuikala bamanye ndongoluelu wa ditunga wa malu a luondapu ne a mikenji, ne mikenji miakanyine pa bidi bitangila diangatangana ne tshikisu. Manyisha bantu badi bashale ne muoyo mikenji yonso idi ilomba bua kumanyisha malu kudi bakokeshi idi mua kuikala kayiyi ilomba bua kulama malu masokome a muntu nkayende a babedi. Kuenza nunku kudi mua kuikala ne buenzeji pa dipangadika dia muntu udi mushale ne muoyo bua kutungunuka ne luondapu anyi dimanyisha bualu ebu, kadi kushala anu munemekibue ⊕ *tangila Makanda a mubidi: Mukenji 2.3.2 wa makanda a mubidi a disangila ne a lulelu.*

Mu bikondo bia dikenga, bisumbu bia bantu bidi mu lutatu bidi mua kupeta mushindu wa kukuata mudimu ne njila mikuabu idi kayiyi ya pa tshibidilu ya kujikija bilumbu, bu mudi dituangaja bantu mu tshisumbu. Muaba udibi mua kuikala nunku, manyisha bantu bualu ebu ne ubumvuije mushindu udibu mua kufika ku midimu eyi.

Bilumbu binene bia difuilakana malaba anyi nzubu bidi mua kujuka. Kankamija bakokeshi ne binsanga bia bantu bua kuenza mudimu tshiapamue bua kujikija bilumbu ebi bidi bitangila dipeta malaba anyi dikala muena tshintu.

Tshisakidila
Tshikepeshelu tshia Mikenji
ya ngenzelu wa mudimu wa bukubi

Mu diluangana dia mvita anyi mu nsombelu mikuabu ya tshikisu, bukubi bua bantu badi kabayi basalayi badi mua kuikala mu njiwu ne mua kukenga mbualu bukole. Diandamuna dimpe dia bukubi didi dilomba makokeshi a dienza mudimu ne dilamata ku Mikenji ya nshindamenu ya ngenzelu wa mudimu adi manyishibue kudi bantu bonso, mikenji idi bonso badi benza mudimu wa bukubi ne bua kulonda.

Mikenji ya ngenzelu wa mudimu wa bukubi ivua mienjibue bua kuasa tshishimikidi tshianyishibue tshia mudimu wa bukubi kudi bena mudimu wa diambuluisha bantu ne baluidi ba manême a bantu, ne bua kukumbaja menemene dikuatshisha dia mudimu au bua bantu badi bakenga. Idi ilua kudisakidila ku Mêyi manene a bukubi.

Mikenji eyi idi ileja mmuenenu wa malu wa se: bantu ke badi ne bua kuikala munkatshi mua tshienzedi tshionso tshikenjibu bua bualu buabu. Bantu badi ne mudimu wa mushinga mukole wa kuenza mu dikonkonona, mu dikolesha ne mu dilondolola mandamuna a bukubi ku mikanu ne njiwu idibu batuilangana nayi. Kabiyi anu bua kulengeja dikalaku talalaa dia bantu ku mubidi, madikolela menza a bukubi adi ne bua kukankamija bantu bua kunemeka bukenji, bunême ne bujima bua aba badi mua kuikala mu njiwu anyi badibu mua kuenzela malu a tshikisu ne kubanyanga.

Kudi midimu mishilashilangane bikole idi bena mudimu wa diambuluisha bantu benza, ne mbia mushinga mukole bua bena mudimu aba bonso kumanya bimpe tshidi tshikengela kuenza mu midimu yabu mu diumvuangana ne Mêyi manene a bukubi. Mikenji ya ngenzelu wa mudimu wa bukubi mmienjibue nangananga bua bena mudimu wa bukubi ne malongolodi adi adifila mu mudimu eu wa bukubi mu diluangana dia mvita ne mu nsombelu mikuabu ya tshikisu.

Mikenji ya ngenzelu wa mudimu idi ipesha malongolodi tshishimikidi tshikole tshidi tshibambuluisha bua kukonkonona ne kupatula ngenzelu ya mudimu munda muawu, mibelu ne malu a kulongeshangana. Adi tshilejelu tshidi tshiambuluisha bua bena mudimu badi bafuka ngenyi ya bukubi ne bayiteka mu tshienzedi mu muaba udibu bakuata nayi mudimu. Adi kabidi mua kuambuluisha bu mpokolo wa kudi ngenyi mua kufumina. Mmenze tshilejelu kampanda tshilenge tshidi mua kuambuluisha bena mudimu bakuabu ne badifidi bua kujingulula mushindu udi bena mudimu wa bukubi wa pa buawu mua kuenza midimu yabu kakuyi bualu bua kukolesha dikubibua dia bantu pa nkayabu ne bisumbu bia bantu.

Mikenji eyi kayena ikeba bua kulombola mudimu wa bukubi anyi kukepesha midimu mishilashilangane idiku eyi to, kadi idi ilua kudisakidila ku mêyi manene makuabu a mudimu ne akankamija bena mudimu wa bukubi bua kuabueja mu ngenzelu yabu bobu bine ya mudimu, mu mêyi a kulonda ne mu malu a dilongeshangana.

Mikenji ya ngenzelu wa mudimu ya mu 2018 mmilongolola mu mushindu udi ulonda eu:

1. Diteka mêyi manene a bukubi ku mutu kua mêyi onso a mudimu wa bukubi
2. Dilombola ngenzelu ya bukubi
3. Dileja bishimikidi bia bukubi
4. Diashila malu pa tshishimikidi tshia bukubi bilondeshile mikenji
5. Dikankamija dikumbajijangana bamue ne bakuabu
6. Dilongolola bipeta bifunda ne malu a kumanyisha bua bipeta bia bukubi
7. Dijadika makokeshi a bena mudimu

Mikenji eyi idi ikonga mmuenenu wa malu pa bidi bitangila nkuatshilu wa mudimu ne biamu bidi biambuluisha bua kumanyisha ngumu ne kutuangaja bantu (TIC) pamue ne bungi budi buenda amu buvula bua mikenji idi itangila dikuba dia bipeta bifunda, ne mêyi masunguluke a kulonda pa mushindu wa kulongolola dikubibua dia malu a kumanyisha.

Diyukidilangana ne dieleshangana maboko munkatshi mua bena mudimu wa diambuluishangana ne bakuidi ba manême a bantu ne midimu ya Bulongolodi bua Matunga masanga bua kufila ditalala, ne bisumbu bia basalayi ne bia bampulushi bidi ne bukenji bua bukua-matunga bitu misangu yonso ne mushinga bua kulama bimpe bipeta bia bukubi. Mikenji ya ngenzelu wa mudimu wa bukubi idi ifila buludiki pa mushindu wa kutua mpanda ku ngenzelu wa malu udi ulonda mikenji eyi mu dienzejangana dia mudimu pamue.

Madikolela menza munda mua ditunga, pambelu pa ditunga anyi mu bukua-matunga bua kujikija "malu mapite bukole a tshikisu" mu dipatula mikenji idi iluisha dienzelangana malu a tshikisu adi atshinyishangana mmatela kabidi mu Mikenji ya ngenzelu wa mudimu wa bukubi, bikale bitokesha mushindu udi mikenji ya buine eyi mua kulenga midimu ya badi bakuba bantu.

Udi mua kuangatshila Mikenji ya ngenzelu wa mudimu wa bukubi idi mu mukanda eu mu tshilaminu tshia mikanda tshia Komite wa bukua-matunga wa Nkuruse mukunze (CICR) ku Internet:
https://shop.icrc.org/e-books/icrc-activities-ebook.html.

Mikanda idibu batele ne mikuabu ya kubala

Bukubi bua pa tshibidilu: nsombelu ne bia mudimu

Minimum Agency Standards for Incorporating Protection into Humanitarian Response – Field Testing Version. Caritas Australia, CARE Australia, Oxfam Australia and World Vision Australia, 2008. http://sitap.org

Policy on Protection in Humanitarian Action. IASC, 2016. www.interagencystandingcommittee.org

Professional Standards for Protection Work Carried Out by Humanitarian and Human Rights Actors in Armed Conflict and Other Situations of Violence. ICRC, 2018. https://shop.icrc.org

Tshikisu tshienzela muntu bua mudiye mulume anyi mukaji

Guidelines for Integrating Gender-based Violence Interventions in Humanitarian Action: Reducing risk, promoting resilience, and aiding recovery. IASC, 2015. gbvguidelines.org

Bukenji bua kuikala ne muaba wa kusombela, kuikala muena buloba ne muena bintu

Principles on Housing and Property Restitution for Refugees and Displaced Persons. OHCHR, 2005. www.unhcr.org

Bantu badi bamuangale munda mua ditunga diabu (IDP)

Handbook for the Protection of Internally Displaced Persons. Global Protection Cluster, 2010. www.globalprotectioncluster.org

Dikuatshisha bua kuikala ne lungenyi luimpe ne bikadilu bimpe mu bantu

IASC Guidelines on Mental Health and Psychosocial Support in Emergency Settings. IASC, 2007. https://interagencystandingcommittee.org

Diumbusha mine itubu bajiika mu buloba

International Mine Action Standards. www.mineactionstandards.org

Bakulakaje ne balema

Humanitarian Inclusion Standards for Older People and People with Disabilities. Age and Disability Consortium as part of the ADCAP programme. HelpAge, 2018. www.helpage.org

Bana ne dikubibua dia bana

INEE Minimum Standards for Education: Preparedness, Response, Recovery. INEE, 2010. https://inee.org/standards

Minimum Standards for Child Protection in Humanitarian Action: Alliance for Child Protection in Humanitarian Action, 2012. http://cpwg.net

Malu makuabu a kubala

Bua malu makuabu a kubala, suaku uye ku www.spherestandards.org/handbook/online-resources

Mikanda mikuabu ya kubala

Bukubi bua pa tshibidilu: nsombelu ne bia mudimu

Aide Memoire: For the Consideration of Issues Pertaining for the Protection of Civilians. OCHA, 2016.
https://www.unocha.org/sites/unocha/files/Aide%20Memoire%202016%20II_0.pdf

Enhancing Protection for Civilians in Armed Conflict and Other Situations of Violence. ICRC, 2017. www.icrc.org/eng/resources/documents/publication/p0956.htm

FMR 53: Local communities: first and last providers of protection. University of Oxford and Refugee Studies Centre, 2016. www.fmreview.org/community-protection.html

Giossi Caverzasio, S. *Strengthening Protection in War: A Search for Professional Standards.* ICRC, 2001. https://www.icrc.org/en/publication/0783-strengthening-protection-war-search-professional-standards

Growing the Sheltering Tree – Protecting Rights through Humanitarian Action – Programmes & practices gathered from the field. IASC, 2002.
www.globalprotectioncluster.org/_assets/files/tools_and_guidance/IASC_Growing_Sheltering_Tree_2002_EN.pdf

Operational Guidelines on the Protection of Persons in Situations of Natural Disasters. IASC, 2011.
www.ohchr.org/Documents/Issues/IDPersons/OperationalGuidelines_IDP.pdf

O'Callaghan, S. Pantuliano, S. *Protective Action: Incorporating Civilian Protection into Humanitarian Response.* HPG Report 26. ODI, 2007. https://www.odi.org/sites/odi.org.uk/files/odi-assets/publications-opinion-files/1640.pdf

Protection and Accountability to Affected Populations in the HPC (EDG Preliminary Guidance Note). IASC, 2016.
www.interagencystandingcommittee.org/system/files/edg_-aap_protection_guidance_note_2016.pdf

Protection Mainstreaming Training & Sector-Specific Guidance. Global Protection Cluster. www.globalprotectioncluster.org/en/areas-of-responsibility/protection-mainstreaming

Safety with Dignity: A field manual for integrating community-based protection across humanitarian programs. Action Aid, 2009.
www.actionaid.org/sites/files/actionaid/safety_with_dignity_actionaid_2009.pdf

Statement on the Centrality of Protection in Humanitarian Action. IASC, 2013.
https://interagencystandingcommittee.org/system/files/2020-11/The%20Centrality%20of%20Protection%20in%20Humanitarian%20Action%20%28English%29.pdf

Slim, H. Bonwick, A. *Protection – An ALNAP Guide for Humanitarian Agencies.* ALNAP, 2005. www.alnap.org/resource/5263

Ngenzelu ne makokeshi bua kudikuba

Local Perspectives on Protection: Recommendations for a Community-based Approach to Protection in Humanitarian Action. Local to Global Protection, 2015.
www.local2global.info/wp-content/uploads/L2GP_pixi_Final_WEB.pdf

Thematic Policy Document no 8 – Humanitarian Protection: improving protection outcomes to reduce risks for people in humanitarian crises, page 24. DG ECHO, EC, 2016. ec.europa.eu/echo/sites/echo-site/files/policy_guidelines_humanitarian_ protection_en.pdf

Diambuluisha bantu ne makuta
Guide for Protection in Cash-based Interventions. UNHCR and partners, 2015. www.globalprotectioncluster.org/_assets/files/tools_and_guidance/cash-based-interventions/erc-guide-for-protection-in-cash-based-interventions-web_en.pdf

Balema
Including Children with Disabilities in Humanitarian Action: Child Protection. UNICEF, 2017. training.unicef.org/disability/emergencies/protection.html

Need to Know Guidance: Working with Persons with Disabilities in Forced Displacement. UNHCR, 2011. www.unhcr.org/4ec3c81c9.pdf

Washington Group on Disability Statistics. 2018. www.washingtongroup-disability.com

Tshikisu tshienzela muntu bua mudiye mulume anyi mukaji
Building Capacity for Disability Inclusion in Gender-based Violence Programming in Humanitarian Settings: A Toolkit for GBV Practitioners. Women's Refugee Commission & International Rescue Committee, 2015. www.womensrefugeecommission.org/?option=com_zdocs&view=document&id=1173

Ethical and safety recommendations for researching, documenting and monitoring sexual violence in emergencies. WHO, 2007. http://apps.who.int/iris/bitstream/handle/10665/43709/9789241595681_eng. pdf;jsessionid=9834DA17763D28859CAD360E992A223B?sequence=1

Gender-based Violence Against Children and Youth with Disabilities: A Toolkit for Child Protection Actors. Women's Refugee Commission, ChildFund International, 2016. www.womensrefugeecommission.org/populations/disabilities/ research-and-resources/1289-youth-disabilities-toolkit

Bukenji bua kuikala ne muaba wa kusombela, kuikala muena buloba ne muena bintu
Checklist of Housing, Land and Property Rights and Broader Land Issues Throughout the Displacement Timeline from Emergency to Recovery. Global Protection Cluster, Housing, Land and Property Area of Responsibility, 2009.

Handbook on Housing and Property Restitution for Refugees and Displaced Persons. Implementing the "Pinheiro Principles". Internal Displacement Monitoring Centre, FAO, OCHA, Office of the UN High Commissioner for Human Rights, UN-Habitat and UNHCR, 2007. www.unhcr.org/refworld/docid/4693432c2.html

Land and Natural Disasters: Guidance for Practitioners. UN Human Settlements Programme. UN-Habitat, FAO, Global Land Tool Network and Early Recovery Cluster, 2010. https://unhabitat.org/books/land-and-natural-disasters-guidance-for-practitioners/

Bantu badi bamuangale munda mua ditunga diabu (IDP)

Addressing Internal Displacement: A Framework for National Responsibility. Brookings Institution – University of Bern Project of Internal Displacement, 2005. https://www.brookings.edu/research/addressing-internal-displacement-a-framework-for-national-responsibility/

Bagshaw, S. Paul, D. *Protect or Neglect? Toward a More Effective United Nations Approach to the Protection of Internally Displaced Persons.* Brookings-SAIS Project on Internal Displacement and UNOCHA, Interagency Internal Displacement Division, 2004. https://www.brookings.edu/research/protect-or-neglect-toward-a-more-effective-united-nations-approach-to-the-protection-of-internally-displaced-persons/

Framework on Durable Solutions for Internally Displaced Persons. IASC, 2010. www.brookings.edu/research/iasc-framework-on-durable-solutions-for-internally-displaced-persons/

Implementing the Collaborative Response to Situations of Internal Displacement: Guidance for UN Humanitarian and/or Resident Coordinators and Country Teams. IASC, 2004. www.refworld.org/pdfid/41ee9a074.pdf

UN Guiding Principles on Internal Displacement. UN Economic and Social Council, 1998. www.unhcr.org/protection/idps/43ce1cff2/guiding-principles-internal-displacement.html

Dikuatshisha bua kuikala ne lungenyi luimpe ne bikadilu bimpe mu bantu

Community-based Protection and Mental Health & Psychosocial Support. UNHCR, 2017. www.unhcrexchange.org/communities/9159/contents/347734

Mental Health and Psychosocial Support (MHPSS) in Humanitarian Emergencies: What Should Protection Programme Managers Know? IASC Reference Group on Mental Health and Psychosocial Support, 2010. https://interagencystandingcommittee.org/system/files/legacy_files/MHPSS%20Protection%20Actors.pdf

Bakulakaje

Humanitarian Action and Older Persons: An essential brief for humanitarian actors. WHO, HelpAge International, IASC, 2008. www.globalprotectioncluster.org/_assets/files/tools_and_guidance/IASC_HumanitarianAction_OlderPersons_EN.pdf

Bana ne dikubibua dia bana

Handbook for Professionals and Policymakers on Justice in matters involving child victims and witnesses of crime. UNODC, 2009. https://www.unodc.org/documents/justice-and-prison-reform/hb_justice_in_matters_professionals.pdf

Integrated Disarmament, Demobilization, and Reintegration Standards. UN-DDR, 2006. www.unddr.org/iddrs.aspx

Inter-agency Guiding Principles on Unaccompanied and Separated Children. ICRC, International Rescue Committee, Save the Children, UNICEF, UNHCR and World Vision, 2004. www.icrc.org/eng/assets/files/other/icrc_002_1011.pdf

INSPIRE: Seven Strategies for Ending Violence against Children. WHO, 2016. www.who.int/violence_injury_prevention/violence/inspire/en/

Paris Principles and Commitments to Protect Children from Unlawful Recruitment or Use by Armed Forces or Groups. UNICEF, 2007.
https://www.unicef.org/protection/57929_58012.html

Responding to the Worst Forms of Child Labour in Emergencies. CPWG, 2010.
http://cpwg.net/wp-content/uploads/sites/2/2014/12/Review_Responding_to-_WFCL_in_Emergencies_final.pdf

Kishi ka VIH

Consolidated Guidelines on HIV Prevention, Diagnosis, Treatment and Care for Key Populations. Update. WHO, 2016. www.who.int/hiv/pub/guidelines/keypopulations-2016/en/

Implementing Comprehensive HIV and STI Programmes with Transgender People: Practical guidance for collaborative interventions. UNDP, 2016.
www.undp.org/content/undp/en/home/librarypage/hiv-aids/implementing-comprehensive-hiv-and-sti-programmes-with-transgend.html

Implementing Comprehensive HIV and HCV Programmes with People Who Inject Drugs: Practical guidance for collaborative interventions. UNODC, 2017.
www.unodc.org/unodc/en/hiv-aids/new/practical-guidance-for-collaborative-interventions.html

Implementing Comprehensive HIV/STI Programmes with Sex Workers: Practical approaches from collaborative interventions. WHO, 2013.
www.who.int/hiv/pub/sti/sex_worker_implementation/en/

Implementing Comprehensive HIV/STI Programmes with Men Who Have Sex with Men: Practical guidance for collaborative interventions. UNFPA, 2015.
www.who.int/hiv/pub/toolkits/msm-implementation-tool/en/

Joint United Nations Statement on ending discrimination in health care settings. WHO, 2017.
www.who.int/mediacentre/news/statements/2017/discrimination-in-health-care/en/

Ba-LGBTQI ne badi badisunguile mishindu mishilashilangane ya diangatangana, badileja ne badiamba mudibu balume anyi bakaji, ne bimuenekelu bia bulume anyi bukaji

Joint UN Statement on ending violence and discrimination against lesbian, gay, bisexual, transgender and intersex (LGBTI) people. OHCHR, 2015.
www.ohchr.org/EN/Issues/Discrimination/Pages/JointLGBTIstatement.aspx

Mean Streets: Identifying and Responding to Urban Refugees' Risks of Gender-Based Violence – LGBTI Refugees. Women's Refugee Commission, 2016.
https://www.womensrefugeecommission.org/gbv/resources/document/download/1284

Training Package on the Protection of LGBTI Persons in Forced Displacement. UNHCR, 2015.
www.unhcrexchange.org/old/topics/15810/contents

The Yogyakarta Principles: Principles on the Application of International Human Rights Law in Relation to Sexual Orientation and Gender Identity. International Commission of Jurists, 2007. www.yogyakartaprinciples.org

Working with Lesbian, Gay, Bisexual, Transgender & Intersex Persons in Forced Displacement. UNHCR, 2011. www.refworld.org/pdfid/4e6073972.pdf

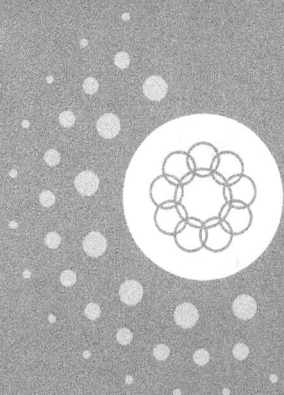

Mukenji munene wa diambuluisha bantu badi bakenga

Tshibungu tshia malu a diambuluisha bantu badi bakenga ne Mêyi manene a bukubi bidi bitua mpanda buludi-ludi ku Mukenji munene wa diambuluisha bantu badi bakenga. Nshapita isatu eyi yonso pamue idi yenza mêyi manene ne bishimikidi bia Mikenji ya nshindamenu ya Sphere.

Mukenji munene wa diambuluisha bantu badi bakenga (Tshimfuanyi 2)

TSHISAKIDILA: Nkonko idi yambuluisha bua kulondesha malu manene a kuenza ne majitu a mu dilongolola dia mudimu (ku Internet)

Tshikebelu

Mukenji munene umue ne mapangadika tshitemba

Malongolodi a bungi ne bantu ba bungi mbadifile bikole mu mudimu wa diambuluisha bantu. Amue malu ne imue mishindu idibu mua kuenza mudimu pamue bidi nunku ne dikuatshisha bua kulubuluja ngenzelu muimpe wa mudimu. Kuoku kakuyi ngelelu wa meji wa muomumue, bipeta bidi mua kuikala kabiyi bia muomumue ne kabiyi kuelela meji.

Mukenji munene wa diambuluisha bantu badi bakenga pa bidi bitangila bulenga ne dibanza dia kuandamuna (CHS) udi uleja Mapangadika tshitemba adi malongolodi ne bantu badi badifile bua kuambuluishangana mua kuenza nawu mudimu bua kulengeja ngikadilu wa dikuatshisha didibu bafila kudi bantu bua ditambe kulua dimpe menemene. Udi kabidi upepeja malu bua kudiumvua ne dibanza dinene dia kuandamuna kudi bisumbu bia bantu ne kudi bantu badi bakenga, bena mudimu, bafidi ba mpetu, mbulamatadi ne bakuabu badi mudimu eu utangila. Dimanya tshidi bena malongolodi adi ambuluisha bantu badi mu lutatu mapangadije bua kuenza nedibapeteshe mushindu wa kulomba mandamuna kudi malongolodi aa. Mmukenji wa malu a kuenza ku budisuile bua bantu ne malongolodi.

Mukenji eu udi ukuata mudimu bikala mu bitupa bionso bia diandamuna ne bia programe anyi mu bitupa ne bitupa bionso bia diandamuna. Nansha nanku, Mapangadika tshitemba kaena anu ne bua kupetangana ne tshitupa tshisunguluke tshionso tshia mulongo wa programe to. Amue adi atamba kupetangana ne tshimue tshitupa kampanda tshia mulongo, padi eku makuabu, bu mudi diyukidilangana ne bantu badi mu dikenga, mikale wowu menza bua kukuata nawu mudimu mu bitupa bionso bia mudimu.

Mukenji munene wa diambuluisha bantu badi bakenga, pamue ne Tshibungu tshia malu a diambuluisha bantu badi bakenga ne Mêyi manene a bukubi, ke bishimikidi bikole bia Mukanda wa Sphere eu ne udi utua mpanda ku mikenji yonso ya ngenzelu wa mudimu. Mu Mukanda eu mujima, mudi biledidi bidi bipetangana bidibu batele bia malu adi mu nshapita ya ngenzelu wa mudimu ne a bishimikidi ebi.

Udi mua kupeta amue malu makuabu adibu bumvuije pa bidi bitangila Mukenji munene wa diambuluisha bantu badi bakenga, pamue ne malu makuabu adi ambuluisha mubadi bua kuateka mu tshienzedi ku Internet mu site eu corehumanitarianstandard.org.

Mulongolola mu mushindu umuepele

Mukenji munene wa diambuluisha bantu badi bakenga mmuenza ne ngenyi misanga ya bantu ba bungi badi mu mudimu wa diambuluisha bantu bua kupungakaja mikenji ya nshindamenu ya Sphere, ya HAP (Humanitarian Accountability Partnership), ya People In Aid ne ya Kasumbu ka URD, ne bionso ebi bilue kuenza anu mukanda umuepele. Nunku mpindieu Sphere, CHS Alliance ne Kasumbu ka URD, ke bidi bilombola pamue mukanda eu bua tshitupa tshia mudimu etshi ne bikale ne bukenji buonso bua bafundi bua mukanda eu.

Dipangadika dionso dia ku mapangadika tshitemba didi dishindamena pa tshitupa tshisunguluke tshia diandamuna. Mangata onso pamue, adi enza mmuenenu wa malu mukole udi ufikisha ku dienza mudimu muimpe wa diambuluisha bantu ne muikale ne dibanza dia kuandamuna.

Mushindu udibu benze Mukenji munene wa diambuluisha bantu badi bakenga mmushilangane kakese ne mikenji mikuabu ya Sphere:

- **Dipangadika** didi diamba tshidi binsanga ne bantu badi bakenga mua kutekemena kudi malongolodi ne bantu badi badifile mu mudimu wa diambuluishangana.
- **Tshimanyinu tshia bulenga** tshidi tshileja nsombelu kampanda wa mudibu bakumbaja Dipangadika edi ne mushindu udi bulongolodi ne bena mudimu wa diambuluishangana ne bua kuenza mudimu bua kukumbaja dine Dipangadika edi.
- **Bileji bia ngenzelu wa mudimu** bidi bijoja luendu lua mudimu mu dikumbaja dia Dipangadika, bilombola dilonga ne dilengeja malu ne bipetesha mushindu wa kufuanyikija malu mu kupita kua bikondo ne mu miaba mishilashilangane.
- **Malu manene a kuenza** ne **majitu a mu dilongolola dia mudimu** adi umvuija tshidi bena mudimu ne bua kufila ne malu adibu ne bua kulonda, mishindu ya kuenza ne ngenzelu ya kulonda idi malongolodi akengela bua kujadika ne: bena mudimu babu badi bafila diambuluisha dia bumuntu mu mushindu mutambe buimpe ne uleja mudibu ne dibanza dia kuandamuna.
- **Malu a kulonda** adi atua mpanda ku malu manene a kuenza ne majitu a mu dilongolola dia mudimu pa kufila bilejilu ne mamanyisha makuabu.
- **Nkonko idi yambuluisha** idi itua mpanda ku dilongolola, dikonkonona ne dilondolola dia midimu ⊕ *tangila Tshisakidila tshia 1 (tshidi ku Internet).*
- **Mikanda idibu batele** idi ifila malongesha makuabu pa malu masunguluke.

Malu mazola adi alonda aa adi aleja mushindu udibu mua kukuata mudimu ne Mukenji munene wa diambuluisha bantu badi bakenga mu bitupa bishilashilangane. Sphere, Kasumbu ka URD ne CHS Alliance bidi bifila biamudimu bikuabu bidi mua kupetshibua mu site eu corehumanitarianstandard.org.

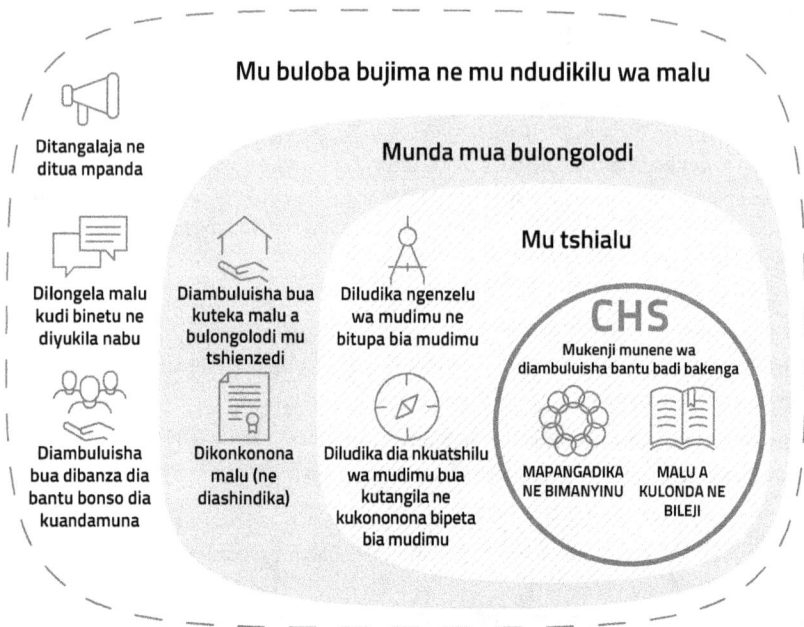

Dienza mudimu ne Mukenji munene wa diambuluisha bantu badi bakenga (Tshimfuanyi 3)

Dipangadika dia 1

Binsanga ne bantu badi dikenga dikuate badi bapeta dikuatshisha didi diakanyine majinga abu.

Tshimanyinu tshia bulenga

Diambuluisha didibu bafila ndikumbane ne ndiakanyine.

Bileji bia ngenzelu wa mudimu

1. Binsanga ne bantu badi dikenga dikuate badi bamona se: diandamuna didi ne bua kuangata ne mushinga majinga abu a pa buawu, bilele ne malu adibu basue.
2. Dikuatshisha ne bukubi bidibu bafila bidi bipetangana ne njiwu, matekete ne majinga bidibu bakonkonone.
3. Diandamuna didi diangata ne mushinga makokeshi, dimanya kuenza malu ne mamanya a bantu badi dijinga ne dikuatshisha ne bukubi.

Malu manene a kuenza

1.1 **Enza dikonkonona dijima didi ne kipatshila ne dia ku musangu ne ku musangu dia nsombelu ne bia bantu badi badifile mu mudimu.**

- Konkonona mudimu ne bukokeshi bua mbulamatadi wa muaba au ne bena mudimu bakuabu ba mbulamatadi anyi badi kabayi ba mu mbulamatadi, pamue ne buenzeji budi nabu dikenga edi kudibu.

- Konkonona makokeshi adiku muaba au (bintu, bantu, bisalu) bua kukumbaja majinga a kumpala a dikuatshisha ne dikuba bantu, mumanye bimpe ne: adi ne bua kushintuluka mu kupita kua matuku.

- Fuanyikija malu ne uakonkonone bimpe, mumanye ne: dikonkonona dia bipeta bifunda kadiakuikala dipuangane ku mbangilu to, kadi kadiena ne bua kupangisha kuenza malu adi mua kupandisha muoyo nansha.

- Konkonona bikala bantu badi bakenga, badi bamuangale ne badi babakidile bine badi bonso talalaa kabayi ne bualu, bua kumanya malu adi mua kubateka mu njiwu ya tshikisu ne malu makuabu a ku tshikandi, adi mua kubapangisha bintu bia kudikuatshisha nabi anyi manême a nshindamenu a bantu.

- Konkonona malu adi atangila dikala mulume anyi mukaji ne bukole budi nabu bantu, pamue ne disunguluja dia bantu mu nsombelu wabu, bua kujadika diandamuna ditambe buimpe ne didi dinenga musangu mule.

- Lombola mudimu pamue ne bakuabu bua kubenga kuambuisha bisumbu bia bantu majitu a dikonkonona malu misangu ne misangu. Dikonkonona malu ne bipeta tshiapamue didi ne bua kuenjibua tshiapamue ne bena midimu badi badifile mu bualu ebu, mbulamatadi ne bantu badi mu dikenga.

1.2 **Ela meji ne enza programe miakanyine idi mishindamene pa dikonkonona didi kadiyi ne kansungasunga dia majinga ne njiwu ne dijingulula dia matekete, pamue ne makokeshi a bisumbu bishilashilangane.**

- Konkonona majinga a dikubibua ne dikuatshishibua a bakaji, balume, bana ne bitende, ne a bantu badi mu miaba idi mikole bua kufika ne bisumbu bia bantu bidi mu njiwu bu mudi balema, bakulakaje, bantu badi pa nkaya mu nsombelu wabu, mêku adi makuata anu kudi bantu bakaji, bantu badi bikale ba tshisa tshikese anyi ba muakulu mukese, ne bisumbu bia bantu badibu badiula miaba yonso (tshilejilu: bantu badi ne kishi ka VIH).

1.3 **Akaja programe bilondeshile majinga adi ashintuluka, makokeshi ne nsombelu.**

- Londesha nsombelu wa malu a tshididi ne akaja dikonkonona dia badi badifile mu mudimu eu ne dikala talalaa.
- Londesha pa tshibidilu bipeta bifunda bia malu a masama ne makuabu bua kumona mua kutokesha diangata dia mapangadika didi amu ditungunuka ne kuenza malu adi akengela kuenza kumpala kua bionso bua kusungila muoyo.
- Wikale ne nkatshinkatshi mukumbanyine bua kuela meji a kufila diandamuna dikuabu dionso padi majinga ashintuluka. Ujadike bua ne: bafidi ba mpetu mbitabe dishintulula dia malu didi dikengedibua mu programe.

Majitu a mu dilongolola dia mudimu

1.4 **Ngenyi ya mua kuenza malu idi isaka bua kufila dikuatshisha didi kadiyi ne kansungasunga dishindamene pa majinga ne makokeshi a binsanga ne a bantu badi dikenga dikuate.**

- Malongolodi adi alama ngenyi ya mua kuenza malu, mishindu ya kuenza ne ngenzelu bidi bitua mpanda ku dipangadika dia mêyi manene a bumuntu ne disangisha dia bantu.
- Bena mudimu bonso mbamanye majitu abu ne mushindu udibu mua kubalomba bua bandamune.
- Malongolodi adi abanyangana ngenyi eyi ya mua kuenza mu butoke buonso ne bakuabu badi badifile mu mudimu eu.

1.5 **Ngenyi ya mua kuenza malu idi yumvuija mapangadika adi angata ne mushinga dishilangana didi pankatshi ba bisumbu bia bantu, bu mudi bantu badibu bangata bu bashadile anyi kabayi banangibue, ne disangisha dia bipeta bifunda bisunguluja.**

- Mbaleje bimpe mushindu wa bipeta bifunda bisunguluja bua kuenza dikonkonona ne kufila luapolo.

1.6 **Mishindu ya kuenza malu mmilongolola bua kujadika ne: dikonkonona dia malu diakanyine didi dilonda ku musangu ne ku musangu nsombelu udiku.**

- Bena mudimu wa diambuluishangana badi ne dikuatshisha dia kudi balombodi babu bua bobu kupeta mamanya, dimanya kuenza mudimu ne bikadilu ne mmuenenu wa malu bidi bikengedibua bua kulombola ne kukumbaja dikonkonona misangu yonso.

Malu a kulonda

Dikonkonona ne ditata malu bimpe nnjila wa kulonda dîba dionso, ki mbualu bua kuenza anu musangu umue to. Padiku dîba, bidi bikengela kukonkonona malu mu buondoke. Makokeshi ne majinga a bantu badi bakenga ne a bisumbu bia bantu ki mbia kulengulula to, kadi mbia kusunguluja bimpe mu dikonkonona dia malu didi dibasaka bua kuditua mu diyukidilangana didi amu ditungunuka dia kupeta mandamuna adi makanyine.

Ela meji bua kulongesha bena mudimu badi badifile mu dikonkonona malu a nshindamenu mu diambuluisha dia kumpala. Kuenza nunku kudi mua kuambuluisha bena mudimu bua bamone mua kupita ne bantu badi balua kukenga mu bule bua dikonkonona kampanda.

Bidi bikengela kukonkonona malu mu mushindu wa pa buawu bua bisumbu bia bantu badi bafuane kupeta njiwu mu dikubibua diabu. Tshilejilu, bidi bikengela kukonkonona malu masunguluke bua bakaji, balume, bansongalume ne bansongakaji bua kujingulula mushindu udibu mua kubenzela malu a tshikisu, a kansungasunga ne malu makuabu mabi.

Dikonkonona malu mu buakane: Kuenza malu kakuyi mu buakane kakuena kumvuija kuenzela bantu bonso malu a muomumue to. Kufila dikuatshisha didi dishindamene pa manême a bantu kudi kulomba dijingulula dia makokeshi kabukabu, majinga ne matekete. Bantu badi mua kuikala ne butekete bua kansungasunga bualu badi bangata malu kampanda a muntu ne muntu bu mudi bidimu biende, ni mmulume ni mmukaji, bulema, makanda ende, tshilele tshidiye musungule mu diangatangana, anyi bualu mbadifile mu diambuluisha bantu bakuabu badi ne butekete.

Butekete: Malu a mu nsombelu wa bantu ne a muntu nkayende adi kabidi ne buenzeji pa bidi bitangila butekete bua bantu. Tudi mua kutela malu bu mudi kansungasunga, diepukibua kudi bantu, dikala pa nkaya, dinyanguka dia muaba wa kusombela, dishintuluka dia mivu, bupele, dipangika dia malaba mimpe, bukokeshi bubi, tshisa, kalasa, kasumbu anyi bua malu a bitendelelu anyi a tshididi.

Bukokeshi budiku: Bantu, binsanga bia bantu, malongolodi ne bamfumu badi mu dikenga batu anu ne makokeshi, mamanya ne makanda bua kumona mua kupita ne malu, kufila diandamuna ne kupetulula makanda panyima pa dikenga. Bua kutua mpanda ku bukenji bua kuikala ne muoyo ne bunême, enza malu bua kubueja menemene bantu badi bakenga abu mu diangata dia mapangadika mu malu adi abatangila. Nebilombe imue misangu bua kuenza madikolela maludika bimpe bua kukolesha didifila dia bisumbu bia bantu badi kabayi batambe kulejibua mpala, bu mudi bakaji, bana, bakulakaje, balema, ne bantu ba miakulu anyi bisa bikese.

Bipeta bifunda bitapulula bimpe: Mbualu bua mushinga mukole bua kumvua buenzeji budi nabu malu menza anyi adi mapitakane mu bisumbu kabukabu. Bua kuenza bimpe, bidi bilomba kufunda bipeta pa kubitapulula bimpe bikalabi bileja muntu mulume anyi mukaji, bidimu biende ne bulema budiye nabu. Malu makuabu adi ne bua kushindamena pa nsombelu udiku.

Dikonkonona dia bipeta bifunda bitapulula bimpe didi ne mushinga wa bungi bua kukuata mudimu ne mikenji mu nsombelu udiku ne kulondesha malu. Dienza mudimu bimpe ne bipeta bifunda mu bulongame didi mua kuleja bantu badi batambe kuikala mu dikenga, badi bafuane kupeta dikuatshisha ne miaba idi ilomba kuenza malu a bungi bua kupeta bantu badi mu njiwu ⊕ *tangila Sphere ntshinyi?*.

Dikonkonona dia dîba dionso ne dienza mudimu bimpe ne bipeta bifunda: Ndongoluelu ya bena mudimu idi ne bua kuikala ne nkatshinkatshi mu mushindu udi mukumbane bua kuangata bantu ku mudimu ne kutuma lukasa tusumbu tua bakonkononyi. Longolola makuta ne bia mudimu bilondeshile dijinga didiku. Difila makuta didi ne bua kuambuluisha dikonkonona dia dîba dionso dia majinga a kupeta dikuatshisha ne bukubi ne kuakaja ne kulengeja program ya makuta, kuelamu ne mapangadika mangata bua kupepejila bantu mushindu wa kupeta (bu mudi ndongoluelu ya kupeta bantu buludiludi, difika ku nzubu ne dimanyishangana malu).

Dipangadika 2

Binsanga ne bantu badi dikenga dikuate badi bapeta dikuatshisha dia bumuntu didibu nadi dijinga mu tshikondo tshiakanyine.

Tshimanyinu tshia bulenga
Diambuluisha didibu bafila ndimpe ne ndifila pa dîba.

Bileji bia ngenzelu wa mudimu

1. Binsanga ne bantu badi dikenga dikuate, kusangishamu ne bisumbu bia badi batambe kuikala ne butekete, badi bamona se: tshikondo tshidibu bapeta dikuatshisha ne bukubi ntshiakanyine.
2. Binsanga ne bantu badi dikenga dikuate badi bamona ne: diandamuna didi dikumbaja majinga abu.
3. Dilondesha malu ne luapolo ya dikonkonona bidi bileja ne: diandamuna difila bua kuambuluisha bantu edi didi dikumbaja bipatshila biadi pa kutangila dîba, ngikadilu ne bungi.

....

Malu manene a kuenza

2.1 **Enza programe idi itangila ntatu idiku mushindu wa se: bualu buudi usua kuenza buikale bulelela ne kabuyi mua kuenzela bantu bibi.**

- Sunguluja bimpe ne teka mikalu misunguluke pikalaku kakuyi mushindu wa kukonkonona ne kukumbaja majinga a tshitupa kampanda anyi a tshisumbu tshia bantu, bu mudi miaba idibi bikole bua kufika.
- Utambe kutua mpanda ku diandamuna dia muaba uudi kumpala kua dîba padibi bifuanyike kuenzeka ne: miaba anyi bantu badi ne butekete ne bimueneka ne: bidi mua kulua kukola bua kufika kudibu mu matuku atshilualua.

2.2 **Fila diambuluisha mu mushindu udi ulonda dîba, mu diangata mapangadika ne dienza malu kuyi ujingakana tshianana tshianana.**

- Wamanya bua nsombelu idiku, bilele bia bantu, mivu, bikondo bia dienza madimi ne malu makuabu adi ne buenzeji pa mushindu wa kuambuluisha bantu mu tshikondo tshiakanyine.
- Longolola bikondo bia kufila diambuluisha ne ndongoluelu ya dilondesha malu mu programe iudi wenza; dianjila kumona malu kule ne ulongolole bua kuepuka bipumbishi.
- Umanye se: mapangadika neikale ne bua kuangatshibua bilondeshile dimanya kadiyi dipuangane dia malu mu bitupa bia ntuadijilu bia dikenga kampanda dikole ne lengeja mapangadika paudi wenda umanya malu adiku.
- Lombola malu pamue ne bakuabu bua kulubuluja mishindu ya kuenza malu pamue bua kujikija ntatu ya bantu idi ipangisha dikuatshisha dia pa dîba.

2.3 **Fila majinga onso adi kaayi makumbajibue kudi malongolodi adi ne dimanya dia kuenza mudimu ne adi ne bujitu bua kuenza nunku, anyi wakuile bua majinga aa kukumbajibuawu.**

- Ebi bidi bikonga majinga adi kaayi makumbajibue a dimanyisha ngumu pamue ne a dikuatshisha.

2.4 **Enza mudimu ne mikenji ya ngenzelu wa mudimu ne bienzedi bimpe mu bule bua mudimu wa diambuluishangana bua kulongolola ne kukonkonona programe idiku.**

- Enza mudimu ne mikenji ya ngenzelu wa mudimu ya mu ditunga muaba udiyiku pa kuyakaja bilondeshile nsombelu wa mudimu wa diambuluishangana udiku.
- Eleshangana diboko ne benji ba mudimu eu bua kuakuila dikuata mudimu ne mikenji idibu batamba kuitaba kudi bonso bua kukumbaja ku mikenji ya mu ditunga (kuelamu ne Sphere ne mikenji ya benzejanganyi netu ba mudimu ba bitupa bidi bualu ebu butangila).

2.5 **Londesha midimu, bipeta ne malu adi alua kumueneka pashishe a midimu ya diambuluisha bantu bua kumona mua kuakajilula ne kulengeja ngenzelu wa mudimu.**

- Teka bimanyinu bia dienza nabi mudimu bilondeshile dîba didibu bakose ne bimanyinu bisunguluke bia ngenzelu wa mudimu. Ubikonkonone misangu ne misangu bua kumona ditanta mu dipatshila bua kukumbaja majinga a dikuatshisha ne bukubi.
- Elamu ne malu adi ayisha mudimu kumpala batangile ku bipatshila ne bileji bia ngenzelu wa mudimu, pamue ne midimu ne bipeta (bu mudi bungi bua nzubu idi miasa). Londesha bipeta bia mudimu ne malu anudi basue kumona bu mudi dikuata mudimu ne nzubu anyi mashintuluka adi mamueneke mu dienza dia mudimu.
- Ikala ne tshibidilu tshia kukonkonona ndongoluelu mushindu wa se: amu mamanyisha adi ne dikuatshisha ke anudi nusangisha, pa kuelamu mamanyisha mapiamapia bilondeshile nsombelu (bu mudi mushindu udi tshisalu tshia muaba au tshienda, dishintuluka mu malu a disomba talalaa kakuyi bualu).

Majitu a mu dilongolola dia mudimu

2.6 **Longolola mapangadika adi alonda makokeshi a ndongoluelu wa mudimu.**

- Mishindu ya kuenza malu idi ileja mushinga wa dikuata mudimu ne mikenji idibu bitabuje ya ngenzelu mulenga wa mudimu wa diambuluishangana, ne dilengeja mamanya mu bitupa bisunguluke bia mudimu.

- Itaba ngikadilu idi mua kulomba bua se: bulongolodi ebu buikale imue misangu mua kuenza midimu pambelu pa mikalu ya mamanya too ne padi bakuabu bakumbana mua kuenza nanku.

2.7 **Mapangadika a mushindu wa kuenza mudimu adi ajadika ne:**

a. kudi dilondesha dijima dia malu, didi ne tshipatshila ne dia dîba dionso ne dikonkonona dia midimu ne bipeta biayi;

b. badi benza mudimu ne bijadiki bidi bifumina ku dilondesha dia malu ne diakonkonona bua kuakajilula ne kulengeja programe; ne

c. badi bangata mapangadika pa dîba ne bafila mpetu bilondeshile majinga.

Malu a kulonda

Mua kupita ne bipumbishi ne dienza programe milelela: Muaba udi bulongolodi kampanda kabuyi bukumbana mua kupeta tshisumbu kansanga tshia bantu anyi kukumbaja majinga masunguluke, budi ne bujitu bua kuleja majinga aa kudi aba badi bakumbanyine bua kuakumbaja (bu mudi bena mu mbulamatadi ne badi kabayi bena mu mbulamatadi) ⊕ *tangila Dîyi dinene dia bukubi 3.*

Enza mudimu ne malu adibu badianjile kumanyisha pamue ne ndongoluelu ya didimuija nayi bantu bua kulongolola malu a lukasalukasa adi mua kuenzeka kumpala kua dikenga bua kuambuluisha bisumbu bia bantu, bakokeshi ne bena midimu bua bamone mua kufila diandamuna ne lukasa padibi bikengela kuenza nanku. Kuenza nunku nekuambuluishe kabidi bantu badi bakenga bua bobu kukuba bintu biabu padi mioyo yabu ne bintu biabu kabiyi bianji kuikala mu njiwu.

Longolola ngangatshilu ya mapangadika idi ne nkatshinkatshi bua kumona mua kuandamuna ku malu mapiamapia adi afumina ku dikonkonona didi ditungunuka dia malu. Munda mua bulongolodi, pesha aba badi pabuipi menemene ne muaba wa mudimu mushindu wa kuangata mapangadika ne mpetu.

Funda bimpe mapangadika ne mishindu inudi bafike ku diangata mapangadika aa bua kuleja butoke bua malu. Shikamija ngenzelu eyi pa diyukidilangana, didifila ne lungenyi ne dieleshangana maboko ne bakuabu ⊕ *tangila Dipangadika 6.*

Dilondesha midimu, bipeta ne malu adi alua kumeneka: Dilondesha malu didi ditokesha dilongolola dia mudimu, dijadika dikuata mudimu ne mêyi a mua kusungula ne dishindika bikala diambuluisha difike kudi bantu badi batambe kuikala nadi dijinga. Funda bimpe mashintuluka onso a mu programe adi mafumine ku dilondesha dia malu ne jadika ngenzelu ya dilondesha nayi malu idi mikale ikonga ne yeyemena bantu badi mu dikenga ne benzejanganyi netu ba mudimu banene ⊕ *tangila Dipangadika dia 7.*

Enza mudimu ne bimanyinu bia dilondesha nabi malu bidi bantu bonso bamanye bua kulondesha mudimu.

Diangata dia mapangadika mu bulongolodi: Majitu ne njila ya kulonda mu diangata dia mapangadika munda mua malongolodi badi ne bua kubiumvuija ne bantu badi ne bua kubiumvua bimpe, bua kumanya bimpe menemene muntu udi ne bujitu, muntu wikalabu ne bua kuebeja malu anyi malu mine adi akengedibua bua kuangata mapangadika.

Ndudikilu wa malu, njila ya kulonda ne ndongoluelu munda mua bulongolodi: Malongolodi adi ne bua kufunda bimpe mushindu udi mudimu kampanda wa diambuluisha bantu ulengeja bipeta, pa kuenza mudimu ne dilondesha ne dikonkonona dia malu bilongolola bimpe ne dîsu dikole. Leja mushindu udibu benza mudimu ne bipeta bifunda bia ku dilondesha ne dikonkonona dia malu bua kumona mua kuakajilula programe, ndudikilu ne ngenzelu ya midimu, kolesha didiakaja ne lengeja ngenzelu ya mudimu mu tshikondo tshiakanyine ⊕ *tangila Dipangadika dia 7.* Kuenza nunku kudi mua kukonga dikala ne makuta a mua kumona mua kufila diambuluisha dia lukasalukasa anyi dikala ne mushindu wa kuangata ku mudimu anyi kutuma bena mudimu badi bakanyine ne lukasa padibi bikengela kuenza nanku.

Dipangadika 3

Binsanga ne bantu badi dikenga dikuate kabena bakenga bua tshienzedi tshia diambuluisha bantu to, kadi tshidi tshibambuluisha bua kuikala badiakaje bimpe, bakolakane ne kabayi batambe kuikala mu njiwu.

Tshimanyinu tshia bulenga
Diambuluisha didibu bafila didi dikolesha makanda a bantu ba muaba au ne dibepula ku bipeta bibi.

Bileji bia ngenzelu wa mudimu

1. Binsanga ne bantu badi dikenga dikuate badi badiumvua bobu bine bikale bakumbane bua kunanukila mu ntatu ne makenga a matuku atshilualua bua tshienzedi tshia diambuluisha bantu tshidibu babenzele.

2. Bakokeshi ba muaba au, bamfumu ne malongolodi adi ne bujitu bua kuambuluisha bantu badi mu dikenga badi bamona ne: makanda abu mmabande tshipidi.

3. Binsanga ne bantu badi dikenga dikuate, pamue ne bantu badi ku batekete ne kabayi banyishibue mu tshinsanga, kabena bamona malu mabi adi afumina ku tshienzedi tshia diambuluisha bantu to.

Malu manene a kuenza

3.1 **Ujadike ne: programe mmiashila pa makokeshi a bantu ba muaba au ne enza mudimu bua kulengeja dikolakana dia binsanga ne bantu badi dikenga dikuate.**

- Enza midimu (tshilejilu, tshia kuenza padiku mushipu mukole, ne bintu bidi mua kushala padiku disapalala dia mâyi, tshipepele tshikole anyi dikanka dia buloba) idi ikepesha bipeta bia bipupu.
- Kolesha ngenyi ya didiambuluisha nayi ne bienzedi bia didiakaja mu tshinsanga tshia bantu.

3.2 **Enza mudimu ne bipeta bia dikonkonona dia malu pa bidi bitangila njiwu ne bipupu pamue ne dilongolola dia malu bua kuikala badiakaje mu tshinsanga bua kumona mua kulombola midimu.**

- Umvua ne tangila majinga ne makokeshi a bisumbu kabukabu bidi mu njiwu mishilashilangane.

3.3 **Enza bua balombodi ne malongolodi a muaba au aye kumpala mu bukokeshi buabu bua kuikala bantu ba kumpala badi bafila diambuluisha padi makenga akuata bantu mu matuku atshilualua, bikale bangata mapangadika bua kujadika ne: bisumbu bia bantu badi kabayi basuibue ne bikale bakenga bidi ne bantu badi baleja mpala yabi mu mushindu muakanyine.**

- Enza mudimu pamue ne bakokeshi ba komine ne ba mbulamatadi ba muaba au mu mushindu udibi mua kuenzeka.
- Tangila bua ne: badi bangata benji ba mudimu ba muaba au mushindu wa muomumue ne badi ne budikadidi bua kulongolola ne/anyi kulombola mudimu kampanda.
- Kankamija ngenyi ya dienza malu ya bisumbu ne malongolodi a muaba au, bu mudi didisangisha bua kulonga ne kushindika ngenyi bua kumona mua kukolesha diandamuna dia kumpala mu makenga a matuku atshilualua.
- Angata ku mudimu bantu ba muaba au ne bena ditunga, wenza bua kuikale bantu bashilangane munkatshi muabu, pamutu pa kuangata bantu ba matunga makuabu miaba yonso idibi mua kuenzeka.

3.4 **Longolola ngenzelu wa malu wa tshisabu anyi wa dipatuka nende mu bitupa bia kumpala bia programe wa mudimu wa diambuluisha bantu udi ujadika bipeta bimpe bidi binenga musangu mule ne udi ukepesha njiwu ya kuikala ku bukokeshi bua bakuabu.**

- Enza malu bua kukolesha ndongoluelu ya mbulamatadi ne ya tshisumbu tshia bantu idiku, pamutu pa kuenza mikuabu ya muomumue ikala kayiyi mua kunenga pikala mudimu wa diambuluisha bantu mumane kujika.

3.5 Longolola ne teka mu tshienzedi programe idi mikale yambuluisha bantu bua kupetulula makanda kumpala kua dîba ne yambuluisha malu a mpetu a bantu ba muaba au.

- Angata mapangadika bua kupingajilula midimu ya diambuluisha bantu, tulasa, bisalu, ngenzelu ya difila nayi bintu ne mishindu ya dipetesha bintu bia kuikala nabi bidi biandamuna ku majinga a bisumbu bia badi ku batekete.

- Joja bimpe menemene malu a bisalu paudi ukonkonona mushindu wa diambuluisha (makuta, tike ya diangata nayi bintu anyi bintu bia ku mubidi) wikala ne bipeta bitambe buimpe.

- Kuoku mushindu, sumba bintu ne keba midimu ya muaba au.

- Biobi mua kuenzeka, enza bua kujikila bipeta bibi mu malu a bisalu.

3.6 Sunguluja ne enza malu bua kujikila bipeta bibi bidi mua kumueneka anyi bidi kabiyi bindila bulelela kumpala kua dîba ne mu mushindu udibi bikengela, kutekamu ne malu bu mudi:

a. bantu bikale talalaa kabayi ne bualu, ne bunême ne bikale ne manême abu;

b. bena mudimu badi bendeshangana masandi ne banyangangana;

c. malanda adi alonda bilele, malu a balume anyi bakaji, a mu nsombelu wa bantu ne a tshididi;

d. bia kudikuatshisha nabi;

e. malu a mpetu a muaba au; ne

f. bintu bidi bitunyunguluke.

Majitu a mu dilongolola dia mudimu

3.7 Ndudikilu ya malu, nkuatshilu wa mudimu ne buludiki mbienza bua:

a. kuepula programe bua kayipetshi bipeta bibi bu mudi, tshilejilu, bena mudimu badi bakengeshangana, banyangangana anyi basunguluja bantu ba binsanga ne bantu badi dikenga dikuate; ne

b. kukolesha makokeshi a bantu ba muaba au.

3.8 Ndongoluelu idiku bua kulama malu onso adi atangila bantu nkayabu adibu bapetele mu binsanga ne mu bantu badi dikenga dikuate adi mafuane kubateka mu njiwu.

- Jadika ndudikilu mimpe ne idi yumvuika pa bidi bitangila dilama dia bipeta bifunda, bu mudi difunda dia malu ku ordinatere ne ndongoluelu ya diatangalaja.

- Enza bua bantu badi bapeta diambuluisha bamanye bukenji buabu pa bidi bitangila dilama dia bipeta bifunda, mushindu udibu mua kupeta malu abu bobu bine adi bulongolodi kampanda bubalamine ne mushindu wa diela nkonko idibu nayi pa bidi bitangila dienza mudimu bibi ne malu au.

Malu a kulonda

Dikandamana dia tshinsanga ne buludiki bua muaba au: Binsanga, malongolodi ne bakokeshi ba muaba au ke ba kumpala mu difila diambuluisha padiku dikenga ne badi ne dimanya diondoke dia nsombelu ne dia majinga masunguluke. Benji ba mudimu badi muaba eu badi ne bua kuikala benzejanganyi netu ba mudimu mu mushindu wa muomumue ne badi ne bua kupeshibua budikadidi bua kuenza anyi kuludika diambuluisha kampanda. Bualu ebu budi bulomba dipangadika diangata kudi midimu ya bukua-matunga ne ya munda mua ditunga bua kuakaja mushindu wa dienza mudimu ne kudifila mu diyukidilangana dia patoke ne dieleshangana meji didi dilongolola malu. Muaba wonso udibi mua kuenjibua, bidi bikengela kuenza mudimu ne bintu bia mudimu/midimu ya mpetu ya mu ditunga pamutu pa kuenza ndongoluelu mipiamipia idi yenda diatshimue.

Ngenzelu wa malu wa tshisabu ne wa dipatuka nende: Mu dieleshangana diboko ne bakokeshi ne bantu badi mu dikenga, enza ne lukasa luonso midimu yikala mua kutungunuka panyima pa programe wa lukasalukasa mumane kujika (tshilejilu, bueja mapangadika adi atangila dipetulula dia makuta adi matuke, enza mudimu ne bintu bidi bimueneka muaba au anyi kolesha makokeshi a dilongolola malu a bantu ba muaba au).

Bipeta bibi ne dîyi dia ne: "kuenji bibi": Mushinga mukole wa bintu bia diambuluisha nabi ne muaba wa bukole udi nawu bena mudimu wa diambuluishangana bidi mua kufikisha ku dikengeshangana ne dinyangangana, dielangana, diluishangana ne dienza mudimu bibi ne diambuluisha anyi didiangatshila mu mushindu mubi dine diambuluisha edi. Diambuluisha didi mua kunyanga bintu bia kudikuatshisha nabi ne ndongoluelu ya bisalu, kukebesha diluangana bua mpetu ne kukolesha dishilangana dia malanda a bukole pankatshi pa bisumbu kabukabu. Dianjila kuela meji bua bipeta bibi bidi mua kumueneka ebi, londesha malu ne enza bua kubiepuka bikalaku mushindu.

Wikale mumanye bikadilu bia bantu bidi mua kuikala ne bipeta bibi mu bimue bisumbu. Tshilejilu, tudi mua kutela ditangila dibi dia bansongakaji, bansongalume ne tusumbu tusunguluke; dibenga kulongesha bana ba bakaji mu mushindu wa muomumue; dibenga dikubibua; ne mishindu mikuabu ya disungulula bantu anyi dibenzela malu mudi muoyo musue.

Njila mimpe ya dipetela mandamuna ne midiabakenu ya bantu idi mua kukepesha dienzelangana bibi ne dienza mudimu bibi ne bintu. Bena mudimu badi ne tshia kuakidila bimpe ne kukeba ngenyi ne midiabakenu. Badi ne bua kuikala babalongeshe mushindu wa kulama malu masokoka a bantu ne kumanyisha malu a mushinga, bu mudi dikengeshangana ne dienzelangana bibi.

Padi bena mudimu bendeshangana masandi ne banyanga bantu: Bena mudimu bonso badi ne bujitu bua kuepuka dikengeshangana ne dinyanga bantu. Badi ne bujitu bua kumanyisha bualu bubi buonso budibu belela meji anyi budibu bamone, bikala munda mua bulongolodi buabu bobu bine anyi pambelu. Umanye se: bana (ne nangananga ba bakaji) mbatambe kuikala ku batekete misangu ya bungi, ne ndudikilu ya malu idi ne bua kukuba mu mushindu mumvuike bana ku dibendesha masandi ne dibanyanga ⊕ *tangila Dipangadika 5.*

Malu adi atangila bintu bidi bitunyunguluke: Mudimu wa diambuluisha bantu udi mua kukebesha dinyanguka dia bintu bidi bitunyunguluke (tshilejilu, didika dia malaba, dikepela anyi dinyanguka dia mâyi a muinshi mua buloba, dinekesha mu diloba dia mishipa, dienza dia bintu bia bukoya ne dijikija dia mêtu). Dinyanguka dia bintu bidi bitunyunguluke didi mua kukolesha dikenga anyi kuvuija nsombelu mitambe kukola ne kukepesha dikandamana dia bantu padibu batuilangana ne ntatu.

Mapangadika mangata bua kukepesha dinyanguka dia bintu bidi bitunyunguluke adi akonga diasulula dia mêtu, dikeba dia mâyi, dienza mudimu bimpe ne bintu ne ndudikilu milenga ne ngenzelu mimpe ya mu disumba dia bintu. Midimu minene ya luibaku idi ne bua kuenjibua anu panyima pa dikonkonona dia muaba udi bantu basombele ⊕ *tangila Dipangadika dia 9.*

Ngenzelu wa malu a mu bulongolodi bua kuepuka bipeta bibi ne kukolesha makokeshi a bantu badi muaba au: Tudi tukankamija malongolodi bua ikale ne ngenzelu ne ndongoluelu ya mua kupita ne malu mifunda bimpe ne mitokesha. Ma-ONG adi apangila mua kuluisha misangu yonso bikadilu bibi anyi nkosa-mishiku ku diambuluisha dia ndudikilu ne ngenzelu ya malu yabu bobu bine ya diluisha nayi nkosa-mishiku ne ku diambuluisha dia tshienzedi tshia bantu bonso mu dieleshangana diboko ne ma-ONG makuabu adi avudija mikanu ya nkosa-mishiku bua benji bakuabu ba mudimu.

Ndudikilu ne ngenzelu bidi ne bua kuleja dipangadika dia kukuba bantu badi ku batekete ne kukangula njila bua kubabidila ne kuenza makebulula padi bantu badi ne bukokeshi bakuate nabu mudimu bibi. Dikala ne dîsu dikole mu diangata dia bantu ku mudimu, dibasungula ne dibapesha midimu ya kuenza didi mua kuambuluisha bua kukepesha bikadilu bibi bidi bena mudimu bafuane kuikala nabi, ne mikenji ya mu nsombelu idi ne bua kuleja patoke bikadilu bidi bikandikibue. Bena mudimu badi ne bua kuitaba bua kulamata mikenji eyi ne kuikala bamanye dinyoka didi muntu mua kupeta padiye utupa ku mikenji eyi ⊕ *tangila Dipangadika dia 8.*

Dilama dia malu adi atangila bantu: Malu onso adi atangila muntu nkayende anudi bapetele kudi bantu ne binsanga adi ne bua kuangatshibua bu malu a kusokoka. Bidi nanku nangananga padibi bitangila dienza mudimu ne bipeta bifunda bidi biakuila malu a bukubi, malu a tshikisu adibu bamanyishe, bantu badibu bafunde bua mudibu banyange bakuabu anyi babakengeshe, ne malu a tshikisu adibu benzele bakuabu bua mudibu balume anyi bakaji. Ndongoluelu idi ishindika dilama malu masokoka idi ne mushinga wa bungi bua kuepuka makuabu malu mabi ⊕ *tangila Mêyi manene a bukubi* ne *Dipangadika 5 ne dia 7.*

Ditamba kuenza mudimu ne ordinatere bua kufunda malu ne diamanyisha mu mudimu wa diambuluisha bantu didi dileja mudibi bikengela kuikala ne mishindu ya kuenza malu mitokesha ne miumvuija bimpe pa bidi bitangila dikuba dia bipeta bifunda. Bidi bilomba bua kuikala ne mêyi mapunga adi enzeja bantu bakuabu bu mudi bena ku banke ne bena malongolodi a bungenda-mushinga bua bikale balama bimpe malu a bantu. Mbualu bua mushinga mukole bua kuikala ne mêyi matokesha bimpe adi aludika difunda, dilama, dienza mudimu ne dikupula dia bipeta bifunda, mikale alonda mikenji ya bukua-matunga ne mikenji ya ditunga idi yakuila dikuba dia bipeta bifunda. Kudi ne bua kuikala ndongoluelu ya dikepesha nayi njiwu ya dijimija bipeta bifunda. Panuikala kanutshiyi kabidi dijinga ne bipeta ebi, bidi bikengela kubijima diakamue.

Dipangadika 4

Binsanga ne bantu badi dikenga dikuate mbamanye bukenji buabu ne malu adibu babanyishile, bikale ne mushindu wa kumanya malu ne kuangata mapangadika pa malu adi alenga nsombelu wabu.

Tshimanyinu tshia bulenga

Diambuluisha didibu bafila ndishindamene pa diyukidilangana, didifila ne dimanyisha malu adi menzeke.

Bileji bia ngenzelu wa mudimu

1. Binsanga ne bantu badi dikenga dikuate mbamanye bukenji buabu ne malu adibu babanyishile.
2. Binsanga ne bantu badi dikenga dikuate badi bamona ne: badi ne mushindu wa kumanya pa dîba malu matokesha ne adi abatangila, bu mudi malu adi mafuane kubateka mu njiwu mikuabu.
3. Binsanga ne bantu badi dikenga dikuate badi basanka bua mishindu idibu nayi ya kushintulula diandamuna.
4. Bena mudimu bonso mbalongeshibue ne badi ne mêyi a kulonda pa bidi bitangila bukenji bua bantu badi dikenga dikuate.

··

Malu manene a kuenza

4.1 **Manyisha binsanga ne bantu badi dikenga dikuate malu adi atangila bulongolodi, mêyi manene adi bulongolodi ebu bulonda, ngikadilu udibu batekemene kudi bena mudimu babu bonso, programe idibu buteka mu tshienzedi ne tshidibu basue bua kupatula.**

- Angata malu mine a kumanya bu tshitupa tshia mushinga tshia bukubi. Bantu bobu bapangile bua kumanya malu majalame pa bidi bitangila dikuatshisha ne malu adibu babanyishile, mbitekete bua bobu kubenzeja malu ku bukole ne kubakengesha ⊕ *tangila Dîyi dinene dia bukubi dia 1.*
- Manyisha bimpe bikadilu bidi bantu mua kuikala batekemene bua kumona kudi bantu badi mu mudimu wa diambuluishangana ne mushindu udibu mua kumanyisha malu adi abatonda padibu kabayi basankishibue.

4.2 **Manyisha malu mu miakulu, mu mishindu ne ku tudiomba bidi bantu mua kumvua bipepele, bileja kanemu ne bilonda bimpe bilele bia bantu ba mishindu**

mishilashilangane badi mu tshinsanga, nangananga bisumbu bia bantu badi ku batekete ne badi kabayi banyishibue.

- Enza mudimu ne ndongoluelu idiku ya dimanyisha nayi ngumu ne yikila ne bantu pa mishindu ya dimanyishangana nayi malu idibu banange. Utabalele bua kumona mushindu udi ukengedibua wa kulama malu masokome a bantu bua mishindu mishilashilangane ne tudiomba bua kumanyisha malu.
- Wikale mujadike ne: badi benza mudimu bimpe ne kakuyi bualu ne biamu bia diendesha nabi ngumu, bia lelu ne bia kale.

4.3 **Enza bua ne: kuikale baleji-mpala ba binsanga ne ba bantu bonso badi dikenga dikuate, bikale badibueje ne badifile mu bitupa bionso bia mudimu.**

- Teya ntema ku bisumbu anyi bantu batu katshia kuonso eku kabayi mua kubapesha muanzu anyi kuebeja luabu lungenyi mu diangata dia mapangadika. Keba misangu yonso mishindu milenga ya kuyikila ne bantu aba ne bisumbu ebi bua kubapa bunême ne kuepuka ditamba kubadiwula.
- Enza bua kutshintshija malu pankatshi pa didifila buludiludi dia bena tshinsanga ne dilejibua mpala diabu kudi bantu badibu basungule bobu bine mu bitupa bionso bia diandamuna.

4.4 **Kankamija ne pepejila binsanga bia bantu ne bantu badi bakenga malu bua kumanyisha malu adi menzeke ku luseke luabu pa bidi bitangila disankishibua diabu bua mushindu muimpe ne muakane wa dikuatshisha didibu bapete, pa kuteya ntema ya pa buayi utangila bikala bine badi bamanyisha malu aba bikale bantu bashilangane, balume anyi bakaji ne ba bidimu bishilangane.**

- Longesha bena mudimu bua bapete ne balame dieyemena dia bantu, bamanye mushindu wa kuandamuna padibu babamanyisha malu mimpe ne mabi, ne kutangila malu adi bantu ba bisumbu bishilangane benza bua mushindu udi midimu yenzeka.
- Bueja dipeta dia malu adi menzeke adi bantu bamanyisha mu ngenzelu mualabale mu malongolodi anyi bitupa bionso bua kukonkonona, kutata ne kuenza malu bilondeshile malu adi mafike ku matshi aa.
- Manyisha bena tshinsanga etshi malu adi makufikile ku matshi bua bidi bienzeke.

Majitu a mu dilongolola dia mudimu

4.5 **Mishindu ya diludika dimanyishangana dia malu idiku, ne kankamija tshilele tshia diyukidilangana patoke.**

- Umvuija ne funda mu mikanda ngenzelu ya kulonda bua kumanyishangana ngumu.
- Udienzeje bua kumanyisha patoke malu a bulongolodi pa bidi bitangila binukadi benze ne binudi bapangile bua kuenza pamue ne benzejanganyi nenu ba mudimu kabukabu bua kukankamija tshilele tshia kuikala kuyukidilangana patoke ne kudiumvua ne dibanza dia kuandamuna.

4.6 **Kudi mishindu ya kubueja nayi mu mudimu binsanga ne bantu badi dikenga dikuate, pa kubaleja malu adi pa muaba wa kumpala ne njiwu idibu bamone mu bitupa bionso bia mudimu.**

- Leja mushindu udi bena mudimu balongeshibue ne bakankamijibue bua kupepejila didifila dia bena tshinsanga malu ne diangata dia mapangadika, uteleja binsanga kabukabu bia bantu badi dikenga dikuate ne umona tshia kuenza ne ngumu idi kayiyi mimpe iudi mumvue kudibu.

- Longolola ndudikilu ne ngenzelu idi yambuluisha bua kuikale diyukidilangana munkatshi mua tshisumbu tshijima tshia bantu, diangata mapangadika ne didiambuluisha.

4.7 **Malu a dimanyisha bantu ba pambelu, bu mudi malu adi menza bua kukeba makuta kudi bantu, mmajalame, alonda mulongo ne a kanemu, mikale aleja binsanga ne bantu badi bakenga bu bantu ba kunemeka.**

- Manyisha malu adi mashindamene pa dikonkonona dia njiwu. Ela meji bua bualu bubi budi mua kuenzekela bantu, bu mudi malu audi umanyisha paudi wabanya makuta anyi utela miaba misunguluke idi bantu ba bisa kampanda basombele, bifuane kulua kubateka mu njiwu ya bobu kubabunda kudi bakuabu.

- Wikale ne ntema paudi wenza mudimu ne malu adibu balonda ne bimfuanyi bidi biakuila ne bileja bantu badi bakenga, bualu mbifuanike kuikala bu didibueja mu malu abu nkayabu ne dipanga kulama malu masokome a bantu bituikala katuyi balombe dianyisha diabu ⊕ *tangila Dîyi dinene dia bukubi dia 1 pa bidi bitangila dianyisha dia muoyo mudisuile.*

Malu a kulonda

Dimanyishangana malu ne bisumbu bijima bia bantu: Dimanyisha bantu malu adi majalame, a pa dîba ne adi muntu yonso mua kupeta didi dikolesha dieyemena, disaka bantu bua kutamba kudifilabu ne dilengeja buenzeji bua mudimu. Mbimpe bua kuikala kuamba malu patoke. Dimanyisha bantu malu adi atangila mfranga didi mua kulengeja mushindu wa dienza mudimu ne makuta ne kuambuluisha bua kumanya ne kujadika bikalaku butulavi anyi dibila.

Bikala bulongolodi kampanda kabuyi bumanyisha bantu mu mushindu muakanyine malu adibu busua kuenza bua kubambuluisha, bidi mua kujula dipanga kumvuangana ne diladikija dia malu, midimu idi kayiyi miakanyine idi itudisha mpetu, ne ngenyi mibi idi bantu mua kuelela bulongolodi abu. Bualu ebu budi mua kukebesha tshiji, tunyinganyinga ne dipanga kuikala talalaa.

Diyukidilangana dimpe, kadiyi ne bualu, dipepele ne didi disangisha bantu bonso: Bisumbu bishilangane bia bantu bidi ne majinga ne mishindu mishilangane ya diyukidilangana ne dimanyishangana ngumu. Bidi mua kulomba dîba bua kuyikila munkatshi muabi mu nsombelu muimpe, pa nkayabu bua kulongolola malu a kumanyisha ne bipeta biawu.

Dianyisha dia muoyo mudisuile: Umanye se: bamue bantu badi mua kufila dianyisha diabu kabayi bajingulule menemene tshidi malu umvuija. Ebu ki mbualu butudi tuipatshila to, kadi tudi mua kutekemena bua kuikale ndambu mukese wa dianyisha ne didifila anu ku ntuadijilu bimanyine pa dijinga dileja patoke kudi muntu dia kudifila mu midimu, dilonga, dimanya, anyi mikanda idi ilonda mikenji anyi mikuabu (bu mudi mikanda ya bipungidi bienza ne tshisumbu tshijima tshia bantu) ⊕ *tangila Dîyi dinene dia bukubi dia 1.*

Didifila ne dipangadika: Yikila ne bantu badi bakenga ne bena midimu ya muaba au kumpala kua dîba mu diandamuna bua kuashila malu pa mamanya adi kuoku ne kolesha malanda mimpe ne a kanemu. Diyukila kumpala kua dîba didi mua kuikala mushindu muimpe wa kukuata mudimu ne dîba pamutu pa kulua kuangata mapangadika adi kaayi makanyine kushoo. Mu bitupa bia mbangilu bia mudimu mukole, diyikila ne bantu didi mua kuenzeka anu ne bantu babala ku minu munkatshi mua badi bakenga. Mu kupita kua matuku, nekumueneke mishindu mikuabu bua bantu bakuabu ne bisumbu bikuabu kuluabi kudibueja mu diangata dia mapangadika.

Umanye se: mu imue nsombelu ya diluishangana mvita, bantu badi mua kumona dikankamija dia diyukidilangana dia bisumbu bia baluanganyi bu mushindu kampanda wa dilongolola malu a tshididi, ne bantu ba muaba au badi mua kumvua bibi. Ela meji ku mishindu kabukabu idiku ya disaka nayi tshisumbu tshijima tshia bantu bua kudifila mu ndongoluelu wa dimanyisha malu adi enzeka, bu mudi dienza mudimu ne tuarte tua diela natu bantu mpue mu tshinsanga.

Dimanyisha malu adi menzeke: Nudi mua kukeba bua bantu banumanyishe mu mushindu mulongolola malu adi menzeke ku diambuluisha dia dikonkonona disunguluke (nuenza mudimu ne diyukidilangana dia bisumbu anyi dielangana nkonko), dilondesha dia malu a panyima pa diabanya dia bintu, anyi mabeji a nkonko. Nudi kabidi mua kuenza mudimu ne dipeta dia ngumu mu mushindu udi kauyi mulongolola mu dienzejangana dia mudimu dia matuku onso bua kukolesha dieyemena ne kulengeja programe misangu ne misangu. Keba bua kupeta ngumu bua kumanya bikala bakaji, balume, bansongakaji ne bansongalume bikale badiumvua banemekibue ne basanka bua muaba udibu nawu mu diangata dia mapangadika. Bantu badi mua kuikala basanka bua diambuluisha didibu bapete, kadi kabayi basanka bua muaba udibu nawu mu diangata dia mapangadika.

Bantu badi mua kutshina bua ne: malu mabi adibu bamanyisha adi mua kulua kupatula bipeta bibi. Kudi mua kuikala kabidi malu a bilele bia bantu adi enza bua ne: bikale babenga dibipisha malu bua mudimu wa diambuluisha bantu. Tangila mishindu mishilangane ya dimanyisha nayi malu mu mushindu mulongolola ne udi kauyi mulongolola, bu mudi dienza bua ne: dimanyisha malu adi menzeke dishale bu bualu busokoka.

Ela meji bua mishindu ya dimanyisha malu adi menzeke pamue ne bena midimu mikuabu ne wikale mujadike ne: bantu bonso badi mua kuyipeta. Mishindu eyi idi ne bua kuangatshibua bu njila mishilangane ne ya dipetela didilakana bua kujikija ditupa ku mikenji dinene mu bikadilu anyi mu nsombelu ⊕ *tangila Dipangadika 5*, nansha mudi mishindu yonso eyi mua kuikala ibuelakanangana bilondeshile ngumu idi mifike ku matshi anyi didilakana. Umanye ne ulondeshe malu bua malu adi mafike ku matshi ne akajilula programe padibi bikengela kuenza nanku. Bueja mishindu ya dimanyisha malu adi menzeke mu dilondesha dia malu a bulongolodi ne mu ndongoluelu ya dikonkonona nayi malu.

Dikankamija tshilele tshia diyukidilangana kakuyi bualu: Malongolodi adi ne bua kuleja patoke (mu site wayi wa ku Internet anyi mu bidibu bafunda bua kudimanyisha ku bantu ne bidi bantu badi bakenga mua kupeta) malu masunguluke onso adi akoka ntema bu mudi malu abu a tshididi anyi a bitendelelu. Bualu ebu budi buambuluisha benzejanganyi netu ba mudimu bua kumvua bimpe ngikadilu wa bulongolodi abu ne kumona pamuapa luseke lua malu adi bulongolodi ebu bulamate ne a tshididi.

Dipangadika dia bulongolodi dia kudifila ne kuteleja binsanga: Ngenzelu idi itapulula balume ne bakaji ne malu makuabu mashilashilangane idi mua kuambuluisha bua kukankamija malu a mushinga ne mapangadika a bulongolodi ne kufila bilejilu binenke bia bikadilu bidi bantu mua kutekemena. Dipeta ngumu ya kudi bantu badi bakenga didi kabidi ne bua kutokesha ngenzelu wa mudimu ne dilubuluka dia programe.

Dikepesha dimanyisha dia ngumu, malu masokome a bantu ne dibenga kumanyisha: Malu onso kaena alomba anu bua kuamanyisha benzejanganyi netu ba mudimu bonso to. Ela meji bua mushindu udi diangata dia malu adi mua kuambuluisha bua kumanya bisumbu kampanda (bia bantu) anyi bantu bine mua kulua kutekesha anyi kutamba kutekesha bantu, anyi kujula mikanu mikuabu idi mua kunyanga dikubibua diabu ⊕ *tangila Mêyi manene a bukubi.*

Ngelelu wa meji mulenga bua malu a dimanyisha badi pambelu: Malu adi mafunda bua kukeba nawu makuta kudi bantu ne bimfuanyi binudi bakuate biobi kabiyi pa muaba mubienzela bidi misangu ya bungi mua kupambuisha bantu ne bidi kabidi mua kutamba kunyanga dikubibua dia bantu. Kudi ne bua kuikala ngenzelu ne mibelu pa bidi bitangila dimanyisha bantu ba pambelu malu, ne bena mudimu bonso badi ne bua kuenza bua se: kakuikadi bilema bienza mu muanda eu to.

Malu onso adi mafunda bua kumvuija bimfuanyi ne adi mu miyuki kaena na bua kuambuluisha bua kumanya kudi bantu bafumine anyi tshinsanga tshiabu (nangananga bana). Tumanyinu tudi tujadika muaba udibu bakuatshile foto tudi ne bua kumbushibua dîba dia kukuata foto.

Dipangadika 5
Binsanga ne bantu badi dikenga dikuate badi ne mishindu mimpe ne idi kayiyi ne bualu ya kumvuabu didilakana diabu.

Tshimanyinu tshia bulenga
Badi bumvua didilakana ne badijikija.

Bileji bia ngenzelu wa mudimu

1. Binsanga ne bantu badi dikenga dikuate, pamue ne bisumbu bia bantu badi ku batekete ne badibu badiwula, mbamanye mishindu idiku ya bobu kumanyishila malu adibu badilakena.
2. Binsanga ne bantu badi dikenga dikuate badi bamona ne: mishindu idibu balongolole bua bobu kumanyisha malu adibu badilakena mmipepele, mimpe, ilama malu masokome ne kayiyi ne bualu.
3. Badi bakonkonona bimpe didilakana, benza bua kudijikija ne badi bamanyisha mudilakanyi bipeta mu tshikondo tshiakanyine.

Malu manene a kuenza

> **5.1** **Yikila ne binsanga ne bantu badi dikenga dikuate pa lungenyi lua kuenza, kuteka mu tshienzedi ne kulondesha malu bua kujikija didilakana.**

- Teka bantu mu tusumbu bilondeshile mudibu balume anyi bakaji, bidimu biabu ne bulema, bualu bimanyinu ebi bidi mua kuikala ne buenzeji pa mushindu udi bantu bamona mua kufika ku mishindu ya dimanyisha malu adi abatonda anyi bapangila.
- Numvuangane pa mushindu udi didilakana mua kumanyishibua, tshidi mua kupangisha bantu ne bena mudimu bua kumanyisha malu adi mabatonde, ne mushindu udibu basue bua kupeta diambuluisha bua didilakana diabu. Ela meji bua mushindu udibu mua kufunda didilakana ne kudilondesha, ne mushindu udi malu adibu balongele kudidi mua kuedibua mu dilongolola dia malu dia matuku atshilualua.
- Konkonona mishindu ya dijikija didilakana tshiapamue ne bena midimu mikuabu, benzejanganyi nebe ba mudimu ne bantu bakuabu badi mu bualu ebu.
- Longesha bena mudimu pa bidi bitangila mushindu wa dijikija didilakana.

> **5.2** **Akidila ne itaba didilakana dionso, ne manyisha mushindu mupepele udi wambuluisha ne bungi bua bilumbu budiwu mua kujikija.**

- Ela meji bua kuenza kampanye ka dimanyisha naku malu bua kuambuluisha bantu bamanye ndongoluelu ne ngenzelu ya malu idiku, dîba dikala bantu mua kuela nkonko mikuabu bua kumanya mushindu wikalabi mua kuenda.

> **5.3** **Tangila didilakana pa dîba, mu mushindu muimpe ne udi muakanyine udi uteka pa muaba wa kumpala dikala talalaa dia mudiabakenyi ne bonso badi bualu ebu butangila mu bitupa bionso.**

- Londesha didilakana ne didilakana dionso pa nkayadi, nansha bikala a bungi mikale atangila bilumbu bia muomumue.
- Fila diandamuna mu tshikondo tshiakanyine. Mudilakanyi udi ne bua kumanya dîba didiye mua kupeta diandamuna.
- Ela meji bua dilongolola dia mu tshinsanga anyi dipangadika mu ndongoluelu wa dijikija nende didilakana.

Majitu a mu dilongolola dia mudimu

5.4 **Mushindu wa kuenza bua kujikija didilakana bua binsanga ne bantu badi dikenga dikuate mmufunda mu mikanda ne mulongolola. Mushindu eu udi ne bua kukonga dilongolola dia malu, diendesha bantu masandi ne dibanyanga, ne malu makuabu mabi a tshikandi.**

- Lama malu mafunde a mushindu udibu bajikije didilakana, malu adibu balonde bua kuangata mapangadika, malu onso avua bantu badilakena, mushindu ne dîba divuabu babandamune.

- Teya ntema bua kujadika ne: malu adibu bamanyishe pa bidi bitangila didilakana mmalama masokome, mu dilonda menemene mêyi adi atangila dikubibua dia bipeta bifunda.

- Enza mudimu pamue ne malongolodi makuabu pa bidi bitangila mishindu ya dijikija didilakana, bualu bidi mua kuikala ne dibuejakajangana dikese dia malu bua tshinsanga ne bena mudimu.

5.5 **Tshilele tshia dilongolola malu mudibu bangata didilakana ne muoyo mujima ne bandamuna bilondeshile mêyi ne ngenzelu mijadika bimpe ntshimane kuikalaku.**

- Manyisha patoke ngenzelu idi itangila bujitu bua bulongolodi bua kutangila bantu badibu bukeba bua kuambuluisha, mikenji yabu ya mu nsombelu ne mushindu wikala bulongolodi ebu mua kukuba bisumbu bia bantu badi bafuane kuteketa bu mudi bakaji, bana ne balema.

- Jadika ngenzelu ya dikebulula nayi malu idi ilonda mêyi manene a dilama malu masokome, budikadidi ne kanemu. Lombola makebulula mu mushindu mujima, pa dîba ne mudibi bikengela kuenza, ukumbaja malu adi mikenji ilomba ne tshidi mikenji ya ditunga idi itangila mudimu yamba. Longesha banene ba midimu badibu bateke pa mushindu wa dikonkonona malu ne mushindu wa kujikija malu a bikadilu bibi bia bena mudimu, anyi ubapeteshe mushindu wa kupeta mibelu kudi bamanyi bapiluke.

- Teka njila wa dimanyishila didilakana ne ngenzelu idi yambuluisha bua kudijikija munkatshi mua bena mudimu, ne bena mudimu bikale bamanye njila ne ngenzelu ya malu eyi.

5.6 **Binsanga ne bantu badi dikenga dikuate mbamanye bimpe menemene bikadilu bidibu batekemene bua kumona munkatshi mua bena mudimu wa diambuluisha bantu, pamue ne mapangadika a mu bulongolodi adi menza bua kuepuka diendesha bantu masandi ne dibanyanga.**

- Umvuija binsanga ne bena mudimu njila ya mua kujikija didilakana. Sakidila ne ngenzelu ya kulonda bua bilumbu binene (bu mudi ebi bidi bitangila nkosa-mishiku, diendesha bantu masandi ne dibanyanga, buenzavi bunene anyi tshikadilu tshibi) ne ngumu idi kayiyi anu mikole kuyumvua (bu mudi ntatu ya dienza mudimu ne malu adi malombibue bua kusungula tshintu kampanda).

5.7 **Badi ne bua kumanyisha didilakana didi kadiyi ku bukokeshi bua bulongolodi kudi tshitupa tshikuabu tshidi bualu ebu butangila mu mushindu udi upetangana ne bienzedi bimpe.**

- Tokesha mibelu pa mishindu ya didilakana idi ku bukokeshi bua bulongolodi, ne manyisha dîba ne mushindu wa kudimanyisha kudi bena midimu bakuabu.

Malu a kulonda

Dilongolola mushindu wa mua kupita ne didilakana: Bidi bikengela kuanji kukonkonona makokeshi a mu nsombelu wa bantu ne a bakokeshi bangabanga ne kuangata mapangadika bua bidi bitangila mushindu mutambe buimpe wa kuenza malu mu binsanga bia bantu. Teya ntema ku majinga a bakulakaje, bakaji ne bansongakaji, bansongalume ne balume, balema ne bakuabu bantu badi mua kuikala kabayi banyishibue. Wikale mujadike bua ne: badi ne dîyi dia kuela mu dilongolola ne mu diteka mu tshienzedi ndongoluelu ya dijikija nayi didilakana.

Dimanyisha bantu mushindu wa kumanyisha didilakana: Bidi bilomba kuikala ne dîba ne makokeshi bua kujadika ne: bantu badi bakenga mbamanye midimu kayi, mmuenenu wa malu wa bena mudimu ne bikadilu bidibu mua kutekemena bua kumona munkatshi mua malongolodi adi ambuluisha bantu. Badi kabidi ne bua kumanya tshia kuenza ne muaba wa kuya kudilakena bikala bulongolodi kampanda budi buambuluisha bantu bupangile bua kukumbaja mapangadika aa.

Badi ne bua kulongolola ngenzelu eu mushindu wa se: bikale bajadikile bantu bua ne: badi mua kuenza didilakana diabu misangu yonso ne dishala amu dilama disokome ne kabayi batshina bua kubasombuelabu.

Umvuija bimpe malu adibu mua kutekemena mu binsanga, bualu bantu badi mua kuela meji ne: ngenzelu wa dijikija nende didilakana udi mua kujikija bilumbu biabu bionso. Bualu ebu budi mua kulela tunyinganyinga ne ditekesha mu maboko padi malu adibu batekemene kaayi ku bukokeshi bua bulongolodi.

Mua kuenza ne didilakana: Umvuija bimpe muntu udi udilakana padi bualu buende kabuyi ku bukokeshi bua bulongolodi ne kabuyi mua kuambula bujitu ebu. Biobi mua kuenzeka ne mu diumvuangana ne muntu udi udilakana, manyisha bualu ebu kudi bulongolodi budi buakanyine. Lombola pamue ne bena midimu mikuabu ne bitupa bikuabu bua kujadika ne: bualu ebu budi buenda bimpe.

Anu bena mudimu badibu balongeshe ke badi mua kukonkonona malu adibu babande nawu bena mudimu wa diambuluisha bantu bua mudibu bendeshangana masandi ne banyanga bantu.

Bantu badi badilakana badi ne bua kubenzela malu makuabu a muntu pa nkayende ne kupeta dikuatshisha bua malu makuabu (bu mudi diondopibua bua kusama kua lungenyi ne dikuatshisha dia mu nsombelu wa bantu, anyi luondapu lukuabu) bilondeshile majinga abu.

Didilakana didi kadiyi dimanyike kudidi difumina ne dia meji mabi ditu ne ntatu ya pa buayi bualu ki ndimanyike kudidi difumina. Didi mua kuikala tshimanyinu tshidi mua kujula ntema ya bulongolodi bua kumanya dipanga kusankishibua didi mua kuikala disokome, ne dilondesha dionso dia malu aa didi dilomba kuenza makebulula bua kumanya ni kudi bualu kampanda buvuaku kale kadi kabuyi bumanyike budi bujudija didilakana edi.

Dikuba bantu badi badilakana: Utangile bimpe bua kumanya ne: mbantu kayi ne mmalu kayi adibu ne bua kumanya munda mua bulongolodi. Muntu udi umanyisha diangatangana dia ku bukole badi mua kumuangata bibi mu bantu ne udi mua kuikala mu njiwu milelela ya kudi bavua bamuenzele bibi ne kudi bena dîku diende. Longolola mushindu udi ujadikila bantu bua ne: nebajikije bualu bua didilakana mu mushindu musokoka. Ngenzelu wa didimuija nende bantu udi ne bua kuikalaku bua kukuba bena mudimu badi batamba kudilakana bua programe anyi bua bikadilu bia bena mudimu nabu.

Ngenzelu ya dikuba nayi bipeta bifunda idi ne bua kukonga bungi bua matuku adi malu a mushindu kampanda musunguluke ne bua kulamibua, bilondeshile mikenji idi yakuila dikubibua dia bipeta bifunda.

Mushindu wa kujikija didilakana: Utabalele bua ne: bena mudimu ba bulongolodi ne bisumbu bia bantu bidi bulongolodi ebu buenzela mudimu badi ne mushindu wa kumanyisha malu adibu badilakena. Malu a didilakana a mushindu eu adi mua kumueneka bu mushindu wa kulengeja bulongolodi ne mudimu wabu. Didilakana didi mua kuleja buenzeji ne ngikadilu udi muakanyine wa diambuluisha kampanda, njiwu idi mua kuikala misokome ne matekete, ne mushindu udi bantu mua kuikala basanka bua midimu idibu babenzela.

Diendeshangana masandi ne diangatangana ku bukole dia bantu badi dikenga dikuate: Bulongolodi ne balombodi babu badi ne mianzu badi ne bujitu bua kutabalela bua ne: njila ne ngenzelu ya dijikija nayi didilakana idiku, ne kayena ne bualu, mmitoke, bantu bonso badi mua kuyipeta ne idi ilama malu masokome. Muaba udibi biakanyine, malongolodi adi ne bua kutangila bua kuikale kabidi malu masunguluke adi atangila dieleshangana maboko mu dikonkonona dia bilumbu bia badi bendeshangane masandi anyi bangatangane ku bukole mu bipungidi bidibu benza ne benzejanganyi nabu ba mudimu.

Tshilele tshia dilongolola malu: Balombodi ne bena midimu badi ne mianzu minene badi ne tshia kuikala bilejilu bimpe ne bakankamija tshilele tshia kanemu kadi muntu ne muntu ne bua kuikala naku munkatshi mua bena mudimu bonso, benzejanganyi ba mudimu, bena budisuile ne bantu badi dikenga dikuate. Dikuatshisha diabu bua kuteka mu tshienzedi njila ya dijikija nayi didilakana mu tshisumbu tshia bantu didi ne mushinga wa bungi. Bena mudimu badi ne bua kuikala bamanye mushindu wa kujikija didilakana anyi dibandangana dia diangatangana ku bukole. Padiku bualu bubi budi bantu benza anyi padibu batupe ku mikenji ya bukua-matunga, bena mudimu badi ne bua kuikala bamanye mushindu wa kumanyisha bakokeshi badi bakanyine kumanya bualu ebu. Malongolodi adi enza mudimu pamue ne benzejanganyi ba mudimu nabu adi ne bua kumvuangana pa bidi bitangila mushindu wikalabu ne bua kumanya ne kujikija didilakana (nansha diodi ditangila muntu ne muntu wa kudibu).

Bikadilu bia bena mudimu ne mikenji ya mu nsombelu: Malongolodi adi ne bua kuikala ne mikenji ya bena mudimu idi itangila nsombelu idi balombodi badi ku mutu banyishe ne bayimanyishe bantu bonso. Bena mudimu ne benzejanganyi nabu ba mudimu bonso badi ne bua kulonda ngenzelu wa malu udi ukuba bana, ne badi ne bua kubamanyisha ne kubalongesha malu adi atangila bikadilu bidibu mua kutekemena kudibu. Bena mudimu badi ne bua kumanya ne kumvua bipeta bia dipanga kulonda mikenji ya mu nsombelu ⊕ *tangila Dipangadika 3 ne dia 8.*

Dipangadika 6
Binsanga ne bantu badi dikenga dikuate badi bapeta dikuatshisha dilombola bimpe ne didi dikumbaja malu makuabu a pa mutu.

Tshimanyinu tshia bulenga
Diambuluisha didibu bafila ndilombola bimpe ne dikumbaja malu makuabu.

Bileji bia ngenzelu wa mudimu

1. Malongolodi adi akepesha dishilangana ne dibuelakanangana dia malu adi binsanga bidi bikenga ne bena mudimu nabu bimona mu bule bua tshienzedi tshilombola bimpe.
2. Malongolodi adi afila diambuluisha – ne malongolodi a muaba au – adi amanyishangana malu adi abatangila bilondeshile njila ya dilombola malu milongolola ne idi kayiyi milongolola.
3. Malongolodi adi alombola dikonkonona dia majinga, difikisha diambuluisha kudi bantu ne dilondesha dia diteka dia diambuluisha edi mu tshienzedi.
4. Malongolodi a muaba au adi amanyisha didifila didi dikumbane ne dileja mpala mu njila ya dilombola malu.

Malu manene a kuenza

6.1 **Manya miaba, majitu, makokeshi ne bipatshila bia bantu bashilashilangane badi benza mudimu.**

- Ela meji bua kueleshangana maboko bua kukumbaja bukokeshi bua binsanga, mbulamatadi idi minuakidile, bafidi ba mpetu, malongolodi a bantu pa nkayabu ne a mudimu wa diambuluisha bantu (a muaba au, a mu ditunga, a pambelu pa ditunga) adi mikale ne majitu ne mamanya mashilangane.
- Fila lungenyi lua kuenza dikonkonona malu, dilongesha bantu ne diela mateta munda mua malongolodi ne bakuabu badi benza mudimu eu ne lombola tshiapamue nabu bua kuenza mine malu aa bua kujadika ngenzelu wa malu mu mushindu udi mutambe kujalama.

6.2 **Utangile bua diandamuna dia kuambuluisha bantu didi dilua kudisakidila ku edi dia bakokeshi ba ditunga ne ba muaba au ne ku dia malongolodi makuabu adi ambuluisha bantu.**

- Umanye ne: dilongolola ne dilombola dia malu onso adi atangila didienzeja bua kusulakaja bantu didi ndekelu wa bionso bujitu bua mbulamatadi udi munuakidile. Malongolodi adi ambuluisha bantu adi ne muaba munene mu dikankamija diandamuna dia ditunga ne mudimu wa dilombola.

6.3 **Difila mu tusumbu tulombodi tudi bualu ebu butangila ne eleshangana maboko ne bakuabu bua kumona mushindu wa kukepesha malu adibu balomba bisumbu bia bantu ne kudiundisha menemene dialabaja ne dipetesha dia midimu minene ya diambuluisha bantu.**

- Saka bantu bua benze mudimu ne balamate mikenji ya bulenga ne mêyi bidi bantu bitaba ku diambuluisha dia bulombodi. Enza mudimu ne tusumbu tudi tulombola bua kuteka mikenji ya mudimu wa diambuluisha bantu mu nsombelu wayi, nangananga bileji, bua kulondesha tshiapamue ne kukonkonona midimu ne diandamuna mu bujima buabi.
- Jadika bungi bua midimu ne mapangadika, pamue ne dibuelakana dionso didi mua kuikalaku ne tusumbu tulombodi tukuabu ne mushindu wikala bualu ebu ne bua kuenjibua, tshilejilu pa bidi bitangila dilombola dia didiumvua ne dibanza dia kuandamuna, malu adi atangila bantu balume anyi bakaji ne dikubibua.

6.4 **Manyisha malu adi akengedibua kudi benzejanganyi nebe ba mudimu, tusumbu tuludiki ne bakuabu bena mudimu badi bualu ebu butangila ku diambuluisha dia njila ya dimanyisha malu idi miakanyine.**

- Ikala ukuata mudimu ne miakulu ya muaba au mu bisangilu ne mu mamanyisha makuabu. Utangile bijikidi bia diyukidilangana mushindu wa se: benzejanganyi nebe ba mudimu ba muaba au bapete mushindu wa kuakula pabu.
- Amba malu matokesha bimpe ne kuakudi mu miaku idi bantu kabayi batambe kumanya ne iudi mua kuikala mumanye amu wewe, nangananga padi bantu bakuabu kabayi bakula muakulu wa muomumue.
- Keba bumvuiji ne bakudimunyi ba miakulu bikalabi bilomba kuenza nanku.
- Ela meji bua muaba wa dienzela bisangilu bua bantu ba muaba au bamone mua kubuelamu.
- Enza mudimu ne bituangajilu bia malongolodi a bantu ba muaba au bua kujadika ne: nudi belamu mapa a kudi bena bisumbu biabu.

Majitu a mu dilongolola dia mudimu

6.5 **Ndudikilu ne ngenzelu ya malu idi ikonga dipangadika ditokesha dia kulombola ne kueleshangana maboko ne bakuabu, kuelamu ne bakokeshi ba ditunga**

ne ba muaba au, kakuyi ditupa ku mêyi manene adi alombola mudimu wa diambuluisha bantu.

- Keba bulombodi mu ndudikilu ya malu a bulongolodi ne ngenzelu ya dipetela mpetu. Bulongolodi budi ne bua kufila mêyi adibu buamba adi atangila mushindu wikalabu mua kuenza mudimu tshiapamue ne benzejanganyi nabu ba mudimu, bakokeshi badi babakidile ne bena midimu mikuabu ya diambuluisha bantu ne idi kayiyi ya diambuluisha bantu.

- Bena midimu badi baleja mpala ya bakuabu mu bisangilu bia dilombola malu badi ne bua kumanya malu adi makanyine, kuikala ne ndudi ne bukokeshi bua kufila diabu dimona mu dilongolola dia malu ne mu diangata mapangadika. Leja bimpebimpe majitu a bulombodi mu diumvuija dia midimu ne midimu idi bantu ne bua kuenza.

> **6.6** **Dienza mudimu ne bantu bakuabu ndilombola kudi bipungidi bijalame ne bitokesha bimpe bidi binemeka bukenji bua muenzejanganyi yonso wa mudimu, majitu ende ne budikadidi buende, ne ditaba malu adi muntu ne muntu mulombibue bua kuenza ne mapangadika.**

- Malongolodi a muaba au ne a mu ditunga adi adifila anyi eleshangana maboko ne benzejanganyi nabu ba mudimu bikale ne ngumvuilu wa muomumue wa bujitu bua mu bulongolodi bua muntu ne muntu ne midimu ne majitu a muntu ne muntu, bua kuenza tshienzedi tshidi tshimpe ne tshidi tshipesha bantu dibanza dia kuandamuna.

Malu a kulonda

Dienza mudimu pamue ne bantu badi badienzela mudimu pa nkayabu: Mudimu wa muntu pa nkayende udi mua kutuadila malongolodi adi ambuluisha bantu malu mimpe a mu bungenda-mushinga, mamanya makuabu a pa mutu ne mpetu. Bualu bua nshindamenu budi bulombibue bua kuepuka divudija dia malu ne kukankamija bilele bimpe mu diambuluisha dia bantu ke dimanyishangana dia malu. Tabalela bua kumona se: malu a bungenda a benzejanganyi nebe ba mudimu mmalamate manême a nshindamenu a bantu ne kaena mamanyibue bu avua atungunuja matuku mashale malu a dipanga buakane anyi malu a kansungasunga. Dienzejangana midimu ne bantu ba pa nkayabu didi ne bua kutabalela bua kuikala bipeta bimpe bimanyike bua bantu badi dikenga dikuate, nansha eku tuitaba ne: bena mudimu ba pa nkayabu badi mua kuikala ne biabu bipatshila bia pa mutu biabu bobu bine.

Dilombola dia basalayi ne badi kabayi basalayi: Malongolodi adi ambuluisha bantu adi ne bua kushala masunguluke bimpe menemene ne basalayi bua kuepuka dibuelakana dionso dilelela anyi didibu belela meji ne ndongamu kampanda wa malu a tshididi anyi a basalayi adi mua kunyanga dibenga kubuelakana, dianyishibua, dikala talalaa, dipetshibua dia bena mudimu kudi bantu badi dikenga dikuate.

Basalayi badi ne mamanya ne mpetu ya pa buayi, bu mudi bintu bidi bitangila dikala talalaa kakuyi bualu, bintu bia mudimu, bia diambula nabi bantu anyi bintu ne dimanyishangana malu. Nansha nanku, didisangisha dionso ne basalayi didi ne bua kuikala mu mudimu ne dilombola kudi bena mudimu wa diambuluisha bantu ne bilondeshile mêyi adi mitabujibue ⊕ *tangila Sphere ntshinyi? Tshibungu tshia malu a diambuluisha bantu badi bakenga* ne *Mêyi manene a bukubi.* Amue malongolodi nealame diyukidilangana anu dikese bua kumona mua kujadika dienda bimpe dia midimu, eku makuabu mikale wowu asuika malanda makole.

Malu manene a mushinga a mu dilombola dia basalayi ne badi kabayi basalayi ke dimanyishangana dia malu, dilongolola ne ditapulula dia midimu ya kuenza. Diyukidilangana didi ne bua kuikalaku dîba dionso, mu nsombelu yonso ne mu mishindu yonso.

Dikuatshisha difila dia pa mutu: Malongolodi a muaba au, bakokeshi ba muaba au ne ntuangajilu ya nsangilu a bantu mbamonemone malu a bungi adi atangila nsombelu mishilashilangane. Badi mua kuikala dijinga ne dikuatshisha bua kupingana tshiakabidi mu muaba kampanda panyima pa dikenga kansanga, ne bajinga bua kubasaka ku dienza ne kulejibua mpala mu dilombola dia malu adibu badikolesha bua kuenza bua kufila diandamuna.

Muaba udi bakokeshi bikale bobu bine mu diluangana dia mvita, benji ba mudimu wa diambuluisha bantu badi ne bua kuela kungenyi pa bidi bitangila budikadidi bua bakokeshi aba, balame bipatshila bia bantu badi dikenga dikuate munkatshi mua mapangadika adibu bangata.

Buludiki: Buludiki bua malu adi pankatshi pa bitupa bishilangane budi mua kukumbaja majinga a bantu bonso pamue pamutu pa kuenzela muntu ne muntu pa nkayende. Tshilejilu, buludiki budi butangila lungenyi luimpe ne dikuatshisha dia mu nsombelu wa bantu budi ne bua kufidibua mu bitupa bia malu a luondapu, a bukubi ne a tulasa, bu mudi ku diambuluisha dia kasumbu ka balongi ba ngenzelu wa mudimu kadi kenza ne bamanyi bapiluke ba malu au.

Bamfumu badi baludika badi ne bujitu bua kutangila bua ne: mbalongolole bimpe bisangilu ne malu adibu bamanyisha, mikale ne dikuatshisha ne matangija ku dipatula bipeta bimpe. Benji ba mudimu ba muaba au mbafuane kupanga mua kudifila mu ngenzelu ya buludiki bikalayi imueneka bu ne: idi itangila anu midimu ya bukua-matunga, bua muakulu anyi bua muaba udiyi. Ngenzelu ya buludiki ya ditunga ne ya munda mua ditunga idi imue misangu mua kulombibua ne idi ne bua kuikala ne njila ya dimanyishila malu mitokesha.

Didifila dia bantu mu ngenzelu ya buludiki kumpala kua dikenga didi dijadika malanda ne dikolesha buludiki dîba dia diandamuna. Asa bishimikidi bia buludiki bia lukasalukasa ne dilongolola dia malu didi dinenga musangu mule dia dilubuluja, pamue ne tusumbu tuludiki muaba udibi mua kuenzeka nanku.

Ngenzelu ya malu ya midimu mishilangane ya bukua-matunga ya buludiki bua malu a lukasalukasa idi ne bua kukankamija ngenzelu ya buludiki bua malu bua mu ditunga. Mu dikuatshisha bena tshimuanga, ngenzelu wa buludiki bua malu a bena tshimuangi udi ne bua kuikala eu utu bulongolodi bua UNHCR buenza nende mudimu.

Dimanyishangana malu (ne malu a makuta): pankatshi pa benzejanganyi ba mudimu bashilashilangane ne ngenzelu ya buludiki mishilashilangane didi mua kuambuluisha pamuapa bua kumanya malu adi ashilangana anyi adibu bavudije mu programe.

Dienza mudimu pamue ne benzejanganyi netu ba mudimu: Mishindu mishilangane ya dilongolola malu idi mua kuikala munkatshi mua benzejanganyi ba mudimu, kubangila anu ku tshipungidi tshia mudimu patupu too ne ku diangata mapangadika tshiapamue ne dienza mudimu ne mpetu tshiapamue. Nemeka bukenji ne mmuenenu wa malu wa bulongolodi buenzejanganyi netu bua mudimu ne budikadidi buabu. Keba bua kumanya mishindu idiku ya nuenu kulongangana ne kushidimuka. Manya malu adi bitupa bionso bibidi bisue bua kupeta bu makasa ku tshipungidi tshinudi basuike bualu badi benda bakolesha mamanya abu ne makokeshi abu, ne ujadike bua kuikale didiakaja dimpe bua kuandamuna ne mishindu mishilashilangane ya difila dine diandamuna edi.

Dieleshangana maboko didi dinenga matuku a bungi pankatshi pa malongolodi a nsangilu wa bena ditunga ne malongolodi a bukua-matunga didi mua kunzulula njila bua benzejanganyi ba mudimu bonso kukoleshabu mamanya ne makokeshi abu, ne kujadika didiakaja dimpe bua kuandamuna ne mishindu mishilashilangane ya difila dine diandamuna edi.

Dipangadika dia 7

Binsanga ne bantu badi dikenga dikuate badi mua kutekemena bua kupeta dikuatshisha dilengeja bu mudi malongolodi alongela ku malu adiwu amona ne ku diela dia meji.

Tshimanyinu tshia bulenga
Benji ba mudimu wa diambuluishangana badi anu balonga malu ne baalengeja.

Bileji bia ngenzelu wa mudimu

1. Binsanga ne bantu badi dikenga dikuate mbamanye malu adibu balengeje bua dikuatshisha ne dikubibua bidibu bapeta mu kupita kua matuku.

2. Malu adibu balengeje mmenza bua dikuatshisha ne dikubibua bu tshipeta tshia dilonga dia malu adibu bamone mu diandamuna didibu bafila dîba adi.

3. Dikuatshisha ne dikubibua bidibu bafila bidi bileja malu adibu balongole ku mandamuna makuabu.

....

Malu manene a kuenza

7.1 **Paudi wela meji bua programe, tuma lungenyi ku malu audi mulonge ne audi mumonemone kumpala.**

- Ela meji bua ndongoluelu ya dilondesha nayi malu idi mipepele ne idi bantu bonso mua kupeta, mumanye se: mamanyisha adi ne bua kuikala aleja mpala ya bisumbu bishilangane, aleja patoke bantu bavua basankishibue mu programe ya kumpala ne bavua kabayi basankishibue.

- Konkonona malu anudi bapangile ne anudi bakumbane bua kuenza.

7.2 **Longa, fuka lungenyi ne teka mu tshienzedi mashintuluka bilondeshile dilondesha dia malu ne dikonkonona, ne malu anudi bumvue ne didilakana dia kudi bantu.**

- Enza mudimu ne ngelelu wa meji wa diteleja bantu bimpe ne mikuabu ya didifila dilenga. Bantu badi dikenga dikuate ke badi mua kukumanyisha bimpe menemene malu adi atangila majinga ne mashintuluka adi mu nsombelu.

- Manyisha binsanga bia bantu malu audi mulonge ne yukidilangana nabu pa malu aa, ubebeja bua kumanya tshivuabu mua kuikala basue kuenza mu mushindu mushilangane ne mushindu wa kukolesha muaba wabu mu diangata dia mapangadika anyi mu dilombola dia malu.

7.3 **Manyisha malu audi mulonge ne audi mufuke lungenyi kudi binsanga ne bantu badi dikenga dikuate badi munda mua bulongolodi, ne benzenjanganyi nebe bakuabu ba mudimu.**

- Leja malu audi mupete mu dilondesha dia malu ne mu dikonkonona mu mushindu udi bantu bonso mua kumvua udi wambuluisha bantu bua kumanyishangana malu ne diangata mapangadika ⊕ *tangila Dipangadika 4.*

- Manya mishindu ya kukankamija midimu ya dilonga bilondeshile ndongoluelu udiku.

Majitu a mu dilongolola dia mudimu

7.4 **Kudi ngenzelu ya dikonkonona nayi malu ne dialonga, ne kudi mishindu ya bantu kulongela ku malu mamonamona ne kulengeja bienzedi.**

- Malongolodi adi akonga dikonkonona dia ngenzelu wa mudimu ne dilongolola malu bua kulengeja didi dishindamene pa bimanyinu bilelela bidibu mua kupima mu kulonga kuabu kua misangu ne misangu.

- Bena mudimu bonso mbumvue tshidi majitu abu pa bidi bitangila dilondesha dia mushindu udi mudimu wabu uya kumpala ne mushindu udi dilonga mua kuambuluisha dilubuluka diabu mu dienza diabu dia mudimu.

7.5 **Kudi mishindu ya kufunda mamanya ne malu mamonamona, ne kuamanyisha bantu bonso munda mua bulongolodi.**

- Dilonga dia malu mu bulongolodi didi difikisha ku mashintuluka adi ne dikuatshisha (bu mudi ngenzelu milengeja ya mua kukonkonona malu, kulongolola bisumbu tshiakabidi mua kufila diandamuna ditambe buimpe, ne majitu matokesha bimpe a mushindu wa kuangata mapangadika).

7.6 **Bulongolodi budi bufila dikuatshisha bua kulonga ne kufuka ngenyi mipiamipia mu Diambuluisha didibu bafila munkatshi mua malongolodi a muomumue ne mu tshitupa tshia bena midimu ya diambuluisha bantu.**

- Sangisha ne patula luapolo ya midimu ya diambuluisha bantu, pamue ne malu manene anudi balonge ne ngenyi mifila bua kutangilula bienzedi mu mandamuna a matuku atshilualua.

Malu a kulonda

Dilongela ku malu mamonamona: Bua bipatshila bishilangane bia ngenzelu wa mudimu, dilonga ne didiumvua ne dibanza dia kuandamuna, kudi ngelelu wa meji ne mishindu mishilangane ya dienza malu:

Dilondesha malu – badi mua kuenza mudimu ne disangisha dia pa tshibidilu dia bipeta bifunda bia midimu ne mishindu ya diyenza bua kululamija malu pashishe. Enza mudimu ne bipeta bifunda bidi bileja bulenga ne bungi bua bintu bua kulondesha ne kukonkonona malu; fuanyikija bipeta bifunda ne lama mifundu idi mikale ilondangana bimpe. Londa mêyi malenga a mushindu wa kusangisha bipeta, kubilama ne kubimanyisha. Jadika bipeta kayi bidibu basangishe ne mushindu kayi udibu babileja bilondeshile mudimu unudi balongolole bua kuenza nabi ne bantu bikala mua kuenza nabi mudimu. Kusangishi bipeta binuikala kanuyi mua kukonkonona anyi kuenza nabi mudimu to.

Dikonkonona malu anu pa dîba – nudi mua kuenza mudimu ne didibidija bua kukonkonona malu anu pa dîba, disaka bantu badi mu mudimu bua kudifilabu mu diwenza bua kululamija malu atshilualua.

Dipeta ngumu – nudi mua kuenza mudimu ne ngumu inudi nupetela kudi bantu badi mu dikenga, ki nganu ngumu ya ku midimu milongolola, bua kululamija nayi malu atshilualua. Bantu badi dikenga dikuate ke balumbuluishi menemene ba mashintuluka adi enzeka mu nsombelu wabu.

Dikonkonona dia malu panyima pa dienza bualu – didibidija dia pa dîba, disaka bantu bua kudifila mu mudimu, didi dimueneka panyima pa dijikija dia mudimu. Manya malu a kulama ne a kushintulula mu midimu ya matuku atshilualua.

Dikonkonona misangu ne misangu – midimu mienza pa tshibidilu bua kujadika ne kipatshila mushinga wa mudimu kampanda, proje anyi programe, mienza pa tshibidilu kudi bantu ba pambelu pa proje, idi mua kuikala anu ya pa dîba (bua kumona mua kuakajilula malu) anyi kuenzeka kunyima kua bamane kujikija mudimu, bua kufila dilongesha bua nsombelu ya muomumue ne kumanyisha mushindu wa kuludika malu.

Dikebulula – didi diumvuija dikebulula dienza misangu ne misangu mu malu masunguluke a pa buawu adi atangila mudimu wa diambuluisha bantu, didibu benza nadi mudimu nangananga bua kumanyisha mushindu wa kuludika malu.

Difuka lungenyi: Diandamuna dia padiku dikenga ditu misangu mivule difikisha ku difuka dia lungenyi bualu bantu ne malongolodi adi adiakaja ku dishintuluka dia malu mu miaba idibu basombele. Bantu badi dikenga dikuate badi bafuka ngenyi bualu badi badiakaja bilondeshile nsombelu yabu bobu bine idi ishintuluka; badi mua kumuenena bimpe ku dikuatshisha didi dibasaka bikole ku mishindu ya difuka lungenyi ne dilubuluja malu.

Dienza mudimu pamue ne dimanyishangana malongesha: Dilonga malu mu dienza mudimu pamue ne bena midimu mikuabu, tusumbu tua bena mbulamatadi ne tua badi kabayi bena mbulamatadi ne tua balongeshi banene mbujitu bua benji ba mudimu ne didi mua kubueja mmuenenu mipiamipia ya malu ne ngenyi mipiamipia, ne kumona mua kutamba kuenza mudimu menemene ne mpetu mikese tshianana. Dienza mudimu pamue didi kabidi mua kuambuluisha bua kukepesha majitu a dikonkonona diambulula misangu ne misangu mu tshinsanga tshimuetshimue.

Didibidija mu dilonga ne binetu mbenze nadi mudimu kudi malongolodi kabukabu ne badi mua kukuata nadi mudimu bua kulondesha diya kumpala dia malu mu tshikondo tshilelela anyi bua kuenza didibidija dia kuelesha meji panyima pa dikenga dimane kupita.

Ntuangajilu ne binsanga bia dituishangana maboko mu dienza (ne balongeshi banene) bidi mua kulela mishindu ya kulongela malu kudi bisumbu netu bikuabu, padi bantu bikale mu tshialu benza mudimu ne mu dikonkonona dia malu panyima pa tshienzedi anyi bisangilu bia dilonga malu. Dienza nunku didi mua kuambuluisha bikole tshienzedi tshia mu dilongolola dia mudimu ne mu dilonga dia malu a ndongoluelu. Dimanyishangana ntatu ne malu adibu bakumbane bua kuenza munkatshi mua bena mudimu nabu didi mua kuambuluisha bena mudimu wa diambuluisha bantu bua kumanya njiwu ne kuepuka bilema mu matuku atshilualua.

Bijadiki bidi bikale bimueneka mu bitupa bishilashilangane bidi ne dikuatshisha dia pa buadi. Dilonga ne dikonkonona bijadiki munkatshi mua malongolodi mbifuanyike kuambuluisha bua kushintulula malu a bulongolodi kupita malu adibu balonge mu bulongolodi anu bumuepele.

Dilondesha dia malu dienza kudi bantu badi dikenga dikuate nkayabu didi mua kulengeja butoke ne bulenga, ne kukankamija bua bantu kudiumvua ne: bobu ke bena malu adibu bamanyishe.

Mishindu ya kuludika dikonkonona ne dilonga dia malu: Malongesha manene ne bitupa bimanyike bua kulengeja malu kabitu anu bilongolodibua misangu yonso nansha, ne malongesha kabena ne bua kuangata bu malongibue anu bikalawu malele mashintuluka adi amueneka mu mandamuna adi kuoku mpindieu anyi yikala mua kulua.

Dilama dia mamanya ne dilonga malu a bulongolodi: Dilama dia mamanya didi dikonga disangisha, dilubuluja, dimanyishangana, dilama mu muaba kampanda ne dienza mudimu mu bulelela ne mamanya a malu a bulongolodi ne dilonga. Bena mudimu ba ditunga badi bashala matuku a bungi batu misangu mivule bikale bambuluisha bua kulama mamanya a muaba au ne malanda kabidi. Dilonga didi kabidi ne bua kuya kudi benji ba mudimu ba mu ditunga, ba mu tshitupa atshi ne ba muaba au, ne kubambuluisha bua kulubuluja malu anyi kuvuija mapiamapia malu adibu bobu bine balongolole bua kuenza bua kuikala badiakaje ku dikenga.

Dipangadika dia 8

Binsanga ne bantu badi dikenga dikuate badi bapeta dikuatshisha didibu balomba kudi bena mudimu ne bena budisuile badi bamanye mudimu ne badi balombola bimpe.

Tshimanyinu tshia bulenga

Badi bakankamija bena mudimu bua kuenza mudimu wabu bimpe, ne badi babenzela malu makane kakuyi kansungasunga.

Bileji bia ngenzelu wa mudimu

1. Bena mudimu bonso mbadiumvue bakankamijibue kudi bulongolodi buabu bua kuenza mudimu wabu.
2. Bena mudimu badi bakumbaja bipatshila biabu bia mudimu mu mushindu udi usankisha.
3. Binsanga ne bantu badi dikenga dikuate badi bamona se: bena mudimu mbakumbane pa bidi bitangila mamanya abu, ndudi, bikadilu ne mmuenenu yabu ya malu.
4. Binsanga ne bantu badi dikenga dikuate mbamanye mikenji ya mu nsombelu ne mushindu wa kumanyisha ditupa ku mikenji eyi.

....

Malu manene a kuenza

8.1 **Bena mudimu badi benza mudimu wabu bilondeshile bukenji ne malu a mushinga a bulongolodi buabu ne bipatshila bidibu bitabe ne mikenji ya ngenzelu wa mudimu.**

- Mêyi ne malu malomba mashilangane bidi mua kuikala bitangila bena mudimu ba mishindu anyi ba bitupa bishilangane. Mikenji idi itangila diangatshibua ku mudimu bia bena ditunga itu misangu mivule ileja ngikadilu wa muntu ne muntu ne badi ne bua kuyinemeka. Bena mudimu bonso badi ne bua kumanya ngikadilu wabu bilondeshile mikenji ne bulongolodi buabu, nansha bobu bikale bena ditunga anyi bafumine ku matunga makuabu.

8.2 **Bena mudimu badi balonda mishindu ya diludika malu idi ibatangila ne mbamanye bipeta bidi mua kumueneka biapangilabu bua kuyilonda.**

- Dijinga dia kubueja ne kulongesha bena mudimu bukenji bua bulongolodi, mishindu ya diludika malu ne mikenji ya mu nsombelu didi ne bua kuikalaku mu nsombelu yonso, nansha padibu batuma bantu lukasalukasa anyi mudimu udiunda.

8.3 **Bena mudimu badi balubuluja ne benza mudimu ne mamanya adi akengedibua a muntu ne muntu, a ngenzelu wa mudimu ne a dilombola dia mudimu bua kukumbaja mudimu wabu ne mbumvue mushindu udi bulongolodi mua kubatua nyama ku mikolo bua bobu kuenza nanku.**

- Kudi mua kumueneka mishindu anu mikese bua bena mudimu kulubuluka mu mushindu mulongolola mu tshitupa tshia mbangilu tshia difila diandamuna, kadi balombodi ba mudimu badi anu ne bua kuleja bena mudimu tshidi tshikengela kuenza ne kubalongesha pakadibu mu tshialu.

Majitu a mu dilongolola dia mudimu

8.4 **Bulongolodi budi ne bukole ne bukokeshi bua balombodi ne bena mudimu bua kukumbaja tshidi programe yabu ilomba.**

- Angata ku mudimu bantu bikala mua kuvuija bipepele mushindu wa bantu kupeta midimu ne kuepuka dimueneka dia kansungasunga, pa kutangila muakulu, tshisa, bikala bantu balume anyi bakaji, bulema ne bidimu biabu.
- Ela meji bua diandamuna dikala bulongolodi ne bua kufila pikalaku dilomba dinene dia bena mudimu badi bamanye mudimu wabu kumpala kua dîba. Tokesha bimpe midimu ne majitu adibu mua kupesha bena ditunga pamue ne majitu a diangata mapangadika ne dimanyishangana malu.
- Kutumi bena mudimu anu bua matuku makese tshianana bualu dienza nunku didi difikisha ku dishintulula dia misangu ne misangu dia bena mudimu, dipangishisha ditungunuka ne bulenga bua programe, ne didi mua kufikisha bena mudimu ku diepuka bua kuambula majitu abu bobu bine a mu midimu idibu babapesha.
- Wikale ne bikadilu bilenga bia diangata bantu ku mudimu bua kuepuka njiwu ya dinyanga makokeshi a ma-ONG a muaba au.
- Tungunuja diangata ku mudimu dia bantu ba muaba au badi bafuane kushala muaba au matuku a bungi. Mu midimu idi miomekela majitu a bungi, bena mudimu badiku bua kutungunuja midimu badi ne bua kuikala balongeshibue ne bikaleku bua kufila diandamuna mu diambuluisha dia bantu.

8.5 **Mishindu ya diludika ne ngenzelu ya bena mudimu mmiakane, mitokesha, kayiyi ne kansungasunga ne ilonda mikenji ya mu ditunga idi yakuila diangata bantu ku mudimu.**

- Ndudikilu wa bulongolodi ne ngenzelu bidi bikankamija mudimu wa bena ditunga mu tshitupa tshia badi balombola ne badi kumpala bua kujadika bua ne: mudimu neutungunuke, nekuikale tshivulukilu tshia malu a mudimu eu ne mandamuna makuabu makanyine adi alonda nsombelu.

8.6 **Diumvuija dia midimu, bipatshila bia midimu ne ngenzelu ya mua kumanyisha ngumu idi ifuma kudi bantu mbilongolola mu mushindu wa se: bena mudimu badi ne ngumvuilu mutokesha wa tshidibu babalomba.**

- Diumvuija dia midimu ndijalame ne ndilama bimpe ku dituku ku dituku.
- Bena mudimu badi bateka bipatshila bia muntu ne muntu bua malu adibu bipatshila mu mudimu ne makokeshi adi akengedibua, bidi bifundibue mu dilongolola dia ditungunuja malu.

8.7 **Kudi mikenji ya mu nsombelu idi mikale ikandika bena mudimu bua kukengesha, kunyanga anyi kuenzela bantu malu makuabu ne kansungasunga.**

- Mikenji ya mu nsombelu ya bulongolodi mmiumvuike, mitua tshiala ne milondesha, biumvuike patoke kudi baleji-mpala bonso ba bulongolodi (mmumue ne: bena mudimu, bena budisuile ne badi ne kontra) bua ne: mmikenji kayi ya mu nsombelu idibu ne bua kulonda ne mbipeta kayi bikalaku bobu batupe ku mikenji eyi.

8.8 **Kudi mishindu ya diludika malu bua kusaka bena mudimu ku dilengeja ndudi ne mamanya abu.**

- Malongolodi adi ne bua kuikala ne mishindu ya kukonkonona ngenzelu wa mudimu wa bena mudimu, kujoja malu adibu bapangila ne kulubuluja malu adibu bamanye bimpe.

8.9 **Kudi mishindu ya diludika malu bua bena mudimu bikale talalaa kabayi ne bualu ne bikale bimpe.**

- Malongolodi adi ne bujitu bua kukuba bena mudimu babu. Bamfumu ba mudimu badi bamanyisha bena mudimu wa diambuluisha bantu njiwu idi mua kumueneka ne babakuba ku njiwu ya tshianana idi mua kubafikila ku mubidi ne mu lungenyi.
- Mapangadika adibu mua kuangata adi akonga dilombola dimpe dia malu a bukubi, dibabidila masama, dikuatshisha dilelela ditshintshila dia mu mêba a mudimu ne mushindu wa kupeta dikuatshisha dia mu lungenyi.
- Teka mushindu wa kuludika malu udi uleja ne: kakuena bualu bubi nansha bumue budi mua kuanyishibua bua ne: buenzeke mu disuya ne mu dinyanga bantu, bu mudi disuyangana bua masandi ne dinyangangana mu muaba wa mudimu.
- Teka ngenzelu mikumbane ya dibabidila malu ne diandamuna bua kujikija bilumbu bia disuyangana bua masandi ne malu a tshikisu bikala bena mudimu babu baenzele bakuabu anyi babenzelewu.

....

Malu a kulonda

Bena mudimu ne bena budisuile: Bantu bonso badibu basungule bua kuleja mpala wa bulongolodi, bikala bena mudimu ba mu ditunga, ba matunga makuabu, ba pa tshibidilu anyi ba matuku makese, pamue ne bena budisuile ne bafidi ba ngenyi, badi ne bua kuangatshibua bu bena mudimu.

Malongolodi adi ne bua kumanyisha bena mudimu ne bena budisuile bua bamanyishe bisumbu bia bantu badi kabayi banyishibue ne kuepuka mmuenenu ne bikadilu bia dibengangana ne bia kansungasunga.

Dilamata ku majitu, malu a mushinga ne mishindu ya diludika malu bia bulongolodi: Bena mudimu badi ne bua kuenza mudimu wabu bilondeshile mikalu ya mikenji, ya bujitu, ya malu a mushinga ne a mmuenenu bia bulongolodi, bidi ne bua kuikala biumvuija ne bimanyisha kudibu. Kupita pa diumvuija dialabale edi dia mudimu ne mishindu ya kuenza mudimu wa bulongolodi, muntu ne muntu udi ne bua kuenza mudimu bilondeshile bipatshila bimufundila ne malu adibu batekemene kudiye mushindu uvuabu bumvuangane ne mfumuabu wa mudimu.

Mishindu ya diludika malu idi ne bua kumvuija bimpe mapangadika bua kutshintshija malu pankatshi pa bena mudimu ne bena budisuile.

Mishindu ya diludika malu idi ne bua kutua mpanda ku muaba wa dienzela mudimu udi muikale mubululuke, ukonga bantu bonso ne bantu bena bulema bapeta mushindu wa kufikaku. Bualu ebu budi ne bua kukonga: dimanya ne diumbusha bipumbishi bidi bipangisha bantu bua kufika ku muaba wa mudimu; dikandika kansungasunga bualu muntu udi ne bulema kampanda; dikankamija mishindu ya muomumue ne difutu dia muomumue bua mudimu wa mushinga umue; ne diakajilula malu matshintshikila bua bantu bena bulema mu muaba wa mudimu.

Benzejanganyi netu ba mudimu ba pambelu, badi ne kontra ne benji ba midimu badi pabu ne tshia kumanya mishindu ya diludika malu ne mikenji ya nsombelu bidi bibatangila, pamue ne malu adi mua kuenzeka padibu kabayi balonda mêyi ne mikenji (bu padi kontra itua ku ndekelu).

Mikenji ya ngenzelu wa mudimu ne dilubuluja mamanya: Bena mudimu ne bamfumu babu badi bonso ne dibanza dia kuandamuna bamue kudi bakuabu bua dilubuluja dia mamanya abu – pamue ne ndudi ya mu dilongolola dia malu. Ne diambuluisha dia bipatshila bitokesha ne mikenji ya ngenzelu wa mudimu, badi ne bua kumvua ndudi, makokeshi ne mmamanya kayi bidi bikengedibua bua kukumbaja mudimu udibu nawu mpindieu. Badi kabidi ne bua kubamanyisha mishindu ya kukolesha ne kulubuluja malu idi mua kupeteka anyi idi milombibue. Badi mua kulengeja makokeshi ku malu mamonamona, dilongesha, dilondibua anyi disakibua.

Kudi mishindu kabukabu idibu mua kuenza nayi mudimu bua kujoja ndudi ne bikadilu bia bena mudimu, bu mudi ditangila, dikonkonona bipeta bia mudimu, diyukidilangana dia buludiludi ne bena mudimu ne diela bena mudimu nabu nkonko. Dianyisha dia ngenzelu wa mudimu didibu benza pa tshibidilu ne malu adibu bafunda bidi ne bua kuambuluisha bamfumu ba mudimu bua kumanya miaba idi ilomba diambuluisha ne dilongesha bena mudimu.

Bukokeshi ne dimanya kuenza bia bena mudimu: Ndongoluelu ya dilombola nayi bena mudimu mmishilangane bilondeshile mudimu ne nsombelu, kadi idi ne bua kuikala mitokeshibue kudi bienzedi bilenga. Badi ne bua kuyelela meji ne kuyilongolola mu tshitupa tshia ngelelu wa meji ne dikuatshisha dia bamfumu banene ba mudimu. Bulongolodi ne malu adibu bapangadije bidi ne bua kuangata ne mushinga bukokeshi bua bena mudimu ne kuikala ne nkatshinkatshi mu diangata dia balume ne bakaji ku mudimu. Kudi ne bua kuikala bungi bukumbane bua bena mudimu badi ne ndudi mikumbane mu muaba udi mukumbane ne mu tshikondo tshikumbane bua kukumbaja bipatshila bia bulongolodi bia matuku makese ne bia matuku a bungi.

Malongolodi adi ne bua kujadika ne: bena mudimu badi ne dimanya kuenza didi dikengedibua bua kukankamija diteleja, diangata mapangadika ne dienza malu mu tshinsanga. Bena mudimu badi kabidi ne bua kulongeshibua mu mushindu wa kutumikila ngenzelu mijadika bua kuendesha mudimu, bualu dienza nunku didi diambuluisha bua kutamba kupesha bakuabu majitu a kuenza malu ne difila mandamuna ne lukasa.

Ndongamu ya dikonkonona ngenzelu ya mudimu idi ne bua kuikala ne nkatshinkatshi bikumbane bua kukonga bena mudimu bonso badi benza mudimu bua matuku makese, pamue ne aba badi benza midimu bilondeshile kontra idibu nayi. Bidi bilomba ntema ya pa buayi bua makokeshi a diteleja, dikonga bantu bonso, dipepeja diyukidilangana mu tshinsanga ne diambuluisha bua kuangata mapangadika ne difuka ngenyi mu tshinsanga. Malongolodi adi ambuluishangana ne makuabu adi ne bua kupunga dîyi pa bidi bitangila makokeshi adi akengedibua bua bena mudimu kukumbajabu mapangadika adibu bumvuangane.

Mishindu ya diludika malu ne ngenzelu ya malu ya bena mudimu: Ngikadilu ne tshimuenekelu tshia mishindu ya diludika malu ne ngenzelu ya malu ya bena mudimu nebikale bilondeshile bunene ne nsombelu wa bulongolodi ne bulongolodi. Nansha bikala bulongolodi mua kuikala bua malu mapepele anyi mabuelakane, bena mudimu badi ne bua kudifila mu dilubuluja ne mu dikonkonona dia mishindu ya diludika malu biobi mua kuenzeka nanku bua kujadika ne: badi bangata ne mushinga mmuenenu yabu ya malu. Mukanda wa bena mudimu udi wambuluisha bua kupeta mamanya ne kukonkonona mishindu ya diludika malu ne bipeta bidi bimueneka padibu kabayi balonda malu aa.

Malu adi bena mudimu ne bua kulonda: Muena mudimu yonso udi ne bua kumanya bipatshila bimufundila nkayende bidi bitangila malu onso adibu batekemene mu mudimu wende mujima ne mamanya adiye ne bua kulubuluja, ne kuafunda mu ndongamu wa dilubuluja dia malu.

Diandamuna dimpe kadiena anu bua kujadika bua ne: bena mudimu bapiluke badiku, kadi didi kabidi bilondeshile mushindu udibu babalombola muntu ne muntu. Dikebulula dienza mu nsombelu ya malu a tshimpitshimpi didi dileja ne: dilombola dimpe, nsombelu ne ngenzelu miakanyine bidi ne mushinga, ne bidi pamuapa ne mushinga mukole kupita ndudi ya bena mudimu bua kufila diandamuna dimpe.

Dikala talalaa ne dikala bimpe: Bena mudimu batu misangu mivule benza mêba a bungi mu mudimu mu nsombelu ya njiwu ne idi itatshisha lungenyi. Bujitu bua bulongolodi bua kutabalela bena mudimu ba mu ditunga ne ba ku babende budi bukonga malu adi ne bua kukankamija dikala bimpe dia lungenyi ne dia mubidi ne kuepuka ditshiokesha bantu didi dinenga bikole, dipungila, ditapika anyi disama.

Bamfumu ba mudimu badi mua kukankamija bujitu bua dikuba pa kuteka bilejilu bia bikadilu bimpe ne bobu bine kuditua mu dilonda mushindu eu wa diludika malu. Bena mudimu wa diambuluisha bantu badi kabidi ne bua kudiambuila bujitu bua kuenza malu adi ambuluisha bua bobu bine kuikala bimpe. Bena mudimu badi malu mapite bukole mabafikile anyi badi baamone badi ne bua kupeta diambuluisha dia lukasalukasa.

Longesha bena mudimu mushindu wa kumanya malu adi atangila bena mudimu nabu badi bangatshibue ku bukole bua masandi. Enza bua kuikale mapangadika mashindame a dikebulula nawu malu ne a dikandika nawu amue malu, mapangadika adi akankamija dieyemena ne didiumvua ne dibanza dia kuandamuna. Padi malu enzeka, londa ngenzelu udi ufikisha muntu uvua bualu ebu bufikile ku dipeta dikuatshisha dia baminganga ne dia mu lungenyi, didi dikonga ditaba bua ne: mmupete ditatshishibua dikole dia mu lungenyi. Dikuatshisha edi didi ne bua kufidibua bu diandamuna ku lutatu ludi muntu mupete, ne didi ne bua kukonga majinga a bena mudimu ba ku matunga a ku babende ne ba mu ditunga.

Muena mudimu wa luondapu lua lungenyi muakanyine udi mumanye bilele bia bantu ne muakulu wabu udi ne bua kupetangana ne bena mudimu ne bena budisuile bonso ba mu ditunga ne ba matunga makuabu ngondo umue too ne ku isatu panyima pa bobu bamane kutuilangana ne bualu ebu budi mua kuikala bubatatshishe mu lungenyi. Muena mudimu eu udi ne bua kutangila bimpebimpe muntu eu uvua mupete lutatu ne, pikalabi bikumbanyine, kumutuma bua amonangane ne baminganga bua bamuondope.

Dipangadika dia 9

Binsanga ne bantu badi dikenga dikuate badi mua kutekemena bua se: malongolodi adi abambuluisha ikale enza mudimu ne mpetu mu mushindu muimpe, muakanyine ne udi ulonda mikenji milenga.

Tshimanyinu tshia bulenga

Badi bangata mpetu ne benza nayi mudimu bamanye bujitu budibu nabu bua kukumbaja tshipatshila tshiayi.

Bileji bia ngenzelu wa mudimu

1. Binsanga ne bantu badi dikenga dikuate mbamanye kua dibuejela mpetu mu tshinsanga, mushindu wa kutula makuta ne bipeta bidi bimueneka.
2. Binsanga ne bantu badi dikenga dikuate badi bamona se: badi benza mudimu ne mpetu idi imueneka:
    a. bua tshivuabu bayifidile; ne
    b. kabayi bayangata bua malu makuabu anyi bayitulakaja to.

3. Badi benza mudimu ne mpetu idibu bapete bua diandamuna ne bayilondesha bilondeshile malongolola, bipatshila, dibueja dia mpetu ne bikondo bivuabu bafunde.

4. Badi bafila diandamuna dia diambuluisha bantu mu mushindu udi kawuyi utudisha makuta a bungi.

....

Malu manene a kuenza

9.1 **Enza programe ne teka mu tshienzedi ngenzelu idi ijadika dikuata mudimu dimpe ne mpetu, mikale itshintshija bulenga, mushinga ne bikondo bidi tshitupa tshionso tshia diandamuna tshilomba.**

- Akaja ngenzelu mu bikondo bia mbangilu bia lukasalukasa bia dikenga bua kumona mua kuangata mapangadika adi atangila malu a makuta lukasa ne kumona mua kujikija ntatu (tshilejilu: dipangika dia bapeteshi ba bintu badi mua kuikalaku bua kukumbaja malomba a bungi a midimu).

9.2 **Longolola ne enza mudimu ne mpetu bua kukumbaja tshipatshila tshiayi, mu dikepesha diyitulakaja.**

- Ujadike bua ne: kudi bena mudimu badi ne ndudi ne ndongoluelu ya pa buayi bua kujikija ntatu idi misuikila ku disumba dia bintu, diambuluisha bantu ne makuta ne dilama dia bintu.

9.3 **Londesha ditula dia makuta ne enza luapolo bilondeshile tshivuabu baalongoluele.**

- Enza dilongolola dia mushindu wa ditula makuta ne ndongoluelu ya dilondesha nayi malu bua kujadika ne: badi bakumbaja bipatshila bia programe, bu mudi ngenzelu idi ikepesha ntatu minene idi mua kumueneka mu dilongolola dia malu a makuta.
- Londolola malu onso adi atangila ditula dia makuta.

9.4 **Padibu benza mudimu ne mpetu ya muaba au ne ya bintu bifuka, ela meji bua buenzeji budiyi mua kuikala nayi pa muaba udi bantu basombele.**

- Lombola dikonkonona dia lukasa dia buenzeji bua bintu bidi bitunyunguluke bua kujadika njiwu idi mua kuikalaku ne angata mapangadika adi akepesha njiwu eyi anu ku mbangilu mene kua diandamuna anyi programe biobi mua kuenzeka nanku.

9.5 **Utangile bimpe njiwu ya dikosa dia mishiku ne enza tshienzedi tshidi tshiakanyine binuamona ne: njiwu eyi idiku.**

- Funda mu mikanda bimanyinu ne njila idi makuta afumina. Ikala munzuluke ne utokesha malu bua bidi bitangila dimanyisha dia malu adi atangila mudimu.
- Kankamija badifidi ba mu mudimu eu bua kumanyisha dinekesha dia dileja bukokeshi.

Majitu a mu dilongolola dia mudimu

9.6 Kudi mishindu ya diludika nayi malu ne ngenzelu idi ilombola dikuata mudimu ne dilongolola dia mpetu, nangananga mushindu udi bulongolodi:

a. buitaba ne bufila makuta ne bintu bia ku mubidi mu mushindu udi ulonda mêyi malenga ne mikenji;

b. buenza mudimu ne mpetu yabu mu mushindu udi wangata bintu bidi bitunyunguluke ne mushinga;

c. bubabidila ne bukandika malu a nkosa-mishiku, dibila, dibuelakana dia bipatshila ne dienza mudimu bibi ne mpetu;

d. bulombola dikonkonona dia konte, butangila bua ne: badi balonda mikenji ne benza luapolo mu mushindu mutokesha;

e. bukonkonona, bulombola ne bukepesha njiwu misangu ne misangu; ne

f. bujadika bua ne: ditaba dia mpetu kadiena dibuejakaja budikadidi buabu to.

Malu a kulonda

Dienza mudimu bimpe ne mpetu: Muaku "mpetu" udi uleja bintu bidi bulongolodi nabi dijinga bua kukumbaja mudimu wabu. Kawena uleja anu makuta to, kadi kabidi nangananga bena mudimu, bintu, biamu bia mudimu, dîba, buloba ne bintu bidi bitunyunguluke.

Mu bikondo bia dikenga dia tshimpitshimpi didibu bakuila bikole, kutu misangu ya bungi disakibua bua kuandamuna lukasa ne ku dileja dia ne: malongolodi adi enza bualu kampanda bua kujikija nsombelu eu mukole. Bualu ebu budi mua kufikisha ku dilongolola dibi dia midimu ne dipanga kuzangika dienza mudimu ne programe mushilangane udi mua kuikalaku ne mishindu mikuabu ya difila makuta (tshilejilu, dienza mudimu ne dikuatshisha ne makuta) idi mua kufila mushinga muimpe bua mfranga. Nansha nanku, bu mudi nkosa-mishiku mifuanyike kuenzeka bikole, bidi biumvuija ne: mbualu bua mushinga bua kulongesha ne kukankamija bena mudimu ne kuteka mishindu ya dimanyisha didilakana bua kuepuka nkosa-mishiku mu ndongoluelu idiku ⊕ *tangila Dipangadika 3 ne 5.*

Diteka bena mudimu badi bamanye bimpe mudimu wabu mu tshikondo etshi didi mua kuambuluisha bua kukepesha njiwu ne kupetesha nkatshinkatshi pankatshi pa difila diandamuna dia pa dîba, dilama mikenji ne dijikila butulavi.

Dienza mudimu pamue ne dilombola malu pankatshi pa malongolodi (ne binsanga) bidi kabidi mua kuambuluisha bua kuikalaku diandamuna dimpe (tshilejilu, mu dikonkonona malu tshiapamue ne dikankamija difunda dia malu a malongolodi ne ndongoluelu ya bintu bia mudimu).

Ku ndekelu kua mudimu, bintu ne mpetu bidi bishala badi ne bua kubifila bu mapa, kubipana anyi kubipingaja mushindu udibi bikengedibua.

Dienza mudimu ne mpetu bua tshipatshila tshiyifundila: Bena mudimu bonso badi bambuluisha bantu badi ne dibanza dia kuandamuna kudi bafidi ba mpetu ne kudi bantu badi dikenga dikuate, ne badi ne bua kuikala bakumbane bua kuleja ne: bavua benze mudimu ne meji, mu mushindu muimpe ne udi upatula bipeta bimpe.

Dilama dia konte didi ne bua kulonda mikenji idi mianyishibue ya mu ditunga ne/anyi ya bukua-matunga ne badi ne bua kuenza nadi mudimu dîba dionso mushindu udibi bikengedibua mu bulongolodi.

Dibila, dikosa dia mishiku ne butulavi bidi bipambuisha mpetu kayiyi ifika kudi bantu badi batambe kuikala dijinga ne mpetu eyi. Nansha nanku, diandamuna didi kadiyi dipatula bipeta bimpe bualu didi ne bena mudimu bakese anyi ne mpetu mikese kabena ne bua kudiupuila bujitu abu to. Dilamina dia makuta kaditu misangu yonso dipetangana ne mushinga wa mfranga to. Misangu mivule nebilombe nkatshinkatshi pankatshi pa mpetu, dienza mudimu bimpe ne dipatula bipeta bimpe.

Dilondesha malu ne difila luapolo lua ditula dia makuta: Bena mudimu bonso badi ne bujitu bua kujadika ne: badi benza mudimu bimpe ne makuta. Tudi tukankamija bena mudimu bua kumanyisha bualu bonso budibu bamone bu bua dibila, dikosa mishiku anyi dienza mudimu bibi ne mpetu.

Buenzeji pa bintu bidi bitunyunguluke ne dienza mudimu ne bintu bia ku tshifukilu: Mandamuna adi ambuluisha bantu adi mua kuikala ne buenzeji bubi pa bintu bidi bitunyunguluke. Tshilejilu, adi mua kupatula bintu bia bungi bia bukoya, kunyanga bintu bia ku tshifukilu, ne kuenza bua ne: mâyi akepele anyi anyanguke ne kukebesha dijika dia mêtu ne ntatu mikuabu mu bintu bidi bitunyunguluke. Ndongoluelu ya bintu bidi bitunyunguluke idi ne mushinga bua diakalenga dia bantu ne idi ijikila njiwu ya ku bintu bia ku tshifukilu. Buenzeji buonso budi mua kumueneka mu bintu bidi bitunyunguluke badi ne bua kubujikija bu tshilumbu tshidi tshikonga bitupa bishilashilangane, bualu kuenza nunku kudi mua kukebesha dinyanguka dia malu dikuabu didi dinenga bua mioyo ya bantu, makanda a mubidi ne bia kudidiisha nabi. Dibueja bantu badi dikenga dikuate ne malu adi abatatshisha mu ngenzelu eu didi ne mushinga. Dikankamija mushindu udibu balama bintu bia ku tshifukilu mu muaba au didi ne bua kuedibua mu dilongolola dia programe.

Mua kujikija dikosa dia mishiku didi mua kuenzeka: Diumvuija ne dijingulula dia bienzedi bia dikosa mishiku kabiena mushindu wa muomumue mu bilele bia bantu bonso nansha. Mbia mushinga mukole bua kumvuija bimpe tshikadilu tshidibu batekemene kudi bena mudimu bonso (nansha bena budisuile) ne benzejanganyi netu ba mudimu bua kujikija bualu ebu budi mua kuenzeka ⊕ *tangila Dipangadika dia 8.* Diyukidilangana ne kanemu ne bena tshinsanga, ne diteka njila ya dilondoluela malu mu tshialu ne ditokesha dia malu ne benzejanganyi ba mudimu bidi mua kuambuluisha bua kukepesha njiwu ya dikosa dia mishiku.

Mapa a ku mubidi adi mua kujula dikokangana dia ngenyi. Mu bilele bia bungi bia bantu, dipesha bantu mapa mbualu bua mushinga mukole budi bantu ba bungi balonda mu nsombelu wabu, ne bidi mua kumueneka bibi padi muntu ubenga tshintu tshidibu bamupesha. Bikala dipeta dipa dijula mushindu kampanda wa didiumvua ne dibanza, muntu udi upeta tshintu udi ne bua kutshibenga ne bukalanga. Padi muntu witaba dipa, mbia mushinga bua yeye kudimanyisha ne kukonkonona bualu ebu pamue ne mfumuende bikalabi bijula nkonko. Kepesha njiwu ya dinyanga dia budikadidi bua ngenzelu wa mudimu ne dibenga kubuelakana dia bulongolodi pa kufila mêyi adi aludika bena mudimu ne akankamija bua kuenza malu mu butoke. Bena mudimu badi ne bua kumanya mishindu eyi ya diludika nayi malu ne nkonko idi mua kujuka.

Bintu bia ku tshifukilu ne buenzeji pa bintu bidi bitunyunguluke: Malongolodi adi ne bua kulamata ndudikilu ne ngenzelu mimpe idi inemeka bintu bitunyunguluke (kuelamu ne dilongolola dia tshienzedi ne dikonkonona dia lukasa dia buenzeji pa bintu bidi bitunyunguluke) ne kuenza mudimu ne mêyi maludiki adiku bua kuambuluisha mua kujikija malu a bintu bidi bitunyunguluke padiku bualu kampanda bua tshimpitshimpi. Mishindu ya disumba bintu idi inemeka bintu bidi bitunyunguluke idi yambuluisha bua kukepesha dinyanguka dia bintu ebi, kadi badi ne bua kuyilongolola mu mushindu udi ukepesha mutantshi udi difila dikuatshisha ne bua kunenga.

Dikosa dia mishiku ne dibila: Dibila didi dikonga buivi, dipambula bintu bia kupana anyi bia muntu, ne difundulula dia bikavuabu bafunde bu mudi dilomba dia makuta akavua muntu mutule. Bulongolodi buonso budi ne bua kulama difunda dijalame dia malu onso a makuta bua kuleja mushindu udib benze mudimu ne makuta. Teka ndongoluelu ne ngenzelu bua kujadika dikontolola dia munda mua bulongolodi dia mpetu ne kuepuka dibila ne dikosa dia mishiku.

Malongolodi adi ne bua kukankamija tshienzedi tshimpe tshionso tshidib bitabe mu dilongolola dia malu a makuta ne dienza luapolo. Mishindu ya diludika nayi malu mu bulongolodi idi kabidi ne bua kujadika ne: ndongoluelu ya disumba nayi bintu mmitoke ne mmishindame, ne ikonga mapangadika adi mangata bua kujikila nawu dishipa dia bantu ne tshikisu.

Dibengangana dia bipatshila: Bena mudimu badi ne bua kujadika ne: kakuena diluangana pankatshi pa bipatshila bia bulongolodi ne bipatshila biabu bobu bine anyi bia mpetu yabu. Tshilejilu, kabena ne bua kupesha kontra kudi basumbishi ba bintu, malongolodi anyi bantu bikalabi ne: bobu bine anyi bena mêku abu badi mua kupetelaku makasa.

Kudi mishindu kabukabu ya dibengangana dia bipatshila, ne bantu kabatu misangu yonso bitaba bua ne: badi batupa ku mikenji ya bulongolodi ne mishindu yabu ya diludika malu nansha. Tshilejilu, dienza mudimu ne bintu bia bulongolodi kabayi bakuanyishile anyi diangata mapa kudi musumbishi kampanda wa bintu didi mua kuangatshibua anu bu dibengangana dia bipatshila.

Diteka tshilele tshia bantu kuikalabu badiumvua bua ne: badi mua kuyukidilangana bipepele ne kumanyishangana bualu buonso budi buikale anyi budi bufuane kulua dibengangana dia bipatshila didi ne mushinga bua kujikija tshilumbu etshi.

Dikonkonona dia konte ne ditokesha dia malu: Dikonkonona dia konte didi mua kuenzeka mu mishindu ya bungi. Dikonkonona didibu benza munda mua bulongolodi didi ditangila bua ne: badi balonda ngenzelu. Dikonkonona dia badi bafuma pambelu pa bulongolodi didi ditangila bua kumona se: konte ya bulongolodi idibu bafunde mmilelela ne mmiakane. Dikonkonona dia konte dienza mu makebulula batu badienza dîba didi bulongolodi kampanda bumone bu se: kudi bualu kansanga bubi, pa tshibidilu kudi dibila.

Tshisakidila
Nkonko idi yambuluisha bua kulondesha malu manene a kuenza ne majitu a mu dilongolola dia mudimu

Nenupete kuinshi eku imue nkonko idi yambuluisha bua kulondesha malu manene a kuenza ne majitu a mu dilongolola dia mudimu mu Mukenji munene wa diambuluisha bantu badi bakenga. Idi mua kuambuluisha mu dienza dia programe anyi bu tshintu tshia kukonkonona natshi mudimu, diandamuna anyi ngenzelu wa malu.

Dipangadika dia 1   Binsanga ne bantu badi dikenga dikuate badi bapeta dikuatshisha didi diakanyine majinga abu.

Nkonko idi yambuluisha bua kulondesha malu manene a kuenza

1. Dikonkonona dijima ne dia diyikila ne bantu bua kumanya makokeshi ne majinga ndienzeke ne badi benza nadi mudimu bua kutokesha dilongolola dia diandamuna anyi?
2. Bantu ne binsanga bidi dikenga dikuate, midimu ne bakuabu bantu ba muaba au badi mu mudimu eu (bu mudi baleji-mpala ba bisumbu bia bakaji, balume, bansongakaji ne bansongalume) mbabebeje koku malu dîba didibu bakonkonona majinga, njiwu, makokeshi, matekete ne nsombelu anyi? Mbenze dikonkonona dia malu ne dialondesha bilondeshile bipeta bifunda bitapulula bimpe bidi bileja bantu bikalabu balume anyi bakaji, bidimu biabu ne bulema anyi?
3. Mmunyi mudibu bafike ku dimanya bisumbu bidi bitambe kuikala mu njiwu?
4. Mbatangile malu adi asangisha bisumbu bishilashilangane mu dikonkonona dia majinga ne dia nsombelu anyi?
5. Diandamuna didi difila dikuatshisha mu mushindu udi muakanyine majinga ne malu adi bantu badi mu dikenga basue (bu mudi bintu bia ku mudibi, makuta) anyi? Kudi mishindu mishilangane ya dikuatshisha ne dikubibua bua bisumbu bishilashilangane bia bantu ba miaba ayi anyi?
6. Mmapangadika kayi adibu bangate bua kuakaja ngenzelu wa diandamuna bilondeshile bisumbu bishilangane bia bantu ba miaba ayi, bashindamene pa majinga, makokeshi, njiwu ne nsombelu bidi bishintuluka?

Nkonko idi yambuluisha bua kulondesha majitu a mu dilongolola dia mudimu

1. Bulongolodi budi ne dipangadika ditoke dia mushindu wa kufila diambuluisha didi dishindamene pa bukenji bua bantu, dibenga kuikala ne kansungasunga ne kuikala ne budikadidi anyi? Bena mudimu mbamanye dine dipangadika edi anyi?

2. Bantu badi mu mudimu eu badiku bamona bulongolodi ebu bu budi kabuyi ne kansungasunga, buikale budikadile ne kabuyi busunguluja bantu bibi anyi?

3. Ngenzelu ya mudimu idi ikonga njila ya dipetela misangu yonso bipeta bifunda bidi bitapulula bimpe bilondeshile bikala bantu balume anyi bakaji, bidimu biabu, bulema ne bimanyinu bikuabu bidi ne mushinga anyi?

4. Batu benza mudimu ne bipeta ebi bua kulombola dienza dia programe ne dimuteka mu tshienzedi anyi?

5. Bulongolodi ebu budi ne mishindu ya dipetela makuta, bena mudimu ne ditshintshikila dia malu mu programe bua buobu kupeta mushindu wa kuakaja diandamuna ku majinga adi ashintuluka anyi?

6. Bulongolodi ebu budi buenza misangu ne misangu dikonkonona dia malu a bisalu bua kujadika mishindu miakanyine ya dikuatshisha anyi?

Dipangadika 2 Binsanga ne bantu badi dikenga dikuate badi bapeta dikuatshisha dia bumuntu didibu nadi dijinga mu tshikondo tshiakanyine.

Nkondo idi yambuluisha bua kulondesha malu manene a kuenza

1. Kudi malu makole bu mudi bipumbishi bia ku mubidi anyi kansungasunga ne njiwu adi amueneka ne adibu bakonkonona pa tshibidilu anyi? Ne badiku bakaja ndongamu bilondeshile malu aa pamue ne bantu badi dikenga dikuate anyi?

2. Dilongolola dia malu didi dikonga bikondo bikumbane bua midimu, bitangila malu bu mudi dîba, mivu, ngikadilu ya bantu, mushindu mupepele wa dipeta bintu anyi difuilakana anyi?

3. Batu balondesha ne bajikija dinengakaja dia malu mu diteka dia ndongamu ne midimu mu tshienzedi anyi?

4. Batu benza mudimu ne ndongoluelu ya didimuija nayi ne ndongamu ya malu adi mua kulua anyi?

5. Batu benza mudimu ne mikenji ya ngenzelu wa mudimu mimanyike ne bayikumbaja anyi?

6. Mbamanye majinga adibu kabayi bakumbaje ne badi badienzeja bua kuakumbaja anyi?

7. Badi benza mudimu ne bipeta bia dilondesha dia malu bua kuakaja programe anyi?

Nkonko idi yambuluisha bua kulondesha majitu a mu dilongolola dia mudimu

1. Kudi ngenzelu mitoke ya mua kukonkonona bikala bulongolodi buikale ne bukokeshi ne mfranga bikumbane ne bena mudimu bakanyine badi mua kutekibua mu mudimu kumpala kua kulongolola mapangadika anyi?

2. Kudi ndudikilu, ngenzelu ne mpetu mimpe idi ikankamija dilondesha dia malu ne diakonkonona ne dienza mudimu ne bipeta bua kulombola ne kuangata mapangadika anyi? Mbimanyike kudi bena mudimu anyi?

3. Kudi ngenzelu mimpe bua kumvuija majitu ne bikondo bifunda bua kuangata mapangadika pa bidi bitangila difila dia mpetu mu midimu anyi?

Dipangadika 3 Binsanga ne bantu badi dikenga dikuate kabena bakenga bua tshienzedi tshia diambuluisha bantu to, kadi tshidi tshibambuluisha bua kuikala badiakaje bimpe, bakolakane ne kabayi batambe kuikala mu njiwu.

Nkonko idi yambuluisha bua kulondesha malu manene a kuenza

1. Mbamanye makokeshi adi muaba au bua dikolakana (dia bintu, malongolodi, bisumbu bidi kabiyi bilongolola, bakokeshi ne ntuangajilu idi ikuatshisha bantu) ne kudiku ndongamu idi ikolesha makokeshi aa anyi?

2. Badiku benza mudimu ne ngumu idibu bamanyishe pa bidi bitangila malu mabi adi mua kuenzeka, njiwu, matekete ne ndongamu ya malu aa mu dilongolola dia midimu anyi?

3. Programe eu mmutangile ni kudi midimu ne mushindu wikalabu ne bua kuyifila kudi nsangilu wa bantu ba muaba au, mbulamatadi anyi tusumbu tua bantu pa nkayabu anyi? Kudi ndongamu idibu benze bua kukankamija tusumbu etu bua muditu tuangata muaba mu dipetesha bantu midimu eyi anyi?

4. Kudiku ngenyi ne malu a kuenza bua kukepesha njiwu ne kukolesha dikolakana bienza mu diyukidilangana anyi ku buludiki bua bantu ne binsanga bidi mu dikenga anyi?

5. Mmu mishindu kayi (milongolola ne idi kayiyi milongolola) mudibu bebeje bamfumu ne/anyi bakokeshi ba muaba au bua kujadika se: ngenzelu ya diandamuna ikale ipetangana ne malu adi ne mushinga kumpala kua malu makuabu onso mu muaba au ne/anyi mu ditunga?

6. Bena mudimu badi bakumbana bua kuitaba ngenyi ya muaba au, bu mudi ngenyi ya didiambuluisha nayi ya bena tshinsanga, nangananga bua bisumbu bia bantu badi kabayi banyishibue ne bia bantu bakese, diandamuna dia kumpala ne dikolesha dia makokeshi bua diandamuna dia matuku atshilualua anyi?

7. Mbalongolole diandamuna bua kupepejadi mushindu wa kupetulula makanda lukasa anyi?

8. Bantu ba muaba au badiku baleja ne: badi bitaba diambula bujitu ne diangata mapangadika ku kakese ku kakese anyi?

9. Mbajikije dikonkonona dia malu a bisalu bua kumanya buenzeji budi mua kuikalaku bua programe eu pa malu a mpetu a muaba au anyi?

10. Mbalongolole ngenzelu wa malu wa tshisabu ne/anyi wa dipatuka nende mu diumvuangana ne bantu badi mu dikenga ne bantu bakuabu badi mu mudimu eu anyi?

Nkonko idi yambuluisha bua kulondesha majitu a mu dilongolola dia mudimu

1. Kudi ndudikilu kampanda udi ulomba bua benze dikonkonona dia njiwu idi mua kuikalaku ne didibidija bua kukepesha njiwu bua bantu badi ku batekete mu bitupa bia programe wa bulongolodi anyi? Mmumanyike kudi bena mudimu anyi?

2. Ndudikilu ne ngenzelu ya malu idiku bua kukonkonona ne kukepesha buenzeji bubi bua diandamuna anyi? Mmimanyike kudi bena mudimu anyi?

3. Ndudikilu ne ngenzelu ya malu idiku bua kumona tshia kuenza mu bilumbu bia padibu bendeshe bantu masandi, babanyange anyi babenzele malu a kansungasunga, bu mudi malu adi mashila pa disungula dia muntu dia kudileja bu mulume anyi mukaji anyi bua bimanyinu bikuabu anyi? Mmimanyike kudi bena mudimu anyi?

4. Kudi ndongamu ya malu adi mua kuenzeka bua kuandamuna padi makenga makuabu alua peshi akola anyi? Mmimanyike kudi bena mudimu anyi?

5. Bena mudimu mbumvue tshidibu batekemene kudibu pa bidi bitangila malu a dikubibua, dikala talalaa ne njiwu anyi?

6. Bulongolodi budi bufila njila ne bukankamija tshienzedi tshilombolola kudi tshinsanga ne tshia didiambuluisha anyi?

Dipangadika 4   Binsanga ne bantu badi dikenga dikuate mbamanye bukenji buabu ne malu adibu babanyishile, bikale ne mushindu wa kumanya malu ne kuangata mapangadika pa malu adi alenga nsombelu wabu.

Nkonko idi yambuluisha bua kulondesha malu manene a kuenza

1. Bisumbu bishilangane bidi mu dikenga bidiku bipeta malu adi atangila bulongolodi ne diandamuna mu mishindu mipepele ne miakanyine anyi?

2. Bakaji, balume, bansongakaji ne bansongalume (nangananga aba badi kabayi banangibue ne badi ku batekete) badi ne mushindu wa kumanya malu adibu bamanyishe, ne badi baumvua anyi?

3. Badiku bakeba mmuenenu ya malu ya bantu badi mu dikenga, ne ya aba badi ku batekete ne kabayi banangibue, ne benza nayi mudimu bua kulombola dienza dia programe ne dimuteka mu tshienzedi anyi?

4. Bisumbu bionso bidi bienze tshinsanga tshidi dikenga dikuate mbimanye mushindu wa kumanyisha malu adi menzeke mu mudimu wa diambuluisha bantu anyi? Ne badi badiumvua bimpe kabayi ne bualu bua kuenza mudimu ne njila ya dimanyishila malu ayi anyi?

5. Badi benza mudimu ne ngumu idi ibafikila anyi? Programe udi mua kufunkuna malu adibu bashintulule bilondeshile ngumu idi ifumina ku muaba udibu benzele mudimu anyi? ⊕ *Tangila Malu manene a kuenza 1.3 ne 2.5.*

6. Kudi malu adi apangisha bua kupeta ngumu ya malu adi enzeka mu tshialu ne mbaalongolole anyi?

7. Bipeta bifunda bidibu bafile ku diambuluisha dia njila ya dimanyishila malu adi enzeka muaba wa mudimu mbitapulula bimpe bilondeshile bikala bantu balume anyi bakaji, bidimu biabu, bulema ne bisumbu bikuabu bidibu bakuila anyi?

8. Muaba udi dikuatshisha difidibua ku diambuluisha dia njila ya biamu, kudiku mishindu ya bantu kupeta ngumu ya malu adi enzeka mu tshialu, nansha muaba udibu kabayi bapetangana buludiludi ne bena mudimu anyi?

Nkonko idi yambuluisha bua kulondesha majitu a mu dilongolola dia mudimu

1. Ndudikilu ya malu ne ndongamu ya programe idi yakuila bua malu adibu
   balongolole bua kumanyishangana malu, bu mudi bimanyinu bia malu adibu
   ne bua kumanyisha ne adibu kabayi ne bua kumanyisha anyi? Bena mudimu
   mbabimanye anyi?

2. Ndudikilu ya malu ne ndongamu ya programe idi yakuila bua malu a dikuba dia
   bipeta bifunda anyi? Kudi malu a kulonda bua dilama dimpe dia bipeta bifunda
   (mu biro bia kukanga ne bikuvu bua bipeta bifunda mu mikanda, ne bipeta
   bidi bifunda bikuba mu biamu ne muaku udi bu nsapi wa dikangula nende),
   dimanyika dia malu a mu mikanda eyi anu kudi bantu bakese, dibutudibua dia
   bipeta ebi padibu babiumbusha ne kakutshiyi bipungidi bia dimanyishangana
   malu anyi? Bipungidi ebi bidiku biumvuija bimpebimpe malu adibu ne bua
   kumanyisha, bantu badibu ne bua kuamanyisha ne mu nsombelu idibu mua
   kuamanyisha anyi? Umanye bimpe se: badi ne bua kumanyisha malu anu
   padiku dijinga dia kumanyisha bualu kampanda ne bualu ebu kabuena ne bua
   kuikala ne tunungu tudi mua kuambuluisha bua kumanya muena bualu anyi
   malu makuabu anu bikalabi ne mushinga bua kuamanyisha.

3. Ndudikilu ya malu idi ikonga malu adi atangila mushindu wa kuenza ne malu
   masokome anyi makole, anyi ne malu adi mua kulua kuteka bena mudimu
   peshi bantu badi bakenga mu njiwu anyi? Mmimanyike kudi bena mudimu
   anyi?

4. Kudi mapangadika ne mêyi a mushindu wa diludika malu pa bidi bitangila
   mushindu udibu mua kuleja mpala wa bantu badi mu dikenga mu malu adibu
   bamanyisha pambelu anyi adibu benza bua kukeba makuta anyi? Mbimanyike
   kudi bena mudimu anyi?

Dipangadika 5   Binsanga ne bantu badi dikenga dikuate badi ne mishindu
mimpe ne idi kayiyi ne bualu ya kumvuabu didilakana diabu.

Nkonko idi yambuluisha bua kulondesha malu manene a kuenza

1. Mbebeje binsanga ne bantu badi dikenga dikuate bua bidi bitangila dienza dia
   njila ya dimanyishila didilakana anyi?

2. Mbangate ne mushinga malu adi bisumbu bionso bia bantu ba miaba
   mishilashilangane basue, nangananga malu adi atangila dikala talalaa ne
   dilama malu masokome, mu dienza dia mishindu ya mua kujikija didilakana
   anyi?

3. Badiku bamanyisha bisumbu bionso bia bantu ba miaba mishilashilangane
   malu ne badiku baumvua bua bidi bitangila mushindu udi njila ya dimanyishila
   didilakana yenda ne ndidilakana dia mushindu kayi didibu mua kuenza ku
   diambuluisha diayi?

4. Kudi ndongamu idibu bitabe ne idibu banemeka bua kuenza makebulula ne kujikija didilakana anyi? Mbafunde dîba didi dipita dia padibu bafunda didilakana kampanda too ne padibu badijikija anyi?

5. Bena mudimu badiku bakonkonona diakamue didilakana bua diendesha bantu masandi, dinyangangana ne kansungasunga kudi bantu badi malu aa atangila ne badi ne ndambu mukumbane wa bukokeshi anyi?

Nkonko idi yambuluisha bua kulondesha majitu a mu dilongolola dia mudimu

1. Mbalongolole mishindu misunguluke, mfranga ne ngenzelu idi mikumbane bua kujikija didilakana anyi?

2. Mbalongeshe bena mudimu bonso ne babavuluije ndudikilu wa malu ne ngenzelu ya bulongolodi bua kujikija didilakana anyi?

3. Mushindu udi bulongolodi bulongolole bua kujikija didilakana udi ukonga malu a diendeshangana masandi, dinyangangana ne a kansungasunga anyi?

4. Mbamanyishe bantu badi mu dikenga mapangadika ne ngenzelu ya diludika nayi malu ya bulongolodi bua kuepuka diendeshangana masandi, dinyangangana ne malu a kansungasunga anyi?

5. Mbamanyishe didilakana didi kadiyi ku bukokeshi bua bulongolodi kudi malongolodi makuabu adi bualu ebu butangila pa dîba anyi?

Dipangadika 6   Binsanga ne bantu badi dikenga dikuate badi bapeta dikuatshisha dilombola bimpe ne disakidila pa mutu.

Nkonko idi yambuluisha bua kulondesha malu manene a kuenza

1. Mbamanyishe pa dîba bena midimu mikuabu badi bambuluisha pabu mu dikenga malu adi atangila makokeshi a bulongolodi, mpetu, ne bitupa bia buloba ne bia mudimu wabu anyi?

2. Kudi mushindu wa kumanya malu adi atangila makokeshi, mpetu ne tshitupa tshia buloba ne bitupa bia mudimu bia malongolodi makuabu, kuelamu ne bakokeshi ba muaba au ne ba ditunga anyi?

3. Mbamanye mishindu ya dilombola nayi malu idiku ne badi bayitua mpanda anyi?

4. Badiku bangata ne mushinga programe ya malongolodi makuabu ne ya bakokeshi bakuabu padibu bafuka lungenyi, balongolola ne bateka programe mu tshienzedi anyi?

5. Mbamanye ne mbajikije malu adi ashilangana ne adibu bavudije mu ndongamu anyi?

Nkonko idi yambuluisha bua kulondesha majitu a mu dilongolola dia mudimu

1. Kudiku dipangadika ditoke mu ndudikilu wa malu a bulongolodi ne/anyi ngenzelu bua kuenza mudimu tshiapamue ne benji bakuabu ba mudimu anyi?

2. Mbateke bikadilu anyi malu adi malombibue bua kusungula wa kuenza nende mudimu, kutuishangana nende maboko ne kulombola nende midimu pamue anyi?

3. Kudiku malu adibu balongolole bua dienza mudimu tshiapamue anyi?

4. Mumvuangana a dienza mudimu tshiapamue adiku akonga mumvuija matokesha a miaba, majitu ne mapangadika a muenzejanganyi netu wa mudimu, kuelamu ne mushindu udi muntu ne muntu ne bua kuenza tshiende tshitupa bua kukumbaja pamue mêyi manene a mudimu wa diambuluisha bantu anyi?

Dipangadika dia 7 Binsanga ne bantu badi dikenga dikuate badi mua kutekemena bua kupeta dikuatshisha dilengeja bu mudi malongolodi alongela ku malu adiwu amona ne ku diela dia meji.

Nkonko idi yambuluisha bua kulondesha malu manene a kuenza

1. Badiku batangila dikonkonona ne dibalulula dia malu dia mandamuna a ku makenga mafuanangane ne baabueja pikalaku mushindu mu dienza dia programe anyi?

2. Dilondesha dia malu, dikonkonona, malu adibu bumvue ne ngenzelu ya dijikija didilakana bidiku bifikisha ku dishintuluka dia malu ne/anyi ngenyi mipiamipia mu dienza dia programe ne diyiteka mu tshienzedi anyi?

3. Badi bafunda mu mikanda misangu yonso malu adibu balonge anyi?

4. Badi benza mudimu ne ndongoluelu misunguluke bua kumanyishangana malu adibu balonge ne bakuabu badi bualu ebu butangila, kuelamu ne bantu badi bakenga ne bena mudimu nabu bakuabu anyi?

Nkonko idi yambuluisha bua kulondesha majitu a mu dilongolola dia mudimu

1. Kudiku mishindu ya diludika nayi malu ne mpetu bua kukonkonona malu ne kualonga anyi? Mmimanyike kudi bena mudimu anyi?

2. Kudiku mêyi matoke adi atangila difunda ne dimanyishangana dia malu adibu balonge, kuelamu ne mêyi masunguluke adi atangila bikondo bia makenga adi akuata bantu anyi?

3. Mbamanye dilonga mu tshitupa tshia programe, badifunde ne badimanyishe mu bulongolodi anyi?

4. Bulongolodi budiku budifila mu bisangilu bia dilonga malu ne dielangana meji anyi? Mmunyi mudi bulongolodi ebu buenza tshiabu tshitupa mu bine bisangilu ebi?

Dipangadika dia 8 Binsanga ne bantu badi dikenga dikuate badi bapeta dikuatshisha didibu balomba kudi bena mudimu ne bena budisuile badi bamanye mudimu ne badi balombola bimpe.

Nkonko idi yambuluisha bua kulondesha malu manene a kuenza

1. Bukenji ne malu a mushinga a bulongolodi mbabimanyishe bena mudimu bapiabapia anyi?

2. Badi balombola ngenzelu wa mudimu wa bena mudimu, balongolola dienza dikese dia mudimu ne banyisha ngenzelu muimpe wa mudimu anyi?

3. Bena mudimu badi batua tshiala pa mikenji ya mu nsombelu anyi pa mukanda udi mufuanangane nayi anyi? Biobi nanku, ngumvuilu wabu wa mushindu wa diludika malu mmutua mpanda kudi dilongesha dia malu aa ne mishindu mikuabu ya diludika malu idi ne dikuatshisha anyi?

4. Badiku bapeta didilakana dia kudi bena mudimu anyi benzejanganyi nabu ba mudimu anyi? Mmunyi mudibu bajikija didilakana edi?

5. Bena mudimu mbamanye dikankamija didiku dia kulubuluja makokeshi adi akengedibua bua mudimu wabu, ne badiku bakuata nadi mudimu anyi?

Nkonko idi yambuluisha bua kulondesha majitu a mu dilongolola dia mudimu

1. Kudi ngenzelu idi yambuluisha bua kukonkonona majinga a mpetu ya bantu mu diumvuangana ne bunene ne bualabale bua programe anyi?

2. Dilongolola dia malu a mudimu didi dilejaku majinga a bukokeshi bua matuku atshilualua ne bua dilubuluja dimanya kuenza dipiadipia anyi?

3. Ndudikilu ne ngenzelu ya bena mudimu idiku ilonda mikenji ya malu a mudimu ya mu ditunga ne ilonda bilele bimpe bidi bianyishibue mu dilombola dia bena mudimu anyi?

4. Mishindu ya kuenza bua bena mudimu badiumvue bimpe kabayi ne bualu bua kutshina idiku ikonga majinga malelela ne a lungenyi a bena mudimu ba muaba au bavua mua kuikala bobu bine bapetangane ne dikenga anyi?

5. Kudi ndudi mipepele idi ikankamija bukokeshi bua bena mudimu bua kuteleja ne kumanyisha malu adibu bumvua adi afumina kudi bantu badi bakenga adibu bangata ne mushinga padibu babangata ku mudimu, babalongesha ne babanyisha anyi?

6. Bena mudimu bonso mbakajilule diumvuija dia midimu yabu ne bipatshila biabu, kuelamu ne majitu masunguluke anyi?

7. Mushindu udibu balongolole mafutu mmuakane, mutokesha ne benze nende mudimu kabayi bashintulula malu dîba dionso anyi?

8. Mbabueje ne mbalongeshe bena mudimu bonso malu mapiamapia adi atangila ngenzelu wa mudimu ne dilubuluja dia ndukikilu ne ngenzelu kudi bena mudimu anyi?

9. Mbalombe bena mudimu bonso (ne badi ne kontra) bua kutua tshiala pa mikenji ya mu nsombelu (idi ikandika diendesha bantu masandi ne dibanyanga) ne mbabalongeshe mikenji ya mu nsombelu eyi mu mushindu udi muakanyine anyi?

10. Kudiku tshiambilu tshitoke/diumvuangana/mikenji ya mu nsombelu mifunda bimpe mu kontra muenza ne bafidi ba midimu ya mfranga ne benji ba midimu ya bungenda bua kuepuka dikengesha bantu bua masandi ne malu makuabu anyi?

11. Bulongolodi budi ne mêyi maludiki masunguluke a muaba udibu mua kumanyishila didilakana munda muabu anyi? Bena mudimu mbaamanye anyi?

12. Bena mudimu mbumvue, bitabe ne bandamune ku malu a kansungasunga mu programe yabu bobu bine ne mu midimu yabu anyi?

Dipangadika dia 9 Binsanga ne bantu badi dikenga dikuate badi mua kutekemena bua se: malongolodi adi abambuluisha ikale enza mudimu ne mpetu mu mushindu muimpe, muakanyine ne udi ulonda mikenji milenga.

Nkonko idi yambuluisha bua kulondesha malu manene a kuenza

1. Bena mudimu badi balonda mumvuangana a bulongolodi bua mapangadika adi atangila ditula dia makuta anyi?
2. Batu ne tshibidilu tshia kulondesha ditula dia makuta ne balombodi badiku bamanyishangana luapolo ya malu aa mu dilombola dia programe anyi?
3. Midimu ne bintu bidibu basumba bidiku bilonda ngenzelu udi wambuluisha bua kusumba bintu ku mushinga muimpe bualu kudi basumbishi ba bungi anyi?
4. Badiku balondesha buenzeji budi mua kuikalaku pa bintu bia muaba udi bantu basombele (mâyi, malaba, kapepe, bukua bintu bishilashilangane bia muoyo) ne bangata mapangadika bua kubukepesha anyi?
5. Kudiku ngenzelu muimpe wa didimuija nende bantu bua malu adi mua kuenzeka ne mumanyike kudi bena mudimu, bantu badi mu dikenga ne badifidi bakuabu ba mu mudimu eu anyi?
6. Badi balondesha buenzeji bua ditula dia mpetu ne malu a mu nsombelu anyi?

Nkonko idi yambuluisha bua kulondesha majitu a mu dilongolola dia mudimu

1. Kudi ndudikilu ya malu ne ngenzelu bua kusumba bintu mu mushindu muimpe, kuenza mudimu ne mpetu ne diyilama bimpe anyi?
2. Idiku ikonga malu bu mudi adi alonda aa anyi:
    - ditaba ne difila dia makuta
    - ditaba ne difila bintu bia ku mubidi
    - dikepesha ne dibabidila buenzeji bua bintu bidi bitunyunguluke
    - diepuka dibila, dijikija bualu budi mua kumueneka bu dikosa dia mishiku ne dienza mudimu bibi ne mpetu
    - dibengangana dia bipatshila
    - dikontolola dia konte, dikonkonona ne dienza luapolo
    - dikonkonona njiwu idi mua kumueneka mu bintu ne dibilama?

Mikanda idibu batele ne mikuabu ya kubala

Malu makuabu mafunda adi atangila Mukenji munene wa diambuluisha bantu badi bakenga: corehumanitarianstandard.org

CHS Alliance: www.chsalliance.org

CHS Quality Compass: www.urd.org

Overseas Development Institute (ODI): www.odi.org

Dibanza dia kuandamuna

Child Protection Minimum Standards (CPMS). Global Child Protection Working Group, 2010. https://www.alliancecpha.org/en/cpms

Complaints Mechanism Handbook. ALNAP, Danish Refugee Council, 2008. www.alnap.org

Guidelines on Setting Up a Community Based Complaints Mechanism Regarding SexualExploitation and Abuse by UN and non-UN Personnel. PSEA Task Force, IASC Taskforce, 2009. www.pseataskforce.org

Humanitarian inclusion standards for older people and people with disabilities. Age and Disability Consortium, 2018. www.refworld.org

Lewis, T. Financial Management Essentials: Handbook for NGOs. Mango, 2015. www.humentum.org

Livestock Emergency Guidelines and Standards (LEGS). LEGS Project, 2014. https://www.livestock-emergency.net

Minimum Economic Recovery Standards (MERS). SEEP Network, 2017. https://seepnetwork.org

Minimum Standards for Education: Preparedness, Recovery and Response. The Inter-Agency Network for Education in Emergencies INEE, 2010. www.ineesite.org

Minimum Standard for Market Analysis (MISMA). The Cash Learning Partnership (CaLP), 2017. www.cashlearning.org

Munyas Ghadially, B. *Putting Accountability into Practice.* Resource Centre, Save the Children, 2013. http://resourcecentre.savethechildren.net

Top Tips for Financial Governance. Mango, 2013. www.humentum.org

Diambuluisha muena mudimu bua enze mudimu bimpe

A Handbook for Measuring HR Effectiveness. CHS Alliance, 2015. http://chsalliance.org

Building Trust in Diverse Teams: The Toolkit for Emergency Response. ALNAP, 2007. www.alnap.org

Protection Against Sexual Exploitation and Abuse (PSEA). OCHA. https://www.unocha.org *Protection from Sexual Exploitation and Abuse.* CHS Alliance. https://www.chsalliance.org

Rutter, L. Core Humanitarian Competencies Guide: Humanitarian Capacity Building Throughout the Employee Life Cycle. NGO Coordination Resource Centre, CBHA, 2011. https://ngocoordination.org

World Health Organization, War Trauma Foundation and World Vision International. Psychological First Aid: Guide for Field Workers. WHO Geneva, 2011. www.who.int

Dikonkonona
Humanitarian Needs Assessment: The Good Enough Guide. ACAPS and ECB, 2014. www.acaps.org

Multi-sector Initial Rapid Assessment Manual (revised July 2015). IASC, 2015. https://interagencystandingcommittee.org

Participatory assessment, in *Participation Handbook for Humanitarian Field Workers* (Chapter 7). ALNAP and Groupe URD, 2009. http://urd.org

Dipetesha bantu dikuatshisha ne makuta
Blake, M. Propson, D. Monteverde, C. *Principles on Public-Private Cooperation in Humanitarian Payments.* CaLP, World Economic Forum, 2017. www.cashlearning.org

Cash or in-kind? Why not both? Response Analysis Lessons from Multimodal Programming. Cash Learning Partnership, July 2017. www.cashlearning.org

Martin-Simpson, S. Grootenhuis, F. Jordan, S. *Monitoring4CTP: Monitoring Guidance for CTP in Emergencies.* Cash Learning Partnership, 2017. www.cashlearning.org

Bana
Child Safeguarding Standards and how to implement them. Keeping Children Safe, 2014. www.keepingchildrensafe.org

Buludiki
Knox Clarke, P. Campbell, L. *Exploring Coordination in Humanitarian Clusters.* ALNAP, 2015. https://reliefweb.int

Reference Module for Cluster Coordination at the Country Level. Humanitarian Response, IASC, 2015. www.humanitarianresponse.info

Difuka lungenyi ne diandamuna
The IASC Humanitarian Programme Cycle. Humanitarian Response. www.humanitarianresponse.info

Balema
Convention on the Rights of Persons with Disabilities. United Nations. https://www.un.org
Washington Group on Disability Statistics and sets of disability questions. Washington Group. www.washingtongroup-disability.com

Muaba udi bantu basombele
Environment and Humanitarian Action: Increasing Effectiveness, Sustainability and Accountability. UN OCHA/UNEP, 2014. www.unocha.org

The Environmental Emergencies Guidelines, 2nd edition. Environment Emergencies Centre, 2017. www.eecentre.org

Training toolkit: Integrating the environment into humanitarian action and early recovery. UNEP, Groupe URD. http://postconflict.unep.ch

Dikala mulume anyi mukaji

Mazurana, D. Benelli, P. Gupta, H. Walker, P. *Sex and Age Matter: Improving Humanitarian Response in Emergencies*. ALNAP, 2011, Feinstein International Center, Tufts University.

Women, Girls, Boys and Men: Different Needs, Equal Opportunities, A Gender Handbook for Humanitarian Action. IASC, 2006. https://interagencystandingcommittee.org

Tshikisu tshienzela muntu bua mudiye mulume anyi mukaji

Guidelines for Integrating Gender-based Violence Interventions in Humanitarian Action: Reducing risk, promoting resilience, and aiding recovery. GBV Guidelines, IASC, 2015. http://gbvguidelines.org

Handbook for Coordinating Gender-based Violence Interventions in Humanitarian Settings. United Nations, UNICEF, November 2010. https://www.un.org

Diandamuna dia bumuntu didi diangata bantu ne mushinga

Bonino, F. Jean, I. Knox Clarke, P. *Closing the Loop – Effective Feedback in Humanitarian Contexts*. ALNAP, March 2014, London. www.alnap.org

Participation Handbook for Humanitarian Field Workers. Groupe URD, ALNAP, 2009. www.alnap.org

What is VCA? An Introduction to Vulnerability and Capacity Assessment. IFRC, 2006, Geneva. www.ifrc.org

Dienza mudimu bimpe, dilondesha malu ne dikonkonona

Catley, A. Burns, J. Abebe, D. Suji, O. *Participatory Impact Assessment: A Design Guide*. Tufts University, March 2014, Feinstein International Center, Somerville. http://fic.tufts.edu

CHS Alliance and Start, A. *Building an Organisational Learning & Development Framework: A Guide for NGOs*. CHS Alliance, 2017. www.chsalliance.org

Hallam, A. Bonino, F. *Using Evaluation for a Change: Insights from Humanitarian Practitioners*. ALNAP Study, October 2013, London. www.alnap.org

Project/Programme Monitoring and Evaluation (M&E) Guide. ALNAP, IRCS, January 2011. https://www.alnap.org

Sphere for Monitoring and Evaluation. The Sphere Project, March 2015. www.spherestandards.org

Bukubi

Slim, H. Bonwick, A. *Protection: An ALNAP Guide for Humanitarian Agencies*. ALNAP, 2005. www.alnap.org

Dipetulula makanda

Minimum Economic Recovery Standards. SEEP Network, 2017. https://seepnetwork.org

Dikala ne tshisumi

Reaching Resilience: Handbook Resilience 2.0 for Aid Practitioners and Policymakers in Disaster Risk Reduction, Climate Change Adaptation and Poverty Reduction. Reaching Resilience, 2013. www.alnap.org

Turnbull, M. Sterret, C. Hilleboe, A. *Toward Resilience, A Guide to Disaster Risk Reduction and Climate Change Adaptation*. Catholic Relief Services, 2013. www.crs.org

Malu makuabu a kubala

Bua malu makuabu a kubala suaku uye ku:
www.spherestandards.org/handbook/online-resources

Mikanda mikuabu ya kubala

Dibanza dia kuandamuna

Hees, R. Ahlendorf, M. Debere, S. *Handbook of Good Practices: Preventing Corruption in Humanitarian Operations.* Transparency International, 2010. www.transparency.org/whatwedo/publication/handbook_of_good_practices_ preventing_corruption_in_humanitarian_operations

Value for Money: What it Means for UK NGOs (background paper). Bond, 2012. www.bond.org.uk/data/files/Value_for_money_-_what_it_means_for_NGOs_ Jan_2012.pdf

Diambuluisha muena mudimu bua enze mudimu bimpe

Centre of Excellence – Duty of Care: An Executive Summary of the Project Report. CHS Alliance, 2016. https://www.chsalliance.org/files/files/Resources/Articles-and-Research/Duty%20of%20Care%20-%20Summary%20Report%20April%202017.pdf

CHS Alliance and Start, A. *HR Metrics Dashboard: A Toolkit.* CHS Alliance, 2016. www.chsalliance.org/files/files/Resources/Tools-and-guidance/CHS-Alliance-HR-metrics-dashboard-toolkit.pdf

CHS Alliance and Lacroix, E. *Human Resources Toolkit for Small and Medium Nonprofit Actors.* CHS Alliance, 2017. www.chsalliance.org/files/files/Resources/Tools-and-guidance/HR%20Toolkit%20-%202017.pdf

Debriefing: Building Staff Capacity. CHS Alliance, People In Aid, 2011. http://chsalliance.org/files/files/Resources/Case-Studies/Debriefing-building-staff-capacity.pdf

Nightingale, K. *Building the Future of Humanitarian Aid: Local Capacity and Partnerships in Emergency Assistance.* Christian Aid, 2012. www.christianaid.org.uk/resources/about-us/building-future-humanitarian-aid-local-capacity-and-partnerships-emergency

PSEA Implementation Quick Reference Handbook. CHS Alliance, 2017. www.chsalliance.org/what-we-do/psea/psea-handbook

Difuka lungenyi ne diandamuna

Camp Management Toolkit. Norwegian Refugee Council, 2015. http://cmtoolkit.org/

IASC Reference Module for the Implementation of The Humanitarian Programme Cycle (Version 2.0). IASC, 2015. https://interagencystandingcommittee.org/iasc-transformative-agenda/ documents-public/iasc-reference-module-implementation-humanitarian

Muaba udi bantu basombele

Environment and Humanitarian Action (factsheet). OCHA and UNEP, 2014. www.unocha.org/sites/dms/Documents/EHA_factsheet_final.pdf

Diandamuna dia bumuntu didi diangata bantu ne mushinga

A Red Cross Red Crescent Guide to Community Engagement and Accountability (CEA): Improving Communication, Engagement and Accountability in All We Do. IFRC, 2016.
http://media.ifrc.org/ifrc/wp-content/uploads/sites/5/2017/01/CEA-GUIDE-2401-High-Resolution-1.pdf

Communication Toolbox: Practical Guidance for Program Managers to Improve Communication with Participants and Community Members. Catholic Relief Services, 2013.
www.crs.org/our-work-overseas/research-publications/communication-toolbox

How to Use Social Media to Better Engage People Affected by Crises. FRC, 2017.
http://media.ifrc.org/ifrc/document/use-social-media-better-engage-people-affected-crises/

Infosaid Diagnostic Tools. CDAC Network, 2012.
www.cdacnetwork.org/tools-and-resources/i/20140626100739-b0u7q

Infosaid E-learning course. CDAC Network, 2015.
www.cdacnetwork.org/learning-centre/e-learning/

Dienza mudimu bimpe, dilondesha malu ne dikonkonona

Buchanan-Smith, M. Cosgrave, J. *Evaluation of Humanitarian Action: Pilot Guide.* ALNAP, 2013.
www.alnap.org/help-library/evaluation-of-humanitarian-action-pilot-guide

Norman, B. *Monitoring and Accountability Practices for Remotely Managed Projects Implemented in Volatile Operating Environments.* ALNAP, Tearfund, 2012.
www.alnap.org/resource/7956

Dipa bantu mâyi, dilama muaba muimpe ne dikolesha mankenda

Mêyi manene a bukubi

Mukenji munene wa diambuluisha bantu badi bakenga

Dipa bantu mâyi, dilama muaba muimpe ne dikolesha mankenda (WASH)

Dikolesha mankenda	Dipa bantu mâyi	Mushindu wa kumbusha tumvi	Diluisha bisambuluji bia masama	Mushindu wa kumbusha bintu bia bukoya	WASH padiku bipupu ne mu miaba ya luondapu
MUKENJI WA 1.1 Dikolesha mankenda	**MUKENJI 2.1** Dipeta mâyi ne bungi buawu	**MUKENJI 3.1** Muaba wa kusombela kauyi ne tumvi tua bantu	**MUKENJI 4.1** Diluisha bisambuluji bia masama mu tshitupa tshidi bantu basombele	**MUKENJI 5.1** Muaba udi bantu basombele kauyi ne bintu bia bukoya	**MUKENJI 6** WASH mu miaba ya luondapu
MUKENJI WA 1.2 Dimanya, dipeta ne dienza mudimu ne bintu bia mankenda	**MUKENJI 2.2** Ngikadilu wa mâyi	**MUKENJI 3.2** Mushindu wa kufika ku nkumba ne dibuelamu	**MUKENJI 4.2** Malu adi mêku ne muntu pa nkayende mua kuenza bua kuluisha bisambuluji bia masama	**MUKENJI 5.2** Tshidi mêku ne muntu ne muntu mua kuenza bua kumbusha bimpe bintu bia bukoya	
MUKENJI WA 1.3 Mushindu wa kulama mankenda padi bakaji bikale ku tshijila tshia mashi ne padi bantu kabayi bakumbana mua kudikanda		**MUKENJI 3.3** Dilombola ne dilama midimu ya dikonga tumvi, dituambula, ditumbusha ne dienza natu mudimu		**MUKENJI 5.3** Ndongoluelu ya mushindu wa kumbusha bintu bia bukoya muaba udi bantu ba bungi basombele	

TSHISAKIDILA TSHIA 1	Liste wa dikonkonona nende majinga a ntuadijilu bua dipa bantu mâyi, dilama muaba muimpe ne dikolesha mankenda
TSHISAKIDILA 2	Tshilejelu tshia F: Disambulujilangana dia masama a munda padi tumvi tupitshila mukana
TSHISAKIDILA 3	Bungi budi bukengedibua bua mâyi: bungi budi bukengela bua kushala ne muoyo ne ditshinka dia majinga a mâyi
TSHISAKIDILA 4	Bungi budi bukengedibua bua nkumba: mu tshisumbu tshia bantu, mu miaba ya bantu ba bungi ne mu nzubu minene
TSHISAKIDILA 5	Masama adi avuila ku mâyi ne ku dilama dia muaba
TSHISAKIDILA 6	Mutshi wa mapangadika a kulengeja ne kulama mâyi a kumbelu

Tshikebelu

Ngenyi minene ya mu dipa bantu mâyi, dilama muaba muimpe ne dikolesha mankenda

Muntu yonso udi ne bukenji bua kupeta mâyi ne muaba muimpe

Mikenji ya nshindamenu ya Sphere bua dipa bantu mâyi, dilama muaba muimpe ne dikolesha mankenda (WASH) idi ileja bimpe bukenji bua kupeta mâyi ne muaba muimpe mu diambuluisha dia bantu badi mu dikenga. Mikenji eyi mmiashila pa mitabuja, mêyi manene, midimu ne manême bidi Tshibungu tshia malu a diambuluisha bantu badi bakenga tshileja. Idi ikonga bukenji bua kuikala ne muoyo ne bunême, bukenji bua kuikala mu bukubi ne kakuyi bualu bua kutshina, ne bukenji bua kupeta dikuatshisha dia padi muntu ukenga bilondeshile dijinga didiku.

Bua liste wa mikanda minene idi yakuila pa malu a mikenji ne a ndudikilu ne idi yumvuija Tshibungu tshia malu a diambuluisha bantu badi bakenga ⊕ *tangila Tshisakidila tshia 1.*

Bantu badi mu dikenga mbafuanyike kupeta masama ne kufua bua masama au, nangananga bua kusama kua munda ne masama a tshiambu. Masama a nunku adi atamba kufumina ku dilama dibi dia miaba ne mâyi ne kakuyi mankenda. Programe ya WASH mmienza bua kukepesha malu adi mua kuteka makanda a bantu ba bungi mu njiwu.

Njila minene idi tuîshi tubuelela munda mua bantu ke tumvi, mâyi, minu, njiji ne biakudia. Tshipatshila tshinene tshia programe ya WASH mu mudimu wa diambuluisha bantu ntshia kukepesha njiwu ya makanda a mubidi a bantu ba bungi pa kuasa bijikilu mu njila minene ayi ⊕ *tangila Tshisakidila 2: Tshilejelu tshia F.* Midimu minene nyoyi eyi:

- dikankamija bantu bua bikadilu bimpe bia mankenda;
- dipa bantu mâyi a kazeze a kunua;
- dipetesha bantu nkumba idi miakanyine;
- dikepesha njiwu ya masama ya ku bintu bidi bitunyunguluke; ne
- diteka nsombelu idi ipesha bantu mushindu wa kuikala ne makanda a mubidi mimpe, ne bunême, badilekelele ne kabayi ne bualu bua kutshina.

Mu programe ya WASH, bidi ne mushinga bua:

- kutangila mulongo mujima wa dipetela mâyi: muaba wa diangatshila mâyi, dialengeja, diabanya, diasuna, dialama mu nzubu ne dianua;
- kutangila mulongo mujima wa dilama muaba muimpe mu mushindu udi wenza tshintu tshimue
- kuenza bua bantu bikale ne bikadilu bimpe bua makanda a mubidi; ne
- kujadika bua bantu bapete bintu bidi biambuluisha bua kuikala ne mankenda.

Didifila dia tshisumbu tshijima tshia bantu didi ne mushinga mukole

Didifila dia tshisumbu tshijima tshia bantu mu malu a WASH didi njila udi uya kumpala mu dituangaja tshisumbu tshijima ne benji ba mudimu bakuabu bua se: bantu badi mu dikenga bikale ne mushindu wa kutangila mudimu wa diambuluisha eu ne bipeta biawu kudibu. Dipangadika dimpe didi disuika bisumbu bia bantu ne bisumbu bia benji ba mudimu bua kuikale buenzeji bunene menemene bua tshisumbu tshijima tshia bantu bua kukepesha njiwu ya masama, kuambuluisha ne midimu miakanyine ne idi bantu mua kupeta, kulengeja programe ne kujadika bujitu bua muntu kudiumvua ne: udi ne bua kuandamuna bua mudimu udiye wenza. Didi ditangila bukokeshi ne disua dia tshisumbu tshia bantu bua kulongolola ne kulama ndongoluelu ya WASH ⊕ tangila *Tshimfuanyi 4: Didifila dia tshisumbu tshijima tshia bantu mu malu a WASH.*

NSOMBELU	BANTU	BIKADILU + BILELE
Mushindu/muaba wa dikenga; bantu ne malongolodi adi ambuluishangana; dikonkonona dia njiwu ya makanda a bantu; ngikadilu wa bintu bia WASH bidibu base; dikonkonona dia biakudia, bintu bia mu nsombelu ne bukubi	Bantu ba muaba kampanda, ndudikilu wa malu, dikala mulume anyi mukaji ne makokeshi a bukole, malu a kale, malu a tulasa, a bitendelelu, a bisa, bantu/bisumbu bidi ne bukole	Kumpala/panyima pa dikenga; ngenzelu ya mua kupita ne malu, mikenji, mitabuja, manunganyi; dimanya mua kujikila njiwu difuanyikija ne bilele; dipeta midimu/dienza nayi mudimu; disakibua bua kushintulula bikadilu/bilele

DITUA MPANDA
ku malu a WASH ne a tshisumbu tshia bantu adi ne mushinga

BULOMBODI + DIENZA MUDIMU PAMUE
ne benji ba mudimu ba mu ditunga, ba matunga makuabu ne ba muaba au bua kufika ku diangata mapangadika

DILONDESHA MALU, DIKONKONONA + DILONGA
Konkonona bipeta bifunda bia dilondesha dia malu, manyisha bisumbu bia bantu malu ne numvuangane pa malu a kuakajilula mu programe kuoku mushindu

DIDIFILA DIA TSHISUMBU TSHIJIMA TSHIA BANTU

DIMANYISHA NGUMU + DIYIKIDILANGANA
Dimpe, diakanyine nsombelu, ne dipeteka mu mishindu mishilashilangane. Dipetela malu ku midimu ne dikepesha dia njiwu

DIKOLESHA DIA MAKOKESHI
Ne bena mudimu, benzejanganyi netu ne bisumbu bia bantu

DIDIFILA
Disaka bikole tshisumbu tshia bantu ku ditaba malu, diangata mapangadika, ne ditangila ngenzelu ya malu, nzubu, midimu

DIBANZA DIA KUANDAMUNA
Diteleja didiabakena ne didijikija. Dienza mudimu bimpe ne bukokeshi

Dikonkonona [   ]
Programe [   ]
Didifila dia kukuabu [   ]

Didifila dia tshisumbu tshijima tshia bantu mu malu a WASH (Tshimfuanyi 4)

Didisuika pamue ne tshisumbu tshia bantu didi dilela ngumvuilu wa mushinga mukole wa ngenyi, majinga, njila ya mua kupita ne malu, makokeshi, mikenji idiku, bintu bidibu balongolole bua kuludika malu ne bidi ne mushinga kumpala kua bionso, pamue ne malu makanyine adi akengela kuenza. Dilondesha ne dikonkonona malu, pamue ne njila ya difidila mandamuna, bidi bileja bikala mandamuna a WASH mikale makanyine anyi bikengela kuakajilula. ⊕ tangila Dipangadika 4 ne 5 dia Mukenji munene wa diambuluisha bantu badi bakenga.

WASH udi ulomba mapangadika a pa buawu mu bimenga

Didifila dia tshisumbu tshijima tshia bantu didi mua kuikala dikole mu bimenga, muaba udi bantu badikunguije ba bungi kaba kamue ne udi bisumbu bia bantu badi mu njiwu kabiyi bitamba kumueneka. Nansha nanku, mu bimenga, mu miaba idi bantu ba bungi basangila, tudiomba ne biamu bia mudimu bidi mua kuambuluisha bua bantu ba bungi kutamba kuyikidilangana bimpe. Mushindu wa bintu udi nawu bantu (bintu bia dîku ku misoko, bintu bisanga bia mbulamatadi ne bia bantu pa nkayabu mu bimenga) udi ne buenzeji bua kusungula mishindu ne ngenzelu ya difila nayi diambuluisha.

Bidi bikengela kusangisha ngelelu ya meji bua kumona tshia kuenza

Diambuluisha didi dishindamene pa malu a bisalu didi mua kukumbaja majinga a WASH mu mushindu muimpe ne muakanyine, bu mudi mu dienza malu bua kupetesha bantu bintu bia mankenda. Bidi bikengela kusakidila midimu mikuabu ya WASH ku diambuluisha ne makuta (mafila ku bianza ne/anyi tike ya diangata nayi bintu), kuelamu ne diambuluisha ne biamudimu ne didifila dia tshisumbu tshijima. Bua kuteka malu mu bienzedi, kudi malu mashilangane kubangila ku diasa dia miaba too ne ku dikolesha mankenda ne disangisha bantu. Biamu bia nzembu ne nkumba ya matuku makese bidi mua kufidibua diakamue, padi eku dikonkonona dijima dia midimu ya dilengeja mâyi dikale mudimu udi unenga matuku a bungi. Dikontolola bulenga ne diambuluisha ne biamudimu bidi ne mushinga wa bungi bua kujadika ne: bantu badi ne makanda a mubidi ne kakuyi bualu bua kutshina. Diambuluisha ne biamudimu didi ne bua kufidibua pa dîba ne mu mushindu muakanyine. Didi ne bua kuikala dia muomumue, dipepele bua kudipeta ne bua kudifila mu mushindu udi unenga matuku a bungi.

Mandamuna a WASH adi ne bua kukolesha bipatshila bia tshisumbu tshia bantu ne kukepesha buenzeji bua muaba udi bantu basombele. Dilongolola kaba kamue dia mâyi ne nkumba didi ne bua kukumbaja majinga a bantu ne kukuba bintu bia muaba udibu basombele. Bualu ebu budi mua kuikala ne buenzeji pa disungula dia biamudimu, dilongolola dia dîba ne bitupa bia midimu ya kuenza, didifila dia tshisumbu tshijima tshia bantu, didifila dia bantu badi badienzela midimu ne dia bisalu, ne malu adi atangila difila dia mpetu.

Mikenji ya nshindamenu eyi ki nya kuenza nayi mudimu pa nkayayi to

Bukenji bua kuikala ne mâyi a kazeze ne nkumba mimpe budi buenda pamue ne bukenji bua kupeta muaba wa kusokomena, biakudia ne makanda a mubidi. Ditanta dimpe mu dikumbaja dia Mikenji ya nshindamenu mu tshitupa tshimue didi diyisha malu kumpala mu bitupa bikuabu. Dilombola midimu tshiapamue ne dieleshangana maboko ne bena bitupa bikuabu bia mudimu, pamue ne dilombola midimu mu buobumue ne bakokeshi ba muaba au ne bena midimu mikuabu, didi diambuluisha bua kujadika ne: majinga adi akumbajibua, ne kakuena divudijangana dia malu a kuenza, ne ngikadilu mulenga wa mandamuna a WASH mmuimpe menemene. Tshilejilu, muaba udib kabayi bakumbaja mikenji idi itangila ndiishilu, mbualu bua kuenza lukasa lukasa menemene bua kukumbaja mikenji idi itangila mâyi ne dilama muaba muimpe bualu bantu mbafuanyike bikole kupeta masama. Mbia muomumue kabidi bua bidi bitangila bantu muaba udi kîshi ka VIH katamba kumueneka mu bantu. Malu maledila mu bitupa kabukabu bia Mukanda eu adi aleja amue malu adi mua kupetangana.

Muaba udi mikenji ya ditunga mikale mishadile ku Mikenji ya nshindamenu ya Sphere, malongolodi a mudimu wa diambuluisha bantu adi ne bua kuenza mudimu pamue ne mbulamatadi wa ditunga bua kumona mua kuyilengeja ku kakese ku kakese.

Mikenji ya bukua-matunga idi ikuba menemene bukenji bua kupeta mâyi ne muaba muimpe

Bukenji ebu budi bukonga dipa bantu mâyi makumbane, mimpe ne mapepele bua kupeta a bantu kuenza nawu midimu kumbelu, ne nkumba ya bantu pa nkayabu, mimpe ne milama ne mankenda. Matunga adi ne bua kujadika bukenji ebu mu bikondo bia makenga ⊕ *tangila Tshisakidila tshia 1: Nshindamenu wa Sphere udi ulonda mikenji.*

Mâyi a kazeze ne nkumba miakanyine bidi ne mushinga wa bungi bua:

- kulama muoyo, makanda a mubidi ne bunême;
- kuepuka lufu ludi lufumina ku dipanga dia mâyi;
- kukepesha njiwu ya dipeta masama adi endela ku mâyi, nkumba ne dipanga mankenda; ne
- kumona mua kunua, kulamba mu mushindu muakane ne kukumbaja malu adi akengedibua bua mankenda a ku mubidi ne a mu nzubu.

Bukenji bua kupeta mâyi ne muaba muimpe ntshitupa tshia bukenji bua bantu bonso ne bua mushinga mukole bua muntu kuikala ne muoyo ne bunême, ne bena mudimu ba mbulamatadi ne badi kabayi ba mbulamatadi badi ne bujitu bua kukumbaja bukenji ebu. Tshilejilu, mu tshikondo tshia diluangana mvita, mbikandikibue bua kukuata, kubutula, kumbusha anyi kunyangakaja bintu bidibu base bua kupetesha bantu mâyi peshi minkoloji ya mâyi idibu benze bua madimi.

Malu adi apetangana ne Mêyi manene a bukubi ne Mukenji munene wa diambuluisha bantu badi bakenga

Dipa bantu mâyi didi dienda pamue ne bukubi. Bidi lutatu bua kupetesha bantu mâyi padiku diluangana dia mvita ne kakuyi buakane. Dijinga dia mâyi a kunua ne a dienza nawu midimu mikuabu ya kumbelu ne dia bintu bia kudikuatshisha nabi misangu ya bungi didi mua kukebesha bilumbu bia bukubi bikala midimu ya matuku makese ne ya matuku a bungi kayiyi mienza mu mushindu muakanyine. Misangu mivule bukubi mu midimu ya WASH butu bilondeshile bukubi bua bantu ne dikala diabu talalaa, bamanye butekete bua pa buabu bua padi muntu uya kusuna mâyi, uya ku nkumba anyi bua malu a mankenda a padi mukaji uya ku tshijila tshia mashi. Dikuba muntu mu mushindu eu didi ne mushinga mukole, kadi dikuba bantu ba bungi didi padi ne mushinga mukole. Mapangadika mapepele mangata biangatshile amu ku ntuadijilu, bu mudi diela bikuvu ku biibi bia nkumba, miendu mimpe ne dienza nkumba mitapulula bidi mua kukepesha njiwu ya dinyanga bantu anyi dibenzela malu a tshikisu.

Dilongolola dimpe dia malu didi dikonga bantu bonso ndia mushinga mukole bua kuepuka kansungasunga, kukepesha njiwu idi mua kumueneka ne kukolesha nkuatshilu wa mudimu anyi kulengeja midimu. Tshilejilu, enza bua ne: balema bikale ne mushindu wa kufika bipepele ku miaba ya mankenda, ne se: bakaji anyi bana bikale ne bintu biakanyine bia kuambuila mâyi. Kubueja bantu ne bisumbu bia bantu mu bitupa bionso bia diandamuna kudi mua kuambuluisha bua kusangisha malu adi atangila bukubi mu programe ya WASH.

Badi ne bua kulongesha benji ba mudimu wa diambuluishangana malu adi atangila dilama dia bana ne badi ne bua kumanya mushindu wa kuenza mudimu ne ndongoluelu ya dimanyisha nayi malu adibu bamone bu mudi malu mabi a tshikisu, a dinyanga anyi dikengesha bantu, nangananga bana.

Bidi bikengela kutangila bimpebimpe dienza mudimu pamue dia basalayi ne badi kabayi basalayi ne dilombola dia mudimu eu bua malongolodi adi ambuluisha bantu, nangananga mu bikondo bia mvita. Bantu badi mua kuitaba malu padibu bamona ne: kakuena malu mabuelakane ne kakuena kansungasunga. Malongolodi adi ambuluisha bantu adi mua kufika ku ditaba diambuluisha dia basalayi mu imue nsombelu, tshilejilu bua kuambuisha bintu ne dibiabanya. Nansha nanku, bidi bikengela kutangila bimpebimpe buenzeji budi diambuluisha edi mua kuikala nadi pa mêyi manene a mudimu wa diambuluisha bantu ne madikolela adi menza bua kukepesha njiwu pa bidi bitangila bukubi ⊕ *tangila Tshibungu tshia malu a diambuluisha bantu badi bakenga, ne Nsombelu idi ne basalayi ba mu ditunga anyi ba bukua-matunga mu Sphere ntshinyi?*

Mu dilonda Mikenji ya nshindamenu, mapangadika onso tshitemba a mu Mukenji munene wa diambuluisha bantu badi bakenga adi ne bua kunemekibua bu tshishimikidi tshia diashila programe wa WASH udi ne bujitu bua kuandamuna.

1. Dikolesha mankenda

Masama adi endela ku mâyi, dilama dia muaba ne malu a mankenda adi akebesha kusama kukole ne lufu bidi bantu mua kuepuka mu bikondo bia makenga. Dikolesha mankenda didi ditua mpanda ku bikadilu, didifila dia tshisumbu tshijima tshia bantu ne bienzedi bua kukepesha njiwu ya masama didi ne mushinga wa bungi bua kufila diandamuna dimpe dia WASH.

Ngenzelu wa malu udi ulonda mikenji udi mushindamene nangananga pa dilongesha bantu malu ne diabanya bintu bia kulama nabi mankenda mmufuanyike kupanga kupatula bipeta bimpe menemene. Mikanu–ne dimona dia mikanu–mbishilangane bilondeshile nsombelu idiku. Bantu mbamonemone malu kabukabu, mishindu ya kupita ne malu, ne badi ne bilele ne bikadilu bishilangane. Mbualu bua mushinga bua kuakajilula ngenzelu ya malu bilondeshile dikonkonona dia malu aa pamue ne nsombelu udiku kabidi. Dikolesha dimpe dia malu a mankenda ndishindamene pa:

- dienza mudimu pamue ne tshisumbu tshijima tshia bantu bua kutuangana maboko mu tshienzedi ne kuela dîyi mu diangata dia mapangadika;
- dimanyishangana malu dia nseke ibidi ne dimanyisha malu adi menzeke mu tshialu pa bidi bitangila njiwu, malu adi ne bua kuenjibua kumpala ne midimu ya kuenza; ne
- dipeta ne dienza mudimu ne nzubu, midimu ne bintu bia WASH.

Dikolesha mankenda didi ne bua kushindamena pa dimanya didi nadi bantu bine dia njiwu ne dibabidila masama bua kukankamija bantu bikale ne bikadilu bidi biambuluisha bua kuikala ne makanda mimpe a mubidi.

Londesha midimu ne bipeta pa tshibidilu bua kujadika ne: dikolesha mankenda ne programe ya WASH bidi bienda biya kumpala. Longolola malu pamue ne benji ba mudimu wa luondapu bua kulondesha buenzeji bua masama adi alonda malu a WASH bu mudi diela munda, cholera, tshifoyide, disama dia trachoma, misanda ne schistosomiase ⊕ *tangila Luondapu lua nshindamenu – mukenji 2.1.1 too ne 2.1.4 ya masama a tshiambu* ne *Mukenji wa 1.5 wa ndongoluelu ya makanda a mubidi.*

Mukenji wa 1.1 wa dikolesha mankenda:
Dikolesha mankenda

Bantu mbamanye njiwu minene idi bantu ba bungi mua kupeta bua makanda a mubidi, idi misuikila ku malu a mâyi, a dilama muaba ne a malu a mankenda, ne badi mua kuangata mapangadika a muntu pa nkayende, a dîku dijima ne a tshisumbu tshijima tshia bantu bua kuyikepesha.

Malu manene a kuenza

1 ⟩ Keba bua kumanya njiwu minene ya makanda a mubidi a bantu ba bungi ne bilele bidi nabi bantu mpindieu pa bidi bitangila mankenda bidi mua kuvudija njiwu eyi.

- Lengeja mushindu udi tshisumbu tshijima tshia bantu tshimueneka bua kujadika ne: mbantu ne mbisumbu kayi bia bantu bidi bitekete pa bidi bitangila njiwu ya ku malu a WASH ne mbua tshinyi.
- Keba bua kumanya malu adi mua kusaka bantu ku dikala ne bikadilu bimpe ne ku dijikila malu.

2 ⟩ Enza mudimu ne bantu badi dikenga dikuate bua kuenza ne kulongolola dikolesha mankenda ne diandamuna dialabale dia WASH.

- Lubuluja ngenzelu wa dimanyishangana malu udi wenza mudimu ne tudiomba ne diyukidilangana dia bantu mu tshisumbu bua kumanyishangana malu adi ne dikuatshisha.
- Umanye bantu badi ne buenzeji pa bakuabu, bisumbu bia bantu ne bena mudimu badi mua kulongesha bakuabu, ne ubalongeshe.

3 ⟩ Enza mudimu ne ngumu idi ifumina mu tshisumbu tshijima ne bipeta bifunda bia dilondolola malu a makanda a mubidi bua kuakajilula ne kulengeja dikolesha mankenda.

- Londesha mushindu wa kupeta ne wa kuenza mudimu ne nzubu ya WASH, ne mushindu udi midimu ya dikolesha mankenda ilenga bikadilu ne bilele.
- Akajilula midimu ne sunguluja majinga adi kaayi makumbajibue.

Bileji binene

Bia pa lukama bia mêku adi akenga adi aleja bimpe mapangadika asatu bua kubabidila masama a ku malu a WASH

Bia pa lukama bia bantu ba kutangila badi batela bimpe bikondo bibidi bia mushinga bia kuowa mâyi ku bianza

Bia pa lukama bia bantu ba kutangila banudi bamone bua kuenza mudimu ne miaba ya kuowela bianza padi muntu upatuka mu nkumba ya bantu ba bungi

Bia pa lukama bia mêku adi akenga muaba udi nsabanga ne mâyi bikaleku bua kuowa bianza

Bia pa lukama bia bantu badi bakenga badi bakasuna mâyi ku mpokolo ya mâyi milongolola bimpe

Bia pa lukama bia mêku adi alama mâyi a kunua mu nyingu mikezuke ne mibuikila

Bia pa lukama bia batabaledianganyi badi bamba ne: badi bumbusha bimpe kakuyi bualu tumvi tua bana

Bia pa lukama bia mêku adi enza mudimu ne bintu bia dilama nabi mankenda (mikusu, milangi ya disukuila, malongo a menyi, nkuasa idi ne ditubu muinshi) badi bamba ne: badi bumbusha bimpe kakuyi bualu tumvi tua bantu bakulumpe badi badinyangila bilamba

Bia pa lukama bia mêku adi akenga adi umbusha mu mushindu muimpe bintu bia bukoya

Bia pa lukama bia bantu badi bamanyishe malu adi menzeke mu tshialu ne badi bamba ne: malu adibu bamanyishe aa bavua benze nawu mudimu bua kuakajilula ne kulengeja nzubu ne midimu ya WASH

Muaba udi bantu basombele mu tshitupa atshi kawena ne tumvi tua bantu anyi tua nyama to

Malu a kulonda

Kumvua ne kulondesha malu a njiwu mu malu a WASH: Diteka njiwu ya mu malu a WASH pa muaba wa kumpala ne diyikipesha mu tshitupa tshia mbangilu tshia dikenga didi mua kuikala ne lutatu. Imanyina pa dienza mudimu ne mâyi mimpe, mushindu wa kumbusha tumvi ne kuowa bianza, bualu kuenza malu aa kudi mua kuikala ne buenzeji bua bungi menemene bua kuepuka disambulujilangana masama. Dikonkonona njiwu idi mua kunyanga makanda a mubidi a bantu ba bungi ne diangata mapangadika bua kuyikepesha nebilombe bua kumvua:

- mushindu udi bantu bakuata mudimu mpindieu ne nzubu ne midimu ya WASH;
- mushindu wa kupeta bintu bia mankenda bidi bikengedibua bua mu nzubu ⊕ *tangila Mukenji wa 1.2 ne 1.3 ya Dikolesha mankenda*;
- mishindu idiku ya mua kupita ne malu, bilele bia muaba au ne malu adi bantu bitabuja;
- biashidi bia mu bantu ne makokeshi a mu tshisumbu tshijima tshia bantu;
- muaba udi bantu baya bua luondapu (elamu ne bangangabuka, bipanyishilu bia manga, mpitadi);
- muntu udi ne bujitu bua kulombola ne kulama bimpe bintu bidibu base bua WASH;
- dilondolola dia bipeta bifunda bia masama adi masuikila ku malu a WASH;
- bijikilu bia mu nsombelu wa bantu, bia ku mubidi ne bia mu diyukidilangana bua kufika ku nzubu ne midimu ya WASH, nangananga bua bakaji ne bansongakaji, bakulakaje ne balema;
- malu mashilangane a mu dimona dia mpetu; ne
- ngikadilu ya muaba udi bantu basombele ne dishintuluka dia mivu bua masama.

Bua kusaka bantu bua bikale anu ne muoyo wa kuenza, dishintuluka dia bikadilu ne dia bilele didi ne bua kuikala dipepele. Nzubu idi ne bua kuikala miakanyine ne mipepele bua kuyipeta bua bantu bonso badi benza nayi mudimu, milama bimpe, ne bunême, mikezuke ne miakanyine mu mushindu udi muanyishibue kudi bantu.

Sangisha balume ne bakaji mu midimu ya dikolesha mankenda, bualu padi bantu balume batua mpanda ku malu a mankenda bidi mua kuikala ne buenzeji bunene mu bikadilu bia mêku.

Dikongoloja bantu ba mu tshisumbu tshijima: Enza mudimu ne bintu bidi bikaleku, mumanye ne: bintu bisumba anyi bifila ku budisuile bidiku mushindu wa muomumue bua bantu bakaji ne bua bantu balume. Bikalaku bamfumu badi banemekibue ne badibu bitaba mu tshisumbu tshia bantu, bena mudimu badi pabuipi ne bakuabu ne benji ba mudimu ba kueyemena bu mudi bisumba bia bakaji anyi bia bansonga, bidi mua kuambuluisha bua dikongoloja ne dibabidila malu kuluabi bipepele.

Bitu bitamba kuenzeka bua kuteka bena mudimu babidi badibu batamba kumvuila mu bantu 1 000. Bena mudimu badibu batamba kumvuila ne bena budisuile badi ne tshia kuikala ne bikadilu bimpe mu diyukidilangana, kuikala bakumbane bua kusuika malanda a kanemu ne bisumbu bia bantu ba muaba au, ne kuikala ne ngumvuilu mujima wa majinga ne malu adi atatshisha bantu ba muaba au. Biobi bilomba kuenza nanku, malu adi asaka bantu ku dienza bua bena mudimu badibu bumvuila adi ne bua kuitabijibua mu tshisangilu tshia dilongolola malu a muaba au bua kukankamija buakane ne kuepuka dinyangakaja dia malu.

Bena mudimu wa luondapu ba mu tshisumbu tshia bantu badi mua kuikala ne midimu mifuanangane ne ya bena mudimu badibu batamba kumvuila ba malu a WASH, kadi ne majitu mashilangane ⊕ *tangila Mukenji wa 1.2 wa ndongoluelu ya makanda a mubidi: Bena mudimu wa luondapu.*

Dienza mudimu ne bana: Bana badi mua kukankamija bikadilu bimpe bia makanda a mubidi munkatshi mua binabu ne mu mêku abu. Tshibambalu tshia malu a tulasa anyi tshia midimu ya diambuluisha bantu bidi mua kusunguluja mishindu idiku ya kukolesha nayi malu a mankenda mu tulasa, mu dilama dia miaba idi bantu balala ne mu mêku adi malombola kudi bana, ne munkatshi mua bana ba mu tshisalu. Bueja bana mu dilongolola dia malu a kumanyisha ⊕ *tangila INEE ne Mikanda ya CPMS.*

Njila ne ngenzelu ya diyukidilangana: Manyisha bantu malu mu mishindu mivule (malu mafunda, mazola, makuata mêyi) ne mu miakulu mivule bua bantu ba bungi bafike ku dimanya malu au. Akaja malu au bua bana ne bua balema, ne longolola ne teta malu a kumanyisha au bua kujadika ne: bantu ba bidimu bionso, balume ne bakaji, badi balonge ne badi kabayi balonge ne ba miakulu mishilashilangane badi mua kuumvua.

Diyukidilangana mu tshisumbu tshijima tshia bantu didi ne dikuatshisha bua kujikija bilumbu ne kulongolola tshia kuenza. Tudiomba tudi mua kukolesha mushindu wa pa tshibidilu wa dimanyisha ngumu bua kupeta bantu ba bungi. Mishindu yonso ibidi idi ne dikuatshisha bikalayi miludika bua kulenga bateleji basunguluke. Longolola ngenzelu miakanyine ya dipetela ngumu ne badi benza nayi mudimu ne londesha buenzeji buimpe buayi. Manyisha ngumu idi inufikila eyi mu tshisumbu tshijima tshia bantu, ubakankamija bua bobu pabu bandamune ⊕ *tangila Dipangadika 5 dia Mukenji munene wa diambuluisha bantu badi bakenga.*

Diowa bianza ne nsabanga mmushindu wa mushinga wa kuepuka disambulujilangana masama a diela munda. Miaba ya diowela bianza idi ne bua kuikala dîba dionso ne mâyi, ne nsabanga ne mâyi apatuka kakuyi lutatu. Teka nzubu mushindu wa se: diowa dia bianza dienzeke kumpala kua kulenga biakudia (didia, dilamba biakudia anyi didiisha muana) ne panyima pa dilenga tumvi (padi muntu ufuma ku nkumba anyi ku dikupula muana kunyima) ⊕ *tangila Mukenji 2.2 wa Dipa bantu mâyi: Ngikadilu wa mâyi.*

Dikankamija bantu bua kubuela mu nkumba: Bualu bunene bua bena mudimu wa dikolesha mankenda ndikuata mudimu wa bonso wa nzubu ne bintu bia diumbusha nabi tumvi. Kusakidila ku ntatu pa bidi bitangila bukezuke ne mipuya, malu manene adi atekesha bantu mu maboko bua kubuela mu nkumba ke bundu, bilele bidi bikandikibue, mushindu muine wa muntu kufika ku nkumba ne malu makuabu adi atangila muntu nkayende ne dikala talalaa kakuyi bualu ⊕ *tangila Mukenji 3.2 wa Mushindu wa kumbusha tumvi: Mua kufika ku nkumba ne kubuelamu.*

Disuna, diambula ne dilama mâyi a kunua mu mushindu muimpe mbualu bunene bua kukepesha njiwu ya dinyanga mâyi. Mêku adi ne tshia kuikala ne bintu bishilangane bia kusunyina ne bia kulamina mâyi a kunua ⊕ *tangila Mukenji wa 1.2 wa Dikolesha mankenda ne Mukenji 2.1 ne 2.2 ya Dipa bantu mâyi.*

Bantu badi anu batambakana: Keba mishindu ya kubueja bantu badi anu batambakana, bikala mu dienza nabu ngendu pamue bua mutantshi mukese anyi mu dipetangana nabu mu miaba idibu bikishila. Enza mudimu ne tudiomba bu mudi tshisanji, SMS, bisumbu bia dimanyishilangana ngumu ne diyukidilangana ku nshinga kakuyi difuta makuta bua kumanyisha malu adi atangila mankenda ne kulomba bantu bua bamanyishe malu adibu bamone. Longolola dibuki dia "bintu bia mu nzubu" bua kukankamija bualu ebu pa kuelamu telefone ya ku bianza anyi bifidi bia nzembu bidi bienda ne munya, bikala kabidi mua kuambuluisha bantu bua kuyukidilangana ne mêku abu, kupeta ngumu ne kumanyisha malu adibu bamone.

Mukenji wa 1.2 wa dikolesha mankenda: Dimanya, dipeta ne dienza mudimu ne bintu bia mankenda

Bintu bidi biakanyine bua kukolesha mankenda, makanda a mubidi, bunême ne dikala bimpe bidiku ne bantu badi mu dikenga badi benza nabi mudimu.

Malu manene a kuenza

1 〉 Sunguluja bintu bidi ne mushinga bua mankenda bidi bantu, mêku ne bisumbu bia bantu bikale nabi dijinga.

- Konkonona majinga mashilangane a balume ne bakaji, bakulakaje, bana ne balema.

- Sunguluja ne fila bintu bikuabu bidi bantu bonso mua kulama nabi mankenda mu muaba udibu basombele, bu mudi bintu bia diela butshiafu ne bia dikupula nabi mu nzubu.

2 > Petesha bantu bintu bidi ne mushinga ebi pa dîba.

- Keba bua kumanya ne: bintu ebi bidi bimueneka mu bisalu bia muaba au, mu tshitupa atshi anyi bifumine mu matunga makuabu.

3 > Enza mudimu ne bantu badi dikenga dikuate, bakokeshi ba muaba au ne bena mudimu bakuabu bua kulongolola mushindu wikala bantu mua kusangisha anyi kusumba bintu ebi bia mankenda.

- Manyisha bantu bua dîba, muaba, bintu ne bia diambuila bine bintu ebi binudi balongolole bia bintu bia diambuluisha bantu ne makuta ne/anyi bia mankenda.
- Longolola mudimu pamue ne bena bitupa bikuabu bua kufila diambuluisha ne makuta ne/anyi bintu bia mankenda ne angata dipangadika bua mishindu ya dibiabanya.

4 > Keba bua kumvua tshidi bantu badi mu dikenga bamba bikala bintu bia mankenda biudi musungule ebi bikale biakanyine, ne kumanya ne badi basanka ne mushindu uudi ubapeteshabi.

Bileji binene

Mêku onso adi mu dikenga adi apeta bintu bia mushinga bia mankenda bungi budi bukengedibua:

- bintu bibidi bia dilamina mâyi bua dîku dimue (bia litre 10–20; tshimue tshia disunyina, ne tshikuabu tshia dilamina);
- grame 250 ya nsabanga wa diowa nende mâyi pa muntu ne ku ngondo;
- grame 200 ya nsabanga wa disukula nende bilamba pa muntu ne ku ngondo;
- Nsabanga ne mâyi ku muaba wa diowa bianza (muaba umue bua nkumba udi bantu basangile anyi muaba umue bua dîku dimue); ne
- Po, tshikasu anyi mikusu ya kumbusha nayi tumvi tua bana.

Bia pa lukama bia bantu badi mu dikenga badi bamanyisha/badibu bamone benza mudimu ne bintu bia mankenda pa tshibidilu kunyima kua dibiabanya

Bia pa lukama bia makuta adi dîku ditula bua kusumba bintu bia mankenda bua majinga masunguluke a kumpala

Malu a kulonda

Sunguluja bintu bia mushinga: Akaja bintu bia mankenda ne mabuki a bintu bia mankenda bilondeshile bilele bia bantu ne nsombelu. Teka bintu bidi ne mushinga pa muaba wa kumpala mu tshitupa tshia mbangilu (bu mudi nsabanga, nyingu ya mâyi, ne bintu bia bakaji bia padibu ku tshijila tshia mashi ne bia disesukila) kumpala kua bintu "bidi bilengele bua kuikala nabi" (bu mudi brose bua nsuki, bia dilaba mu nsuki, buanga bua mênu, lukodi lua mênu). Bimue bisumbu nebikale ne majinga a pa buawu ⊕ *tangila Malu a kulonda – Bisumbu bidi mu njiwu* (kuinshi eku).

Bintu bia dilamina mâyi: Sunguluja bintu bia ditekela mâyi bia litre 10–20 bia disunyina ne bia dilamina mâyi a kunua ne a midimu ya kumbelu. Bunene ne mushindu wa bintu ebi bidi ne bua kuikala biakanyine bidimu ne makanda a kuambula nawu bia bantu badi bakasuna mâyi pa tshibidilu. Nyingu anyi ndundu ya mâyi idi ne tshia kuikala ne bibuikidiji, milama bimpe ne mibuikila. Bia dilamina mâyi bidi ne bua kuikala ne nshingu mukese anyi mulonda bua kujadika ne: mâyi a kunua mmasuna bimpe, baalame ne baanua bimpe.

Bikala bantu bapeta mâyi lelu, malaba kabayi baapeta, bapeshe bintu binene bia kulamina mâyi. Mu bimenga anyi muaba udi mâyi afumina anu muaba umue, mâyi adibu balama mu nzubu adi ne bua kuikala bungi bukumbane bua dilamba anyi dinua dia pa tshibidilu (nansha dîba didibu batamba kuenza nawu mudimu) kumpala kua bobu kulua kuapeta tshiakabidi.

Bisumbu bidi mu njiwu: Bamue bantu nebikale dijinga ne bungi bushilangane anyi bupitshidile bua bintu bia mankenda a muntu nkayende bua bidimu biende, makanda ende a mubidi, bulema, mushindu wa kuenda anyi dipanga mua kudikanda bua kusukula anyi kusesuka. Bantu badi ne bulema anyi badi ne lutatu lua kuendakana badi mua kuikala dijinga ne bintu bikuabu. Bidi mua kuikala nsabanga mukuabu, bintu bia disukuila anyi disesukila, bintu bia ditekela mâyi, malongo a muinshi mua bulalu, nkuasa mutubula muinshi anyi tubudimbua tua dibuikila matela. Ebeja bantu anyi aba badi babambuluisha bikalabu dijinga ne diambuluisha bua kuangula ne kumbusha bintu biabu bia bukoya mu mushindu udi unemeka bunême buabu. Yikilangana nabu pamue ne mêku abu anyi babambuluishi pa mushintu udi mutambe kuakanyina wa kubambuluisha.

Dilongolola didi dishindamene pa malu a bisalu bua bintu bia mankenda: Disumba dia bintu bia mankenda didi ne bua kutua mpanda ku malu a bisalu bia muaba unudi biobi ne bua kuikala nanku (tshilejilu pa kufila makuta anyi tike wa bintu anyi pa kulengeja muaba wa dilamina bintu). Dikonkonona dia malu a bisalu ne mpetu ya mêku, pamue ne muaba udi nawu balume anyi bakaji mu diangata dia mapangadika mu ditula dia makuta, didi ne bua kumanyisha mishindu milongolola ya kupeta bintu bia mankenda ne kuenza nabi mudimu. Londesha malu bua kumanya bikala bantu mua kupeta bintu bilenga ne bungi bukumbane mu bisalu anyi kabayi mua kubipeta, ne akajilula malu bikalabi nanku ⊕ tangila Dikuatshisha bantu ku diambuluisha dia bisalu.

Diabanya dia bintu: Teka dikala talalaa ne dikubibua dia bantu pa muaba wa kumpala paudi ulongolola diabanya dia bintu ⊕ tangila Dîyi dinene dia bukubi dia 1.

Teka kasumbu ka bantu kikalaku anu bua diabanya. Dianjila kumanyisha bantu dîba, muaba, bintu ne malu malomba bua muntu kupeta tshintu. Luisha kansungasunga anyi dibengibua dia bantu bakuabu ne, bikalabi bikengela kuenza nanku, abanyina mêku bintu anyi londa milongo mitapuluke ya diabanya dia bintu. Sunguluja ne teta bua kumbusha bijikilu bionso bia dipeta miaba ya diabanyina bintu anyi ndongoluelu ya diabanya, nangananga bua bakaji ne bansongakaji, bakulakaje ne balema.

Uuja bintu bidi bijika lukasa: Longolola mushindu wa kueyemena wa pa tshibidilu wa disumba bintu bidi bijika lukasa bu mudi nsabanga ne bintu bia bakaji badi ku tshijila tshia mashi ne bia disukuila anyi disesukila.

Dilombola dia diabanya dia bintu kaba kamue: Longolola bua kuyukila ne tshisumbu tshijima tshia bantu bua kumvua majinga ne njila ya mua kuenza malu mu bitupa kabukabu. Enza bua kukumbaja majinga a bungi musangu umue bua kusankisha bantu baudi mua kusankisha, ne bua kulama dîba ne makuta mu bitupa bikuabu. Wikale mujadike ne: mêku adi mua kuambula bintu biawu bionso ne kufika nabi kumbelu kakuyi bualu panyima pa diabanya.

Bantu badi anu batambakana: Muaba udi bantu bikale anu batambakana, ubajadikile ne: kudi anu mushindu wa kuambula bintu bia mankenda (bu mudi nsabanga udibu mua kuenda nende). Enza bua bantu basungule bintu bidibu basue, pamutu pa kupatula mabuki a bintu bia muomumue bua bantu bonso. Enza ndongoluelu wa diangula nende bintu bia bukoya ne dibiumbusha muaba udi bantu bikale anu batambakana.

Mukenji wa 1.3 wa dikolesha mankenda: Mushindu wa kulama mankenda padi bakaji bikale ku tshijila tshia mashi ne padi bantu kabayi bakumbana mua kudikanda

Bakaji ne bansongakaji bakadi baya ku tshijila tshia mashi, ne bantu balume ne bakaji badi kabayi bakumbana mua kudikanda (bua kudisukuila anyi kudinyinyina), badi ne mushindu wa kupeta bintu bia mankenda ne kufika ku nzubu ya WASH idi yambuluisha bua bobu kushala ne bunême buabu ne dikala bimpe.

Malu manene a kuenza

1 ⟩ Umvua tshidi bilele, mikenji ne bingenyingenyi bia mu nsombelu wa bantu pa bidi bitangila mushindu wa kulama mankenda padi bakaji bikale ku tshijila tshia mashi ne padi bantu kabayi bakumbana mua kudikanda, ne akajilula bintu bia difila bua mankenda ne miaba.

2 ⟩ Yikila ne bakaji, bansongakaji ne bantu badi kabayi bakumbana mua kudikanda pa bidi bitangila dienza, diasa ne dilama dia miaba (nkumba, tshiowedi, muaba wa kusukuila bilamba, muaba wa kuela butshiafu ne dipa bantu mâyi).

3 ⟩ Petesha bantu mushindu muakanyine wa kulama mankenda padi bakaji bikale ku tshijila tshia mashi ne bintu bia kudilama nabi bimpe, nsabanga (wa diowa nende mâyi, wa disukula nende bilamba ne wa diowa nende bianza) ne bintu bikuabu bia mankenda.

- Ubabanyine bintu ebi miaba idi misokome kuoku mushindu bua ne: baudi upesha bintu ebi bikale ne bunême ne kabatambi kumvua bundu, ne ubaleje mushindu muimpe wa kuenza mudimu ne bintu bionso bidibu kabayi bibidilangane nabi.

Bileji binene

Bia pa lukama bia bakaji ne bansongakaji bakadi baya ku tshijila tshia mashi badi ne mushindu wa kupeta bintu bidi biakanyine bua kulama mankenda padibu ku tshijila tshia mashi

Bia pa lukama bia bantu badi basanka bua bintu bidibu bapete bia dilama nabi mankenda padibu ku tshijila

Bia pa lukama bia bantu badi kabayi bakumbana mua kudikanda badi benza mudimu ne bintu ne miaba idi miakanyine bua aba badi kabayi bakumbana mua kudikanda

Bia pa lukama bia bantu badi basanka bua bintu bidibu bapete ne bua dilongolola dia miaba ya dilamina bintu bia badi kabayi bakumbana mua kudikanda

Malu a kulonda

Akuila pa malu a mankenda a padi bakaji ku tshijila ne padi bantu kabayi bakumbana mua kudikanda mu bikondo bia makenga: Dilama bimpe mankenda padi bakaji ku tshijila ne padi bantu kabayi bakumbana mua kudikanda didi diambuluisha bantu bua kuikala ne bunême ne kudifila mu midimu yabu ya matuku onso. Pa kumbusha dipesha bantu bintu bia mankenda, bidi kabidi ne mushinga bua kuyikila ne badi benza nabi mudimu pa mishindu ya dibimansha padibu kumbelu ne mu miaba anyi mu nzubu idi bantu ba bungi basangile bu mudi mu bilongelu. Tuzubu tua nkumba tudi ne bua kuikala tuakaja bimpe ne muaba udi ne bua kuikalaku wa kusukuila bilamba ne dibianyika ⊕ *tangila Mukenji 3.1 ne 3.2 ya Mushindu wa kumbusha tumvi.*

Mikiya pa bidi bitangila dikala ku tshijila tshia mashi: Ngenyi, mikenji ne mikiya itu nayi bantu pa bidi bitangila dikala ku tshijila tshia mashi bidi mua kuambuluisha bua diandamuna kukumbanadi. Pamuapa kakuena mushindu wa kukonkonona malu aa mu tshitupa tshia mbangilu anyi munkatshi mene mua dikenga, kadi dikonkonona edi didi ne bua kuenzeka ne lukasa luonso padiku mushindu.

Dipanga mua kudikanda didi mua kuikala tshiambilu tshidi katshiyi tshitambe kuikala mukana mua bantu ba bungi mu imue nsombelu, nansha munkatshi mua baminganga. Dipanga mua kudikanda mbualu bunene bua makanda a mubidi ne bua mu nsombelu wa bantu budi buenzeka dîba didi muntu kayi ukumbana mua kulama dipatuka dia menyi anyi tumvi. Didi mua kufikisha muntu ku dibengibua kudi bantu ba bungi, dishala pa nkaya, ditata ne lungenyi ne dipangila bua kufika mu midimu, dilonga ne mishindu ya kuenza mudimu. Mbienze anu bu ne: anu bantu bakese ke batu nadi, bualu bantu ba bungi batu badisokoka. Kadi pabi bantu ba bungi badi mua kuikala nadi. Mu bantu badi kabayi bakumbana mua kudikanda mushindu eu, tudi mua kutela:

- bakulakaje;
- balema ne badi kabayi ne mushindu wa kuenda;
- bakaji badi balele—pamue ne bansongakaji badi bafuanyike kupeta fistula;

- bantu badi ne masama a munanunanu bu mudi disama dia asthme, diabete, AVC anyi cancer;
- bansongakaji ne bakaji badibu bangate ne luonji anyi badibu bakose bimue bitupa bia lulelu;
- bantu bavuabu bapande bua kumbusha prostate;
- bakaji bakadi bafike mu tshikondo tshia dilekela lulelu; ne
- bana batekete ne bana badi batata mu lungenyi bua diluangana anyi bua dikenga kampanda.

Dipanga kuikala ne mankenda padi muntu kayi ne didikanda didi mua kuikala njila munene udi masama asambulukila bantu mu bikondo bia tshimpitshimpi. Bitu bikole bua kupeta mâyi a bungi ne nsabanga. Bantu badi kabayi ne didikanda ne aba badi babambuluisha bonso badi dijinga ne mâyi ne nsabanga misangu itanu kupita bantu bakuabu. Bantu badi kabayi ne didikanda ne bikale anu kaba kamue badi ne bua kuya kudi munganga anyi bamanyi bapiluke ba bulema bua kumanya mushindu wa kubabidila ne kumona mua kupita ne dipia tuishi ne ditala dia mabuba pambidi, bidi mua kufikisha ku njiwu ya lufu.

Bintu bia difila ne miaba: Yikila ne bantu badi bakenga bua kumvua malu adibu basue: bintu bia dimansha musangu umue anyi bia dienzulula nabi mudimu; mishindu ya diumbusha butshiafu mu nzubu, mu bilongelu, mu miaba ya luondapu ne mu nzubu ya bantu ba bungi; nzubu ya disukuila bilamba ne miaba ya dibianyikila; ne tuzubu tua nkumba ne biowedi. Angata ne mushinga mêyi ne malu adibu basue, bu mudi mushindu ne bungi bua bintu bia difila mua kushintuluka padi matuku apita. Longolola mishindu ya dileja bintu bidi bantu kabayi batambe kuibidilangana nabi.

Bidi bilomba kuikala ne mishindu mishilangane ya mikusu ya kuvuala bua dipanga kukanda tumvi ne menyi, ne bua mishindu mishilangane ya bukole bua dipanga didikanda. Ditshinka bunene didi ne mushinga bua kumona mua kuenza bimpe mudimu ne bintu. Fila mikusu ya divuala bua didikanda bua menyi ne tumvi ya bunene ne mishindu mishilashilangane.

Ela meji bua dikala pabuipi dia nkumba bua bantu badi kabayi bakumbana mua kudikanda. Bamue bantu badi mua kukumbana mua kuepuka bikondo bia dipanga mua kudikanda bobu mua kupeta nkumba lukasa. Bidi mua kulomba imue misangu bua kufila nkuasa mutubula muinshi, dilongo dia muinshi mua bulalu ne/anyi mulangi wa disukuila menyi.

Bintu bia kufila bidi bikengedibua: *Bua kulama mankenda a padi bakaji ku tshijila tshia mashi ne bantu kabayi bakumbana mua kudikanda:*

- tshintu tshia dilamina mikaya/bilamba bidi ne mashi tshidi ne tshibuikidiji; ne
- nshinga ne mpengela ya dianyika nayi bilamba.

Bua mankenda a padi bakaji ku tshijila tshia mashi:

- bilamba bia ndanda bidi bimina mâyi (metre care 4 ku tshidimu), mikaya ya dimansha (15 ku ngondo) anyi ya divuala tshiakabidi (6 ku tshidimu), mudi bakaji ne bansongakaji basue;

- bilamba bia muinshi (6 ku tshidimu);
- nsabanga wa kusakidila (grame 250 ku ngondo) ⊕ *tangila Mukenji wa 1.2 wa dikolesha mankenda: Dimanya, dipeta ne dienza mudimu ne bintu bia mankenda.*

Bua dipanga didikanda, bintu bia difila nebikale bilondeshile bukole ne mushindu wa dipanga didikanda ne bintu bidi bantu basue. Bintu bidi bikengedibua bitudi mua kuamba mbiobi ebi:

- bilamba bia ndanda bidi bimina mâyi (metre care 8 ku tshidimu), mikaya ya divuala musangu umue (150 ku ngondo) anyi bilamba bia muinshi bia divualulula bua dipanga didikanda (12 ku tshidimu);
- bilamba bia muinshi (12 ku tshidimu);
- nsabanga wa kusakidila (grame 500 ya wa diowa nende mâyi ne grame 500 ya wa disukula nende bilamba ku ngondo);
- bilamba bibidi bidi mua kusukudibua bia dijika nabi matela;
- bintu bikuabu bia dilamina mâyi;
- buanga bua disukula ne dishipa nabu tuishi bu mudi mâyi a javel (litre 3 ya buanga ebu kabuyi busambakaja ne mâyi ku tshidimu);
- dilongo dia muinshi mua bulalu ne milangi ya menyi (ya balume ne bakaji), nkuasa mutubula muinshi (kuoku kuikale dijinga).

Disumba dia bintu tshiakabidi: Longolola mushindu ne dîba dia kusumba tshiakabidi bintu. Udi mua kuambuluisha bantu ne makuta anyi mu diabanya bintu bia ku mubidi mu mishindu mishilangane mu kupita kua matuku. Kebulula mishindu idi kumpanyi mikese mua kupetesha bintu ebi anyi bua bantu kudienzelabu bobu nkayabu bintu bidi bibakuba ⊕ *tangila Difila dikuatshisha ku diambuluisha dia bisalu.*

Tulasa, miaba idi bantu talalaa ne idibu balongela midimu: Dikankamija dia WASH mu tulasa ne mu miaba idi bantu talalaa didi ne bua kuangata ne mushinga bintu bidibu base bua WASH ne dilongesha didi balongeshi bapete. Mu nzubu mudi ne bua kuikala tshintu tshia diela butshiafu tshibuikila bimpe, ne badi ne bua kuikala balongolole bua kuangula ne kumbusha butshiafu anyi bintu bia bukoya mu nkumba ne kuya nabi ku muaba wa dibioshela kabiyi mu mêsu a bantu. Enza bintu bia WASH bilama bimpe bia balume ne bia bakaji bidi ne misonso ya dikudika bilamba ne mabaya a dilonga bintu bia mankenda a padi bakaji ku tshijila tshia mashi.

Kankamija balongeshi bua bangate dilongesha dia mushindu wa kulama mankenda padi bakaji ku tshijila tshia mashi bu tshitupa tshia malongesha a nshindamenu. Longesha balongeshi bua:

- kukankamija bilele bia mankenda bua padi bansongakaji ku tshijila tshia mashi;
- kulama bintu bia mankenda mu tulasa bua bana ba bakaji badi ku tshijila tshia mashi;
- kukankamija balongi badi kabayi bakumbana mua kudikanda ne badinyangila bilamba bua buenzeji budi nabu dikenga mu lungenyi luabu ⊕ *tangila Mukanda wa INEE.*

Muaba wa kusokomena: Enza mudimu ne bena tshitupa tshia muaba wa kusokomena bua kujadika ne: kudi dilama dikumbane dia malu a muntu pa nkayende bua mankenda a padi mukaji ku tshijila ne padi muntu mupange didikanda mu nzubu anyi mu muaba udi bantu ba bungi basombe pamue. Bualu ebu budi mua kulomba dikosolola tshibambalu ne mabaya anyi dienza bitupa ne bitupa mudi bantu mua kuvudila bilamba.

Bantu badi anu batambakana: Fila bintu bia mua kudilama nabi padi bakaji ku tshijila tshia mashi ne bia padi bantu bapange didikanda bilondeshile mêba adi bantu bapita mu miaba idibu bafila bintu ebi.

2. Dipa bantu mâyi

Mâyi adi apeteka bungi kabuyi buakane ne kâyi mimpe ke muji wa ntatu ya bungi ya masama mu bantu padibu mu dikenga. Kudi mua kumueneka mâyi anu makese bua kukumbaja majinga a nshindamenu, nunku mbualu bua mushinga mukole bua kupesha bantu mâyi a kazeze a kunua bua kushalabu ne muoyo. Bualu bua kumpala mbua difila mâyi bungi bukumbane, nansha wowu mikale mimpe a nankunanku. Bidi mua kulomba bua bikale nanku too ne panudi nukumbaja Mikenji ya nshindamenu bua mâyi mimpe ne a bungi.

Misangu mivule, milonda ne bina bia mâyi bitu binyanguka bua diluangana dia mvita, bipupu bia ku bintu bifuka anyi bua dipanga ndongoluelu milenga ya dibilama bua kuendabi bimpe. Mu mvita, bitupa bia badi baluangana bidi mua kukosela bantu mâyi bienze bu mushindu wa dikengesha bakuabu ku bukole. Tshienzedi etshi ntshikandikibue menemene mu mikenji ya bukua-matunga ya mudimu wa diambuluisha bantu.

Yikila ne bantu ba mu tshisumbu tshijima ne bonso badi bualu ebu butangila bua kumvua mushindu udibu benza mudimu ne mâyi ne udibu baapeta, nansha kuoku kuikale mikalu kampanda bua kuapeta, ne mushindu udibi mua kushintuluka bilondeshile mivu.

Mukenji 2.1 wa dipa bantu mâyi:
Dipeta mâyi ne bungi buawu

Bantu badi ne mushindu wa muomumue ne muakane wa kupeta mâyi a kazeze bungi bukumbane bua kukumbaja majinga abu a mâyi a kunua ne a midimu ya kumbelu.

Malu manene a kuenza

1 ⟩ Manya mpokolo ya mâyi a muinshi mua buloba anyi a pa mutu idi mitambe kuakanyina, eku utangila kabidi malu adi mua kufumina ku bintu bidi muaba udi bantu basombele.

- Ela meji bua dishintuluka dia malu adi alonda mivu mu dipa bantu mâyi ne dilomba diabu, ne njila ya dipetela mâyi a kunua, a dienza nawu midimu kumbelu ne a midimu mikuabu ya mu nsombelu.

- Umvua tshidi mpokolo mishilangane ya mâyi mikale, babanyi ne benji ba mudimu wa mâyi, ne mushindu wa dipeta mâyi mu bisumbu bia bantu ne mu mbanza yabu.

2 ⟩ Jadika bungi bua mâyi budi bukengedibua ne ndongoluelu idi ikengedibua bua kuabanya

- Enza mudimu tshiapamue ne bantu badi badifile bua kujadika miaba idi mâyi idi bantu bonso ba mu tshisumbu mua kupeta mâyi mimpe ne mu mushindu muakane.

- Enza ndongoluelu ya dienza mudimu ne dilama nayi bintu bimpe idi ipesha bantu majitu mu mushindu mumvuija bimpe ne ikonga majinga a matuku atshilualua bua bantu kuikalabu anu bapeta mâyi.

3 ⟩ Longolola bua mâyi umbuke ku muaba udibu baapetela ne afike bimpe mu mbanza, mu miaba idi bantu bowela mâyi, basukuila bintu ne balambila, ne miaba idibu bowela bianza.

- Keba mishindu ya kuenza kabidi mudimu ne mâyi, bu mudi diamiamina mu madimi, dienza nawu madioto anyi dienza minkoloji ya mu madimi.

Bileji binene

Bungi bua nkatshinkatshi bua mâyi menza nawu mudimu bua kunua ne bua mankenda a mu nzubu ku dîku

- Bidi bikengela litre 15 ku muntu ne ku dituku
- Jadika bungi bilondeshile nsombelu ne tshitupa tshia diandamuna diudi ufila

Bungi bua ndekelu bua bantu badi benza mudimu ne miaba idibu bapetela mâyi

- bantu 250 bua mulonda umue (bilondeshile dipueka dia litre 7,5 ku munute)
- bantu 500 bua mpompi wa ku bianza (bilondeshile dipueka dia litre 17 ku munute)
- bantu 400 bua tshina tshimue tshia mâyi (bilondeshile dipueka dia litre 12,5 ku munute)
- bantu 100 bua tshisukuidi tshimue tshia bilamba
- bantu 50 bua tshiowedi tshimue

Bia pa lukama bia mpetu ya mêku idibu benza nayi mudimu bua kusumba mâyi a kunua ne bua mankenda a mu nzubu

- Tshipatshila tshia bia pa lukama 5 anyi bishadile apu

Bia pa lukama bia mêku a kutangila adi mamanye muaba ne dîba dikalabu mua kupeta mâyi musangu udi ulonda

Mutantshi udi pankatshi pa dîku ne muaba wa pabuipi menemene wa dipetela mâyi

- <metre 500

Dîba dia kuela mulongo ku miaba ya dipetela mâyi

- <minute 30

Bia pa lukama bia miaba idibu babanyina bantu mâyi idi kayiyi ne mâyi mimane

Bia pa lukama bia ndongoluelu/bintu bidibu base bia mâyi bidi bikale ne ndongoluelu wa dibilama bienda bimpe ne bujitu bua kuandamuna

Malu a kulonda

Disungula dia mpokolo wa mâyi didi ne bua kutangila bua ne:

- dipeteka dia mâyi a bungi bukumbane, mu muaba udi pabuipi ne bua matuku a bungi;
- dijinga ne mushindu wa kuenza bua kulengeja mâyi, bikala bua bantu bonso anyi mu dîku; ne
- malu a tshididi, a mu nsombelu peshi a mu mikenji adi alenga dilama dia mpokolo ya mâyi adi mua kuikala a dikokangana, nangananga mu bikondo bia diluangana mvita.

Bitu bilomba misangu mivule disangisha dia mmuenenu ya malu ne mpokolo mu tshitupa tshia ntuadijilu tshia dikenga bua kukumbaja majinga adi asungila muoyo. Mpokolo ya mâyi a pa mutu pa buloba idi mua kuikala dijandula dia lukasa dia lutatu nansha mudiyi mua kulomba mudimu wa bungi bua kualengeja. Mpokolo ya mâyi a muinshi mua buloba ne/anyi adi adipuekela afumina ku mpokolo ke idi mianyishibue. Idi ilomba mudimu mukese bua kualengeja, ne didipuekela diawu kadiena dilomba biamu dia diatuma nawu mu milonda. Londesha pa tshibidilu mpokolo yonso bua kuepuka kunekesha dipatula dia mâyi ⊕ *tangila Mukenji 2 wa muaba wa kusokomena ne muaba wa kusombela: Dilongolola ne diasa muaba wa kusombela.*

Majinga: Bungi bua mâyi adi akengela bua kunua, mankenda ne midimu mikuabu ya ku mbelu budi bilondeshile nsombelu ne tshitupa tshia diandamuna tshinudi. Nebuikale ku buenzeji bua malu bu mudi mushindu uvuabu benza nawu mudimu kumpala kua dikenga, bilele, mushindu uvuabu balongolole nkumba ne bilele bia bantu ⊕ *tangila Diumvua ne dimona tshia kuenza ne njiwu ya WASH mu Mukenji wa 1.1 wa Dikolesha mankenda* ne *Mukenji 3.2 wa Mushindu wa kumbusha tumvi.*

Mâyi adi kaayi mashadile ku litre 15 ku muntu ne ku dituku ke tshilele tshidi tshimanyike. Ebu ki mbungi "budi bupitshidile" to, ne kabuena ne bua kuikala buakanyine mu nsombelu yonso anyi bitupa bionso bia diandamuna nansha. Tshilejilu, ki mbiakanyine bua muaba udibu mua kumuangesha bantu munkatshi mua bidimu bia bungi. Mu tshitupa tshikole tshia mushipu, litre 7,5 ku muntu ne ku dituku idi mua kuikala miakanyine bua matuku makese. Mu nsombelu wa bantu ba mu tshimenga badiku ne kantu ku bianza, litre 50 ku muntu ne ku dituku ke bungi budi mua kuikala butambe bukese budi mua kuanyishibua bua kulama makanda a mubidi ne bunême.

Badi ne bua kukonkonona bipeta bia difila bungi bushilashilangane bua mâyi bilondeshile bungi bua badi basamasama ne bungi bua bantu badi bafua bua masama adi alonda WASH. Lombola malu pamue ne benji ba midimu bakuabu ba WASH bua kumvuangana pa bidi bitangila bungi butambe bukese budi bonso banyishe mu nsombelu eu. Bua malu a kulonda bua kujadika bungi bua mâyi bua bantu, bimuna, midimu ya mu nzubu ne mikuabu ⊕ *tangila Mikenji 2.1.1 too ne 2.1.4 ya Luondapu lua nshindamenu – masama a tshiambu* ne *Tshisakidila 3 tshia WASH.* Bua majinga a kukasalukasa a mâyi bua bimuna ⊕ *tangila Mukanda wa LEGS.*

Majinga	Bungi (litre/muntu/dituku)	Akaja bilondeshile nsombelu pa kutangila
Bua kushala ne muoyo: mâyi (dinua ne biakudia)	2,5–3	Tshikondo ne mushindu udi muntu ne muntu
Malu a mankenda	2–6	Mêyi a mu nsombelu ne bilele bia bantu
Dilamba dia nshindamenu	3–6	Mushindu wa biakudia ne mêyi a mu nsombelu ne bilele bia bantu
Bungi bua mâyi onso adi akengedibua	7,5–15	

Majinga a nshindamenu a mâyi adi akengedibua bua kushala ne muoyo: Majinga a mâyi neikale mashilangane mu bantu, nangananga bua aba badi ne bulema anyi badi ne lutatu lua kuendakana, ne munkatshi mua bisumbu bidi ne bilele bishilashilangane bia ntendelelu.

Dipima: Kutapuludi anu bungi bua mâyi adi apeteka bilondeshile bantu badibu baapesha patupu to. Dikonkonona mêku, ditangila ne diyukidilangana ne tusumbu mu tshisumbu tshijima tshia bantu bidi ngenzelu idi mimpe bua kusangisha bipeta bifunda pa bidi bitangila dienza mudimu ne mâyi ne diatumikisha kupita dipima bungi bua mâyi adi alua ku mashinyi anyi adi apueka ku milonda, anyi adibu basuna ne mpompi wa ku bianza. Fuanyikija luapolo ya ndongoluelu ya mâyi ne luapolo ya mêku.

Dipeta mâyi ne buakane: Miaba ya mâyi idi ikonga miaba ya kuowela mâyi, kulambila ne kusukuila bilamba, ne nkumba kabidi ne miaba ya nzubu minene bu mudi tulasa anyi mpitadi.

Bipatshila bia bungi butambe bukese (tangila bileji binene ku mutu eku) bidi bilomba bua ne: bantu bikale ne mushindu wa kufika muaba udi mâyi bua mêba 8 ku dituku bua dipa bantu mâyi pa tshibidilu. Enza mudimu ne bipatshila ebi ne budimu, bualu kabiena bijadika ne: bantu nebapete mâyi bungi budi bukengedibua anyi mu mushindu muakane.

Mandamuna a difila mâyi ne dikezula dia miaba adi ne bua kukumbaja mu mushindu muakane majinga a bantu badi bakidilangane ne a bantu badibu bakidile bua kubenga dikokangana ne diluangana.

Mu diela meji, umanye ne: majinga adi ashilangana bilondeshile bisumbu bia bantu ba bidimu kampanda ne bikalabu balume anyi bakaji, bia muomumue kabidi bua balema ne badi ne lutatu lua kuendakana. Keba miaba ya mâyi idi pabuipi menemene ne mêku bua kukepesha diteka bantu mu njiwu kabayi bakubibue.

Manyisha bantu badi mu dikenga dîba ne muaba udibu mua kutekemena bua kupeta mâyi, bukenji budibu nabu bua bobu kubapesha mâyi au mu buakane, ne mushindu wa kumanyisha muikala diabanya edi dienzeke.

Dîba dia kuya kukeba mâyi ne diela milongo: Dipitshisha mêba a bungi bua kuya kukeba mâyi ne diela milongo bidi bileja ne: bungi bua miaba ya mâyi ki mbukumbane anyi ne: mâyi kaena apatuka bungi bukumbane ku mpokolo ayi to. Bualu ebu budi mua kufikisha ku dikepesha dia dinua dia mâyi dia muntu ne muntu ne kufikisha bantu ku ditamba kunua mâyi a pa mutu pa buloba adi kaayi malama bimpe, ne kufikisha ku dikala ne dîba dikese bua midimu bu mudi dilonga anyi midimu idi ipetesha bantu makuta. Dîba dia kuela milongo didi kabidi mua kujula malu a tshikisu ku muaba wa disuna mâyi ⊕ *tangila Dîyi dinene dia bukubi dia 1* ne *Dipangadika dia 1 dia Mukenji munene wa diambuluisha bantu badi bakenga.*

Bintu bia kulamina mâyi bidi biakanyine: ⊕ Tangila Mukenji wa 1.2 wa Dikolesha mankenda: Dimanya, dipeta ne dienza mudimu ne bintu bia mankenda. Muaba udibu benza mudimu ne dilengeja dia mâyi ne dialama bimpe kumbelu (HWTSS), akaja bungi ne bunene bua bintu bia kulamina mâyi. Tshilejilu, ngenzelu wa dilengeja mâyi pa kuelamu manga ne diatapulula ne bintu bikuabu bidimu (*coagulation-floculation*) ne dishipa tuishi nealombe bua kuikala ne mbeketshi ibidi, tshilamba tshia kutata natshi mâyi ne tshintu tshia kuasambakaja natshi.

Programe wa dilengeja mâyi udi mushindamene pa tshisalu: Konkonona mushindu uvua mêku apeta mâyi ne bintu bia kualamina kumpala ne panyima pa dikenga. Dikonkonona edi dipepele dia malu a mu tshisalu didi ne bua kutokesha mapangadika adi atangila mushindu wa kupetesha bantu mâyi udi unenga mu matuku makese anyi a bungi kumpala eku. Ujadike mushindu wa kuenza mudimu, kukankamija ne kulubuluja mushinga wa mâyi, utangila disangisha dia mmuenenu wa malu wa diambuluisha mêku ne makuta, disomba makuta ne dikolesha makokeshi a ngenzelu wa mudimu ne bapanyishi anyi bafidi ba bintu, peshi mu mishindu mikuabu. Konkonona mishinga ya mu bisalu ku ngondo ku ngondo (mâyi, kasolonyi) bua makuta adi mêku atula mu kupita kua matuku, ne enza mudimu ne malu aa bua kumona mua kushintulula malu mu dienza dia programe ⊕ *tangila Dikuatshisha bantu ku diambuluisha dia bisalu.*

Difuta: Makuta a mâyi kaena ne bua kupita bia pa lukama 3–5 bia mpetu ya mêku. Umanye mushindu udi mêku atula makuta a bungi mu tshikondo tshia dikenga ne angata mapangadika bua kujikila ngenzelu mibi idi kayiyi yambuluisha ⊕ *tangila Dîyi dinene dia bukubi dia 1.* Utangile bua ne: ndongoluelu ya malu a mfranga mmilombola bimpe.

Ditangila dia ndongoluelu ya mâyi ne bintu bidibu base: Enza mudimu ne tshisumbu tshijima tshia bantu ne badifidi bakuabu bua kuteka miaba ya mâyi, kuyenza ne kukuata nayi mudimu (mu ndongamu ya mpindieu ne ya matuku a bungi atshilualua). Ebi bidi bikonga miaba ya kuowela mâyi, kulambila ne kusukuila bilamba, nkumba, ne nzubu minene bu mudi tulasa, bisalu ne mpitadi. Enza mudimu ne ngumu idi ikufikila ku matshi ya malu adi menzeke ne lengeja mushindu udi bantu mua kufika ku miaba idi ne mâyi.

Tangila bivuabu benze kumpala ne bidibu benze mpindieu bua malu a mâyi, bukokeshi ne disua dia bantu bua mâyi ne midimu ya dilama muaba muimpe, ne njila ya dipetela makuta adibu batule. Ela meji bua makuta a kuela mu ndongoluelu ya dipa bantu mâyi idi yambuluisha bua kulamina makuta mu matuku a bungi atshilualua. Fuanyikija malu mashilangane bu mudi dikoka mâyi ne mpompi udi wenda ne munya anyi ne ndongoluelu wa milonda ya mâyi ne diambula dia mâyi ku mashinyi, nangananga padiku makenga adi anu atungunuka mu bimenga ne mu misoko ya kuntshiama idi ne bantu ba bungi.

Pesha bantu mishindu ya kuenza ne kulama ndongoluelu ya mâyi ku diambuluisha dia komite ya WASH anyi mu diumvuangana ne bantu badi badienzela mudimu anyi ne mbulamatadi.

Dienza mudimu ne mâyi a mu milangi: Mâyi malengeja kaena atamba kutudisha makuta, mmakanyine ne mmimpe bilondeshile ngenzelu wa mudimu kupita mâyi a mu milangi, bualu mâyi a mu milangi adi alomba diambula, diatudila makuta, ditangila bulenga buawu ne adi akebesha butshiafu. Badi mua kuenza nawu mudimu anu bua tshitupa tshipi (tshilejilu, bantu badi mu luendu). Longolola mushindu muakanyine wa diangula bintu bia plastike bia mâyi.

Miaba ya kusukuila bilamba ne ya kuowela mâyi: Kuoku kakuyi mushindu wa kuowela mâyi mu nzubu, longolola biowedi bitapuluke bua bantu balume ne bantu bakaji, bua muntu kudimvua mukubibue, pa nkayende ne muikale ne bunême.

Ikila ne badi benza nabi mudimu, nangananga bakaji, bansongakaji ne balema, bua kumona mua kujadika miaba eyi bua bantu bikale badiumvua bakubibue. Ela meji bua dipeta dia mâyi a mudilu a kuowa ne a kusukula nawu bilamba mu nsombelu misunguluke, bu mudi diluisha mpusu, ne padi mivu ishintuluka.

Dikamisha mâyi ku miaba idibu baasunyina, basukuila bilamba, bowela mâyi ne idibu bowela bianza: Mu diasa ne mu dilongolola dia miaba ya diabanyina bantu mâyi ne dienza nawu mudimu, enza bua ne: mâyi adi aya panshi kaalu kukebela bantu masama anyi kulua muaba udi ulela bishi bidi bienda ne masama. Enza ndongamu mujima wa dikamisha mâyi mu diumvuangana ne balongolodi ba muaba, muena mu tshitupa tshia dipetesha bantu muaba wa kusombela ne/anyi bakokeshi ba tshitupa atshi.

Enza ndongoluelu ya WASH ne bintu bidibu base bua kulonda mêyi adi atangila dikamisha dia mâyi. Tshilejilu, bungi ne bukole bua mâyi adi apueka ku mulonda, bunene bua muaba wa mâyi ne/anyi wa disukuila bilamba, ne bule bua kumbuka ku mulonda ne ku ntaku kua bilaminu bia mâyi bidi ne bua kuikala biakanyine ⊕ *tangila Mukenji 2 wa Muaba wa kusokomena ne muaba wa kusombela: Disungula muaba ne dilongolola mua kuasa.*

Mukenji 2.2 wa dipa bantu mâyi: Ngikadilu wa mâyi

Mâyi adi mimpe ku tshilabuidi ne malenga makumbane bua kunua ne ku-lamba nawu, ne bua mankenda a muntu ne a mu nzubu, kaayi mua kukebela bantu masama.

Malu manene a kuenza

1 〉 Jingulula masama adi bantu bafuane kupetela ku mâyi adiku ne mushindu mutambe buimpe wa kuepula bantu ku masama aa..

- Lama mpokolo ya mâyi ne ikala ne tshibidilu tshia kukonkonona malu adi atangila dikezula dia mpokolo ne dia miaba ya mâyi.

2 〉 Jadika ngenzelu mutambe buimpe wa kuenza bua ne: bantu bapete mâyi a kazeze a kunua ku muaba udibu baanuina anyi benza nawu mudimu.

- Mishindu ya dilengeja mâyi idi ikonga dilengeja mâyi a bungi musangu umue ne diabanya, ne diasuna kakuyi bualu ne dialama bimpe mu nzubu, anyi dilengeja mâyi kumbelu ne dialama bimpe.

3 ⟩ Kepesha dinyanguka dia mâyi panyima pa diabanya ku muaba wa dianuina anyi wa dienza nawu mudimu.

- Pesha mêku bilaminu bimpe bua kusuna ne kulamina mâyi a kunua, ne mishindu ya kusuna mâyi a kunua kakuyi bualu.
- Pima bimanyinu bia bulenga bua mâyi (kaena ne chlore muinshi (FRC) ne tuishi tua bakteri (CFU)) ku muaba udibu baapetela ne ku muaba udibu baanuina anyi benza nawu mudimu.

Bileji binene

Bia pa lukama bia bantu badi bakenga badi basuna mâyi a kunua ku miaba ya mâyi idi milama bimpe

Bia pa lukama bia mêku adibu bamone alama mâyi bimpe mu bilaminu bitoke ne bibuikila dîba dionso

Bia pa lukama bia misangu idibu batete bulenga bua mâyi ne kuasangana akumbaja mikenji ya mâyi a kazeze

- <10 CFU/100ml ku muaba udibu babanya mâyi (mâyi kaayi mela chlore)
- ≥0,2–0,5mg/l FRC ku muaba udibu babanya mâyi (mâyi mela chlore)
- Divuanduluka dia mâyi dishadile ku NTU 5

Malu a kulonda

Dilama bimpe dia njila wa dipetela mâyi: Masama adi afumina ku mâyi atu enza bua ne: njila wa dipetela mâyi apange kuikala muakane. Bua kuimanyika disambuluja dia tuishi tumbukila ku tumvi tubuela mukana, bidi bilomba dijibikila tumvi, dilama biakudia bibuikila, diowa bianza pa mêba adi makanyine, disuna ne dilama mâyi bimpe ⊕ *tangila Mukenji wa 1.1 wa Dikolesha mankenda; Mukenji 3.2 wa Mushindu wa kumbusha tumvi* ne *Tshisakidila 2: Tshilejelu tshia F.*

Dikonkonona dia malu a njiwu idi mua kufumina ku njila wa dipetela mâyi, kubangila ku mpokolo wa mâyi too ne tshintu tshidibu balamina mâyi a kunua, didi dikonga:

1. dikonkonona bukezuke bua muaba udi mâyi;
2. ditangila mudibu benza mudimu ne bintu bishilangane bua kusuna ne bua kulama mâyi;
3. ditangila bua ne: bintu bia dilamina mâyi a kunua mbitoke ne mbibuikila; ne
4. diteta dia bulenga bua mâyi.

Muaba udi mâyi mafuanyike kuikala mabi, dienza malu aa didi mua kuleja njiwu idi imueneka kakuyi dienza diteta dia bulenga bua mâyi a mêku didi dilomba mudimu mukole.

Dikebulula dia bukezuke didi dijadika nsombelu ne bilele bidi mua kuikala njiwu bua makanda a bantu ku muaba wa mâyi. Didi ditangila mushindu udibu base muaba wa mâyi au, diakamisha, lupangu ludibu baashile, bibidilu bidi nabi bantu bia dinyina ne mushindu wa kumbusha bintu bia bukoya, bualu bintu ebi bidi mua kuikala njila idi bantu mua kupetela tuishi. Dikebulula didi kabidi dikonkonona bintu bidibu balamine mâyi mu nzubu.

Ngikadilu wa mâyi: Paudi wenzeja mudimu wa mpokolo mupiamupia wa mâyi, teta mâyi bua kumanya ne: adi mimpe ku tshimuenekelu, kaena ne tuishi ne ki mmabuele manga. Enza nunku kumpala ne panyima pa dishintulukangana dia mivu mu muaba au. Kulenguludi dikonkonona bua kumanya bintu bidi bu manga bidi mua kuikala mu mâyi (bu fluoride ne arsenic) bidi mua kulua kujula ntatu ya masama mu matuku a bungi atshilualua.

Tuishi tua ku bunyawu (>99 % tuikale *E. coli*) tudi tuleja mushindu udi mâyi manyanga ne bintu bia bukoya bia bantu ne nyama ne dikalaku dia tuishi tukuabu tudi mua kulela masama. Bikala mâyi mikale ne tuishi tua ku bunyawu, lengeja mâyi au. Nansha kabayi bapetemu tuishi tua *E. coli*, mâyi aa mmafuane anu kupetulula tuishi etu koku kakuyi buanga bua kualengeja.

Muaba udibu bela chlore mu mâyi (kumpala kua diabanya anyi dialengeja kumbelu) enza dikontolola dia miaba idi mâyi kumbelu pa kupima FRC ne lengeja mâyi muaba udibi bikengela kuenza nanku. Misangu idibu babanya mâyi, luya anyi mashika ne bule bua mutantshi udi mâyi aa malama bidi bionso ne buenzeji pa dipima dia FRC (ditangalaka dia chlore mu mâyi).

Dikankamija miaba ya disuna mâyi idi mikubibue: Bantu badi mua kusua miaba ya disuna mâyi idi kayiyi mikubibue bu mudi misulu, majiba ne bina bia mâyi bidi kabiyi bikubibue bua mushindu udibu baumvua ku tshilabuidi, mikale pabuipi ne bilondeshile mudi bantu basue. Anji kumvua tshidi ngelelu wabu wa meji ne longolola mikenji ne midimu idi ikankamija diangatshila mâyi ku miaba idi mikubibue.

Mudi mâyi a kunua umvuika ku tshilabuidi: Bikala mâyi a kazeze a kunua kaayi umvuika mimpe ku tshilabuidi (bualu adi umvuika ne bintu bu mudi ka-mukele, mikale ne sulfure d'hydrogène anyi ne chlore bungi bubandile bidi bantu kabayi bibidilangane nabi), bantu badi mua kujinga bua kunua mâyi adi umvuika mimpe ku ludimi kadi kaayi ku miaba mimpe. Enza mudimu ne dipangadika dia tshisumbu tshijima tshia bantu ne midimu ya mankenda bua kukankamija dinua dia mâyi adi malama bimpe.

Dishipa tuishi mu mâyi: Badi ne bua kulengeja mâyi ne buanga budi bushipa tuishi budi bunenga bu mudi chlore bikalaku njiwu minene ya dinyanguka dia muaba udi mâyi afuma anyi dia panyima pa diabanya. Njiwu eyi nya kujadika bilondeshile bungi bua bantu badi kaba kamue, malu adibu balongolole bua kumbusha tumvi, bilele bia mankenda bia bantu ne ditamba kumueneka dia disama dia diela munda. Divuanduluka dia mâyi didi ne bua kuikala ne NTU mishadile ku 5. Diodi dikale dipite apa, longesha badi benza mudimu ne mâyi bua kuatata, kuabatamija ne kuapongolola mu nyingu mukuabu bua kukepesha divuanduluka adi kumpala kua dialengeja. Ela meji bua kuela chlore bungi bua pa tshibidilu misangu ibidi bua matuku makese atshilualua bikalaku kakuyi bualu bukuabu bua kuenza. Umanye se: ditangalaka dia chlore mu mâyi ditu dishilangana bilondeshile bule bua tshikondo tshia dilama dia mâyi au ne luya anyi mashika adiku, nunku wangate bualu ebu ne mushinga paudi utshinka bungi bua chlore ne dîba dia kupetangana ⊕ *tangila Tshisakidila 6: Mutshi wa mapangadika a kulengeja ne kulama mâyi a kumbelu.*

Mâyi a bungi peshi mâyi malenga: Kuoku kakuyi mushindu wa kukumbaja Mikenji ya nshindamenu bua mâyi adi mikale a bungi ne mikale kabidi malenga, teka bungi kumpala kua bulenga. Badi mua kuenza mudimu nansha ne mâyi adi mikale malenga nankunanku bua kuepuka dijika dia mâyi mu mubidi, kutekesha ditata dia lungenyi ne kujikila masama a diela munda.

Dinyanguka dia mâyi dia panyima pa diabanya: Mâyi adi mimpe ku muaba udibu baabanya adi mua kulua kunyanguka dîba didibu baasuna, baalama ne baatunta bua kunua. Enza bua dinyanguka edi kadilu kukola ku diambuluisha dia bilele bimpe bia disuna ne dilama mâyi. Sukula ntanki ya dilamina mâyi kumbelu anyi mu musoko pa tshibidilu ne longesha bantu ba mu tshisumbu bua bikale benza nanku ⊕ *tangila Mukenji wa 1.1 ne wa 1.2 ya Dikolesha mankenda.*

Dilengeja dia mâyi ne dialama bimpe kumbelu (HWTSS): Enza mudimu ne HWTSS padiku kakuyi mushindu wa kuikala ne ndongoluelu wa dilengeja nende mâyi udi muasa kaba kamue. Mishindu ya HWTSS idi ikepesha diela dia munda ne ilengeja ngikadilu wa mâyi adi malama mu nzubu ke disabisha dia mâyi, dielamu chlore, diateka pa munya bua kushipa tuishi, diatata mu kalondo ka dima, anyi mu kalondo ka lusenga bitekete bitekete, diatata mu tshilamba, ne diumbusha bintu bikuabu bidimu ne dishipa tuishi. Enza mudimu pamue ne bena bitupa bikuabu bua nuenu kumvuangana pa bidi bitangila malu adi malomba bua bintu bia kulamba nabi kumbelu ne kupeta mâyi masabisha. Wepuke dibueja mushindu mukuabu wa dilengeja mâyi udi bantu kabayi bibidilangane nawu mu bikondo bia dikenga ne bia bipupu. Dienza mudimu bimpe ne mishindu ya HWTSS didi dilomba dilondakaja malu dia pa tshibidilu, diakankamija ne dialondesha, ne didi bualu budi bulombibue bua kumpala kua kuitaba ngenzelu wa HWTSS bu ngenzelu mukuabu wa dilengeja nende mâyi ⊕ *tangila Tshisakidila 6: Mutshi wa mapangadika a kulengeja ne kulama mâyi a kumbelu.*

Ngikadilu wa mâyi bua nzubu minene: Lengeja mâyi onso a dituma mu bilongelu, mu lupitadi, mu miaba idibu bondopela bantu ne babadishila pa kuelamu chlore anyi buanga bukuabu budi bunenga budi bushipa tuishi ⊕ *tangila Tshisakidila 3: Bungi budi bukengedibua bua mâyi: bungi budi bukengela bua kushala ne muoyo ne ditshinka dia majinga a mâyi.*

Mâyi manyanga kudi bintu bia shimi ne bia radio: Muaba udi bipeta bifunda bia dilonga dia malu a mâyi ne a buloba anyi malu mamanyike a tshienzedi tshia izine anyi basalayi afila lungenyi lua ne: mâyi a muaba au adi mua kuikala ne bintu bia shimi anyi bia radio bidi mua kunyanga makanda a bantu, enza dikonkonona dijima dia mâyi au bua kumona bintu bia shimi bidimu. Dipangadika dia kuenza mudimu ne mâyi adi mua kuikala manyanguke bua mutantshi mule didi ne bua kuangatshibua anu panyima pa dikonkonona dienza mu ka-bujima dia ntatu ya makanda a mubidi idi mua kumueneka ne dianyisha dia kudi bakokeshi ba muaba au.

3. Mushindu wa kumbusha tumvi

Bua bantu kuikalabu bimpe ne bunême, bakubibue, ne makanda mimpe a mubidi, mbualu bua mushinga mukole bua muaba udibu basombele kawikadi ne tumvi tua bantu. Bualu ebu budi bukonga bintu bia ku tshifukilu bidi binyunguluke bantu pamue ne muaba udibu basombele, udibu balongela ne udibu benzela mudimu. Mushindu muimpe wa kumbusha tumvi mbualu bua kumpala bua WASH. Mu bikondo bia dikenga, mbualu bua mushinga mukole anu mudibi bua dipa bantu mâyi a kazeze.

Bantu bonso badi ne tshia kuikala ne mushindu wa kupeta nkumba miakanyine, mimpe, mikezuke ne kayiyi kutshina bua kubuelamu. Diapuka ne bunême mbualu bua mushinga mukole bua muntu ne muntu. Mushindu muakanyine wa diapuka udi ulondesha bikadilu bia bantu, bilele biabu ne bibidilu bia matuku onso, mmuenenu wabu wa malu, ne bikala bantu abu bakavuaku benze nkumba kumpala. Padi bantu balekelela tumvi miaba yonso, bidi njiwu mikole bua makanda a mubidi, nangananga muaba udi bantu basangile ba bungi kaba kamue, muaba udi bantu bena tshimuangi ne mu miaba ya mâyi-mâyi anyi ya tshisense.

Mbenze mudimu ne biambilu bishilangane mu tshitupa tshia WASH bua kumvuija miaba ya diumbushila tumvi. Mu Mukanda eu, muaku "nkumba" udi umvuija nzubu yonso anyi tshintu tshionso mudi musanganyibua tumvi diakamue ne tshidi tshienza tshijikilu tshia kumpala pankatshi pa bantu ne bunyawu ⊕ *tangila Tshisakidila 2: Tshilejelu tshia F.* Mu Mukanda eu mujima, tudi bangate muaku "nkumba" pa muaba wa "WC" peshi kazubu kadi muntu ubuela bua kusesuka.

Dilama tumvi tua bantu kule ne bantu kudi kuenza tshijikilu tshia kumpala tshia disama didi difumina ku tumvi bualu didi dikepesha njila ya buludi anyi idi kayiyi ya buludi ya disambulujilangana disama ⊕ *tangila Tshisakidila 2: Tshilejelu tshia F.* Dilama kule tumvi didi ne bua kuikala mu ditumbusha, dituambula, ditulongolola ne dituimansha bua kukepesha njiwu ya makanda a mubidi a bantu ne dilama bimpe muaba utudi basombele.

Padi tumvi tua bantu tumueneka mu miaba idibu basombele, idibu balongela ne idibu benzela mudimu, bidi mua kujula bilumbu bia bukubi. Bantu kabena mua kudiumvua bimpe bua kubuela mu nzubu ya nunku, nangananga mu miaba idi bantu ba bungi basangile kaba kamue.

Mu nshapita eu, tshiambilu "tumvi tua bantu" tshidi tshikonga bintu bionso bia bukoya bidi bipatuka mu mubidi wa muntu, bu mudi bunyawu, menyi ne mashi adi bakaji bamona ku ngondo. Mikenji ya mu tshitupa etshi idi itangila mulongo mujima wa bintu ebi, kubangila anu ku dilamibua diabi dia kumpala too ne ku dibiumbusha musangu wa ndekelu.

Mukenji 3.1 wa mushindu wa kumbusha tumvi: Muaba wa kusombela kauyi ne tumvi tua bantu

Tumvi tuonso ntulama bimpe mu muaba kampanda bua kubenga kunyanga bintu bia ku tshifukilu, muaba udi bantu basombele, udibu balongela ne udibu basangila.

Malu manene a kuenza

1 ⟩ Asa nkumba mu miaba itshidibu bafuma ku diasa bua bantu ba bungi anyi mu miaba idi minyanguke bikole bua kulama diakamue tumvi kule ne bantu.

2 ⟩ Ela buanga diakamue bua kushipa nabu tuishi mu miaba yonso idi ne tumvi ya disombela, ya dilongela ne ya dienzela mudimu anyi miaba idi ne mâyi.

3 ⟩ Ela meji ne asa miaba ya mishindu yonso ya diumbushila tumvi bilondeshile dikonkonona dia njiwu dia disambulujilangana dia masama didi mua kufumina ku mâyi onso a pamutu anyi a muinshi mua buloba adi pabuipi.

- Konkonona malu a buloba a muaba au, ngikadilu ya buloba ne ya mâyi a muinshi ne a pa mutu pa buloba (kuelamu ne dishintuluka dia mivu) bua kuepuka dinyanga dia mpokolo ya mâyi ne kuleja malu adi bena mudimu mua kusungula bua kuenza.

4 ⟩ Lama kule ne umbusha bimpe tumvi tua bana batekete ne tua bana ba mu maboko.

5 ⟩ Ela meji ne asa miaba ya mishindu yonso ya diumbushila tumvi mushindu wa kujikila bishi bidi biendesha masama bua kabifiki muaba udi tumvi.

Bileji binene

Kakuena tumvi tua bantu pa muaba udi bantu basombele, balongela ne benzela mudimu

Miaba yonso idibu base bua kulama tumvi idi muaba muakanyine ne mutantshi mukumbane ne mâyi a pa mutu anyi a muinshi mua buloba

Malu a kulonda

Disunguluja bitupa: Diakamue panyima pa dikenga kampanda, kandika bantu bua kabikadi baya kunyina miaba yonso tshiananatshianana bu bualu bua kumpala budi bukengela kuenza. Teka miaba idi bantu mua kuya kunyina, leja mine miaba eyi ne asa nkumba ya bantu bonso, ne bangisha diyukidilangana dimpe ne bantu bua mankenda. Kandika bantu kabikadi baya kunyina pabuipi ne miaba yonso idibu basuna mâyi (ikala a kunua anyi kaayi a kunua) ne miaba idibu balama ne miaba idibu baalengeja. Kuteki bitupa bidi bantu baya kunyina pa kakunakuna anyi ku mutu kua musoko nansha.

Kuyiteki kumpenga kua njila minene, pabuipi ne nzubu ya tshisumbu tshia bantu (nangananga nzubu ya luondapu ne ya biadidia) anyi pabuipi ne bitupa bidibu balamina biakudia ne babilamba.

Enza kampanye ka dikolesha mankenda kadi kasaka bantu bua kumbusha tumvi bimpe ne lomba bua base nkumba mikuabu ya bungi.

Padi makenga mikale mu bimenga, keba bua kumanya mushindu udi bintu binyanguke mu ndongoluelu ya diumbusha nayi butshiafu idiku. Ela meji bua kuasa nkumba ya ditentula anyi enza mudimu ne bina bia nkumba anyi ne ntanki idibu mua kutuwa pa tshibidilu.

Mutantshi ne miaba ya dipetela mâyi: Ikala mujadike bua ne: tumvi tudi mu miaba idibu batulame (nkumba idi mile bu mikidi, bina, ya disombela, bina bia nkumba, bina bia ditata mâyi mu buloba) katuena tunyanga miaba idi mâyi. Dinyanga mâyi ne tumvi ki mbualu bua nzanzanza budi butatshisha bua makanda a mubidi a bantu anu bikala bantu banua mâyi a muaba eu, kadi dinyanga dia bintu bia muaba udi bantu basombele ndia kuepuka.

Biobi mua kuenzeka, enza mateta a dibuela dia mâyi mu buloba bua kujadika mutantshi udi bintu bia bukoya binenga bua kubuela mu buloba (mutantshi wa dibuela mu buloba). Enza nawu mudimu bua kujadika mutantshi mukese menememe udi ne bua kuikala pankatshi pa bintu bidibu balamine tumvi ne miaba ya dipetela mâyi. Mutantshi wa dibuela mu buloba newikale bilondeshile bungi bua bintu bidi bienze buloba ebu, mâyi mine adibu bapeta muaba eu, ne mushindu muine wa tumvi (tumvi tudi tutambe kuikala tua mâyi-mâyi netuye lukasa kupita tudi tukamakane).

Bikala mateta a buloba kaayi menjibue, mutantshi wa pankatshi pa bintu bia dilamina tumvi ne miaba ya dipetela mâyi udi ne tshia kuikala mupite metre 30, ne buondoke bua bina budi ne bua kupita metre 1,5 ku mutu kua mâyi atu muinshi mua buloba. Bandisha mitantshi eyi bua miaba ya mbuebue idi mitayika ne ya dima, anyi kepesha miaba idi malaba mikale mapepele.

Muaba udi mâyi a muinshi mua buloba mikale mabandile anyi kuoku kuikale mvula ya bungi miloke, asa tshilaminu bua tshikale katshiyi tshipitshisha mâyi bua kukepesha dinyanguka dia mâyi a muinshi mua buloba. Bualu bukuabu bua kuenza, asa nkumba idi mikale kulu kulu anyi bina bia nkumba bua kulaminamu tumvi ne kuepuka bua katunyangi muaba udi bantu basombele. Enza bua ne: minkoloji ya mâyi a manyanu anyi adi apatuka mu tshina tshia nkumba kaanyangi mâyi a pa mutu anyi a muinshi mua buloba.

Nuenu bamone ne: dinyanguka dia mâyi ndifuanyike kuikalaku, nukebe diakamue bua kumanya ne kujika muaba udi dinyanguka edi difumina ne bangishayi dilengeja dia mâyi. Bimue bintu bidi binyanga mâyi badi mua kubiumbusha ku diambuluisha dia ngenzelu ya dilengeja nayi mâyi bu mudi diela chlore mu mâyi. Nansha nanku, bidi bilomba kumanya ne kujikila muaba udi bintu bidi binyanga mâyi ebi bifumina, bintu bu mudi nitrate. Tshilejilu, disama dia methaemoglobinaemia ndisama dikole didi muntu mua kupeta yeye munue mâyi adi mikale ne nitrate ya bungi, kadi didi mua kujika ⊕ *tangila Mukenji 2.2 wa Dipa bantu mâyi: Ngikadilu wa mâyi.*

Diumbusha tumvi tua bana: Tumvi tua bana tutu misangu mivule ne njiwu ya bungi kupita tua bantu bakulumpe. Dipia masama adi endela mu tumvi ditu misangu mivule dimueneka munkatshi mua bana, ne bana badi mua kuikala pamuapa kabayi banji kuikala ne bikoleshi bia mubidi bua kuluisha tuishi. Ambila baledi ne batabaledi ba bana malu adi atangila mushindu muimpe wa diumbusha tumvi tua bana, mishindu mimpe ya disukula bilamba ne dienza mudimu ne mikusu ya bana (couches), pot anyi bikasu bia diboya nabi tumvi bimpe.

Mukenji 3.2 wa mushindu wa kumbusha tumvi: Mushindu wa kufika ku nkumba ne dibuelamu

Bantu badi ne nkumba mimpe, miakanyine ne mianyishibue mudibu mua kuya kubuela misangu yonso lukasa ne kumupatuka kakuyi bualu.

Malu manene a kuenza

1 〉 Jadika mishindu idi mitambe kuakanyina ya dienza nkumba.

- Ela meji ne asa nkumba mushindu wa kukepesha njiwu bua bantu bonso badi babuelamu ne badi bayilongolola badiumvue bakubibue ne kabayi ne bualu bua kutshina, nangananga bakaji ne bansongakaji, bana, bakulakaje ne balema.
- Mu miaba yonso idi bantu ba bungi basangile nkumba, tapulula nkumba ya bakaji ne ya balume, ya bakulumpe ne ya bana pikalabi biakanyine.

2 〉 Tshinka bungi bua malu adi malombibue bua nkumba ya bantu badi mu dikenga bilondeshile njiwu idi mua kuikalaku bua makanda a bantu, bikadilu bia bantu, muaba udibu basuna mâyi ne udibu baalamina.

3 〉 Yikila ne baleji-mpala ba bantu pa bidi bitangila muaba wa diasa nkumba ya bantu ba bungi anyi idi bantu basangile, mushindu wikalayi ne bua diasa dine dia nkumba.

- Ela meji bua mushindu udi bantu mua kufika ne kubuelamu bilondeshile bidimu biabu, bikalabu balume anyi bakaji, ni badi ne bulema; bantu badi ne lutatu lua kuenda; bantu badi ne kîshi ka VIH; bantu badi kabayi badikanda bikale banyanga anyi baboleesha bilamba; ne bantu badi benze tusumbu tukese tua ngikadilu ya didimona bu balume anyi bakaji.
- Teka nkumba yonso idi bantu basangile ikaleku pabuipi ne mbanza bua bantu kumonabu mua kubuelamu bipepele, kadi ikaleku mutantshi bua bantu kabangatshi bibi badi mu mbanza eyi bua mudibu pabuipi ne nkumba.

4 〉 Longolola miaba miakanyine munda mua nkumba bua bantu kuowelaku bianza ne kubiumisha, anyi ya dimanshila bintu bia bakaji badi ku tshijila ne bantu badi badinyangila bilamba bua dipanga didikanda.

5 〉 Ujadike ne: kudi mishindu ya dienza bua dikumbaja majinga a dipa bantu mâyi.

- Longolola bua kupetesha bantu mâyi makumbane a kuowa ku bianza ne nsabanga, ne a kukupula nawu kunyima, ne a dipuekesha nawu tumvi.

Bileji binene

Bungi bua nkumba idi bantu basangile

- Nkumba 1 bua bantu 20

Mutantshi wa pankatshi pa nzubu wa disombela ne nkumba udi bantu basangile

- Kauyi kupita metre 50

Bia pa lukama bia nkumba idi ne kale munda ne bukenke bukumbane

Bia pa lukama bia nkumba idi bakaji ne bansongakaji bambe ne: mmimpe kayiyi ne bualu

Bia pa lukama bia bakaji ne bansongakaji badi basanke bua mishindu idibu balongolole mu nkumba itubu babuela bua bobu kuimansha bintu bia padibu ku tshijila

Malu a kulonda

Nnkumba kayi idi mimpe, miakanyine ne mianyishibue? Mushindu muanyishibue wa nkumba newikale bilondeshile tshitupa tshia diandamuna, malu adibu basue kudi bantu banudi nuela meji ne: bobu ki babuela mu nkumba ayi, nzubu ikadibu bamane kuasa idiku, mâyi a diela mu nkumba, mushindu udi buloba bua muaba au ne dikalaku dia bintu bia kuasa nabi.

Pa tshibidilu, nkumba mmimpe, miakanyine ne mianyishibue padiyi:

- kayiyi ne bualu bua bantu bonso kubuelamu, kuelamu ne bana, bakulakaje, bakaji ba mafu ne balema;
- pa muaba udi ukepesha njiwu ya bukubi bua badi babuelamu, nanganaga bakaji ne bansongakaji, ne bantu badibu ne bua kukuba mu mishindu mikuabu ya pa buayi;
- kayiyi mutantshi wa kupita metre 50 ne nzubu;
- ifikisha bantu badi babuelamu ku didiumvua bikale bakubibue bobu ne malu adi abatangila;
- mipepele bua kubuelamu ne kuyilama mikezuke (pa tshibidilu, bantu batu batamba kubuela mu nkumba idi milama mikezuke);
- kayiyi inyanga bintu bia muaba udi bantu basombele;
- mikale ne muaba mukumbane bua bantu bashilangane badi babuelamu;
- mikale ne kale ka dikangila munda;
- mikale ne mushindu mupepele wa kupeta mâyi a diowa bianza, dikupula kunyima ne diela mu nkumba bua kupuekesha tumvi;
- ipetesha mushindu muimpe wa kusukula, kumisha ne kuimansha mikusu ya bakaji badi ku tshijila, ne mikusu ya bana ne bakulumpe badi badinyangila bilamba bua dipanga didikanda;
- ikepesha bikole divulangana dia njiji ne tumue; ne
- ikepesha bikole mipuya.

Petesha bantu batu ne masama a munanunanu bu mudi dia VIH mushindu mupepele wa kufika ku nkumba. Batu bela munda misangu ya bungi ne kabatu batamba kuenda.

Londesha ne enza mudimu ne bia pa lukama bia bantu badi bamanyisha ne: nkumba mmikumbaje malu adibu bobu basue. Enza mudimu ne bualu ebu bua kujingulula bisumbu bia bantu badi kabayi basanka ne mushindu wa kulengeja nsombelu eu. Ela meji bua kupeta ne kuenza mudimu ne bipeta bilondeshile bikala bantu balume anyi bakaji, bidimu biabu, bulema anyi lutatu kampanda lua kuenda, bantu badi ne kîshi ka VIH ne bantu badi bapange didikanda.

Dibuela mu nkumba: Mushindu wa dienza mudimu musungula udi ne bua kunemeka bukenji bua bantu bonso, kuelamu ne balema, bua kubuela mu nkumba kakuyi bualu. Nkumba idi bantu mua kubuela, anyi idibu basakidile ku idi mimane kuikalaku, idi mua kulomba bua kuyasa, kuyakaja anyi kusumba mikuabu bua bana, bakulakaje ne balema anyi badi bapange didikanda. Lungenyi ndua se: kudi ne bua kuikala kabidi nkumba idi muntu mukaji anyi mulume mua kubuela nkayende, mikale ne mpulumuku anyi ne bibandidi, ne muaba wa kuendela munda muimpe, **ku bungi kabuyi bushadile ku nkumba 1 bua bantu 250.**

Tuzubu tuasa bimpe ne katuyi ne bualu: Nkumba yoyi kayiyi miasa muaba muimpe idi mua kuteka bakaji ne bansongakaji mu njiwu ya kubabunda, nangananga butuku. Jadika ne: bisumbu bionso bidi mu njiwu, bu mudi bakaji ne bansongakaji, bansongalume, bakulakaje ne bantu bakuabu badibu ne bua kukuba mu mushindu wa pa buawu badi badiumvua bimpe ne bakubibue padibu baya ku nkumba bikala butuku anyi mundamunya. Tuzubu tuikale tukenkesha bimpe ne ela meji bua kupetesha tusumbu tua bantu badi mu njiwu miendu ya kuya nayi ku nkumba. Lomba bantu ba mu tshisumbu tshijima, nangananga aba badi batambe kuikala mu njiwu, mushindu kayi unudi mua kulengeja dikala diabu bimpe kabayi ne bualu. Yikila ne benji ba mudimu ba mu tulasa, miaba idibu buondopela bantu ne mu mpitadi, miaba idibu balongolola bua bana, miaba ya bisalu ne miaba ya difidila biadidia ne ya didia.

Tangila se: kabiena bikumbana bua kuyikila anu ne bakaji ne bana pa bidi bitangila nzubu mimpe ne ya buneme ya WASH to, bualu mu nsombelu ya bungi balume batu batangila malu adibu banyishile bakaji ne bana bua kuenza. Wikale mumanye mushindu udi malu malondangane mu nsombelu ya bantu ne makokeshi adiku, ne difila bikole mu diyukila ne bangatshi ba mapangadika bua kukolesha bukenji bua bakaji ne bua bana bua kuikalabu bafika kakuyi bualu ku nkumba ne ku biowedi.

Bukenke ku tuzubu tua nkumba ya bantu ba bungi budi mua kupepejila bantu mushindu wa kuikala kuya ku nkumba, kadi budi kabidi mua kukoka bantu bua kuenza nabu mudimu bua bipatshila bikuabu. Enza mudimu pamue ne bantu ba mu tshisumbu tshijima, nangananga aba badi bafuane kupona mu mikanu ya dikubibua, bua kupeta mishindu mikuabu ya kukepesha nayi dikala diabu mu njiwu.

Ditshinka bungi bua malu adi malombibue bua nkumba: Ela meji bua mushindu wa kuakaja malu adi malombibue bua nkumba mu nsombelu bua kuleja mashintuluka mu muaba udi bantu basombele kumpala ne panyima pa dikenga, malu adi malombibue mu bitupa bidi bantu ba bungi basombele ne njiwu yonso ya pa buayi idi mua kuikalaku bua makanda a bantu. Mu bitupa bia kumpala bia dikenga didi dibangisha diakamue ne lukasa, **nkumba idi bantu basangile ke muanda udi ukengela kuenza diakamue pa kuenza nkumba 1 bua bantu 50**, bungi budi bulomba kuvudija ne lukasa padi mushindu umueneka. **Bungi budi bulondele budi ne bua kuikala bua nkumba 1 bua bantu 20**, mu nkumba yonso nuteka 3 bua bakaji ne 1 bua balume. Bua nombe ya dilongolola ne bungi bua nkumba ⊕ *tangila Tshisakidila 4.*

Nkumba ya dîku dimue, misangila anyi ya bantu ba bungi? Nkumba ya dîku dimue itu imueneka mimpe bua malu bu mudi dienza nayi mudimu bimpe kakuyi bualu, dikubibua, dikala mianyishibue ne ipesha bantu buneme, ne bantu badi babuelamu badi bamuangata bu nkumba wabu mene ne bamulama bimpe ne mankenda. Imue misangu bidi mua kuikala bimpe bua kuasa tuzubu tua nkumba tudi bantu basangile bua bungi kampanda bua nzubu idi bantu basombele. Badi mua kuela meji bua nkumba idi bantu basangile anyi ya bantu ba bungi ne kuyasa ne lungenyi lua kulua kuasa nkumba ya mêku mu matuku atshidi alua. Tshilejilu, kushiya miaba ya dipitshishila mâyi a bukoya mu miaba idibu base kudi kupetesha muaba wa kulua kuasa nkumba ya bantu ba bungi pabuipi ne miaba idibu ne pashishe kulua kuibaka nkumba ya mêku padi makuta alua kumueneka. Miaba idi ishala pankatshi bua kupitshisha mâyi a bukoya idi ilua kupetesha miaba ya diumbushila bitotshi, dilama nkumba bimpe ne dilua kuyikanga.

Nebilombe kabidi nkumba ya bantu ba bungi mu mimue miaba idi bantu ba bungi anyi basangile kaba kamue bu mudi mu mpitadi, mu bisalu, mu miaba idibu badishila bantu, miaba idibu balongela, badidilangana anyi benzela midimu ya mbulamatadi ⊕ *tangila Tshisakidila 4: Bungi budi bukengedibua bua nkumba: mu tshisumbu tshia bantu, mu miaba ya bantu ba bungi ne mu nzubu minene.*

Nkumba ya bantu ba bungi miasa dîba dia diandamuna dia lukasa neyikale ne malu malombibue a pa buawu bua kuenza nayi mudimu ne kuyilama bimpe. Bidi mua kulomba bua kumvuangana ne tshisumbu tshia bantu bua kuikala kufuta bantu badi bakolopa mu nkumba bua matuku makese, ne lungenyi lumvuija bimpe bua kulua kulekela difutu edi pashishe.

Mâyi ne bintu bia dikupula nabi kunyima: Mu dilongolola dia nkumba, ikala mujadike bua ne: kudi mâyi bungi bukumbane, dibeji dia ku nkumba anyi bintu bikuabu bia kudikupula nabi. Yikila ne babuedi ba mu nkumba pa bidi bitangila bintu bidi bitambe kuakanyina bua kudikupula nabi ne jadika mushindu muimpe wa kuimansha bikadibu benze nabi mudimu ne wa kupingaja bikuabu bua kabipangi kuikalapu.

Diowa mâyi ku bianza: Jadika se: nkumba udi ne muaba udi bantu mua kuowa mâyi ku bianza ne nsabanga (anyi ne tshintu tshikuabu bu mudi butu) kunyima kua diya ku nkumba, kukupula muana ku mataku padiye munyine, ne kumpala kua kudia ne kulamba biakudia.

Dimansha bintu bidi bakaji badi ku tshijila benze nabi mudimu: Nkumba idi ne bua kuikala ne mbeketshi miakanyine ya dimansha bintu bidi bakaji badi ku tshijila bimansha bua kabiyi kujika njila ya dipitshishila mâyi a bukoya anyi kakuikadi lutatu bua kumbusha bitotshi anyi mu dituwa dia bina bia nkumba. Yikila ne bakakji ne bansongakaji pa mushindu wa dienza nkumba idi ne muaba mukumbane, mikale ne mâyi a kuowa ne miaba ya kuanyikila mikusu.

Mukenji 3.3 wa mushindu wa kumbusha tumvi: Dilombola ne dilama midimu ya dikonga tumvi, dituambula, ditumbusha ne dienza natu mudimu

Nzubu, bintu bidibu base ne ndongoluelu idi mienza bua kumbusha tumvi mbilombola ne mbilama bimpe bua mudimu eu kutungunukawu ne bua kukepesha bipeta bibi pa bintu mu muaba udi bantu basombele.

Malu manene a kuenza

1 〉 Enza ndongoluelu ya dikonga, diambula, dienza mudimu ne dimansha nayi tumvi idi ipetangana ne ndongoluelu ya muaba au, mu dienza mudimu tshiapamue ne bakokeshi ba muaba au badibu bapeshe bujitu bua kutangila mushindu wa kumbusha tumvi.

- Tumikisha mikenji ya ditunga idi koku ne jadika bua ne: bujitu buonso bua pa mutu budibu bateka pa ndongoluelu idiku kabuena anu bunyanga bintu bidi binyunguluke bantu anyi bantu bine nansha.

- Numvuangane ne bakokeshi ba muaba au ne bena malaba pa bidi bitangila dikuata mudimu ne malaba bua dienza mudimu ne dimansha pambelu pa muaba mumana kusungula.

2 〉 Teka ndongoluelu ya matuku makese ne ya matuku a bungi ya mushindu wa kulongolola nkumba, nangananga bintu bidibu bibake muinshi mua buloba (bina, tshimbotela, bina bidi biakidila mâyi a nkumba).

- Enza ne tshintshikija bintu bidibu base mu buloba bua kujadika ne: tumvi tuonso tudi mua kulamibua bimpe ne badi mua kulua kumbusha bitotshi mu bina kakuyi bualu.

- Jadika midimu ne majitu bitokesha bimpe ne bia difidila mandamuna ne umvuija muaba wikala ne bua kufumina makuta bua kuenzeja midimu ne kulama bintu mu matuku atshilualua.

3 〉 Umbusha bimpebimpe bitotshi mu muaba wa dilamina tumvi, wela meji bua aba badi benza mudimu wa dikonga ne aba badi babanyunguluke.

4 〉 Ujadike bua ne: bantu mbamanye malu, mishindu, biamudimu ne bintu bia kuibaka nabi, kukezula, kulongolola ne kulama nabi nkumba yabu bimpe.

- Enza kampanye ka dikolesha mankenda pa mushindu wa kuenza mudimu, kukezula ne kulama bimpe nkumba.

5 〉 Shindika bua ne: mâyi wonso adi akengedibua bua kuambula tumvi adi mua kupetshibua miaba idi mâyi idiku, kabiyi bikeba bua kutatshisha bena miaba eyi mu lungenyi.

Tshileji tshinene

Badi bumbusha tumvi tuonso tua bantu mu mushindu udi kauyi unyanga makanda a bantu ne bintu bia muaba udi bantu basombele

Malu a kulonda

Dituwa ndiumbusha dia tumvi (katuyi tutata ne tutata anu ndambu) mu tshina, mu tshimbotela anyi tshina tshia nkumba, ne ditutuala ku muaba mukuabu wa ditutata ne ditujimija udi kawuyi pa muaba au. Bikalabi bikengela dituwa, didi ne bua kubuejibua anu ku ntuadijilu mu ngenzelu ya dienza midimu ne dilama bintu ne makuta adibu ne bua kutula bua mudimu eu.

Batu bateka mâyi a manyanu a malongo anyi a mu nzubu mu mulongo wa mâyi a bukoya padiwu masambakaja ne tumvi tua bantu. Anu bikala muaba udi bantu basombele muikale pabuipi ne ndongoluelu ya minkoloji ya mâyi a manyanu, tshianana kabena ne bua kusambakaja mâyi a manyanu a mu nzubu ne tumvi tua bantu to. Bitu bikole ne bitudisha makuta a bungi bua kutata mâyi a bukoya kupita mâyi a manyanu a mu nzubu.

Dilongolola: Bangabanga, longolola bua bungi bua tumvi buikale bua litre 1–2 ku muntu ne ku dituku. Mu matuku a bungi atshilualua, longolola bua kuikale litre 40–90 ku muntu ne ku tshidimu; bungi bua tumvi budi buenda bukepa paditu tusunsuluka. Bungi bulelela nebuikale bilondeshile bantu ni badi bela mâyi anyi kabena bela mâyi mu nkumba bua kupuekesha tumvi, ni badi benza mudimu ne bintu anyi ne mâyi bua kudikupula kunyima, ni badi benza mudimu ne mâyi ne bintu bikuabu bua kusukula nkumba, ne ndilu wa bantu badi babuela mu nkumba. Ujadike ne: mâyi adi afumina mu nzubu adibu bakolopa nawu ne balamba nawu anyi adibu basukule nawu bilamba ne buowe kaena abuela mu bintu bidibu base bua kulama tumvi, bualu mâyi mapitepite bungi nealombe dituwatuwa misangu ya bungi. Shiya metre 0,5 ku mutu kua tshina bua kutshijibikila.

Padiku nsombelu ya pa buayi idi mua kulenga makanda a bantu bu mudi dibudika dia cholera ⊕ tangila Mukenji 6 wa WASH: WASH mu nsombelu ya luondapu.

Bisalu bia muaba au: Enza mudimu ne bintu bidi bipeteka muaba au ne angata bu bena mudimu bantu ba muaba au bua kuasa nkumba padibi bikumbanyine kuenza nanku. Kuenza nunku kudi kukolesha didifila dia bantu mu dienza mudimu ne mu dilama dia miaba idibu base.

Dilama dia tumvi mu miaba ya lutatu: Padi mâyi asapalala anyi padiku bipupu mu bimenga, bidi mua kuikala bikole menemene bua kupetesha bantu miaba miakanyine ya dilamina tumvi. Mu nsombelu ya nunku, ela meji bua nkumba mizangamane, nkumba idi itapulula tumvi ne menyi, ntanki ya dilamina mâyi a bukoya ne ndundu ya plastike ya mutantshi mukese ya kuimansha ne ndongoluelu miakanyine ya diyangula ne diya kuyimansha. Tua mpanda ku ngenzelu mishilashilangane eyi mu midimu ya dikolesha mankenda.

Dimuenena mpetu ku tumvi: Tumvi tudi patu mua kupetesha bantu mpetu. Kudi biamu bidi bantu benze bidi mua kuvuija bitotshi bia tumvi bintu bia kutemesha nabi mudilu. Dikezula dia muaba udi bantu basombele anyi ngenzelu ya difukisha bintu bidi biambuluisha bua kukongoloja tutupa tutambe bukese tua bintu ne bidishi pa kusambakaja bunyawu bua bantu ne butshiafu bu mudi bua bintu bidi bifumina ku tshikuku. Badi mua kuenza mudimu ne bufuke budibu benza nunku bua kufukisha buloba anyi madimi a mu mbanza.

4. Diluisha bisambuluji bia masama

Tshisambuluji tshia disama ntshintu tshidi tshiambula disama. Bisambuluji bia masama bitu bienza njila wa disambulujila disama kumbukila muaba udidi ne dibuela mu bantu. Masama adi mambula kudi bisambuluji ebi mmuanda munene udi ukebesha masama ne lufu mu nsombelu ya bungi idi bantu batuilangana ne dikenga. Munkatshi mua bisambuluji bia bungi ebi mudi bishishi bu mudi tumue, njiji ne nkusu, kadi bukua-mpuku budi mua kubadibua kabidi bu bisambuluji. Bimue bisambuluji bidi kabidi mua kusamisha bikole padibi bisuma muntu. Biobi bikale pa muaba kampanda, bidi mua kuikala bileja ne: kudi ntatu mu mushindu wa diumbusha butshiafu, mâyi a manyanu anyi mu mushindu wa diumbusha tumvi, mbasungule muaba udi kauyi muakanyine, peshi kudi mua kuikala bilumbu binene pa bidi bitangila dikala bimpe ne dikubibua.

Bidi mua kuikala bikole bua kumvua mudi masama adi mambula kudi bisambuluji aa mikale, ne dijikija bilumbu bidi bitangila diluisha masama aa didi mua kulomba mibelu ya kudi bamanyi bapiluke. Nansha nanku, mapangadika mapepele ne mimpe adi mua kujikila ditangalaka dia masama a mushindu eu.

Programe ya diluisha bisambuluji bia masama idi mua kupanga kupatula bipeta yoyi mikale ipatshila bisambuluji bia tshianana, ilonda ngenzelu idi kayiyi ne dikuatshisha, anyi ipatshila tshisambuluji tshilelela mu muaba udi kauyi muakane peshi pa dîba didi kadiyi diakane. Diluisha dia bintu ebi didi ne bua kutangila ne kushindamena pa bule bua muoyo bua bisambuluji bia masama ebi ne miaba idibi bisombele.

Programe ya diluisha bisambuluji bia masama idi ne bua kukeba bua kukepesha bungi buabi, miaba idibi bikalelangana, ne dipetangana diabi ne bantu. Mu dienza dia programe ya diluisha bintu ebi, keba bua kumanya malu akadibu balonge adiku ne keba mibelu ya bamanyi bapiluke ba mu malongolodi a mu ditunga ne a pambelu pa ditunga adi atangila malu a makanda a mubidi. Keba ngenyi ya kudi bantu ba muaba au pa bidi bitangila mishindu ya masama idiku, miaba idi bisambuluji bia masama ebi bikalelangana ne mashintuluka atu enzeka bilondeshile mivu mu bungi bua bisambuluji ebi ne bipeta bia masama.

Mikenji idi mu tshitupa etshi idi ishindamena pa dikepesha peshi dijikija dia bisambuluji bidi bikengesha bikole bua kujikila masama adibi bisambuluja ne kukepesha mishindu idi masama aa akengesha bantu. Diluisha bisambuluji bia masama didi ne bua kukonga bitupa bishilashilangane bia bungi ⊕ *tangila Mukenji 2 wa Muaba wa kusokomena ne muaba wa kusombela, Mukenji 2.1.1 wa Luondapu lua nshindamenu – masama a tshiambu* ne *Mukenji 6.2 wa Diambuluisha ne biakudia.*

Mukenji 4.1 wa diluisha bisambuluji bia masama: Diluisha bisambuluji bia masama mu tshitupa tshidi bantu basombele

Bantu mbasombele mu tshitupa tshidibu batume meji ku miaba idi bisambuluji bia masama biya kulelangana ne kudia bua kukepesha njiwu ya bilumbu idi bintu ebi mua kukebesha.

Malu manene a kuenza

1 ⟩ Konkonona njiwu idi mua kuikalaku mu tshitupa tshisunguluke ya disama dikebesha kudi bisambuluji bia masama.

- Jadika bikala ditangalaka dia disama adi mu tshitupa atshi dikale dinene kupita mushindu udibi bianyishibue kudi OMS (*Organisation mondiale de la santé*) peshi mu ditunga.

- Jingulula miaba idi mua kuikalaku idi bintu ebi biya kalelangana ne bule bua muoyo wabi, nangananga bintu bidibi bidia, pa kuebeja malu kudi bamanyi ba muaba au ne pa kukebulula mamanya a bisambuluji binene.

2 ⟩ Enza bua midimu ya bumuntu ya diluisha bisambuluji bia masama ipetangane ne ndongamu peshi ndongoluelu ya diluisha bisambuluji bia masama ya muaba au, ipetangane kabidi ne mêyi maludiki, programe peshi mishindu ya diludika malu ya mu ditunga.

3 ⟩ Jadika bikalabi biakanyine anyi kabiyi biakanyine bua kuluisha bisambuluji bia masama ne manga a shimi anyi adi kaayi a shimi pambelu pa nzubu bilondeshile ngumvuilu wa bule bua muoyo bua bisambuluji bia masama ebi.

- Manyisha bantu njiwu idi mua kumueneka idi ifumina ku diluisha bisambuluji bia masama ne manga a shimi ne pa bidi bitangila ndongamu wa dilonda bua kuela manga aa.

- Longesha bena mudimu bonso badi bela manga a shimi aa ne bapeshe biamudimu bia kudikuba nabi (PPE) ne bilamba.

Tshileji tshinene

Bia pa lukama bia miaba ya dilelangana dia bisambuluji bia masama idibu bamanye bu muaba udibu bimanyike bule bua muoyo buabi

Malu a kulonda

Miaba idi bantu ba bungi basombele pamue: Disungula dia muaba didi ne mushinga bua kukepesha diteka bantu badi mu dikenga mu njiwu ya disama dikebesha kudi bisambuluji bia masama. Didi ne bua kuikala bumue bua ku malu manene a kutangila panudi nutangila miaba idi mua kuikalaku. Tshilejilu, bua kuluisha malaria, miaba idi bantu ba bungi basombele pamue idi ne bua kuikala mutantshi wa kilometre 1–2 ku mutu kua miaba minene idi tumue tulelangana bu mudi binsense anyi majiba, kadi nutabalele bua kuikale muaba mukuabu wa kupeta mâyi a kazeze. Ela meji bua mushindu udi muaba mupiamupia wa disombela mua kushintulula dikalaku dia bisambuluji binene bia masama mu miaba idi pabuipi ne binsanga bidi biakidila badi mu dikenga ⊕ *tangila Mukenji 2 wa Muaba wa kusokomena ne muaba wa kusombela: Diteka ne dilongolola muaba wa kusombela.*

Dikonkonona dia malu adi mua kujula njiwu: Mapangadika manene adi atangila mandamuna a diluisha bisambuluji bia masama mu dikonkonona dia disama didi mua kumueneka ne njiwu mikuabu, pamue ne ntatu ya bijadiki bia bipupu ne bimuenekelu bia disama dikebesha kudi bisambuluji bia masama. Konkonona masama avuabu belele meji ne avuabu bamone mu bidimu bibidi bishale mu tshitupa tshimanyike. Malu makuabu adi mua kukebesha njiwu adi mua kuikala:

- ngikadilu wa bukubi bua mubidi bua bantu, nangananga mushindu uvuabu batuilangane nadi kumpala, ne ntatu ya mu ndilu ne mikuabu;
- ditambakana dia bantu badi bumbukila ku muaba udi bisambuluji ebi kabiyi bivule batangile ku muaba udibi bivule;
- mushindu wa tuishi tuledi tua masama ne bungi buatu, bikala mu bisambuluji bia masama anyi mu bantu;
- mishindu ya bisambuluji, bungi buabi, ngikadilu wabi ne muaba udibi bisombele (mivu, miaba ya dilelangana) ne mushindu udi malu aa mua kubuelakanangana; ne
- ditamba kumona bisambuluji bia masama bu tshipeta tshia dikalangana pabuipi, mushindu wa muaba wa disombela ne wa kusokomena, dikubibua didiku bua muntu ne muntu ne mapangadika adi mangata bua kuepuka bintu ebi.

Diumbusha anyi dishintulula dia miaba idi bisambuluji bia masama bilelangana ne bidia: Midimu ya bungi ya WASH idi mua kushintulula bikole miaba ya dilelangana ne didila, bu mudi:

- diumbusha mâyi adi atengabala anyi miaba ya mâyi pabuipi ne miaba idi bantu bakasuna mâyi, miaba idibu bowela mâyi ne idibu basukuila bilamba;
- ditangila miaba idibu balama bintu bia bukoya mu mbanza, dîba didibu bangula bintu ebi ne babiambula, ne ku miaba idibu baya bua kubilongolola ne kubimansha;
- difila bibuikidiji bia milondo ya mâyi;
- diumbusha tumvi;
- disukula bibuikidiji bia bina bia nkumba ne bidibu base pa mutu bua kuipata bisambuluji bia masama;
- dijika bimpe bina bia nkumba bua kujadika ne: tumvi katuena tubuela mu muaba udi bantu basombele ne bisambuluji bia masama kabiena bibuela mu bina ebi to;

- ditumikisha programe ya dikolesha mankenda mu dikezula dia muaba dia pa tshibidilu; ne
- dilama bina bia mâyi anu bibuikila ne/anyi dielamu buanga budi bushipa misanda, tshilejilu muaba udi disama dia dengue ditamba kumueneka.

Mishindu isatu minene ya tumue tudi tufila masama nyoyi eyi:

- Tumue tua *Culex* (filariose ne kishi ka ku Ouest kua musulu wa Nil), tudi tulelangana mu mâyi adi atengabala adi masambakane ne bintu bia manyanu, bu mudi mu nkumba;
- Tumue tua *Anopheles* (malaria ne filariose), tudi tulelangana mu mâyi adi pa mutu pa buloba adi kaayi matambe kunyanguka bu mudi a mu bijibajiba, a misulu idi ipueka bitekete bitekete ne a mu bina; ne
- Tumue tua *Aedes* (dengue, fièvre jaune, chikungunya ne kishi ka Zika), tudi tulelangana mu bilaminu bia mâyi bu mudi milangi, mbeketshi ne ndundu.

Diluisha ne bintu bia muoyo bifuka ne kabiyi ne manga a shimi: Diluisha ne bintu bia muoyo didi dibueja bintu bidi ne muoyo bidi bipata, bitshiokesha, bitembangana anyi bikepesha bungi bua mishindu ya bisambuluji bia masama bidibu bipatshila. Tshilejilu, mishipa idi idia tusanda ne minyinyi ya mu mâyi mikuabu bidi mua kuluisha tumue tua Aedes (tudi tusambuluja disama dia dengue). Umue wa ku ngenzelu idi bantu mua kutamba kutekela muoyo ke dienza dia mudimu ne bakteri kampanda (bactérie endosymbiotique Wolbachia), udibu bamone muikale ukepesha disambulujilangana dia kishi ka dengue. Diluisha ne bintu bia muoyo ndimueneke dikale diambuluisha mu imue nsombelu ya dienza mudimu, ne bijadiki bidi bileja ne: didi diambuluisha bimpe mu tshipapu tshinene.

Nansha mudi diluisha tuishi ne bintu bia muoyo diepula dinyanga dia muaba udi bantu basombele ne manga a shimi, kudi mua kuikala mikalu mu ngenzelu wa mudimu ne bipeta bibi mu bintu bia muaba udi bantu basombele. Ngenzelu ya diluisha tuishi ne bintu bia muoyo idi mimpe anu bua diluisha bikondo bidi tumue tusambuluji katuyi tuanji kukola, ne badi ne bua kuenza nayi mudimu anu mu mishindu mikepesha menemene mu bilaminu peshi bina bia mâyi binene bidi bienza ne sima anyi ne dima dilaba mukubu. Mbualu bua mushinga mukole bua binsanga bia muaba au bianyishe bua babueje bintu bidi ne muoyo mu bilaminu bia mâyi. Bidi bikengela bua binsanga bidifile panudi nuabanya bintu bia muoyo bidi biambuluisha bua kuluisha tuishi, ne mu dilondesha malu ne mu diela tshiakabidi bintu ebi mu bilaminu padibi bilomba kuenza nanku.

Mushindu udi biamu bidibu benze bua kukuba bintu bia ku tshifukilu biambuluisha: Mapangadika manene a bungi adibu bangate bua kuenza mudimu ne biamu bienza bua kukuba bintu bia ku tshifukilu adi mua kukepesha dilelangana dia bisambuluji bia masama, bu mudi:

- diumbusha tumvi tua bantu ne tua nyama mu mushindu muimpe, nkumba idi yenda bimpe, ne dilama nkumba idi mimba mu buloba mijika ne bibuikidiji ku mishiku;

- diumbusha dia butshiafu mu mushindu muimpe bua kuluisha bishi ne bukua-mpuku;
- dijadika bua ne: mâyi ikale apueka bimpe mu bitupa bidi bantu basombele; ne
- diumisha mâyi adi atengabala ne dikosa bisosa bidi pabuipi ne minkoloji idi mibululuke ne bijibajiba bia mâyi bua kuluisha tumue.

Mapangadika a mushindu eu neakepeshe bungi bua bimue bisambuluji bia masama bidi kaba kamue. Pamuapa kakuena mua kuikala mushindu wa kunyanga menemene miaba idi bisambuluji ebi bilelangana, bidia ne biya kuikisha munda anyi pabuipi ne muaba kampanda udi bantu basombele, nansha bua mutantshi mule. Biobi nanku, ela meji bua kuangata mapangadika a diluisha ne manga a shimi peshi a bukubi bua muntu ne muntu. Diela buanga mu miaba idi ne tuishi didi mua kukepesha bungi bua njiji mikulumpe ne kujikila tshipupu tshia diela munda anyi kuambuluisha bua kukepesha bujitu bua masama bobu mua kuenza nabu mudimu pakadi tshipupu tshimane kulua. Diela buanga munda mua nzubu nedikepeshe bungi bua tumue tukulumpe tudi tusambulujilangana disama dia malaria anyi dia dengue. Diteyateya bukua-mpuku ne bintu bia mulungu nedikepeshe bungi buabi.

Bipungidi bia mu ditunga ne bia bukua-matunga: Bulongolodi bua OMS bukadi bupatule bipungidi ne mikenji bia bukua-matunga bidi biumvuija bimpe pa bidi bitangila disungula ne ditumikisha dia manga mu diluisha bisambuluji bia masama, pamue ne dikubibua dia bena mudimu ne malu adi malombibue bua kubalongesha. Mapangadika adi mangata bua kuluisha bisambuluji bia masama adi ne bua kuandamuna ku malu abidi manene aa: dienza mudimu bimpe ne dikubibua. Bikala mikenji ya mu ditunga idi itangila disungula dia manga mishadile ku mikenji ya bukua-matunga, nanku monangana ne bakokeshi ba mu ditunga badi bualu ebu butangila ne suminyina ne kubalomba bua kupeta dianyisha dia kulonda mikenji ya bukua-matunga.

Kuba bena mudimu bonso badi benza mudimu ne manga a shimi pa kubalongesha, kubapesha bilamba bidi bibakuba ne kubapetesha miaba ya kuowela mâyi ne pa kukepesha bungi bua mêba adibu ne bua kuikala benza mu dikuata mudimu ne manga aa.

Dipetangana ne luondapu lua malaria: Teka ngenzelu ya diluisha bisambuluji bia disama dia malaria diatshimue ne diteteshwa dia mubidi dia nzanzanza ne difila dia manga adi ondopa malaria ⊕ *tangila Luondapu lua nshindamenu – mukenji 2.1.1 wa masama a tshiambu: Dibabidila.*

Mukenji 4.2 wa diluisha bisambuluji bia masama: Malu adi mêku ne muntu pa nkayende mua kuenza bua kuluisha bisambuluji bia masama

Bantu bonso badi mu dikenga badi ne dimanya ne mishindu ya kudikuba bobu bine ne mêku abu ku bisambuluji bia masama bidi mua kujula njiwu minene bua makanda a mubidi anyi dikala bimpe.

Malu manene a kuenza

1 › Konkonona malu adi bantu bikale benza mpindieu bua kuepuka anyi kuipata bisambuluji bia masama mu mêku bu tshitupa tshia programe mujima wa dikolesha mankenda.

- Jingulula malu adi apangisha bua kuitaba bikadilu bitambe buimpe ne bidi bisaka ku dienza malu.

2 › Enza misangu ya bungi kampanye kadi kasangisha bantu ba bungi ne kamanyisha malu adi muntu mua kumvua bua kumanyisha bantu bisambuluji bidi bifila ntatu, bikondo ne miaba bidi masama atamba kusambulukilangana, ne malu a kuenza bua kubijikila.

- Londesha mu mushindu wa pa buawu bisumbu bia bantu badi mu njiwu ya bungi.

3 › Enza dikonkonona dia bisalu bia muaba au dia malu mimpe adi akengela kuenza bua kubabidila masama.

- Ela meji bua kukolesha bisalu bua kupetesha muaba muimpe udi unenga wa dipetela malu adi akengela kuenza bua kubabidila masama.
- Enza ndongamu ya disumba bintu, diabanya ne diteka mu tshienzedi bua bintu bia diluisha nabi bisambuluji bia masama mu dienza mudimu pamue ne tshisumbu tshijima tshia bantu, bakokeshi ba muaba au ne bena bitupa bikuabu bia mudimu bikala bisalu bia muaba au kabiyi bikumbana bua kukumbaja dilomba didiku.

4 › Longesha bantu ba mu tshisumbu tshijima bua kulondesha, kufila luapolo ne kumanyisha malu adi enzeka mu tshialu pa bidi bitangila bisambuluji bidi bifila ntatu ne pa programe wa diluisha bisambuluji bia masama.

Bileji binene

Bia pa lukama bia bantu badi mu dikenga badi mua kumvuija bimpe mishindu idi masama asambulukilangana ne malu adi akengela kuenza bua kuluisha bisambuluji bia masama mu mêku

Bia pa lukama bia bantu badi bangate mapangadika adi akengedibua bua kudikuba bobu bine ku masama makebesha kudi bisambuluji bia masama

Bia pa lukama bia mêku adi mikale ne bukubi bukumbane bua biakudia bidibu balame

Malu a kulonda

Malu adi muntu ne muntu ne bua kuenza bua kudikuba ku malaria: Dienza malu pa dîba ne misangu yonso bua kudikuba bu mudi dikala ne ntenta idi ishipa bishi, bilamba bikudika ne mishetekela miela buanga didi mua kuambuluisha bua kudikuba ku malaria. Mishetekela idi ilama buanga musangu mule idi kabidi ifila ndambu wa bukubi ku nkusu ya pambidi ne ya mu nsuki, njiji, nkupa, mpenzu ne bipu. Enza mudimu ne mishindu mikuabu ya didikuba nayi bu mudi divuala bilamba bia maboko male, difuimisha mu nzubu, diosha "33 tour", diela manga a dipompa mulu ne adi ipata tumue mu nzubu. Kankamija dienza mudimu ne ngenzelu eyi bua bantu badi batambe kuikala mu njiwu, bu mudi bana ba bidimu bishadile ku bitanu, bantu badi kabayi ne bikubi bia mubidi ne bakaji ba mafu.

Bisumbu bidi mu njiwu ya bungi: Bimue bitupa bia tshisumbu tshia bantu nebikale bitambe kuteketa bua masama a ku bisambuluji kupita bikuabu, nangananga bana ba mu maboko ne bana batekete, bakulakaje, balema, babedi, bakaji badi ne mafu ne badi bamusha bana. Sunguluja bisumbu bidi mu njiwu ya bungi ne enza bualu busunguluke budi bukengela kuenza bua kukepesha njiwu eyi. Wamanya bua kujikila dibandibua mu bantu.

Didisuika dia bantu ne diyukidilangana: Bidi bikengela dishintulula bikadilu pa bidi bitangila muntu ne muntu pa nkayende ne mu tshisumbu bua kukepesha miaba idi bisambuluji bia masama bisombela patshidibi bu misanda ne bungi bua bisambuluji bikadi bikole. Midimu ya didisuika dia bantu ne ya diyukidilangana idi ne bua kubuejibua buonso buayi mu malu adibu benza bua kuepuka ne kuluisha bisambuluji bia masama, pa kulonda mishindu mishilashilangane ya dienza malu.

Malu adi muntu ne muntu mua kuenza bua bisambuluji bikuabu bia masama: Dilama bimpe mankenda kudi muntu ne muntu ne disukula dia pa tshibidilu dia bilamba ne bia kuadija pa bulalu ke mushindu mutambe buimpe wa kudikuba ku nkusu ya pambidi. Badi mua kuluisha bimpe dibuela dia bintu ebi pakudilengeja muntu ne muntu (didiela pudre), dienza kampanye ka disukula bilamba bia bungi musangu umue anyi disungulangana nkusu. Enza malu malongolola a kujikija nawu nkusu ne enza nawu mudimu bua bantu bonso badi bafika mu musoko. Muaba mukezuke udi bantu basombele, diumbusha butshiafu mu mushindu muimpe ne dilama dimpe dia biakudia bilamba ne bidi kabiyi bilamba nebipate nkose, bukua-mpuku ne bishishi bikuabu (bu mudi mpenzu) bua kabibuedi mu nzubu anyi miaba idi bantu basombele
⊕ *tangila Mukenji wa 1.1 wa Dikolesha mankenda: Dikolesha mankenda.*

5. Mushindu wa kumbusha bintu bia bukoya

Mushindu wa kumbusha bintu bia bukoya udi ngenzelu wa diambula ne dimansha bintu bia bukoya bia ku bidi ne muoyo anyi bidi kabiyi ne muoyo. Bualu ebu budi bukonga:

- dilongolola ndongamu ya mushindu wa kumbusha bintu bia bukoya;
- diangula, ditapulula, dilama, disungula ne dienza mudimu ne bintu bia bukoya ku muaba udibi bifumina;
- dibituma ku muaba udibu babisangisha; ne
- dibiambula ne dibimansha ndekelu wa bionso, dienza nabi mudimu tshiakabidi, dishintulula tshipatshila tshiabi peshi dibienzulula.

Bintu bia bukoya bidi mua kumueneka mu lubanza, mu nzubu minene anyi mu tshisumbu tshijima tshia bantu, ne bidi bikonga nansha bintu bia bukoya bia miaba ya luondapu. Bidi mua kuikala bia njiwu anyi kabiyi bia njiwu. Mushindu wa kumbusha bintu bia bukoya udi kauyi muimpe udi ujula njiwu ya makanda a mubidi a bantu bualu udi mua kulela miaba mimpe idi bishi, bukua-mpuku ne bisambuluji bikuabu bia masama mua kusombela ⊕ *tangila Mukenji 4.1 wa Diluisha bisambuluji bia masama: Diluisha bisambuluji bia masama mu tshitupa tshidi bantu basombele.* Bintu bia bukoya bidibu kabayi bumbushe bidi mua kunyanga mâyi a pa mutu ne a muinshi mua buloba. Bana badi mua kunayila mu bintu bia manyanu bidibu kabayi bumbushe bimpe, bafuane kujiwuka anyi kupia masama. Bangudi ba bintu bia bukoya, badi bapetela makuta ku mudimu wa diangula bintu bidibu mua kuenza nabi tshiakabidi mudimu mu bintu bia bukoya bidibu bimanshe, mbafuane kupeta njiwu anyi kupia masama a tshiambu.

Bintu bikole bia bukoya bidi mua kujika minkoloji ya mâyi, bibangisha kutengabaja mâyi ne dinyanga mâyi a pa mutu pa buloba, adi mua kuikala muaba udi bisambuluji bia masama mua kusombela ne kukebela bantu njiwu mikuabu bua makanda a mubidi.

Mikenji eyi kayena ikonga mushindu wa kulongolola anyi wa kuimansha bintu bia shimi anyi ebi bidibu babikila ne: lixiviats. Bua kupeta malu adi umvuija mushindu wa kuangula ne kumbusha bintu bia bukoya bidi ne njiwu ⊕ *tangila Mikanda idibu batele ne mikuabu ya kubala.* Bua bintu bia bukoya bia miaba ya luondapu ⊕ *tangila Mukenji 6 wa WASH: WASH mu miaba ya luondapu.*

Mukenji 5.1 wa mushindu wa kumbusha bintu bia bukoya: Muaba udi bantu basombele kauyi ne bintu bia bukoya

Bintu bia bukoya mbilama bimpe bua kuepuka dinyanga dia bintu bia ku tshifukilu bia muaba udi bantu basombele, balongela, benzela mudimu ne badisange muaba umue.

Malu manene a kuenza

1 > Enza programe wa diumbusha butshiafu udi mushindamene pa njiwu ya makanda a mubidi a bantu, dikonkonona dia butshiafu budi mêku ne nzubu minene bipatula, ne dia bilele bidiku.

- Tangila ne kudi makokeshi muaba au a dienza nabi mudimu tshiakabidi, dibifundila tshipatshila tshikuabu, dienzulula nabi mudimu anyi difukisha nabi bulaba.

- Jingulula midimu ya bakaji, balume, bansongakaji ne bansongalume mu mushindu wa kumbusha butshiafu bua kubenga kulela njiwu mikuabu ya bukubi.

2 > Enza mudimu ne bakokeshi ba muaba au anyi ba tshitupa atshi ne benji ba midimu ba muaba au bua kujadika ne: ndongoluelu idiku ne bintu bidibu base ki mbatambe kubiomekela majitu, nangananga mu bimenga.

- Ujadike bua ne: muntu yonso udi mua kuenza mudimu ne miaba mipiamipia ne idiku ya diangatshila bintu bia bukoya ne ya dibimansha.

- Enza ndongamu bua kulonda ne lukasa luonso mikenji anyi buludiki bua muaba au pa bidi bitangila mushindu wa kumbusha butshiafu.

3 > Longolola misangu ne misangu kampanye ka diumbusha butshiafu ne dilama muaba muimpe ne bintu bidibu base muaba au bua kukankamija kampanye aku.

4 > Pesha bantu bilamba bidi bibakuba ne petesha badi bangula butshiafu ne baya kubuimansha bintu bidi bibapesha bukubi mu mubidi, bia muomumue ne aba badi badifile mu dienzulula nabi mudimu anyi dibiangatshila bipatshila bikuabu.

5 > Ujadike ne: miaba ya dienzela mudimu ne bintu ebi mmilama mu mushindu muakanyine, muimpe ne kauyi ne bualu.

- Enza mudimu ne mishindu yonso idi miakanyine ya diangula bintu ne dibimansha, bu mudi dijika dia bintu mu buloba, mushindu wa kulama miaba minene mibululuke idibu bakimansha bintu ne babiosha.

- Lama bimpe miaba idibu bimansha butshiafu bua kuepuka anyi kukepesha njiwu ya dikubibua, nangananga bua bana.

6 > Kepesha bikole bintu bia dikutshila bintu ne kepesha bujitu bua butshiafu pa kuenza mudimu pamue ne malongolodi adi ne bujitu bua diabanya biakudia ne bintu bikuabu bia mu nzubu.

Tshileji tshinene

Bintu bia bukoya kabiena bienda bivulangana mu miaba idibu bateke ya pabuipi anyi idi bantu ba bungi basangishila bintu bia bukoya

Malu a kulonda

Bantu badi benda batambakana nebimansha bintu bidi ne bujitu anyi bikalabu kabayi kabidi nabi dijinga. Dienza butshiafu ku miaba idibu babanyina bintu didi mua kujula dikokangana ne bantu badi bakidile bakuabu. Butshiafu nebuvulangane anu kuvulangana pikala bintu bidibu babanyine mêku kabiyi bikumbaja majinga malelela. Bintu bia bukoya ebi bidi pamuapa mua kuikala bia bintu bishilangane ne ebi bidibu bapatula mu muaba au ne bidi mua kulomba mua kupita nabi anyi kubimansha mu mushindu mushilangane.

Mu bimenga: Bintu bidibu base mu bimenga bia mushindu wa kumbusha butshiafu badi mua kubibueja mu ndongoluelu ya midimu mikuabu. Enza mudimu ne bakokeshi badi koku ne ndongoluelu idiku bua kumona mua kuambula bujitu busakidila bua bintu bia bukoya ebi.

Dikubibua dia bantu badi bambula butshiafu: Pesha muntu yonso udi mu mudimu wa diumbusha butshiafu bilamba bidi bimukuba. Kabena mua kupangila gant ya ku bianza to. Mbimpe kabidi bua kubapesha bikumba (bilatu bile) ne maske adi akuba. Babasale bisalu bia tetanos ne bia hepatite B bikalabi bikengela kuenza nanku. Ujadike ne: kudi nsabanga ne mâyi bua kuowa bianza ne kuisu. Manyisha ne longesha bena mudimu mishindu miakane ya kuambula ne kuimansha bintu bia bukoya ne njiwu idi mua kuikalaku padibu kabayi babiambula bimpe ⊕ *tangila Luondapu lua nshindamenu – mukenji 2.1.1 wa masama a tshiambu: Dibabidila.*

Badi mua kubanda bambudi ba butshiafu bua mudibu ne manyanu anyi mudibu balanda. Diyikila ne tshisumbu tshijima tshia bantu didi mua kuambuluisha bua kushintulula mmuenenu wa malu eu. Nebiambuluishe kabidi bua kujadika ne: bambudi ba butshiafu badi ne bia mudimu biakanyine ne badi bakumbana mua kulama bukezuke.

Miaba idi bantu ba bungi basombele pamue ne miaba ya ku misoko: Kudi mua kuikala mushindu wa kuimansha butshiafu bua mu nzubu, ne bidi mua kuikala nansha bimpe bua kuenza nanku, mu miaba idi bantu ba bungi basombele pamue ne mu bitupa bidi bantu kabayi batambe kuikala anu ba bungi. Bunene bua muaba wa kujika anyi bina bia kuoshela butshiafu bua mu mbanza budi ne bua kuikala bilondeshile bunene bua dîku ne dikonkonona dia mushindu udi butshiafu buenda buvula. Bina bia mu mbanza bidi ne bua kuikala bijika bimpe bua bana ne nyama kabiponyimu, ne mbimpe bua bikale mutantshi wa metre mapite pa 15 ne nzubu.

Bua miaba idi bantu badi badie mutumba anyi basombele pamue kusangishila bintu bia bukoya, longolola ku ntuadijilu bua kuikale tshilaminu tshia litre 100 bua mêku onso 40. Fila tshilaminu tshimue bua mêku dikumi bua matuku a bungi adi alua, bualu mêku adi mua kupatula bintu bia bukoya bia bungi mu kupita kua matuku. Bua kukuambuluisha, kudi ne bua kuikala kasumbu ka benji ba mudimu 2,5 bua bantu 1 000.

Dienzulula mudimu ne bintu, dibifundila bipatshila bikuabu ne dibienzulula: Kankamija dienzulula mudimu ne butshiafu, dibufundila bipatshila bikuabu anyi dibienzulula kudi tshisumbu tshia bantu, amba anu bikala dienza nunku mua kukebesha njiwu minene bua makanda a mubidi a bantu. Ela meji bua mpunga mikese idi mua kupeteka ya dienda mushinga anyi kumona mpetu mikuabu ya pa mutu ya mu dienzulula bintu bia bukoya, ne mushindu udi mua kuikalaku bua mêku anyi tshisumbu tshia bantu kuenza mudimu ne bintu ebi bua kufukisha buloba.

Mukenji 5.2 wa mushindu wa kumbusha bintu bia bukoya: Tshidi mêku ne muntu ne muntu mua kuenza bua kumbusha bimpe bintu bia bukoya

Bantu badi mua kusangisha bimpe ne kukuata mudimu ne bintu bia bukoya mu mêku abu.

Malu manene a kuenza

1 ❭ Pesha mêku bintu bidi biakanyine ne bia bunene bukumbane bibuikila bimpe bia kulamina bintu bia bukoya bia dîku dimue anyi bua mêku makese mabala.

- Ela meji bua tshidi mêku masue bua bungi ne bunene bua bintu bia kulamina butshiafu bidibu mua kuenza nabi kabidi mudimu ne kubienzulula.

2 ❭ Enza miaba ya disangishila bintu bia bukoya mileja ne mijika bimpe idi bantu badi badie mutumba mua kuya kuimansha dituku dionso bintu bia bukoya.

3 ❭ Enza bua kuikale ndongoluelu wa diumbusha pa tshibidilu butshiafu mu nzubu ne bikuabu biangatshile ku miaba ya disangishila butshiafu miteka idi bantu mua kuya kuela butshiafu.

4 ❭ Ujadike ne: badi benza mudimu bimpe kakuyi bualu ne bina bia kujika anyi kuoshela bintu bia bukoya bia dîku anyi bia bantu ba bungi.

Bileji binene

Bia pa lukama bia mêku adi mua kufika ku muaba wa disangishila butshiafu bua bantu badi badie mutumba anyi bua bantu ba bungi badi mutantshi udi muanyishibue kumbukila miaba idibu basombele

Bia pa lukama bia mêku adi amanyisha ne: badi balama butshiafu biakane ne bikumbane mu mêku

Malu a kulonda

Dipangadija: Bungi bua butshiafu budi bantu mua kupatula budi bilondeshile mushindu udibu bapeta biakudia ne babilamba, ne midimu idibu benza mu nzubu anyi pambelu. Malu adi mua kushilangana bilondeshile mivu ne misangu ya bungi adi aleja mêba a diabanya anyi a bisalu. Ela meji ne: muntu umue udi upatula kilo 0,5 ya butshiafu ku dituku. Bidi bipetangana ne litre 1–3 ku muntu ne ku dituku, bilondeshile bungi butshinka bua butshiafu bua 200 too ne ku 400kg/m^3.

Mukenji 5.3 wa mushindu wa kumbusha bintu bia bukoya: Ndongoluelu ya mushindu wa kumbusha bintu bia bukoya muaba udi bantu ba bungi basombele

Miaba miteka idi bantu mua kuya kusangishila bintu bia bukoya ki mmiuwuja tente bipite ne bintu bia bukoya, ne diumbusha dia ndekelu anyi dimansha dia bintu bia bukoya didi dienzeka bimpe ne kakuyi bualu.

Malu manene a kuenza

1. Jadika ne: miaba idi isangisha bantu ba bungi bu mudi tulasa ne miaba idi bantu balongela, miaba idi bana banayila ne biro bia mbulamatadi idi ne miaba mileja bimpe, miakanyine ne mikumbane, mibuikila bua kulama butshiafu budi bufumina muaba au.

2. Petesha bantu miaba mifunda ne mijika bimpe ya dilamina butshiafu bua ku miaba idi bantu ba bungi basangile kaba kamue, nangananga miaba ya bisalu bidi bilongolola anyi kabiyi bilongolola, miaba idi bantu bikishila mutantshi mukese ne miaba ya difundisha mêna.

Bileji binene

Bia pa lukama bia tulasa ne miaba ya kulongela idi ne miaba miakane ne mikumbane ya kulamina butshiafu

Bia pa lukama bia bisalu binene bidi ne miaba miakane ne mikumbane ya kulamina butshiafu

Bia pa lukama bia bina bia butshiafu anyi bia miaba ya dioshela butshiafu mu tulasa, miaba ya kulongela, bisalu binene ne mu nzubu mikuabu idi isangisha bantu ba bungi bidibu balame bimpe kakuyi bualu

Malu a kulonda

Butshiafu bua mu tshisalu: Miaba ya bisalu idi ilomba ntema ya pa buayi, bualu miaba idi bantu ba bungi basangila kayitu misangu ya bungi ne muntu udibu bateke bu muenayi ne udi ne bujitu bua kumbusha butshiafu to. Tangila butshiafu bua mu tshisalu mushindu wa muomumue ne butshiafu bua mu lubanza.

Butshiafu bua ku bishipedi bia nyama: Jadika ne: dishipa dia nyama didi dienzeka ne mankenda ne didi dilonda mikenji ya muaba au. Butshiafu bua bungi bua ku bishipedi bia nyama ne bua mu bisalu bia mishipa badi mua kuenza nabu bia muomumue ne butshiafu bua mu mbanza, kadi mbimpe kuteya ntema ku bintu biabi bia bukoya bia luayiyi. Biobi biakanyine, imansha bintu ebi bia bukoya mu tshina tshibuikila pabuipi ne tshishipedi tshia nyama anyi ditanda didibu balambila mishipa. Ela mashi ne bintu bikuabu bia bukoya bia luayiyi mu tshina pa kubitshikija mu munkoloji mukese udi mubuikila pa mutu bua kukepesha dibuela dia bishi mu tshina. Enza bua mâyi a kusukula nawu muaba ikalepu.

6. WASH padiku bipupu ne mu miaba ya luondapu

Bena mudimu wa WASH ne wa luondapu bonso badi benza mudimu bua kukepesha masama mu bantu, kubabidila disambuluja dia masama ne kuluisha bipupu. Dieleshangana diboko menemene ne midimu ya mbulamatadi ne benzejanganyi netu bakuabu ba mudimu – mu bitupa bionso bibidi – didi ne mushinga wa bungi bua kutangila malu a njiwu idi mua kumueneka bua makanda a bantu mu tshisumbu ne mu miaba ya luondapu. Mukenji eu mmuashila pa mukenji wa 1 too ne 5 ya WASH ne pa nshapita wa Makanda a mubidi, idi ne bua kubadibua mu bujima buayi ne kulombola midimu yonso ya diambuluisha.

Dibabidila masama ne dialuisha (IPC) mmudimu munene mu dibabidila dia masama mu nsombelu kayi yonso pamue ne mu diambuluisha padi disama divulangana. Mbualu bua mushinga mukole bua mubedi, bua muena mudimu wa diondopangana ne bua tshisumbu tshia bantu. Mbujitu bua midimu ya makanda a mubidi bua kujadika ne: badi banemeka Mikenji ya nshindamenu mu miaba ya luondapu, kadi kuenza nunku kutu misangu ya bungi kulomba dienza mudimu pamue dilongolola bimpe ne dikuatshisha dia kudi benji ba mudimu wa WASH.

Bibidilu bimpe ne bidibu bakuata nabi mudimu misangu yonso, bikale mu tshisumbu tshia bantu anyi mu miaba ya luondapu, nebikale ne bua kukepesha disambulujilangana masama adi ambulukilangana ne kukepesha ditangalaka diawu. Malu adi akengela kuenza mu mukenji eu adi atangila diandamuna didi ditungunuka ne dileja patoke bitupa bidi bilomba bua kubidiundisha bikala disama ne bua kudituta mu bantu.

Diambuluisha padi dikenga dimueneka mu tshisumbu tshia bantu

Misangu yonso kabitu anu ne dikuatshisha bua kufila diambuluisha mu tshitupa ne tshitupa tshionso tshidi tshienza WASH. Shindamena pa malu a njiwu ya tshimpitshimpi idi mua kufikila bantu ba bungi ne asa dieyemena ne didiumvua ne bujitu bua kuandamuna ne binsanga bia bantu. Teka diandamuna didi dishindamene pa dikeba dia bipupu pa muaba wa kumpala, dikonkonona dia malu adi mua kukebesha njiwu, njila idi masama asambulukilangana (nangananga kupita njila wa tumvi tupitshila mukana), malu adibu mua kutekemena bua diambuluisha dionso didibu bafila ne mpetu idi mikaleku.

Didifila dia tshisumbu tshijima tshia bantu didi dishala tshitupa tshinene tshia diambuluisha padiku masama bua kumona mua kubabidila bipupu. Mmuenenu ya malu ne mitabuja a tshisumbu tshijima bidi mua kuambuluisha anyi kutua dikuatshisha nyama ku mikolo, nunku mbualu bua mushinga bua kumvua ne kutangila malu aa. Imue mikenji ya mu nsombelu idi mua kuikala ilomba bua bayishintulule bua kujikila disambulujilangana dia masama. Tshilejilu, enza mudimu pamue ne tshisumbu tshijima bua kupeta mishindu mikuabu ya dielangana muoyo pamutu pa kulabulangana ku tshianza.

Kankamija dibabidila dia masama masunguluke ne mapangadika a mua kuondopa bantu mu tshisumbu tshia bantu badi mu dikenga. Kuenza nunku kudi mua kukonga dienza mudimu ne mishetekela bua kuepuka malaria, anyi mikele ne zinc ya diela mu mâyi a kunua (bua bana) bua kuimanyika diela dia munda.

Bikala bena mudimu wa diumvuija malu mu tshisumbu tshia bantu ne bua kukeba bualu kampanda mu tshisumbu anyi kuenza midimu ya muomumue, badi ne bua kubalongesha. Bueja bipeta bifunda bionso mu dikebulula dijima dia dibudika dia disama ne diandamuna difila. Dilondolola dia lukasa dia ditangalaka dia disama ne dia bantu badi nadi didi ne mushinga mukole bua kufila diandamuna pa dîba, ne dibueja bipeta bifunda mu ndongoluelu wa bantu ba bungi nediepule ku dibalulula anyi kupua muoyo bua kubala bitupa bia mushinga ⊕ *tangila Luondapu lua nshindamenu – mukenji 2.1.4 wa masama a tshiambu: Didilongolola ne diandamuna padi disama dituadija.*

Dîba didi masama abudika londa misangu yonso mêyi maludiki a ngenzelu wa mudimu a lelu lelu, bualu masama adi enda amueneka neikale ne njiwu ne malu mashilangane adi ne buenzeji kampanda. Kudi mêyi maludiki a bungi pa bidi bitangila IPC mu dibabidila ne mu diluisha dia masama, ne badi ne bua kulonda mêyi aa bu bualu bua kumpala budi bukengela kuenza ⊕ *tangila Mikanda idibu batele kuinshi eku.* Mukenji eu udi ufila bungi budi bukengedibua bua malu adibu ne bua kutangila ne umvuija dienza mudimu pamue pankatshi pa bena mudimu wa WASH ne bena mudimu wa makanda a mubidi. Tshilejelu tshidibu bazole kuinshi eku tshidi tshifila malu manene a WASH a kuenza mu tshisumbu tshia bantu padiku tshipupu. Bua malu a luondapu, ⊕ *tangila Luondapu lua nshindamenu – mukenji 2.1.1 too ne 2.1.4 wa masama a tshiambu.*

Mêyi manene a WASH a bualu bua kuenza mu tshisumbu tshia bantu padiku bipupu

Enza ndongamu wa didiakaja nende ne wa difila nende diambuluisha bua bitupa bionso padiku tshipupu ne enza nende mudimu

Umvuija ne numvuangane bua malu a kulondesha ne a difidila luapolo, ne bua bileji bisunguluke bia tshipupu

Malu adi akengela kuenza kumpala kua wonso

Diluisha dimpe dia bisambuluji binene bia masama

Bualu bua kuenza lukasa budi bupatula bipeta anu apu. Ujadike ne: malu menza bua kuambuluisha lukasa mmalenga, kaayi a dijingakana ne mmakanyine

Dilama tumvi bimpe, dituambula ne dienza natu mudimu

Didifila dia tshinsanga dishindamene pa njiwu ne dikolesha dia mankenda

Mâyi mimpe kaayi ne bualu ne bungi bukumbanyine

Diangula dimpe dia bintu bia bukoya, dibiambula ne dibimansha

Midimu ne majitu biumvuija ne bitaba (mu tshitupa tshia mudimu ne pankatshi pa bitupa bia mudimu)

Kolesha bikadilu bia dikeba makanda a mubidi mu nzubu ya luondapu

Tangila misangu yonso bipeta bifunda bia makanda a mubidi a bantu bua kutokesha ne kuakajilula dienza dia programe

Mêyi manene a WASH a bualu bua kuenza mu tshisumbu tshia bantu padiku bipupu (Tshimfuanyi 5)

Mukenji 6:
WASH mu miaba ya luondapu

Miaba yonso ya luondapu mmilame mikenji ya nshindamenu ya WASH bua kuepuka dipia masama ne bua dialuisha, ne padiku bipupu.

Malu manene a kuenza

1 ⟩ Petesha bantu mushindu wa kutekela muoyo wa kupeta mâyi a kazeze ne bungi bukumbane, makanyine muaba wa luondapu.

- Lama mâyi a kazeze bua mêba kaayi mapite 48 (0,5 mg/l adi kaayi ne chlore udi ushala muinshi) bua kujadika ne: mâyi adiku dîba dionso.
- **Padiku bipupu:** Vudija bungi bua mâyi ne akaja disambakaja dia chlore bilondeshile mushindu wa disama, njiwu ne majinga adiku.

2 ⟩ Petesha bantu miaba mikumbane ya diumbushila tumvi bua kujikila disambulujilangana masama.

- Fila nkuasa idi ne ditubu muinshi ne mbeketshi ya kunyinyina bua bantu badi ne lutatu lua kuenda.
- Sukula tuzubu tua nkumba (nkumba, biowedi, miaba ya diowela mâyi) ne mâyi ne nsabanga wa musenga. Epuka dienza mudimu ne nsabanga ya musenga mikole mu nkumba.
- **Padiku bipupu:** Petesha bantu miaba ya diumbushila tumvi mu tshitupa tshionso tshia muaba wa luondapu.
- **Padiku bipupu:** Akajilula bintu bidiku ne bidibu bafila bua disama kampanda disunguluke, bu mudi malalu a bena disama dia cholera ne mbeketshi ya dinyinyina anyi ya dilukila.
- **Padiku bipupu:** Jadika malu makuabu adi alomba didimukila bua disukula miaba ne bintu bidi ne tumvi, dienzelamu mudimu ne diumbushamu bitotshi.

3 ⟩ Petesha bantu manga ne bintu bikumbane bia kusukula nabi muaba bua bena mudimu wa luondapu, babedi ne badi balua kubatangila bua kulama mankenda.

- Petesha bantu miaba ya kuowela bianza pa miaba minene ne mâyi mimpe, nsabanga anyi alcool wa kulaba. Kuikale tshikamishi tshia bianza tshia lupepele anyi bilamba bia kudikupula nabi "anu musangu umue".
- **Padiku bipupu:** Petesha bantu miaba ya kuowela bianza mu tshitupa ne tshitupa tshionso.
- **Padiku bipupu:** Sakidila bilele bikuabu bia mankenda, bu mudi diowa mâyi ku makasa ne chlore anyi disanshila (bilondeshile disama) ne diowa bianza ne chlore kumpala kua kuvuala anyi kuvula bilamba ne biamudimu bia kudikuba nabi (PPE).
- **Padiku bipupu:** Petesha babedi bintu bisunguluke bia mankenda ne ubalongeshe kumpala mushindu wa dibiumbusha.

4 〉 Lama muaba udi bantu basombele mukezuke ne wa mankenda.

- Kolopa panshi ne miaba yonso ya dienzela mudimu ku dituku ku dituku ne mâyi ne nsabanga wa musenga.
- Kupula miaba ne shipa tuishi tudi mua kunyanga miaba ayi ne mâyi mela 0,2 % wa chlore.
- Sukula, shipa tuishi anyi sabisha bikole bintu bidi baminganga mua kuenzelula nabi mudimu bilondeshile njiwu idi mua kumueneka kumpala kua musangu wonso wa kuenza nabi mudimu.
- Shipa tuishi tua mu bilamba bia lin ne mâyi mela 0,1 % wa chlore kunyima kua dibitua mu mâyi bikalabi bimueneka ne manyanu; biteke muaba wa luya lukole menemene bua kushipa tuishi bua bitupa bia midimu ya dipanda bantu.
- **Padiku bipupu:** Bandisha bukole bua manga a dishipa nawu tuishi bua kukolopa panshi ne miaba idi mua kuikala tuishi. Ela meji bua mishindu ya pa buayi ya dishipa tuishi mu bilamba bia lin.

5 〉 Angula, longolola ne umbusha butshiafu mu mushindu muimpe.

- Tapulula bintu bia bukoya bia luondapu mu muaba udibi bipatukila mu dienza mudimu ne ngenzelu wa tubondo tusatu.
- Longesha bena mudimu wa luondapu bonso mushindu wa ditapulula bintu bia bukoya bia luondapu.
- Ujadike ne: tusumbu tudibu bateke bua mudimu eu tudi ne bua kuvuala bia bintu bia PPE bua kuangula, kulongolola ne kumbusha bintu bia bukoya (nangananga: gants ne bilatu bile).
- **Padiku bipupu:** Vudija bungi bua malu a kudimukila mu diumbusha dia bukoya, mu dienza mudimu ne bintu bionso bia PPE bilondeshile mushindu wa disama.

6 〉 Ujadike ne: bena mudimu wa luondapu bonso, babedi ne babatabaledi badi benza mudimu ne bintu biakanyine bia PPE.

- Fila bintu bia PPE bua mushindu wa dipetela disama ne mulongo wa malu a kudimukila bua dikala ku ntshiama.
- Longesha bena mudimu wa luondapu, babedi ne bantu bakuabu badi muaba au mushindu wa kusungula, kuenza mudimu ne kumbusha bintu bia PPE.
- **Padiku bipupu:** Konkonona mushindu mudianjila kumona udi bantu mua kupeta disama ne akaja bintu bia PPE bilondeshile mushindu udi disama edi disambulukilangana.

7 〉 Longolola mufue ne umujike mu mushindu wa kanemu, udi muakanyine bilele bia bantu ba muaba au ne kauyi ne bualu bubi bilondeshile bilele bia makanda a mubidi bua bantu bonso.

- Angata bilele bia muaba au ne mushinga pamue ne dijinga dia kusunguluja muntu udi mufue ne kupingaja tshitalu kudi bena dîku diende.
- **Padiku bipupu:** Sunguluja bintu bia kushintakaja pamue ne tshisumbu tshijima tshia bantu bikala bilele bia pa tshibidilu kabiyi biakanyine.
- **Padiku bipupu:** Longesha tusumbu tua benji ba mudimu ne bapeshe bintu biakanyine bia PPE bua kuambula bitalu ne kuya kubijika.

Bileji binene

Bena mudimu wa luondapu bonso badi buowa bianza biabu, badilaba nsabanga anyi alcool, kumpala ne panyima pa musangu wonso udibu balenga mubedi

Babedi ne babatabaledi bonso badi buowa bianza biabu kumpala kua kulenga anyi kua kudia biakudia ne kunyima kua diya ku nkumba

Miaba yonso ya diowela bianza idi ne nsabanga anyi alcool wa kudilaba (peshi 0,05 % wa buanga bua chlore padiku bipupu)

Bungi bua miaba ya kuowela bianza

- Kabuyi bushadile ku: muaba umue bua babedi bonso dikumi badi mu lupitadi

Bulenga bua mâyi a kunua ku muaba udibu baafidila

- Kabiyi bishadile ku: 0,5–1mg/l FRC

Bungi bua mâyi a kazeze adiku

- Kabuyi bushadile ku: litre 5 ku mubedi yonso wa pambelu ne ku dituku
- Kabuyi bushadile ku: litre 60 ku mubedi ne ku dituku muaba udibu buondopa disama dia cholera
- Kabuyi bushadile ku: litre 300–400 ku mubedi ne ku dituku muaba udibu buondopa mubidi luya mubidi utuka mashi (*fièvre hémorragique virale*)

Bungi bua nkumba idi bantu mua kubuela

- Kabuyi bushadile ku: inayi mu nzubu ya babedi ba pambelu (mitapulula bua balume, bakaji, bana ne bena mudimu wa luondapu)
- Kabuyi bushadile ku: 1 bua babedi 20 ba munda mua lupitadi (mitapulula bua balume, bakaji, bana ne bena mudimu wa luondapu)

Malu a kulonda

Kulongolola **dibabidila masama ne dialuisha** kudi ne mushinga mukole mu miaba yonso ya luondapu, nansha mu ambilanse ne mu programe ya luondapu ya mu tshisumbu tshijima tshia bantu. Kudi kulomba kuenza mêyi adi atangila malu a kudimukila bilondeshile mikenji, disambuluja dia masama ne ngenzelu ya mudimu ya baminganga mu dishipa dia tuishi. Teka kasumbu ka dibabidila masama ne dialuisha mu muaba ne mu muaba wonso ne longesha benji ba mudimu wa luondapu. Ndongoluelu ya ditangila nayi malu idi ne bua kulondesha dipia masama mu muaba wa luondapu ne dikandamena manga adi menza bua kushipa nawu tuishi. Miaba ya luondapu idi ne bua kuikala ne bena mudimu bungi bukumbanyine ne mêba a mudimu makumbane. Bulalu budi ne bua kuikala anu ne mubedi umuepele. Luondapu ludi ne bua kufidibua mu muaba muimpe kauyi ne bualu ne udi muakanyine, muasa ne bintu bikumbane bilondeshile malu a WASH ne bintu bia kulama nabi bilele bimpe bia mankenda ⊕ *tangila Mukenji wa 1.1 ne wa 1.2 ya ndongoluelu ya makanda a mubidi.*

Bungi bua mâyi ne bulenga buawu: Mu dienza makumi a bungi bua mâyi budi bukengela, tuma meji ku nomba idi mu Tshisakidila 3 ne uyakaje bilondeshile nsombelu, ⊕ *tangila Tshisakidila 3: Bungi budi bukengedibua bua mâyi.* Miaba ya diondopela bantu idi kayiyi ishala kaba kamue idi ne bua kuipatshila bua kukumbaja mikenji ya WASH ya muomumue bua babedi badi pambelu, kuelamu ne dipeta dia mpokolo muimpe wa mâyi ne nkumba mimpe. Enza bua ne: mu muaba wonso kuikale mâyi adi mua kupeteka (ne kulamibua) mu mêba mapite pa 48. Padiku bipupu bu mudi Ebola ne cholera, enza bua kuikale mâyi bua mêba 72. Bua bishimikidi bia programe ya tshisumbu tshijima tshia bantu ya WASH ⊕ *tangila Mukenji 2.1 ne 2.2 ya dipa bantu mâyi.*

Bungi bua chlore budi bulonda ebu ke budi bukengela kuenza nabu mudimu mu miaba kabukabu ya luondapu.

Bungi bua chlore	Mudimu udibu benza mu muaba wa luondapu
0,05%	Diowa bianza Ditokesha bilamba (panyima pa dibisukula)
0,2% (cholera) 0,5% (Ebola)	Dikupula bipapu biladika bia muaba wa mudimu panyima pa dibisukula (anu bua cholera) Bintu bia disukula nabi, bilamba (tabliers), bikumba, ngesu ya kulambila ne malongo a kudila Disampulula bintu bia disukuila menyi, mbeketshi Dikupula miaba ivua bintu bia luayiyi bia mu mubidi binyange Dilongolola bitalu (Ebola)
2%	Dilongolola bitalu (cholera) Musakidila mu mbeketshi ya tumvi ne ya bilushi (cholera)
1%	Bungi bua pa tshibidilu bua chlore musambakaja ne mâyi

Mushindu wa kumbusha tumvi: ⊕ *Tangila Mukenji 3.1 too ne 3.3 ya mushindu wa kumbusha tumvi* bua kupeta mibelu pa mushindu wa pa tshibidilu wa kumbusha tumvi ne *Mukenji wa 1.3 wa dikolesha mankenda: Mushindu wa kulama mankenda padi bakaji bikale ku tshijila tshia mashi ne padi bantu kabayi bakumbana mua kudikanda* bua mamanyisha a nsungasunga pa bidi bitangila bintu bia mudimu.

Petesha bantu nkumba mimpe bilondeshile ngenzelu wa mudimu ne bilele bia bantu, nkumba idi mitapulula ne idi muntu mua kukanga ne idi mikenkesha bimpe, idi ne muaba mukumbane bua mubedi ne muntu udi umuambuluisha kubuelabu. Bidi bikengela kusukula nkumba yonso ne biowedi ne mâyi ne nsabanga wa musenga. Kuenji mudimu ne manga makole adi ashipa tuishi munda mua nkumba (nangananga bua bimbotela), bualu adi mua kunyanga didijikila dia ku tshifukilu dia tumue tuishi.

Padiku bipupu, udimuke bua kuangata mapangadika makuabu a pa mutu mu disukula, mu dikanga imue nkumba bua bantu kababuedimu kabidi anyi mu dituwa dia nkumba peshi dimansha bintu bia mudimu wa diumbusha tumvi (tshilejilu, buanga budi buela chlore bua kusukula nabu, kukezula ne shota mukolesha anyi ne chlore).

Mâyi mafikuluke: Bualu bulombibue budi bukengela kuenza ndimansha mâyi mafikuluke pa kuenza mudimu ne tshiteyilu tshia mafuta ne tshina tshidi tshimina mâyi. Ujadike ne: ntshijika bimpe bua bantu kabalu kuenda nawu mushinga.

Bintu bia bukoya bia miaba ya luondapu bidi ne tuishi tua masama bu mudi kîshi ka VIH ne ka hepatite B, tudi tufuane kabidi kunyanga buloba ne misulu ya mâyi. Enza mudimu ne bibombi bisatu bua kuangula ne kutapulula bintu bia bukoya ebi ne lukasa luonso padibi bimueneka:

Mushindu wa bintu	Tshilejilu	Dikala dia kabondo/kabeji kadi kalamikapu
Bintu bia bukoya bia pa tshibidilu Bidi kabiyi bia njiwu	Mabeji	Kafike
Bintu bidi bitue bikadibu benze nabi mudimu Bidi ne njiwu, ne tuishi tua masama	Nshingi, tuele tua dipandangana natu, bintu bia dielangana nabi mâyi mu mubidi, bilangilangi, tulangi tua munda mutupu	Ka manyimanyi, kalamika kabeji kafunda "BINTU BITUE", kakayi kamata mâyi ne kakayi mua kutubuka
Bintu bidi kabiyi bitue Bidi ne njiwu, ne tuishi tua masama	Bia mudimu bidi binyanga ne bintu bia luayiyi bidi bipatuka mu mubidi wa muntu, bu mudi malosu, bande ya dijinga mputa, tukanu tua ditela natu mputa, bintu bidibu bakolesha mu laboratware	Ka manyimanyi, kalamika kabeji kafunda ne kakayi kamata mâyi

Bidi mua kulomba bua kutapulula kabidi bintu ebi, nangananga bintu bia bukoya bia ku mubidi wa mubedi (tutupa tua mubidi), bintu bia bukoya bia manga a diondopa nawu ne a diteta nawu mubidi (manga a shimi a mu laboratware). Angula bintu bia bukoya bidi bitapulula mu muaba wa luondapu musangu umue ku dituku, ne kakuyi dinengakana bikala bintu ebi bikale ne tuishi tua bungi tua masama. Angata matempu bua kuambula bintu ebi mu dilonda njila mujadika bua kufika miaba misunguluke, ne ukandike bantu bua kabayi miaba ayi to. Bintu bidibu bambuile bintu bia bukoya, matempu ne miaba ya dibilamina badi ne bua kubisukula pa tshibidilu bua kushipa tuishi. Bantu bonso badi benza mudimu wa diangula bintu bia bukoya bia muaba wa luondapu badi ne bua kuangata bisalu bia hepatite B ne tetanos.

Enza mudimu ne umbusha bintu bia bukoya bilondeshile bintu bidibu base bidiku:

Mushindu wa bintu	Mushindu wa kuenza ne wa dibimansha
Bia pa tshibidilu	Dienzulula nabi mudimu, dibiosha anyi dibijika Diyala dia bantu bonso ba tshitupa atshi
Bidi bitue ne bamane kuenza nabi mudimu	Tshina tshia bintu bidi bitue Dibiela mu kazubu ne dibijika ku diyala Dibiosha (ki ntulondo to) pashishe dibijika mu tshina tshia butue (kadi wadimuka, bualu bintu bidi bitue bidi mua kuikala kabiyi bitshipale)

Mushindu wa bintu	Mushindu wa kuenza ne wa dibimansha
Bidi ne tuishi tua masama (kabiyi bitue)	Tshina tshia dijika bintu (buikila butshiafu ne shota mukole)
	Dibiosha ne pashishe dibijika mu tshina tshia butue
	Tshiesu tshia disabishila bikole (autoclave) peshi diela manga a shimi
Bia ku mubidi wa mubedi	Bidi bilondesha mikenji ne bilele bia mu nsombelu wa bantu:
	Bina bia dijika bintu (tshilejilu, tshia dijika tshia munda) peshi miaba ya dijika bintu
	Diosha bitalu
Bia manga a diondopa nawu	Londa mêyi a ditunga bikalaku mushindu anyi ubipingaje kudi mukupanyishi
	Dibiela mu kazubu ne dibijika ku diyala
	Bioshedi bia pa buabi (>1 200 degrés Celsius)
Bia manga a shimi	Londa mêyi a ditunga bikalaku mushindu anyi ubipingaje kudi mukupanyishi
	Badi mua kuosha anyi kuela mu tuzubu bungi bukese bua bintu
	Bia kuya nabi mua izine wa dibilongoluela anyi ku tshioshedi tshidi tshinyunguluka

Bioshedi bidi ne bua kuikala ne luya lupite pa degrés Celsius 900 ne bidi ne bua kuikala ne bikosoluedi bibidi. Bioshedi bidi kabiyi bimpe bitu bipatula mishi mibi ne binyanga kapepe, ne kabitu bijikija tuishi tuonso menemene to. Badi ne bua kuibaka bina ne bioshedi bionso bilondeshile mikenji ya ditunga ne ya bukua-matunga idiku, ne badi ne bua kuenza nabi mudimu bimpe, kubilama ne kuimanyika bua dienza nabi mudimu bimpe.

Biamudimu bia kudikuba nabi (PPE) bidi ne bua kufidibua bua kunemeka mumvuangana a malu a kuenza a IPC ne bua kujadika ne: babedi, mêku ne bena mudimu bonso kabena batekibue mu njiwu mikuabu nansha.

Konkonona mushindu mudianjila kumona udi bantu mua kupeta disama (ku disapuka, ditangalaka, dituangana anyi dilenga) ne mushindu udidi disambulukilangana. Enza mudimu ne bia divuala bidi bikumbane muntu bimpe, bidi binenga ne bidi biakanyine (bu mudi ebi bidi kabiyi bibola ne bintu bia luayiyi anyi bidi kabiyi bipitshisha mâyi).

Bintu bia PPE bia pa tshibidilu bidi bikuba bantu badi babivuale ku mashi, bintu bia luayiyi bia ku mubidi, bintu bidi muntu upatula anyi bidi bidipatukila mu mubidi wende. Mu bintu bia PPE mudi gan ya padi muntu ulenga bintu bidi ne tuishi; nkanzu mile/tabliye padi bilamba bidi muntu uvuala anyi tshitupa tshia dikoba diende tshidi katshiyi tshijika mu kutuangana ne bintu bidi ne tuishi; bintu bia kujika kuisu bu mudi maske, mmuenu ya mêsu anyi ya didijika nayi bua kudikuba ku disapuka dia bintu, mamata anyi bintu bidi bitangalaka. Badi kabidi ne bua kuvuala bintu bikuabu bia PPE (peshi bintu bia PPE bia pa tshibidilu bidibu bafila mu bikondo bikuabu) bilondeshile mushindu udi disama disambulukilangana: ku dilengangana (tshilejilu nkanzu mule ne gan padi muikale muaba udi babedi basombele); ku mamata (maske a divuala dîba dia kupanda mubedi padiye mutantshi wa metre 1); ne mu lupepele (biamu bia dieyela nabi bia pa buabi).

Imansha bintu bia PPE bidibu benza nabi mudimu musangu umue mu bintu bia dimanshila butshiafu (bu mudi ntuku ya litre 220) ku tshibueledi tshia muaba wa divudila bilamba. Sangisha ne ambula ntuku eyi bua kuya nayi ku muaba mulongolola wa dimansha butshiafu. Teka bintu bia PPE bidibu mua kuenzulula nabi mudimu bu mudi gan ne mmuenu ya dienza nayi mudimu mukole mu ntuku idi miela buanga bua mâyi mela 0,5 % wa chlore. Bidi bilomba kubikezula, kubisukula bimpe, kubilongolola ne kubilama mushindu udibi bikengela.

Buanga bua mâyi mela 0,5 % wa chlore budi ne bua kuikalaku bua kuowa bianza bidi biluate gan kunyima kua tshitupa ne tshitupa tshionso tshia divula bilamba. Longolola muaba mutapuluke wa diowela bianza udi ne buanga bua mâyi mela 0,05 % wa chlore bua wikale bu tshitupa tshia ndekelu tshia ngenzelu ya divula bilamba.

Mushindu wa kuenza ne bitalu: Kankamija dijika dimpe dia bantu badi bafue, dia kanemu ne didi dilonda bilele bia bantu, kuelamu ne dimanya dia bantu bonso badi bafue. Lekela bantu bamanye bena dîku babu badi bafue ne benze madilu abu. Kanuimanshi bitalu bia badi bafue mu bina bidibu bela bantu ba bungi pamue kakuyi dilonda mikiya itu bantu balonda nansha. Dijika bantu ba bungi mu tshina didi mua kupangisha bua kupeta mikanda ya mbulamatadi idi ishindika lufu lua muntu idi ikengela pikalabi bilomba bua kuya ne bilumbu ku tubadi. Ela meji bua bilumbu bidi mua kujuka paudi ujika bantu badibu bakengeshe ne tshikisu ⊕ *tangila Mukenji wa 1.1 wa ndongoluelu ya makanda a mubidi: Dipetesha bantu midimu ya luondapu.*

Bidi mua kulomba bua kudimukila malu a pa buawu padiku bipupu, bu mudi dilongoloa dia bitalu ne buanga bua mâyi mela chlore, bilondeshile tuishi tudi tulele disama ne mushindu udi disama disambulukila bantu. Bilele bia bantu bia diowesha mufue mâyi ne dimutabalela bidi mua kuvudija mushindu wa kusambulujilangana disama, kadi dipanga kunemeka bilele bidi bantu balonda bikole didi mua kufikisha ku dijika bantu mu musokoko ne bishala kabiyi bimanyike.

Bena mudimu wa luondapu ne bisumbu bia bajikianganyi badi ne bua kuvuala misangu yonso bintu bia PPE. Petesha bena mudimu wa dijikangana midimu idi ibambuluisha bua kuikala ne lungenyi luimpe mu nsombelu wabu. Enza mudimu ne bakokeshi ba mu tshisumbu tshia bantu bua kujikila dibandibua dia bantu badi benza mudimu eu.

Dilekesha dia mudimu pa muaba kampanda: Yikila ne tshisumbu tshijima tshia bantu, bakokeshi ba muaba au ne bena mudimu wa diambuluisha bantu bua kumanya tshidi mua kuenza bua kulekesha mudimu bua matuku makese mu muaba kampanda wa luondapu mu tshikondo tshia difila diambuluisha.

Tshisakidila tshia 1
Liste wa dikonkonona nende majinga a ntuadijilu bua dipa bantu mâyi, dilama muaba muimpe ne dikolesha mankenda

Nkonko idi ilonda eyi nya kuenza nayi mudimu bangabanga bua kukonkonona majinga, kumanya mpetu idiku ne kumvuija ngikadilu ya muaba au. Kayena ikonga nkonko ikala mua kujadika mpetu ya muaba mukuabu idibu nayi dijinga bua kusakidila ku eyi idiku diakamue mu muaba au to.

Malu a pa tshibidilu

- Mbantu bungi kayi badi dikenga dikuate ne badi muaba kayi? Tapulula bipeta bilondeshile balume anyi bakaji, bidimu, bulema ne bikuabu.
- Bantu aba mbafuane kuya kuepi? Mmalu kayi a dikubibua adiku bua bantu badi mu dikenga ne bua diandamuna didibu mua kufila bua kupeta disulakana?
- Mmasama kayi adi atangila WASH adiku mpindieu, adi matangalake anyi adi mafuane kuikalaku?
- Mbantu banene kayi baudi mua kuyikila nabu peshi kupetangana nabu?
- Mbantu kayi badi batekete munkatshi mua bantu aba ne mbua tshinyi?
- Bantu bonso badi ne mushindu wa muomumue wa kufika ku nzubu idiku, bu mudi miaba ya bantu ba bungi, miaba ya luondapu ne bilongelu anyi?
- Nnjiwu kayi ya pa buayi idiku bua bakaji, bansongakaji, bansongalume ne balume? Bisumbu bidi mu njiwu?
- Mbilele kayi bivua bantu bibidilangane nabi kumpala kua dikenga pa bidi bitangila mâyi, dikezula dia muaba ne mankenda?
- Mbukokeshi kayi budi nabu bintu bidibu base mu mushindu mulongolola ne udi kauyi mulongolola (tshilejilu, bamfumu ba mu tshisumbu tshia bantu, bakulu, bisumbu bia bakaji)?
- Mmushindu kayi udi mapangadika angatshibua mu mêku ne mu tshisumbu tshia bantu?
- Kudi mushindu wa kufika mu bisalu bia muaba au anyi? Mbintu kayi ne mmidimu kayi ya mushinga ya WASH bivua bipeteka mu tshisalu kumpala kua dikenga ne bidibu mua kupeta mu tshikondo tshia dikenga?
- Bantu badi ne mushindu wa kupeta makuta ne/anyi dibuela dibanza anyi?
- Kudi mashintuluka a ku mivu adi alomba kutabalela adi mua kukepesha mushindu peshi kuvudija dilomba dia bena mudimu ba bungi, tshilejilu, mu tshikondo tshia dinowa anyi?
- Mbakokeshi banene kayi badiku ba kupetangana nabu ne kuenza nabu mudimu pamue?
- Mbenzejanganyi netu ba mudimu kayi ba muaba au ba mu tshitupa atshi, bu mudi bisumbu bia nsangilu wa bantu, badi ne bukokeshi bua muomuue mu WASH ne didifila dia tshisumbu tshijima tshia bantu?

Dikolesha mankenda

- Mbilele kayi bia mâyi, bia dilama muaba muimpe ne bia mankenda bivua bantu bibidilangane nabi kumpala kua dikenga?

- Mbilele kayi bidiku bidi mua kunyanga makanda a mubidi, ne mbanganyi badi balame bilele ebi ne mbua tshinyi?

- Mbanganyi batshidi anu balame bikadilu bimpe bia mankenda ne ntshinyi tshibambuluisha ne tshibasaka bua kuenza nanku?

- Mmalu mimpe kayi ne mmalu mabi kayi adi amueneka mu malu onso adibu balomba bua kushintulula mu bilele?

- Nnjila kayi idi milongolola ne idi kayiyi milongolola idiku ya dimanyishila malu ne dipeta bantu (bu mudi bondopianganyi, baleleshanganyi ba ka-bukulu, banganga-buka, biota, bisumbu bia bena mudimu, bitendelelu ne mamoske)?

- Mmushindu kayi wa tudiomba tua bantu ba bungi udi mu tshitupa atshi (tshilejilu, tshisanji, televizio, video, bibejibeji)?

- Mmalongolodi kayi a dimanyisha ngumu a muaba au ne/anyi mma-ONG kayi adi muaba au?

- Mbitupa kayi bia mu tshisumbu tshia bantu binudi mua kuipatshila ne binudi ne bua kutangila (tshilejilu, bamamu, bana, bakokeshi ba mu tshisumbu tshia bantu, bamfumu ba bitendelelu)?

- Nndongoluelu wa mushindu kayi wa dipeta nende bantu udi mua kuenza mudimu bimpe mu nsombelu eu (tshilejilu, bena budisuile, bena mudimu peshi balongeshi ba malu a mankenda mu tshisumbu tshia bantu, biota bia makanda a mubidi mu bilongelu, komite ya WASH) bua kusangisha bantu katataka ne bua matuku makese adi alua?

- Mmajinga kayi a dilonga adiku a bena mudimu wa dikolesha mankenda ne bena mudimu wa dipetangana ne bena mu tshisumbu tshia bantu?

- Mbintu kayi bidi kabiyi biakudia bidiku ne mbintu kayi bidibu nabi dijinga menemene bilondeshile bidibu basue ne majinga adiku?

- Mmuaba kayi udi bantu bamona mushindu wa kufika mu bisalu bua kusumba bintu bidi bikengedibua bua kuikala ne mankenda? Mushindu eu (makuta a ditula, bintu bishilashilangane, bulenga buabi) mmushintuluke katshia ku dikenga anyi?

- Mmushindu kayi udi mêku apeta bintu bidi bikengedibua bua mankenda? Nnganyi udi wangata mapangadika pa bidi bitangila bintu bia kusumba ne bidi ne mushinga kumpala kua bionso?

- Mmushindu kayi udi bilele bia mankenda biambuluisha mu miaba ya luondapu (ne mushinga wa bungi nangananga padiku bipupu bia masama)?

- Mmajinga kayi a bakaji ne a bansongakaji adiku ne mmalu kayi adibu basue bua bilele bia mankenda bia padibu baya ku tshijila tshia mashi?

- Mmajinga kayi a bantu badi kabayi bakumbana bua kudikanda ne badinyangila bilamba, ne mmalu kayi adibu basue?

Dipa bantu mâyi

- Mâyi a dipa bantu mpindieu adi afumina kuepi ne mbanganyi badi benza nawu mudimu mpindieu?
- Mbungi kayi bua mâyi budi muntu upeta ku dituku?
- Mmisangu bungi kayi idi bantu bapeta mâyi ku dituku ne ku lumingu?
- Mâyi adibu bapeta muaba au adi bungi bukumbane bua majinga a bisumbu bionso bia bantu bua matuku makese ne bua matuku mulongolongo atshilualua anyi?
- Miaba ya disuna mâyi idiku pabuipi ne muaba udi bantu basombele anyi? Mmimpe kayiyi ne bualu anyi?
- Dipesha bantu mâyi didiku mpindieu ndia kueyemena anyi? Nedinenge matuku bungi kayi?
- Bantu badi ne bintu bikumbane bia kulamina mâyi bia bunene ne mushindu bikumbanyine anyi? (disuna ne dilama)
- Mpokolo wa mâyi au mmunyanguke anyi mmufuane kunyanguka (ne tuishi, ne manga nyi ne bintu bidi mua kunyanga mubidi) anyi?
- Kudiku ndongoluelu wa dilengeja mâyi muaba au anyi? Bidi bikengela kualengeja anyi? Kudi mushindu wa kualengeja anyi? Ndilengeja kayi didi dikengedibua?
- Bidi bikengela kushipa tuishi anyi? Tshisumbu tshijima tshia bantu tshidi ne ntatu ne tshilabuilu tshia mâyi ne kabayi bayitaba bua mudiwu umvuika mela chlore ne kamupuya ka chlore anyi?
- Kudi miaba mikuabu idibu mua kupetala mâyi mu tshitupa atshi anyi?
- Mmitabuja kayi ne mbilele kayi bia bidiku bia kuonso eku pa bidi bitangila disuna mâyi, dialama ne dienza nawu mudimu?
- Kudiku malu adi apangisha bua kuenza mudimu ne mpokolo mikuabu ya dipetesha bantu mâyi anyi?
- Kudi mushindu wa kumuangesha bantu bikala mpokolo ya mâyi kayiyi miakanyine anyi?
- Mmalu kayi makuabu adi mua kuenjjibua bikala mpokolo ya mâyi kayiyi miakanyine?
- Kudiku mitabuja ne bilele bia kuonso eku pa bidi bitangila malu a mankenda anyi? (tshilejilu, mu tshikondo tshia tshipupu tshia cholera ku Haiti, bavua bela meji ne: ntshifumine ku malu a vodu) Mu mitabuja ne mu bilele bionso ebi, mudiku ebi bidi ne dikuatshisha anyi bidi bienzelangana bibi anyi?
- Mmalu kayi manene a mankenda adi atangila dipa bantu mâyi?
- Bantu badi basumba mâyi anyi? Biobi nanku, nkuepi kudibu baasumba, ku mushinga kayi, ne bua bualu kayi? Mushindu wa dipeta mâyi eu (makuta, bulenga, diapeta pa tshibidilu) mmushintuluke anyi?
- Bantu badi ne mushindu wa kuenza mudimu ne mâyi ne mankenda onso anyi?
- Miaba ya diangatshila mâyi, ya disukuila bilamba ne ya diowela mâyi mmiumisha bimpe anyi?

- Bulaba mbukumbane bua kujikija tshilumbu tshia mâyi adi afumina ku miaba ya diabanya, ya disukuila bilamba ne ya diowela munda anyi pambelu pa muaba udi bantu basombele anyi? Mbatete bulaba bua kumanya ni budi bumina mâyi anyi?
- Biobi mua kuenzeka ne: bantu baye ku misoko, mmuaba utubu bapetela mâyi pa tshibidilu bua bimuna?
- Kudi malu adi mua kunyanga bintu bia muaba udi bantu basombele bualu badi bambuluisha bantu ne mâyi, basuna mâyi ne benza mudimu ne mpokolo ya mâyi ayi anyi?
- Mbantu kayi bakuabu badi benza mudimu ne mpokolo ya mâyi eyi mpindieu? Nkufuane kujuka ndululu bobu benze mudimu ne mpokolo eyi bua bantu bakuabu anyi?
- Mmpunga kayi idiku ya kuenza mudimu pamue ne bantu badi badienzela midimu nkayabu ne/anyi bena mbulamatadi mu dipesha bantu mâyi? Mbijikilu kayi ne mmpunga kayi idiku idi mua kutokesha dikonkonona dia diambuluisha ne mibelu ya kufila?
- Mmidimu kayi idi ikengela kuenza bua kuendesha midimu ne kuyilama? Mbukokeshi kayi budiku bua kuyikumbaja mu matuku makese ne mu matuku a bungi atshilualua? Nnganyi wikala ne bujitu bua kuandamuna bua midimu eyi?
- Kudiku ngenzelu anyi ndongoluelu kampanda wa difila makuta udi mua kuambuluisha bua makuta a diendesha midimu ne diyilama anyi?
- Mmunyi mudi bantu badi bakidilangana bapeta mâyi ne bajadika ne: mâyi adibu nawu mmimpe ku muaba udibu benza nawu mudimu?

Diumbusha tumvi

- Muaba udi bantu basombele kawena ne tumvi anyi?
- Bikala bantu ne tshilele tshia kuya kusesuka pambelu, kudi tshitupa tshidibu balongolole bua bualu ebu anyi?
- Kudiku nkumba mimana kuasa anyi? Bikalayiku, bantu badi babuelamu anyi? Idi bungi bukumbane anyi? Idi yenda bimpe anyi? Badi mua kuyidiundisha anyi kuyakaja anyi?
- Nkumba ayi mmimpe ne ya buneme: mikenkesha, miela tule munda, mikosolola ne mabaya anyi? Bantu badi mua kubuela mu nkumba amu mu munya ne butuku anyi? Bobu kabayi mua kubuelamu butuku, mmalu kayi makuabu adiku a kuenza?
- Mbilele kayi bidi bantu badi bakidilangane balonda bia mushindu wa kumbusha tumvi?
- Tshilele tshidiku mpindieu tshia dinyina ntshifuane kunyanga mâyi (a pa mutu anyi a muinshi mua buloba) peshi bitupa bidi bantu mua kusombela ne bintu bia pa tshibidilu bia muaba udi bantu basombele anyi?
- Kudiku mêyi a mu nsombelu wa bantu ne a mu bikadilu biabu a diangata ne mushinga mu dienza dia nkumba anyi?
- Bantu mbibidilangane ne dienza nkumba, diyasa ne dibuelamu anyi?
- Mbintu kayi bia muaba au bidiku bua kuasa nkumba?

- Batu bitaba bua kufukisha buloba ne tumvi ne batu benza nanku anyi?
- Bana badi batuadija kuya ku nkumba pakadibu ne bidimu bungi kayi?
- Ntshinyi tshidibu benza ne bunyawu bua bana ba tutoto ne bana batekete?
- Tshitupa tshidi bantu basombele ntshienze bu pa mukuna anyi?
- Mâyi a muinshi mua buloba mmafike too ne bule kayi ne pamutu pa buloba?
- Buloba mbukumbane bua kujiikamu tumvi anyi?
- Ndongoluelu idiku mpindieu ya diumbusha tumvi idi ikoka bisambuluji bia masama anyi?
- Kudiku bintu anyi mâyi a kudikupula nawu kunyima anyi? Mmushindu kayi udi bantu bimansha bintu ebi pa tshibidilu?
- Bantu batu bowa bianza kunyima kua disesuka ne kumpala kua kulamba biakudia ne kua kudia anyi? Kudi nsabanga anyi bintu bikuabu bia kusukula nabi ne mâyi biteka pabuipi ne nkumba anyi munda mua nzubu anyi?
- Mmushindu kayi udi bakaji ne bansongakaji benza ne bintu bia padibu baya ku tshijila tshia mashi? Kudi bintu bidi biakanyine anyi nzubu miakanyine bua bintu ebi anyi?
- Kudiku nzubu anyi bia mudimu bia pa buabi biteka bua kulama muaba muimpe bua balema, bantu badi ne kishi ka VIH, bantu badi kabayi badikanda ne badinyangila bilamba anyi bantu badi ne lutatu lua kuenda mu miaba ya luondapu anyi?
- Nudi bakonkonone malu adi atangila bintu bia muaba udi bantu basombele: tshilejilu, dipatula dia bintu bia mudimu bu mudi lusenga ne mabue a diasa nawu, ne dilama dia muaba au bua kawikadi ne tumvi anyi?
- Kudiku bena mudimu badi bamanye mudimu bimpe mu tshisumbu tshia bantu, bu mudi bibaki ba nzubu anyi bena mudimu wa mabaya, ne bena mudimu badi kabayi bamanye mudimu anyi?
- Kudiku batuwi ba nkumba anyi mashinyi atu atuwa nkumba anyi? Bua mpindieu, tumvi tudibu basangisha badi batuimansha mu mushindu muakanyine ne kauyi ne bualu anyi?
- Nngenzelu kayi muakanyine udiku wa diumbusha tumvi – kuelamu mushindu wa dilama, dituwa nkumba, dilongolola ne diya kuimansha?

Masama makebesha kudi bisambuluji bia masama

- Nnjiwu kayi idiku ya masama makebesha kudi bisambuluji bia masama, ne njiwu eyi mmikole anyi?
- Mmishindu kayi ya ku dituku anyi ya ku tshidimu idi bisambuluji bia masama bia muaba au bilonda pa bidi bitangila dilelangana, dikisha ne dididisha?
- Kudiku mitabuja ne bilele bia kuonso eku (tshilejilu, ditaba lungenyi lua ne: mâyi a manyanu adi afila malaria) bidi bitangila bisambuluji bia masama ne masama adibi bisambulujilangana anyi? Bimue bia ku bilele anyi mitabuja aa bidiku ne dikuatshisha anyi bienzelangana bibi anyi?
- Bikala njiwu ya masama makebesha kudi bisambuluji bia masama mikale mikole, bantu badi mu njiwu badi ne mushindu wa kudikuba muntu ne muntu anyi?

- Kudi mushindu wa kushintulula malu mu muaba au udi bantu basombele (tshilejilu, diumisha mâyi, dikosa bisonsa, diumbusha tumvi, diumbusha bintu bia bukoya) bua kujikila divulangana dia bisambuluji bia masama anyi?
- Bidiku bikengela kuluisha bisambuluji bia masama ebi ne manga anyi? Kudi programe, mêyi ne mpetu kayi pa bidi bitangila dienza mudimu ne manga bua diluisha bisambuluji bia masama?
- Mmalu kayi adi akengela kumanyisha ne kudimukila bimpe a dimanyisha bena mêku?

Mushindu wa kumbusha bintu bia bukoya

- Kudiku tshilumbu tshia divulangana dia bintu bia bukoya anyi?
- Mmushindu kayi udi bantu bumbusha bintu biabu bia bukoya? Mbintu bia bukoya bia mushindu kayi bidibu bapatula ne bidi bungi kayi?
- Badi mua kuimansha bintu bia bukoya ebi mu muaba udibu base au anyi bidi bikengela kubiangula ne kuya kubimansha pambelu pa muaba udibu base?
- Ntshilele kayi tshidi natshi bantu badi mu dikenga bua kuimansha bintu bia bukoya (tshilejilu, difukisha buloba ne/anyi bina bia diela butshiafu, ndongoluelu wa diangula butshiafu, tubondo tua diela bintu bia butshiafu)?
- Kudiku nzubu ne midimu ya luondapu idi ipatula bintu bia bukoya anyi? Mmushindu kayi udibu babimansha? Nnganyi udi ne bujitu bua dienza mudimu eu?
- Mmuaba kayi udibu bimanshila bintu bia mankenda bia kuimansha (tshilejilu, mikaya ya bana, bintu bia mankenda bia padi bakaji baya ku tshijila tshia mashi ne bia bantu badi kabayi bakumbana mua kudikanda ne badinyangila bilamba)? Badi bimansha bintu ebi mu mushindu musokome ne muakanyine anyi?
- Mbuenzeji kayi budi nabu mushindu udibu bimansha bintu bia bukoya mpindieu mu muaba udi bantu basombele?
- Mbukokeshi kayi bua mushindu wa kumbusha bintu bia bukoya budi nabu bantu badi badienzela mudimu nkayabu ne bena mbulamatadi?

Tshisakidila 2
Tshilejelu tshia F: Disambulujilangana dia masama a munda padi tumvi tupitshila mukana

W MÂYI

S DILAMA MUABA MUIMPE

H MANKENDA

Bijikilu bidi mua kuimanyika disambuluja dia disama; bidi mua kuikala bia kumpala (bidi bijikila dipetangana ne tumvi dia kumpala) anyi bibidi (bidi bijikila disama bua kadibuedi mu muntu mukuabu). Badi mua kubilondesha mu diambuluisha ne mâyi, dilama muaba muimpe ne mankenda.

Lama kudi mâyi afumina

BINTU BIA LUAYIYI

Lengeja, ambula ne lama mâyi bimpe

Umbusha tumvi mu muaba udi bantu basombele

Owa bianza kunyima kua diya ku nkumba

MINU

Owa bianza kumpala kua kudia anyi kulamba biakudia

Umbusha tumvi mu muaba udi bantu basombele

TUMVI

BIAKUDIA

Lama ne lamba biakudia ne ntema yonso

MPALA

NJIJI

Buikila biakudia

Luisha njiji

Owa bianza

Owa bianza kumpala kua kudia anyi kulamba biakudia

Ubula ne sukula biakudia

MADIMI

DISAPALALA DIA MÂYI

Dikamisha mâyi

Tshijikilu tshia kumpalai

Tshijikilu tshibidi

NOTE Tshilejelu etshi ndileja mu tshikoso tshia njila ya kulonda; njila mikuabu ya muomumue idi mua kuikala ne mushinga. Tshilejilu, mâyi a kunua adi mua kuikala manyanga mu tshintu tshia dialamina tshidi ne manyanu, peshi biakudia bidi mua kupia tuishi bua bintu bia dibilambila bidi ne manyanu. ©WEDC

Mishindu minene 5: tumvi, bintu bia luayiyi, minu, njiji, biakudia (Tshimfuanyi 6)

Biangatshila mu: Water, Engineering and Development Centre (WEDC)

Tshisakidila 3
Bungi budi bukengedibua bua mâyi: bungi budi bukengela bua kushala ne muoyo ne ditshinka dia majinga a mâyi

Bua kushala ne muoyo: bungi bua mâyi (a kunua ne a kulamba nawu biakudia)	Litre 2,5–3 ku muntu ne ku dituku (bilondeshile luya anyi mashika ne dimanya dia mubidi wa muntu)
Bilele bia mankenda bia pa tshibidilu	Litre 2–6 ku muntu ne ku dituku (bilondeshile mêyi a mu nsombelu wa bantu ne bilele biabu)
Majinga a pa tshibidilu a dilamba	Litre 3–6 ku muntu ne ku dituku (bilondeshile mushindu wa biakudia, mêyi a mu nsombelu wa bantu ne bilele biabu)
Miaba ya luondapu ne mpitadi	Litre 5 ku mubedi yonso wa pambelu Litre 40–60 ku mubedi yonso udi mu lupitadi ne ku dituku Litre 100 bua dipanda dia muntu ne bua dilela Bidi mua kulomba bua kusakidila bungi bukuabu bua biamu bia disukula nabi bilamba, mâyi a diela mu nkumba ne bikuabu
Miaba idibu bondopa bantu bua cholera	Litre 60 ku mubedi yonso ne ku dituku Litre 15 ku mumuambuluishi ne ku dituku
Muaba udi bondopa bantu bua mubidi luya wa mashi	Litre 300–400 ku mubedi ne ku dituku
Miaba idibu badisha bantu bua dibondopa	Litre 30 ku mubedi yonso udi mu lupitadi ne ku dituku Litre 15 ku mumuambuluishi ne ku dituku
Lupitadi ludi kaluyi luasa kaba kamue mudi bantu kabayi balua misangu ya bungi	Litre 1 ku mubedi yonso ne ku dituku
Lupitadi ludi kaluyi luasa kaba kamue mudi bantu batamba kulua	Litre 5 ku mubedi yonso ne ku dituku
Miaba idibu bapeshela bantu mâyi a dinua bua dipingajilula mâyi mu mubidi (PRO)	Litre 10 ku mubedi yonso ne ku dituku
Miaba ya diakidila benyi/ya lupitapita	Litre 15 ku muntu ne ku dituku bikala muntu ushala kupita dituku dimue Litre 3 ku muntu ne ku dituku bikala muntu ushala anu mu munya
Bilongelu	Litre 3 ku mulongi ne ku dituku bua kunua ne kuowa bianza (Katuena babale mâyi a diela mu nkumba: tangila Nkumba ya bantu bonso kuinshi eku)
Mamoske	Litre 2–5 ku muntu ne ku dituku bua kuowa ne bua kunua

Nkumba ya bantu bonso	Litre 1–2 ku muntu yonso udi ubuelamu ne ku dituku bua kuowa bianza Litre 2–8 ku kazubu ne ku dituku bua kusukula nkumba
Nkumba yonso ya mâyi	Litre 20–40 ku muntu yonso udi ubuelamu ne ku dituku bua nkumba yonso ya mâyi ya pa tshibidilu idi mituangaja ku minkoloji milongolola Litre 3–5 ku muntu yonso udi ubuelamu ne ku dituku bua nkumba ya dikoka mâyi
Mâyi a dikupula nawu kunyima	Litre 1–2 ku muntu ne ku dituku
Bimuna	Litre 20–30 bua nyama yonso munene anyi mulondele ne ku dituku Litre 5 bua nyama yonso mukese ne ku dituku

Tshisakidila 4
Bungi budi bukengedibua bua nkumba: mu tshisumbu tshia bantu, mu miaba ya bantu ba bungi ne mu nzubu minene

Muaba	Bua matuku makese	Bua matuku mavule ndambu ne matuku mulongolongo
Tshisumbu tshia bantu	Nkumba 1 bua bantu 50 (basangile)	Nkumba 1 bua bantu 20 (mêku madisange) Nkumba 1 bua bantu 5 anyi dîku 1
Miaba ya bisalu	Nkumba 1 bua mêsa 50 a dipanyina bintu	Nkumba 1 bua mêsa 20 a dipanyina bintu
Lupitadi/miaba ya luondapu	Nkumba 1 bua malalu 20 anyi babedi 50 ba pambelu	Nkumba 1 bua malalu 20 anyi babedi 20 ba pambelu
Miaba ya didisha	Nkumba 1 bua bantu 50 bakulumpe nkumba 1 bua bana 20	Nkumba 1 bua bakulumpe 20 ne nkumba 1 bua bana 10
Miaba ya diakidila/ ya lupitapita	Nkumba 1 bua bantu 50 ku 3 bua bakaji ne 1 bua balume	
Bilongelu	Nkumba 1 bua bansongakaji 30 nkumba 1 bua bansongalume 60	Nkumba 1 bua bansongakaji 30 ne nkumba 1 bua bansongalume 60
Biro		Nkumba 1 bua bena mudimu 20

Biangatshila mudibu bakaje mu Harvey, Baghri and Reed (2002)

Note: Muaba udi nsombelu muakanyine, ipatshila bua kuteka nkumba idi mêku mua kusangila anyi, bitambe buimpe, nkumba ya bena dîku anu ku ntuadijilu bua kufikisha bantu ku ditaba diambuluisha didi difila bua dilama muaba muimpe, didiangata bu diabu bobu bine ne dia mu bilele biabu.

Note: Mu tshisumbu tshia bantu, badi ne bua kufila bungi bua muomumue bua biowedi ne bua nkumba bua bantu 50 (bua matuku makese) peshi bantu 20 (bua matuku mulongolongo atshilualua).

Tshisakidila 5
Masama adi avuila ku mâyi ne ku dilama dia muaba

1 . Masama adi afumina ku mâyi bilondeshile bintu bidi bitunyunguluke

Mulongo	Disama	Tshikebeshi tshia disama
1) Tumvi tupitshila mukana (masambuluja anyi matuala mu mâyi)		
a) Diela munda ne munda mua mashi	Diupa munda ne mashi	Protozoaire
	Balantidiase	Protozoaire
	Disama dia mala dia *Campylobacter*	Bactérie
	Cholera	Bactérie
	Cryptosporidiose	Protozoaire
	Diela munda bua *E. coli*	Bactérie
	Giardiase	Protozoaire
	Diela munda dia rotavirus	Virus
	Salmonellose	Bactérie
	Shigellose	Bactérie
	Yersiniose	Bactérie
b) Mibidi luya ya mu mala	Tshifoyide	Bactérie
	Paratshifoyide	Bactérie
	Tuneke	Virus
	Hepatite A	Virus
	Leptospirose	Spirochète
	Ascaridiase	Misanda
	Trichocéphalose	Misanda
2) Bua dipanga dia mâyi mimpe/ mankenda		
a) Masama a dikoba ne a mêsu	Masama a dikoba a ku tuishi	Bishilashilangane
	Masama a mêsu a ku tuishi	Bishilashilangane
b) Makuabu	Typhus wa ku nkusu	Rickettsies
	Mubidi luya misangu yonso bua nkusu	Spirochète
3) Bua mâyi mabi manyanguke		
a) Mabuele mu dikoba	Schistosomiase (bilharziose)	Misanda
b) Manua	Musanda wa ku Guinée	Misanda
	Clonorchiase	Misanda
	Diphyllobothriose	Misanda
	Paragonimiase	Misanda
	Makuabu	Misanda

Mulongo	Disama	Tshikebeshi tshia disama
4) Bisambuluji biambuila mu mâyi kudi bishi a) Bisumina muntu pabuipi ne mâyi	Lubunga	Protozoaire
b) Bidi bilelangana mu mâyi	Filariose Malaria Difua mêsu Virus miambula kudi tumue Mubidi luya wa manyimanyi Dengue Makuabu	Misanda Protozoaire Misanda Virus Virus Virus

Biangatshila mu: ACF: Water, Sanitation and Hygiene for Populations at Risk, Tshisakidila 5, dibeji 675

2. Masama adi afumina ku tumvi bilondeshile bintu bidi bitunyunguluke

Mulongo	Disama	Tshikebeshi tshia disama	Njila minene idibi bitamba kupitshila	Mushindu munene wa kuluisha (ya ku biamu mu maleta maladisha
1) Tumvi tupitshila mukana (kamuyi bactérie) Kabiyi bisokome, tuishi bungi bukese	Tuneke Hépatite A Diela munda dia rotavirus Diupa munda ne mashi Giardiase Balantidiase Oxyurose Hyménolépiase	Virus Virus Virus Protozoaire Protozoaire Protozoaire Misanda Misanda	Padi muntu ulenga muntu Tuishi tuikale kumbelu	Dipa bantu mâyi a kumbelu Dilengeja muaba wa kusombela Diashila bantu nkumba Dilongesha malu a makanda a mubidi
2) Tumvi tupitshila mukana (muikale bactérie) Kabiyi bisokome, tuishi bungi bubandile kuoku anyi bupite Dikandamana dia nankunanku ne dikumbana bua kulelangana	Disama ne diela munda dia mashi Disama dia mala dia Campylobacter Cholera Diela munda dia E. coli Salmonellose Shigellose Yersiniose Mibidi luya ya mu mala Tshifoyide Paratshifoyide	 Bactérie Bactérie Bactérie Bactérie Bactérie Bactérie Bactérie Bactérie	Padi muntu ulenga muntu Tuishi tuikale kumbelu Tuishi tuikale mu mâyi Tuishi tuikale mu bia pa madimi	Dipa bantu mâyi a kumbelu Dilengeja muaba wa kusombela Diashila bantu nkumba Dianji kulongolola tumvi kumpala kua dienza natu mudimu tshiakabidi anyi dituimansha Dilongesha malu a makanda a mubidi

Mulongo	Disama	Tshikebeshi tshia disama	Njila minene idibi bitamba kupitshila	Mushindu munene wa kuluisha (ya ku biamu mu maleta maladisha)
3) Misanda ya ku bulaba Misokome ne ikandamana kayiyi ne muaba mukuabu udiyi isombela	Ascaridiase (musanda mudivunge) Trichocéphalose (musanda wa trichocéphale) Ankylostomiase Anguillulose Strongyloïdose	Misanda Misanda Misanda Misanda	Tuishi tuikale mu budimi Tuishi tuikale mu buloba mu tshitupa tshidi bantu baya kusesuka mu tshisuku Tuishi tuikale mu bia pa madimi	Diashila bantu nkumba idi ne panshi patoke Dianji kulongolola tumvi kumpala kua kututangalaja mu malaba
4) Misanda ya mu ngombe ne ngulube (ténia) Misokome ne ikandamana misombele mu ngombe anyi ngulube	Taeniasis (téniase)	Misanda	Tuishi tuikale mu budimi Tuishi tuikale mu mpata Tuishi tuikale mu bisosa bia didisha nyama	Diashila bantu nkumba Dianji kulongolola tumvi kumpala kua kututangalaja mu malaba Ditangila bimpe ndambilu ne munyinyi
5) Misanda ya mu mâyi Misokome ne ikandamana misombele mu bintu bidi mu mâyi	Schistosomiase (bilharziose) Clonorchiase Diphyllobothriose Paragonimiase	Misanda Misanda Misanda Misanda	Tuishi tuikale mu mâyi	Diashila bantu nkumba Dianji kulongolola tumvi kumpala kua kutuimansha Diluisha nyama idi yambula tuishi tua masama Ndambilu
6) Bisambuluji bia masama a ku tumvi biambula kudi bishishi	Tuishi tua filariose (tufumina ku tumue tua *Culex pipiens*) Tuishi tua mu mulongo wa 1 too ne 4, nangananga I ne II, tudi njiji ne mpenzu mua kutuala	Misanda Bishilashi-langane	Bishishi bidi bilelangana mu miaba kabukabu idi minyanga ne tumvi	Dimanya ne dijikija dia miaba idibi mua kuya kulelangana Enza mudimu ne mishetekela bua tumue

Tshisakidila 6
Mutshi wa mapangadika a kulengeja ne kulama mâyi a kumbelu

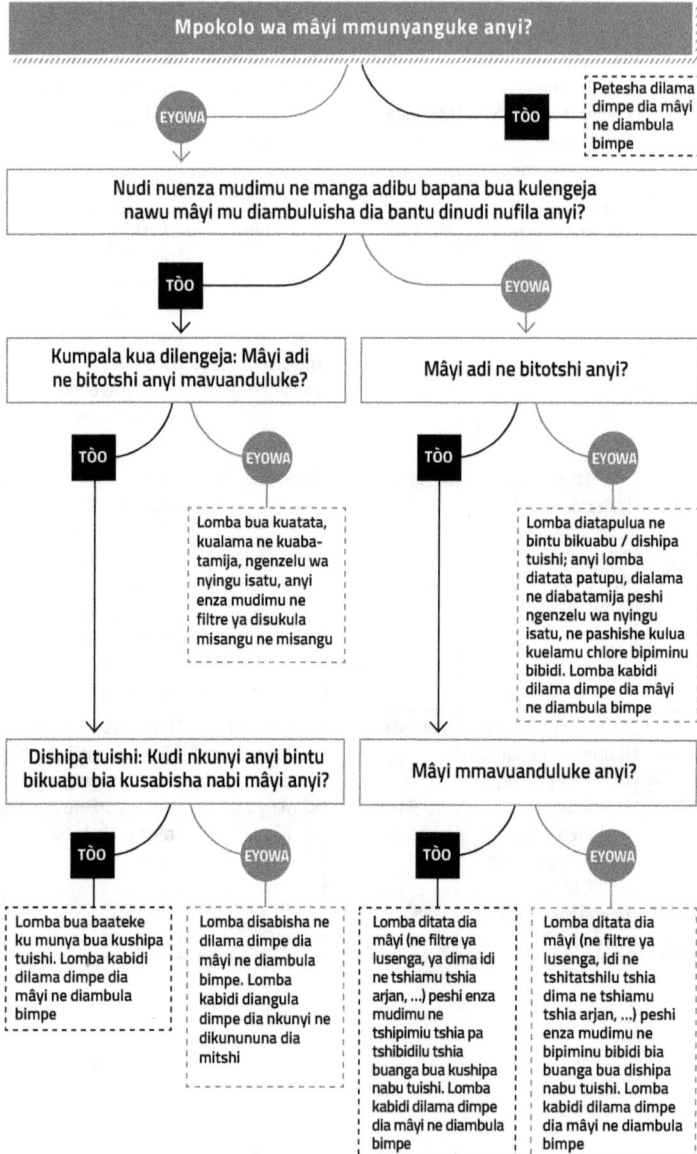

Mpokolo wa mâyi mmunyanguke anyi?

EYOWA → TÒO → Petesha dilama dimpe dia mâyi ne diambula bimpe

Nudi nuenza mudimu ne manga adibu bapana bua kulengeja nawu mâyi mu diambuluisha dia bantu dinudi nufila anyi?

TÒO

EYOWA

Kumpala kua dilengeja: Mâyi adi ne bitotshi anyi mavuanduluke?

Mâyi adi ne bitotshi anyi?

TÒO

EYOWA

Lomba bua kuatata, kualama ne kuaba-tamija, ngenzelu wa nyingu isatu, anyi enza mudimu ne filtre ya disukula misangu ne misangu

TÒO

EYOWA

Lomba diatapula ne bintu bikuabu / dishipa tuishi; anyi lomba diatata patupu, dialama ne diabatamija peshi ngenzelu wa nyingu isatu, ne pashishe kulua kuelamu chlore bipiminu bibidi. Lomba kabidi dilama dimpe dia mâyi ne diambula bimpe

Dishipa tuishi: Kudi nkunyi anyi bintu bikuabu bia kusabisha nabi mâyi anyi?

Mâyi mmavuanduluke anyi?

TÒO

EYOWA

Lomba bua baateke ku munya bua kushipa tuishi. Lomba kabidi dilama dimpe dia mâyi ne diambula bimpe

Lomba disabisha ne dilama dimpe dia mâyi ne diambula bimpe. Lomba kabidi diangula dimpe dia nkunyi ne dikunununa dia mitshi

TÒO

EYOWA

Lomba ditata dia mâyi (ne filtre ya lusenga, ya dima idi ne tshiamu tshia arjan, ...) peshi enza mudimu ne tshipimiu tshia pa tshibidilu tshia buanga bua kushipa nabu tuishi. Lomba kabidi dilama dimpe dia mâyi ne diambula bimpe

Lomba ditata dia mâyi (ne filtre ya lusenga, idi ne tshitatshilu tshia dima ne tshiamu tshia arjan, ...) peshi enza mudimu ne bipiminu bibidi bia buanga bua dishipa nabu tuishi. Lomba kabidi dilama dimpe dia mâyi ne diambula bimpe

Biangatshila mudibi biakaja mu: Mukanda wa FICR (2008) Dilengeja dia mâyi ne dialama bimpe kumbelu mu bikondo bia tshimpitshimpi

Mikanda idibu batele ne mikuabu ya kubala

Malu a pa tshibidilu/Bukenji bua kupeta mâyi
The Rights to Water and Sanitation (Information Portal). www.righttowater.info

United Nations General Assembly Resolution 64/292 The human right to water and sanitation. 2010. www.un.org

Buenzeji budi nabu WASH pa makanda a mubidi

Bartram, J. Cairncross, S. *"Hygiene, sanitation, and water: forgotten foundations of health."* PLoS Med, vol. 7, 2010, e1000367.

Blanchet, K. et al. *An Evidence Review of Research on Health Interventions in Humanitarian Crises.* LSHTM, Harvard School of Public Health, 2013. www.elrha.org

Campbell, O.M. Benova, L. et al. *"Getting the basic rights: the role of water, sanitation and hygiene in maternal and reproductive health: a conceptual framework."* Trop Med Int Health, vol. 20, 2015, pp. 252-67.

Fewtrell, L. Kaufmann, et al. *"Water, sanitation, and hygiene interventions to reduce diarrhoea in less developed countries: a systematic review and meta-analysis."* Lancet Infectious Diseases, vol. 5, 2005, pp. 42-52. www.thelancet.com

Ramesh, A. Blanchet, K. et al. *"Evidence on the Effectiveness of Water, Sanitation, and Hygiene (WASH) Interventions on Health Outcomes in Humanitarian Crises: A Systematic Review."* PLoS One, vol. 10, 2015, e0124688.

Wolf, J. Pruss-Ustun, A. et al. *"Assessing the impact of drinking water and sanitation on diarrhoeal disease in low- and middle-income settings: systematic review and meta-regression."* Trop Med Int Health, vol. 19, no. 9, 2014.

Dienza bimpe dia programe wa WASH
Compendium of accessible WASH technologies. WaterAid and WEDC, 2014. www.wateraid.org

Davis, J. Lambert, R. *Engineering in Emergencies* (2nd ed). ITDG Publishing & RedR UK, 2002.

Efficacy and effectiveness of water, sanitation, and hygiene interventions in emergencies in low- and middle-income countries: a systematic review. https://www.developmentbookshelf.com

Public Health Engineering in Precarious Situations. MSF, 2010. http://refbooks.msf.org

WASH Manual for Refugee Settings: Practical Guidance for Refugee Settings. UNHCR, 2017. http://wash.unhcr.org

Water, Sanitation and Hygiene for Populations at Risk. ACF, 2005. www.actionagainsthunger.org

Bukubi ne WASH

House, S. Ferron, S. Sommer, M. Cavill, S. *Violence, Gender & WASH: A Practitioner's Toolkit - Making water, sanitation and hygiene safer through improved programming and services.* WaterAid/SHARE, 2014. https://violence-wash.lboro.ac.uk

Humanitarian Inclusion Standards for older people and people with disabilities. Age and Disability Consortium, 2018. https://www.cbm.org

INEE Minimum Standards for Education: Preparedness, Response, Recovery. INEE, 2010. www.ineesite.org

Jones, H.E. Reed, R. *Water and sanitation for disabled people and other vulnerable groups: Designing services to improve accessibility.* Loughborough University, UK, 2005. www.ircwash.org

Minimum Standards for Child Protection in Humanitarian Action: Alliance for Child Protection in Humanitarian Action, 2012. http://cpwg.net

Dikolesha mankenda/dishintuluka dia bikadilu

Curtis, V. Cairncross, S. *"Effect of washing hands with soap on diarrhoea risk in the community: a systematic review."* Lancet Infect Dis, vol. 3, 2003, pp. 275-81.

De Buck, E. Hannes, K. et al. *Promoting handwashing and sanitation behaviour change in low- and middle income countries. A mixed method systematic review. Systematic Review 36.* International Initiative for Impact Evaluation, June 2017. www.3ieimpact.org

Ferron, S. Morgan, J. O'Reilly, M. *Hygiene Promotion: A Practical Manual from Relief to Development.* ITDG Publishing, Rugby, UK, 2000 and 2007.

Freeman, M.C. Stocks, M.E. et al. *"Hygiene and health: systematic review of handwashing practices worldwide and update of health effects."* Trop Med Int Health, vol. 19, 2014, pp. 906-16.

Harvey, P. Baghri, S. Reed, B. Emergency Sanitation: Assessment and Programme Design. WEDC, 2002. https://wedc-knowledge.lboro.ac.uk

Hygiene Promotion in Emergencies. Training package. WASH Cluster. http://washcluster.net

Hygiene Promotion Guidelines. UNHCR, 2017. http://wash.unhcr.org

Rabie, T. Curtis, V. *"Handwashing and risk of respiratory infections: a quantitative systematic review."* Trop Med Int Health, vol. 11, 2006, pp. 258-67.

Watson, J.A. Ensink, J.H. Ramos, M. Benelli, P. Holdsworth, E. Dreibelbis, R. Cumming, O. *"Does targeting children with hygiene promotion messages work? The effect of handwashing promotion targeted at children, on diarrhoea, soil-transmitted helminth infections and behaviour change, in low- and middle-income countries."* Trop Med Int Health, 2017.

Mankenda a padi bakaji bikale ku tshijila tshia mashi

Mahon, T. Cavill, S. *Menstrual Hygiene Matters: Training guide for practitioners.* WaterAid. https://washmatters.wateraid.org

Sommer, M. Schmitt, M. Clatworthy, D. *A Toolkit for integrating Menstrual Hygiene Management (MHM) into Humanitarian Response.* Colombia University, Mailman School of Public Health and International Rescue Committee. New York, 2017. www.rescue.org

Dipanga mua kudikanda bua kusukula anyi kunyina

Groce, N. Bailey, N. Land, R. Trani, J.F. Kett, M. *"Water and sanitation issues for persons with disabilities in low- and middle-income countries: a literature review and discussion of implications for global health and international development."* Journal of Water and Health, vol. 9, 2011, pp. 617-27.

Hafskjold, B. Pop-Stefanija, B. et al. *"Taking stock: Incompetent at incontinence - why are we ignoring the needs of incontinence sufferers?"* Waterlines, vol. 35, no. 3, 2016. www.developmentbookshelf.com

Mushindu wa kumbusha tumvi

Clasen, T.F. Bostoen, K. Schmidt, W.P. Boisson, S. Fung, I.C. Jenkins, M.W. Scott, B. Sugden, S. Cairncross, S. *"Interventions to improve disposal of human excreta for preventing diarrhoea."* Cochrane Database Syst Rev, 2010, CD007180.

Freeman, M.C. Garn, J.V. Sclar, G.D. Boisson, S. Medlicott, K. Alexander, K.T. Penakalapati, G. Anderson, D. Mahtani, A.G. Grimes, J.E.T. Rehfuess, E.A. Clasen, T.F. *"The impact of sanitation on infectious disease and nutritional status: A systematic review and meta-analysis."* Int J Hyg Environ Health, vol. 220, 2017, pp. 928-49.

Gensch, R. Jennings, A. Renggli, S. Reymond, Ph. *Compendium of Sanitation Technologies in Emergencies.* German WASH Network and Swiss Federal Institute of Aquatic Science and Technology (Eawag), Berlin, Germany, 2018.

Graham, J.P. Polizzotto, M.L. "Pit latrines and their impacts on groundwater quality: A systematic re*view."* Environmental Health Perspectives, vol. 121, 2013. https://hsrc.himmelfarb.gwu.edu/

Harvey, P., *Excreta Disposal in Emergencies: A Field Manual.* An Inter-Agency Publication, WEDC, 2007. http://wash.unhcr.org

Simple Pit Latrines. WASH Fact sheet 3.4. WHO. www.who.int

Dilengeja mâyi

Branz, A. Levine, M. Lehmann, L. Bastable, A. Imran Ali, S. Kadir, K. Yates, T. Bloom, D. Lantagne, D. *"Chlorination of drinking water in emergencies: a review of knowledge to develop recommendations for implementation and research needed."* Waterlines, vol. 36, no. 1, 2017. https://www.developmentbookshelf.com

Lantagne, D.S. Clasen, T.F. *"Point-of-use water treatment in emergencies."* Waterlines, vol. 31, no. 1-2, 2012.

Lantagne, D.S. Clasen, T.F. *"Use of household water treatment and safe storage methods in acute emergency response: Case study results from Nepal, Indonesia, Kenya, and Haiti."* Environmental Science and Technology, vol. 46, no. 20, 2012.

Rayner, J. Murray, A. Joseph, M. Branz, A.J. Lantagne, D. *"Evaluation of household drinking water filter distributions in Haiti."* Journal of Water, Sanitation and Hygiene for Development, vol. 6, no. 1, 2016.

Bulenga bua mâyi

Bain, R. Cronk, R. Wright, J. Yang, H. Slaymaker, T. Bartram, J. *"Fecal Contamination of Drinking-Water in Low- and Middle-Income Countries: A Systematic Review and Meta-Analysis."* PLoS Med, vol. 11, 2014, e1001644.

Guidelines for Drinking-Water Quality. WHO, 2017. www.who.int

Kostyla, C. Bain, R. Cronk, R. Bartram, J. *"Seasonal variation of fecal contamination in drinking water sources in developing countries: a systematic review."* PubMed, 2015.

Diluisha bisambuluji bia masama

Dengue: Guidelines for Diagnosis, Treatment, Prevention and Control. New Edition. World Health Organization, Geneva, 2009. Chapter 3, Vector management and delivery of vector control services. www.who.int

Handbook for Integrated Vector Management. WHO, 2012. www.who.int

Lacarin, C.J. Reed, R.A. *Emergency Vector Control Using Chemicals.* WEDC, Loughborough University, 1999. UK. https://wedc-knowledge.lboro.ac.uk/details.html?id=15336

Malaria Control in Humanitarian Emergencies: An Inter-agency Field Handbook. WHO, 2005. www.who.int

Thomson, M. *Disease Prevention Through Vector Control: Guidelines for Relief Organisations.* Oxfam GB, 1995. https://policy-practice.oxfam.org.uk/

Vector Control: Aedes aegypti vector control and prevention measures in the context of Zika, Yellow Fever, Dengue or Chikungunya: Technical Guidance. WASH WCA Regional Group, 2016. http://washcluster.net/

Mushindu wa kumbusha bintu bia bukoya

Disaster Waste Management Guidelines. UNOCHA, MSB and UNEP, 2013. www.eecentre.org

Technical Notes for WASH in Emergencies, no. 7: Solid waste management in emergencies. WHO/WEDC, 2013. www.who.int

WASH padiku bipupu

Brown, J. Cavill, S. Cumming, O. Jeandron, A. *"Water, sanitation, and hygiene in emergencies: summary review and recommendations for further research."* Waterlines, vol. 31, 2012.

Cholera Toolkit. UNICEF, 2017. www.unicef.org

Essential environmental health standards in health care. WHO, 2008. http://apps.who.int

Guide to Community Engagement in WASH: A practitioners guide based on lessons from Ebola. Oxfam, 2016. https://policy-practice.oxfam.org.uk/

Infection prevention and control (IPC) guidance summary: Ebola guidance package. WHO, 2014. www.who.int

Lantagne, D. Bastable, A. Ensink, J. Mintz, E. *"Innovative WASH Interventions to Prevent Cholera."* WHO Wkly Epid Rec. October 2, 2015.

Management of a Cholera Epidemic. MSF, 2017. https://sherlog.msf.org

Rapid Guidance on the Decommissioning of Ebola Care Facilities. WHO, 2015. http://apps.who.int

Taylor, D.L. Kahawita, T.M. Cairncross, S. Ensink, J.H. *"The Impact of Water, Sanitation and Hygiene Interventions to Control Cholera: A Systematic Review."* PLoS One, vol. 10, e0135676. Doi: 10.1371/journal.pone.0135676, 2015. http://journals.plos.org

Yates, T. Allen, J. Leandre Joseph, M. Lantagne, D. *WASH interventions in disease outbreak response. Humanitarian Evidence Programme.* Oxfam GB, 2017. https://policy-practice.oxfam.org.uk/

Yates, T. Vujcic, J.A. Joseph, M.L. Gallandat, K. Lantagne, D. *"Water, sanitation, and hygiene interventions in outbreak response: a synthesis of evidence."* Waterlines, vol. 37, no. 1, pp. 5–30. https://www.developmentbookshelf.com

Dibabidila ne diluisha masama

Aide Memoire for infection prevention and control in a healthcare facility. WHO, 2011. http://www.who.int

Essential water and sanitation requirements for health structures. MSF, 2009.

Guidelines on Core Components of Infection Prevention and Control Programmes at the National and Acute Health Care Facility Level. WHO, 2016. www.who.int

Guidelines for Safe Disposal of Unwanted Pharmaceuticals in and after Emergencies. WHO, 1999. www.who.int

Hand Hygiene Self-Assessment Framework. WHO, 2010. www.who.int

Incineration in Health Structures of Low-Income Countries. MSF, 2012. https://sherlog.msf.org

Laundries for Newbies. MSF, 2016. https://sherlog.msf.org

Management of Dead Bodies after Disasters: A Field Manual for First Responders. Second Edition. ICRC, IFRC, 2016. https://www.icrc.org

Medical Waste Management. ICRC, 2011. https://www.icrc.org

Safe management of wastes from health-care activities. Second edition. WHO, 2014. www.who.int

Sterilisation Guidelines. ICRC, 2014. http://icrcndresourcecentre.org

WASH in health care facilities. UNICEF, WHO, 2015. www.who.int

Waste Zone Operators Manual. MSF, 2012. https://sherlog.msf.org

WASH ne didisha bantu

Altmann, M. et al. *"Effectiveness of a household water, sanitation and hygiene package on an outpatient program for severe acute malnutrition: A pragmatic cluster - randomized controlled trial in Chad."* The American Journal of Tropical Medicine and Hygiene, vol. 98, no. 4, Apr 2018, pp. 1005-12. https://www.ajtmh.org

BABYWASH and the 1,000 days: a practical package for stunting reduction. Action Against Hunger (ACF), 2017. https://www.actionagainsthunger.org

Null, C. et al. (2018) *"Effects of water quality, sanitation, handwashing, and nutritional interventions on diarrhoea and child growth in rural Kenya: a cluster randomised control trial."* The Lancet: Global Health, vol. 6, no. 3, March 2018, pp. e316-e329. https://www.sciencedirect.com/

Oxfam and Tufts University WASH and Nutrition Series: Enteric Pathogens and Malnutrition. Technical memorandum 1. Oxfam, Tufts. https://oxfamintermon.s3.amazonaws.com

WASH'NUTRITION 2017 Guidebook: Integrating water, sanitation, hygiene and nutrition to save lives. Action Against Hunger (ACF), 2017. www.actionagainsthunger.org

WASH, makuta ne bisalu
CaLP CBA quality toolbox. http://pqtoolbox.cashlearning.org

Malu makuabu a kubala
Bua malu makuabu a kubala, suaku uye ku
www.spherestandards.org/handbook/online-resources

Mikanda mikuabu ya kubala

Malu a pa tshibidilu/Bukenji bua kupeta mâyi
2.1 billion people lack safe drinking water at home, more than twice as many lack safe sanitation. WHO, 2017.
www.who.int/mediacentre/news/releases/2017/water-sanitation-hygiene/en/

The Right to Water: Fact Sheet 35. OHCHR, UN-HABITAT and WHO, 2010.
www.ohchr.org/Documents/Publications/FactSheet35en.pdf

Malu a pa tshibidilu/Muaba udi bantu basombele
Environment Marker – Guidance Note. UN OCHA & UNEP, 2014.
www.humanitarianresponse.info/sites/www.humanitarianresponse.info/files/documents/files/Environment%20Marker%2BGuidance%20Note_Global_2014-05-09.pdf

Dienza bimpe dia programe wa WASH
Disaster risk reduction and water, sanitation and hygiene: comprehensive guidance: a guideline for field practitioners planning and implementing WASH interventions.
www.preventionweb.net/publications/view/25105

WASH ne bukubi
Including children with disabilities in humanitarian action. WASH Booklet. UNICEF, 2017.
http://training.unicef.org/disability/emergencies/index.html

WASH, Protection and Accountability, Briefing Paper. UNHCR, 2017.
http://wash.unhcr.org/download/wash-protection-and-accountability/

Dikolesha mankenda/dishintuluka dia bikadilu
ABC – Assisting Behaviour Change Part 1: Theories and Models and Part 2: Practical Ideas and Techniques. ACF France. 2013.

Choose Soap Toolkit. London School of Hygiene and Tropical Medicine (LSHTM), 2013.

Communication for Behavioural Impact (COMBI) A toolkit for behavioural and social communication in outbreak response. WHO, 2012.
www.who.int/ihr/publications/combi_toolkit_outbreaks/en/

Curtis, V. Schmidt, W. et al. *"Hygiene: new hopes, new horizons." Lancet Infect Dis*, vol. 11, 2011, pp. 312-21.

Guidelines on Hygiene Promotion in Emergencies. IFRC, 2017.
www.ifrc.org/en/what-we-do/health/water-sanitation-and-hygiene-promotion/hygiene-promotion/

Harvey, P. Baghri, S. Reed, B. *Emergency Sanitation: Assessment and Programme Design.* WEDC, 2002. https://wedc-knowledge.lboro.ac.uk/details.html?id=16676 or http://www.unicefinemergencies.com/downloads/eresource/docs/WASH/Emergency%20Sanitation%20(WEDC).pdf

Kittle, B. *A Practical Guide to Conducting a Barrier Analysis.* Helen Keller International, New York, 2013. http://pdf.usaid.gov/pdf_docs/PA00JMZW.pdf

Service, O. et al (The Behavioural Insights Team) *EAST: Four Simple Ways to Apply Behavioural Insights.* In partnership with Cabinet Office, Nesta, 2014. www.behaviouralinsights. co.uk/publications/east-four-simple-ways-to-apply-behavioural-insights/

Mankenda a padi bakaji bikale ku tshijila tshia mashi

House, S. *Considerations for selecting sanitary protection and incontinence materials for refugee contexts.* UNHCR Publication, 2016.
http://wash.unhcr.org/download/considerations-for-selecting-sanitary-protection-and-incontinence-materials-for-refugee-contexts/

House, S. Mahon, T. Cavill, S. *Menstrual Hygiene Matters; A resource for improving menstrual hygiene around the world.* WaterAid/SHARE, 2012.
https://washmatters.wateraid.org/sites/g/files/jkxoof256/files/Menstrual%20 hygiene%20matters%20low%20resolution.pdf

Mushindu wa kumbusha tumvi

Majorin, F. Torondel, B. Ka Saan Chan, G. Clasen, T.F. *"Interventions to improve disposal of child faeces for preventing diarrhoea and soil-transmitted helminth infection."* Cochrane Database of Systematic Reviews, 2014.

Simple Pit Latrines. WASH Fact sheet 3.4. WHO.
www.who.int/water_sanitation_health/hygiene/emergencies/fs3_4.pdf

Bulenga bua mâyi

Fewtrell, L. *"Drinking water nitrate, methemoglobinemia, and global burden of disease: A discussion."* Environ Health Perspectives, vol. 112, no. 14, Oct 2004, pp. 1371-74. doi: 10.1289/ehp.7216. www.ncbi.nlm.nih.gov/pmc/articles/PMC1247562/

Kostyla, C. Bain, R. Cronk, R. Bartram, J. *"Seasonal variation of fecal contamination in drinking water sources in developing countries: A systematic review."* Science of The Total Environment, vol. 514, 2015, pp. 333-43.

Villenueava, C.M. et al. *"Assessing Exposure and Health Consequences of Chemicals in Drinking Water: Current State of Knowledge and Research Needs."* Environmental Health Perspectives, vol. 122, 2014, pp. 213-21.
pdfs.semanticscholar.org/d037/3e8020adfaa27c45f43834b158cea3ada484.pdf

Diluisha bisambuluji bia masama

Benelli, G. Jeffries, C.L. Walker, T. *"Biological Control of Mosquito Vectors: Past, Present, and Future."* Insects, vol. 7, no. 4, 2016. www.ncbi.nlm.nih.gov/pubmed/27706105

Chemical methods for the control of vectors and pests of public health importance. WHO, 1997. http://apps.who.int/iris/handle/10665/63504

Hunter, P. *Waterborne Disease: Epidemiology and Ecology.* John Wiley & Sons Ltd, Chichester, UK, 1997.
www.wiley.com/en-us/Waterborne+Disease%3A+Epidemiology+and+Ecology-p-9780471966463

Malaria Control in Humanitarian Emergencies. Working Group GFATM in Humanitarian Emergencies, 2009. www.unhcr.org/4afacdfd9.pdf

Manual for Indoor Residual Spraying: Application of Residual Sprays for Vector Control, 3rd Ed. WHO, 2007. http://apps.who.int/iris/handle/10665/69664

Malaria vector control policy recommendations and their applicability to product evaluation. WHO, 2017. www.who.int/malaria/publications/atoz/vector-control-recommendations/en/

Rozendaal, J.A. *Vector Control: Methods for use by individuals and communities.* WHO, 1997. www.who.int/whopes/resources/vector_rozendaal/en/

Warrell, D. Gilles, H. (eds). *Essential Malariology.* Fourth Edition. Arnold. London, 2002.

WASH padiku bipupu

Cholera Outbreak Guidelines: Preparedness, Prevention and Control. Oxfam, 2012. https://policy-practice.oxfam.org.uk/publications/cholera-outbreak-guidelines-preparedness-prevention-and-control-237172

Ebola: Key questions and answers concerning water, sanitation and hygiene. WHO/UNICEF, 2014. http://apps.who.int/iris/bitstream/10665/144730/1/WHO_EVD_WSH_14.2_eng.pdf

Schiavo, R. Leung, M.M. Brown, M. *"Communicating risk and promoting disease mitigation measures in epidemics and emerging disease settings."* Pathog Glob Health, vol. 108, no. 2, 2014, pp. 76–94. www.ncbi.nlm.nih.gov/pubmed/24649867

WASH ne didisha bantu

Dodos, J. Mattern, B. Lapegue, J. Altmann, M. Ait Aissa, M. *"Relationship between water, sanitation, hygiene and nutrition: what do Link NVA nutritional causal analyses say?"* Waterlines, vol. 36, no. 4, 2017. https://www.developmentbookshelf.com/doi/abs/10.3362/1756-3488.17-00005

Luby, S. et al. (2018) *"Effects of water quality, sanitation, handwashing, and nutritional interventions on diarrhoea and child growth in rural Bangladesh: a cluster randomised control trial."* The Lancet: Global Health, vol. 6, no. 3, March 2018, pp. e302-e315. https://www.sciencedirect.com/science/article/pii/S2214109X17304904

WASH, makuta ne bisalu

Cash and Markets in the WASH Sector: A Global WASH Cluster position paper. Global WASH Cluster, 2016. www.emma-toolkit.org/sites/default/files/bundle/GWC%20-%20Cash%20and%20Markets%20Position%20Paper%20-%20Dec%202016.pdf

Cash Based Interventions for WASH Programmes in Refugee Settings. UNHCR, 2014. www.unhcr.org/59fc35bd7.pdf

Dikumbana dia biakudia ne didisha

Mêyi manene a bukubi — Mukenji munene wa diambuluisha bantu badi bakenga

Dikumbana dia biakudia ne didisha

Dikonkonona	Tshia kuenza bua kuluisha didisha dibi	Dipangika dia bidishi bitambe bukese	Didisha bana ba mu maboko ne bana batekete	Dikumbana dia biakudia	Diambuluisha ne biakudia	Bintu bia mu nsombelu
MUKENJI WA 1.1 Dikonkonona dikumbana dia biakudia	**MUKENJI 2.1** Didisha dibi dikole kakese	**MUKENJI 3** Dipangika dia bidishi bitambe bukese	**MUKENJI 4.1** Mêyi maludiki ne bulombodi	**MUKENJI 5** Dikumbana dia biakudia dia pa tshibidilu	**MUKENJI 6.1** Malu malomba a didisha dia pa tshibidilu	**MUKENJI WA 7.1** Dipatula bintu bia nshindamenu
MUKENJI WA 1.2 Dikonkonona dia didisha	**MUKENJI 2.2** Didisha dibi dikole menemene		**MUKENJI 4.2** Diambuluisha dia bitupa kabukabu bua didisha dia bana ba mu maboko ne bana batekete padiku malu a tshimpitshimpi		**MUKENJI 6.2** Ngikadilu wa biakudia, bidi biakanyine ne bianyishibue	**MUKENJI WA 7.2** Mpetu ne mudimu
					MUKENJI 6.3 Disungula dia bantu, diabanya ne difila bintu	
					MUKENJI 6.4 Dienza mudimu ne biakudia	

TSHISAKIDILA TSHIA 1	Liste wa dikonkonona nende dikumbana dia biakudia ne bintu bia mu nsombelu
TSHISAKIDILA 2	Liste wa dikonkonona nende dikumbana dia maminu
TSHISAKIDILA 3	Liste wa dikonkonona nende didisha
TSHISAKIDILA 4	Mushindu wa kupima didisha dibi dikole
TSHISAKIDILA 5	Dimanya mushinga wa dipangika dia bidishi bitambe bukese bua makanda a bantu
TSHISAKIDILA 6	Malu adi malombibue bua kudisha bantu

Tshikebelu

Ngenyi minene ya dikumbana dia biakudia ne didisha

Muntu yonso udi ne bukenji bua kuikala kayi ne nzala ne bua kupeta biakudia bimpe

Mikenji ya nshindamenu ya Sphere idi itangila dikumbana dia biakudia ne didisha ndiumvuija didi ne dikuatshisha dia bukenji bua kupeta biakudia bimpe mu nsombelu ya diambuluisha bantu. Mikenji eyi mmishindamene mu malu adibu bitaba, mêyi manene, majitu ne bukenji bimanyisha mu Tshibungu tshia malu a diambuluisha bantu badi bakenga. Idi ikonga bukenji bua kuikala ne muoyo ne bunême, bukenji bua dikubibua ne dikala talalaa, ne bukenji bua kupeta diambuluisha dia bumuntu bilondeshile dijinga didiku.

Bua kupeta liste wa mikanda minene ya mikenji ne ya ndudikilu wa malu idi yumvuija Tshibungu tshia malu a diambuluisha bantu badi bakenga, ne amue malu adibu bumvuije bua bena mudimu wa diambuluishangana, ⊕ *tangila Tshisakidila tshia 1.*

Didisha dishadile didi dikepesha bukokeshi bua bantu bua kupetulula makanda panyima pa dikenga. Didi dinyanga lungenyi, ditekesha dikubibua ku masama, ditamba kunzulula njila ku masama a munanunanu, dikepesha mishindu ya kupeta bintu bia mu nsombelu ne dipuekesha makanda a didifila mu tshinsanga. Didi ditekesha didikolela dia bantu ne didi mua kubavuija bantu badi bindile bua bikale anu babambuluisha.

Malu adi akebesha didisha dishadile ki mmapepele to

Malu a buludiludi adi akebesha didisha dishadile nkudia bintu bidi kabiyi bikumbane ne kusamasama ⊕ *tangila Tshimfuanyi tshia 7.* Malu adi muinshimuinshi mua didisha dishadile edi ke dipanga dia biakudia bikumbane mu mêku, bibidilu bibi bia didia ne diondopa, muaba mubi udi bena dîku basombele ne luondapu ludi kaluyi lukumbanyine.

Malu a muinshimuinshi aa mmasuikakane munkatshi muawu. Nunku, nansha mudi dipangika dia biakudia dikale bumue bua ku malu adi akebesha didisha dishadile, diambuluisha bantu ne biakudia kadiena mua kufikisha nkayadi ku dijikija dia bualu ebu bua musangu mule to, amba anu bikalabu batangile bikebeshi bikuabu ebi dîba dimuedimue. Mandamuna mafila bua biakudia ne didisha adi ne bua kuenza mudimu ne mandamuna a WASH, a muaba wa kupengama ne muaba wa kusombela, ne a luondapu mu mmuenenu wa malu mulombola bimpe. Tshilejilu, bantu badi dijinga ne bungi bukumbane bua mâyi malenga bua kulamba biakudia bidi bidisha mubidi ne bua bobu kuikala ne bibidilu bimpe bia didia. Dikala ne nkumba ne nzubu ya mankenda nedikepeshe njiwu ya bipupu bia masama. Dikala ne miaba mimpe ya kusombela didi dipetesha mushindu wa kuikala ne miaba ya kulambila ne dikuba bantu ku miunya anyi mashika makole, biambuluisha nunku bua kukepesha njiwu ya masama. Padibu buondopa bantu bimpe, badi mua kufika ku dididisha mu mushindu mutambe buimpe. Ne bualu ebu budi pabu bubapesha makanda a kutungunuka ne kukeba bintu bia mu nsombelu.

BIPETA BIA MATUKU MAKESE ADI ALUA
Kusamasama, difuafua, bulema

DIDISHA DISHADILE DIA MAMU NE DIA MUANA

BIPETA BIA MATUKU A BUNGI ADI ALUA
Bunene bua ku bukulumpe, makokeshi a lungenyi, bukole bua dienza mudimu, makanda a lulelu, disama dia dikola dia mubidi ne dia luendu lua mashi

Disama

Ndilu udi kayi mukumbane

BIKEBESHI BIA KATATAKA

Muaba mubi udi dîku disombele ne midimu ya luondapu kayiyi miakanyine

Ndilu wa mamu kayi muakanyine, didisha dibi dia bana ba mu maboko ne dia bana batekete, ne bilele bibi mu ditabalela

Biakudia kabiyi bikumbane mu mêku, dipeta, dikalaku, dibidia

NGENZELU MISHADILE YA DIPETA BINTU BIA MU NSOMBELU MAFUTU MAKESE
Mudimu, didienzela mudimu, nzubu, mpetu, makuta mafuta, makuta a mposu, makuta a dituma

BIKEBESHI BIDI BISOKOME

BINTU BIA MU NSOMBELU KABIYI BIKUMBANE
Malu a mfranga, a bumuntu, a ku mubidi, a mu nsombelu wa bantu, a ku tshifukilu ne a tshididi

BIKEBESHI BINENE

Malu makole, adi amueneka, adi ashintuluka ku tshidimu, a mu nsombelu wa bantu, a mpetu, a mu bilele bia bantu ne a tshididi

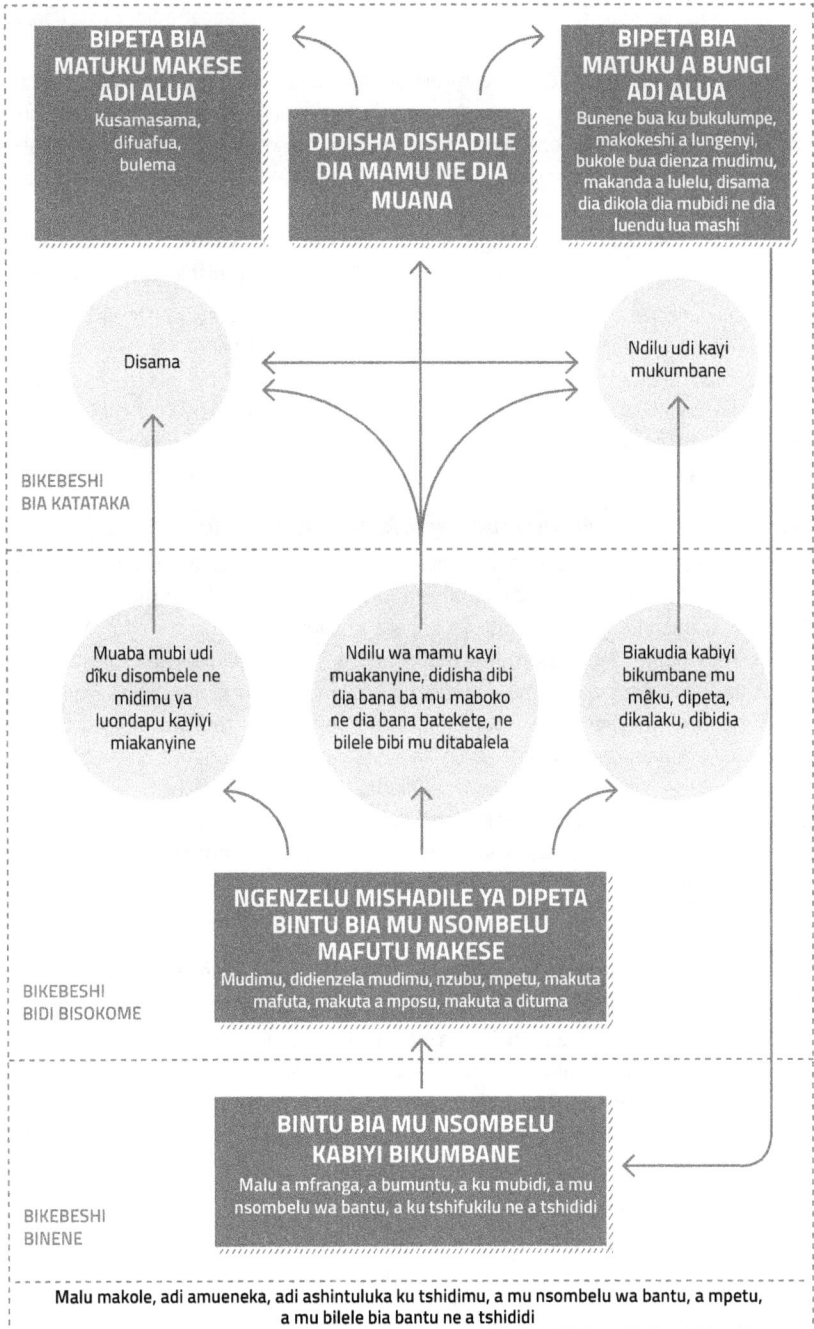

Dikumbana dia biakudia ne didisha: bikebeshi bia didisha dishadile (Tshimfuanyi tshia 7)

Dikonkonona dia malu a muinshimuinshi aa nediepule ne nedikepeshe didisha dishadile. Bua bualu ebu, dilama bintu bidi bantu mua kudikuatshisha nabi mu nsombelu ndia mushinga mukole, bualu didi dikolesha bukokeshi buabu bua kumona tshia kuenza ne bikebeshi bikuabu bidi mua kumueneka bia didisha dishadile. Bintu bia kudikuatshisha nabi mu nsombelu bidi bikonga bintu ne biamu bia mudimu, bintu bidibu kabayi banji kukudimuna, malaba, dimanya ne difika ku bisalu bidi bienza mudimu. Mandamuna a dikumbana dia biakudia ne didisha adi ne bua kuambuluisha bua kukuba ne kulubuluja bintu ebi, ne kukankamija nunku ngenzelu mishilashilangane ya malu bua dipeta bintu bia mu nsombelu, nansha bikalaku bungi bubandile bua didisha dishadile anyi kabuyiku.

Mashintuluka adi enzeka mu nsombelu wa bantu, mu malu a mpetu, mu bilele bia bantu ne mu malu a tshididi panyima pa dikenga neikale ne buenzeji pa mishindu idi bena mêku benza bua kupeta bintu bia kudiambuluisha nabi anyi bintu bia mu nsombelu. Dishindika bikebeshi bia pambelu ebi nediambuluishe bua kuvudija mishindu ya dipetela mpetu ne ndekelu wa bionso kukepesha bua kuteka bantu kumpala kua malu adi akebesha didisha dishadile.

Kuenza mudimu mu miaba ya mu bimenga kudi ne ntatu ya pa buayi

Divulangana dia bantu mu bimenga didi dilela ntatu mipiamipia mu tshitupa tshia dikumbana dia biakudia ne didisha. Miaba idi bantu basombele ya mu bimenga idi itamba kupetesha bantu mishindu ya kupeta mudimu ne kumona mafutu. Nansha nanku, padi bantu badi basombele mu bimenga benda bavulangana, dilomba dia miaba ya kulala ne dia midimu didi dienda padi dikola mu bitupa ebi. Misangu ya bungi, ndudikilu ne ngenzelu milongolola bua kuenza nayi mudimu mu bitupa ebi kayena mua kukumbaja dilomba divua kadiyi ditekemena. Diunguija bantu ba bungi muaba mukese, dinyanguka dia kapepe, diumbusha dibi dia butshiafu ne dipangika dia nkumba mu biasasa bidi bitamba kuenza bua bantu kupia masama makole. Bualu ebu budi bukepesha bukokeshi bua bantu bua kusanka ne mishindu ya dipeta bia didiambuluisha nabi misangu mivule ne bujula malu a muinshimuinshi adi akebesha didisha dishadile.

Bimue bisumbu bia bantu mbitekete mu mushindu wa pa buawu bua didisha dishadile

Diteka diandamuna diakanyine bua biakudia didi dilomba ngumvuilu mujima wa majinga a didisha a pa buawu a bakaji ba mafu ne badi bamusha, a bana ba mu maboko ne bana bakese, bantu bakulakaje ne balema. Dilengeja dikumbana dia biakudia mu mêku didi dilomba kabidi ngumvuilu wa midimu mishilashilangane. Tshilejilu, bakaji batu misangu mivule ne bia bungi bia kuenza mu dilongolola ne mu dilamba dia biakudia mu mêku abu.

Mbualu bua mushinga bua kutapulula bipeta bifunda pa kuleja koku malu bu mudi ne: mbalume anyi bakaji, bidimu biabu ne bulema. Kuenza nunku kudi kuleja bantu badi dijinga ne biakudia bia mushindu kampanda ne aba badi mua kuikala babule bintu bia mushinga bidi bidisha mubidi. Tapulula mu mushindu wa muomumue dilondesha dia malu dia panyima pa diabanya dia bintu bua kushindika ne: malu adibu benza mu programe wa diambuluisha bantu adi abapetesha mushindu muakane wa kupeta biakudia ne didisha bimpe ne biakanyine.

Diepuka didisha dishadile didi ne mushinga wa muomumue ne diondopa didisha dibi dikole. Dienza malu bua kuambuluisha mu dikumbana dia biakudia ne didisha didi mua kujadika ngikadilu wa didisha ne wa makanda a mubidi mu matuku makese, ne lupandu ne dikala bimpe dia bantu mu matuku a bungi atshilualua.

Mikenji ya nshindamenu eyi ki nya dienza nayi mudimu pa nkayayi to

Mikenji ya nshindamenu idi mu nshapita eu idi ileja malu a mushinga a bukenji bua kuikala ne biakudia ne yambuluisha bua kukumbaja ku kakese ku kakese bukenji ebu mu buloba bujima.

Bukenji bua kupeta biakudia bimpe budi buenda pamue ne bukenji bua kupeta mâyi ne miaba mikezula, makanda a mubidi, ne muaba wa kupengama. Diya kumpala mu dikumbaja dia Mikenji ya nshindamenu ya Sphere mu tshitupa tshimue didi disaka diya kumpala mu bitupa bikuabu. Nunku, diandamuna dimpe didi dilomba dilombola malu tshiapamue ne dienza mudimu pamue ne bena bitupa bikuabu, bakokeshi ba muaba au ne bena midimu mikuabu idi yambuluisha. Bidi biambuluisha bua kujadika ne: majinga adi akumbajibua, kabena bavudijangana tshianana malu adibu benza ne bulenga bua mandamuna a mu dikumbana dia biakudia ne didisha mbukumbane menemene. Malu adi apetangana mu bitupa bishilashilangane bia Mukanda eu adi afila ngenyi ya malu adi mua kuikala masuikakane.

Tshilejilu, bikalabu kabayi bakumbaja malu adi malombibue bua kudisha bantu, dijinga dia WASH ndinene, bualu diteketa dia bantu bua masama ndinene. Bia muomumue ne bantu mu muaba udi kishi ka VIH kavulangane anyi muaba udi tshitupa tshinene tshia bakulakaje anyi balema. Mu nsombelu eyi, nebikengele kabidi bua kuakaja bintu bidibu benza nabi mudimu bua kuondopa bantu. Angata mapangadika bua malu adi ne bua kuenjibua kumpala mushindamene pa ngumu idi ifumina ku bitupa bishilangane, ne uyikonkonona bu mudi nsombelu wenda ushintuluka.

Muaba udi mikenji ya ditunga mikale mishadile ku Mikenji ya nshindamenu ya Sphere, malongolodi adi ambuluisha bantu adi ne bua kuenza mudimu ne mbulamatadi bua kuyivuija mibandile ku kakese ku kakese.

Mikenji ya bukua-matunga idi ikuba mu bujalame bukenji bua kupeta biakudia bimpe

Mikenji ya bukua-matunga idi ikuba bukenji bua muntu bua kubenga kufua ne nzala ne kuikala ne biakudia bikumbane. Idi ilomba dipeta dia ku mubidi ne dia makuta dia biakudia bikumbane misangu yonso. Matunga adi ne tshia kujadika bukenji ebu padi bantu anyi bisumbu bia bantu, kuelamu ne bena tshimuangi ne bantu badibu bamuangeshe munda mua ditunga, kabayi ne mushindu wa kupeta biakudia bikumbane, nansha mu bikondo bia dikenga ⊕ *tangila Tshisakidila tshia 1.*

Matunga adi mua kulomba dikuatshisha dia bukua-matunga bikala mpetu yabu bobu bine kayiyi ikumbana. Mu dienza nanku adi ne tshia:

- kunemeka mushindu udiku wa kupeta biakudia bikumbane, ne kulongolola malu bua bantu batungunuke ne kupeta mushindu eu;
- kukuba mushindu udi bantu mua kupeta biakudia bikumbane pa kujadika bua se: malongolodi anyi bantu kabena babapangisha bua kupeta mushindu eu; ne

- kukankamija bantu ne tshisumi bua kujadika ne: dikalaku dimpe dia bintu bia mu nsombelu ne dikumbana dia biakudia pa kubapetesha mpetu idibu nayi dijinga.

Dipala bantu badi kabayi basalayi biakudia bikumbane bu mushindu kampanda wa diluangana mvita ndikandikibue mu Bipungidi bia ku Genève. Mbikandikibue kabidi bua kukuata, kubutula, kumbusha anyi kunyanga bia pa madimi, bimuna, bimuma, minkoloji ya mâyi a madimi, nzubu ne milonda ya mâyi a kunua, ne bitupa bia madimi bidi bipatula bimuma.

Baluishi bobu babuele ne bakuate tshitupa kampanda tshia ditunga, mikenji ya bukua-matunga idi itangila diambuluisha dia bantu idi ibalomba bua benza muabu monso bua bantu ba muaba au bapete biakudia bimpe, nansha kuvuija ku matunga makuabu biakudia ebi pikalabi kabiyi bikumbane mu tshitupa tshidibu bakuate.

Diumvuangana ne Mêyi manene a bukubi ne Mukenji munene wa diambuluisha bantu badi bakenga

Diambuluisha ne biakudia ne didisha didi ne bukole bua kufikisha ku dinyanga bikole dia manême a bantu, nangananga mu dikengesha anyi dinyanga bantu badi badifile mu programe. Programe idi ne bua kuenjibua pamue ne bantu badi dikenga dikuate ne kutekibua mu tshienzedi mu mishindu idi yambuluisha bua kuikalabu talalaa kabayi ne bualu, ne buneme ne mu bujima buabu. Bidi bilomba diludika dimpe dia malu ne ditangila bena mudimu ne mpetu ne dîsu dikole, pamue ne dilamata ne ditumikisha menemene mikenji ya mu nsombelu bua bantu bonso badi badifile mu programe ya difila diambuluisha. Jadika njila mitokesha ya dipetela malu adi enzeka mu tshialu ne bantu badi mu dikenga ne wandamune ne lukasa ku malu onso adi abatatshisha. Badi ne bua kulongesha bena mudimu wa diambuluisha pa bidi bitangila dilama dimpe dia bana ne badi ne bua kumanya mushindu wa kuenza mudimu ne ndongoluelu ya dimanyishila malu adi amueneka bu a tshikisu, a tshinyangu anyi a dikengeshangana, nansha a bana ⊕ *Dîyi dinene dia bukubi dia 1* ne *Dipangadika 5 dia Mukenji munene wa diambuluisha bantu badi bakenga*.

Dieleshangana maboko ne dilombola dia midimu pankatshi ba basalayi ne badi kabayi basalayi, bu mudi diambuluisha ne bintu bia mudimu, badi ne bua kubikonkonona ne ntema mu nsombelu yonso, ne nangananga mu diluangana dia mvita ⊕ *tangila Sphere ntshinyi?* ne *Mêyi manene a bukubi*.

Mu ditumikisha Mikenji ya nshindamenu, badi ne bua kunemeka mapangadika onso tshitemba a mu Mukenji munene wa diambuluisha bantu badi bakenga, baangata bu tshishimikidi tshia difidila programe wa dikumbana dia biakudia ne didisha, programe udi ne dibanza dia kuandamuna.

1. Dikonkonona dikumbana dia biakudia ne didisha

Dikonkonona dikumbana dia biakudia ne didisha mbualu budi bulombibue bua kuenza mu bule bua dikenga dijima. Didi dileja mudi nsombelu wenda ushintuluka ne dienza bua ne: diambuluisha didibu bafila dikale diakajibue bimpe. Bua kuamba bimpe, dikonkonona dikumbana dia biakudia ne didisha didi ne bua kutungunuka mutantshi, bualu didi disunguluja bipumbishi bia ndishilu muakanyine ne dimueneka dia biakudia, dibipeta ne dienza nabi mudimu. Dikonkonona dienza pamue dia dikumbana dia biakudia ne didisha didi mua kuambuluisha bua kupatula bipeta bimpe bia bungi ne kutuangaja didisha ne dilongolola dia dikumbana dia biakudia.

Dikonkonona didi ne bua kulonda mêyi manene adibu batamba kuitaba, kuenza mudimu ne ngenzelu idibu bitaba mu matunga onso, ne kuikala kadiyi ne kansungasunga, dileja bantu bonso ne dikale dilombola bimpe pankatshi pa malongolodi a mudimu wa diambuluisha bantu ne mbulamatadi. Dikonkonona didi ne bua kuenzeka bu bualu busakidila bua pa mutu, bua muomumue ne bua kufuanyikija ne bukuabu. Badifidi ba mu mudimu badi ne bua kumvuangana bua ngenzelu muakanyine wa malu. Didi ne bua kukonga tshitupa tshinene tshia bantu badi mu dikenga, pa kuteya ntema ku bisumbu bidi mu njiwu. Dikonkonona dia bitupa bishilangane didi mua kuambuluisha mu dikonkonona dia makenga malabale ne mu bitupa binene bia buloba.

Tshipatshila tshia dikonkonona dikumbana dia biakudia ne didisha tshidi mua kuikala bua:

- kumvua tshidi nsombelu, majinga adiku ne mushindu wa kukumbaja mine majinga aa;
- kutshinka bungi bua bantu badi dijinga ne dikuatshisha;
- kumanya bisumbu bidi bitambe kuikala mu njiwu; ne/anyi
- kufila tshishimikidi bua kulondesha buenzeji bua diandamuna dia kuambuluisha bantu.

Badi mua kuenza dikonkonona edi mu bitupa bishilashilangane bia dikenga. Tshilejilu:

- dikonkonona dia ku mbangilu mu matuku abidi anyi asatu a kumpala bua kutuadija diabanya diakamue dia biakudia bua kuambuluisha bantu;
- dikonkonona dia lukasa mu mbingu ibidi anyi isatu, bilondeshile malu adibu belele meji ne ditshinka bua kufila tshishimikidi bua kuenza programe;
- dikonkonona dia malu onso mu ngondo 3 anyi 12 bikala nsombelu umueneka muikale wenda unyanguka anyi bilomba dimanya malu makuabu bua kuenza programe ya dipetulula makanda.

Dikonkonona dia malu onso dia **dikumbana dia biakudia** didi disunguluja ngenyi ya mua kupeta bintu bia mu nsombelu, mpetu ne mua kumona tshia kuenza. Didi ditangila mushindu udi ngenyi eyi mishintuluke bua dikenga, ne bipeta bidi bimueneka mu dikumbana dia biakudia bua mêku. Dikonkonona dia malu onso didi ne bua kumanya mushindu mutambe buimpe wa kukuba ne/anyi kukankamija ngenyi eyi ya dipeta bintu bia mu nsombelu bua kumona mua kufika ku dikumbana dia biakudia.

Dikonkonona dia malu onso a **didisha** didi diumvuija dikeba ne dikonkonona bipeta bifunda bidi bileja bitupa bionso bua kujadika bungi budi bupite bua didisha dibi dikole, didisha dia bana ba mu maboko ne dia bana bakese, ne bienzedi bikuabu bia diambuluisha nabi. Bipeta bifunda ebi, pamue ne dikonkonona dia malu makuabu a muinshimuinshi adi makebeshe didisha dibi, ne dikonkonona dia makanda a mubidi ne dikumbana dia biakudia, bidi bileja dikonkonona dia malu adi makebeshe didisha dibi. Bualu ebu budi ne dikuatshisha mu dilongolola, diteka mu tshienzedi ne dilondesha programe ya didisha.

Bisalu bidi ne muaba wa mushinga mukole mu dikumbana dia biakudia ne didisha mu miaba idi bantu basombele, bikala mu bimenga anyi ku misoko. Dikonkonona dionso didi ne bua kukonga dijoja dia bisalu didi dikumbaja Mukenji wa nshindamenu wa dikonkonona dia bisalu (MISMA) ne/anyi Mukenji wa nshindamenu wa dipetulula mpetu (MERS) mikenji ya Dikonkonona ne dijoja ⊕ *tangila Dikuatshisha bantu ku diambuluisha dia bisalu.*

Mikenji idi ilonda eyi ya dikonkonona dia dikumbana dia biakudia ne didisha mmiashila pa Dipangadika dia 1 dia Mukenji munene wa diambuluisha bantu badi bakenga bua kufila mandamuna makanyine a dikumbana dia biakudia ne didisha bua bantu badi mu dikenga ⊕ *tangila Tshisakidila tshia 1, 2 ne 3* ne *Mukanda wa LEGS* bua kupeta liste ya dikonkonona nayi malu.

Mukenji wa 1.1 wa dikonkonona dikumbana dia biakudia ne didisha:
Dikonkonona dikumbana dia biakudia

Muaba udi bantu bafuane kupeta biakudia bikumbane, badi benza dikonkonona bua kujadika bunene ne bualabale bua dipangika dia biakudia, kumanya bantu badi batamba kukenga ne kukeba diandamuna didi ditambe kuakanyina.

Malu manene a kuenza

1 ⟩ Sangisha ne konkonona malu adibu bamanyisha adi atangila dikumbana dia biakudia mu tshitupa tshia mbangilu ne mu bule bua dikenga.

- Elamu ne dikonkonona dia malu makole adi masuikila ku dikumbana dia biakudia, bu mudi dinyanguka dia bintu bidi bitunyunguluke, dikubibua ne mushindu wa kufika mu bisalu.

2 〉 Konkonona buenzeji bua dikumbana dia biakudia pa ndishilu wa bantu badi mu dikenga.

- Elamu ne dikonkonona dia malu a muinshimuinshi adi akebesha didisha dishadile, pamue ne luondapu ludi kaluyi luakane, miaba mibi idi mêku masombele, dipangika dia luondapu anyi dipeta ndongoluelu ya bukubi ya bantu.
- Sangisha bipeta bifunda misangu ya bungi mu bimenga, muaba udi nsombelu mua kushintuluka ne lukasa ne kuikala mikole bua kutangila kupita ku misoko.

3 〉 Manya mandamuna adi mua kuikalaku adi mua kuambuluisha bua kupandisha mioyo ne kukuba ne kupetesha bintu bia mu nsombelu.

- Elamu ne dikonkonona dia malu a bisalu ne makokeshi a mbulamatadi ne benji ba mudimu bakuabu bua kuandamuna ku majinganeeds.

4 〉 Konkonona bintu bia kulamba nabi ne mishindu ya dilamba idiku, pamue ne mushindu wa ditshuwa ne bia kutemesha nabi mudilu, ne dikalaku dia ngesu ne bintu bikuabu bia kulambila.

- Konkonona mushindu uvua bantu bapeta ne balama biakudia ne bintu bia kulamba nabi kumpala kua dikenga, dimona dia makuta divuabu nadi kumpala kua dikenga, ne mushindu udibu benza mpindieu.
- Teya ntema ku manême ne majinga a dikubibua a bantu bakaji ne bansongakaji, batu bonso misangu mivule ne bujitu bua kukeba bia dilamba nabi ne bua kulamba biakudia.

Bileji binene

Badi benza mudimu ne mumvuangana adibu bakaje bua kukonkonona dikumbana dia biakudia, bintu bia mu nsombelu ne mishindu ya kuenza bua kumona mua kupita ne malu

Bia pa lukama bia luapolo ya dikonkonona dia malu idi ileja mu tshikoso bipeta, pamue ne mushindu wa dikonkonona ne ntatu idibu bapete

Malu a kulonda

Bipeta bifunda bia kumpala kua dikenga bisangisha ne bipeta bia malu a bitupa bia buloba bidi mua kuleja dimueneka dia tshikoso dia buenzeji budi mua kuikalaku bua dikenga. Nansha nanku, kabena pamuapa mua kubitapulula bimpe menemene bua kufila tshimuenekelu tshitokesha mu nsombelu wa mu bimenga.

Kudi dikonkonona, bintu bia mudimu ne ndongoluelu ya dimanyishila malu bifumina: Malu a kumanyisha adi mua kufumina ku dikonkonona dia bia pa madimi, bimfuanyi bikuata ku satelite, dikonkonona dia mêku, diyukidilangana mu tusumbu bua kupeta ngenyi ne diela bamanyishi ba malu nkonko. Bintu bia mudimu bidi ne dikuatshisha bidi bikonga Bungi bua biakudia bidi bantu badia, Bungi bua bintu kabukabu bidi mêku adia ne Endekse mukepesha wa ngenzelu ya mua kumona mua kupita ne malu bua kupima lukasa dikumbana dia biakudia mu mêku. Kutu ndongoluelu mivule ya dimanyishila malu adi atangila dikumbana dia biakudia mu muaba au ne mu tshitupa tshia buloba atshi, pamue ne ndongoluelu ya didimuija nayi bua nzala. Enza mudimu ne Ditshinka dia bitupa bisangisha bia dikumbana dia biakudia muaba udidi ne enza mudimu ne mumvuangana adibu bakaje bua kutshinka bukole ne bikebeshi bia dipangika dikole dia biakudia mu bitupa bidi ne lutatu alu. Dilongolola dia programe ya dikumbana dia biakudia didi ne bua kushindamena pa dikonkonona ditokesha dia diandamuna mu dienza mudimu ne bipeta bia makonkonona.

Dinyanguka dia bintu bia muaba udi bantu basombele didi mua kukebesha dipangika dia biakudia, ne dipangika dia biakudia didi mua kufikisha ku dinyanguka dia bintu bia muaba udi bantu basombele. Tshilejilu, diangula nkunyi ne dienza makala bu pa tshibidilu didi diambuluisha bua kulamba biakudia ne dipetesha basumbishi makuta. Kadi didi kabidi mua kufikisha ku dijikija dia metu. Mandamuna adi ne bua kukuba ne kukankamija dikumbana dia biakudia eku mikale ajikila dinyanga dia bintu bidi muaba udi bantu basombele.

Bisumbu bidi mu njiwu: Tapulula bipeta bifunda bua balume anyi bakaji, bidimu biabu, bulema, tshisumbu tshia bubanji ne malu makuabu a mushinga. Balume ne bakaji badi mua kuikala ne midimu mishilangane idi yambuluishangana mu dikuba ndishilu muimpe wa dîku. Yikilangana nabu bonso, bantu ne bantu pa nkayabu biobi mua kulomba mua kuenza nanku, bua bidi bitangila bilele bia dikumbana dia biakudia, dilamba dia biakudia ne mamona a mêku. Umanye se: mbafuane kuikala bapue muoyo bua kubala bakulakaje ne balema mu diabanya dia biakudia bifila bua diambuluisha mu mêku.

Elamu ne bansongakaji ne bansongalume, nangananga mêku adi malombola kudi bana, bana badi batapuluke anyi badi kabayi na baledi, bana badi ne bulema ne bana badi mu nsombelu wa babambuluisha mu mushindu mukuabu. Utabalele bana badi mu nsombelu mishilangane ya dikenga. Tshilejilu, padi masama a tshiambu abudika, ela bana mu dikonkonona, luondapu lua lukasalukasa ne miaba ya luondapu. Mu diluangana dia mvita, elamu ne bana badi mu miaba ya dibumbusha mu milongo ya baluanganyi.

Ngenzelu ya mua kupita ne malu: Ela meji bua mishindu mishilangane ya ngenzelu ya mua kupita ne malu, bulenga buayi ne bipeta bionso bibi. Imue ngenzelu, bu mudi dipana buloba, dimuangala dia mêku majima anyi dijikija dia metu, idi mua kunyanga bua kashidi dikumbana dia biakudia mu matuku atshilualua. Imue ngenzelu ya mua kupita ne malu idi bakaji, bansongakaji ne bansongalume benza nayi mudimu anyi idibu babenzeja ku bukole bua bobu kuenza nayi mudimu, idi mua kunyanga makanda abu a mubidi, dikala bimpe dia lungenyi ne didiumvua diabu bimpe mu muaba udibu basombele. Ngenzelu eyi idi ikonga diangatangana bua kupeta makuta anyi "bua kupanda", diselesha bana ba bakaji bua kupeta biuma, bakaji ne bansongakaji badia bintu bikese bidi bishala ku ndekelu, mudimu wa bana, dimuangala didi ne njiwu, ne disumbisha dia bana.

Bipiminu bia dikeba nabi bintu: Bungi bua biakudia bidi bantu badia budi buleja bungi bua makanda ne bidishi bia mubidi bidi muntu ne muntu wa mu dîku wangata. Kabiena ne dikuatshisha bua kupima makanda adiku bulelela ne bidishi bia mubidi mu dikonkonona dia kumpala, nunku enza mudimu ne bipiminu bia dikeba nabi bintu. Tshilejilu, bungi bua bisumbu bia biakudia bidi muntu anyi dîku didie ne misangu idibu badie mu tshikondo kampanda budi buleja ndilu kabukabu. Dishintuluka dia malu mu bungi bua misangu ya didia ne ndilu kabukabu bidi bipiminu bimpe bia dikeba nabi bintu bua dikumbana dia biakudia, nangananga padibi bikale bipetangana ne nsombelu wa mêku pa bidi bitangila mpetu mu tshinsanga.

Bia mudimu bia kupima nabi mishindu ya didia biakudia bidi bikonga Bungi bua ndilu kabukabu ya mêku ku dituku ku dituku, Mushindu udi mêku afika ku dimona dipangika dia biakudia ne Bungi bua bintu bidibu badia. Bunene bua nzala mu mêku ntshileji tshikuabu tshimpe tshia dikeba natshi bintu tshia dipangika dia biakudia. Bimue bileji bia pa tshibidilu bidibu benza nabi mudimu bu mudi Bungi bua bintu bantu badia kabiena pamuapa mua kuleja bimpe dipangika dia biakudia mu nsombelu wa mu bimenga. Fuanyikija bipiminu biudi musungule ne bipiminu bia ngenzelu ya mua kupita ne malu bua kumvua ntatu mishilangane ya mu dipeta biakudia.

Tshitupa tshia makuta adibu batula bua biakudia ne bungi butshintshikila budibu bateke bidi mua kuikala pamuapa bipite kukola bua kubiteka mu tshienzedi mu mêku a mu bimenga. Bidi nunku bualu bantu ba bungi badi mua kuikala ne bujitu bua difila biakudia, bena mêku bikale badia biakudia bidi bifumina pambelu pa dîku, ne bantu ba bungi badi mua kufila tshiabu tshitupa mu mamona a dîku.

Diela meji bua malu a bisalu ne mushinga wa ndilu: Keba malu adibu bamanyisha pa bidi bitangila mushindu wa kufika mu bisalu, kupeta makuta, bintu bia mu nsombelu ne buteketе bua malu a mpetu. Malu aa mmasuikakane ne mishinga ya biakudia, mishindu ya dipetela makuta ne bungi bua mafutu, bidi bikale ne buenzeji pa dikumbana dia biakudia. Ndongoluelu ya bisalu, ne idi milongolola ne idi kayiyi milongolola, idi mua kukuba bintu bia mu nsombelu pa kupetesha bantu bintu bidi biambuluisha bu mudi maminu ne bintu bia mudimu ⊕ *tangila Dikumbana dia biakudia ne didisha – mukenji wa 7.1 ne wa 7.2 wa bintu bia mu nsombelu.*

Enza dikonkonona dia malu a bisalu bu tshitupa tshia dikonkonona dia nsombelu dia kumpala ne didi dilonda. Dikonkonona dia malu a bisalu didi ne bua kutangila bikala bisalu bia muaba au mua kukankamija majinga a didisha ne kujadika bungi bua makuta adi akengedibua bua biakudia ne mushindu wa kubipeta bidi bikumbaja majinga a bidishi bia mubidi bua dîku ⊕ *tangila Dikuatshisha bantu ku diambuluisha dia bisalu.*

Nangananga ku misoko, ne pa tshibidilu mu bimenga, mandamuna mmashindamene pa malu a bisalu. Adi enza mudimu ne bapanyishi ba bintu, miaba ya bisalu, bintu bidi bantu badia mu tshitupa atshi ne mishindu ya dibiambula bua kukumbaja majinga a bantu badi bakenga. Nunku, mbualu bua mushinga bua kujingulula mushindu udi bisumbu bidi mu njiwu mua kufika mu bisalu ⊕ *tangila Mukanda wa MISMA.*

Mukenji wa 1.2 wa dikonkonona dikumbana dia biakudia ne didisha:

Dikonkonona dia didisha

Dikonkonona dia didisha misangu mivule didi dienza mudimu ne ngenzelu idibu banyishe bua kumanya mushindu, bunene ne bualabale bua didisha dishadile, bantu badi batambe kuikala mu njiwu ne diandamuna didi diakanyine.

Malu manene a kuenza

1 > Sangisha malu adibu bamanyishe a kumpala kua dikenga ne lombola dikonkonona dia ntuadijilu bua kujadika ngikadilu ne bukole bua nsombelu wa didisha.

- Konkonona makokeshi a ditunga ne a muaba au bua kumona mua kuenza anyi kukankamija diambuluisha, pamue ne bakuabu badi badifile mu mudimu wa didisha.

2 > Enza ne lukasa dipima dia nyunguluilu wa diboko (MUAC) ne dikonkonona dia mishindu idibu badisha bana ba mu maboko ne bana batekete mu bikondo bia tshimpitshimpi (IYCF-E) bua kujadika nsombelu wa didisha anu ku ntuadijilu kua dikenga.

3 > Jingulula bisumbu bidi bitambe kuikala dijinga ne diambuluisha dia didisha.

- Sangisha malu adi akula bua bikebeshi bia didisha dishadile ku mpokolo ya mbangilu ne idi ilonda, pa kuelamu ne mmuenenu ya malu ne ngenyi ya mu tshinsanga.

- Difila pamue ne binsanga bua kumanya bisumbu bidi mu njiwu, pa kutuma ntema ku bidimu, ni mbalume ni mbakaji, bulema, disama dia munanunanu anyi malu makuabu.

4 > Jadika diandamuna diakanyine diashila pa ngumvuilu wa nsombelu ne wa bualu bua lukasa.

- Ujadike bikala nsombelu eu mushindame anyi wenda ukepa, pa kutangila malu adi enda amueneka mu ndishilu mu kupita kua matuku pamutu pa kutangila divulangana dia didia dibi mu tshikondo kampanda tshisunguluke.

- Ela meji bua mishindu ya dibabidila ne ya diondopa.

Bileji binene

Badi benza mudimu ne bipungidi bidi bilonda mikenji bua kukonkonona didia dibi ne kumanya bidi bidikebesha

Bia pa lukama bia luapolo ya dikonkonona bidi bikonga ngenzelu wa dikonkonona ne ntatu idibu bapete

Malu a kulonda

Malu a mu nsombelu: Badi mua kusangisha malu adibu bamanyishe pa bidi bitangila bikebeshi bia didisha dishadile mangatshila ku mpokolo ya ntuadijilu ne idi milondele, kuelamu ne bimuenekelu bia makanda ne bia didisha, luapolo ya makebulula, malu adibu bamanyishe bua kudimuija nawu, mikanda ya mu miaba idibu bondopela bantu, luapolo ya dikumbana dia biakudia ne mpokolo mikuabu. Bilejilu bidi bikonga:

- dikonkonona dia makanda a bantu ba bitupa bishilangane bia buloba;
- dikonkonona dia bisumbu bia bileji bia malu a bungi;
- bipeta bifunda bia ditunga dijima bia malu a didia;
- makonkonona makuabu a ditunga a makanda a mubidi ne a didisha;
- ndongoluelu ya ditangila nayi malu a didisha;
- bungi bua badi babuele ne badibu bambuluishe mu programe idiku bua kuluisha didia dibi; ne
- ditangalaka dia kishi ka VIH, buenzeji buaku ne bungi bua bantu badi bafue, kuelamu ne bisumbu bidi mu njiwu ya bungi anyi bidi ne majitu mapite ⊕ *tangila Luondapu lua nshindamenu – mukenji 2.3.3 wa makanda a mubidi a disangila ne a lulelu: kishi ka VIH.*

Midimu ne binsanga bine bia muaba au bidi ne bua kudifila ne muoyo mujima bua kukonkonona, kumvuija bipeta ne kulongolola mandamuna muaba udibi mua kuenzeka nanku.

Diandamuna dia lukasa: Mu tshitupa tshia kumpala tshia dikenga, mapangadika a malu a pa tshibidilu a diabanya dia biakudia anyi diondopa dia lukasa dia didia dibi adi ne bua kuikala mashila pa dikonkonona dia lukasa, bipeta bia ntuadijilu ne makokeshi adiku bua kufila diandamuna. Bidi bikengela kuenza dikonkonona dia malu mu buondoke mu tshitupa tshia ndekelu kadi kabena ne bua kuteka diandamuna ku shoo mu tshitupa tshia dikenga dikole to.

Malu adi dikonkonona ne bua kukonga: Dikonkonona malu mu buondoke didi ne bua kuenjibua muaba udibu bapeta dishilangana dia malu ne bikala malu makuabu akengedibua bua kuenza programe, kujoja bipeta bia programe anyi kubiakuila. Jadika bikala dikonkonona dia bulenga anyi bungi bua bantu dikengedibua bua kujingulula ngikadilu wa bipiminu bia bumuntu, wa bintu bitambe bukese bidi bidisha mubidi, didisha dia bana ba mu maboko ne bana batekete, ngondapilu ya bamamu ne bimanyinu bikuabu bidi ne mushinga bia didisha dishadile. Lombola midimu pamue ne benji ba midimu idi itangila makanda a mubidi, malu a WASH ne dikumbana dia biakudia bua kuenza ne kulongolola malu bua dikonkonona.

Makebulula adi angata bipiminu bia bumuntu: Batu benza nawu mudimu bua kukenketa bitupa bia mubidi ne kufila bungi budibu batshinka bua didia dibi dia munanunanu ne dikole. Adi mua kushindamena pa malu masungula mu mpukapuka anyi mu dilondesha malu masunguluke. Makebulula adi ne bua kumanyisha nomba Z wa bujitu bilondeshile bula bua muntu pa kulonda mikenji ya Bulongolodi bua buloba bujima bua malu a makanda a mubidi (OMS). Enza mudimu ne nomba Z wa bujitu bilondeshile bule bua muntu udibu bamanyishe bilondeshile tshilejelu tshia NCHS (National Center for Health Statistics) bua kufuanyikija ne makebulula a kale. Elamu ne bipeta bia tshinyanu ne tshinyanu tshikole bipima bilondeshile bipeta bia MUAC. Batu batamba kuitaba tshilele tshia kujadika didia dibi mu bana ba ngondo 6 too ne 59 bu tshilejilu tshia bantu bonso. Nansha nanku, muaba udi bisumbu bikuabu bidi bituilangana ne njiwu minene ya mu didia, ela meji bua kubiela pabi mu dikonkonona ⊕ tangila Tshisakidila 4: Mushindu wa kupima didisha dibi dikole.

Jadika bungi bua bantu badi ne mibidi miule mâyi bua didia ne ubifunde pa muaba wabi. Funda luapolo lua mitantshi ya kueyemena bua bungi bua didia dibi ne leja bujadiki bua bulenga bua dikebulula. Enza mudimu ne bia mudimu bu mudi mukanda wa ngenzelu wa SMART (*Standardised Monitoring and Assessment of Relief and Transitions*), ne wa SENS (*Standardised Expanded Nutrition Survey*) bua bena tshimuangi, ne programe wa ordinatere wa ENA (*Emergency Nutrition Assessment*) anyi ne wa Epi Info.

Dikonkonona didisha dia bana ba mu maboko ne bana batekete: Konkonona majinga ne malu adi ne bua kuenjibua kumpala bua IYCF-E ne londesha buenzeji bua tshienzedi tshia mudimu wa diambuluisha bantu ne dipanga dia kuenza bualu mu bilele bia didisha bana ba mu maboko ne bana batekete. Badi mua kuenza mudimu ne bipeta bifunda bia kumpala kua dikenga bua kumvuija diangata dia mapangadika a ntuadijilu. Enza mudimu ne bena midimu ya bitupa bikuabu bua kubueja nkonko ya IYCF-E mu dikonkonona dia bitupa bikuabu ne petela mandamuna ku bipeta bifunda bidiku bia bitupa bishilashilangane bua kumvuija dikonkonona ⊕ *tangila Tshisakidila 3: Liste wa dikonkonona nende didisha.*

Elamu ne bungi bua bafidi ba mibelu ya diamusha bana, bondopianganyi bapiluke ne bena midimu mikuabu idi ne dikuatshisha, pamue ne makokeshi abu. Bua kuenza dikonkonona didi diya mu buondoke, enza disangisha dia malu a mu mpukapuka, disangisha dia malu onso anyi disangisha dia malu mu bisumbu. Bualu ebu budi mua kuenzjibua ku diambuluisha dia dikebulula dienza pa nkayadi dia IYCF-E anyi dikebulula dienza pamue ne makuabu. Nansha nanku, dikebulula dienza pamue ne makuabu didi mua kufikisha ku diangata anu malu makese, ne bualu ebu budi mua kukepesha ngikadilu wa dikebulula wa dileja mpala wa bantu bonso.

Bileji bikuabu: Mamanyisha makuabu adi mua kuangatshibua bimpebimpe bua kutokesha dikonkonona dia malu onso adi atangila nsombelu wa didisha. Ebi bidi bikonga bungi bua bantu badi bapeta diambuluisha mu programe ya didisha ne difila bisalu, nangananga bua kantembele, vitamine A, iode anyi dipangika dia bikuabu bintu bitambe bukese bidi bidisha mubidi, kusamasama dîba dionso ne bikadilu bia dikeba makanda mimpe a mubidi. Badi kabidi mua kuangata mu bujima bungi bua bana ba mu maboko ne ba muinshi mua bidimu 5 badi bafua, ne tshidi tshikebeshe lufu elu, pikalabu kuoku.

Diumvuija dia nsombelu ya didisha dishadile: Dikonkonona dia malu a bungi a bunene ne bungi bua bantu badibu basungule, pamue ne bungi bua badi bafua ne badi basamasama, didi ne mushinga bua kumona bikala nsombelu ya didisha dishadile ilomba diambuluisha. Bidi bikengela kumanya kabidi malu a makanda a mubidi, mashintuluka a mivu, bileji bia IYCF-E, nsombelu ya didisha dishadile ya kumpala kua dikenga, bunene bua didisha dibi dikole menemene bilondeshile didia dibi dikole dia buloba bujima, ne nsombelu ya Dipangika dia bidishi bitambe bukese ⊕ *Luondapu lua nshindamenu – Mukenji 2.2.2 wa makanda a mubidi a bana: Diondopa masama a bana ba mu maboko ne a bana batekete* ne *Tshisakidila 5: Dimanya mushinga wa dipangika dia bidishi bitambe bukese bua makanda a bantu.*

Disangisha dia ndongoluelu ya dimanyishila malu a pa mutu didi mua kuikala mushindu udi utamba kutudisha makuta wa dilondesha malu. Mishindu ya diangata mapangadika ne mmuenenu wa malu bidi biangata malu mashilashilangane a bungi, bu mudi dikumbana dia biakudia, bintu bia mu nsombelu, makanda a mubidi ne didisha, bidi mua kuikala biakanyine ⊕ *tangila Mukenji wa 1.1 wa dikonkonona dikumbana dia biakudia ne didisha: Dikonkonona dikumbana dia biakudia.*

2. Tshia kuenza bua kuluisha didisha dibi

Dijikila ne diondopa didisha dibi bubidi buabi bidi malu a mushinga mukole mu bikondo bia makenga adi akuata bantu. Badi mua kujikila didisha dibi dia munanunanu, kadi kudi bijadiki anu bikese bia se: badi mua kudishintulula anyi kudiondopa. Ku luseke lukuabu, didisha dibi dikole – didi difuane kumueneka mu tshikondo tshia dikenga – badi mua kudijikila ne kudiondopa pa kuambuluisha bantu ne didisha diakane.

Malu adibu benza bua kuambuluisha bantu ne didisha nga mushinga mukole bua kukepesha kusamasama ne difua munkatshi mua bantu badi dikenga dikuate. Nansha nanku, adi alomba kumvua bimpe bikebeshi bikole bia muinshimuinshi bia didisha dibi. Mmuenenu wa malu udi ukonga bitupa bia bungi udi ne mushinga bua kumona mua kujikija bikebeshi bionso ebi ne dibuelakanangana diabi.

Tshia kuenza bua kuluisha didisha dibi dikole kakese: Mu bikondo bia dikenga, didisha dikumbajija ke ngenzelu wa kumpala utubu batamba kuenza nende mudimu bua kujikila ne kuondopa didisha dibi dikole kakese.

Mishindu ibidi idi mitambe kumanyika ya programe ya didisha dikumbajija nyoyi eyi: programe ya didisha dikumbajija dia bantu bonso bua kujikila, ne programe ya didisha dikumbajija didi ne bipatshila bua kuondopa didisha dibi dikole kakese ne kujikila didisha dibi dikole menemene. Dienza mudimu ne mushindu umue anyi mukuabu didi bilondeshile ngikadilu wa didisha dibi dikole, bisumbu bia bantu badi ne butekete ne njiwu idi mua kumueneka ya didisha dibi dikole.

Mbimpe kuenza mudimu ne programe ya didisha dikumbajija dia bantu bonso muaba udi dipangika dia biakudia dikale dikole ne kuikale dijinga dia kualabaja midimu ya diambuluisha kayiyi imanyina anu pa malu a didisha dibi dikole kakese. Idi ne bua kuenda tshiapamue ne diabanya dia biakudia dia pa tshibidilu didi dipatshila mêku onso adi dikenga dikuate. Kakuena bileji bijalame bia buenzeji bua programe ya didisha dikumbajija dia bantu bonso to, kadi mbualu bua mushinga bua kulondesha bantu badi bakubibue, badi balamate ku programe eyi, badi bayitaba ne bungi bua bintu bidibu bafila. Bileji bia mushindu wa kuluisha didisha dibi dikole kakese bidi ne bua kuleja tshia kumpala didisha dikumbajija didi ne bipatshila.

Bualu bunene bua kutangila mu programe wa didisha dikumbajija didi ne bipatshila mbua kuenza bua ne: bantu badi badishibua bibi kakese kabalu kuikala badishibue bibi bikole menemene ne kubambuluisha bua kubetululabu makanda. Mishindu ya programe eyi itu pa tshibidilu ifila dikumbajija dia biakudia ku bungi bua pa tshibidilu bua bantu badi badishibue bibi kakese, bakaji ba mafu ne badi bamuisha bana, ne bantu bakuabu badi mu njiwu.

Tshia kuenza bua kuluisha didisha dibi dikole menemene: Kudi ngenzelu kabukabu ya kuenza nayi mudimu bua kuondopa bantu. Dienza malu didi dishindamene pa tshinsanga bua kuluisha didisha dibi dikole ke ngenzelu udi muanyishibue muaba udibi bikumbane bua kuenza nanku. Didi dikonga:

- diondopela mu lupitadi bantu badi ne kusama kukole bimueneka ne: mbua didisha dibi dikole menemene;
- diondopela mu lupitadi bana bonso ba muinshi mua ngondo isambombo badi bikale ne didisha dibi dikole menemene;
- diondopela pambelu bantu badi ne didisha dibi dikole menemene kadi kabayi ne kusama kukole;
- diyikidilangana ne bantu mu tshinsanga; ne
- midimu anyi programe mikuabu misunguluke bilondeshile nsombelu bua bantu badi ne didisha dibi dikole kakese.

Programe ya diluisha nayi didisha dibi dikole menemene idi ne bua kukoleshibua ne programe ya didisha dikumbajija ne didisuika dia tshinsanga bua kukankamija diyukidilangana, dikeba dijima dia bantu badi mu nsombelu eu, dibaleja tshia kuenza ne dibalondesha.

Mukenji 2.1 wa tshia kuenza bua kuluisha didisha dibi: Didisha dibi dikole kakese

Badi bajikila ne baluisha didisha dibi dikole kakese.

Malu manene a kuenza

1 > Teka ngenzelu, bipatshila ne bimanyinu biumvuija bimpe ne bitabujibue bua kubangisha ne kujikija midimu ya diambuluisha anu ku mbangilu wa programe.

2 > Enza muebe muonso bua malu adibu benza bua kuluisha didisha dibi dikole kakese apete bantu ba bungi ku diambuluisha dia dipangadika ne didifila dia tshinsanga anu ku ntuadijilu.

- Enza mudimu pamue ne badifidi ba mu tshinsanga bua kumanya bantu ne mêku a badi ku batekete.

3 > Teka mêyi a diumvuangana bua kubuela ne kupatuka, mashindamene pa bimanyinu bidi bilonda bipiminu bia bumuntu bidi bianyishibue mu ditunga ne mu buloba bujima.

- Jadika tshimanyinu tshia dipatuka mu difila luapolo lua bileji bia ngenzelu wa mudimu.
- Keba bua kumanya bua tshinyi kakuena didifila ne kakuena diandamuna, anyi bua tshinyi bantu ba bungi badi bafua.

4 > Suikakaja tshia kuenza bua kuluisha didisha dibi dikole kakese ne tshia kuenza bua kuluisha didisha dibi dikole menemene ne ku midimu ya luondapu idiku.

5 ⟩ Fila biadidia bia didisha dikumbajija biume anyi bidi biakane bua kubidia bia kuya nabi kumbelu, anu bikalaku kenzela kimpe ka dibidishila bantu anu apu.

- Abanya biadidia ku lumingu anyi panyima pa mbingu yonso ibidi. Tangila bantu badi benze dîku ne bunene buadi, dikumbana dia biakudia bua dîku, ne mushindu udibi mua kuenzeka bua diabanya paudi uteka bunene ne bungi bua biadidia bia kuabanyina bantu.
- Umvuija bimpe mushindu wa kulamba biadidia bikumbajija ne mankenda ne kubilama, wakuile kabidi ne pa mushindu ne pa dîba dia kubidia.

6 ⟩ Ela kashonyi pa bidi bitangila dikuba, ditua mpanda ne dikankamija diamusha bana mabele, didisha dikumbajija ne mankenda.

- Umvuija bimpe mushinga wa diamusha bana ba ngondo mitue ku isambombo anu ne mabele nkayawu, ne bua kutungunuka ne kuamusha dibele bana ba kubangila ku ngondo 6 too ne ku 24, bua mamu ne muana kuikalabu ne makanda a mubidi ne a lungenyi.
- Bueja bamamu badi bamuisha bana badi ne didia dibi dikole ba ngondo mishadile ku isambombo mu programe ya didisha dikumbajija, nansha mamu yeye muikale bishi.

Bileji binene

Bia pa lukama bia bantu badibu basungule badi mua kufika ku miaba ya dipetela biadidia biume bia didisha dikumbajija mu dituku dimue dia kutua kupingana (kuelamu ne dîba dia luondapu)

- >90 %

Bia pa lukama bia bantu badibu basungule badi mua kufika ku miaba ya programe mu dîba dimue

- >90 %

Bia pa lukama bia bantu badi ne didisha dibi dikole kakese (MAM) badi ne mushindu wa kufika ku miaba ya luondapu (bantu badi bakubibue)

- >50 % ku misoko
- >70 % mu bimenga
- >90 % mu bitudilu bilongolola

Bungi bua bantu badi bapatuke mu programe ya bantu basungula ya didisha dikumbajija badi bafue, bapetulule makanda anyi balekele

- Badi bafue: <3 %
- Badi bapetulule makanda: >75 %
- Badi balekele: <15 %

Malu a kulonda

Dienza dia programe: Enza programe idi mishindamene pa makokeshi a ndongoluelu wa luondapu ne mikale ikankamija ndongoluelu eyi, ne ela meji bua mushindu wa kufika ku miaba ya luondapu, ditangalaka dia bantu mu tshitupa tshia buloba ne dikala diabu talalaa. Lama mishindu ya kupetangana ne bena mudimu wa diondopa badi mu lupitadi ne badi pambelu, bamamu badi ne mafu, dibabidila malaria, disokolola ne diondopa masama a bana, badi baluisha kishi ka VIH ne buondopa disama dia tshiadi, ne bena programe ya dikumbana dia biakudia idi ikonga dituma biakudia, makuta anyi tike ya biakudia.

Programe ya didisha dikumbajija ki mmienza bua kupingana pa muaba wa ndilu to, kadi mbua kumukumbajija. Mbualu bua mushinga bua kuenza programe mu lungenyi ludi lusangisha bitupa bivule bidi ne midimu idi ipetangana, bu mudi WASH, makanda a mubidi, IYCF ne diabanya dia biakudia bia pa tshibidilu. Konkonona malu bua kumanya ni kudi biakudia bikumbajija mu bisalu bia mu ditunga anyi bia pambelu pa ditunga, ne bueja ntatu idi mua kumueneka mu dilongolola dia programe eu ⊕ *tangila Dikuatshisha bantu ku diambuluisha dia bisalu.*

Dijikila anyi diondopa: Angata ngenzelu wa bantu bonso bua kujikila didisha dibi, anyi ngenzelu wa dipatshila bantu kampanda bua kudijikija. Dipangadika ndia kuangata bilondeshile:

- bunene bua didisha dibi dikole ne bungi bua bantu badi mu dikenga;
- njiwu ya kumona kusamasama kuvulangana;
- njiwu ya kumona biakudia kabitshiyi kabidi bikumbana;
- ditambakana dia bantu ne bungi budibu mu kaba kamue;
- bukokeshi bua kusokolola masama ne kualondesha munkatshi mua bantu badi dikenga dikuate mu dienza mudimu ne bimanyinu bidi bilonda bipiminu bia bumuntu; ne
- bintu bidi mua kuikalaku ne mushindu udi bantu badi dikenga dikuate mua kubipeta.

Didisha dikumbajija didi ne bipatshila ditu dilomba pa tshibidilu mêba a bungi ne malu a bungi a kuenza bua kusokolola bantu badi ne didisha dibi dikole ne kubalondesha, kadi ditu kabidi dilomba bintu bikese bia pa buabi bia kudia. Ngenzelu wa bantu bonso utu yeye ulomba pa tshibidilu bena mudimu badi kabayi anu batambe kushidimuka kadi bintu bia bungi bia pa buabi bia kudia.

Didisuika dimpe dia bena tshinsanga: Didisuika ne didifila dia bena tshinsanga nebilengeje ngumvuilu wa bantu wa programe ne pamuapa buimpe buende. Enza mudimu ne bantu baudi wipatshila mu disungula dia miaba ya diteka programe eyi. Ela meji bua bisumbu bia bantu badi mu njiwu badi mua kumona ntatu bua kufika miaba ayi. Tokeshila bantu malu ne ubumvuijewu bimpe bua bidi bitangila dikuatshisha didiku mu miakulu idibu mua kumvua mu dikuata mudimu ne njila mishilashilangane ya dimanyishila malu, bu mudi mêyi makuata, bindidimbi ne malu mafunda.

Bantu badi bakubibue mbungi bua bantu kampanda badi bapeta luondapu bu tshitupa tshia bungi bua bantu badi dijinga ne luondapu. Malu adi alonda aa adi mua kulenga bantu badi bakubibue:

- ditabibua dia programe, kuelamu ne miaba ne mushindu wa kufika ku miaba ya programe eyi;

- nsombelu wa dikala talalaa kakuyi bualu;
- bungi bua misangu idibu babanya bintu;
- tshikondo tshia dindila;
- bunene bua didisuika dia bantu, diya kutangila bantu kumbelu kuabu ne disokolola masama;
- dikalaku dia bena mudimu wa didisha ba balume ne ba bakaji;
- dilondangana dia bimanyinu bia dibuejibua mu programe ne bantu badi bakubibue; ne
- bukokeshi bua bondopianganyi bua kumanya bimanyinu bia didia dibi.

Ngenzelu ya dikonkonona nayi bantu badi bakubibue idi itudisha makuta ne ilomba bena mudimu balongeshibue mu mushindu wa pa buawu. Kuoku kakuyi mushindu wa kuenza makebulula bua bantu badi bakubibue, keba buludiki bua bena ditunga paudi usua kusungula ngenzelu mikuabu. Enza mudimu ne bipeta bifunda bia matuku onso bia programe bu mudi disokolola, dileja bantu kua kuya ne dibabueja mu programe bua kujoja bungi bua bantu badi bakubibue.

Pamuapa kabiena mua kulomba bua kuenza pa tshibidilu dikonkonona dia bantu badi bakubibue anu bikalaku kuenzeke mashintuluka manene mu programe, bu mudi ditambakana dia bantu anyi buanga bupiabupia peshi diumvuangana bua londapu.

Bimanyinu bidi bibuejija muntu bidi ne bua kuikala bilonda buludiki bua mu ditunga ne bua bukua-matunga. Bimanyinu bidi bibuejija bana ba ngondo mishadile ku isambombo ne bisumbu bia badi ne bipiminu bia bumuntu bikole bua kubijadika bidi ne bua kukonga malu adi munganga umona ku mubidi ne nsombelu wa diamusha ku dibele ⊕ *tangila Tshisakidila 4: Mushindu wa kupima didisha dibi dikole* ne *Mikanda idibu batele ne mikuabu ya kubala.*

Kabena ne bua kusungulula bantu badi bikale (anyi badibu belela meji ne: badi) ne kishi ka VIH peshi badi ne disama dia tshiadi anyi disama dikuabu dia munanunanu ne badi ne bua kuikala ne mushindu wa muomumue wa kuondopibua bikalabu bakumbaje bimanyinu bidi bibuejija muntu. Bamue bantu badi kabayi bakumbaja bimanyinu bidi bilonda bipiminu bia bumuntu bua didisha dibi dikole badi mua kupetela diambuluisha ku didisha dikumbajija. Bualu ebu budi mua kutangila bantu badi ne kishi ka VIH, disama dia tshiadi anyi masama makuabu a munanunanu, bantu badibu bapatule mu programe wa diondopibua kadi bikale dijinga ne dikuatshisha bua manga bua kabalu kusama tshiakabidi, anyi balema. Akaja ndongoluelu ya dilondesha nayi malu ne ya diamanyishila bikala bantu ba mushindu eu kabayi bakumbaja bimanyinu bidi bilonda bipiminu bia bumuntu.

Bantu badi ne kishi ka VIH badi kabayi bakumbaja bimanyinu bia dibuejibua batu misangu mivule balomba dikuatshisha mu ndilu. Dikuatshisha dia nunku didi difidibua bimpe kabiyi mu nsombelu wa luondapu lua didisha dibi dikole menemene mu bikondo bia dikenga. Petesha bantu aba ne mêku abu midimu kabukabu, bu mudi luondapu lua mu tshinsanga ne lua kumbelu, mu mpitadi mudibu buondopa disama dia tshiadi ne mu programe ya dijikila disambuluja dia masama dia mamu kudi muana.

Bimanyinu bia dipatula nabi muntu ne dilondesha dia malu: Bungi bua bantu badibu bapatula mu programe budi bukonga bantu badi bapetulule makanda, badi bafue, badi balekele anyi kabayi bapetulule makanda. Bantu badibu batume miaba mikuabu bua midimu ya pamutu, bu mudi luondapu lua kudi baminganga, ki mbajikije diondopibua ne nebikale ne bua kutungunuka ne luondapu anyi kupinganyina luondapu pashishe. Kubadimu ne bantu badibu batume miaba mikuabu anyi badi kabayi bajikije diondopibua.

Bikala bantu babuele mu programe wa didisha panyima pa diumbuka ku diondopibua ne manga, leja mu luapolo mudibu benze kasumbu katapuluke bua kubenga kunyanga bipeta. Bikala muntu muleje bimanyinu bia didisha dibi dikole bu tshipeta tshia malu makuabu bu mudi bulema, ditubu mukana mulu anyi ntatu ya muvuabu bamupande, ubisangishe mu luapolo lua programe. Enza bu akumanya mushindu udi muntu muikale mulume anyi mukaji mua kuikala ne buenzeji pa mushindu wa kupeta luondapu, kulupangila ne kupetulula makanda.

Enza makumi a bishiferi bia dipatula nabi muntu mushindu udi ulonda eu:

- Bia pa lukama bia bantu badibu bapatule = bungi bua bantu badi bapetulule makanda/bungi busanga bua badibu bapatule x 100
- Bia pa lukama bia badibu bapatule badi bafue = bungi bua badi bafue/bungi busanga bua badibu bapatule x 100
- Bia pa lukama bia badibu bapatule bua dilekela = bungi bua badi balekele/bungi busanga bua badibu bapatule x 100
- Bia pa lukama bia badibu bapatule kabayi bapetulule makanda = bungi bua bantu badi kabayi bapetulule makanda/bungi busanga bua badibu bapatule x 100

Kusakidila ku bimanyinu bitudi baleje kuulu eku, ndongoluelu ya dilondesha nayi malu idi ne bua kukonga:

- didifila dia bantu;
- ngitabilu wa programe (udibu mua kupima pa kuenza mudimu ne bungi bua badi balekele ne bua badi bakubibue);
- bungi ne bulenga bua biakudia;
- bantu badi bakubibue;
- malu adi afikisha ku dituma bantu mu programe mikuabu (nangananga bana badi ndilu wabu munyanguke mulue didisha dibi dikole menemene); ne
- bungi bua bantu badibu babueje mu programe ne badibu buondopa.

Tangila malu makuabu a pambelu bu mudi:

- bimuenekelu bia kusamasama;
- bunene bua didisha dishadile mu bantu;
- bunene bua dipangika dia biakudia mu mêku ne mu bantu;
- diambuluisha dia pamutu didiku bua bantu (kuelamu ne dikuatshisha ne biakudia dia pa tshibidilu anyi programe ya muomumue); ne
- bukokeshi bua ndongoluelu idiku bua kuambuluisha bantu ne midimu.

Dipetangana ne makanda a mubidi ne bitupa bikuabu: Badi mua kuenza mudimu ne programe yonso ya didisha dikumbajija didi ne bipatshila ne eyi ya didisha dikumbajija dia bantu bonso bu muaba wa difidila midimu ya pamutu idi ipetangana. Mu nsombelu ya bungi, programe wa didisha dikumbajija dia bantu bonso bua kujikila udi mua kuambuluisha dîba dia dikenga. Tshilejilu, programe eu udi mua kupetesha mushindu wa kufika kudi bantu badibu bipatshila ku diambuluisha dia didifundisha dia bantu bonso, dikebulula dia bantu mu tshinsanga ne dibaleja kua kuya bua kumona mua kuluisha didisha dibi dikole menemene ne didisha dibi dikole kakese. Udi kabidi mua kunzulula njila bua kumona mua kupandisha bana mu dibapesha bintu bu mudi:

- manga a misanda;
- dikumbajija dia vitamine A;
- difila diatshimue fer ne acide folique pamue ne dikebulula dia badi ne malaria ne dibondopa;
- difila zinc bua kuondopa diela munda; ne
- dikolesha dia bikubi bia mubidi.

⊕ *Tangila Luondapu lua nshindamenu – mukenji 2.1.1 too ne 2.1.4 ya masama a tshiambu ne Luondapu lua nshindamenu – mikenji 2.2.1 ne 2.2.2 ya luondapu lua bana.*

Bua bantu badi ne matekete a bungi, bu mudi divulangana dia kishi ka VIH ne bantu badi ne ntatu bua kuendakana anyi kudidisha, bidi mua kulomba bua kuakajilula programe bua kumona mua kukumbaja majinga abu. Bualu ebu budi mua kulomba kuakajilula bungi ne bulenga bua bintu bidi bifidibua bu biadidia bikumbajija ⊕ *tangila Mukenji 4.1 wa didisha bana ba mu maboko ne bana bateketo.*

Mukenji 2.2 wa tshia kuenza bua kuluisha didisha dibi: Didisha dibi dikole menemene
Badi bondopa didisha dibi dikole menemene.

Malu manene a kuenza

1 ⟩ Teka ngenzelu miumvuija bimpe ne idi bantu bonso bitaba, bipatshila ne bimanyinu bua kutuadija ne kujikija dia malu adi enjibua bua kuambuluisha anu ku ntuadijilu wa programe.

- Elamu ne dipeta dia bena mudimu bakumbane ne badi ne bukokeshi, mamanya ne ndudi ya kuenza mudimu eu.

2 ⟩ Elamu ne diondopela bantu mu lupitadi, pambelu, dileja bantu kua kuya ne didisuika dia bitupa bia tshinsanga mu tshidi tshikengela kuenza bua kuluisha didisha dibi dikole menemene.

3 ⟩ Fila didisha ne luondapu bilondeshile mikenji idi mianyishibue mu ditunga ne mu bukua-matunga bua tshidi tshikengela kuenza bua kuluisha didisha dibi dikole menemene.

4 〉 Teka bimanyinu bia dibueja nabi bantu mu programe bidi bikonga bipiminu bia bumuntu ne bimanyinu bikuabu.

5 〉 Keba bua kumanya bua tshinyi bantu badi balekela ne kabena bandamuna, anyi bua tshinyi bantu ba bungi badi bafua, ne enza tshiudi mua kuenza mu malu aa.

6 〉 Kuba, kankamija ne saka bantu ku diamusha bana mabele, dibapesha biadidia bikumbajija, dikankamija mankenda, ne diumvuangana dimpe pankatshi pa mamu ne muana.

- Umvuija bimpe mushinga wa diamusha bana anu mabele nkayawu too ne padibu bakumbaja ngondo isambombo, ne kutungunuka ne kuamusha bana ba ngondo kubangila ku 6 too ne ku 24, bua mamu ne muana kuikalabu ne makanda a mubidi ne a lungenyi.

Bileji binene

Bia pa lukama bia bantu badibu basungule badi mua kuenza mutantshi mushadile ku dituku dimue dia kutua kupingana (kuelamu ne dîba dia luondapu) ku muaba wa programe

- >90 % bia bantu badibu basungule

Bia pa lukama bia bantu badi ne didisha dibi dikole menemene (SAM) badi ne mushindu wa kufika ku miaba ya luondapu (bantu badi bakubibue)

- >50 % ku misoko
- >70 % mu bimenga
- >90 % mu kamponya

Bungi bua bantu badi bapatuke mu diondopibua ne manga badi bafue, badi bapetulule makanda anyi balekele

- Badi bafue: <10 %
- Badi bapetulule makanda: >75 %
- Badi balekele: <15 %

Malu a kulonda

Bitupa bidi bienze programe: Diondopela bantu mu lupitadi didi mua kufidibua buludiludi anyi pa kuleja bantu kua kuya. Programe idi ne bua kufila mushindu wa diondopela pambelu mu miaba mishilashilangane bua bana badi kabayi ne ntatu ya masama makole. Miaba ya programe wa diondopela bantu pambelu idi ne bua kuikala pabuipi ne bantu badibu bipatshila bua kuondopa, bua kukepesha njiwu ne ditula dia makuta dia kufuta njila bua kutua kupingana ne bana batekete, ne njiwu ya ditambakana dikuabu. ⊕ *Tangila Mukenji 2.2.2 wa makanda a mubidi a bana: Diondopa masama a bana ba mu maboko ne a bana batekete.*

Suikakaja programe ne midimu mikuabu idi ne mushinga, bu mudi:

- didisha dikumbajija;

- ntuangajilu ya bantu badi baluisha VIH/sida;
- diambuluisha bua kupetulula makanda;
- midimu ya luondapu ya nshindamenu; ne
- programe ya dikumbana dia biakudia idi ikonga diambuluisha bantu ne biakudia anyi ne makuta.

Ngenzelu ya dikonkonona nayi **bantu badi bakubibue** idi ya muomumue ne ya programe ya diluisha didisha dibi dikole menemene ne didisha dibi dikole kakese ⊕ tangila Mukenji 2.1 wa tshia kuenza bua kuluisha didisha dibi: Didisha dibi dikole kakese.

Bimanyinu bidi bibuejija muntu bidi ne bua kuikala bilonda buludiki bua mu ditunga ne bua bukua-matunga. Bimanyinu bidi bibuejija bana ba ngondo mishadile ku isambombo ne bisumbu bia badi ne bipiminu bia bumuntu bikole bua kubijadika bidi ne bua kukonga malu adi munganga umona ku mubidi ne nsombelu wa diamusha ku dibele ⊕ Tshisakidila 4: Mushindu wa kupima didisha dibi dikole ne Mikanda idibu batele ne mikuabu ya kubala.

Kabena ne bua kusungulula bantu badi bikale (anyi badibu belela meji ne: badi) ne kishi ka VIH peshi badi ne disama dia tshiadi anyi disama dikuabu dia munanunanu ne badi ne bua kuikala ne mushindu wa muomumue wa kuondopibua bikalabu bakumbaje bimanyinu bidi bibuejija muntu. Bamue bantu badi kabayi bakumbaja bimanyinu bidi bilonda bipiminu bia bumuntu bua didisha dibi dikole badi mua kupetela diambuluisha ku didisha dikumbajija. Tshilejilu, bantu badi ne kishi ka VIH, disama dia tshiadi anyi masama makuabu a munanunanu, bantu badibu bapatule mu programe wa diondopibua kadi bikale dijinga ne dikuatshisha bua manga bua kabalu kusama tshiakabidi, anyi balema. Akaja ndongoluelu ya dilondesha nayi malu ne ya diamanyishila bikala bantu ba mushindu eu kabayi bakumbaja bimanyinu bidi bilonda bipiminu bia bumuntu.

Bantu badi ne kishi ka VIH badi kabayi bakumbaja bimanyinu bia dibuejibua batu misangu mivule balomba dikuatshisha mu ndilu. Dikuatshisha dia nunku didi difidibua bimpe kabiyi mu nsombelu wa luondapu lua didisha dibi dikole menemene mu bikondo bia dikenga. Petesha bantu aba ne mêku abu midimu kabukabu, bu mudi luondapu lua mu tshinsanga ne lua kumbelu, mu mpitadi mudibu buondopa disama dia tshiadi ne mu programe ya dijikila disambuluja dia masama dia mamu kudi muana.

Bimanyinu bia dipatula nabi muntu ne dipetulula dia makanda: Bantu badibu bapatule mu programe kabena ne bua kuikala ne kusama kukole to. Kabidi, badi ne bua kuikala bapetulule nzala ya mua kudia, bakumbaje bujitu budi buakanyine ne babulame kabayi ne mubidi mûle ne mâyi bua didia dibi (tshilejilu, bua bipimu bibidi bilondangane bia bujitu bua muntu). Enza makumi matapuluke a dibandisha dia bujitu dia nkatshinkatshi bua bantu badi ne mubidi mûle ne mâyi bua didia dibi ne bua badi kabayi nawu. Diamusha bana mabele didi ne mushinga wa pa buawu bua bana ba ngondo mishadile ku isambombo, pamue ne bua bana ba kubangila ku ngondo 6 too ne ku 24. Nebikengele kulondesha bimpebimpe bana badibu kabayi bamusha mabele a mu tshiadi. Lamata bimanyinu bia dipatula nabi muntu mu programe bua kumona mua kuepuka njiwu ya diumbusha muntu kayi muanji kupetulula makanda.

Mikenji ya dilombola nayi malu mu tshinsanga padiku didisha dibi dikole idi ileja mutantshi wa nkatshinkatshi udi muntu mua kushala mu luondapu ne idi ne tshipatshila tshia kuipidija bikondo bia dipetulula makanda. Lamata mikenji ya ditunga idiku paudi wenza makumi a mutantshi wa nkatshinkatshi udi muntu mua kushala mu luondapu, bualu bidi bilondesha nsombelu udiku. Dikala ne kishi ka VIH, disama dia tshiadi ne masama makuabu a munanunanu didi mua kufikisha bamue bantu badi kabayi badia bimpe ku dipangila mua kumvua bimpe padibu babondopa. Enza mudimu pamue ne bena midimu ya luondapu ne mikuabu idi yambuluisha bantu ne ya mu binsanga bua kumanya mishindu ya luondapu idi inenga musangu mule bua bantu abu ⊕ tangila Luondapu lua nshindamenu – mukenji 2.3.3 wa makanda a mubidi a disangila ne a lulelu: kishi ka VIH.

Bileji bia ngenzelu wa mudimu wa diluisha didisha dibi dikole menemene: Mu bungi bua bantu badibu bapatule mu programe wa diluisha didisha dibi dikole menemene mudi aba badi bapetulule makanda, badi bafue, badi balekele anyi badi kabayi bapetulule makanda ⊕ tangila Malu a kulonda bua Mukenji 2.1 wa tshia kuenza bua kuluisha didisha dibi: Didisha dibi dikole kakese.

Bileji bia ngenzelu wa mudimu wa diluisha didisha dibi dikole menemene bidi ne bua kusangisha bipeta bia diondopela bantu mu lupitadi ne diondopela pambelu kabiyi kubalulula aba badi bumbuke ku luseke lumue baye ku lukuabu. Kuoku kakuyi mushindu, akaja diumvuija dia bungi bua bipeta. Tshilejilu, programe idi ne bua kutekemena ngenzelu mulenga wa mudimu padibu anu bafila luondapu lua pambelu. Padiku anu diondopela mu lupitadi, programe idi ne bua kutangila bipeta bidibu baleje bua luondapu lua mishindu yonso misangisha.

Bantu badibu batume mu midimu mikuabu, bu mudi midimu ya luondapu, ki mbajikije dibondopa nansha. Paudi ukonkonona ngenzelu wa mudimu wa diondopela bantu pambelu, funda luapolo lua bavua batumibue luseke lua diondopela mu lupitadi bua kumona mua kuleja mu mushindu mujalame ngenzelu wa mudimu wa programe.

Bileji bia ngenzelu wa mudimu kabiena biangata dibuelakana dia dimona dia baminganga dia kishi ka VIH, bualu didi mua kunyanga nomba ya badi bafue. Mu nsombelu eyi, diumvuija dia ngenzelu wa mudimu wa programe didi ne bua kuangata bualu ebu ne mushinga.

Pa kumbusha bileji bia dipatula, konkonona bipeta bifunda ne bitapulula bia bantu bapiabapia badibu babueje mu programe (balume anyi bakaji, bidimu biabu, bulema), bungi bua bana badibu buondopa ne bungi bua bantu badi bakubibue paudi ulondesha ngenzelu wa mudimu. Enza makebulula ne funda bunene ne malu adi akebesha dibueja tshiakabidi dia bantu mu programe, dinyanguka dia bimuenekelu bia mubidi bilondeshile baminganga, dipangila ne dibenga mua kuandamuna didi amu ditungunuka. Akaja diumvuija dia malu aa bilondeshile mikenji idibu benza nayi mudimu.

Malu a kuangatshila mu luondapu: Programe yonso ya diluisha nayi didisha dibi dikole menemene idi ne bua kukonga ngondapilu yonso bilondeshile mikenji ya ditunga ne ya bukua-matunga. Mbualu bua mushinga bua kuangatayi ngenzelu mimpe ye dileja bantu kudibu mua kuya bua kumona mua kupita ne masama adi masokome bu mudi disama dia tshiadi ne kishi ka VIH. Mu miaba idi kishi ka VIH katambe kuvula, programe ya diluisha nayi didisha dibi idi ne bua kuangata ne mushinga malu adibu benza bua kuambuluisha adi akeba bua kuepuka disambulujilangana dia kishi ka VIH ne adi akankamija lupandu lua bamamu ne bana. Muaba udi bantu ba bungi bikale ne kishi ka VIH (ditangalaka dia VIH didi dipite 1 %), teta bana badibu badisha bibi bua kujadika ni badi ne kishi aku anyi kabayi naku, ne kushindika majinga abu a kupetabu manga adi mua kubambuluisha bua kupetulula bikubi bia mubidi.

Dikankamija diamusha bana mabele: Bamamu ba bana badibu bondopela mu lupitadi badi dijinga ne dikankamija bua kuamusha bana bimpe mu dipinganyina ndilu muimpe ne dipetulula dia makanda. Bualu ebu budi ne mushinga wa pa buawu bua bana ba ngondo mishadile ku isambombo ne bua bamamu balema. Fila dîba ne bintu bikumbane, bu mudi muaba muteka bua muntu kuamushila muana dibele, bua kuipatshila dikankamija dimpe ne kupetesha bantu dikuatshisha dia binabu. Bakaji badi bamusha bana badi ne didisha dibi dikole badi muinshi mua ngondo isambombo badi ne bua kupeta biadidia bikumbajija nansha bobu bikale ne ndilu kayi. Bikala bamamu abu bakumbaja bimanyinu bidi bilonda bipiminu bia bumuntu bua didisha dibi dikole menemene, ubanyishile bua bapete luondapu.

Dikankamija ngikadilu wa muntu munkatshi mua bantu: Disonsola dia lungenyi ne dia mubidi mu dinaya didi ne mushinga mukole mu tshikondo tshia diambuluisha bana badi ne didisha dibi dikole menemene bua kupetulula makanda. Didi ditua mpanda ku dilamata ne ngikadilu muimpe wa mamu. Bantu badi batabalela bana ba mushindu eu batu misangu mivule dijinga ne dikankamija dia kuikala bimpe mu bantu ne dia ngikadilu wa muntu munkatshi mua bantu bua bobu kuya ne bana babu bua babuondope. Bamue bamamu badi kabidi mua kuikala balomba bua babakankamije bua kuya kudi baminganga ba masama a mpala bua diteketa dia lungenyi dia kumpala ne panyima pa dilela. Bualu ebu budi mua kuenzeka ku diambuluisha dia programe ya dikongoloja bantu. Programe eyi idi ne bua kuela kashinyi pa mushinga wa disonsolola ne dienza mudimu pamue mu diondopa ne mu dibabidila bulema budi mua kulua mu matuku adi kumpala ne diteketa dia lungenyi dia bana. Ambuluisha bantu bonso badi badifila bua kuondopa bana badi ne didisha dibi menemene bua badishe ne balame bana mu tshikondo tshia luondapu; bapeshe mibelu, bilejilu ne ubamanyishe malu adi atangila makanda a mubidi ne didisha. Teya ntema ku buenzeji bua luondapu pa buondopianganyi ne bana babu bua kujadika mapangadika mimpe a ditabalela bana, kuepuka ditapulula dia mêku, kukepesha ditatshisha dia lungenyi ne kukumbaja mudibi bikengela dilamata dia luondapu didi mua kuikalaku.

Dipetangana ne bena midimu mikuabu: Eleshangana maboko ne benji ba mudimu bakuabu badi badifile bua kukuba bana ne diluisha malu a tshikisu adi benzela bantu bua mudibu balume anyi bakaji, bua kujadika njila ya dituma bantu ne mumvuangana a mua kumanyishangana malu. Longesha bena mudimu wa didisha mushindu wa bobu kuleja malu bikale bakankamija ne balama malu masokome bua bantu badi batabalela bana badibu bakengeshe ku mubidi, basangile nabu anyi babanyange lungenyi ne tshikisu, babendeshe masandi anyi babanyange.

3. Dipangika dia bidishi bitambe bukese

Dipangika dia bidishi bitambe bukese didi lutatu mu dilubuluka mu matunga a bungi pa bidi bitangila malu a mu nsombelu ne a mpetu. Didi ne buenzeji bukole bua makanda a mubidi a bantu, bukokeshi bua bobu kulonga ne kuenza mudimu. Didi dienza bua ne: didisha dibi, dipanga kulubuluka ne bupele, bikadi bimane kuikala bikengesha bisumbu bia bantu badi mu nsombelu ya lutatu, bikale anu bienda bilondangana kakuyi ndekelu.

Mu nsombelu ya bungi, mbikole bua kumanya dipangika dia bidishi bitambe bukese. Nansha mudibi mua kuikala bipepele bua baminganga kumonabu bimanyinu bia dipangika dikole dia bidishi ebi, bujitu bunene pa bidi bitangila makanda a mubidi ne lupandu lua bantu budi mua kuikala muinshi mua dipangika dia bidishi didi baminganga mua kumona. Bangisha ne lungenyi lua se: dikenga nedilue kunyanga kabidi dipangika dia bidishi bitambe bukese dikavuaku mu bantu. Enza mua kujikija dipangika dia bidishi edi mu dienza mudimu ne midimu idi yangata bine bantu aba ne diondopa dia muntu ne muntu.

Kudi ngenzelu isatu ya kuluisha nayi dipangika dia bidishi bitambe bukese:

- **Dikumbajija:** Difila bidishi bitambe bukese mu mushindu udibi mua kutamba kudibua ditu pa tshibidilu difikisha ku diakaja ne lukasa menemene dikumbaja dia bidishi bitambe bukese dia muntu ne muntu anyi dia bisumbu bia bantu basungula. Tshilejilu, programe ya dikumbajija idi iluisha dijika dia mashi ku dikumbajija dia fer, dikumbajija dia acide folique kudi bakaji badi ne mafu ne dikumbajija dia vitamine A kudi bana ba muinshi mua bidimu bitanu.

- **Dikolesha:** Dikolesha biakudia ne bidishi bitambe bukese didi mua kuikala ngenzelu muimpe bua kuluisha dipangika dia bidishi bitambe bukese. Tshilejilu, mukele muela iode, misenga ya bidishi bitambe bukese anyi mafuta a dilamba nawu mela vitamine A.

- **Ngenzelu idi mishindamene pa biakudia:** Vitamine ne bintu bia mu buloba bidi bikengedibua bua kujikila dipangika dia bidishi bitambe bukese bidi bisanganyibua mu biakudia bishilashilangane. Mishindu ya dienza malu ne programe idi ne bua kujadika didia dilengeja mu bule bua tshidimu tshijima dia biakudia bishilashilangane bimpe, bia bungi ne bilenga kabiyi ne bualu, bikale ne bidishi bitambe bukese.

Nansha mudibu benza mudimu ne ngenzelu yonso isatu eyi mu bikondo bia dikenga, dikumbajija ke ngenzelu udi mumanyike bikole ne utubu batamba kuenza nende mudimu.

Mukenji 3 wa dipangika dia bidishi bitambe bukese: Dipangika dia bidishi bitambe bukese

Badi balongolola dipangika dia bidishi bitambe bukese.

Malu manene a kuenza

1 ⟩ Sangisha malu adi atangila nsombelu wa kumpala kua dikenga bua kujadika dipangika dia bidishi bitambe bukese didi ditambe kumanyika.

2 ⟩ Longesha bena mudimu wa luondapu bua kumanya ne kuondopa dipangika dia bidishi bitambe bukese.

3 ⟩ Teka ngenzelu ya malu bua kuandamuna ku njiwu ya dipangika dia bidishi bitambe bukese idi mua kuikalaku.

4 ⟩ Suikakaja mandamuna a bidishi bitambe bukese mu makanda a mubidi a bantu bua kukepesha masama atu atamba kumueneka mu bikondo dia dikenga, bu mudi vitamine A bua kuluisha kantembele ne zinc bua kuluisha diela munda.

Bileji binene

Kakuena bantu badi ne disama dia scorbut, dia pellagre, dia beriberi anyi ne dipangika dia riboflavine

- ⊕ *Tangila Tshisakidila 5: Dimanya mushinga wa dipangika dia bidishi bitambe bukese bua makanda a bantu* bua diumvuija dia mushinga wa makanda a mubidi a bantu bilondeshile kasumbu ka badi ne bidimu bia muomumue ne bantu mu buonso buabu.

- Enza mudimu ne bileji bia mu ditunga anyi bia nsombelu musunguluke muaba udibi.

Bungi bua bantu badi ne disama dia xerophthalmie, dijika dia mashi ne dikepela dia iode kabuena ne mushinga mu makanda a bantu ba bungi

- ⊕ *Tangila Tshisakidila 5: Dimanya mushinga wa dipangika dia bidishi bitambe bukese bua makanda a bantu* bua diumvuija dia mushinga wa makanda a mubidi a bantu bilondeshile kasumbu ka badi ne bidimu bia muomumue ne bantu mu buonso buabu.

- Enza mudimu ne bileji bia mu ditunga anyi bia nsombelu musunguluke muaba udibi.

Malu a kulonda

Ditetesha mubidi kudi baminganga bua kumona dipangika dia bidishi bitambe bukese: Dikeba dipangika dia bidishi bitambe bukese kudi baminganga didi ne bua kuejibua misangu yonso kudi bondopianganyi badi bamanye bimpe mudimu wabu.

Padibu babueja bimanyinu bia baminganga bia dipangika dia bidishi edi mu ndongoluelu ya luondapu anyi ya ditangila ndilu, longesha bena mudimu bua kuenza dikonkonona dia nshindamenu ne bua kutumaku lungenyi pashishe. Mbikole bua kumvuija malu aa; mu bikondo bia dikenga, jadika malu aa ku diambuluisha dia diandamuna didibu bafile ku dikumbajija.

Dipangika dia bidishi bitambe bukese didi muinshimuinshi mua bidi baminganga mua kumona ngedi didi kadiyi anu dikole difuane kuleja bimanyinu bidi mua kumueneka bipepele. Nansha nanku, didi mua kuikala ne bipeta bibi bua makanda a mubidi. Bua kudimanya bidi bikengela ditetesha mubidi ne manga adi a pa buawu adi akengedibua, pa kumbusha anu dijika dia mashi, didi mua kuenjibua ne diteta dia nshindamenu didi koku ne didibu mua kuenza bipepele miaba idi bantu basanganyibua.

Badi mua kuenza mudimu ne bileji bidi kabiyi bia buludiludi bua kukonkonona njiwu ya dipangika dia bidishi bitambe bukese ne kujadika dîba didibi bikengela kufila bia kukumbajija anyi ndilu mulengeja. Dikonkonona didi kadiyi dia buludiludi didi dilomba dijoja diangata dia bidishi bia mubidi mu bantu ne, bilondeshile bipeta bia dikonkonona edi, kumona njiwu ya dipangika dia bidishi. Bua kuenza nunku, konkonona bipeta bifunda bidiku bia dipeta bia biakudia, dikalaku dia biakudia ebi ne dikuata nabi mudimu, ne konkonona bikala bungi bua biakudia bukumbane.

Dijikila: Mbakuile bualu bua ngenzelu ya mua kujikila nayi dipangika dia bidishi bitambe bukese mu tshitupa 6 kuinshi eku (⊕ see *Mukenji 6.1 wa diambuluisha ne biakudia: Malu malomba a didisha dia pa tshibidilu*). Diluisha masama mbualu bukole mu dijikila dia dipangika dia bidishi bitambe bukese. Disama dikole dia bisulusulu, kantembele, masama makebesha kudi tuishi bu mudi malaria ne diela munda, mbilejilu bia masama adi ajikija bilaminu bia bidishi bitambe bukese bia mubidi. Didilongolola bua luondapu nedilombe difila diumvuija dia malu ne mikenji ya luondapu, ne ndongoluelu bua kupeta masama ne lukasa ⊕ *tangila Luondapu lua nshindamenu – mikenji 2.2.1 ne 2.2.2 ya makanda a mubidi a bana.*

Luondapu lua dipangika dia bidishi bitambe bukese: Dipeta dia dipangika edi ne didiondopa bidi ne bua kumueneka mu ndongoluelu wa luondapu ne mu programe ya didisha. Muaba udi bungi bua bantu badi ne dipangika dia bidishi bitambe bukese bupite bungi budi mua kuanyishibua bua masama a bantu, luondapu lua bantu bonso mu bantu badi ne biadidia bikumbajija ludi mua kuikala luakanyine. Disama dia scorbut (dipangika dia vitamine C), disama dia pellagre (dipangika dia niacine), disama dia beriberi (dipangika dia thiamine) ne dia ariboflavinose (dipangika dia riboflavine) ke masama adi atamba kumueneka adi afumina ku dipangika dia bidishi bitambe bukese ⊕ *tangila Tshisakidila 5: Dimanya mushinga wa dipangika dia bidishi bitambe bukese bua makanda a bantu.*

Malu a kuenza bua kukuba makanda a bantu mu diluisha dipangika dia bidishi bitambe bukese adi akonga:

- difila dia vitamine A mukumbajija mu disala bana ba ngondo 6 too ne 59;
- dipesha bana bonso ba ngondo 12–59 manga a misanda;

- disakidila mukele udi ne iode ne biadidia bikuabu bikolesha bu mudi mafuta a kulamba nawu mela vitamine A ne D mu tshitunga tshia biadidia ne difila misenga ya bidishi bitambe bukese peshi dikumbajija dia mafuta adi ne iode;

- dipesha bana ba ngondo 6 too ne 59 bintu bidi ne bidishi bitambe bukese bishilashilangane bidi ne fer;

- difila dituku dionso biadidia bikumbajija ne bidishi bitambe bukese bishilashilangane bidi ne fer, pamue ne acide folique, bua bakaji badi ne mafu ne badi bamusha bana.

Kuoku kakuyi biadidia bidi ne bidishi bitambe bukese bishilashilangane bidi ne fer, pesha bakaji badi ne mafu ne badi balele kukadi kupite matuku 45 ku dituku ku dituku biadidia bikumbajija bidi ne fer ne acide folique.

Enza mudimu ne bileji bidi kabiyi bia buludiludi bidi bitapulula balume ne bakaji bua kukonkonona njiwu ya dipangika dia bidishi bitambe bukese mu bantu badi mu dikenga ne ujadike dijinga dia ndilu mulengeja peshi dikuata mudimu ne biadidia bikumbajija. Tshilejilu, bileji bidi kabiyi bia buludiludi bia dipangika dia vitamine A bidi mua kukonga bujitu bukese bua ku tshilelelu, dishekeleka anyi dishauka ⊕ *tangila Mukenji wa 1.2 wa dikonkonona dikumbana dia biakudia ne didisha: Dikonkonona dia didisha.*

4. Didisha bana ba mu maboko ne bana batekete

Diambuluisha diakanyine ne difila pa dîba bua didisha bana ba mu maboko ne bana batekete mu nsombelu ya tshimpitshimpi (IYCF-E) didi dipandisha bana ne dikuba didisha dia bana, makanda abu a mubidi ne dikola diabu. Bilele bibi bia didisha bana ba mu maboko ne bana batekete bidi bivudija diteketela dia bana ku didisha dishadile, disama ne lufu, ne binyanga makanda a mubidi ba bamamu. Bikondo bia dikenga bidi bivudija njiwu eyi. Bamue bana batoke ne batekete badi batamba kuteketa, nangananga:

- bana badi baledibue ne bujitu bukese;
- bana badibu batapulule ne baledi ne bikale nkayabu;
- bana ba mu maboko ne bana bakese badi ne bamamu bikale kusama kua lungenyi;
- bana badi ne bidimu bishadile ku bibidi badibu kabayi bamusha mabele;
- aba badi munkatshi mua bantu mudi kishi ka VIH katangalake kakese anyi katangalake bikole;
- bana balema, nangananga aba badi bikale ne didia dia lutatu; ne
- bana batoke ne batekete badi ne didia dibi dikole, dishauka anyi babule bidishi bitambe bukese.

Didisha bana ba mu maboko ne bana batekete mu nsombelu ya tshimpitshimpi (IYCF-E) didi dileja malu ne mishindu ya kuenza bua kukuba ne kuambuluisha mu majinga a didisha a bana bonso badibu bamusha ne badibu kabayi bamusha dibele, ne bana batekete ba ngondo 0–23. Malu a kumpala a kuenza adi:

- dikuba ne dikankamija diamusha dia bana;
- didisha dikumbajija diakanyine ne dimpe; ne
- ditangila dia didisha didi kadiyi dia ku tshifukilu dia bana ba mu maboko kukuyi mushindu wa kubamusha dibele.

Mbualu bua mushinga mukole bua kukankamija bakaji badi ne mafu ne badi bamusha bana bua bana babu kuikalabu ne makanda. Kuamba ne: "diamusha anu dibele" kudi kumvuija ne: muana kena upeta bintu bikuabu bia kunua anu mabele a mu tshiadi, ne kakuena bintu bidi bikole pa kumbusha anu biadidia bikumbajija bidi ne bidishi bitambe bukese anyi manga adi akengedibua. Didi dijadika dikubibua dia bintu bidi muana udia ne unua bua bana ba mu maboko mu bule bua ngondo isambombo ya kumpala ne dipetesha bukubi buimpe bua mubidi. Diamusha muana dibele didi diambuluisha dikola dimpe dia buongo ne ditungunuka ne kukuba makanda a mubidi a bana bakese, nangananga mu nsombelu mudi kamuyi mêyi a WASH. Diamusha muana dibele didi kabidi dikuba makanda a mubidi a mamu bualu neanji kupitshisha matuku kayi umona mashi ne didi dimukuba bua kapetshi kansere ka dibele. Didi diambuluisha dikala bimpe dia lungenyi mu dikolesha lulamatu ne bukokeshi bua muana bua kuandamuna.

Malu manene a kuenza mu tshitupa etshi adi mu diumvuangana ne Mêyi maludiki a mudimu wa didisha bana ba mu maboko ne bana batekete mu nsombelu ya tshimpitshimpi (Mêyi maludiki a mudimu). Mêyi maludiki a mudimu mmapatula kudi kasumbu ka benji ba midimu mishilashilangane mituilangane kadi ne tshipatshila tshia kufila mêyi maludiki a tshikoso, adi ne dikuatshisha pa bidi bitangila mushindu wa kujadika didisha diakanyine dia IYCF-E mu Mikenji ya bukua-matunga ya dienda mushinga ne bipinganyi bia mabele a mu tshiadi ("Mikenji").

Mukenji 4.1 wa didisha bana ba mu maboko ne bana batekete:
Mêyi maludiki ne bulombodi

Mêyi maludiki ne bulombodi bidi bijadika didisha dimpe, dia pa dîba ne diakanyine dia bana.

Malu manene a kuenza

1 ⟩ Teka bantu badi mua kulombola didisha dia IYCF-E mu ngenzelu wa dilombola nende malu dîba dia dikenga, ne ikala mujadike ne: bitupa bishilashilangane bidi bienza mudimu pamue.

- Kuoku mushindu, bangisha ne lungenyi lua se: bulombodi budi ku bukokeshi bua mbulamatadi.

2 ⟩ Ela malu masunguluke a mu Mêyi maludiki a mudimu mu mêyi maludiki adi makanyine adi atangila mabolongolodi adi ambuluisha bantu ne a mu ditunga pa bidi bitangila didiakaja.

- Patula mêyi maludiki ne tshiambilu tshisakidilaku bienza pamue ne bakokeshi ba ditunga pa bidi bitangila nsombelu idi kayiyi ne buludiki.
- Biobi mua kuenzeka, kolesha mishindu miakanyine ya mua kuenza malu ya mu ditunga.

3 ⟩ Kankamija dimanyishangana malu dikole, dimpe ne dia pa dîba dia didisha dia IYCF-E mu bitupa bionso bia diandamuna.

- Manyisha malongolodi adi ambuluisha bantu, bafidi ba mpetu ne bena tudiomba ne lukasa luonso malu adi atangila diludika ne ngenzelu ya malu onso a IYCF-E adiku.
- Yukilangana ne bantu badi dikenga dikuate pa bidi bitangila midimu idiku, bienzedi bia IYCF-E ne mishindu idibu mua kumanyisha malu adi enzeka mu tshialu.

4 ⟩ Kuitabi anyi kukebi mapa bua bintu bidi mua kupingana pa mabele a mu tshiadi, bintu bikuabu bidibu benze ne mabele, milangi ya diamusha nayi anyi mitu ya diamusha nayi nansha.

- Mapa ikala mua kupetshibua, anu bakokeshi badi batekibue ke badi ne bua kuenza nawu mudimu mu diumvuangana ne Mêyi maludiki a mudimu ne Mikenji.
- Ikala ne dîsu dikole mu dipatshila, dienza mudimu, disumba, dilama ne diabanya dia bintu bidi bipingana pa muaba wa mabele a mu tshiadi. Bualu ebu budi ne bua kushindamena pa dikonkonona dia majinga ne njiwu, dikonkonona dia bipeta bifunda ne buludiki bua ngenzelu wa mudimu.

Bileji binene

Bia pa lukama bia mishindu ya diludika malu a IYCF idibu bangate bua bikondo bia malu a tshimpitshimpi idi mu diumvuangana ne malu masunguluke a mu Mêyi maludiki a mudimu

Kakuena dinyanga dia Mikenji nansha dimue didibu bamanyishe

Bia pa lukama bia mapa adi kaayi alonda Mikenji a bipinganyi bia mabele a mu tshiadi (BMS), bintu bidibu benze ne mabele, milangi ne mitu ya diamusha nayi bidibu baluishe pa dîba

Malu a kulonda

Diyukila ne bantu badi dikenga dikuate, bambuluishanganyi ne bena tudiomba: Diyukidilangana pa bidi bitangila midimu ne ngenzedi idiku bua didisha dimpe dia bana nedilombe malu a dimanyisha makaja bilondeshile bisumbu bishilangane bua kufila dikuatshishia ne bua bantu bonso. Ela meji bua kukankamija bambuluishanganyi badi bakaku, baledi nkaya, mêku adi malombola kudi bana anyi mudi bana bikale nkayabu pamue ne bambuluishanganyi badi balema, ne bantu badi ne kishi ka VIH paudi ulongolola malu a kumanyisha aa.

Mikenji ya bukua-matunga ya dienda mushinga ne bipinganyi bia mabele a mu tshiadi: Mikenji eyi idi ikuba bana badibu badisha ne bintu bidi bantu benze pa kujadika bua ne: badi benza mudimu bimpe kakuyi bualu ne bipinganyi bia mabele a mu tshiadi. Mmishindamene pa malu makane, majalame adibu bamanyishe ne idi itangila nsombelu yonso. Badi ne bua kuyibueja mu dienza dia mikenji mu tshitupa tshia didiakaja ne kuyitumikisha mu tshikondo tshidibu bafila diambuluisha bua dikenga. Padiku kakuyi mikenji ya ditunga, tumikishaku malu adibu balongolole mu Mikenji.

Mikenji kayena ikepesha dikalaku anyi ikandika dienza mudimu ne bipinganyi bia mabele a mu tshiadi, milangi anyi mitu ya diamusha nayi nansha. Idi amu ikepesha dienda mushinga ne bintu ebi, dibisumba ne dibiabanya. Dinyanga dia Mikenji eyi kudi bantu bavule mu bikondo bia dikenga didi difuma ku bilumbu bia mêna a bintu ebi ne diabanya didi kadiyi ne badibu bipatshila. Mu bikondo bia dikenga, londesha ne fila luapolo lua dinyanga dia Mikenji eyi kudi UNICEF, OMS ne bakokeshi ba muaba au.

Enza mudimu ne bileji biakane muaba udibi ne patula bileji bia nsombelu misunguluke muaba udibi kabiyiku. Umvuija bimanyinu binene bia IYCF-E bua kujadika diya kumpala ne dikumbana, pa kutangila ndongamu ne matuku adibu bakosele diambuluisha.

Kankamija dienza mudimu ne bileji bia misangu yonso bia IYCF-E mu dienza mudimu diatshimue ne bambuluishe ne mu dienza dia makebulula. Ambulula dikonkonona anyi bitupa bia dikonkonona dia nshindamenu bu tshitupa tshia dilondesha dia malu a diambuluisha bua IYCF-E. Enza makebulula a ku tshidimu bua kujadika buenzeji bua diambuluisha edi.

Didisha ne bintu bidi bantu benze: Bipinganyi bia mabele a mu tshiadi bionso bidi ne bua kunemeka Codex Alimentarius ne Mikenji. Dipeta dia midimu miakane ya WASH didi ne mushinga bua kukepesha njiwu ya didisha ne bintu bidi bantu benze mu nsombelu ya tshimpitshimpi. Ndongoluelu wa diabanya nende bipinganyi bia mabele a mu tshiadi neikale bilondeshile nsombelu udiku, pamue ne bunene bua diambuluisha didibu bafila. Kubadi mabele adi mafuanangane bikole ne a mamu ne bipinganyi bikuabu bia mabele a mu tshiadi mu diabanya dia biakudia dia pa tshibidilu anyi dia bantu bonso. Kuabanyi bintu bidi bienza ne mabele a musenga ne mabele a luayiyi bu tshintu tshimuepele nansha. Dileja ne dilombola dia malu a didisha ne bintu bidi bantu benze didi ne bua kuikala mu diumvuangana ne Mêyi maludiki a mudimu ne Mikenji, ku buludiki bua bakokeshi badi batekibue bua kulombola malu a IYCF-E.

Mukenji 4.2 wa didisha bana ba mu maboko ne bana batekete:
Diambuluisha dia bitupa kabukabu bua didisha dia bana ba mu maboko ne bana batekete padiku malu a tshimpitshimpi

Bamamu ne bakubi ba bana batekete badi bapeta dikankamija dia didisha diakanyine pa dîba didi dikepesha njiwu, didibu banyisha mu bilele bia bantu ne bikumbaja ndilu, bipeta bua makanda a mubidi ne lupandu.

Malu manene a kuenza

1 > Teka pa muaba wa kumpala bakaji badi ne mafu ne badi bamusha bana bua kupeta biakudia, makuta anyi tike ya biakudia ne bintu bikuabu bia diambuluisha nabi.

2 > Petesha bakaji ba mafu ne bamamu badi bamusha mushindu wa kupeta bafidi ba mibelu bimpe bua diamusha anu dibele.

3 > Keba bamamu ba bana batoke bonso ne dikankamija bua kudifila kumpala kua dîba mu diamusha anu dibele.

- Fila mibelu mipepele ya diamusha anu dibele mu miaba idi bakaji bakalelela.

- Kuba, suisha ne kankamija diamuisha anu dibele bua bana ba ngondo 0–5, ne diamuisha dibele ditungunuja bua bana ba ngondo isambombo too ne ku bidimu bibidi.

- Padibu basambakaja ndishilu wa bana ba ngondo 0–5, kankamija dishintulula malu bua kushala mu diamusha anu dibele.

4 ⟩ Fila bipinganyi biakanyine bia mabele a mu tshiadi, bintu bia didisha nabi ne dikuatshisha dikuabu kudi bamamu ne bakubi badi ne bana balomba dibadisha ne bintu bidi bantu benze.

- Tangila bua dikubibua ne mushindu wa dipinganyina dipatula dia mabele mu tshiadi ne diamusha bana ku kalangi muaba udi bamamu kabayi bamusha bana dibele. Ela meji bua nsombelu wa bantu ne midimu idiku mu nsombelu ayi.
- Bikalabi ne: anu bipinganyi bia mabele a mu tshiadi ke bidi kuoku, ela dibuki bia bintu bidi bikengela bua kukankamija ne bintu bia kulamaba nabi ne bia kudisha nabi, dikankamija dia WASH ne dipeta dia midimu ya luondapu.

5 ⟩ Kankamija difila dienza pa dîba, didi dimpe, diakane ne diakanyine dia biakudia bikumbajija.

- Tangila biakudia bia mêku bua kumona ni mbiakanyine kubiangata bu biakudia bikumbajija bua bana ne fila mibelu misunguluke idi ilonda nsombelu ne diambuluisha pa bidi bitangila didisha dikumbajija.
- Enza bua bantu bapete bintu bia didisha nabi ne dilamba nabi, wangata ne mushinga bana badi ne didia dia lutatu.

6 ⟩ Fila dikuatshisha bua didisha nangananga kudi bana badi ne butekete.

- Kankamija midimu idi isonsola bana batekete ne bilele bidi biamuluisha mu dikola dia muana mu programe ya didisha.

7 ⟩ Fila biadidia bikumbajija bidi ne bidishi bitambe bukese padibi bikengela kuenza nanku.

- Fila biadidia bikumbajija ku dituku dionso bua bakaji badi ne mafu ne badi bamusha bana mabele, kuelamu ne dilomba dia ku dituku ku dituku dia bidishi bitambe bukese bishilashilangane bua kukuba bungi bua mabele a bamamu ne mupimbu wa mabele aa, nansha bikala bakaji aba bapete bintu bidi bikolesha anyi kabayi babipete.
- Tungunuka ne kufila biadidia bikumbajija bidi ne fer ne acide folique pikalabi bimane kufidibua.

. . . .

Bileji binene

Bia pa lukama bia bamamu badi bamusha bana mabele badi bapete bafidi ba mibelu bimpe

Bia pa lukama bia bakubi badi bapete bungi bukumbane bua bipinganyi bia mabele a mu tshiadi (BMS) biakanyine bidi bilonda Mikenji ne diambuluisha didi dipetangana bua bana badi balomba dibadisha ne bintu bidi bantu benze

Bia pa lukama bia bakudi badi bapete biakudia bikumbajija pa dîba, biakanyine, bimpe ne kabiyi bualu bidi bidisha mubidi bua bana ba ngondo 6 too ne 23

Malu a kulonda

Dikonkonona malu a IYCF-E ne dialondesha: Konkonona majinga ne malu adi akengela kuenza kumpala bua diandamuna dia IYCF-E ne londesha bua kumona buenzeji bua diambuluisha dia IYCF-E ⊕ *tangila Mukenji wa 1.2 wa dikonkonona dikumbana dia biakudia ne didisha: Dikonkonona dia didisha.*

Dienza mudimu pamue dia bitupa bishilashilangane: Mu malu a dibuela nawu a bitupa bishilashilangane bua kumvuija ne kukankamija didisha dia IYCF-E mudi:

- diondopa dia kumpala kua dilela ne panyima pa dilela;
- miaba ya difidila bisalu;
- dilondesha dia dikola;
- dikola dia bana batekete;
- midimu ya luondapu lua kishi ka VIH (nangananga ya dijikila disambuluja disama dia mamu kudi muana);
- diondopa dia didia dibi dikole;
- makanda a mubidi ne a lungenyi a tshinsanga ne diambuluisha bua kuikala ne lungenyi luimpe mu bantu;
- midimu ya WASH;
- miaba ya dipetela mudimu; ne
- mudimu mualabaja ku malu a madimi.

Bisumbu bisungula: Dikonkonona dionso ne bipeta bifunda bionso bia programe ya bana ba bidimu bishadile ku bitanu bidi ne bua kuenjibua bitapulula bilondeshile bikalabu ba balume anyi ba bakaji, ne bilondeshile badi ne ngondo 0–5, ngondo 6–11, ngondo 12–23, ne ngondo 24–59. Ditapulula bipeta bilondeshile bulema ndia kuenza kubangila anu ku ngondo 24.

Manya ne teka midimu bua kuandamuna ku majinga a didia ne a luondapu bua bana badi ne bulema, badi batapulula ne baledi ne badi nkayabu. Tuma bana badi batapuluke ne badi nkayabu kudi benzejanganyi netu ba mudimu badi bakuba bana. Manya bungi bua bakaji badi ne mafu ne bua badi bamusha.

Tangila bantu badi ne kishi ka VIH katangalake kakese anyi bikole munkatshi muabu, bana badi batapuluke ne baledi ne badi nkayabu, bana badi baledibue ne bujitu bukese, bana badi ne bulema ne badi ne didia dia lutatu, bana ba bidimu bishadile ku bibidi badibu kabayi bamusha dibele, ne badibu badisha bibi menemene. Umanye se: bana badi ne bamamu bikale lungenyi lutekete mbafuane kupona mu njiwu mikole ya didia dibi.

Bakaji badi ne mafu ne badi bamusha: Bikala majinga a bakaji badi ne mafu ne badi bamusha kaayi makumbajibue mu programe ya diambuluisha ne biakudia, ne makuta anyi ne tike ya biadidia, ipatshila bua kupeta bakaji badi ne mafu ne badi bamusha ne biadidia bikolesha. Ubapeshe biadidia bikumbajija bidi ne bidishi bitambe bukese bilondeshile mibelu mifila kudi OMS.

Longolola diambuluisha dia kuikala ne lungenyi luimpe mu nsombelu wa bantu bua bamamu badi bakenga, nangananga dibatuma ku miaba idibu bondopa lungenyi bikalabi bikengela kuenza nanku. Longolola diambuluisha diakanyine bua bamamu balema. Enza miaba mimpe mu tshitudilu ne mu miaba idi bantu ba bungi basangile bua bakaji kuya kuamushila bana, bu mudi miaba idi mimpe bua bana bakese milongolola anu bua kuamushila bana.

Bana badibu bamusha mabele: Dilongolola ne diabanya mpetu bidi ne bua kuambuluisha bua kuamusha bimpe bana mu nsombelu mikole. Bualu ebu budi mua kulomba bua bana badi ne didia dibi ditambe ba ngondo 0–6, munkatshi mua bantu badi ne tshilele tshia disambakaja didisha, ne didisha dia bana mu muaba udi kishi ka VIH.

Bana badibu kabayi bamusha mabele: Bikondo bionso bia makenga, kuba bana badibu kabayi bamusha mabele ne ubambuluishe bua kukumbaja majinga abu a didia. Bipeta bia dibenga kuamusha bana bidi bishilangana bilondeshile bidimu bia muana. Bana ba batekete menemene ke badi bafuane kupia masama a tshiambu. Bidi bilondesha mushindu udibu nawu wa kupeta bipinganyi biakanyine bia mabele a mu tshiadi, bia kutemesha nabi mudilu, bia mudimu ne malu a WASH.

Mabele menza bua kufuana a bakaji ne bipinganyi bikuabu bia mabele a mu tshiadi: Mabele formula menza bua kufuana a bakaji ke tshipinganyi tshiakanyine bua bana ba ngondo 0–5. Mbimpe kusungula mabele menza bua kufuana a bakaji adi mamana kuenza a mâyi bua kuanuisha muana, bualu kaena alomba bua kualamba ne adi ne njiwu anu mikese kupita mabele adi menza nunku kadi mikale a musenga.

Bualu bua mushinga bua kuenza mudimu biakane, kulama bimpe ne mankenda bintu bia kunuisha nabi muana mabele menza bua kufuana a bakaji adi mamana kuenza bua kumunuisha. Mabele a nunku adibu bamane kuenza bua muana kunua mbujitu bua kuambula, ne nunku adi atudisha makuta bua kuambula ne kualama. Bua bana ba ngondo mipite pa isambombo, enza mudimu ne mabele makuabu ba mâyimâyi. Mu mabele makuabu aa tudi mua kutela mabele a ngombe, a mbuji, a mukoko, a kamelo anyi a mbowa makama, matata ne malama bimpe; mabele a mâyimâyi mamana kusabisha bikole menemene; mabele a mâyimâyi a ndala; anyi yaourt.

Dienza mudimu ne mabele menza bua kufuana a bakaji bua bana ba ngondo mipite pa isambombo nedikale bilondeshile bilele bia kumpala kua dikenga, bintu bidi kuoku, miaba ya dipetela mabele makuabu a mâyimâyi, ngikadilu muakanyine wa biakudia bikumbajija ne ngenzelu wa bulongolodi budi buambuluisha bantu. Malu adi aleja mushindu wa kuenza mudimu ne bipinganyi bia mabele a mu tshiadi adi mua kuikala bua matuku makese anyi bua matuku a bungi atshilualua. Mabele a mâyimâyi menza bua bana badi balondele, a dikolesha nawu bana anyi bua bana bakadi benda adibu bapanyisha bua bana kaena ne mushinga to.

Muena mudimu wa luondapu anyi wa didisha udi mumanye bimpe mudimu wende udi mua kujadika dijinga dia mabele menza bua kufuana a bakaji mu dikonkonona dia muntu ne muntu, dilondesha dia malu ne dikankamija. Muaba udi kauyi mushindu wa kuenza dikonkonona, yikila ne bakokeshi badi balombola ne malongolodi adi ambuluisha mu ngenzelu wa mudimu bua kupeta mibelu pa dikonkonona ne malu a kulondesha. Fila mabele menza bua kufuana a bakaji too ne padi muana wamushibua ku dibele anyi too ne padiye ukumbaja koku ngondo isambombo. Paudi upesha bana badi nabi dijinga bipinganyi bia mabele a mu tshiadi, kukankamiji mu mpukapuka bamamu badi bamusha bana mabele bua benze pabu nanku to.

Kuenji midimu ne milangi ya diamuishila bana; mbikole bua kuyilama mikezuke. Kankamija dinuishila bana mu dikopo ne uditue mpanda.

Ulame dikala kutangila bungi bua kusamasama kua muntu ne muntu ne kua bantu bonso, utamba kutangila diela dia munda.

Didisha dikumbajija nngenzelu udi utuadija padi mabele a mu tshiadi nkayawu kaatshiyi akumbana bua kulonda malu adi malombibue bua kudisha bana bakese ne bikengela kusakidilaku biakudia bikuabu ne biadinua. Biakudia ne biadinua bikumbajija, nansha bidibu bapatula bia bungi mu biapu anyi mu muaba unudi basombele, badi ne bua kubipesha bana ba ngondo 6–23.

Dishilangana dia bidishi divua didianjile kuikalaku ne didiku didi diambuluisha mu dijadika dia bintu bia kusakidila ku biadidia bikumbajija. Malu makuabu a kuangata ne mushinga ke mushindu mupepele wa kupeta bintu ne dikalaku dia ndilu udi udisha mubidi, dimueneka dia biakudia bilondeshile mivu ne mushindu wa kupeta biakudia bikumbajija bilenga bidiku mu muaba au. Disungula bua kuambuluisha ne biakudia bikumbajija didi dikonga malu bu mudi:

- diambuluisha ne makuta bua kusumba biakudia bikolesha ne bidi bidisha mubidi bidi bipeteka muaba au;
- diabanyina mêku biakudia bidi bidisha anyi bikolesha;
- difila dia biakudia biela bintu bia bungi bidi ne bidishi bitambe bukese bivule bua bana ba ngondo 6–23;
- dikolesha mêku ne biadidia bikumbajija bidi ne bidishi bitambe bukese bu mudi misenga ya bidishi bitambe bukese anyi bikuabu biadisia bikumbajija;
- programe ya bintu bia mu nsombelu; ne
- programe idibu babikila ne: ya didilama nayi talalaa.

Ela meji bua kulongesha anyi kutuma mikenji diatshimue ne diambuluisha ne makuta, bua kujadika ne: bantu badi dikenga dikuate mbajingulule mushindu mutambe buimpe wa kuenza mudimu ne makuta bua kudidisha.

Dikumbajija ne biadidia bidi ne bidishi bitambe bukese: Bana ba ngondo 6 too ne 59 badi kabayi bapeta biakudia bikolesha bidi mua kulomba dibapesha biadidia bikumbajija bidi ne bidishi bitambe bukese bua kukumbaja malu adi malombibue bua kubadisha. Mbilombibue bua kubapesha biadidia bikumbajija bidi ne vitamine A. Mu bitupa bidi ne malaria mapitepite, fila fer mu mishindu yonso, nangananga misenga ya bidishi bitambe bukese, ne misangu yonso pamue ne diteta mubidi bua malaria, ngenzelu ya dibabidila ne diondopa. Bilejilu bia ngenzelu ya dibabidila malaria ndiabanya dia mishetekela miela buanga ne programe ya diluisha nayi bishishi bidi biambula masama, diteta dia lukasa dia disama dia malaria, ne dilonda mushindu muimpe wa diondopa malaria ne manga adi makumbanyine. Kupeshi bana badi kabayi ne mushindu wa kupeta ngenzelu eyi ya dibabidila nayi malaria fer to. Pesha bakaji badi ne mafu ne badi bamusha fer ne acide folique bilondeshile mêyi maludiki a ndekelu adiku.

Kishi ka VIH ne didisha dia bana: Bamamu badi ne kishi ka VIH badi ne bua kupeta dikuatshisha bua bobu kuamusha bana mabele too ne ku ngondo 12 ne kubangila apu too ne ku ngondo 24 anyi kupita apu padibu balonda ngondapilu wa dipetulula nende bukubi bua mubidi. Bikala manga adi ambuluisha bua kupetulula bukubi bua mubidi kaayiku, sungula ngenzelu udi upetesha bana diakalenga ditambe bunene dia kupanga kuikala ne kishi ka VIH. Bidi biumvuija kutshintshija njiwu ya disambuluja kishi ka VIH ne bikebeshi bia lufu lua bana bidi kabiyi kishi ka VIH. Ambuluisha bamamu bia muomumue ne bakubi ba bana. Teka pa muaba wa kumpala dipeta dia manga adi ambuluisha bua kupetulula bukudi bua mubidi ⊕ *tangila Luondapu lua nshindamenu – mukenji 2.3.3 wa makanda a mubidi a disangila ne a lulelu: kishi ka VIH.*

Pesha bakaji badi bamusha kabayi ne kishi ka VIH ne aba badi bamushilangana, ne aba badibu kabayi bamanyike ni badi ne kishi ka VIH anyi kabena naku mibelu, bua bamushe bana anu ku dibele munkatshi mua ngondo isambombo ya muoyo wa muana. Pashishe, ubueje biakudia bikumbajija eku batungunuka ne kuamusha muana dibele too ne padiye ukumbaja ngondo 24 anyi kupita apu. Bidi bilomba kumanya ne lukasa ne kuambuluisha bana bakese badi bamane kuikala mu ndongamu wa didishibua ne bintu bikuabu.

Keba mishindu ya dienza malu ya mu ditunga ne ya mu bitupa bia ditunga idiku ne konkonona ni idi mu diumvuangana ne mibelu ya ndekelu ya OMS. Ujadike bikalayi miakanyine bua nsombelu mupiamupia wa dikenga eu, pa kutangila dishintuluka mu dikalaku dia njiwu ya dipia disama didi kadiyi dia kishi ka VIH, matuku adi bualu ebu bua tshimpitshimpi mua kunenga, bikalaku mushindu wa kupeta biakudia bipinganyi ebi ne dikalaku dia manga adi ambuluisha bua kupetulula bukubi bua mubidi. Bidi mua kulomba bua kupatula mêyi maludiki a tshisabu makaja ne kuamanyisha bamamu ne bakubi ba bana.

Tshikisu tshienzela muntu bua mudiye mulume anyi mukaji, dikuba bana ne dibadisha: Tshikisu tshienzela muntu bua mudiye mulume anyi mukaji, dipanga buakane mu ditangila dia tshidi mulume anyi mukaji ne didisha bitu misangu mivule bibuelakane. Tshikisu tshia mu lubanza tshidi mua kuikala mukanu bua makanda a mubidi ne dikala bimpe dia bakaji ne bana badibu balele. Bena mudimu wa didisha badi ne bua kufila mibelu idi ikankamija ne ilama malu a bantu bua balami ba bana anyi bua bana badi bamona malu a tshikisu tshienzela muntu bua mudiye mulume anyi mukaji anyi dikengesha dia bana. Malu makuabu a kuelamu mudi difila dia mibelu, dienza mudimu bua kuteka miaba ya diondopela idi mimpe bua bakaji ne bana, ne kuikala kulondesha malu adi atangila bungi bua badi balekela ne badi bapanga bua kulonda luondapu. Ela meji bua kubueja mu tusumbu tua bena mudimu wa didisha benji ba mudimu badi bamanye bimpe malu a tshikisu tshienzela muntu bua mudiye mulume anyi mukaji ne a didisha dia bana ⊕ *tangila Mêyi manene a bukubi 3 ne 4.*

Nsombelu ya tshimpitshimpi bua makanda a bantu: Mu bikondo bidi bantu bakenga bua masama, angata mapangadika bua kujikila dikoseka dionso dia mushindu wa kupeta midimu idi yambuluisha bua kuikala ne makanda a mubidi ne didisha bantu, bua kujadika ne: mêku adi atungunuka ne kuikala ne biakudia bikumbane ne bintu bikuabu bia mu nsombelu, ne bua kukepesha njiwu ya disambulujilangana masama ku diamusha bana mabele, pamue ne kukepesha kusama ne kufua munkatshi mua bamamu. Tangila mêyi maludiki a OMS muaba udibi bikengela bua kuluisha disama dia cholera, kishi ka Ebola ne ka Zika.

5. Dikumbana dia biakudia

Dikumbana security dia biakudia didiku padi bantu bonso bikale ne mushindu wa kupeta ku mubidi ne ku makuta biakudia bungi bukumbane, bimpe ne bidi bidisha mubidi bidi bikumbaja majinga abu a ndilu ne bintu bidibu basue kudia bua kuikala ne nsombelu muimpe ne makanda a mubidi.

Dikumbana dia biakudia didi dilondesha malu bu mudi a mpetu ya bantu bonso, malu a tshididi a nsangilu wa bantu ne a bintu bidi bitunyunguluke. Mishindu ya diludika malu, ngenzelu anyi malongolodi a mu ditunga ne a bukua-matunga bidi mua kulenga mushindu wa bantu badi bakenga kupeta biakudia bikumbane bidi bidisha mubidi. Dinyanguka dia bintu bidi bitunyunguluke ne mivu idi anu yenda ishintuluka ne inyanguka mikebesha kudi dikola dia luya bidi kabidi bilenga dikumbana dia biakudia.

Mu dikenga didi dilenga bantu ba bungi, diambuluisha bua dikumbana dia biakudia didi ne bua kuipatshila bua kukumbaja majinga bua matuku makese atshilualua ne kukepesha dijinga dia bantu badi dikenga dikuate bua kuangata bikadilu bidi mua kubenzela bibi. Mu kupita kua matuku, mandamuna adi ne bua kukuba ne kupingaja bintu bia mu nsombelu, kushindika anyi kupetesha mishindu ya diangata bantu ku mudimu ne kuambuluisha bua kupingaja dikumbana dia biakudia bua matuku a bungi atshilualua. Kaena ne bua kuikala ne buenzeji bubi pa bintu bia ku tshifukilu ne bintu bidi bitunyunguluke.

Dipanga dia biakudia bikumbane mu mêku mbumue bua ku malu anayi a muinshimuinshi adi akebesha didisha dishadile, pamue ne didia dibi ne bilele bibi, muaba mubi udi mêku masombele ne luondapu kaluyi luimpe.

Mikenji idi mu tshitupa etshi idi itangila mpetu bua kumona mua kukumbaja majinga a biakudia bua bantu bonso mu tshibungi ne bantu badi mu njiwu mikole ya didia, bu mudi bana ba bidimu bishadile ku bitanu, bantu badi ne kishi ka VIH ne disama dia sida, bakulakaje, bantu badi ne masama a munanunanu ne balema.

Mandamuna adi ipatshila bua kujikija didia dibi neikale ne buenzeji anu bukese bikala majinga a biakudia a bantu ba bungi kaayi makumbajibue. Bantu badi bumvua bimpe panyima pa didia dibi kadi kabayi balama ndilu muimpe nebikale ne bua kunyanguka tshiakabidi.

Disungula dia diandamuna ditambe buimpe ne didi diambuluisha bikole didi dilomba dikonkonona malu onso a majinga matapulula a balume anyi bakaji, malu adi mêku masue, buimpe ne dikuatshisha dia makuta adi matula, njiwu ya dikubibua ne mashintuluka a mivu. Didi kabidi ne bua kumanya mushindu musunguluke ne bungi bua biakudia bidi bikengedibua ne mushindu muimpe wa kubiabanya.

Biakudia ke bitu bitamba kutudisha makuta bua mêku adi mu lutatu. Dikuatshisha ne makuta didi mua kuambuluisha bantu mua kupeta dikuatshisha bua kulama bimpe mpetu yabu yonso, nansha mudi bualu ebu buikale bilondeshile disambuluja dia bintu bia mushinga bidibu bafila. Dikokonona dienza pamue ne bipatshila bia programe nebiludike disungula bipatshila, disambuluja dia bintu bia mushinga ne malu onso a mushinga adi masuika pamue ne disambuluja edi.

Diambuluisha difila bua dikumbana dia biakudia didi ne bua kuipatshila ku kakese ku kakese bua kuenza mudimu ku diambuluisha dia bisalu bia muaba au anyi pa kubitua mpanda. Mapangadika mangata muaba au, mu ditunga anyi tshitupa tshia ditunga adi ne bua kuikala mashindamene pa dijingulula dia tshidi bisalu bikale, nangananga benji ba midimu ya bisalu ne ya dilama makuta. Dienza programe mushindamene pa malu a bisalu, bu mudi disombesha bangenda-mushinga makuta bua bobu kusumba bintu bikuabu bia kulama, didi kabidi mua kuambuluisha bisalu ⊕ *tangila Dikuatshisha bantu ku diambuluisha dia bisalu* ne *Mukanda wa MERS*.

Mukenji 5 wa dikumbana dia biakudia:
Dikumbana dia biakudia dia pa tshibidilu

Bantu badi bapeta diambuluisha ne biakudia didi dijadika lupandu luabu, dikolesha bunême buabu, dijikila dinyanguka dia mpetu yabu ne dishindamija dikandamana diabu.

Malu manene a kuenza

1. Mushindamene pa bipeta bifunda bia dikonkonona dia dikumbana dia biakudia, longolola diandamuna bua kukumbaja majinga adiku dîba adi, ne angata mapangadika bua kutua mpanda, kukuba, kukankamija ne kupingaja dikumbana dia biakudia.

- Ela meji bua mishindu yonso ibidi ya difila bintu bia ku mubidi anyi makuta bua tshisaka tshia biakudia.

2. Longolola ne lukasa luonso ngenzelu ya tshisabu ne ya dipatuka nayi bua programe yonso ya dikumbana dia biakudia.

- Bueja programe eyi mu mandamuna mafila a kudi bitupa bikuabu.

3. Ujadike bua ne: bantu badi bapeta diambuluisha badi ne mushindu wa kupeta dimanya didi dikengedibua, ndudi ne midimu bua kumona mua kupita ne malu ne kudipetala bintu bia mu nsombelu.

4. Kuba, lama ne akaja bintu bia ku tshifukilu bidi binyuguluke bantu bua kabilu kunyanguka tshiakabidi.

- Ela meji bua buenzeji bua bintu bia kulamba nabi pa bintu bidi bitunyunguluke.
- Ela meji bua ngenzelu dikeba bintu bia mu nsombelu idi kayiyi ifikisha ku dijikija dia mêtu anyi ku dinyanga dia bulaba.

5. Londesha malu bua kumanya mushindu udi bisumbu ne bantu bashilashilangane bitaba ne bapeta diambuluisha bua dikumbana dia biakudia.

6 〉 Ujadike bua ne: badi bebeja bantu badi bapeta dikuatshisha ne biakudia pa bidi bitangila mushindu wa kuenza diandamuna ne badi babenzela malu ne kanêmu ne bunême.

- Teka ngenzelu wa dimanyishila malu adi apitakana mu tshialu.

Bileji binene

Bia pa lukama bia mêku masungula adi ne Mpwe mikumbane ya didia biakudia

- >35 %; bobu bafila mafuta ne nsukadi, >42 %

Bia pa lukama bia mêku masungula adi ne Mpwe mikumbane ya ndilu mishilashilangane

- >5 bisumbu binene bia biakudia bitubu badia pa tshibidilu

Bia pa lukama bia mêku masungula adi ne Endekese mukumbane wa ngenzelu ya mua kupita ne malu

Bia pa lukama bia bantu badi bapeta dikuatshisha badi bamanyisha didilakana anyi malu mabi adi menzeke mu tshialu pa bidi bitangila dibenzela malu ne bunême

- Didilakana dionso ndia kulondesha pa tshibidilu ne bidi bilomba kuandamuna pa lukasa.

Malu a kulonda

Nsombelu: Londesha malu a nsombelu mualabale wa dikumbana dia biakudia bua kukonkonona mushindu udi diandamuna ditungunuka ne kuikala ne mushinga. Jadika dîba dia kuimanyika imue midimu ne dia kubueja mashintuluka anyi midimu mikuabu, ne sunguluja dijinga dionso dia kutua mpanda ku bualu ebu.

Mu bimenga, angata mapangadika bua kutangila bileji bia mushindu udib batulatula makuta bua biakudia bilondeshile nsombelu udiku, nangananga miaba idi bantu ba bungi bikale ne dimona anu dikese. Tshilejilu, Tshitupa tshia makuta matula bua biakudia ne bungi buatshi bua nkatshinkatshi bidi mua kuikala kabiyi bijalame menemene mu bimenga, bualu makuta adibu batula bua bintu bikuabu bidi kabiyi biakudia, bu mudi a difutshila nzubu ne a ditalaja nawu nzubu, adi mua kuikala mabandile koku.

Ngenzelu ya dipatuka nayi ne ya tshisabu: Tuadija kulongolola ngenzelu ya dipatuka nayi ne ya tshisabu anu ku mbangilu kua programe. Kumpala kua kutua tshiala ku programe kampanda anyi kuenza tshisabu, kudi ne bua kuikala bijadiki bia ne: malu mmalengele anyi ne: muntu mukuabu udi mua kuambula bujitu ebu. Bua bidi bitangila dikuatshisha ne biakudia, bidi mua kumvuija dijingulula dia ndongoluelu ya dikuba nayi bantu idiku dîba adi anyi idibu balongolole bua matuku a bungi atshilualua bua bantu kuikalabu talalaa kabayi ne bualu.

Programe ya dikuatshisha ne biakudia idi mua kuenda pamue ne ndongoluelu ya dikuba nayi bantu anyi kuasa tshishimikidi bua ndongoluelu ya nunku mu matuku atshilualua. Malongolodi adi ambuluisha bantu adi kabidi mua kukankamija ndongoluelu idi itangila malu a dipangika dia biakudia dia munanunanu, mashindamene pa malu adiwu apetela ku dikonkonona didi amu ditungunuka dia dipangika dia biakudia bikaladi kuoku ⊕ *tangila Mukanda wa MERS.*

Bisumbu bidi mu njiwu: Konkonona malu adi atangila tshinsanga bua njiwu idi mua kumueneka ne londesha malu a bakuabu badi badifile mu mudimu eu bua kujikila bintu bionso bidi mua kuteka mu njiwu bimue bisumbu anyi bamue bantu. Tshilejilu, diabanya dia bintu bia kulamba nabi ne/anyi matshuwa adi kaayi ajikija lukasa bia dilamba nabi didi mua kukepesha njiwu idi mua kumuenekela bakaji ne bansongakaji ya dibabunda anyi disangila nabu ku bukole. Dituma makuta makumbajija, nangananga bua mêku anyi bantu badi ku batekete, bu mudi mêku malombola kudi bakaji anyi bana anyi mêku adi ne balema, didi mua kukepesha njiwu ya diendesha bantu masandi ne dienzeja bana mudimu.

Bidibu base bua kuambuluisha tshinsanga: Longolola bintu bidibu basa bua kuambuluisha tshisanga pamue ne bantu bikala ne bua kuenza nabi mudimu, bua se: bantu aba babiangate bu bintu biabu mene ne babilame bimpe, ne bikale pamuapa mua kushala panyima pa programe mumane kujika. Ela meji bua majinga ba bantu badi mu lutatu paudi ulongolola malu. Tshilejilu, bansongakaji ne bansongalume badi kabayi ne baledi babu badi mua kupanga kumanya malu ne ndudi ya mua kulubuluka, malu atu bantu balongela mu mêku abu ⊕ *tangila Dipangadika 4 dia Mukenji munene wa diambuluisha bantu badi bakenga (CHS).*

Diambuluisha bua bintu bia mu nsombelu: ⊕ *Tangila Dikumbana dia biakudia ne didisha – mikenji 7.1 ne 7.2 ya bintu bia mu nsombelu, Mukanda wa MERS ne Mukanda wa LEGS.*

Buenzeji pa bintu bidi bitunyunguluke: Bantu badi basombele mu bitudilu batu dijinga ne bintu bia kulamba nabi, bidi mua kuendesha ne lukasa luonso dijikija dia mêtu a muaba au. Ela meji bua malu bu mudi diabanya dia bintu bia kulamba nabi, matshuwa mimpe ne bifidi bikuabu bia kapia. Angata ne mushinga bipeta bimpe bidi mua kumueneka mu bintu bidi muaba udi bantu basombele au mu dienza mudimu ne tike ya dipeta nayi bintu ne midimu misunguluke bidi binenga matuku a bungi ne kabiyi binyanga bintu bidi bitunyunguluke. Keba mishindu ya kushintulula biakudia bivuaku kale ne bilele bia dilamba bivuaku bidi mua kuikala binyange bintu bia muaba udi bantu basombele. Ela meji bua dishintuluka dia luya anyi mashika didiku. Teka pa muaba wa kumpala midimu idi ipetesha disulakana mu matuku makese ne idi ikepesha njiwu ya kumona dikenga mu matuku mabala ne a bungi atshilualua. Tshilejilu, dikepesha bungi bua bimuna didi mua kukepesha mu muaba au disakibua dikole dia kukeba mpata mu tshikondo tshia mushipu mukole ⊕ *tangila Mukenji wa 7 wa muaba wa kusokomena ne muaba wa kusombela: Dinenga dia muaba udi bantu basombele.*

Dipeta ne ditaba: Bantu mbafuanyike kudifila mu programe kampanda udi mupepele bua kumupeta ne udi ne midimu idibu mua kuitaba. Enza bua kubueja bantu bonso ba munkatshi mua badi dikenga dikuate mu dilongolola dia programe, bua kujadika ne: udi mutangile bantu bonso kakuyi kansungasunga. Nansha mudi amue mandamuna a dikumbana dia biakudia mikale ipatshila bantu badi koku ne kantu ku bianza, bantu bonso badi ne tshia kuikala ne mushindu wa kuapeta. Bua kujikija ntatu idi mua kuikala mu bisumbu bia bantu badi mu njiwu, enza nabu mudimu diatshimue ne muoyo mujima bua kulongolola midimu ne asa bintu bidi biakanyine bua kutua mpanda ku midimu eyi.

235

6. Diambuluisha ne biakudia

Bidi bilomba diambuluisha ne biakudia padi ngikadilu ne bungi bua biakudia bidiku anyi mushindu wa kubipeta kabiyi bikumbane bua kujikila ditamba kufua, kusamasama anyi didia dibi. Didi dikonga mandamuna a diambuluisha bantu adi alengeja dikalaku dia biakudia ne mushindu wa kubipeta, dimanya ndilu ne bilele bia didisha. Mandamuna a nunku adi kabidi ne bua kukuba ne kukolesha bintu bia mu nsombelu bia bantu badi mu dikenga. Mishindu ya mandamuna eyi idi ikonga biakudia bia ku mubidi, diambuluisha ne makuta, dikankamija bua dipatula ne dikankamija dia bisalu. Nansha mudi dikumbaja majinga adiku dîba adi mua kuikala bualu bua kumpala bua kuenza mu bitupa bia mbangilu bia dikenga, mandamuna adi ne bua kulama ne kukuba bintu bia bantu, kubambuluisha bua kupetulula bidibu bajimija mu makenga ne kukolesha dikandamana diabu bua mikanu mikuabu ya matuku atshilualua.

Badi kabidi mua kuenza mudimu ne diambuluisha ne biakudia bua kuepula bantu ku diangata ngenzelu mibi ya mua kupita ne malu bu mudi dipanyisha dia bintu biabu bidi mua kubapetesha bikuabu bintu, dienza mudimu dinekesha ne bintu bia ku tshifukilu anyi dibinyanga, peshi dibuelabuela mabanza.

Mu mulongo wa bia mudimu bishilashilangane bidibu mua kuenza nabi mudimu mu programe ya diambuluisha ne biakudia mudi:

- diabanya dia biakudia dia pa tshibidilu (difila biakudia bia ku mubidi, diambuluisha ne makuta a kusumba nawu biakudia);
- programe ya didisha dikumbajija dia bantu bonso;
- programe ya didisha dikumbajija didi ne bipatshila; ne
- dipetesha bantu midimu ne bintu bidi ne dikuatshisha, bu mudi dilongesha mishindu ya kuenza anyi mamanya.

Diabanya dia biakudia dia pa tshibidilu ditu diambuluisha bantu batu batamba kuikala dijinga ne biakudia. Lekela dibiabanya padi bantu badi bapeta diambuluisha edi mua kudipatuila anyi kudipetela biakudia mu mishindu mikuabu. Bidi mua kulomba bua kuena amue malu a tshisabu, bu mudi diambuluisha ne makuta anyi ne bintu bia mu nsombelu bilondeshile diumvuangana kampanda.

Bantu badi ne majinga a pa buawu a bidishi bia mubidi badi mua kulomba biadidia bikumbajija pa kumbusha ebi bidibu babanyina bantu bonso. Mu bantu aba mudi bana ba ngondo 6 too ne 59, bakulakaje, balema, bantu badi ne kishi ka VIH, ne bakaji ba mafu anyi badi bamusha. Mu nsombelu ya bungi, didisha dikumbajija ditu dipanshisha mioyo. Batu badishila bantu pa muaba anu dîba didi bantu kabayi ne mushindu wa kudilambila. Bidi mua kulomba bua kuenza nunku diakamue kunyima kua dikenga, padi bantu benda batambakana anyi muaba udibi bifuane kukebela bapetshi ba bintu biakudia mu njiwu. Badi kabidi mua kudishila bantu pa muaba kampanda bua kudisha balongi mu tulasa padiku bualu bua tshimpitshimpi, nansha mudibu mua kuabanyina biadidia bia kuambula ebi mu tulasa. Umanye se: bana badi kabayi baya mu kalasa kabakupeta biakudia bidibu babanya ebi to; longolola mishindu mikuabu ya kupeta bana aba.

Diambuluisha ne biakudia didi dilomba dilama dimpe dia mulongo wa difidila bintu ne makokeshi a bintu bia dienza nabi mudimu bua kulama bintu ebi bimpe.

Dilama dia ndongoluelu yonso ya difila nayi makuta didi ne bua kuikala dishindame ne dienza konte ya malu onso, dikale dilondesha malu mu katoba ne mu katoba ⊕ *tangila Dikuatshisha bantu ku diambuluisha dia bisalu.*

Mukenji 6.1 wa diambuluisha ne biakudia: Malu malomba a didisha dia pa tshibidilu

Badi bakumbaja majinga a nshindamenu a didia a bantu badi mu dikenga, nangananga a badi ku batekete.

Malu manene a kuenza

1. Pima mishindu idi nayi bantu bua kupeta biakudia bimpe ne bungi bukumbane.

- Konkonona misangu ne misangu mushindu udi nawu bantu bua kumona ni mmushindame anyi udi pamuapa wenda uteketa.
- Konkonona mushindu udi nawu bantu badi mu dikenga wa kufika ku bisalu.

2. Longolola bua kuambuluisha ne biakudia ne makuta bua kukumbaja malu makane adi malombibue mu dilongolola dia kumpala bua bantu kupeta makanda, proteine, manyi ne bidishi bitambe bukese.

- Longolola bungi bua bintu bia kufila bua kuenza dishilangana pankatshi pa malu adi malombibue bua kudisha bantu ne adi bantu mua kudikumbajila nkayabu.

3. Kuba, kankamija ne ambuluisha bantu badi mu dikenga bua bapete biakudia bidi bidisha mubidi ne diambuluisha mu ndilu.

- Ujadike bua ne: bana ba ngondo 6-24 badi bapeta biakudia bikumbajija, ne bakaji badi ne mafu ne badi bamusha badi bapeta diambuluisha dia didia dikumbajija.
- Ujadike bua ne: mêku adi ne bantu badi basamasama dîba dionso, bantu badi ne kishi ka VIH ne disama dia tshiadi, bakulakaje ne balema badi ne biakudia bimpe bidi bidisha mubidi ne diambuluisha bua ndilu muakane.

....

Bileji binene

Ditangalaka dia didia dibi munkatshi mua bana ba bidimu <5 bilondeshile mudibu ba balume anyi ba bakaji, ne bilondeshile bulema kubangila ku ngondo

- Kuata mudimu ne ndongoluelu wa diteka bana mu milongo bilondeshile OMS (MAD, MDD-W).
- Bua kuenza bilondeshile bulema, enza mudimu ne tshiamudimu tshia Kasumbu ka UNICEF/Washington pa bidi bitangila Luendu lua bana.

Bia pa lukama bia mêku masungula adi ne Mpwe mikumbane ya didia biakudia

- >35 %; bobu bafila mafuta ne nsukadi, >42 %

Bia pa lukama bia mêku masungula adi ne Mpwe mikumbane ya ndilu mishilashilangane

- >5 bisumbu binene bia biakudia bitubu badia pa tshibidilu

Bia pa lukama bia mêku masungula adi apeta biakudia bidi bikengela bua kufila makanda mudibi bilombibue (2 100kCal ku muntu ne ku dituku) ne bapeta bidishi bitambe bukese bidi bilombibue ku dituku ku dituku

Malu a kulonda

Londolola bualu bua dipeta biakudia: Ela meji bua mishindu mishilashilangane ya dikumbana dia biakudia, difika ku bisalu, bintu bia mu nsombelu, makanda a mubidi ne ndilu. Nebikuambuluishe bua kujadika bikala nsombelu mushindame anyi wenda unyanguka, ne bikalabi bikengela diambuluisha ne biakudia. Enza mudimu ne bileji bidi kabiyi bia buludiludi bu mudi Mpwe ya didia biakudia peshi bia-mudimu bishilashilangane bia ndilu.

Mishindu ya dikuatshisha: Enza mudimu ne mishindu ya dikuatshisha (makuta, tike ya biakudia anyi bintu bia ku mubidi) anyi disambakaja dia mishindu yonso eyi bua kujadika dikumbana dia biakudia. Muaba udibu benza mudimu ne dikuatshisha ne makuta, ela meji bua diabanya dia biakudia bikumbajija anyi diabanya dia biadidia bikolesha bua kukumbaja majinga ba bisumbu bisunguluke. Ela meji bua ngikadilu muimpe wa bisalu bua majinga a pa buawu a biadidia ne londa ngenzelu misunguluke, bu mudi tshia-mudimu tshia dikonkonona natshi 'mushinga udi ukengela bua ndilu mulenga bua makanda a mubidi'.

Ela meji bua bungi bua biakudia bia kuabanya ne bua ngikadilu muimpe wa ndilu: Kudi bia-mudimu bia bungi bidi biambuluisha bua kulongolola bungi bua bintu, bu mudi etshi tshia NutVal. Bua kulongolola bungi bua pa tshibidilu bua biakudia ⊕ tangila Tshisakidila 6: Malu adi malombibue bua kudisha bantu. Bikalabu balongolole bungi kampanda budi mua kupetesha bantu makanda onso a bintu bidi mu ndilu, nanku apu bidi ne bua kuikala ne bungi bukumbane bua bidishi bionso bia mubidi. Bikala bungi kampanga bua biadidia bia kuabanya bupetesha bantu anu ndambu wa makanda adi akengedibua a bintu bidi bienze ndilu, nanku apu ela meji bua kuenza mudimu ne umue wa ku ngenzelu ibidi eyi:

- Bikala bungi bua bidishi bia mubidi bia mu biakudia bikuab bidi koku bua bantu kabuyi bumanyike, ela meji bua bungi budi mua kupetesha bidishi bikumbane koku bidi bipetangana ne makanda a mu bungi bua biadidia bidibu babanya.
- Bikala bungi bua bidishi bia mubidi bia mu biakudia bikuab bidi koku bua bantu bumanyike, ela meji bua bungi budi mua kukumbajija biakudia ebi pa kuuja bidishi bidi bipangike.

Nomba mitshinka idi ilonda eyi bua malu a nshindamenu adi malombibue bua kudisha bantu nya kuenza nayi mudimu bua kulongolola bungi bua pa tshibidilu bua biadidia bia kuabanya ne nya kuakaja biondeshile nsombelu.

- 2 100 kCal ku muntu ne ku dituku ne bia pa lukama 10–12 bia makanda onso masangisha adi apetshibua ku proteine ne bia pa lukama 17 apetshibua ku manyi ⊕ *tangila Tshisakidila 4: Malu adi malombibue bua kudisha bantu bua kupeta mumvuija makuabu.*

Dijadika bua ne: bungi bua biakudia bidibu bafila bidi ne bidishi bikumbane didi mua kuikala dikole muaba udi umueneka anu mishindu mikese ya biakudia. Ela meji bua kupeta mukele muela iode, niacine, thiamine ne riboflavine. Mu mishindu ya kulengeja ngikadilu mulenga wa biadidia bidibu babanya mudi dikolesha dia bintu bia kudia, nangananga disakidila dia biakudia bisambakaja ne bikolesha, ne dikankamija disumba dia biakudia bitshidi bipiabipia bidibu bapatule muaba au mu dienza mudimu ne tike ya biadidia. Ela meji bua kuenza mudimu ne biakudia bikumbajija bu mudi biadidia bia manyi a bungi, bidi ne bidishi bia bungi, bimana kulamba bua kubidia, anyi tumuma peshi misenga idi ne bidishi bia bungi. Fila mamanyisha a IYCF-E bua kujadika ne: badi bakankamija bikole diamusha bana ku dibele ne bilele bia didisha dikumbajija ⊕ *tangila Mikenji 4.1 ne 4.2 ya Didisha bana ba mu maboko ne bana batekete.*

Paudi ulongolola bungi bua biadidia bia difila, elangana meji ne bena tshinsanga bua kuangata ne mushinga malu adi bantu ba muaba au basue ne bilele biabu. Sungula biakudia bidi kabiyi bilomba dibilamba mutantshi mule bikala bintu bia kulamba nabi bikese. Dîba dionso didiku mashintuluka mu bungi bua biadidia, manyisha bena mu tshinsanga bonso malu au ne lukasa bua kukepesha biji ne kujikila njiwu ya tshikisu tshienzela bakaji mu dîku, badibu mua kuangata bibi bua dikepela dia biakudia. Manyisha patoke ndongamu wa dipatuka nende anu ku ntuadijilu bua malu adi bantu mua kutekemena, kukepesha tunyinganyinga ne kuambuluisha mêku bua kuangata mapangadika adi makanyine.

Dipetangana ne programe ya luondapu: Diambuluisha ne biadidia didi mua kujikila dinyanguka dia ndilu wa bantu badi bakenga, nangananga padidi disangisha ne mapangadika adib bangate bua makanda a mubidi a bantu bua kubakuba ku masama bu mudi kantembele, malaria ne dipia tuishi tukuabu tua masama ⊕ *tangila Mukenji wa 1.1 wa ndongoluelu ya makanda a mubidi: Dipetesha bantu midimu ya luondapu ne Luondapu lua nshindamenu – mukenji 2.1 wa masama a tshiambu: Dibabidila.*

Dilondesha mushindu udibu benza mudimu ne biakudia: Bileji binene bia diambuluisha ne biakudia bidi bipima dipeta dia biakudia kadi kadiena dibala mushindu udibu benza mudimu ne biakudia to. Dipima dia buludiludi dia mushindu udi bantu badia kawena ulonda bualu mu bulelela to. Dipima didi kadiyi dia buludiludi didi ngenzelu mulenga, mu dienza mudimu ne malu adibu bamanyishe adi afumina miaba mishilashilangane nangananga dikalaku dia biakudia ne dienza nabi mudimu mu mêku, ne dikonkonona mishinga ya biakudia, dikalaku dia biakudia ne bintu bia kulamba nabi mu bisalu bia muaba au. Mishindu mikuabu idi ikonga dikonkonona ndongamu ne bipeta bidibu bafunde bia diabanya dia diambuluisha ne biakudia, bikale bakonkonona diabanya dionso dia biakudia bia muitu ne kuenza dikonkonona dia dikumbana dia biakudia.

Bisumbu bidi mu njiwu: Paudi uteka mêyi a dikumbaja bua muntu kubadibuaye munkatshi mua badi mua kupeta diambuluisha ne biakudia, yikilangana ne bisumbu bishilangane bua kumanya majinga onso a pa buawu adi bantu bafuane kupua muoyo mu mushindu mukuabu. Elamu biakudia bimpe ne bianyishibue bu mudi biakudia bikolesha ne bidishi bua bana batekete (ba ngondo 6 too ne 59) bu bungi bua biadidia bia pa tshibidilu. Mu bisumbu bia bantu bia pa buabi bidi mua kulomba dibatabalela mudi bakulakaje, bantu badi ne kishi ka VIH, balema, ne batabaledianganyi.

Bakulakaje: Disama dia munanunanu ne bulema, dikala nkaya, dîku ditambe bunene, mashika ne bupele bidi mua kukepesha dipeta dia biakudia ne kuvudija bungi bua bintu bidi bikengela bua kudisha mubidi. Bakulakaje badi ne bua kuikala ne mushindu mupepele wa kufika muaba udi biakudia ne dibituala. Biakudia bidi ne bua kuikala bipepele bua kubilamba ne kubidia ne bidi ne bua kukumbaja malu adi akengedibua bua kupetesha bakulakaje proteine ne bidishi bitambe bukese bikumbajija.

Bantu badi ne kishi ka VIH: Bantu badi ne kishi ka VIH badi mu njiwu mikole ya kumona didia dibi. Bitu bifumina ku malu bu mudi didia dikese, dipeta anu bidishi bikese, mashintuluka mu ndilu, ne dipia masama ne tuishi misangu na misangu. Malu adi bantu badi ne kishi ka VIH balomba bua kuikala ne makanda adi ashilangana bilondeshile kukadi muntu mufikile ne disama. Dipela biakudia ne dibikolesha, anyi diabanya biakudia bikolesha, bisambakaja anyi bia pa buabi bikumbajija bidi anu mishindu idi mua kuikalaku ya kupetesha bantu ndilu udi muakane. Mu imue nsombelu, bidi mua kuikala biakanyine bua kuvundija bungi mene bua biakudia bionso bidibu babanya. Tuma bantu badi ne kishi ka VIH badi badishibua bibi mu programe misunguluke ya didisha yoyi mikaleku.

Balema, nangananga bantu badi ne bulema kampanda bua lungenyi munkatshi mua bantu, badi mua kuikala mu njiwu ya pa buayi ya dibatapulula diakamue ne bena mêku abu bakuabu ne batabaledianganyi ba pa tshibidilu padiku dikenga. Badi kabidi mua kutuilangana ne malu a kansungasunga. Kepesha njiwu eyi pa kuenza bua ne: bapete biakudia, ne bapete biakudia didi bidisha mubidi ne bibapetesha makanda a bungi, ne kuteka ngenzelu idi ibambuluisha bua kudia. Bidi mua kulomba bua kubapetesha tuamu tua kusambakaja natu bintu, nkutu ne nshiba ya dinua nayi bintu, peshi kuenza ndongoluelu ya dikumbula bantu kumbelu anyi kuikala pabuipi nabu. Ela meji kabidi bua ne: bana badi ne bulema kabatu batamba kuya mu tulasa, ne badi nunku mua kupangila bua kubuela mu programe ya diabanya biakudia itu yenzeka mu tulasa.

Batabaledianganyi: Mbualu bua mushinga bua kukuatshisha bantu badi batabalela bantu badi ku batekete. Batabaledianganyi ne bantu badibu batabalela badi mua kuikala batuilangana ne bijikilu bia pa buabi pa bidi bitangila malu a didia. Tshilejilu, badi mua kuikala ne dîba dikese dia kupeta biakudia bualu badi basama anyi bikale babeja badi basama. Badi mua kuikala ne dijinga dikole dia kulama bikadilu bia mankenda. Badi mua kuikala ne makuta anu makese a kushintulula ku biakudia, bua makuta adibu batula bua diondopangana anyi bua dijikangana. Badi mua kuikala kabayi babanange munkatshi mua bantu ne bikale bapeta anu mpunga mukese wa difika ku ngenzelu idiku mu tshinsanga ya diambuluisha bantu. Enza mudimu ne ntuangajilu ya bantu bua kulongesha bantu basungula ba munkatshi mua tshisumbu tshia bantu bua kutua batabaledianganyi nyama ku mikolo.

Mukenji 6.2 wa diambuluisha ne biakudia:
Ngikadilu wa biakudia, bidi biakanyine ne bianyishibue

Bintu bia kudia bidibu bafila mbiakanyine, bianyishibue ne badi mua kuenza nabi mudimu bimpe mu mushindu udi usankisha.

Malu manene a kuenza

1 > Sungula biakudia bidi bilonda mikenji ya ditunga ya mbulamatadi udi munuakidile ne mikenji ya ngikadilu idi mianyishibue mu buloba bujima.

- Enza mateta a biakudia bidibu balame miaba mishilashilangane pa kuambula ndambu eku ne eku.

- Umvua ne nemeka mikenji ya ditunga idi itangila diakidila ne dienza mudimu ne biakudia bidibu bashintulula ngikadilu wabi wa ku tshifukilu paudi wela meji bua kubueja biakudia bia ku matunga makuabu.

2 > Sungula mushindu muakanyine wa dikuta biakudia.

- Fila tubeji tua dilamika pa mabuki a biadidia tudi tufunda dituku didibu bapatule biakudia ebi, ditunga didibi bifumina, dituku dia ndekelu didibu mua kubidia anyi didi biakudia ebi ne bua kuimanshibua, dikonkonona didibu benze dia bidishi ne ndambilu wabi mu mishindu idi mua kupeteka ne mu muakulu wa muaba au, nangananga bua biakudia bidi bantu kabayi batambe kumanya anyi bidibu kabayi batambe kuibidilangana nabi.

3 > Konkonona ni kudi mushindu wa kupeta mâyi, bia kulamba nabi, matshuwa ne nzubu ya dilamina biakudia.

- Fila biakudia bidi bimana kuakaja bua kubidia padi dikenga didi dikuata bantu kadiyi dipetesha mushindu wa kupeta bintu bia kulamba nabi.

4 > Petesha bantu mushindu muimpe wa kufika miaba ya dipelesha ne dilongolola biakudia padibu babanya biakudia anu mudibi babinowe.

- Pesha bapetshi ba biakudia ebi makuta a dibipelesha nawu pa kubapesha makuta ku bianza anyi tike ya biakudia, peshi pa kulonda ngenzelu udi kayi mutambe kuanyishibua wa difila biakudia bisakidila anyi bintu bia dipela nabi.

5 > Ambula biakudia ne ubilame bimpe.

- Londa mikenji ya dilama dia biakudia, ne dikontolola dia misangu ne misangu dia ngikadilu wa biakudia.

- Pima bungi bua biakudia ne bipiminu bia muomumue; ne kutshintuludi bipiminu ne ngenzelu ya dipima nayi mu bule bua mudimu.

Bileji binene

Bia pa lukama bia bantu badi mu dikenga badi bamanyisha ne: biakudia bidibu bafila mbiakanyine ne bidi bikumbaja malu adi bantu ba muaba au basue

Bia pa lukama bia bantu badi mu dikenga badi bamanyisha ne: njila udibu bapetela biakudia uvua muakanyine

Bia pa lukama bia mêku adi amanyisha ne: bivua bipepele bua kulamba ne kulama biakudia bivuabu bapete

Bia pa lukama bia bantu badi bapete diambuluisha badi bamanyishe didilakana anyi malu mabi adi menzeke bua bidi bitangila ngikadilu wa biakudia

- Badi balondesha pa tshibidilu ne bandamuna ne lukasa bua didilakana dionso.

Bia pa lukama bia biakudia bijimija bidi programe mumanyishe

- Tshipatshila <0,2 % bia biakudia bionso bisangisha.

Malu a kulonda

Ngikadilu wa biakudia: Biakudia bidi ne bua kuikala bilondeshile mikenji ya biakudia ya mbulamatadi wa ditunga didi dinuakidile. Biakudia bidi kabidi ne bua kuikala bilondeshile mikenji ya Codex Alimentarius bua bidi bitangila ngikadilu wabi, mushindu udibu babikuta, tubeji tudibu balamikapu ne biakanyine bua tshidibu babifidila. Padi biakudia kabiyi bia ngikadilu udi mulombibue bua mudimu udibu ne bua kuenza nabi, ki mbikumbanyine bua tshipatshila atshi to. Bualu ebu mbulelela nansha padibi bikumbane bua kubidisha bantu. Tshimue tshilejilu ntshia padi ngikadilu wa bukula kayi mua kukumbana bua bobu kulamba mu dîku nansha buobu kabuyi ne bualu padibu babudia. Biakudia binudi nusumba bia mu ditunga adi ne bia ku matunga a ku babende bidi ne tshia kuenda tshiapamue ne mikanda mijadiki ya buimpe bua biakudia anyi ya kudi bakonkononyi bakuabu. Difuimisha biakudia didi ne bua kuenza mudimu ne bintu bidi biakanyine ne kulonda anu ngenzelu idi ikengela kulonda. Ujadike ne: bakonkononyi badikadile badi bakonkonona mabuki manene a biakudia bidi bilama ne enza mudimu ne bakonkononya badikadile ba ngikadilu wa biakudia padiku dielakana anyi dikokangana pa bidi bitangila ngikadilu.

Ujadike ne: bualu ebu budi anu butangila mbulamatadi idi inuakidila mu mishindu yonso. Peta malu adi amanyisha bungi bua matuku adibu balame biakudia ne ngikadilu wabi mu mikanda mijadiki ya bulenga ya kudi bafidi ba bintu, mu luapolo ya dikonkonona dia ngikadilu wa biakuadia, tubeji tudi tulamika pa mabuki ne mu luapolo ya nzubu ya dilamina bintu. Lama bipeta bifunda bia mikanda ya dikonkonona nayi bintu (CoA) mipatula kudi bakokeshi badi ne mudimu eu bua kujadika ngikadilu ne bukezuke bua tshintu kampanda.

Keba bua kumanya bikala bintu bia kudia bikale bipeteka mu bisalu bia muaba au, bia mu ditunga adi anyi bia mu matunga makuabu. Bikala diambuluisha ne biakudia dikale difumina anu muaba au, didi ne bua kunenga mutantshi mule ne kadiyi difuane kujikija kabidi bintu bia ku tshifukilu bia muaba au anyi kubandishisha mishinga mu bisalu. Bueja ntatu idi mua kumueneka ya mu difila dia biakudia mu dilongolola dia programe.

Dikuta biakudia: Badi mua kumanyisha dijimija dia biakudia ku nzubu idibu babilamine ne ku miaba ya ndekelu idibu babiabanya. Dijimija dia biakudia didi mua kuikala difumina ku mushindu mubi udibi babikute mu bule bua tshikondo tshia dibiabanya. Bintu bidibu bakutshila biakudia bidi ne bua kuikala bikole ne biakanyine bua dibiambula, dibilama ne dibiabanya. Bidi ne bua kuikala biakanyine bua bakulakaje, bana ne balema kubipeta. Kuoku mushindu, dikuta biakudia didi ne bua kuambuluisha bua kubiabanya diakamue kabiyi bilomba bua kubipima tshiakabidi peshi kubikuta tshiakabidi.

Bintu bidibu bakutshila biakudia kabiena ne bua kuikala ne malu mafundapu adi asaka bantu ku malu a tshididi anyi a tshitendelelu peshi adi atapulula bantu.

Dikuta biakudia kadiena ne bua kujula ndululu, ne malongolodi adi ambuluisha bantu adi ne bujitu bua kujikila dinyanguka dia muaba udi bantu basombele ne bintu bivuabu bakutshile biakudia bivuabu babanye, anyi bivuabu basumbe ku makuta peshi ku tike. Enza mudimu ne bintu bikese bia dikutshila biakudia (kuoku mushindu bikale bidi bidijimina nkayabi mu buloba) ne biakanyine bia muaba au, kuoku mushindu, pa kukankamija dieleshangana maboko ne mbulamatadi wa ditunga adi ne bena matanda adi enza bintu bia dikutshila biakudia. Fila bintu bia kulamina biakudia bidibu mua kuenza nabi mudimu misangu ne misangu, kubikudimuna anyi kubiakajilula. Imansha bintu bivuabu bakutshile biakudia mu mushindu udi kauyi unyanga muaba udi bantu basombele. Bintu bia dikutshila biakudia bu mudi ebi bidi bienza ne aluminium bidi mua kulomba bua kuangata mapangadika a pa buawu bua kubimansha bimpe.

Padi butshiafu bumueneka, longolola bua bantu bonso badifile pa tshibidilu mu dienza tumpanye tua salongo mu muaba udibu. Tumpanye etu tudi ne bua kuikala mu dilongolola dia tshinsanga tshia bantu ne dibatabuluja mu dibamanyisha malu, kadi ki mbu mudimu udi ulomba difutu nansha ⊕ *tangila Mukenji 5.1 too ne 5.3 ya WASH ya mushindu wa kumbusha bintu bia bukoya.*

Disungula dia biakudia: Nansha mudi mushinga wa bintu bidi bidisha mubidi muikale bualu bua kumpala bua kuelela meji mu difila diambuluisha ne biakudia, biakudia ebi bidi ne bua kuikala bidi bantu badi babipeta bibidilangane nabi. Bidi kabidi ne bua kulondangana ne mitabuja ne bilele bia bantu, kuelamu ne bintu bitu bakaji ba mafu peshi badi bamusha bana kabayi mua kudia. Yikila ne bakaji ne bansongakaji pa bidi bitangila disungula dia biakudia, bualu mu nsombelu ya bungi bobu ke batu ne bujitu bua kumpala bua dilamba biakudia. Ambuluisha bakaku, balume badi badiambuile nkayabu bujitu bua mêku, ne bansonga badi bambule bujitu bua bana babu kabayi ne diambuluisha, bualu dipeta diabu dia biakudia didi mua kuikala ne njiwu.

Mu bimenga, mêku adi pamuapa mua kupeta biakudia bishilashilangane bia bungi kupita ku misoko, kadi ngikadilu wa ndilu udi mua kuikala anu mukepele, bilomba dikuatshisha dikuabu ne biakudia.

Didisha bana: Mabele menza bua kufuana a bakaji, mabele a musenga, mabele a mâyi anyi bintu bidibu benze ne mabele a mâyi bidibu bafile kudi bantu anyi kudi mbulamatadi kabena ne bua kubiabanya bu tshintu tshia kudia tshia pa buatshi mu diabanya dia biakudia dia pa tshibidilu to. Kabena kabidi ne bua kuabanya bintu ebi mu programe wa biakudia bia didisha dikumbajija bia kuya nabi kumbelu to ⊕ *tangila Mukenji 4.2 wa didisha bana ba mu maboko ne bana batekete.*

Ntete idi anu mijima: Muaba udi mêku mikale ne tshilele tshia kupela biakudia anyi mikale ne mushindu wa kufika ku biamu bia dipela nabi mu muaba au, abanya ntete mijima. Ntete idi mijima idi mua kulala matuku a bungi kupita mikuabu ne idi mua kuikala ne mushinga mubandile bua bantu badi badifile mu programe.

Petesha bantu bia mudimu bidi biambuluisha bua kupela ntete eku biumbusha tuishi, manyi ne bintu bikuabu bidi mua kusashisha ntete. Biamu bidi biambuluisha bua kupela ntete ne kumbusha bidi mua kuyinyanga bidi biambuluisha bikole bua kulepesha matuku adi ntete eyi mua kushala, nansha mudibi mua kuikala bikepesha bungi bua proteine idimu. Matala mapela majima atu ashala amu mbingu isambombo anyi muanda mukulu, nunku dipela matala didi ne bua kuenzeka matuku makese kumpala kua didia. Ntete mipela itu ilomba pa tshibidilu anu dîba dikese bua kuyilamba. Malu adi akengedibua bua kupela adi imue misangu mua kuteka bakaji anyi bansongakaji mu njiwu ya bungi ya dibakengesha. Enza mudimu ne bakaji ne bansongakaji bua kumanya njiwu ne malu a kuenza bu mudi difila diambuluisha bua biamu bia dipela nabi bidi ku bianza bia bantu bakaji.

Dilama biakudia ne dibilamba: Bunene bua muaba wa kulamina bintu mu nzubu udi ne bua kuambuluisha disungula dia biakudia bidibu bafila. Wikale mujadike ne: bantu badi bapeta diambuluisha mbajingulule mushindu wa kuepuka njiwu ya makanda a mubidi idi mua kuluila bantu idi ifumina ku dilamba dia biakudia. Fila matshuwa adi ne bintu bia kulamba nabi bimpe anyi bikuabu bua kukepesha dinyanguka dia muaba udi bantu basombele.

Miaba ya kulamina bintu idi ne bua kuikala miume ne milama ne mankenda, mikuba bimpe ku munya anyi mashika ne kayiyi ne manga a shimi anyi bintu bikuabu bidi mua kuyinyanga. Kuba bimpe miaba ya dilamina bintu ku bintu bionso bidi mua kubinyanga bu mudi bishishi ne bukua-mpuku. Muaba udibi biakanyine, enza mudimu ne banene ba mu Tshibambalu tshidi tshitangila malu a makanda a mubidi bua kujadika ngikadilu wa biakudia bidibu bafila kudi bapanyishi ba bintu ne bangenda-mushinga.

Mukenji 6.3 wa diambuluisha ne biakudia: Disungula dia bantu, diabanya ne difila bintu

Diabanya ne disungula dia bantu mu mudimu wa diambuluisha ne biakudia bidi biandamuna ku majinga anu pa dîba, mu mushindu mutokesha ne kauyi ne bualu.

Malu manene a kuenza

1 > Manya ne sungula bantu badi mua kupeta diambuluisha ne biakudia bilondeshile majinga abu ne malu anudi bayikile ne benji ba mudimu badi bakanyine.

- Umvuija bimpe ne manyisha patoke ngenzelu ya disungula nayi bantu ba kuambuluisha, ngenzelu idi ne bua kuikala mianyishibue kudi bantu bonso

- bapetshi ne badi kabayi bapetshi ba bintu, bua kuepuka dijula dikokangana ne dienzelangana bibi.
- Bangisha difundisha dia mêna a mêku adi ne bua kupeta biakudia diakamue padibi mua kuenzeka, ne akajilula malu padibi bilomba kuenza nanku.

2 > Ela meji bua mishindu ya diabanya biakudia anyi ngenzelu ya difila buludiludi makuta/tike ya biakudia idi mikale mimpe, miakane, ikuba bantu, kayiyi ne bualu, idi bonso mua kupeta ne idi ibambuluisha.

- Yikila ne bakaji ne balume, nangananga bana ba bitende ne bansonga, ne kankamija didifila dia bisumbu bia bantu badi bafuane kuikala ku batekete anyi kabayi mua kuanyishibua kudi bakuabu.

3 > Teka miaba ya diabanyina ne dipetela bintu muaba udibi bipepele bua kufika, kabiyi ne bualu ne bitambe kuakanyina bua bantu badi bapeta diambuluisha edi.

- Kepesha njiwu idi bantu mua kumona bua kufika miaba idibu babanya bintu, pa kulondesha misangu yonso miaba idibu babiabanyina anyi malu adi mashintuluke mu dibikuba.

4 > Umvuija bapetshi ba bintu mumvuija madianjila kulongolola adi atangila dilongolola ne ndongamu wa diabanya dia bintu, ngikadilu ne bungi bua biakudia peshi bua makuta anyi mushinga wa tike, ne bidibu mua kupeta ne tike eyi.

- Longolola diabanya dia bintu mu mushindu udi unemeka mêba a mudimu a bantu ne mêba adibu mua kuenda, ne udi uteka pa muaba wa kumpala bisumbu bia bantu badi mu njiwu mu mushindu muakanyine.
- Umvuija ne teka njila ya dimanyishila malu adi enzeka mu tshialu pamue ne bena mu tshinsanga kumpala kua diabanya bintu.

Bileji binene

Bia pa lukama bia bilema bikepesha mu disungula dia bantu badi mua kubuela ne kupatuka mu diabanya

- Tshipatshila < 10 %

Mutantshi udi pankatshi pa miaba idi bantu basombele ne miaba ya ndekelu idibu babanyina biakudia anyi bisalu (pikalabi bua tike ya biadidia anyi bua makuta)

- Tshipatshila < kilometre 5

Bia pa lukama bia bantu badibu bambuluishe (bileja mudibu balume anyi bakaji, bidimu ne bulema) badi bamanyisha mudibu bapeta ntatu ya dikubibua mu diya anyi mu dipingana ku miaba ya programe, ne ku miaba mine ya programe

Bungi bua bilumbu bidibu bamanyishe bia diangatangana ku bukole anyi dienzelangana malu makole mu diabanya dia bintu peshi mu dibifila

Bia pa lukama bia bilumbu bia diangatangana ku bukole anyi dienzelangana malu makole mu diabanya dia bintu peshi mu dibifila bidibu benda balondesha

- 100 %

Bia pa lukama bia mêku masungula adi akumbana bua kumanyisha bimpe bukenji buabu bua kupeta diambuluisha ne biakudia

- Tshipatshila: >50 % bia mêku masungula

Malu a kulonda

Disungula: Ikala mujadike ne: bia mudimu ne ngenzelu ya disungula nayi bantu mbiakanyine nsombelu udiku. Badi ne bua kulonda disungula edi mu bule bua diambuluisha, ki nganu mu tshitupa tshia ntuadijilu to. Mbikole bua kufika ku ditshintshija malu pankatshi pa bilema bienza mu dipatula, bidi mua kuteka muoyo mu njiwu, ne bilema bienza mu dibueja, bidi mua kunyanga nsombelu ne kutudisha makuta a bungi. Mu nsombelu ya makenga a tshimpitshimpi adi atuadija lukasa, bilema bienza mu dibueja bidi mua kuanyishibua kupita bilema bienza mu dipatula. Diabanya dia biakudia dia pa tshibidilu didi mua kuikala diakanyine mu bikondo bia makenga mudi mêku majimije bintu bia muomumue peshi muaba udi dikonkonona dia disungula dia bantu ba kubueja mu programe kadiyi mua kuenzeka bualu kakuena mushindu wa kufika muaba udi bantu.

Badi mua kusungula bana ba ngondo 6 too ne 59, bakaji ba mafu ne badi bamusha bana, bantu badi ne kishi ka VIH ne bisumbu bikuabu bia badi batekete bua bobu kupeta biakudia bisakidila ku bikadibu bapete, peshi badi mua kubateka mu ngenzelu ya dilengeja ndilu ne dibabidila malu. Bua bantu badi ne kishi ka VIH, kuenza nunku nekubambuluishe bua kupeta bifidi bia makanda bia ku dituku ku dituku ne kubakankamija bua bobu kulamata dilonda diabu dia luondapu ludi lupetesha bikubi bia mubidi.

Programe yonso wa disungula bantu ba kuambuluisha udi ne bua kuepuka mu mishindu yonso dienza bua bantu bakuabu kabanangibu anyi kubenzelabu malu a kansungasunga. Bantu badi ne kishi ka VIH badi mua kubuejibua, tshilejilu, mu programe ya diabanya bintu ya "bantu badi ne kusama kua munanunanu", ne badi mua kubipetela mu miaba ya luondapu idibu baya kuangata manga ne idibu babondopila. Kabena ne bua kumanyisha ku bantu liste ya bantu badi ne kishi ka VIH anyi kuyabanyina bantu bakuabu to, ne mu nsombelu ya bungi kabena ne bua kuangata bamfumu ba binsanga bua kuikalabu bena mudimu wa disungula bantu ba kuambuluisha bua bantu badi ne kishi ka VIH nansha.

Bena mudimu/komite idi ne mudimu wa disungula bantu: Enza bua kuikale dipetangana dia buludiludi ne bantu badi mu dikenga ne bisumbu bidi bienze tshinsanga, eku wepuka mushindu udibi mua kuenzeka balami ba mu tshinsanga. Teka komite ya basungudi ba bantu idi ikonga baleji-mpala ba bisumbu bia bantu aba:

- bakaji ne bansongakaji, balume ne bansongalume, bakulakaje ne balema;
- komite ya bantu basungula ba muaba au, bisumbu bia bantu bakaji ne malongolodi adi ambuluisha bantu;
- ma-ONG a mu ditunga adi ne a ku matunga makuabu;
- malongolodi ba bansonga; ne
- midimu ya mbulamatadi ya mu ditunga adi.

Njila ya dilonda bua kufunda mêna: Difunda mêna didi mua kuikala bualu bukole mu bitudilu, nangananga muaba udi bantu badi bamuangale kabayi ne mikanda ya bumuntu. Liste mifunda kudi bakokeshi ba muaba au ne liste ya mêku idi mienza kudi bena mu tshinsanga idi mua kuambuluisha bikala dikonkonona didikadile dijadike ne: liste eyi mmijalame ne kayena ne kansungasunga. Kankamija didifila dia bakaji badi bakenga mu diela meji pa njila ya dilonda bua kufunda mêna. Sangisha ne bantu badi mu njiwu mu liste ya diabanya, nangananga bantu badi kabayi batamba kuendakana.

Kuoku kakuyi mushindu wa kufunda mêna mu bitupa bia ntuadijilu bia dikenga kampanda, uafunde diakamue padi nsombelu ushindama. Teka njila wa dimanyishila malu adi enzeka mu tshialu bua ngenzelu wa difunda mêna udi bantu bonso badi mu dikenga mua kulonda, nangananga bakaji, bansongakaji, bakulakaje ne balema. Bakaji badi ne bukenji bua kufundisha mêna abu bobu bine. Biobi mua kuenzeka, yikila ne balume ne bakaji, batapulula bikalabi bilomba kuenza nanku, bua kumanya muntu udi ne bua kudiyila nkayende bua kuangatshila dîku difambuluisha anyi makuta adibu bafila bua kuambuluisha dîku. Diyikidilangana edi didi ne bua kutokeshibua ne dikonkonona dia njiwu idi mua kuikalaku.

Teka dilongolola dia pa buadi bua mêku adi malombola anu kudi muntu mulume nkayende anyi muntu mukaji, pamue ne mêku adi malombola kudi bana ne bansonga nkayabu, ne bana badi batapulula anyi kabayi ne baledi babu, bua bobu kumona mushindu wa kupeta kakuyi bualu diambuluisha bua mêku abu. Teka midimu idi itabalela bana pabuipi ne miaba ya diabanyina bintu bua mêku adi ne muledi anu umue ne bakaji badi ne bana bakese kupetabu diambuluisha kabayi balekela bana babu nkayabu kabayi ne wa kubalama. Mu nsombelu wa muntu udi ne bakaji ba bungi, angata mukaji ne mukaji ne bana bende bu dîku disunguluke.

Diabanya dia biakudia "biume": Misangu mivule diabanya dia biakudia ditu dienzeka pa tshibidilu ditu anu difila dia biakudia biume, bidi bantu baya kalambila pashishe ku mabu. Munkatshi mua bapetshi ba bintu aba mudi mua kuikala muntu umue anyi mulami wa kalata ka biakudia bia dîku dijima, muleji-mpala wa kasumbu ka mêku, bamfumu ba kabukulu ne bakaji badi bamfumu, peshi batangidi ba diabanya disungula dia biakudia didi dienzeka mu tshinsanga. Bungi bua misangu idi diabanya edi dienzeka didi ne bua kuangata ne mushinga bujitu bua mabuki a biakudia ne mushindu udi nawu bantu badi babipeta wa kubiambula ne kuya nabi ku mabu kakuyi bualu. Bidi mua kulomba dikuatshisha dia pa buadi bua kujadika ne: bakulakaje, bakaji badi ne mafu ne badi bamusha, bana badi batapuluke ne baledi ne badi nkayabu, ne balema badi mua kupeta ne kulama bintu bidi bibafundila. Ela meji bua kuikala ne bantu bakuabu ba mu tshinsanga badi mua kubambuluisha, peshi longolola bua kuikala kubapesha bintu ku ndambu ku ndambu ne misangu ya bungi.

Diabanya dia biakudia "bilamba": Mu nsombelu ya pa buayi, bu mudi ku ntuadijilu kua dikenga dia tshimpitshimpi, badi mua kuabanya mutubu benza pa tshibidilu biakudia bilamba anyi bimana kuakaja bua kubidia. Biakudia bilongolola mushindu eu bidi mua kuikala biakanyine padi bantu benda batambakana, anyi padi diambula biakudia ne kuya nabi kumbelu mua kukebela bantu badi babipeta ntatu ya bafuane kubibabi, kubatuta, kubenzela malu a tshikisu anyi kubakengesha. Enza mudimu ne biadidia bidibu bafila mu tulasa ne mapangadika adibu bangata bua kukankamija balongeshi pa kubapesha biadidia bu ngenzelu wa diabanya mu tshikondo tshia tshimpitshimpi.

Miaba ya diabanyina bintu: Paudi usungula miaba ya diabanyina bintu, ela meji bua tshitupa tshia buloba atshi ne teta mua kupetesha bantu bakuabu mushindu muakanyine wa kukufika bua kufila mishindu mikuabu ya diambuluisha bu mudi mâyi matoke ne mimpe, nkumba, midimu ya luondapu, miaba ya kupengama ne ya kusombela, ne miaba mimpe mikubibue bua bana ne bakaji. Padi basalayi base baraje ne bikale mu diluangana, bidi bikengela kuangata bualu ebu ne mushinga bua kukepesha njiwu idi mua kufikila bantu badi kabayi basalayi ne kulongolola mushindu muimpe udibu mua kupeta diambuluisha. Njila idi bantu balonda bua kuya ku miaba idibu babanya bintu ne kupingana ku mabu idi ne bua kuikala milejibue bimpe, mipepele bua kupitshilamu, ne bantu bakuabu ba mu tshinsanga badi mua kupitshilamu misangu ne misangu. Ela meji bua mishindu idi ne dikuatshisha ne bua mishinga ya diambuisha bintu ⊕ *tangila Dîyi dinene dia bukubi 2.*

Longolola mishindu mikuabu ya diabanya bintu bua kufika kudi bantu badi mutantshi mule ne muaba wa diabanyina bintu anyi badi ne ntatu bua kuenda. Difika muaba udibu babanya bintu ditu lutatu lunene kudi bantu ba bungi batu kabayi banyishibue mu tshinsanga ne bipatshibue mu bantu dîba dia dikenga. Longolola diabanya dia bintu dia buludiludi bua bantu badi mu nzubu idi bantu ba bungi basanganyibua.

Dienza ndongamu wa diabanya dia bintu: Longolola diabanya dia bintu mêba adi apetesha mushindu wa kuya ku miaba idibu babanya bintu ne dikupingana patshidi kuisu kutoke. Epuka dienza malu adi mua kubalomba bua bobu kutshishila pambelu, bualu bidi mua kubakebela njiwu mikuabu. Longolola diabanya dia bintu bua kukepesha dipumbishisha dia midimu mikuabu ya ku dituku ku dituku. Ela meji bua kuteka milongo idi yenda lukasa anyi ya nzanzanza bua bisumbu bia bantu badi mu njiwu, ne biro bidi bikale ne muenji wa mudimu wa diambuluisha bantu udi mua kufunda mêna a bana bonso badi kabayi ne baledi babu ne bikale pa nkayabu. Dianjila kumanyisha malu adi atangila ndongamu ne diabanya dia bintu ku diambuluisha dia mishindu mishilashilangane ya dimanyishilangana malu.

Dikubibua dîba dia diabanya dia biakudia, tike ya biakudia ne makuta: Angata mapangadika bua kukepesha njiwu idi mua kumuenekela bantu badi badifile mu diabanya dia bintu. Kuenza nunku kudi kukonga ditangila bimpe musumba wa bantu, dilombola dia diabanya dia bintu kudi bena mudimu badi balongeshibue, ne bena mu tshisumbu tshia bantu badi mu dikenga badi balama bobu bine miaba ya diabanyina bintu. Biobi kabiyi bikumbane, lomba diambuluisha dia bampulushi ba muaba au. Manyisha banene ne bamfumu ba bampulushi bua tshinyi nudi numbusha bintu bua kubiteka muaba mukuabu. Longolola bimpe bimpe ngakajilu wa miaba ya diabanyina bintu bua bikale kabiyi ne njiwu bua bakulakaje, balema ne bantu badi ne ntatu bua kuenda. Manyisha tusumbu tuonso tudi ne mudimu wa diabanya bintu malu adi atangila ngikadilu udibu ne bua kuikala nende, pamue ne dinyoka didi muntu mua kupeta padiye wendeshangana masandi ne wenzelangana bibi. Teka bantu bakaji balami bua kutangila ditulula dia bintu ku mashinyi, dibifunda, dibiabanya ne dilondesha dia malu dia panyima pa diabanya dia biakudia ⊕ *tangila Dipangadika dia 7 dia Mukenji munene wa diambuluisha bantu badi bakenga (CHS).*

Dimanyisha bantu malu: Leja bimpe malu ne mu mushindu mutokesha ku miaba idibu babanyina bintu mu miakulu ne mu mishindu idi malu aa mua kumvuika kudi bantu badi kabayi mua kubala anyi badi ne lutatu mu diyikilangana. Manyisha bantu malu ku diambuluisha dia mikenji mifunda, mikuata mêyi, SMS ne ya mukana pa bidi bitangila:

- dilongolola dia mabuki a biakudia, pa kushindika bungi ne mushindu wa mabuki a biakudia, anyi mushinga wa makuta/tike ne tshidi muntu mua kupeta ku diambuluisha diabi;
- malu adi enza bua ne: bashintulule malu avuabu balongolole ku mbangilu (mêba, bungi, bintu, ne bikuabu);
- dilongolola dia diabanya dia bintu;
- ngikadilu wa bidishi bia mubidi bidi mu biakudia ne, biobi bikengela kuenza nanku, ntema yonso ya pa buayi idi ikengela kudi bapeshi ba bintu bua kulama mushinga wa bidishi bia mubidi ebi;
- malu adi malombibue bua kulama bimpe ne kuenza mudimu ne biakudia kakuyi bualu;
- malu masunguluke adi atangila mushindu muakanyine menemene wa kuenza mudimu ne biakudia bua bana; ne
- mishindu ya kupeta malu makuabu anyi kumanyishila malu adi apita mu tshialu.

Bua diambuluisha bantu ne makuta, mushinga wa makuta adi atumibua udi ne bua kuedibua mu malu adibu bamanyisha bua mabuki a biakudia. Malu aa badi ne bua kuamanyisha ku muaba udibu babanya bintu, kualeja patoke ku muaba wa dipetela makuta anyi udibu bashintakajila tike, peshi mu kabeji kafunda mu muakulu wa muaba au.

Malu adi ashintuluka mu biakudia bidibu bafila: Malu adi mua kushintuluka mu biakudia bidibu babanya anyi mu bungi bua makuta adibu bafila bu diambuluisha bua dipangika dia biakudia, dipangika dia makuta anyi bua malu makuabu. Padi bualu ebu buenzeka, manyisha bapetshi ba bintu ebi malu adi mashintuluke pa kupitshila kudi komite ya diabanya dia bintu, bamfumu ba mu tshinsanga ne malongolodi maleji-mpala. Nusuike dîyi pa bualu bunudi ne bua kuenza pamue kumpala kua diabanya dia bintu. Komite ya diabanya dia bintu idi ne bua kumanyisha bantu malu adi mashintuluke, tshidi tshifikishe ku mashintuluka aa ne dituku ne dilongolola didibu benze bua kupinganyina mabuki a biakudia a pa tshibidilu. Mishindu ya kulonda idi mua kuikala:

- dikepesha mabuki a biakudia bua bantu bonso badi babipeta;
- dipesha bantu badi ku batekete dibuki dijima ne dipesha bantu bakuabu bonso dibuki dikepesha; anyi
- dilayidila dituku dia kuabanya bintu (bu bualu bua ndekelu bua kuenza).

Dilondesha dia diabanya ne difila dia biakudia: Londesha malu a biakudia pa tshibidilu pa kupima mabuki a biakudia bidibu bapeshe mêku mangata eku ne eku

mu mpukapuka bua kujoja bujalame ne buakane bua diabanya dia bintu. Yikila ne bapetshi ba bintu ne ujadike ne: mu bantu baudi musungule bua kuyikila nabu mudi bungi buakanangane bua balume ne bakaji, pamue ne bana ba bitende ne bansonga, balema ne bakulakaje. Dikumbula dia bantu dia mu mpukapuka dienza kudi kasumbu ka bedianganyi ba nkonko kenza ne mulume umue ne mukaji umue didi mua kuambuluisha bua kujadika bikala bantu bitabe bungi bua biakudia ebi ne bamone mudibi ne dikuatshisha kudibu. Makumbula aa adi mua kumuenesha bantu badi bakumbaja malu adi malombibue bua kubasungula bua bikale bapeta diambuluisha, kadi kabayi bapeta diambuluisha ne biakudia didibu bafila. Diya kutangila bantu mushindu eu didi kabidi mua kumuenesha biakudia bidi bantu bapetela kukuabu, muaba udibi bifumina ne mushindu udibu benza nabi mudimu. Diya kutangila bantu didi mua kusokoluesha bantu badi mua kuikala bangata bintu ku bukole, benzeja bakuabu midimu, babendesha masandi anyi babakengesha mu mishindu mikuabu
⊕ _tangila Dikuatshisha bantu ku diambuluisha dia bisalu._

Mukenji 6.4 wa diambuluisha ne biakudia: Dienza mudimu ne biakudia

Bantu badi balama biakudia, babilamba ne babidia kakuyi bualu ne mu mushindu muakanyine, bikala mu mêku anyi mu tshinsanga.

Malu manene a kuenza

1 ⟩ Kuba bantu badi bapeta diambuluisha ku dienza mudimu bibi ne biakudia anyi mu dibilamba.

- Manyisha bantu mushinga wa dilama mankenda a biakudia ne bakankamije bikale ne bilele bimpe mu dienza mudimu ne biakudia.
- Muaba udibu bafila biakudia bimana kulamba, longesha bena mudimu malu adi atangila dilama dimpe, dienza mudimu ne dilamba dia biakudia, ne ntatu idi mua kumueneka bikalabu ne bilele bidi kabiyi biakanyine.

2 ⟩ Yikilangana ne bantu badi bapeta diambuluisha ne bapeshe ngenyi pa bidi bitangila dilama dia biakudia, dibilongolola, dibilamba ne dibidia.

3 ⟩ Ujadike ne: mêku adi ne mushindu muimpe wa kupeta bintu biakanyine bia kulambila, bia kutemesha nabi mudilu, matshuwa mimpe, mâyi mimpe ne bintu bia mankenda.

4 ⟩ Ujadike ne: bantu badi kabayi mua kudilambila biakudia anyi kudidisha badi ne mushindu wa kupeta babatabaledi badi mua kubambuluisha biobi mua kuenzeka ne padibi biakanyine.

5 ⟩ Londesha malu bua mushindu udibu bakuata mudimu ne biakudia mu dîku.

Bileji binene

Bungi bua bilumbu bidibu bamanyishe bia njiwu ya makanda a mubidi mifumine ku biakudia bidibu babanye

Bia pa lukama bia mêku adi akumbana bua kulama ne kulamba biakudia bimpe kakuyi bualu

Bia pa lukama bia mêku masungula adi akumbana bua kumvuija mikenji isatu anyi kupita idibu bamanyishe bua kuikala ne mankenda

Bia pa lukama bia mêku masungula adi amanyisha mudiwu mua kupeta bintu biakanyine bia kulambila, bia kutemesha nabi mudilu, mâyi a kunua ne bintu bia mankenda

Malu a kulonda

Mankenda a biakudia: Makenga adi mua kunyanga bikadilu bia mankenda bitu nabi bantu pa tshibidilu. Kankamija bikadilu bia mankenda mu biakudia bidi bikumbanangane ne nsombelu ya muaba unudi ne mishindu ya masama a muaba au. Shindika mushinga wa diepuka dinyanga dia mâyi, diluisha bikebeshi bia masama ne dikala ne tshibidilu tshia kuowa bianza kumpala kua kulenga biakudia. Manyisha bantu badi bapeta biakudia malu adi atangila dilama dimpe dia biakudia mu dîku ⊕ *tangila Mikenji ya WASH ya dikolesha mankenda.*

Dilongolola dia biakudia ne dibilama: Kuikala ne mushindu wa kufika miaba idibu balongolola biakudia, bu mudi ku biamu bia dipela nabi, kudi kupetesha bantu mushindu wa kulamba biakudia mu mushindu udibu basue ne kulamina dîba bua kuenza midimu mikuabu idi yambuluisha. Muaba udibu bapesha bantu biakudia bitu binyanguka lukasa, ela meji bua miaba miakanyine ya kubilama, bu mudi bilaminu bijika bimpe bidi kabiyi bibuela mâyi, biamu bitalaji ne mikuatakaji bia mashika makole. Luya, mashika ne tshitelela bitu binnyanga ne bipangisha mua kulama bimpe biakudia bitu binyanguka lukasa.

Munkatshi mua bantu badi mua kuikala ne dijinga bua babambuluishe bua kulama biakudia, kubilamba ne kudidisha mudi bana batekete, bakulakaje, balema ne bantu badi ne kishi ka VIH. Bidi mua kulomba bua kuikale programe ya diambuluisha anyi ya difila dikuatshisha dia pa mutu bua bantu badi ne lutatu lua kupetesha badi ku bukokeshi buabu biakudia, bu mudi baledi badi balema.

Dilondesha dia mushindu udibu benza mudimu ne biakudia mu mêku: Malongolodi adi ambuluisha bantu adi ne bua kulondesha ne kukonkonona mushindu udibu benza mudimu ne biakudia mu mêku, ne mushindu udibi biakanyine ne bikumbane. Mu mêku, bantu badi mua kudia biakudia anu mudibi bipeteka, anyi pa kubishintulula peshi kubishintakaja ne bikuabu. Bantu batu bashintakaja bintu ku bikuabu ne kipatshila ka kupeta biakudia bidibu batambe kuanyisha, bintu bikuabu bidi kabiyi biakudia anyi kufuta makuta bua midimu mikuabu bu mudi makuta a tulasa ne a luondapu. Dikonkonona dia mushindu udibu babanya biakudia mu mêku didi kabidi ne bua kulondesha mushindu udibu benza mudimu ne biakudia bilondeshile mudi bantu bikale balume anyi bakaji, bidimu biabu ne bulema.

Dienza mudimu ne makuta ne tike ya biadidia: Mbualu bua mushinga bua kutangila njiwu ya disumba bintu ne dipampakana padi mêku apeta makuta anyi tike. Dianjila kuyikila ne bangenda-mushinga ne bapetshi ba bintu kumpala kua diabanya dia bintu, dîba didibu babiabanya ne kunyima kua dibiabanya. Tshilejilu, ela meji bikala biakudia mua kupeteka mu bule bua ngondo mujima anyi bikalabi bimpe bua kuteka diabanya dia bintu ebi ku musangu ne ku musangu mu bule bua ngondo. Biobi bikumbanyine, badi mua kupatula tike ya biadidia idi ne mushinga mukese idibu mua kushintula ku bintu ku lumingu ku lumingu. Badi ne bua kulonda dîyi dia muomumue bua makuta adi muntu mua kupeta ku bianza pa kuya kuakeba ku biamu biabanyi bia makuta anyi mishindu mikuabu ya difuta nayi ya ku tuamu anyi ya ku bianza.

7. Bintu bia mu nsombelu

Bukokeshi bua bantu bua kukuba bintu biabu bia mu nsombelu budi buya diatshimue ne butekete budibu nabu bua makenga adi mabakuate. Kumvua tshidi mateketa aa mikale kumpala kua dikenga, mu bule buadi ne panyima padi kudi kuambuluisha bua kufila dikuatshisha diakanyine, ne kumanya mushindu udi binsanga bia bantu mua kupetulula ne kulengeja bintu biabu bia mu nsombelu.

Makenga adi mua kunyanga malu a bungi adi bantu beyemena bua kulama bintu bidibu badiambuluisha nabi. Bantu badi dikenga dikuate badi mua kujimija midimu yabu anyi badi mua kulekela maloba abu peshi miaba ya dipetela mâyi. Bidi mua kuenzeka kabidi ne: babutule bintu biabu, babinyange anyi babibe dîba didiku mvita anyi padiku bipupu. Bantu badi mua kupanga mua kusakula bisalu.

Mu bitupa bia mbangilu bia dikenga, dikumbaja majinga a nshindamenu bua bantu kushala ne muoyo ke bualu bua kumpala budi bukengela kuenza. Nansha nanku, mu kupita kua matuku, diakajilula dia ndongoluelu, mamanya ne makokeshi bidi biambuluisha bintu bia mu nsombelu nediambuluishe kabidi bantu bua kupetulula bunême. Ditua mpanda ku bintu bia mu nsombelu munkatshi mua bena tshimuangi ditu misangu mivule ne ntatu ya pa buayi, bu mudi dilamibua mu kamponya peshi dikala ne nsombelu udi ukepesha bikole budikadidi bilondeshile mêyi ne mikandu ya matunga adibu banyemene.

Bantu badi bapatula biakudia badi dijinga ne maloba, mâyi, bimuna, midimu ne bisalu bidi mua kuambuluisha dipatula dia bintu. Badi ne tshia kuikala ne mushindu wa kutungunuka ne kupatula bintu kabayi banyanga mpetu mikuabu, bantu anyi ndongoluelu mikuabu ⊕ *tangila Mukanda wa LEGS*.

Bukole bua dikenga budi mua kuenza bua se: bintu bia kudikuatshisha nabi mu bimenga bikale pamuapa bishilangane ne bidibu nabi dijinga ku misoko. Bungi bua bena dîku, mamanya abu, bulema ne tulasa tudibu balonge bidi mua kujadika bunene bua mushindu udi bantu mua kudifila mu midimu mishilashilangane idi ipetesha makuta. Pa tshibidilu, bapele ba mu bimenga kabatu ne mishindu ya bungi ya mua kupita ne malu bua kupeta bintu bia kudikuatshisha nabi kupita binabu badi ku misoko. Tshilejilu, mu amue matunga, kabena ne mushindu wa kupeta maloba bua kukuna biakudia nansha.

Diteka kaba kamue bantu badi bajimije bintu bia mu nsombelu ne aba badi mua kufila ngenyi mipiamipia ya mua kupeta bintu nediambuluishe bua kuteka malu adi akengela kuenza kumpala kua wonso mu diambuluisha bantu bua kupeta bintu bia mu nsombelu. Bualu ebu budi ne bua kuleja dikonkonona dia mudimu, misandu ne bisalu bidi bipatula bintu. Diambuluisha dionso didibu bafila bua bintu bia mu nsombelu didi ne bua kutangila mushindu udibu benza mudimu ne/anyi bakuatshisha bisalu bia muaba au ⊕ *tangila Mukanda wa MERS*.

Mukenji wa 7.1 wa bintu bia mu nsombelu: Dipatula bintu bia nshindamenu

Ngenzelu ya dipatula bintu bia nshindamenu idi ipeta bukubi ne dikuatshisha.

Malu manene a kuenza

1 ⟩ Petesha babidime biamu ne/anyi bintu bia kuenza nabi mudimu.

- Mbimpe kuenza mudimu ne makuta anyi ne tike ya bintu muaba udi bantu basakula bisalu ne udibi mua kupeta diambuluisha bua biobi kutungunuka, kupesha babidime mushindu muakane wa kusungula bintu bidibu banange, maminu, mishipa ya kulama ne mishindu ya bimuna.

- Bueja mishindu mipiamipia ya dienza midimu ne biamu kunyima kua dikenga anu bikalabi bavua babitete anyi babiakaje mu nsombelu ya muomumue.

2 ⟩ Fila biamu bia mudimu bidi bianyishibue mu bantu ba muaba au, bidi bilonda mikenji ya ngikadilu idi miakanyine ne bifila pa dîba diakane bua kuenzabu nabi mudimu mu tshikondo atshi

- Utambe kufila bia mudimu biakanyine bua dimuna mu muaba au ne mishindu mishilangane ya bintu bia dikuna muaba au bikadibu bamane kuenza nabi mudimu ne bidibu nabi dijinga bua tshikondo tshidi tshilua.

3 ⟩ Ujadike ne: bia mudimu ne midimu mine kabiena bienda bibandisha butekete bua bantu badi babipeta anyi bijula dikokangana munkatshi mua tshinsanga tshia bantu.

- Keba mua kumanya ditembangana didi mua kumueneka bua bintu bikese bia ku tshifukilu (bu mudi buloba anyi mâyi) pamue ne dinyanguka didi mua kumueneka mu nsombelu wa bantu udiku.

4 ⟩ Bueja balume ne bakaji badi mu dikenga mu dilongolola, diangata dia mapangadita, diteka mu tshienzedi ne dilondesha malu a dipatula bintu bia nshindamenu.

5 ⟩ Longesha bapatudi ba bintu badi badifile mu didima, diloba, dimuna mishipa, dikeba bintu bia muitu ne bamunyi malu adi atangila dipatula dia bintu didi dinenga musangu mule ne bilele bia dilombola midimu bimpe.

6 ⟩ Konkonona tshisalu ne kankamija dilomba dia bintu bia pa madimi, bisekiseki ne bintu bikuabu bidibu badima bidi bipatuka mu tshitupa atshi.

Bileji binene

Bia pa lukama bia dishintuluka didi dimueneke mu dipatula dia bintu (biakudia anyi mpetu) dia bantu basungula pa kudifuanyikija ne dia mu tshidimu tshia pa tshibidilu

Bia pa lukama bia mêku adi amanyisha ne: adi ne mushindu wa kupeta miaba mimpe ya kulamina bintu bidibu bapatule

Bia pa lukama mêku masungula adi ne mushindu mulengeja wa kufika muaba udi bantu basakula bisalu bua mudiku diambuluisha dia programe

Malu a kulonda

Ngenzelu ya dipatula nayi bintu: Ngenzelu ya dipatula nayi bintu idi ne bua kuikala ne mushindu mutshintshija wa kulubuluka ne kupatula bipeta bimpe bilondeshile nsombelu. Bualu ebu budi mua kuenjibua bilondeshile malu a bungi, bu mudi dipeta:

- bintu bikumbane bia ku tshifukilu, bena mudimu, bintu bia kukuna ne makuta a kuenzeja nawu mudimu;
- maminu mimpe adi makanangane ne nsombelu ya muaba au; ne
- nyama idi ilelangana, idi mikale tshitu tshia mushinga mukole bua dikumbana dia biakudia ⊕ *tangila Mukanda wa LEGS*.

Kabidi, ngenzelu udi ne bua kutangila mamanya adiku a didikebela bia kudiambuluisha nabi, bintu bidi bantu basue, bintu bidi bimueneka bidi muaba udi bantu basombele ne mushindu udi mua kuikalaku bua biobi kuvulangana.

Kankamija midimu mishilashilangane ya didikebela bintu bia mu nsombelu mu tshitupa atshi, eku bepuka bua kunekesha mu dienza mudimu ne bintu bia ku tshifukilu. Dinyanga dia bintu bidi bitunynguluke kadiena anu dikebesha njiwu ya dikenga kumuenekadi, kadi didi kabidi dijudija dikokangana munkatshi mua binsanga bia bantu. Diambuluisha ne bintu bia mu nsombelu didi ne bua kukankamija diakajilula dia malu bilondeshile dishintuluka dia mivu muaba udibi mua kuenzeka, bu mudi disungula dia mishindu ya maminu adi makane.

Kandika diangata dia bana ku mudimu mu lungenyi lua kukeba bintu bia kudikuatshisha nabi. Umanye buenzeji budi kabuyi bua buludiludi budi mua kuikala nabu programe ya dikeba bintu bia mu nsombelu pa bana, bu mudi dipumbisha mu tulasa bualu badi babalomba bua bobu kuambuluisha dîku padi muledi wenza mudimu.

Nzembu: Ela meji bua majinga a nzembu bua midimu idibu benza ku biamu, dilongolola dia biakudia, dimanyishangana malu, milongo ya dilama bintu anu mu mashika bua kulama biakudia ne bintu bidi bifila tupia bidi bienda bimpe.

Malu malengeja: Ela meji bua kubueja mishindu milengeja ya bia pa madimi, ya bimuna anyi mishipa ya kulama, bia mudimu bipiabipia, bifukishi bia buloba peshi ngenzelu mipiamipia ya dilombola midimu. Kolesha dipatula dia biakudia bilondeshile dilama dia mishindu ya bintu ivuaku kumpala kua dikenga ne/anyi dipetangana ne ndongamu ya mu ditunga ya dilubuluja nayi malu.

Biamu bia mudimu bipiabipia: Bapatudi ba bintu ne babisumbi ba muaba au badi ne bua kumvua ne kuitaba malu adi dibueja dia bia mudimu bipiabipia mu ndongoluelu ya dipatula nayi bintu mu tshitupa atshi diumvuija, bilele bia bantu ba muaba au ne bintu bia ku tshifukilu kumpala kua bobu kubitaba. Paudi ubueja bia mudimu bipiabipia, petesha bantu mishindu miakanyine ya kuyikila nabu, kubamanyisha malu ne kubalongesha. Ujadike ne: bisumbu bia bantu badi bafuane kumona malu a kansungasunga (nangananga bakaji, bakulakaje, tusumbu tukese tua bantu ne balema) bidi ne mushindu wa kupeta bintu ebi. Kuoku mushindu, lombola malu pamue ne bamanyi bapiluke ba mishindu ya didipetela bintu bia mu nsombelu ne bena mu bibambalu bia mbulamatadi. Ujadike ne: dikuatshisha bantu ne bia mudimu neditungunuke, nekuikale mushindu wa kupeta mamanya ne bia mudimu mu matuku atshilualua, ne konkonona ni kudi mushindu wa biobi kuikala anu ne mushinga.

Diambuluisha ne makuta anyi disombesha makuta: Badi mua kufila makuta aa bua kuenzabu nawu mudimu mu bisalu binene bia maminu ne bimuna. Jingulula bipeta bidi mua kumueneka bia ngenzelu kampanda musungula pa ndilu wa bantu, pa kutangila bikala ngenzelu eu upetesha bantu mushindu wa kupatula bobu bine biakudia bidi ne bidishi bia bungi bia mubidi anyi bikalaye ufila makuta bua kusumba biakudia. Konkonona malu bua kumanya ne: kudi mushindu wa kuenza bua ne: diambuluisha ne makuta bua kusumba bia mudimu bia kupatula nabi bintu, pa kuela meji bua dikalaku dia bintu, mushindu wa kufika ku bisalu ne dikalaku dia ngenzelu muimpe kayi ne bualu wa dituma makuta, udi muntu yonso mua kumona ne udi utangila malu ne a balume ne a bakaji ⊕ *tangila Mukanda wa MERS* ne *Mukanda wa LEGS*.

Dishintuluka dia mishinga bilondeshile mivu: Petesha bantu mishindu ya kupatula bintu bia pa madimi ne midimu ya diondopa nyama bidi bipetangana ne bikondo bia kuenza madimi ne bidi nyama ilelangana. Tshilejilu, fila maminu ne bia mudimu kumpala kua tshikondo tshia kukuna bintu. Dikepesha bungi bua bimuna mu mushipu didi ne bua kuenzeka kumpala ditamba kufua dia nyama kuenzekadi. Dibivudija didi ne bua kutuadija padibi bitamba kumueneka ne: kudi mushindu wa kulelanganayi, tshilejilu panyima pa tshikondo tshia mvula tshidi tshilua. Padibi bikengela kuenza nanku, fila diambuluisha ne biakudia bua kukuba maminu ne bia mudimu. Ujadike ne: bia mudimu bidi bilondeshile makokeshi mashilashilangane, majinga ne njiwu ya bisumbu kabukabu, nangananga bakaji ne balema. Dishintuluka dikole menemene dia mishinga bilondeshile mivu ditu dikengesha bikole bapatudi ba bia pa madimi badi bapele badi bapanyisha bintu biabu diakamue kunyima kua dinowa, patshidi mishinga mipuekele menemene. Dishintuluka dia mishinga edi didi kabidi dinyangila bena bimuna malu, aba badi ne bua kupanyisha nyama mu tshikondo tshia mushipu. Bishilangane, basumbi badi ne mpetu anu mikese kabena ne mushindu wa kuela makuta mu dilama dia biakudia nansha. Tshidibu mua kuenza tshidi anu kusumba tuntu tukese ne misangu ne misangu. Nunku, badi basumba biakudia nansha padi mishinga mikale mikole, bu mudi mu tshikondo tshia mushipu. Bua kupeta buludiki pa bidi bitangila bimuna ⊕ *tangila Mukanda wa LEGS*.

Maminu: Babidime ne bamanyi bapiluke ba malu a madimi badi ne kuanyisha mishindu misunguluke ya bintu. Maminu adi ne bua kuikala bikumbanangana ne bintu bia ku tshifukilu bia muaba au ne mishindu itu babidime bine balombola midimu. Adi kabidi ne bua kuikala makole ku masama ne akandamena nsombelu idi mifuane kulua mikole bua dishintuluka dia mivu. Teta ngikadilu wa maminu adi afumina miaba mikuabu ne konkonona bua kumanya ne: mmakanyine ngikadilu ya muaba au. Pesha babidime mushindu wa kupeta bintu mulongolongo bia kukuna ne bintu bishilashilangane mu diambuluisha dionso dinudi nufila maminu. Kuenza nunku kudi kubapetesha mpunga wa kusungula tshidi tshitambe buimpe bua ndongoluelu wabu wa didima wa pa buende. Tshilejilu, babidime badi bakuna matala badi mua kusungula maminu a musanga-ntete pamutu ba maminu mashilangane a muaba au. Londa buludiki bua malu bua mbulamatadi pa bidi bitangila maminu a musanga-ntete. Kuabanyi maminu adibu bashintulule ngikadilu wawu wa ku tshifukilu kakuyi dianyisha dia bakokeshi ba muaba au. Manyisha babidime bikalabu babapeshe maminu adibu bashintulule ngikadilu wawu wa ku tshifukilu. Padi babidime benza mudimu ne tike anyi ne maminu a mu bisalu binene, bakankamije bua kusumba maminu a kudi bapanyishi ba bintu ba muaba au. Babidime badi mua kusungula bintu bishilangane bia pa tshibidilu bidi biakanyine nsombelu wa muaba au. Maminu aa neikale ne bua kupeteka ndekelu wa bionso ku mushinga mukese, mmumue ne: badi bapeta maminu a bungi ne tike wa diangata nende bintu wa mushinga wa muomumue.

Dikokangana munkatshi mua bantu ne njiwu ya bukubi: Dikokangana pankatshi pa bantu badi bamuangale ne bantu ba muaba au anyi munkatshi mua tshinsanga tshia bantu badi mu dikenga didi mua kujuka padi dipatula dia bintu dilomba dishintuluka mu mushindu wa kupeta bintu bia ku tshifukilu bidi bidiku. Dielangana bua mâyi anyi malaba didi mua kufikisha ku dikandika bua bantu kabenji nabi kabidi mudimu. Dipatula biakudia bia nshindamenu ndifuane dipangika bikala bintu bia ku tshifukilu bia mushinga mukole bipangike bua matuku mulongolongo. Kadiena kabidi mua kuenzeka bikala bamue bantu kabayi ne mushindu, bu mudi bantu badi kabayi ne buloba. Difila dia patupu dia bintu bia mudimu didi kabidi mua kunyanga dikuatshisha dia mu nsombelu wa bantu, kubuejakaja ngenzelu ya diabanya bintu tshiakabidi anyi kulenga benji ba mudimu badi kabayi ba mbulamatadi. Bualu ebu budi mua kujula dikokangana ne kukepesha mushindu wa kupeta bia mudimu mu matuku atshidi alua ⊕ *tangila Dîyi dinene dia bukubi dia 1.*

Mulongo wa difidila bintu: Enza mudimu ne milongo ya difidila bintu idiku mu muaba au ne idibu mua kumona bua kupeta bia mudimu ne midimu mine idi yambuluisha bua kupatula biakudia, bu mudi midimu ya buondopi ba nyama ne dipeta maminu. Bua kuambuluisha bantu badi badienzela midimu nkayabu, tumikisha ngenzelu bu mudi eu wa difila makuta anyi tike ya diangata nayi bintu idi ifikisha diakamue bapatudi ba bintu ba nzanzanza kudi bapanyishi ba bintu. Mu dilongolola dia ndongoluelu ya disumba nayi bintu muaba au, ela meji bua dikalaku dia bia mudimu biakanyine ne bua bukokeshi bua basumbishi ba bintu bua kuvudija bintu bia kufila. Keba bua kumanya njiwu idi mua kumueneka ya dipueka dia mishinga ya makuta ne mushindu udi ngikadilu wa bia mudimu mua kushala musangu mule. Londesha malu ne kepesha bipeta bibi bia mandamuna, nangananga disumba dia bintu bia bungi bidi bisanganyibua muaba au ne dibiabanya, mu mishinga ya mu bisalu. Ela meji bua bipeta bia disumba biakudia bia muaba au ne bia divuija bintu bia ku matunga makuabu pa mpetu ya bantu ba muaba au. Paudi wenza mudimu pamue ne bantu badi badienzela mudimu nkayabu, keba bua kumanya malu adi kaayi makane adibu benzela muntu bua mudiye mulume anyi mukaji ne uajikije, ne abanya makasa onso adi mamueneke mu buakane ⊕ *tangila Mukanda wa MERS.*

Londesha malu bua kumanya bikala bapatudi ba bintu benza bushuwa mudimu ne bia mudimu bidibu babapeshe ne bilondeshile tshivuabu babifidile. Konkonona ngikadilu wa bia mudimu pa bidi bitangila bipeta bidibi bipatula, dianyishibua diabi ne malu adi bapatudi ba bintu basue. Konkonona mushindu udi mudimu mulenge dikalaku dia biakudia mu mêku. Tshilejilu, ela meji bua bungi ne ngikadilu wa biakudia bidibu benda balama, bidibu badia, bashintakaja anyi babanya. Muaba udi mudimu wipatshila bua kuvudija dipatula dia bintu bia kudia bia mushindu kampanda (bintu bidibu benze ne nyama/mishipa peshi bisekiseki bidi ne proteine ya bungi), keba bua kumanya mushindu udi mêku enza mudimu ne bintu ebi. Konkonona kabidi ne dikuatshisha diabi bua bena mêku bashilashilangane, bu mudi bakaji, bana, bakulakaje ne balema.

Dilama dia bintu kunyima kua dinowa: Tshitupa tshinene tshia bintu bidibu bapatula (bitshinka bu bia pa lukama 30) kabena mua kuenza natshi mudimu kunyima kua dinowa, bualu badi babijimija. Ambuluisha bantu badi mu dikenga bua kukepesha dijimija dia bintu pa kutangila mushindu wa dibilongolola, dibilama, dibiakaja, dibikuta, dibiambuisha, dibisumbisha ne midimu mikuabu ya panyima pa dinowa. Bapeshe lungenyi ne mushindu wa kulama bintu bidibu banowe bua kuepuka tshitelela ne dikuata kabundubundu. Ubambuluishe bua kulongolola bintu biabu bia pa madimi, nangananga ntete.

Mukenji wa 7.2 wa bintu bia mu nsombelu: Mpetu ne mudimu

Bantu balume ne bakaji badi ne bua kuikala ne mushindu wa muomumue wa kuenza midimu miakanyine idi ipetesha makuta padi dikeba dia makuta ne midimu bikale ngenzelu ya kulonda bua kupeta bintu bia mu nsombelu.

Malu manene a kuenza

1. Ashila mapangadika adi atangila midimu idi ipetesha bantu makuta pa dikonkonona dia malu a bisalu adi atangila bikala muntu mulume anyi mukaji.

- Kepesha njiwu ya didisha dishadile ne njiwu mikuabu idi mua kulenga makanda a bantu pa kujadika ne: didifila mu midimu idi ipetesha bantu makuta kadiena dipangisha bua kutabalela bana anyi bua kuambula majitu makuabu.

- Umanye mafutu a bena mu tshisanga tshia bantu ne difutu dia nshindamenu dia mbulamatadi bua mudimu udi ulomba dimanya kampanda ne mudimu udi kauyi ulomba dimanya.

2. Sungula mishindu ya difuta (bintu, makuta, tike wa bintu, biakudia anyi disambakaja) bilondeshile dikonkonona didi dilomba didifila dia bantu.

- Jingulula makokeshi a bantu ba muaba au, malu mimpe adiku bua dikala talalaa ne dikubibua, majinga adiku, mushindu muakane wa dipeta bintu, ndongoluelu ya bisalu idi koku ne malu adi bantu badi mu dikenga basue.

3 > Teka bunene bua difutu bilondeshile mushindu wa mudimu, mêyi a muaba au, bipatshila bia dipingajilula bintu bia mu nsombelu ne bunene ba mafutu adi matambe kuanyishibua mu tshitupa atshi.

- Ela meji bua mapangadika adi ambuluisha bua kulama dikubibua bu mudi difila makuta ne biakudia kakuyi malu adi malomba bua mêku adi kaayi mua kudifila mu programe ya mudimu.

4 > Angata ne lama bikadilu bimpe bia mu dienza mudimu bidi bisangisha bantu bonso, bidi bikuba ne bidi kabiyi ne bualu bubi.

- Londesha njiwu idi mua kuikalaku ya disuyasuya muntu bua masandi, kansungasunga, dikengeshangana ne dinyangangana pa muaba wa mudimu ne andamuna ne lukasa ku didilakana dionso.

5 > Kankamija dieleshangana diboko ne bena mu tshitupa tshia badienzedi ba midimu ne bakuabu benji ba midimu bua kupetesha bantu mpunga idi inenga ya kuangatshibua ku mudimu.

- Fila mpetu ya kutuadija nayi mu mushindu muakane bua kuambuluisha bantu bapetulule bintu bia mu nsombelu.

6 > Sungula mishindu idi inemeka bintu bidi muaba udi bantu basombele bua dipatula dia mpetu muaba udibi mua kuenzeka nanku.

Bileji binene

Bia pa lukama bia bantu basungula badi balengeja dimona diabu dia mpetu mu tshikondo kampanda tshijadika

Bia pa lukama bia mêku adi ne mushindu wa kusomba makuta

Bia pa lukama bia bantu basungula badi ne mishindu kabukabu ya midimu idi ibapetesha makuta

Bia pa lukama bia bantu basungula badibu bangate ku mudimu (anyi badienzela mudimu) mu midimu idi inenga matuku a bungi ya didipetela bintu bia mu nsombelu mu bule bua tshikondo kampanda tshijadika (ngondo 6 too ne 12)

Bia pa lukama bia bantu badi mu dikenga badi ne mushindu anyi badi ne mpetu badi mua kudiyila bobu bine mu bisalu bidi koku ne/anyi midimu mikuabu (milongolola anyi kayiyi milongolola) idi yambuluisha bua kupeta bintu bia mu nsombelu

Malu a kulonda

Dikonkonona: Dikonkonona dia midimu ne dia bisalu didi diangata ne mushinga malu a bantu bilondeshile mudimu balume anyi bakaji mbualu bua mushinga mukole bua kuitabijija ne kujadika midimu, kukankamija dipetulula ne dikandamana, ne kukolesha dimona dia bipeta. Dijingulula midimu ne majitu a bena dîku mbualu bua mushinga bua kumona mua kuakuila malu onso a ditula dia makuta, bu mudi ditabalela bana anyi bakulakaje, peshi kufika ku midimu mikuabu bu mudi ya tulasa anyi ya luondapu.

Enza mudimu ne bia mudimu bidiku bua kumvua tshidi bisalu ne ndongoluelu ya malu a makuta. Diambuluisha ne dikumbana dia biakudia didi ne bua kuikala dishindamene pa midimu ya bisalu kumpala ne panyima pa dikenga, ne mushindu udibu mua kupeta bua kulengeja nsombelu bua bapele. Tangila malu makuabu a kuenza anyi kuakajilula bua tusumbu tua bantu badi mu njiwu (bu mudi bansonga, balema, bakaji badi ne mafu anyi bakulakaje) munda mua kasumbu ka bantu basungula. Konkonona mamanya abu, malu adibu bamonemone ne makokeshi abu, ne njiwu idi mua kumueneka ne ngenzelu ya mua kuyikepesha. Keba bimpe bua kumanya bikala bena mêku bumbuka ku muaba wa bu wa pa tshibidilu bua mudimu udibu benza bilondeshile mivu. Umvua mushindu kayi udi bisumbu bishilangane bia bantu badi mu dikenga mua kuikala kabiyi ne mushindu wa kufika ku bisalu ne mpunga ya didipetela bintu bia mu nsombelu, ne ubambuluishe bua kupetabu mushindu eu.

Mapangadika a bukubi: Bamue balume ne bakaji kabena pamuapa bakumbana mua kudifila mu midimu idi ipetesha bantu makuta, bu mudi bena dibaka bakadi bakulakaje. Dikenga nkayadi didi mua kuenza bua ne: bilue bualu bukole bua bamue bantu kudifilabu mu dikeba dia mudimu bua mashintuluka mu majitu adibu nawu anyi bua makanda a mubidi. Mapangadika a bukubi mangata bua matuku makese adi mua kuambuluisha mu nsombelu eyi, mu diasuika pamue ne ndongoluelu ya mu ditunga idiku ya dikuba nayi bantu. Lomba bantu bua balonde mapangadika mapiamapia a bukubi muaba udibi bikengela kuenza nanku. Difila dia mapangadika a bukubi didi ne bua kukankamija diabanya diakane dia mpetu, dijadika ne: bakaji ne bansongakaji badi ne mpunga wa buludiludi wa kumona mpetu eyi muaba udibi biakanyine. Anu pinapu, enza mudimu ne bantu badi bapetela diambuluisha ku mapangadika aa bua bobu kupeta mushindu wa kufika ku midimu idi ipetesha makuta, idi mimpa kayiyi ne bualu ne idi inenga matuku a bungi. Biobi mua kuenzeka, diambuluisha ne makuta didi ne bua kuikala disuikila ku programe ya ku mapangadika a bukubi idiku bu tshitupa tshia ngenzelu wa dilama bintu bua matuku a bungi ne dikubibua dia bantu.

Mafutu: Enza dikonkonona dia bisalu kumpala kua kuteka mu tshienzedi programe kayi yonso wa mudimu udi ulomba difutu. Difutu didi mua kuenjibua ne makuta anyi ne biakudia, peshi ne bionso bibidi, ne didi ne bua kuambuluisha mêku adi kaayi ne biakudia bikumbane bua kukumbaja majinga abu. Manyisha bipatshila bia mudimu, malu adi bulongolodi budi buambuluisha bantu mua kutekemena kudi bena mudimu, mmu nsombelu kayi muikala bantu mua kuenza mudimu ne mmafutu kayi apetabu ne mu mushindu kayi.

Enza bua difutu dikale tshintu tshidi tshisaka bantu bua kulengeja nsombelu wabu bobu bine, pamutu pa kuikaladi bu difutshibua bua mudimu kayi wonso udibu benza mu tshinsanga. Ela meji bua majinga a bantu a disumba bintu ne buenzeji bua difila makuta anyi biakudia bua kukeba mpetu ya mêku bua kukumbaja majinga a nshindamenu bu mudi makuta a tulasa, luondapu ne majitu a mu nsombelu. Angata dipangadika pa bidi bitangila mushindu ne bunene bua difutu bilondeshile muntu ne muntu. Londesha malu bua kujadika ne: bantu balume ne bakaji bonso badi bafutshibua mushindu wa muomumue bua midimu idi mianyishibue ne se: kabena benzela tusumbu tusunguluke malu a kansungasunga nansha.

Ela meji bua buenzeji bua mushinga wa dipanyishilula dia bintu mu bisalu bia muaba au padibu bafuta bantu ne bintu ne difutu edi dienze bu dituma dia mpetu. Midimu mipiamipia idi ipetesha makuta idi ne bua kukolesha mpokolo ya mpetu idiku pamutu pa kupingana pa muaba wayi. Difutu kadiena ne bua kuikala ne buenzeji bubi mu bungi bua bantu badi mua kuenza mudimu ba muaba au nansha, tshilejilu pa kukebesha dipueka dia mafutu, dipambula benji ba mudimu ku midimu mikuabu peshi dinyanga midimu ya mbulamatadi ya nshindamenu.

Bukokeshi bua kusumba bintu: Difila makuta didi mua kuikala ne bipeta bimpe bivudiji mu mpetu ya bantu ba muaba au, didi didi mua kukebesha kabidi ditshiomba dia bintu biabu bia mushinga bia mu tshitupa atshi. Diabanya dia biakudia didi kabidi mua kunyanga bukokeshi bua kusumba bintu bua bantu badi bapeta diambuluisha edi. Bukokeshi bua kusumba bintu busuikila ku tshiadidia kampanda anyi ku disambakaja dia biakudia budi ne buenzeji bikala dîku didi dipeta biakudia dikale dibidia anyi dibipanyisha. Bimue bintu bia kusumba (bu mudi mafuta) mbipepele bua kubisumbisha ku mushinga muimpe kupita bikuabu (bu mudi biakudia bisambakaja). Teka diumvuija dia biakudia bidi mêku apana ne asumba paudi ukonkonona buenzeji bunene bua programe ya diabanya biakudia.

Dikubibua ku muaba wa mudimu: Teka ngenzelu ya mudimu idi ne dikuatshisha bua kukepesha njiwu ya makanda a mubidi a bantu anyi kuondopa badi batapike. Tshilejilu, longesha bantu, bapeshe bilamba bidi bikuba ne tushet tua manga a diambuluisha nawu kumpala muaba udibi bilomba kuenza nanku. Kepesha njiwu ya dipia masama adi asambulukilangana ne kishi ka VIH. Teka njila mimpe ya kulonda bua kuya ku miaba ya mudimu, pa kupesha bena mudimu torshe miaba idi njila kayiyi mikenkesha bimpe. Enza mudimu ne ngonga, tushiba ne bisanji bua kudimuija bantu ku njiwu. Kankamija dienda pamue mu tusumbu ne kubenga kuenda mu midima. Ujadike ne: bantu bonso badi badifila mbamanye ngenzelu ya kulonda mu malu a tshimpitshimpi ne badi mua kufika lukasa ku mishindu idiku ya didimuija bantu. Bakaji ne bansongakaji badi ne bua kukubibua mushindu wa muomumue, ne badi ne bua kutangila bualu bua mikenji yonso idi ileja kansungasunga mu muaba wa mudimu.

Diambula majitu a mu nzubu ne a mu dîku: Yikila pa tshibidilu ne bantu badi mu dikenga, utapulula balume ne bakaji, bua kumanya malu adibu basue ne adi alua kumpala kua onso pa bidi bitangila dipeta dia makuta, rnishindu ya midimu idi ne mafutu, ne majinga makuabu a mu nzubu ne a mêku. Tangila bualu bua majitu a mudimu ne makokangana onso makole adi mu lubanza bua malu adi mashintuluke mu midimu ya pa tshibidilu ya bantu balume anyi bakaji ne mushindu udi bakaji batamba kuludika malu a mpetu mu mêku.

Ndongamu ya midimu ya "makuta bua mudimu" idi ne bua kutangila makanda a mubidi a muntu ne malu atu balume ne bakaji benza pa tshibidilu, ne idi ne bua kuikala miakanyine bilondeshile bilele bia muaba au. Tshilejilu, idi ne bua kuangata ne mushinga mêba a masambila ne matuku adi bantu bonso bikisha. Mêba a mudimu kaena ne bua kuikala adia tshianana tshianana mêba a bantu. Programe kayena ne bua kupambula mpetu ya mêku ku midimu idiku idi ipatula bintu, ne kayena ne bua kupangisha bantu bua kuangatshibua ku mudimu mukuabu anyi kulonga. Didifila mu dipatula dia mpetu didi ne bua kunemeka mikenji ya mu ditunga pa bidi bitangila bidimu bikese bidi bilombibue bua muntu kuangatshibua ku mudimu. Bitu pa tshibidilu kabiyi bishadile ku bidimu bia dijikija dia tulasa tua nshindamenu. Mbimpe nzubu idi itabalela bana idi miakanyine dipeta makuta ikale miaba ya midimu bikala batabaledi bikale ne bana bakese bikale badifile mu programme.

Ditangila bintu bia muaba udi bantu basombele: Kankamija didifila dia bantu mu midimu ya dilama bintu bia ku tshifukilu bu mudi dikuna dia mitshi, dikezula dia bitudilu ne dilongolola tshiakabidi dia bintu bidi binyunguluke bantu ku diambuluisha dia programe ya biakudia ne ya makuta bua mudimu. Nansha mudiyi anu bua mutantshi muimpi, midimu eyi neyikoleshe didifila dia bantu mu dilama dia bintu bia muaba udibu basombele.

Ela meji bua mushindu wa kufika ku muaba wa mudimu ne kukuba miaba eyi ya mudimu. Ujadike ne: bintu bionso bia manyanu bidibu ne bua kumbusha kabiena ne njiwu. Programe ya makuta bua mudimu kayena ne bua kutangila mudimu wonso wa disukula matanda anyi diumbusha bintu bia bukoya nansha.

Kankamija dipatula dia bintu bia kuasa nabi bidi binenga mu muaba udi bantu basombele bu mudimu udi upetesha makuta, ne longesha bantu malu a mudimu eu. Longesha bantu ne kankamija dienza mudimu ne bintu bia bukoya bidi bidisunsukila nkayabi kufikisha nabi buloba.

Tshitupa tshia badienzedi ba midimu: Tshitupa tshia badienzedi ba midimu tshidi mua kuikala ne muaba munene mu dipepeja malu bua kukuba ne kupetulula bintu bia mu nsombelu. Muaba udibi mua kuenzeka, teka mishindu ya kueleshangana diboko bua kupetesha bantu mpunga wa kuangatshibua ku mudimu. Dieleshangana maboko edi didi kabidi mua kuambuluisha bua kuasa ne kukolesha matanda adi makese menemene, adi makese ne a nkatshinkatshi. Bungenda-mushinga ne biledi bia biamu bia mudimu bidi mua kupetesha bantu makuta a dibangisha nawu midimu ne mpunga ya disambuluja nayi mamanya ⊕ *tangila Mukanda wa MERS.*

Tshisakidila tshia 1
Liste wa dikonkonona nende dikumbana dia biakudia ne bintu bia mu nsombelu

Dikonkonona dia dikumbana dia biakudia ditu mu mushindu mualabale diteka bantu badi mu dikenga mu tusumbu tua bintu bia mu nsombelu bilondeshile kudi mpetu yabu ifumina, ne ngenzelu ya mua kupeta makuta anyi biakudia. Kudi mua kuikala kabidi ditapulula dia bantu bilondeshile tusumbu peshi mitanda ya bubanji. Mbualu bua mushinga mukole bua kufuanyikija nsombelu udiku mpindieu ne malu akadi mapite a dikumbana dia biakudia kumpala kua dikenga. Angata "bidimu bia nkatshinkatshi bia pa tshibidilu" bu tshishimikidi. Ela meji bua midimu misunguluke ne matekete a bantu balume ne bakaji, ne malu adi midimu eyi yumvuija bua dikumbana dia biakudia dia mêku.

Nkonko ya dikonkonona nayi malu idi ilonda eyi idi yangata bitupa binene bia kutangila mu dikonkonona dia dikumbana dia biakudia.

Dikumbana dia biakudia bua tusumbu tua bintu bia mu nsombelu

- Kudiku tusumbu mu bantu tudi tumanyishangana ngenzelu ya muomumue ya didipetela bintu bia mu nsombelu anyi? Mmushindu kayi udibu mua kuteka tusumbu etu bilondeshile miaba minene idi biakudia anyi mpetu yabu bifumina?

Dikumbana dia biakudia kumpala kua dikenga (tshishimikidi)

- Mmushindu kayi uvua tusumbu tushilangane tua bintu bia mu nsombelu tupete biakudia anyi makuta kumpala kua dikenga? Bua tshidimu tshia nkatshinkatshi mu matuku makese ashadi aa, nkuepi kuvuabu bapetele biakudia ne makuta?
- Mmushindu kayi uvua miaba mishilangane eyi ivua biakudia ne makuta bifumine mishintuluke bilondeshile mivu ne bitupa bia maloba mu tshidimu tshia pa tshibidilu? Bidi mua kuikala ne dikuatshisha bua kuenza kaleji ka matuku a mivu.
- Tusumbu tuonso tuvua tupeta biakudia bikumbane bia ngikadilu muimpe bua kudidisha bimpe anyi?
- Tusumbu tuonso tuvua tupeta makuta makumbane mu mishindu ivua kayiyi mibi bua kukumbaja majinga atu a nshindamenu anyi? Ela meji bua biakudia, dilonga, luondapu, nsabanga ne bintu bikuabu bia mu nzubu, bilamba, ne bintu bia kupatula nabi bikuabu bu mudi maminu ne bia mudimu. (Nkonko ibidi ya ndekelu neyileje ni kuvua bilumbu bia munanunanu. Dikenga didi mua kulua kubipish kabidi bilumbu bidi kuoku. Diandamuna diakanyine didi bilondeshile bikala tshilumbu atshi tshikale tshia munanunanu anyi tshikole.)
- Pa kutangila panyima mu bidimu bitanu anyi dikumi biashadi ebi, mmushindu kayi uvua dikumbana dia biakudia dishintuluke ku tshidimu ne ku tshidimu? Bidi mua kuikala ne dikuatshisha bua kuenza kaleji ka tshikondo anyi ka malu avua mapite a dikumbana dia biakudia.

- Mmishindu kayi ya bintu, ya makuta malama anyi ya bintu bikuabu bivuabu balame bidi nabi tusumbu tushilangane tua bintu bia mu nsombelu? Munkatshi muabi mudi, tshilejilu, biakudia bivuabu balame, makuta avuabu balame, bimuna, makuta mela mu mishinga, makuta masomba ne mabanza kaayi manana.
- Mu bule bua lumingu lumue anyi ngondo umue, mbintu kayi bidi mêku atudila makuta? Tshintu ne tshintu tshidi tshitudisha makuta bungi kayi?
- Nganyi udi ne bujitu bua kulama makuta mu dîku ne nku bintu kayi kudibu batudila makuta aa?
- Kudiku mushindu wa kufika ku tshisalu tshia pabuipi menemene bua kupeta bintu bia nshindamenu anyi? Ela meji bua malu bu mudi mutantshi, bukubi, ditambakana dipepele, dikalaku dia malu adibu bamanyisha bua bisalu ne mushindu wa kuapeta, ne mishindu ya diambula bintu.
- Bintu bia nshindamenu, ne biakudia, bidi bimueneka anyi? Bidi ne mushinga kayi?
- Kumpala kua dikenga, mmalu kayi a nkatshinkatshi a bungenda-mushinga avua pankatshi pa majinga a nshindamenu (biakudia, bintu bia kudima nabi, luondapu, ne kuvua makuta afumina (bia pa madimi bipana, bimuna, mafutu.

Dikumbana dia biakudia mu bikondo bia makenga

- Mmushindu kayi udi dikenga dinyange miaba mishilangane ivua bantu bapetela biakudia ne makuta bua kasumbu ne kasumbu kamanyike ka bintu bia mu nsombelu?
- Mmushindu kayi udidi dishintulule mishindu ya mivu ya pa tshibidilu ya dikumbana dia biakudia bua tusumbu tushilangane?
- Mmushindu kayi udidi dishintulule mpunga wa difika kudi benji ba midimu ya difila makuta, mu bisalu, dikalaku dia bisalu ne mishinga ya bintu bia nshindamenu?
- Bua tusumbu tushilangane tua bintu bia mu nsombelu, nngenzelu kayi mishilangane ya mua kupita ne malu mu dikenga idiku ne ntshitupa bunene kayi tshia bantu badi badifilemu? Mmushindu kayi udi bualu ebu bushintuluke bilondeshile nsombelu uvuaku kumpala kua dikenga?
- Nkasumbu kayi anyi mbantu kayi badi batamba kukenga?
- Mbipeta kayi bia matuku makese ne bia matuku a nkatshinkatshi bia ngenzelu ya mua kupita ne malu bidiku bua makuta ne bintu bikuabu bia bantu?
- Bua tusumbu tuonso tua bintu bia mu nsombelu, ne bantu bonso badi mu njiwu, mbipeta kayi bia ngenzelu ya mua kupita ne malu bidiku bua makanda abu a mubidi, dikala bimpe dia pa tshibidilu ne bunême buabu? Kudiku njiwu idi misuikila ku ngenzelu eyi ya mua kupita ne malu anyi?

Tshisakidila 2
Liste wa dikonkonona nende dikumbana dia maminu

Nkonko idi ilonda eyi mbilejilu bia mushindu wa kukonkonona dikumbana dia maminu. Dikonkonona dia dikumbana dia maminu didi ne bua kutangila mikenji ya mu ditunga idi yakuila maminu a musanga-ntete ne maminu adibu bashintulule ngikadilu ya ku tshifukilu.

Dikumbana dia maminu kumpala kua dikenga (tshishimikidi)

- Mbia pa madimi kayi bidi bitambe kuikala ne mushinga bua babidime? Mmudimu kayi udibu benza nabi: bua kudia, kusumbisha anyi bionso bibidi? Batu bakuna bintu ebi ku tshikondo ne ku tshikondo anyi? Mbia pa madimi kayi bikuabu bidi mua kulua ne mushinga mu bikondo bia dikengakana?
- Mmunyi mutu babidime bapeta maminu anyi bintu bikuabu bia dikuna bua bia pa madimi? Ela meji bua mishindu yonso.
- Mmalu kayi adi akengela kulonda bua kukuna tshintu ne tshintu tshionso tshia kudima tshidi ne mushinga? Ntshipapu tshia bunene kayi butshintshikila tshidibu bakuna bintu? Badi bela ntete bungi kayi? Mmushindu kayi udi ntete eyi ivulangana (bungi bua maminu anyi ntete idibu banowe pa kufuanyikija ne bungi bua ntete ivuabu bakune)?
- Kudiku mishindu misunguluke ya bia pa madimi ya mushinga mukole anyi idibu batamba kuanyisha anyi? (mishindu ya bintu idi miakanyine mivu ya muaba au)?
- Mbia mudimu kayi bidi ne mushinga bua kupatula bia pa madimi anyi mishindu kampanda ya bikunyibua?
- Nganyi mu dîku udi ne bujitu bua kuangata mapangadika, kulama bia pa madimi ne kubipatula mu bitupa bishilangane bia dipatula dia bintu ebi ne panyima pa dibipatula?

Dikumbana dia maminu kunyima kua dikenga

- Kudiku mushindu wa kufila diambuluisha mu malu a madimi bilondeshile mudi bantu badi bapeta diambuluisha bamona anyi?
- Mbia pa madimi kayi bidi bitambe kunyanguka bua dikenga? Bintu ebi bidi ne bua kukoka ntema anyi? Bua tshinyi bidi mua kuikala nanku anyi kubenga kuikala nanku?
- Babidime badiku bitaba ne: nsombelu mmushindame mpindieu ne mukumbane mushindu wa bobu kumona mua kudima tshikunyibua kampanda bimpe kakuyi bualu, kunowa ne kupana anyi kutshidia anyi?
- Badi ne mushindu mukumbane wa kufika ku madimi ne kupeta bia mudimu bikuabu bidi biambuluisha bua kupatula bintu anyi? (bufuke, bintu bia mudimu, nyama idi ikoka bintu)?
- Mbadiakaje bua kubangishilula madimi anyi?

Dikonkonona difila ne dilomba dia maminu: bintu bilama mu nzubu

- Maminu adibu bapatule mu tshitupa atshi adiku bungi bukumbane bua bobu kukuna ntete musangu udi ulua anyi? Ebi bidi bikonga maminu adi tshidime munowe yeye muine ne maminu adi mua kupeteka mu dipetangana ne bantu bakuabu (tshilejilu, bena mutumba).
- Ntshikunyibua tshidi babidime bikale anu basua bua kukuna anyi? Ntshikumbane bua kutshidima muaba au anyi? Bantu batshidi anu batshikeba anyi?
- Mishindu idiku ya bikunyibua bipatula kudi tshidime muine idiku miakanyine bua kubikuna tshikondo tshidi tshilua anyi? Ngikadilu wa maminu udi ukumbaja mikenji ya tshidime ya pa tshibidilu anyi?

Dikonkonona difila ne dilomba dia maminu: bisalu bia muaba au

- Bisalu bidi bienda pa tshibidilu nansha padiku dikenga anyi? (badi balonda matuku a bisalu, babidime badi ne mushindu wa kuenda, kusumbisha ne kusumba bintu kakuyi bualu anyi?)
- Tudiku mua kufuanyikija bungi bua maminu anyi ntete idi koku mpindieu ne bungi buayi mu nsombelu ya pa tshibidilu mu tshikondo tshia muomumue mu bidimu bishale anyi?
- Bantu badiku bapeta mu bisalu bia pa madimi ne bintu bishilangane bidi babidime bamona ne: mbimpe bua kukuna anyi?
- Tudiku mua kufuanyikija mishinga ya maminu anyi ya ntete idiku mpindieu mu bisalu ne mishinga ya mu tshikondo tshia muomumue mu bidimu bishale anyi? Bikalaku dishilangana dia mishinga, didiku mua kuikala lutatu bua babidime anyi?

Dikonkonona difila ne dilomba dia maminu: tshitupa mtshia badi badienzela mudimu nkayabu

- Bia pa madimi ne mishindu ya maminu bidibu bafila mu tshitupa tshia badi badienzela mudimu nkayabu bidiku bikumbane bua miaba kampanda idi miyanguke bikole anyi? Kudiku malu adi aleja bulelela ne: babidime nebenze nabi mudimu anyi?
- Maminu a mu tshitupa tshia badi badienzela mudimu nkayabu adi amueneka adiku mua kukumbaja dilomba didiku bua dikenga anyi? Biobi kabiyi nanku, mmajinga bungi kayi a babidime ikalawu mua kukumbaja?

Tshisakidila 3
Liste wa dikonkonona nende didisha

Nkonko idi ilonda eyi mbilejilu bia mushindu wa kukonkonona malu bua kumona bikebeshi bisokome bia didisha dishadile, bunene bua njiwu ya didisha ne mishindu idiku ya difila diambuluisha. Nkonko eyi mmienza bilondeshile ngenyi idiku ya bikebeshi bia didisha dishadile. ⊕ *Tangila Tshimfuanyi tshia 7: Dikumbana dia biakudia ne didisha: bikebeshi bia didisha dishadile.* Malu adibu bamanyishe adiku adi pamuapa mua kufumina ku miaba mishilashilangane. Nebilombe bia mudimu kabukabu bia kukonkonona bua kusangisha malu aa, bu mudi dielangana nkonko ne bamanyi banene ba malu, dikenketa ne dikonkonona bipeta bifunda bipetela kudi bantu bakuabu.

Nsombelu wa kumpala kua bualu bua tshimpitshimpi

Mmalu kayi akadibu bamanyishe adiku pa bidi bitangila ngikadilu, bualabale ne bikebeshi bia didisha dishadile munkatshi mua bantu badi dikenga dikuate? ⊕ *Tangila Mukenji wa 1.1 wa dikonkonona dikumbana dia biakudia ne didisha.*

Njiwu idiku ya didisha dishadile

Nnjiwu kayi ya didisha dishadile idiku padiku anu mushindu mukese wa kupeta biakudia?
⊕ Tangila Tshisakidila tshia 1: Liste wa dikonkonona nende dikumbana dia biakudia ne bintu bia mu nsombelu.

Nnjiwu kayi ya didisha dishadile idiku mu dilonda dia bilele bia didisha ne ditabalela bana ba mu maboko ne bana batekete?

- Kudiku dishintuluka mu mudimu ne mu nsombelu ya bantu (bua malu bu mudi dimuangala, ditambakana anyi diluangana dia mvita) didi dilenga miaba ne majitu mu dîku anyi?
- Kudiku ditshintuluka mu ngikadilu wa pa tshibidilu wa mêku anyi? Kudi bana ba bungi badi batapuluke ne baledi babu anyi?
- Nsombelu wa ditabalelangana dia pa tshibidilu mmunyanguke (tshilejilu, mu ditua eku ne eku), dipangisha batabaledianganyi bakuabu bua kupeta biakudia anyi mâyi anyi?
- Kudiku bana ba mu maboko badibu kabayi bamusha ku dibele anyi? Kudiku bana ba mu maboko badibu badisha ne bintu bikuabu bidi bantu benze anyi?
- Kudiku malu adi ajadika anyi adibu mua kuelela meji ne: bilele bia didisha bana ba mu maboko bidi bienda binyanguka mu dikenga anyi? Kudiku nangananga dikepela dia lungenyi lua kuamusha bana mabele a mu tshiadi peshi bungi bua badi mamusha anu mabele a mu tshiadi anyi? Bungi bua badi badisha bana ne bintu bidi bantu benze mbubande ne/anyi bungi bua bana badibu kabayi bamusha mabele a mu tshiadi mbubande anyi?

- Kudiku mushindu wa kupeta biakudia bikumbajija bidi bilonda bidimu bia muana, biakanyine bua kudisha mubidi, bimpe kabiyi ne bualu, ne kudi mishindu ya kubilamba ne mankenda anyi?
- Kudiku malu adi ajadika anyi adibu mua kuelela meji ne: badi babanyina bantu bonso bipinganyi bia mabele a mu tshiadi bu mudi mabele menza bua kufuana a bakaji, bintu bikuabu bidibu benze ne mabele, milangi ne mitu ya diamusha nayi, mifila peshi misumba anyi?
- Munkatshi mua bamunyi ba nyama, balami mbashiye bana batekete matuku a mulongolongo anyi? Mushindu wa kupeta mabele kautshiena bu pa tshibidilu anyi?
- Kishi ka VIH nkatshintulule bilele bia ditabalelangana mu mêku anyi?
- Mbakaje bungi bua biakudia bua pa tshibidilu bilondeshile majinga a bakulakaje ne bantu badi ne lutatu lua kudidisha anyi? Konkonona bungi bua makanda adi bintu ebi bifila ne bidishi bitambe bukese bidimu. Teta bua kumanya bikala bantu banyisha biadidia ebi (bidi bishi ku tshilabuidi, anyi padibi babitshiankunya ne bidi bipueka bimpe mu mala anyi?)

Nnjiwu kayi idiku ya didisha dishadile padi bantu kabayi ne makanda mimpe a mubidi?

- Kudiku luapolo ya dibudika dia masama adi mua kunyanga ngikadilu wa didia, bu mudi kantembele anyi diela munda bikole anyi? Bidiku bimueneka ne: masama aa mmafuane kulua anyi? ⊕ *Tangila Luondapu lua nshindamenu – mukenji 2.1 wa masama a tshiambu.*
- Mbungi kayi budibu batshinka bua bantu badibu basale bua kantembele munkatshi mua bantu badi dikenga dikuate? ⊕ *Tangila Luondapu lua nshindamenu – mukenji 2.2.1 wa makanda a mubidi a bana.*
- Batu ne tshibidilu tshia kufila vitamine A padibu basadisha bana bisalu bia kantembele anyi? Mbantu bungi kayi badibu batshinka ne: mbapete vitamine A?
- Kudiku bungi butshinka bua bantu badi bafua (bua bonso bonso anyi bua badi ne bidimu bishadile ku bitanu)? Badi batshinka ne: badi bungi kayi, ne nngenzelu kayi udibu benze nende mudimu bua kutshinka bungi ebu? ⊕ *Tangila Ngenyi ya nshindamenu mu malu a makanda a mubidi.*
- Luya lua muaba au ludi lupueka bikole anyi neluikale ne bua kupueka bikole, mu mushindu wa se: mbifuane kukolesha masama makole a mu dieyela anyi malu adi akengela bua kuikala ne makanda bua bantu badi mu dikenga anyi?
- Kishi ka VIH nkatambe kutangalaka anyi?
- Bantu bakavuaku batekete bua didisha dishadile bualu bavua balanda anyi kabayi ne makanda mimpe a mubidi anyi?
- Kudi diunguila dinekesha dia bantu kaba kamue anyi njiwu ya kuenzekadi anyi dia kumona divulangana dikole dia disama dia tshiadi anyi?
- Badiku bafila luapolo lua masama adi kaayi ambulukilangana bu mudi dia diabete, dia arthrose, masama a mioyo ne dijika dia mashi anyi?
- Disama dia malaria didi ditamba kutatshisha bantu anyi?

- Bantu bavuaku bashale mutantshi mule mu mâyi anyi bavuale bilamba bibole ne mâyi anyi bikale mu nsombelu mibi mikole mu muaba uvuabu basombele matuku a bungi anyi?

Mbintu kayi bidibu bateke mu mushindu mulongolola ne udi kauyi mulongolola mu muaba au bidi bikale kuoku mpindieu mudi diambuluisha didibu mua kufila mua kupitshila?

- Mbukokeshi kayi budi nabu Tshibambalu tshia Mbulamatadi tshia malu a makanda a mubidi, bitendelelu, bisumbu bidi biambuluisha binsanga bia bantu, bisumbu bidi biambuluisha diamusha bana mabele a mu tshiadi peshi ma-ONG adiku bua matuku a bungi anyi bua matuku makese mu tshitupa atshi?
- Mmalu kayi adibu benze a mu didisha anyi ndiambuluisha kayi dia mu tshinsanga bikavua bimane kuikalaku ne bilongolola kudi binsanga, bantu ne bantu, ma-ONG, malongolodi a mbulamatadi, midimu ya ONU anyi bitendelelu bia muaba au? Mmishindu kayi ya diludika malu a ndilu (ya kale, idi kuoku ne ikadibu balekele), mandamuna malongolola a matuku a bungi a ndilu, ne programe idibu benda bateka mu tshienzedi anyi idibu balongolole mu diandamuna bua nsombelu udiku mpindieu?

Tshisakidila 4
Mushindu wa kupima didisha dibi dikole

Padiku nsombelu mikole idi ilomba bua kuambuluisha bantu lukasa ne biakudia, bidi mua kulomba pamuapa bua kubala bana ma muinshi mua ngondo isambombo, bakaji badi ne mafu ne badi bamusha, bana bakadi bakole, ne ba bitende, bantu bakulumpe ne bakulakaje mu dikonkonona dia malu a didia anyi mu programe ya difila biadidia.

Bana ba ngondo mishadile ku isambombo

Nansha mudi makebulula enda amu atungunuka bua bana aba, kudi bijadiki anu bikese bidibu mua kuashila dikonkonona ne dilongolola dia malu. Mikenji ya bungi idi ilomba diumvuija dia muomumue bua malu a bipiminu bia bumuntu bua didisha dibi dikole bua bana ba mu maboko ne bua bana ba ngondo 6 too ne 59 (pa kumbusha bunene bua pa diboko (MUAC), budibu kabayi balomba bua kupima mpindieu bua bana ba ngondo mishadile ku isambombo). Bua kuela muana mu programe, bidi bilomba kutangila nangananga bule buende dituku didibu bamupima pamutu pa kutangila dikonkonona dia mushindu udiye ukola.

Dilekela bipiminu bia dikola bidi bulongolodi kampanda buenza nabi mudimu (National Center for Health Statistics, NCHS) bua kulonda mikenji ya dikola ya bulongolodi bua OMS ya mu 2006 didi difikisha ku dimona bana ba bungi badi ne ngondo mishadile ku isambombo bafundibue bu badi basheleleke. Bualu ebu budi mua kufikisha bana ba bungi ku dibuejibua mu programe ya didishibua, peshi kuvuija batabaledi batamba kuditatshisha pa bidi bitangila buakane bua diamusha anu bana mabele a mu tshiadi. Bidi ne mushinga bua kukonkonona ne kutangila malu adi alonda aa:

- Dikola dia bana mu dilepa dia mubidi – muana udi wenda ukola bimpe, nansha mudi mubidi wende mua kuikala mukese anyi? (bamue bana ba mu maboko badi mua "kukola lukasa" nansha muvuabu baledibue ne bujitu bushadile)?
- Bilele bia didisha bana ba mu maboko – badi bamusha muana anu mabele a mu tshiadi anyi?
- Tshidi baminganga bamone – muana udiku ne ntatu anyi nsombelu kampanda ya kusama idibu mua kuondopa anyi idi imuteka mu njiwu mikole anyi?
- Malu adi atangila mamu – tshilejilu, mamu mmupange dikuatshisha dia dîku anyi muikale utata mu lungenyi anyi? Dibueja bana mu miaba idibu balonda programe ya didisha bua kubondopa didi ne bua kuikala bualu bua kumpala budi bukengela kuenza bua bana ba mu maboko badi mu njiwu mikole.

Bana ba ngondo 6 too ne 59

Tablo udi ulonda eu udi uleja bileji bitubu benza nabi mudimu pa tshibidilu bua didisha dibi dikole munkatshi mua bana ba ngondo 6 too ne 59. Enza makumi a dipetangana dia bujitu ne bule (WFH) mu dienza mudimu ne mikenji ya dikola dia bana ya OMS ya mu 2006. Nomba Z wa mpwe ya WFH (bilondeshile mikenji ya OMS) ke tshileji tshidi tshianyishibue bua kumanyisha bipeta bia dikonkonona dia bipiminu bia bumuntu. Bunene bua nyunguluilu wa diboko (MUAC) budi tshileji tshia pa buatshi tshia didisha dibi dikole ne budi tshimue tshia ku malu adi adianjila kuleja bungi bua badi bafua. Batu kabidi benza mudimu ne ditamba kumueneka dia bana badi ne MUAC mukese bua kudianjila kumanyisha bungi bua bana badibu ne bua kubueja mu programe ya didisha dikumbajija ne ya luondapu. Bileji bitubu batamba kuenza nabi mudimu mbia centimetre mishadile ku 11,5 bua didisha dibi dikole menemene ne centimetre pankatshi pa 11,5 ne 12,5 bua didisha dibi dikole kakese. Misangu mivule batu kabidi benza mudimu ne dipima dia MUAC, ne bileji bitambe kubandila, mu ngenzelu wa dikebulula kusama mu bitupa bibidi. Kabena ne bua kuenza nadi mudimu nkayadi mu dikonkonona dia bipiminu bia bumuntu to, kadi badi mua kudiangata bu bualu bumuepele budi mua kubuejija muana mu programe ya didishibua.

	Didisha dibi mu tshi-bungi	Didisha dibi dikole kakese	Didisha dibi dikole menemene
Bana ba ngondo 6 too ne 59	Nomba Z wa WFH <–2 ne/anyi MUAC <12,5 cm ne/anyi mubidi mûle mâyi bua didia	Nomba Z wa WFH –3 too ne –2 ne/anyi MUAC 11,5 too ne 12,5 cm	Nomba Z wa WFH <–3 ne/anyi MUAC <11,5 cm ne/anyi mubidi mûle mâyi bua didia
Bakulumpe	MUAC 21 cm	MUAC 18,5 too ne 21,0 cm	MUAC 18,5cm
Bakulakaje	MUAC 21 cm	MUAC 18,5 too ne 21,0 cm	MUAC 18,5cm
Bakaji ba mafu ne badi bamusha	MUAC <23 cm (pamuapa muikale <210 mm mu imue nsombelu)	MUAC 18,5 too ne 22,9 cm	MUAC <18,5cm
Bakulumpe (kuelamu ne bantu badi ne kishi ka VIH anyi disama dia tshiadi)	IMC <18,5	IMC 16 too ne 18,5	IMC <16

Bana ba bidimu 5 too ne 19

Enza mudimu ne mikenji ya dikola ya OMS ya mu 2007 bua kujadika ngikadilu wa didisha dia bana ba bidimu 5 too ne 19. Milongo mibendame eyi idi ileja bipeta bifunda bidi bileja dikola idi ne bua kupetangana menemene ne mikenji ya dikola dia bana ya OMS bua bana ba ngondo 6 too ne 59 ne bileji bidi bianyishibue bua bantu bakulumpe. Ela meji bua kuenza mudimu ne bunene bua MUAC bua bana bakadi babandile ne ba bitende, nangananga padiku kishi ka VIH. Bu mudi bualu ebu buikale tshitupa tshia mudimu udi wenda ulubuluka, bidi ne mushinga bua kulamata mêyi maludiki a ndekelu ne ku ngenzelu ya mudimu ya matuku aa.

Bakulumpe (bidimu 20 too ne 59)

Kakuena diumvuija dia didisha dibi dikole dia bakulumpe didi bantu bonso bitaba to, kadi bilondeshile bipeta bidiku, bidi bimueneka ne: bungi bua ndekelu budi buleja didisha dibi dikole menemene budi mua kuikala tshimanyinu tshia bujitu bua mubidi (*indice de masse corporelle, IMC*) tshishadile ku 16, ne bua didisha dibi dikole koku anyi dikole kakese, tshimanyinu tshishadile ku 18,5. Dikonkonona dia didisha dibi dia bakulumpe didi ne bua kuipatshila bua kusangisha bipeta bifunda bia dipima dia bujitu, bule bua muntu muimane, bule bua muntu musombe ne dia bunene bua nyunguluilu wa diboko. Badi mua kuenza mudimu ne bipeta bifunda ebi bua kuenza makumi a IMC. Badi ne bua kuakaja IMC bua kupeta tshimanyinu tshia Cormic (difuanyikija dia bule bua muntu padiye musombe ne bua padiye muimane kulu) anu bua kufuanyikija bisumbu bia bantu. Diakaja adi didi mua kushintulula bikole ditangalaka didi dimueneka dia didisha dishadile mu bantu bakulumpe ne didi mua kuikala ne bipeta bia mushinga mu dilongolola dia programe. Misangu yonso badi ne bua kupima bunene bua MUAC. Kuoku kuikale dijinga dia kupeta bipeta anu apu anyi mpetu yoyi mikale anu mikese, dikonkonona didi mua kushindamena anu pa bipiminu bia MUAC nkayabi.

Dipangika dia bipeta bifunda bianyishibue bia kuenza nabi mudimu ne dipangika dia bimanyinu binene bidi bipangisha bua kumvuija bimpe bipeta bia bipiminu bia bumuntu. Enza mudimu ne malu onso adi umvuija nsombelu adibu bamanyishe paudi usua kubiumvuija. Bua kupeta buludiki pa bidi bitangila dikonkonona ⊕ *tangila Mikanda idibu batele ne mikuabu ya kubala*.

Paudi uteta bantu bua kubabueja ne kubapatula mu ndongamu wa didisha, enza mudimu ne disangisha dia bimanyinu bia bipiminu bia bumuntu, malu adi baminganga bamone (nangananga diteketa, dinyana dia matuku mashale aa) ne malu a mu nsombelu wa bantu (bu mudi mushindu wa kupeta tshiakudia, dikalaku dia batabaledianganyi, muaba wa kupengama). Umanye se: mubidi mûle ne mâyi bua bantu bakulumpe udi mua kufumina ku malu makuabu adi kaayi anu didia dibi to, ne baminganga badi ne bua kukonkonona mubidi mûle ne mâyi wa bantu bakulumpe bua kumbusha bikebeshi bikuabu. Bulongolodi ne bulongolodi buonso bua mudimu wa diambuluisha bantu budi ne bua kusungula tshileji bua kujadika bantu badi bakumbanyine dibatabalela, pa kuangata ne mushinga bilema bidi bimanyike bia IMC, dipangika dia malu adibu bamanyishe adi atangila MUAC ne tshidi programe umvuija bua dienza mudimu ne bileji ebi. Ebu mbualu bua tshitupa tshia mudimu udi wenda ulubuluka, nanku lamata mêyi maludiki a ndekelu ne ku ngenzelu ya midimu ya matuku aa.

Badi kabidi mua kuenza mudimu ne dipima dia MUAC bu tshia mudimu tshia diteta bua bakaji badi ne mafu, tshilejilu, bu tshimanyinu tshia dibueja muntu mu programe wa didishibua. Bilondeshile majinga abu a biadidia bia pa mutu, bakaji badi ne mafu badi mua kuikala mu njiwu mikole kupita bisumbu bikuabu munkatshi mua bantu. Bunene bua MUAC kabuena butamba kushintuluka menemene mu bule bua matuku adi mukaji ne difu nansha. MUAC wa bunene bushadile ku centimetre 20,7 udi uleja njiwu mikole bua mukuji wikale mushadile panyima mu dikola, ne bunene bushadile ku centimetre 23 budi buleja njiwu ya nankunanku. Bungi bua ndekelu butudi bafile ebu bua njiwu idiku budi bushilangana bilondeshile ditunga ne ditunga, kadi budi pankatshi pa centimetre 21 too ne centimetre 23. Angata bunene bua MUAC bua bakaji bushadile ku centimetre 21 bu tshimanyinu tshiakanyine tshidi tshileja ne: badi mu njiwu dîba dia malu a tshimpitshimpi.

Bakulakaje

Kakuena lelu eu diumvuija didibu bitaba dia didisha dibi dia bakulakaje to, kadi kasumbu aka kadi mua kuikala mu njiwu ya didisha dibi mu bikondo bia makenga. Bulongolodi bua OMS budi bufila lungenyi lua ne: bungi bua ndekelu bua IMC bua bakulumpe budi mua kuikala buakanyine bua bakulakaje bakadi ne bidimu bipite pa 60. Nansha naku, bujalame bua bipiminu mbualu bukole bua dikobama dia muongo (dienza dikoko) ne difimpakana dia mifuba ya muongo. Badi mua kupima bule bua diboko anyi maboko muolola eku ne eku pamutu pa bule bua muntu, kadi bualu budi buvudija dienza makumi bua kupeta bule bua muntu adi ashilangana bilondeshile bantu ne bantu. Dikonkonona dienza ne mêsu didi ne mushinga. Bunene bua MUAC budi mua kuikala tshia mudimu tshidi tshiambuluisha bua kupima didisha dibi munkatshi mua bakulakaje, kadi makebulula atshidi anu enda aya kumpala pa bidi bitangila bungi bushadile bua ndekelu budi buakanyine.

Balema

Kakuena lelu eu mêyi maludiki adi ambuluisha bua kupima bantu badi ne bulema ku mubidi to. Bu mudiku kakuyi mêyi maludiki aa, misangu mivule kabatu bababala mu makebulula menza ne bipiminu bia bumuntu nansha. Dikonkonona dienza ne mêsu didi ne mushinga. Bipiminu bia MUAC bidi mua kufila bipeta kabiyi bijalame dîba didi muntu mua kuikala ne maboko madiunde bikole bualu adi amuambuluisha bua kuenda. Kudi bipiminu bikuabu bidi kabiyi bia dipima dia pa tshibidilu dia bule bua muntu, bu mudi bule, bule bua diboko anyi maboko molola eku ne eku, anyi bule bua mukolo wa kuinshi. Bidi bikengela kubala malu a dikebulula dia ndekelu bua kujadika mushindu udi mutambe kuakanyina wa kupima balema badi dipima dia pa tshibidilu dia bujitu, bule ne bunene bua MUAC kadiyi diakanyine.

Tshisakidila 5
Dimanya mushinga wa dipangika dia bidishi bitambe bukese bua makanda a bantu

Tangila pa lukasa dipangika dia bidishi bitambe bukese dimona kudi baminganga bua kujikija bualu bua muntu ne muntu. Malu a dipangika dia bidishi bitambe bukese dimona kudi baminganga ditu kabidi dileja pa tshibidilu lutatu kampanda lusokome lua dipangika dia bidishi bitambe bukese mu tshisumbu tshia bantu. Dipima ne disunguluja dipangika dia bidishi bitambe bukese mu tshisumbu tshia bantu mbualu bua mushinga buadi buambuluisha bua kulongolola ne kulondesha malu adibu benza bua kuambuluisha bantu.

Diteta dia manga didi difila tshipiminu tshilelela tshia ngikadilu wa bidishi bitambe bukese. Nansha nanku, disangisha dia bintu bia kupima bia muoyo ditu misangu mivule bifila ntatu ya bintu bia kuenza nabi mudimu, dilongesha dia bena mudimu, mulongo wa dilama bintu anu mu mashika ne imue misangu ntatu bua bantu kuitaba bua benze nanku. Kabidi, dipima dia manga kaditu misangu yonso anu diumvuika ne disunguluke mushindu udibi bilombibue. Bua bidi bitangila didisha dibi dikole, kudi mua kuikala dishilangana dia malu bilondeshile dîba dia dituku anyi tshikondo tshia tshidimu tshidibu basangishe bintu bia kupima ebi. Dikontolola dia ngikadilu mulenga didi ne mushinga ne didi misangu yonso ne bua kuangatshibua ne mushinga mu disungula dia laboratware wa dienzela diteta.

Mu dikonkonona dia ngikadilu wa bidishi bitambe bukese, ela meji bua mushindu udibi mua kuikala bipite anyi kabiyi bikumbane. Ebu mbualu budi bulomba kuelela meji bikole dîba didibu benza mudimu ne biakudia bidi bikolesha ne bintu bia bungi anyi bikumbajija bua kupetesha bantu bidishi bitambe bukese.

Dipangika dia bidishi bitambe bukese didi ne bipeta bibi menemene bua lungenyi ne makanda a mubidi a bakulakaje, bukubi buabu bua mu mubidi ne makokeshi abu a luendu lua mubidi.

Tablo udi ulonda eu udi uleja dilondangana dia mishindu ya dipangika dia bidishi bitambe bukese bua makanda a bantu, dikale dienza mudimu ne bileji bishilangane. Bua kupeta malu makuabu adi umvuija mishindu ya kuteta manga ne bungi bua ndekelu budi buanyishibue bua makanda a bantu, suaku ubale mikanda ya ndekelu idibu bafunde anyi keba mibelu ya bamanyi bapiluke.

Tshileji tshia dipangika dia bidishi bitambe bukese	Kasumbu ka bantu ba bidimu bimue bua kulonga bungi bua misangu idi disama dimueneka	Diumvuija dia disama didi ditatshisha bantu ba bungi	
		Bukole bua disama	Bungi bua misangu idi disama dimueneka (%)
Dipangika dia vitamine A			
Dipanga kumona butuku (XN)	Ngondo 24 too ne 71	Ditekete	0 ≤ 1
		Dia nankunanku	1 ≤ 5
		Dikole	5
Matoba a Bitot (X1B)	Ngondo 6 too ne 71	Ki mbajadike	>0,5
Xérosis/ditapika dia kamonyi ka dîsu/ kératomalacie (X2, X3A, X3B)	Ngondo 6 too ne 71	Ki mbajadike	>0,01
Bibangu mu kamonyi ka dîsu (XS)	Ngondo 6 too ne 71	Ki mbajadike	>0,05
Luayiyi lua retinol (≤ 0,7 µmol/l)	Ngondo 6 too ne 71	Ditekete	2 ≤ 10
		Dia nankunanku	10 ≤ 20
		Dikole	20
Dipangika dia iode			
Dibovu (badi mua kudimona ne kudilenga)	Bana bakadi ne bidimu bia kuya mu kalasa	Ditekete	5,0 too ne 19,9
		Dia nankunanku	20,0 too ne 29,9
		Dikole	30,0
Dimueneka dia iode wa bungi mu menyi (mg/l)	Bana bakadi ne bidimu bia kuya mu kalasa	Dinekesha	>300
		Diakanyine koku	100 too ne 199
		Dipangika ditekete	50 too ne 99
		Dipangika dia nankunanku	20 too ne 49
		Dipangika dikole	<20
Dipangika dia tshiamu tshifike (fer)			
Dijika dia mashi (hemoglobine wa mukaji udi kayi ne difu <12,0 g/dl; wa bana ba ngondo 6 too ne59 <11,0 g/dl)	Bakaji, bana ba ngondo 6 too ne 59	Ditekete	5 too ne 20
		Dia nankunanku	20 too ne 40
		Dibandile	40
Beriberi			
Bimanyinu bidi baminganga bamona	Bantu bonso	Ditekete	Muntu 1 ne <1%
		Dia nankunanku	1 too ne 4
		Dikole	5

Tshileji tshia dipangika dia bidishi bitambe bukese	Kasumbu ka bantu ba bidimu bimue bua kulonga bungi bua misangu idi disama dimueneka	Diumvuija dia disama didi ditatshisha bantu ba bungi	
		Bukole bua disama	Bungi bua misangu idi disama dimueneka (%)
Bungi bua bidishi (<0,33 mg/1 000 kCal)	Bantu bonso	Ditekete	5
		Dia nankunanku	5 too ne 19
		Dikole	20 too ne 49
Bana ba mu maboko badi bafua	Bana ba ngondo 2 too ne 5	Ditekete	Bungi kabuena buenda buvula to
		Dia nankunanku	Bungi bubande kakese
		Dikole	Bungi bubande bikole
Pellagre			
Bimanyinu bidi baminganga bamona (luya pa dikoba) mu kasumbu ka bantu ba bidimu bimue kadibu balonga	Bantu bonso anyi bakaji >bidimu 15	Ditekete	≥ 1 case and <1%
		Dia nankunanku	1 too ne 4
		Dikole	5
Bungi bua bidishi bidi biakanangana ne niacine <5 mg/dituku	Bantu bonso anyi bakaji >bidimu 15	Ditekete	5 too ne 19
		Dia nankunanku	20 too ne 49
		Dikole	50
Scorbut			
Bimanyinu bidi baminganga bamona	Bantu bonso	Ditekete	Muntu 1 ne <1%
		Dia nankunanku	1 too ne 4
		Dikole	5

Tshisakidila 6
Malu adi malombibue bua kudisha bantu

Enza mudimu ne tablo udi ulonda eu bua kulongolola malu mu tshitupa tshia ntuadijilu tshia dikenga. Malu a nshindamenu adi malombibue adibu bafile mu tablo eu nga kuenza nawu mudimu bua kukonkonona bungi bua pa tshibidilu. Kaena ne kipatshila ka kukonkonona bintu bikumbajija bidibu bafile anyi bintu bia luondapu anyi bua kukonkonona bungi bua bintu bua bisumbu bia bantu bisunguluke bu mudi bantu badi ne disama dia tshiadi anyi badi ne kishi ka VIH.

Bidishi	Malu a nshindamenu adi malombibue bua kudisha bantu
Makanda	2 100 kCal
Proteine	53 g (10% bia makanda onso)
Mafuta	40 g (17% bia makanda onso)
Vitamine A	550 µg ya bidi biakanangana ne mudimu wa retinol (RTE)
Vitamine D	6,1 µg
Vitamine E	8,0 mg ya bidi biakanangana ne alpha-tocopherol (alpha TE)
Vitamine K	48,2 µg
Vitamine B1 (thiamine)	1,1 mg
Vitamine B2 (riboflavine)	1,1 mg
Vitamine B3 (niacine)	13,8 mg ya bidi biakanangana ne niacine (NE)
Vitamine B6 (pyridoxine)	1,2 mg
Vitamine B12 (cobalamine)	2,2 µg
Acide folike	363 µg ya bidi biakanangana ne acide folike (DFE)
Pantothenate	4,6 mg
Vitamine C	41,6 mg
Tshiamu tshifike (fer)	32 mg
Iode	138 µg
Zinc	12,4 mg
Tshiamu tshia mitaku (cuivre)	1,1 mg
Selenium	27,6 µg
Calcium	989 mg
Magnesium	201 mg

Mikanda: RNIs ivuabu benze nayi mudimu bua kuenza makumi a vitamine yonso ne bintu bionso bia mu buloba pa kumbusha tshiamu tshia mitaku mbiangatshila mu mukanda wa Vitamin and Mineral Requirements in Human Nutrition *(Vitamine ne bintu bia mu buloba bidi bikengedibua bua kudisha bantu), FAO/OMS, 2004, dipatula dia musangu muibidi. Malu a tshiamu tshia mitaku mmangatshila mu mukanda wa* Trace Elements in Human Nutrition and Health *(Bintu bia mafuta mu didisha dia bantu ne makanda a mubidi), OMS, 1996.*

Malu matshintshija a nshindamenu adi malombibue bua bantu adi akonga malu malombibue bua bisumbu bia bantu ba bidimu bionso ne balume ne bakaji. Nunku kaena asunguluja bantu ba didimu bungi kampanda anyi balume anyi bakaji, ne kabena ne bua kuenza nawu mudimu bu malu malombibue bua muntu ne muntu to. Mmashindamene pa tshilejilu tshifuikakaja tshia bantu ba tshitupa kampanda tshia buloba, meji adibu bela pa bidi bitangila luya anyi mashika a muaba au, ne bunene bua midimu ya bantu. Adi kabidi angata ne mushinga majinga makuabu a bakaji badi ne mafu ne badi bamusha.

Mbaleje malu malombibue aa bu bungi bua tshilejilu bua bidishi bia kuangata ku dituku (RNI) bua bidishi bionso pa kumbusha makanda ne tshiamu tshia mitaku.

Malu makajilula ne makebulula makuabu pa bidi bitangila bidishi binene ne bitambe bukese adi apetshibua mu site ya Internet ya bulongolodi bua FAO ne bua OMS.

Akajilula malu adi malombibue bua makanda (mu dibandisha anyi dipuekesha) bua malu adi alonda aa:

- ngikadilu wa bantu ba tshitupa tshia buloba, nangananga bia pa lukama bia badi ne bidimu bishadile ku bitanu, bia pa lukama bia bakaji ne bakulakaje, bansonga;
- bujitu bua nkatshinkatshi bua bakulumpe ne bujitu bulelela, bua tshibidilu ne budi bantu basue;
- bungi bua malu adibu benza bua kulama nsombelu wa dienza mudimu (majinga neavule bikala bungi bua midimu bupite "bupepele", anyi 1,6 x bungi bukese bua bintu bidi bikengela bua kutumikisha mubidi);
- luya luakanyine kuoku lua muaba au, ne muaba wa kupengama ne makokeshi a kupeta bilamba (majinga neavule bikala luya luakanyine lua muaba au lushadile ku 20°C);
- ngikadilu wa didia ne wa makanda a mubidi wa bantu (majinga neavule bikala bantu badishibua bibi ne bikale ne majinga makuabu bua kukola lukasa. Ditangalaka dia kishi ka VIH didi mua kuikala ne buenzeji pa majinga a nkatshinkatshi a bantu. Akajilula bungi bua bintu bua tshibidilu bua kukumbaja majina aa, bilondeshile dikonkonona dia nsombelu ne ngenyi ya matunga a bungi idiku mpindieu).

Bua kupeta buludiki bua kuakajilula dienza dia makumi, ⊕ *tangila* UNHCR, UNICEF, WFP ne WHO (2002), *Food and Nutrition Needs in Emergencies* ne WFP (2001), *Food and Nutrition Handbook*.

Kuoku kakuyi mushindu wa kupetela malu a mushindu eu mu dikonkonona, enza mudimu ne nomba idi mu tablo udi kulu eku bu malu a nshindamenu adi malombibue.

Bua kujingulula mushindu udi bantu bikale, tapulula bipeta bilondeshile balume anyi bakaji, bidimu ne bimanyinu bikuabu mushindu udibi bikengela, enza mudimu ne bipeta bia nshindamenu bia mu ditunga anyi bala malu adi mu Bungi bua bantu ba buloba bujima mu matuku adi alua: https://esa.un.org/unpd/wpp/

Mikanda idibu batele ne mikuabu ya kubala

Malu a pa tshibidilu

Child Protection Minimum Standards (CPMS). Global Child Protection Working Group, 2010. http://cpwg.net

Emergency Preparedness and Response Package. WFP, 2012. http://documents.wfp.org

Harvey, P. Proudlock, K. Clay, E. Riley, B. Jaspars, S. *Food Aid and Food Assistance in Emergencies and Transitional Contexts: A Review of Current Thinking.* Humanitarian Policy Group, 2010.

Humanitarian inclusion standards for older people and people with disabilities. Age and Disability Consortium, 2018. https://reliefweb.int

IASC Framework on Durable Solutions for Internally Displaced Persons. IASC, 2010.

Lahn, G. Grafham, O. *Heat, Light and Power for Refugees: Saving Lives, Reducing Costs.* Chatham House, 2015. https://www.chathamhouse.org

Livestock Emergency Guidelines and Standards (LEGS). LEGS Project, 2014. https://www.livestock-emergency.net

Minimum Economic Recovery Standards (MERS). SEEP Network, 2017. www.seepnetwork.org

Minimum Standards for Child Protection in Humanitarian Assistance. CPWG, 2016. http://cpwg.net

Minimum Standards for Education: Preparedness, Recovery and Response. The Inter-Agency Network for Education in Emergencies [INEE], 2010. www.ineesite.org

Minimum Standard for Market Analysis (MISMA). The Cash Learning Partnership (CaLP), 2017. www.cashlearning.org

Pejic, J. *The Right to Food in Situations of Armed Conflict: The Legal Framework.* International Review of the Red Cross, 2001. https://www.icrc.org

Safe Fuel and Energy Issues: Food Security and Nutrition. Safe Fuel and Energy, 2014. www.safefuelandenergy.org

The Right to Adequate Food (Article 11: 12/05/99. E/C 12/1999/5, CESCR General Comment 12). United Nations Economic and Social Council, 1999. www.ohchr.org

The Sendai Framework for Disaster Risk Reduction. UNISDR. https://www.unisdr.org

Dikonkonona

RAM-OP: Rapid Assessment Method for Older People. www.helpage.org

SMART (Standardized Monitoring and Assessments of Relief and Transition) Guidelines and Methodology. SMART. http://smartmethodology.org

Didisha

Castleman, T. Seumo-Fasso, E. Cogill, B. *Food and Nutrition Implications of Antiretroviral Therapy in Resource Limited Settings, Food and Nutrition Technical Assistance, technical note no. 7.* FANTA/AED, 2004.

Chastre, C. Duffield, A. Kindness, H. LeJeane, S. Taylor, A. *The Minimum Cost of Diet: Findings from piloting a new methodology in Four Study Locations.* Save the Children UK, 2007. https://resourcecentre.savethechildren.net

Codex Alimentarius. Standards, Guidelines and Advisory Texts. FAO and WHO. www.fao.org

Food and Nutritional Needs in Emergencies. WHO, UNHCR, UN Children's Fund, WFP, 2004. www.who.int

International Code of Marketing of Breast-Milk Substitutes. WHO, 1981. www.who.int

Ditangila malu a didisha dibi dikole

Black, RE. Allen, LH. Bhutta, ZA. Caulfield, LE. de Onis, M. Ezzati, M. Mathers, C. Rivera, J. *Maternal and child undernutrition: global and regional exposures and health consequences. The Lancet,* vol. 371, no. 9608, 2008, pp. 243–260. https://doi.org

Ngenzelu idi ilomba didifila dia bantu

Bonino, F. *What Makes Feedback Mechanisms Work.* ALNAP, 2014.

Didisha bana ba mu maboko ne bana batekete

Child Growth Standards and the Identification of Severe Acute Malnutrition in Infants and Children. WHO, 2009.

Early Childhood Development in Emergencies: Integrated Programme Guide. UNICEF, 2014. https://www.unicef.org

Integrating Early Childhood Development Activities into Nutrition Programmes in Emergencies: Why, What and How? UNICEF & WHO Joint statement, 2010. www.who.int

Operational Guidance on Infant and Young Child Feeding in Emergencies. IFE Core Group, 2017. https://www.ennonline.net

Bana

Growth reference for school-aged children and adolescents. WHO, 2007. www.who.int

Dikumbana dia biakudia

Coping Strategies Index: CSI Field Methods Manual. CARE, 2008.

Caccavale, O. Flämig, T. *Collecting Prices for Food Security Programming.* World Food Programme, 2015. http://documents.wfp.org

Coates, J. Swindale, A. Bilinsky, P. *Household Food Insecurity Access Scale (HFIAS) for Measurement of Food Access, Indicator Guide, Version 3.* FANTA, 2007.

Food Safety and Quality. FAO and WHO. www.fao.org

Food Security Cluster Urban Group Tools and Pilot Projects. Food Security Cluster. http://fscluster.org

Food Security Cluster Core Indicator Handbook. Food Security Cluster. http://fscluster.org

Humanitarian, Impact areas. Global Alliance for Clean Cookstoves, 2018. http://cleancookstoves.org

Integrated Food Security Phase Classification (IPC) 2018 – Technical Manual Version 3. IPC Global Partners, 2018.

Save Food: Global Initiative on Food Loss and Waste Reduction – Extent, Causes and Reduction. FAO and WHO. http://www.fao.org

Swindale, A. Bilinsky, P. *Household Dietary Diversity Score (HDDS) for Measurement of Household Food Access: Indicator Guide, Version 2.* FANTA, 2006.

Technical Guidance Note: Food Consumption Score Nutritional Quality Analysis (FCS-N). WFP, 2015. https://www.wfp.org

Tier ranking from the IWA interim ISO standards. Global Alliance for Clean Cookstoves. http://cleancookstoves.org

Voluntary Guidelines to Support the Progressive Realization of the Right to Adequate Food in the Context of National Food Security. Committee on World Food Security, 2005.

Diambuluisha ne biakudia

Guide to Personal Data Protection and Privacy. WFP, 2016. https://docs.wfp.org

Integrated Protection and Food Assistance Programming. ECHO-DG, Final Draft. https://reliefweb.int

NutVal 2006 version 2.2: The planning, calculation, and monitoring application for food assistance programme. UNHCR, WFP, 2006. www.nutval.net

Protection in Practice: Food Assistance with Safety and Dignity. UN-WFP, 2013. https://reliefweb.int

Revolution : From Food Aid to Food Assistance – Innovations in Overcoming Hunger. WFP, 2010. https://documents.wfp.org

Diambuluisha bantu ne maminu

Seed System Security Assessment (SSSA). CIAT and DEV, 2012. https://seedsystem.org

Seeds in Emergencies: A Technical Handbook. FAO, 2010. www.fao.org

Bisalu ne diambuluisha bantu ne makuta (CBA)

CaLP CBA quality toolbox: http://pqtoolbox.cashlearning.org

Cash and Vouchers Manual. WFP, 2014. https://www.wfp.org

E-Transfers in Emergencies: Implementation Support Guidelines. CaLP, 2013. www.cashlearning.org

Emerging Good Practice in the Use of Fresh Food Vouchers. ACF International, 2012. www.actionagainsthunger.org

Guidelines for Integrating Gender-Based Violence Interventions in Humanitarian Action. IASC, 2015. www.gbvguidelines.org

Dikala mulume anyi mukaji

Guidelines for Integrating Gender-Based Violence Interventions in Humanitarian Action. IASC, 2015. www.gbvguidelines.org

Researching Violence Against Women: A Practical Guide for Researchers and Activists. WHO and Program for Appropriate Technology in Health (PATH), 2005. www.who.int

Balema

Including Children with Disabilities in Humanitarian Action, Nutrition booklet. UNICEF. http://training.unicef.org

Module on Child Functioning and Disability. UNICEF, 2018. https://data.unicef.org

Bintu bia mu nsombelu

CLARA: Cohort Livelihoods and Risk Analysis. Women's Refugee Commission, 2016. https://www.womensrefugeecommission.org

Sustainable Livelihoods Guidance Sheets. DFID, 2000. http://www.livelihoodscentre.org

Muaba udi bantu basombele

Flash Environmental Assessment Tool. UNOCHA. www.eecentre.org

Handbook on Safe Access to Firewood and Alternative Energy. WFP, 2012.

Integrated Food Security Phase Classification (IPC) 2018 – Technical Manual Version 3. IPC Global Partners, 2018.

Lahn, G. Grafham, O. *Heat, Light and Power for Refugees: Saving Lives, Reducing Costs.* Chatham House, 2015. https://www.chathamhouse.org

Moving Energy Initiative. Chatham House, 2018. https://mei.chathamhouse.org

Malu makuabu a kubala

Bua kupeta ngenyi mikuabu ya kubala, suaku uye mu
www.spherestandards.org/handbook/online-resources

Mikanda mikuabu ya kubala

Dikonkonona dia ku ntuadijilu
Joint Assessment Mission (JAM): Guidelines Second Edition. UNHCR/WFP, 2009.

Multi-sector Initial Rapid Assessment (MIRA) Tool. IASC, 2015.

Technical Guidance for the Joint Approach to Nutrition and Food Security Assessment (JANFSA). WFP and UNICEF, 2016.

Dikonkonona dikumbana dia biakudia
Alternative Sampling Designs for Emergency Settings: A Guide for Survey Planning, Data Collection and Analysis. FANTA, 2009.
www.fantaproject.org/publications/asg2009.shtml

Comparing Household Food Consumption Indicators to Inform Acute Food Insecurity Phase Classification. FANTA, 2015. https://www.fantaproject.org/sites/default/files/resources/HFCIS-report-Dec2015.pdf

Crop and Food Security Assessment Mission (CFSAM) Guidelines. FAO and WFP, 2009.
www.wfp.org/food-security/assessments/crop-food-security-assessment-mission

Comprehensive Food Security and Vulnerability Analysis (CFSVA) Guidelines. WFP, 2009.

Emergency Food Security Assessment Handbook (EFSA) – second edition. WFP, 2009.

Household Livelihood Security Assessments: A Toolkit for Practitioners. CARE, 2002.

Vulnerability and Capacity Assessment Guide. IFRC. www.ifrc.org/vca

The Household Economy Approach: A Guide for Programme Planners and Policy-makers. Save the Children, 2008.

Dikonkonona dikumbana dia maminu
Longley, C. Dominguez, C. Saide, M.A. Leonardo, W.J. *Do Farmers Need Relief Seed? A Methodology for Assessing Seed Systems.* Disasters, NCBI, 2002.

Sperling, L. *When Disaster Strikes: A guide to Assessing Seed System Security.* International Center for Tropical Agriculture, 2008.

Dikonkonona dia bintu bia mu nsombelu
Jaspers, S. Shoham, J. *A Critical Review of Approaches to Assessing and Monitoring Livelihoods in Situations of Chronic Conflict and Political Instability.* ODI, 2002.

Matrix on Agency Roles and Responsibilities for Ensuring a Coordinated, Multi-Sectoral Fuel Strategy in Humanitarian Settings. Version 1.1. Task Force on Safe Access to Firewood and Alternative Energy in Humanitarian Settings. IASC, 2009.

Bisalu
Adams, L. *Learning from Cash Responses to the Tsunami: Final Report,* HPG background paper. HPG, 2007.
https://www.odi.org/sites/odi.org.uk/files/odi-assets/publications-opinion-files/4860.pdf

Cash, Local Purchase, and/or Imported Food Aid? Market Information and Food Insecurity Response Analysis. CARE, 2008.

Creti, P. Jaspars, S. *Cash Transfer Programming in Emergencies.* Oxfam GB, 2006.

Delivering Money: Cash Transfer Mechanisms in Emergencies. Save the Children UK, Oxfam GB and British Red Cross, with support from ECHO, CaLP, 2010.

Harvey, P. *Cash and Vouchers in Emergencies, HPG background paper.* ODI, 2005.

Implementing Cash-Based Interventions: A guide for aid workers. Action contre la faim, 2007.

Minimum Standard for Market Analysis (MISMA). CaLP, 2013.

Mike, A. *Emergency Market Mapping and Analysis (EMMA) toolkit.* Oxfam GB, 2010.

Multi-Sector Initial Rapid Assessments (MIRA) Guidance. IASC, 2015.

Didia biakudia

Food Consumption Analysis: Calculation and Use of the Food Consumption Score in Food Security Analysis. Technical Guidance Sheet. WFP, 2008.
www.wfp.org/content/technical-guidance-sheet-food-consumption-analysis-calculation-and-use-food-consumption-score-food-s

Household Dietary Diversity Score (HDDS). Food and Nutrition Technical Assistance Project, 2006.

Reference Nutrient Intake (RNI) publications. WHO. www.who.int/nutrition/publications/nutrient/en/ and www.who.int/elena/nutrient/en/

Ngenzelu idi ilomba didifila dia bantu

Climate Vulnerability and Capacity Analysis Handbook. CARE, 2009.

Climate Change and Environmental Degradation Risk and Adaptation Assessment (CEDRA). Tearfund, 2009.

How to do a Vulnerability and Capacity Assessment (VCA), a step-by-step guide for Red Cross and Red Crescent Staff and Volunteers. IFRC, 2007.

Participatory Vulnerability Analysis. ActionAid, 2004.

Ndongoluelu ya dimanyishila malu a didisha ne dikumbana dia biakudia

Famine Early Warning Systems Network. USAID. www.fews.net

Food Insecurity and Vulnerability Information and Mapping Systems (FIVIMS). FIVIMS, 2013. www.fao.org/3/a-x8346e.pdf

Global Information and Early Warning System on Food and Agriculture. FAO. www.fao.org/ES/giews/english/index.htm

Integrated Food Security Phase Classification, Technical Manual. Version 1.1. IPC Global partners and FAO, 2008.h www.fao.org/docrep/010/i0275e/i0275e.pdf

Shoham, J. Watson, F. Dolan, C. *The Use of Nutrition Indicators in Surveillance Systems, Technical paper 2.* ODI, 2001. https://www.odi.org/sites/odi.org.uk/files/odi-assets/publications-opinion-files/3970.pdf

Dikonkonona dia bipiminu bia bumuntu

A Manual: Measuring and Interpreting Malnutrition and Mortality. Centers for Disease Control and Prevention and WFP, 2005.

Assessment of Adult Undernutrition in Emergencies. Report of an SCN working group on emergencies special meeting, pp. 49–51. UN ACC Sub Committee on Nutrition, 2001.

Collins, S. Duffield, A. Myatt, M. Adults: *Assessment of Nutritional Status in Emergency-Affected Populations.* ACC, Sub-Committee on Nutrition, 2000.
https://www.unscn.org/web/archives_resources/files/AdultsSup.pdf

Emergency Nutrition Assessment and Guidance for Field Workers. Save the Children UK, 2004.

Young, H. Jaspars, S. *The Meaning and Measurement of Acute Malnutrition in Emergencies: A Primer for Decision Makers.* HPN, 2006.
https://odihpn.org/resources/the-meaning-and-measurement-of-acute-malnutrition-in-emergencies-a-primer-for-decision-makers/

Dikonkonona dia bintu bitambe bukese bidi bidisha mubidi

Gorstein, J. Sullivan, K.M. Parvanta, I. Begin, F. *Indicators and Methods for Cross Sectional Surveys of Vitamin and Mineral Status of Populations.* Micronutrient Initiative and CDC, 2007.
www.who.int/vmnis/toolkit/mcn-micronutrient-surveys.pdf

Dikonkonona dia didisha bana ba mu maboko ne bana batekete

Infant and young child feeding practices, Collecting and Using Data: A Step-by-Step Guide. CARE, 2010. www.ennonline.net/resources

Didisha bana ba mu maboko ne bana batekete

Baby Friendly Spaces Manual, Chapter 4 Feeding of the Non-Breastfed Infant. ACF International, 2014.

ECHO Infant and Young Children Feeding in Emergencies: Guidance for Programming.
https://ec.europa.eu/echo/files/media/publications/2014/toolkit_nutrition_en.pdf

Global Strategy for Infant and Young Child Feeding. UNICEF and WHO, 2003.

Guidance on Infant Feeding and HIV in the Context of Refugees and Displaced Populations. UNHCR, 2009. www.ibfan.org/art/367-6.pdf

Guiding Principles for Feeding Infants and Young Children during Emergencies. WHO, 2004.

Global Nutrition Targets 2025, Breastfeeding Policy Brief. WHO/UNICEF, 2014
www.who.int/nutrition/publications/globaltargets2025_policybrief_breastfeeding/en/

HIV and Infant Feeding: Principles and Recommendations for Infant Feeding in the Context of HIV and a Summary of Evidence. WHO, 2010.

IFE Module 1: Orientation package on IFE. IFE Core Group and collaborators, 2009.
www.ennonline.net/ifemodule1

Indicators for Assessing Infant and Young Child Feeding Practices. USAID, AED, FANTA, IFPRI, UNICEF and WHO, 2007.

Infant and Young Child Feeding Practices: Standard Operating Procedures for the Handling of Breast Milk Substitutes in Refugee Children 0–23 months and the Annex. UNHCR, 2015. www.unhcr.org/55c474859.pdf

Module 2 on Infant Feeding in Emergencies for health and nutrition workers in emergency situations. IFE Core Group and collaborators, 2007. www.ennonline.net/ifemodule2

Protecting infants in emergencies, Information for the media. IFE Core Group, 2009. www.ennonline.net/ifecoregroup

UNICEF Programming Guide on Infant and Young Child Feeding 2011. www.unicef.org/nutrition/files/Final_IYCF_programming_guide_2011.pdf

Dikumbana dia biakudia dia pa tshibidilu

Barrett, C. Maxwell, D. *Food Aid After Fifty Years: Recasting Its Role.* Routledge, New York, 2005. https://www.gordon.edu/ace/pdf/F06F&E4748BR5McNamara.pdf

Food and Nutrition Needs in Emergencies. UNHCR, UNICEF, WFP and WHO, 2002.

Food Assistance Manual Series, General Distribution. World Vision International, 2017.

Guidelines for Gender-based Violence Interventions in Humanitarian Settings – Focusing on Prevention of and Response to Sexual Violence in Emergencies, Chapters 1–4, Action Sheet 6.1 Food Security and Nutrition. IASC, 2005.

Minimum Standards for Child Protection in Humanitarian Action. Alliance for Child Protection in Humanitarian Action, 2012. https://resourcecentre.savethechildren.net/library/minimum-standards-child-protection-humanitarian-action

Maxwell, D. Sadler, K. Sim, A. Mutonyi, M. Egan, R. Webster, M. *Emergency Food Security Interventions, Good Practice Review #10.* Relief and Rehabilitation Network, ODI, 2008. https://www.ennonline.net/attachments/882/hpn-emergency-food-security-interventions.pdf

The Right to Adequate Food: Fact Sheet No.34. OHCHR and FAO, 2010. www.ohchr.org/Documents/Publications/FactSheet34en.pdf

Dipatshila ne diabanya dia biakudia

Catalogue and Standard Operating Procedures. UN Humanitarian Response Depot, 2010. www.unhrd.org

Food Quality Control. WFP, 2010. http://foodqualityandsafety.wfp.org/

Food Storage Manual. Natural Resources Institute and WFP, 2003.

Food Assistance Main Manual, Third edition. World Vision International, 2017.

Food Assistance in the Context of HIV: Ration Design Guide. WFP, 2008.

Food Resource Management Handbook. CARE.

Jaspars, S. Young, H. *General Food Distribution in Emergencies: From Nutritional Needs to Political Priorities, Good Practice Review 3.* Relief and Rehabilitation Network, ODI, 1995.

Logistics Operational Guide. WFP, Logistics Cluster, 2010.

School Feeding Quality Standards. WFP, 2009.

Targeting in Emergencies. WFP, 2006.

UNHCR Handbook for Registration. UNHCR, 2003.

Diambuluisha bantu ne maminu

Seed Vouchers and Fairs: A Manual for Seed-Based Agricultural Recovery in Africa. CRS with ODI and the International Crops Research Institute for the Semi-Arid Tropics, 2002.

Sperling, L. Remington, T. Haugen, JM. *Seed Aid for Seed Security: Advice for Practitioners, Practice Briefs 1-10.* International Centre for Tropical Agriculture and CRS, 2006.

Mikanda ya malu a pa tshibidilu a didisha mu nsombelu wa tshimpitshimpi

A Toolkit for Addressing Nutrition in Emergency Situations. IASC, 2008.

Food and Nutrition Needs in Emergencies. UNHCR, UNICEF, WFP and WHO, 2002.

Food and Nutrition Handbook. WFP, 2001.

Guidelines for Selective Feeding the Management of Malnutrition in Emergencies. UNHCR and WFP, 2009.

Harmonised Training Package (HTP). IASC Nutrition Cluster's Capacity Development Working Group, 2006.

Khara, T. Dolan, C. *Technical Briefing Paper: The Relationship between Wasting and Stunting, Policy, Programming and Research Implications.* ENN, 2014.

Moderate Acute Malnutrition: A Decision Tool for Emergencies. GNC MAM Task Force, 2014.

Prudhon, C. *Assessment and Treatment of Malnutrition in Emergency Situations.* ACF, 2002.

The Management of Nutrition in Major Emergencies. WHO, 2000.

Bantu badi ku batekete

Addressing the Nutritional Needs of Older People in Emergency Situations in Africa: Ideas for Action. HelpAge International, 2001.
http://nutritioncluster.net/wp-content/uploads/sites/4/2015/06/Nutrition-FINAL.pdf

Food Assistance Programming in the Context of HIV. FANTA and WFP, 2007.

Living Well with HIV and AIDS. A Manual on Nutritional Care and Support for People Living with HIV and AIDS. FAO and WHO, 2002.

Older People in Disasters and Humanitarian Crisis. HelpAge and UNHCR, 2007.

Women, Girls, Boys and Men: Different Needs – Equal Opportunities. IASC, 2006.

Winstock, A. *The Practical Management of Eating and Drinking Difficulties in Children.* Winslow Press, 1994.

Tshia kuenza bua kuluisha didisha dibi dikole

Community Based Therapeutic Care (CTC): A Field Manual. VALID International, 2006.

Community-Based Management of Severe Acute Malnutrition. WHO, WFP, UNSCN and UNICEF, 2007.

Integration of IYCF support into CMAM. ENN, IFE Core Group and collaborators, 2009. www.ennonline.net/resources

MAMI Report, Technical Review: Current Evidence, Policies, Practices & Program Outcomes. ENN, CIHD and ACF, 2010.

Management of Severe Malnutrition: A Manual for Physicians and Other Senior Health Workers. WHO, 1999.

Navarro-Colorado, C. Mason, F. Shoham, J. *Measuring the Effectiveness of SFP in Emergencies.* HPN, 2008.

Navarro-Colorado, C. Shoham, J. *Supplementary Feeding Minimum Reporting Package.* HPN, Forthcoming.

Training Guide for Community-based Management of Acute Malnutrition. FANTA, 2008.

Dipangika dia bidishi bitambe bukese

Guiding Principles for the Use of Multiple Vitamin and Mineral Preparations in Emergencies. WHO and UNICEF, 2007.

Iron Deficiency Anaemia: Assessment, Prevention and Control. A Guide for Program Managers. UNICEF, UNU and WHO, 2001.

Pellagra and Its Prevention and Control in Major Emergencies. WHO, 2000.

Seal, A. Prudhon, C. *Assessing Micronutrient Deficiencies in Emergencies: Current Practice and Future Directions.* UN Standing Committee on Nutrition, 2007.
https://www.ennonline.net/attachments/893/micronutrientssup.pdf

Scurvy and Its Prevention and Control in Major Emergencies. WHO, 1999.

Thiamine Deficiency and Its Prevention and Control in Major Emergencies. WHO, 1999.

Vitamin A Supplements: A Guide to Their Use in the Treatment and Prevention of Vitamin A Deficiency and Xeropthalmia, Second Edition. WHO, 1997.

Muaba wa kusokomena ne muaba wa kusombela

Tshibungu tshia malu a diambuluisha bantu badi bakenga

Mêyi manene a bukubi

Mukenji munene wa diambuluisha bantu badi bakenga

Muaba wa kusokomena ne muaba wa kusombela

Dilongolola	Diteka ne dilongolola muaba wa kusombela	Muaba udi bantu basombela	Bintu bia mu nzubu	Dikuatshisha mu ngenzelu wa mudimu	Bukubi bua dimanyika bu muena muaba	Dinenga dia muaba udi bantu basombele
MUKENJI WA 1	MUKENJI 2	MUKENJI 3	MUKENJI 4	MUKENJI 5	MUKENJI 6	MUKENJI WA 7
Dilongolola	Diteka ne dilongolola muaba wa kusombela	Muaba udi bantu basombela	Bintu bia mu nzubu	Dikuatshisha mu ngenzelu wa mudimu	Bukubi bua dimanyika bu muena muaba	Dinenga dia muaba udi bantu basombele

TSHISAKIDILA TSHIA 1	Liste wa dikonkonona nende malu a muaba wa kusokomena ne muaba wa kusombela
TSHISAKIDILA 2	Diumvuija dia mishindu ya miaba ya kusombela
TSHISAKIDILA 3	Bimanyinu bikuabu bia mishindu ya miaba ya kusombela
TSHISAKIdila 4	Mishindu ya diambuluisha
TSHISAKIDILA 5	Mishindu ya kuenza malu
TSHISAKIDILA 6	Mishindu ya diambuluisha idi mua kumueneka ne dienza malu bilondeshile mishindu ya miaba ya kusombela (ku Internet)

Tshikebelu

Ngenyi minene ya muaba wa kusokomena ne muaba wa kusombela

Muntu yonso udi ne bukenji bua kuikala ne muaba muimpe wa kusombela

Mikenji ya nshindamenu ya Sphere idi itangila muaba wa kusokomena ne muaba wa kusombela ndiumvuija didi ne dikuatshisha dia bukenji bua kuikala ne muaba muimpe wa kusombela mu nsombelu ya diambuluisha bantu. Mikenji eyi mmishindamene mu mitabuja, mêyi manene, majitu ne manême mu ngumvuilu mualabale mudibi bimanyisha mu Tshibungu tshia malu a diambuluisha bantu badi bakenga. Idi ikonga bukenji bua kuikala ne muoyo ne bunême, bukenji bua dikubibua ne dikala talala, ne bukenji bua kupeta diambuluisha dia bumuntu bilondeshile dijinga didiku.

Bua kupeta liste wa mikanda minene ya mikenji ne ya ndudikilu wa malu idi yumuija Tshibungu tshia malu a diambuluisha bantu badi bakenga, ne amue malu adibu bumvuije bua bena mudimu wa diambuluishangana, ⊕ *tangila Tshisakidila tshia 1*

Miaba ya kudikuba ne miaba ya kusombela idi ipetangana ne badi ne bua kuyangata anu bu tshintu tshimue. "Muaba wa kusokomena" mmuaba udi bena dîku basombele, pamue ne bintu bidi bikengedibua bua midimu ya ku dituku ku dituku. "Muaba wa kusombela" mmuaba wa pa tshibidilu udi bantu ba bungi peshi tshinsanga tshia bantu basombelelive.

Diambuluisha didibu bafila bua muaba wa kusokomena ne muaba wa kusombela didi ne tshipatshila tshia kupesha bantu muaba muimpe wa kusombela

Diambuluisha didibu bafila pa dîba bua muaba wa kusokomena ne muaba wa kusombela didi mua kupandisha bantu ba bungi mu bitupa bia mbangilu bia dikenga. Pa kumbusha mushindu udi muntu ukubibua ku luya anyi mashika, muaba wa kusokomena udi kabidi ne mushinga bua kuambuluisha muntu ikale ne makanda a mubidi, bua kuambuluisha nsombelu wa dîku ne wa tshinsanga, ne kupetesha bantu bunême, dikala talala ne dipeta bintu bia mu nsombelu ⊕ *tangila Tshimfuanyi tshia 8 kuinshi eku.*

Mu kupita kua bidimu, bungi bua matuku budi bantu bikale mu nsombelu wa ditambakana budi anu buenda bubanda. Ne ditambakana dia bantu mu bidimu bikese anyi mene mu makumi a bidimu biashadi ebi, disungula miaba ya kudikuba ne miaba ya kusombela, pamue ne dilongolola dia turtie ne binsanga bia bantu muaba udibu bateke miaba ya kudikuba, mmalu a mushinga mukole mu diambuluisha bantu badi mu dikenga bua kupeta bunême ne kubangishilula nsombelu.

Diambuluisha mu malu a muaba wa kusokomena ne muaba wa kusombela didi ne bua kukankamija ne kushindamena pa makokeshi adi kuoku a mêku adi akenga, a binsanga, a nsangilu wa bantu ne a mbulamatadi. Kuenza nunku kudi kupetesha mpunga munene wa kulubuluja nende ngenzelu ya malu ya muaba kampanda idi inkakamija didikumbaja ne didilombola dia bantu badi mu dikenga abu. Mbia mushinga mukole bua bantu bikale badiumvua bikale talala kabayi ne bualu, bikale mu tshinsanga ne mu buobumue bua bobu kumata mu njila wa dibangishilula nsombelu.

Mishindu ya diambuluisha mu malu a muaba wa kusokomena ne muaba wa kusombela kayena ishikila anu ne difila bintu bia ku mubidi peshi bia kuasa nabi muaba wa kusokomena to. Idi kabidi ikonga difila dikuatshisha bua kulama buloba ne kupeta muaba wa kusokomena, nzubu anyi bintu bia mu nzubu. Bualu ebu budi bukonga Dikuatshisha mu ngenzelu wa mudimu ne dijadika ngikadilu muimpe wa bintu, bidi mua kupesha bantu badi mu dikenga bukole ne kubasonsola bua kuasulula bimpe ne kakuyi bualu bua kutshina. Kumanya mikenji ya ditunga idi itangila malu a maloba ne dikala muena tshintu kudi ne mushinga. Dijingulula dia mêyi ne mikandu ya ditunga pa bidi bitangila bena tshimuangi pamue ne ngenzelu ya kulonda mu malu aa bua kujadika nsombelu wa muntu ne muntu didi kabidi ne mushinga.

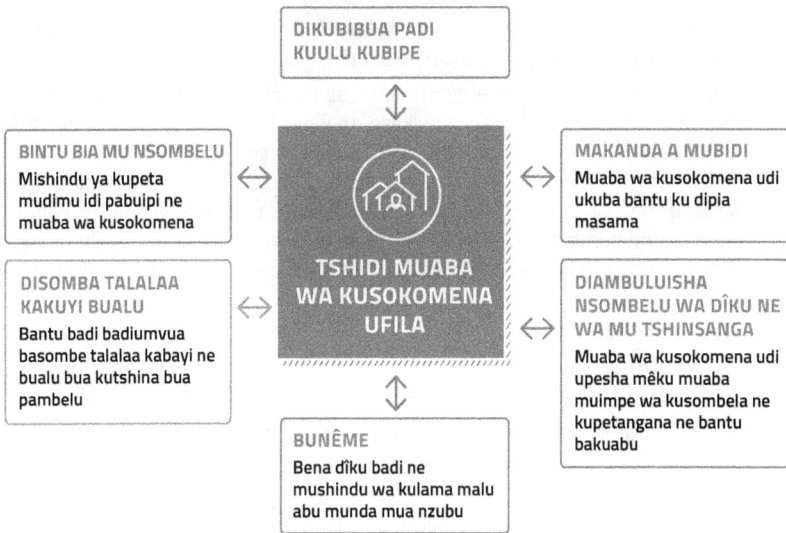

Tshidi muaba wa kusokomena ufila (Tshimfuanyi tshia 8)

Imue midimu ya muaba wa kusokomena muakanyine wa lukasalukasa. Programe ya muaba wa kusokomena idi ne bua kuambuluisha mêku bua kukumbaja majinga aa.

Nansha dikuatshisha didibu bafila dikale dia mushindu kayi, mbualu bua mushinga bua kunemeka misangu yonso bintu bidi bantu ba muaba au base ne kukankamija didisuika mu buobumue dia bantu.

Dîku dionso ne tshinsanga tshionso nebilombe diambuluisha mu mishindu mishilangane. Bukubi bua kuikala mu muaba kampanda ne dipeta mikanda mimpe ya bumuntu mbualu bua nshindamenu budibu balomba bua kumona mua kupeta muaba muimpe wa kudikuba. Nansha nanku, mu diluangana dia mvita anyi muaba udi bilumbu bia dilama malaba kabiyi anu bijika, dikuatshisha bantu bua kupeta muaba wa kusokomena didi mua kuikala bualu bupite bukole ⊕ *tangila Mukenji 6 wa muaba wa kusokomena ne muaba wa kusombela: Bukubi bua dimanyika bu muena muaba.*

Kudi dijinga didi anu dienda didiunda dia kuelangana meji pa ditambakana dia matuku a bungi ne dipetulula dia makanda mu dilongolola dia muaba wa kusombela. Dimuangala didi mua kukepesha bikole bintu bia kudikuatshisha nabi bidiku (bitu misangu ya bungi anu bikese) ne kujudija dikokangana ne tshinsanga tshia bantu ba muaba au badi bakidile aba badi bamuangale. Dilongolola dilenga dia malu didi dikonga dijingulula, dibabidila malu ne dikepesha bipeta bibi pa bintu bidi binyunguluke bantu muaba udibu. Bobu kabayi batangile bimpe bilumbu bia miaba idi bantu basombele, programe ya muaba wa kusokomena ne muaba wa kusombela idi mua kulua ndekelu wa bionso ya tshianana, bualu bipeta bia matuku makese bidi mua kujula bilumbu bikuabu bidi bilomba difila mpetu mikuabu ⊕ *tangila Mukenji wa 7 wa muaba wa kusokomena ne muaba wa kusombela: Dinenga dia muaba udi bantu basombele.*

Diambuluisha didibu bafila bua muaba wa kusokomena ne muaba wa kusombela mu bimenga didi dilomba dimanya malu dia pa buadi

Diambuluisha bantu mu bimenga didi mua kulua bualu bukole bualu kudi bantu ba bungi badi basombele mu tshipapu tshikese, majinga a diasa bintu bia bungi, mêyi ne mikandu bia mbulamatadi ne nsombelu mishilashilangane ya bantu badi mu tshinsanga. Mu tshikondo tshia dikenga ne panyima padi, mbikole bua kuyikilangana ne kuambuluisha bantu badi batamba kutambakana, nangananga padibi bilomba kupeta muaba mukumbane wa kusombela. Bikala bintu bidibu bakuatshile mudimu mukole bua dibiasa binyanguke (bintu bu mudi nzubu minene mile mitumbuke), nebilombe bua malongolodi adi ambuluisha bantu enze pawu mudimu mukole mu malu a diumvuangana ne bena nzubu, bafutshidi anyi bantu badi basombe mu nzubu mine ayi kabayi balonda mikenji.

Dienza mudimu mu bimenga didi dilomba dimanya dishindame dia malu a dilongolola ne diakaja dia bimenga, ne dimanya dia manême, mêyi ne mikandu, mikenji ne mishindu ya diludika malu adi atangila diteka bantu mu nzubu, malu a buloba ne dikala muena lupangu. Mbualu bua mushinga mukole bua kujingulula bimpe malu a nzubu ne a mushindu udi makuta enda mu bisalu mu tshitupa atshi. Wikale mudiakaje bua kuyikilangana ne nsangilu wa bantu ba muaba au ne aba badi badienzela midimu nkayabu. Bantu badi badienzela midimu nkayabu badi mua kuikala ne diambuluisha didi dinenga mu malu a bisalu. Diambuluisha dia kufila ku bantu didi ne bua kuikala diashila pa mikenji ne midimu ya muaba au, ne kukebi bua kuenza midimu mikuabu idi mifuanangane nayi to. Dilubuluja diandamune didi dikonga malu onso mu muaba wa kusombela, mu turtie anyi mu tshitupa atshi didi mua kupetesha bantu badi bakenga diambuluisha didi dinenga matuku a bungi bua bobu kuikala bimpe mu bimenga ⊕ *tangila Dikuatshisha bantu ku diambuluisha dia bisalu.*

Bidi bikengela kuela meji bua mishindu kabukabu ya muaba wa kusombela kunyima kua dikenga

Muaba wa diasa ne mushindu wikala bantu badi mu dikenga mua kupeta miaba ya kudikuba nebishilangane bilondeshile makokeshi abu a kushala muaba au anyi dijinga diabu dia kumbuka muine muaba au. Diela meji bua bualu ne bualu buonso mu

Nsombelu wa kumpala kua dikenga wa bantu badibu bateke

Dikenga didi dishintulula nsombelu wa bantu muaba udibu

Mishindu ya disombesha bantu kunyima kua dikenga

BANTU BADI KABAYI BAMUANGALE

1. Nzubu anyi lupangu ludi muenalu musombele
2. Nzubu anyi lupangu lua difutshila
3. Nzubu anyi lupangu ludi bantu basombele kabiyi bianyishibue

BANTU BADI BAMUANGALE

BATANGALAKE

1. Dilongolola bua kufutshila
2. Dilongolola bua kuakidila bantu
3. Dilongolola dia bantu badisombela nkayabu

BASOMBA KABA KAMUE

4. Diteka bantu ba bungi mu nzubu umue
5. Diteka bantu dilongolola
6. Diteka bantu kadiyi dilongolola

BANTU BADI BAKENGA KABIYI BIA BULUDILUDI

1. Bantu badi bakidilangane

Disungula mishindu ya dikuatshisha ne ya diteka mu tshienzedi

DIJIKIJA BILUMBU BUA MATUKU A BUNGI ADI ALUA

Diasa tshiakabidi

Diteka tshiakabidi

Dipingaja tshiakabidi

Mishindu ya miaba ya kusombela panyima pa dikenga (Tshimfuanyi tshia 9)

nsombelu wa panyima pa dikenga ke tshidia tshia kumpala mu mishindu ya dilongolola bua dikuatshisha difila mu malu a muaba wa kusokomena ne muaba wa kusombela. Mbualu bua mushinga bua kumvua mmuenenu mishilangane ya malu adi mua kuikala makanyine bua bantu badi bamuangale, aba badi dikenga dikuate bia buludiludi kadi kabayi bamuangale, peshi aba badi dikenga dikuate kabiyi bia buludiludi ⊕ *tangila Tshimfuanyi tshia 9 kuinshi eku.*

Bikala nsombelu miakanyine, bantu badi mua kusungula bua kushala mu muaba wabu wa kuonso eku bu bena bulomba basombi ba muaba au, peshi mu nzubu anyi maloba a difutshila kabiyi mu mushindu mulongolola. Dikuatshisha dia mêku adi kaayi mamuangale didi mua kukonga dilongolola anyi diasulula nzubu ikavua mimane kuikalaku.

Bantu badi bamuangale badi mua kutangalaka mu tshitupa atshi, mu bitupa bikuabu munda mua ditunga divuabu basombele, peshi kusabuka mikalu ya matunga. Mu nsombelu ya mushindu eu badi pamuapa mua kufutshila miaba ya kulala, kuasa muaba udibu basungule anyi kubakidilabu kudi bakuabu. Amue mêku adi mamuangale adi mua kusungula bua kudisangisha mu nzubu ya bantu ba bungi anyi mu muaba wa kusombela udibu balongolole, peshi mu muaba wa kusokomena mu muaba wa kusombela udibu kabayi balongolole.

Dijingulula dia tshidi dikenga edi dikale ku diambuluisha dia mishindu ya miaba ya kusombela nediambuluishe mu ngenzelu ya dilongolola nayi dikuatshisha. Bualu ebu budi bukonga disungula mushindu mutambe buimpe ne udi muakanyine wa dikuatshisha bilondeshile bisumbu bisunguluke bia bantu badi mu dikenga, ne disungula mishindu ya difidila dikuatshisha. Didi ne bua kuambuluisha bantu bua kupetulula makanda ku kakese ku kakese, ne tshipatshila tshia kujikija ntatu mu mushindu udi unenga. Mikenji ne bisakidila bidi mu nshapita eu bidi bilonda lungenyi alu ne mbabienze bua kukuata nabi mudimu diatshimue ⊕ *tangila Tshisakidila 2: Diumvuija dia mishindu ya miaba ya kusombela* ne *Tshisakidila 3: Bimanyinu bikuabu bia mishindu ya miaba ya kusombela.*

Mikenji ya nshindamenu eyi ki nya dienza nayi mudimu pa nkayayi to

Mikenji ya nshindamenu idi mu nshapita eu idi ileja malu a mushinga a bukenji bua kuikala ne muaba wa kusokomena mukumbane ne idi yambuluisha bua kukumbaja ku kakese ku kakese bukenji ebu mu buloba bujima.

Bukenji bua kuikala ne muaba wa kusokomena mukumbane budi buenda pamue ne bukenji bua kupeta mâyi ne miaba mikezula, bukenji bua kuikala ne biakudia ne makanda a mubidi. Diya kumpala mu dikumbaja dia Mikenji ya nshindamenu ya Sphere mu tshitupa tshimue didi disaka diya kumpala mu bitupa bikuabu. Bua diambuluisha difila kupatuladi bipeta bimpe, bidi bikengela dilombola malu tshiapamue dimpe ne dienza mudimu pamue ne bena bitupa bikuabu. Dilombola malu tshiapamue ne bakokeshi ba muaba au ne bena midimu mikuabu didi diambuluisha bua kujadika ne: majinga adi akumbajibua, se: kabena benda bavudijangana malu tshianana tshianana, ne se: diambuluisha didibu bafila bua ngikadilu wa biakudia bikumbane ne didisha ndienza mu mushindu udi mukumbane. Malu adibu baledile mu bitupa bishilashilangane bia Mukanda eu adi afila ngenyi ya amue malu adi mua kuikala apetangana.

Tshilejilu, bidi bikengela kupa bantu mâyi mimpe ne muaba muimpe mu miaba ya kusombela bua bantu badi mu dikenga kuikalabu ne makanda a mubidi ne bunême. Bintu bidi bikengedibua bua kulamba ne kudia, pamue ne bia ditemesha nabi mudilu bua kulamba bidi biambuluisha bantu bua kuenza mudimu ne dikuatshisha difila ne biakudia ne bua kukumbaja malu adi malombibue mu didisha bantu.

Muaba udi mikenji ya ditunga mikale mishadile ku Mikenji ya nshindamenu ya Sphere, malongolodi adi ambuluisha bantu adi ne bua kuenza mudimu ne mbulamatadi bua kuyivuija mibandile ku kakese ku kakese.

Mikenji ya bukua-matunga idi ikuba mu bujalame bukenji bua kupeta muaba wa kusokomena mukumbane

Mikenji ya bukua-matunga idi ikuba bukenji bua kupeta muaba mukumbane wa kusombela. Mbukenji bua muntu kusombela muaba kampanda mukubibue, mu ditalala ne muikale ne bunême. Bukenji ebu budi bukonga dikala ne budikadidi bua mishindu mishilangane, bu mudi kudisunguila muaba wa kusombela, ne dianyishila muntu malu bu mudi bukubi bua dimanyika bu muena muaba. Budi bushindika mêyi manene a bukubi bu mudi dikuba muntu ku dipatshibua ku bukole. Matunga adi ne bua kujadikila bantu bukenji ebu padi bantu anyi bisumbu bia bantu, pamue ne bena tshimuangi ne bantu badi bamuangale munda mua ditunga diabu, kabayi ne mushindu wa kupeta muaba mukumbane wa kusombela, nangananga mu bikondo bia makenga ⊕ tangila Tshisakidila tshia 1: Nshindamenu wa Sphere udi ulonda mikenji.

Lungenyi lua muaba "mukumbane" mbuena kuamba ne: nzubu wa muntu kusombela kena anu umvuija bimanu binayi ne musongo to. Ludi lumvuija bimpe mushinga wa kuela mu diambuluisha didibu bafila bua muaba wa kusokomena malu asatu adi madisuike tshintu tshimue aa: muaba wa kusombela, dilama dia bilele bia bantu ne dikalaku dia midimu idi yambuluisha. Muaba "mukumbane" wa kusombela anyi mishindu mikuabu ya miaba ya kudikuba idi ne bua kufila bukubi bua dimanyika bu muena muaba ne idi ne bua kuikala:

- ne mushinga muakane bua muntu kuyipeta, bienza bua ne: dîku dikale ne mushindu wa kupeta bintu bikuabu bia nshindamenu ne midimu idi yambuluisha bua kuikala ne bunême;
- mikumbane bua bantu kusombelamu, ibapetesha bukubi bua ku mubidi, muaba wa kusombela mulama bimpe ne muakanyine, mushindu wa kupeta mâyi mimpe a kunua, nzubu miakanyine ya mâyi, nkumba ne bintu bia mankenda (WASH), ne dilamba dia biakudia ne dibilama;
- mianyishibue kudi bantu bilondeshile bilele biabu;
- mipepele bua kuyipeta ne kuenza nayi mudimu, nansha bua bantu badi ne ntatu ya kuenda; ne
- miasa muaba udi bantu mua kupeta mpunga ya kumona bintu bia mu nsombelu ne midimu ya mushinga ya mu tshinsanga.

Diumvuangana ne Mêyi manene a bukubi ne Mukenji munene wa diambuluisha bantu badi bakenga

Makenga adi mua kubipisha bikole malu a dipanga buakane avuaku kumpala. Nanku, mbualu bua mushinga bua kufila dikuatshisha didi diakane ne didi diakanyine nsombelu udiku, nangananga kudi bantu badi ne makokeshi makese menemene a kupetulula makanda bobu nkayabu panyima pa dikenga ⊕ *tangila Dîyi dinene dia bukubi 2.*

Bamue bantu badi mua kuikala ne ntatu ya kupeta dikuatshisha difila bua muaba wa kusokomena ne muaba wa kusombela, bualu kudi malu kampanda a ku mubidi, a mu bilele bia bantu, a mpetu ne a mu nsombelu wa bantu adi abajikila njila. Bua kumvua bimpe malu aa ne kufila diandamuna, bidi bilomba bua kuteya ntema ku malu adi alonda aa:

- **Nsombelu wa bantu bilondeshile mikenji** (tshilejilu, bena tshimuangi, badi bamuangale munda mua ditunga diabu, badi kabayi ne ditunga, bamuangadi, bakebi ba muaba wa kunyemena, badi kabayi ne nzubu anyi ne malaba, ne bakuabu badibu bimine manême a bantu, kabayi ne mushindu wa kupeta diambuluisha dia mbulamatadi anyi ndongoluelu mienza bua kukuba bantu); ne
- **Bantu badi batuilangana ne njiwu ya pa buayi ya dikubibua** ne **bisumbu bidi bikale ne njiwu ya pa buayi ya bantu kubasungulula ne dibenga kubitaba munkatshi muabu bua**:
  - tshisamba tshiabu, ditunga, tshiota, bankambua babu, anyi bua kudibu balamate mu malu a bitendelelu anyi a tshididi;
  - dikala diabu mu muaba kampanda, bua mudibu bantu badi bamuangale, basombele muaba kampanda kabiyi bimanyike anyi bua mudibu bafutshidi;
  - mudibi bikole bua kufika miaba idibu base, mu bitupa bidi ne njiwu ya bungi, kamuyi bukubi, miaba ya kusombela mu bimenga anyi miaba ya kusombela kayiyi mimanyike; ne
  - mudibu ne butekete ne bua nsombelu wabu munkatshi mua bantu ⊕ *tangila Sphere ntshinyi?* ne *Mêyi manene a bukubi.*

Badi ne bua kulongesha bena mudimu wa diambuluisha mushindu wa kulama bana ne kumanya mushindu wa kuenza mudimu ne ndongoluelu ya dimanyishila malu bua bilumbu bionso bidibu belela meji bia tshikisu, dikengeshangana anyi dinyanga, nangananga dia bana.

Mu ditumikisha Mikenji ya nshindamenu, badi ne bua kunemeka Mapangadika onso tshitemba a mu Mukenji munene wa diambuluisha bantu badi bakenga, baangata bu tshishimikidi tshia difidila programe wa muaba wa kusokomena ne muaba wa kusombela, programe udi ne dibanza dia kuandamuna.

1. Dilongolola

Dilongolola didi ne mushinga mukole bua kumona bipeta bikumbane mu diambuluisha mu tshitupa kampanda, mu ditunga, mu midimu anyi mu binsanga bia bantu. Kujingulula nsombelu udiku kumpala ne panyima pa dikenga kudi kuambuluisha bua kuenza dikonkonona dia bipeta bia buludiludi ne bidi kabiyi bia buludiludi bia dikenga adi mu nsombelu ya bantu ne malu adi mamueneke mu nsangilu wa bantu, mu malu a mpetu ne a tshididi. Kumanya majinga ne pashishe kulongolola malu adi makanyine bua kuambuluisha bantu ke nshidamenu wa diambuluisha dilongolola bimpe ne dilombola bimpe dia kufila bua bantu kupeta miaba ya kudikuba ne miaba ya kusombela.

> ## Mukenji wa 1 wa muaba wa kusokomena ne muaba wa kusombela: Dilongolola
> Diambuluisha difila bua muaba wa kusokomena ne muaba wa kusombela ndilongolola bimpe ne ndilombola bimpe bua kupetesha bantu badi bakenga bukubi ne dikala bimpe, ne kukankamija dipetulula dia makanda.

Malu manene a kuenza

1. Enza mudimu ne bantu badi mu dikenga pamue ne bakokeshi ba mu ditunga ne ba muaba au bua kukonkonona majinga ne makokeshi a miaba ya kudikuba ne miaba ya kusombela.

- Konkonona malu adi mashintuluke kubangila mu nsombelu wa kumpala kua dikenga, jingulula majinga a lukasa lukasa adiku ne makokeshi bua bantu badi bamuangale ne badi kabayi bamuangale, ne ela meji bua majinga masunguluke a bisumbu bidi ne njiwu.
- Keba bua kumanya bitupa bia malaba, nzubu, apartema ne bibambalu bia nzubu bidiku bidi bantu mua kusombela anyi bidibu basombele mua muaba au ne mishinga ya bitupa bia malaba bia kufutshila.

2. Enza mudimu ne badi badifile bua kumanya mishindu ya diambuluisha mitambe buimpe ne miakanyine ne mushindu wa kuyipetesha bantu.

3. Enza plan wa muaba wa kusokomena ne muaba wa kusombela mu dieleshangana diboko ne bakokeshi badi mu mudimu eu ne binsanga bia bantu badi mu dikenga.

- Fila dikuatshisha diakanangane ne majinga a bantu badi mu dikenga ne malu adibu basue, pamue ne bakokeshi.
- Enza muebe muonso bua kukumbaja mudimu, ngikadilu wa ngenzelu wa mudimu, diwenza lukasa ne pa dîba, bualabale bua diteka malu mu tshienzedi ne dienza bua ne: kuikala mushindu wa kuenza mudimu ne mine malu aa musangu mukuabu.

Bileji binene

Plan wa muaba wa kusokomena ne muaba wa kusombela udi ufila majinga a nshindamenu a bantu ba kuambuluisha ne mbamuitabe kudi bantu ne kudi bakokeshi badi bualu ebu butangila

Bia pa lukama bia bantu badi mu dikenga bikale bileja ne: dikuatshisha didibu bafile bua muaba wa kusokomena ne muaba wa kusombela didi dileja majinga abu ne malu a diteka kumpala kua onso, ne didi diambuluisha bua kumona mushindu wa kujikija ntatu bua musangu mule

Malu a kulonda

Dikonkonona: Mu dikonkonona, tangila kabidi mashintuluka mu malu a muaba wa kusokomena ne muaba wa kusombela a panyima pa dikenga ne elamu njiwu ya bukubi idi mua kuikalaku anu ku ntuadijilu. Malu aa adi mua kukonga mmuenenu ya malu ya tshinsanga tshiakididianganyi, malu mabi adi mafuane kuenzeka mu dikeba dia muaba wa kusombela, dipeta dimpe dia midimu anyi njiwu ya dipatshibua.

Ela meji bua buenzeji bua buludiludi ne budi kabuyi bua buludiludi budi dikenga mua kuikala nabu mu nsombelu ya bantu, kuelamu ne bipeta bia malu a mu nsangilu wa bantu, a mpetu ne a tshididi.

Dikenga didi dilenga bantu mu mishindu mishilangane, nunku bantu bashilangane nebikale ne majinga mashilangane a muaba wa kusokomena ne muaba wa kusombela. Enza mudimu ne bisumbu bidi mua kuikala bituilangana mpala ne bijikilu kampanda bia kupeta muaba wa kusokomena, bu mudi balema, mêku adi malombola kudi bakaji, bakulakaje peshi tusumbu tudi ne bantu bakese ba tshisa kampanda ne ba muakulu kansanga ⊕ *tangila Tshisakidila tshia 1: Liste wa dikonkonona nende malu a muaba wa kusokomena ne muaba wa kusombela, Dîyi dinene dia bukubi 2* ne *Dipangadika 4 dia Mukenji munene wa diambuluisha bantu badi bakenga.*

Dikuatshisha ne mishindu ya kuenza malu: Sungula mishindu mitambe buimpe bilondeshile nsombelu, bukokeshi, mpetu idiku, mushindu mulongolola wa muaba wa kusombela ne tshitupa tshia diandamuna dia kufila. Malu makuabu a kutangila adi akonga muaba, mushindu wa nzubu (kuelamu ne ngenzelu ya mudimu wa luibaku mu tshitupa atshi), dikala muaba kampanda, ne malu a bisalu ne a mikenji. Teka dikuatshisha pa muaba wa kumpala bua dipingana dia bantu ku miaba ivuabu basombele ku kale (anyi muaba wabu utubu basombele) kuoku mushindu. Ambuluisha aba badi kabayi bakumbana anyi badi kabayi basue bua kupingana ku mabu bua bapete mishindu idi ipetangana ne majinga abu ⊕ *tangila Tshisakidila 2 too ne 6.*

Teka dîba ne dîba dia kukumbaja majinga a lukasalukasa, wela meji bua dienza mudimu bimpe, ngikadilu mulenga wa mudimu, bualabale bua diteka malu mu tshienzedi, makokeshi adi mu tshialu ne mushindu wa kuenza mudimu ne malu aa musangu mukuabu. Konkonona mishindu ya kukolesha dipetulula makanda dia musangu mule dia binsanga bia bantu ne dikandamana diabu bua makenga a matuku atshilualua.

Ela meji bua mpunga mishilangane ya dipetesha bantu mishindu misungula eyi, kuelamu ne disangisha dia:

- dikuatshisha bantu ne makuta;
- dikuatshisha ne bintu bia ku mubidi;
- diumvuangana bua kuenza midimu/midimu mienzeja kudi bantu;
- dikuatshisha mu ngenzelu wa mudimu/diambuluisha mu malu a ngikadilu muimpe wa bintu; ne
- dikolesha makokeshi a bantu.

Review and adjust the combination of options over time as the situation changes.

Bantu badi bamuangale: Pa kumbusha majinga abu a lukasalukasa a muaba wa kusokomena, bantu badi bamuangale badi kabidi balomba dikuatshisha dia nsungasunga bua kuangata mapangadika ne muoyo mudisuile pa bidi bitangila dijikija dia ntatu ya muaba wa kusokomena didibu mua kumona. Dikuatshisha edi didi mua kuikala dia kubamanyisha malu bua bamanye ni badi mua kupingana ne tshikondo tshidibu mua kupingana ku mabu, mushindu wa kubuelangana ne bantu mu muaba udibu bamuangele peshi mushindu wa kuasulula nsombelu mu muaba mukuabu.

Mêku adi kaayi mamuangale neyikale dijinga ne dikuatshisha bua kupinganyina nsombelu yabu ya ku kale ne adi ne bua kupeta dikuatshisha diakanyine dia muaba wa kusokomena. Bikala dibakulula dilomba matuku a bungi anyi bantu kabayi talala, keba mishindu ya matuku makese bu mudi dikuatshisha dia dîku diakididianganyi, dikuatshisha bua kufutshila, peshi muaba wa kusokomena bua matuku makese anyi wa tshisabu. Bikala dikenga dishintulule nsombelu wa dikubibua ne wa dikala talala, nebilombe bua kukeba muaba mukuabu wa diteka bantu.

Binsanga biakididianganyi bidi pabi bimona bipeta bia dikenga, bualu bidi biabanyangana nabu miaba yabu ya bantu bonso ne ya bantu pa nkayabu. Ebi bidi bikonga diabanyangana midimu bu mudi miaba ya luondapu peshi bilongelu, anyi dikala bu dîku diakididianganyi. Kudi mua kuikala ditembangana dilelela anyi difuikakaja mu lungenyi ne bantu badi bamuangale bua kupeta misandu, midimu, nzubu ne mpetu. Bua kujikija bilumbu bidi bilomba kuela meji bua dikuatshisha diakane ne diludika bimpe didi kadiyi dikebesha njiwu mikuabu peshi mikanu mu tshinsanga tshia bantu ⊕ tangila Dîyi dinene dia bukubi dia 1.

Dikonkonona dia malu a bisalu: Diumvua bimpe malu a bisalu bia muaba au, bia mu ditunga ne bia mu tshitupa tshia ditunga atshi mbualu bua mushinga mukole bua kufila diambuluisha dimpe dia muaba wa kusokomena. Neditokeshe malu a kusungula bua mishindu ya miaba ya kudikuba ne kupetesha kabidi dimanya dia malu adi atangila difutshila ne midimu mikuabu ya mu muaba wa kusombela ⊕ tangila Dikuatshisha bantu ku diambuluisha dia bisalu, Mukanda wa MISMA ne Mukanda wa MERS.

Diumbusha dia bitupa bitupa bia bintu: Bangisha diumbusha dia bitupa bitupa bia bintu diakamue kunyima kua dikenga. Bitupa bia bintu badi mua kuenza nabi kabidi mudimu, kubipingaja tshiakabidi anyi kubisungula bua kubitapulula, kubiangula ne/anyi kubilongolola. Didi mua kupetesha mpunga ya dienza programe ya makuta bua mudimu muenza. Kudi mua kumueneka ntatu minene padiku bitalu bia bantu, miaba idi mimanyike bua mudiyi ne njiwu ne bintu bidi mua kujiwulangana. Diumbusha dia bitupa bia bintu didi mua kulomba dimanya dia pa buadi ne bia mudimu bisunguluke, nunku bidi bikengela kulongolola malu pamue ne bamanyi bapiluke ba mu bitupa bikuabu ⊕ tangila Mukenji wa 7 wa muaba wa kusokomena ne muaba wa kusombela: *Dinenga dia muaba udi bantu basombele, mikenji ya Makanda a mubidi ne mikenji ya WASH*.

Mpunga ya kupeta bintu bia mu nsombelu: Bintu bia mu nsombelu bivua bantu bakeba kumpala kua dikenga, ne mpunga idiku kunyima kua dikenga, bidi ne mushinga mu ditangila dia mishindu ya miaba ya kusombela. Dikalaku dia malaba, mushindu muimpe wa kufika ku madimi ne mu mpata, difika ku bisalu ne difika ku dipeta mpunga mikuabu ya midimu bidi mua kuikala ne buenzeji bua muaba udi bantu mua kusungula bua kusombela, nansha bua matuku makese ⊕ tangila Dikumbana dia biakudia ne didisha – *Mukenji wa 7.1 ne wa 7.2 wa bintu bia mu nsombelu, Mukanda wa LEGS ne Mukanda wa MERS*.

Dipingana: Tshipatshila tshinene tshia bantu badi bakenge kunyima kua dikenga ntshia kupingana mu buloba buabu ne mu nzubu yabu. Bantu badi mu dikenga badi ne bua kuikala bakumbane bua kujadika dijinga dia kulongolola nzubu yabu anyi kulengeja muaba wabu wa kudikuba. Dipingana didi mua kuambuluisha ngenzelu ya mua kupita ne malu ya bantu ba bungi ne kulama mishindu ya muaba wa kusombela ne bintu bidibu base. Dilongolola anyi diasulula dia bintu bia mu tshinsanga bu mudi bilongelu, milonda ya mâyi, mpitadi anyi bisalu didi kabidi ne mushinga bua kupetesha bantu badi bamuangale mushindu wa kupingana. Amue malu adi mua kupangisha anyi kuladikija dipingana, malu bu mudi diditatshisha bua dikubibua, baluanganyi ba mvita batshidi basombele mu nzubu anyi mu tshitupa tshia buloba, diluangana dia tshikisu didi amu dienda ditungunuka, dikokangana dia malu a bisa anyi a bitendelelu, ditshina dia kukengeshibua, peshi mine ya mu buloba ne mazaji a mvita adi kaayi matayike. Mikenji idi kayiyi miakane anyi ya kansungasunga mu malu a maloba ne a mpangu, peshi ngenzelu ya malu ya mu bilele bia bantu idi mua kupangisha mêku adi malombola kudi bakaji, bakaji badi bafuishe ba bayabu anyi bana badi bafuishe baledi mu dikenga, peshi balema bua kupingana ku mabu. Bantu badi bamuangale badi kabayi mua kuikala ne mushindu wa kubangisha midimu ya diasulula badi mua kuikala kabidi batekeshibue mu maboko anyi bapangile mua kupingana.

2. Diteka ne dilongolola muaba wa kusombela

Diteka ne dilongolola muaba wa kusombela didi ne bua kukankamija dipetela bantu miaba ya kusombela idi mikubibue, mimpe ne mianyishibue idi ibambuluisha bua kupeta midimu ya nshindamenu, bintu bia mu nsombelu ne mpunga ya kutuilangana ne bantu bakuabu ba bungi.

Mukenji 2 wa muaba wa kusokomena ne muaba wa kusombela:
Diteka ne dilongolola muaba wa kusombela

Miaba ya kudikuba ne miaba ya kusombela mmiteka mu bitupa bidi bikubibue, bikale talala kabiyi ne bualu, bipetesha bantu muaba muakanyine ne mushindu wa kupeta midimu ne bintu bia mu nsombelu bia nshindamenu.

Malu manene a kuenza

1 > Enza mudimu bilondeshile ngenzelu ne mêyi adiku adi alombola dilongolola, ne umvuangana ne bantu ba mu binsanga bidi biakidilangane pamue ne bakokeshi badi bualu ebu butangila.

- Teka miaba mipiamipia yonso ya kusombela mutantshi mukumbane ne kudi mikanu milelela anyi idi mifuane kulua ne bua kufumina, ne kepesha menemene njiwu idi mua kumueneka ku mpukapuka.

- Elangana meji bua matuku audi mutekemene adi muaba wa kusombela mua kushala bua kujadika ne: mmidimu kayi ya nshindamenu idibu mua kualabaja anyi kulubuluja.

2 > Bueja benzejanganyi ba mudimu bashilashilangane, pamue ne bisumbu bia munkatshi mua bantu badi mu dikenga, mu disungula dia muaba ne mu dilongolola dia muaba wa kusombela.

- Umanye malu adi mua kushintulula muaba au peshi mushindu udiwu mulongolola, pa kutangila bikala muntu mulume anyi mukaji, bidimu, bulema, tshisa peshi muakulu wende, ne midimu ne majitu a balume anyi bakaji.

- Mu bimenga, londa ngenzelu wa mudimu bilondeshile tshitupa tshia buloba tshijadika bua kumona mua kujingulula bimpe makokeshi a mu tshinsanga.

3 > Utangile bua ne: bantu badi mu dikenga badi ne mushindu wa kupeta midimu ne bintu bia nshindamenu, nangananga bintu bia kudikuatshisha nabi.

- Enza mudimu pamue ne bena bitupa bikuabu mushindu wa se: midimu ne bintu bia nshindamenu bikale mutantshi mukumbane ne kauyi ne bualu bua bantu kuya kubipeta.

- Lombola malu pamue ne bafidi ba midimu bua kuteka pa muaba wa kumpala ne kupetesha bantu mpunga ya dipeta midimu ya nshindamenu ne bintu bia kudikuatshisha nabi muaba udibi kabiyi bianji kuikalaku.

4 〉 Longolola bua kuenza mudimu ne buloba bua kupetesha bantu muaba mukumbane bua midimu yonso, mushindu wa kufika ku miaba yonso ya kudikuba ne ku midimu yonso, ne ndongoluelu mienza bua dikala talala mu muaba wonso wa kusombela.

- Ela kabidi dilongolola dia malu bua bintu bidi bantu basangile bu mudi mâyi ne nkumba, miaba ya kulambila ya bantu ba bungi, miaba idi mimpe bua bana, miaba idi bantu mua kudisangisha, miaba ya kuya kutendelela ne ya diabanyina biakudia.

- Ujadike ne: muaba udibu bateke midimu ya nshindamenu mu miaba ya kusombela udi ulonda mikenji ya dikala talala, ya bukubi ne ya bunême.

5 〉 Ela dilongolola dia kukamisha mvula anyi mâyi a bungi mu disungula dia muaba ne mu diasa muaba wa kusombela.

- Fila bintu bidi biakanyine bua kukamisha nabi muaba mushindu wa se: miaba yonso idi bantu basombela ne idi midimu isanganyibua kayikadi ne mâyi adi atengabala ne minkoloji ya mâyi ikale mitokesha.

- Dianjila kuela meji ne kulongolola malu bua miaba idi ikolesha bisambuluji bia masama.

Bileji binene

Bia pa lukama bia miaba ya kudikuba ne/anyi miaba ya kusombela idibu bateke mu bitupa bidi kabiyi ne mikanu, njiwu ne mpukapuka mimanyike ya ku tshifukilu anyi mikebesha kudi bantu, anyi bidi bikale anu ne ndambu mukese wa bine bionso ebi

Bia pa lukama bia miaba ya kudikuba ne/anyi miaba ya kusombela mudi bantu bikale ne mushindu muimpe wa kupeta midimu ya nshindamenu mu dîba dikumbane anyi mu mutantshi wa kuenda mukumbane

Bia pa lukama bia badi bapeta dikuatshisha dia muaba wa kusombela badi badiumvua bakubibue bua muaba udibu bateke muaba wabu wa kudikuba anyi muaba wabu wa kusombela

Bia pa lukama bia miaba ya kusombela bidi bikale ne tshipapu tshikumbane bua kuenza natshi mudimu bua kukumbaja midimu mikuabu yonso idibu benzela pambelu bua muntu nkayende anyi bua bantu ba bungi bilondeshile nsombelu

- Metre carré 45 ku muntu mu miaba ya kusombela idi mienze bu bitudilu, kuelamu ne mpangu ya mêku

- Metre carré 30 ku muntu, kuelamu ne mpangu ya mêku, muaba udi midimu ya bantu ba bungi mua kufidibua pambelu pa tshitupa tshia miaba ya kusombela idibu balongolole

- Bungi butambe bukese bua difuanyikija dia muaba udi bantu basombela ne bunene bua mpangu budi 1:2; biobi mua kuenzeka, shintulula bua kufika ku 1:3 peshi kupita apu.

Malu a kulonda

Ngenzelu ne mêyi manene a dilongolola: Mbulamatadi peshi bakokeshi ba muaba au batu misangu mivule bapatula ndudikilu mipiamipia pa bidi bitangila miaba idi bantu kabayi mua kuasa, bitupa bidi bantu mua kuasa kakuyi bualu peshi bitupa bidi ne bua kushala tshianana kunyima kua dikenga. Kankamija dilongolola didi dimanya njiwu idi mua kuikalaku ne mishindu ya diambuluisha idi miakanyine. Kuamba ne: "muaba udi muntu kayi mua kuasa" ki mmumue ne: "muaba udi muntu kayi mua kupeta dikuatshisha" nansha, ne kabiena ne bua kuladikija difila diambuluisha bua muaba wa kusokomena anyi muaba wa kusombela to.

Jingulula nsombelu wa dikala muena buloba ne dikala muena lupangu kampanda ⊕ *tangila Mukenji 6 wa muaba wa kusokomena ne muaba wa kusombela: Bukubi bua dimanyika bu muena muaba.*

Bueja bantu badi mu dikenga mu dienza dia makumi ne mu dilongolola dia muaba bua kutua mpanda ku bilele bia bantu ne bia mu nsombelu wabu. Bueja bakaji ne bantu ba mu bisumbu bikuabu bidi mu njiwu mu diela meji ne mu diteka mu tshienzedi dia dilongolola dia muaba wa kusokomena ne muaba wa kusombela.

Midimu ne nzubu ya nshindamenu: Bantu badi bapingana kumabu ne aba badi basombele mu miaba bua matuku makese peshi mu miaba ya kusombela batu dijinga ne kupeta midimu ne nzubu ya nshindamenu mu mushindu udi mukubibue, kauyi ne bualu ne muakane, bu mudi:

- nzubu ya WASH ⊕ *tangila Mikenji ya WASH ya dipa bantu mâyi;*
- bintu bidibu base bua kumunyika tshinsanga ne bena dîku;
- dilama dia biakudia ne miaba ya dibilambila (bintu bu mudi matshuwa ne bia kutemesha nabi mudilu) ⊕ *tangila Mukenji 1.1 wa dikonkonona dikumbana dia biakudia ne didisha* ne *Mukenji 6.4 wa diambuluisha ne biakudia;*
- miaba ya luondapu ⊕ *tangila Mukenji wa 1.1 wa ndongoluelu ya makanda a mubidi: Dipetesha bantu midimu ya luondapu;*
- diumbusha dia bintu bia bukoya ⊕ *tangila Mikenji ya WASH ya mushindu wa kumbusha bintu bia bukoya;*
- bilongelu ⊕ *tangila Mukanda wa INEE;*
- nzubu idi bantu ba bungi basangila bu mudi miaba ya kutendelela, ya bisangilu ne ya kuya kudiolola;
- miaba ya kujiika bantu ne dienzela malu makuabu a madilu bilondeshile bilele bia bantu; ne
- muaba wa diteka bimuna (mutapulula bimpe ne muaba udi bantu basombela) ⊕ *tangila Mukanda wa LEGS.*

Dilongolola dia tshitupa tshia miaba ya kusombela bua matuku makese: Mushindu wa kulongolola muaba udi ne bua kushindamena pa ndongoluelu wa bimenga ne mêyi manene a mu dilongolola wa bimenga, ne bitupa bia dituangaja nabi bu mudi njila ya dipitshila, masangu a njila ne miaba ya bantu ba bungi. Bitupa ebi bidi bilonda malu a ku mubidi, a mu nsombelu wa bantu, a bintu bidi binyunguluke bantu ne a mpetu, ke bidi bienza plan wa muaba mupiamupia wa kusombela. Dilongolola dia muaba wa kusombela didi ne bua kutua mpanda ku ntuangajilu ya bantu idiku, kupetesha bantu mpunga ya mua kuenza ntuangajilu mikuabu mipiamipia, kuambuluisha bua kuikala mu bukubi ne basombe talala, ne kuenza bua ne: bantu badi mu dikenga bikale ne mushindu wa kudiambuluisha bobu bine.

Lama malu adi atangila mêku nkayawu ne bunême bua mêku mashilashilangane paudi ulongolola bua kukosolola mpangu mu muaba wa kusombela bua matuku makese. Tshibueledi tshia muaba wa kusokomena wa dîku dionso tshidi ne bua kuikala tshitangile ku muaba mubululuke wa bantu bonso peshi ku muaba udi mujika, kadi ki nku tshibueledi tshia muaba wa kusokomena wa dîku dikuabu nansha. Bisumbu bionso bia bantu badi mua kuikala batekete, ubipeteshe miaba mimpe ya kusombela, kadi kubakongi bonso kaba kamue to bualu bidi mua kulua kubatekesha kabidi. Konga mêku ikale pamue, mêku manene ne bisumbu bia bantu ba muaba umue, bua kulama malanda a mu nsombelu wa bantu. Ela meji bua majinga, malu adi asankisha ne bilele bia bantu ba bidimu bishilangane bilondeshile mudibu balume anyi bakaji, ne balema.

Bunene bua miaba ya kusombela milongolola anyi idi bantu badiashile nkayabu: Bua miaba ya kusombela idibu balongolole, bunene bushadile bua muaba mbua metre carré 45 ku muntu mu miaba ya kusombela idi mienze bu bitudilu, kuelamu ne mpangu ya mêku. Budi bukonga miaba idi njila ne tujila yangata, miaba ya kulambila pambelu anyi idi bantu ba bungi balambila, miaba ya kulongela ne ya kunayila, nzubu ya luondapu, dikezula dia muaba, dijima tupia, midimu ya mbulamatadi, dilama dia mâyi, dikamisha dia muaba, miaba ya kutendelela, miaba ya diabanyina biakudia, bisalu, miaba ya dilamina bintu ne madimi makese bua dîku ne dîku dionso (pa kumbusha bua midimu minene ya madimi anyi bua bimuna). Muaba udi bantu mua kupeta midimu ya bantu ba bungi mu miaba idi mikaleku anyi mikuabu idi pambelu pa muaba wa kusombela udibu balongolole, bunene bushadile bua muaba budi ne bua kuikala bua metre carré 30 ku muntu. Kuoku kakuyi mushindu wa kufila bunene bushadile bua muaba ebu, angata mapangadika ne tshisumi bua kujikija bipeta bia disomba dia bantu ba bungi kaba kakese. Dilongolola dia muaba wa kusombela didi kabidi ne bua kutangila mashintuluka adi enzeka munkatshi mua bantu.

Paudi wenzela mudimu mu tshimenga, enza mudimu ne midimu idiku ne nzubu idiku. Umanye mua kutapulula bimpe bantu ne kulama malu a dîku ne dîku, ne lamina muaba bua nzubu idi ikengedibua.

Bunene bua lupangu bua miaba ya kudikuba: Mbilombibue bua bunene bua lupangu pa kubufuanyikija ne bunene bua muaba wa diashila buikale bua 1:2 peshi 1:3 bua muaba wonso wa kudikuba, bua kupetesha bena dîku muaba mukumbane bua midimu idi ibambuluisha idibu benzela pambelu. Nansha nanku, mbimpe bungi bua difuanyikija ebu buikale pabuipi ne 1:4 peshi 1:5. Bungi ebu budi ne bua kuangata ne mushinga mêyi ne bilele bia mu nsombelu wa bantu pamue ne bunene bua muaba muine udiku.

Dikamisha mâyi a mvula ne a disapalala: Dikamisha dibi dia mâyi a mvula anyi a disapalala didi mua kunyanga bikole miaba ya bantu kusombela, kubapangisha mua kuendakana ne kufika ku midimu. Pa tshibidilu, disungula dia muaba ne diasapu bidi bijadika ngikadilu wa ndongoluelu minene ya dikamisha nayi mâyi. Kusungudi muaba udi mâyi mafuane kusapalala; udi mua kupangisha bantu bua kusomba talala ne mu bukubi, nangananga mu bitupa bidi ne bantu ba bungi anyi bidi bifimpakane. Padi mâyi abuela ne atengabala mu miaba idi bantu basombela, balongela ne benzela mudimu, bitu bituala pa tshibidilu njiwu bua makanda a mubidi, bipangisha bantu bunême ne dikala bimpe.

Kuba nkumba ne minkoloji ya mâyi a manyanu ku disapalala dia mâyi, bua kuepuka dinyanguka dia bintu bidi biasa ne dimata dia mâyi. Njiwu minene ya makanda a mubidi a bantu ba bungi itu ifumina ku dikamisha dibi dia mâyi ndimueneka misangu ya bungi dia masama a diela munda padi bantu balenga mâyi adi manyanguke.

Mâyi adi malekelela tshianana adi kabidi mua kunyanga bintu bikuabu bidibu base, nzubu ne bintu bia bantu, kupangisha bantu mishindu ya kupeta bintu bia mu nsombelu ne kutatshisha lungenyi. Dikamisha dibi dia mâyi didi kabidi dipetesha bisambuluji bia masama muaba udibi bikalelangana ⊕ *tangila Mukenji 4.1 ne 4.2 ya WASH ya diluisha bisambuluji bia masama.*

Dikufika: Ela meji bua ngikadilu wa njila ya muaba au ne dikalaku dia mashinyi adi ambula bantu pabuipi ne muaba au bua kumona mushindu wa kufikisha diambuluisha ne bintu bikuabu kudi bantu. Difila dikuatshisha kadiena ne bua kunyanga njila ya muaba au nansha. Ela meji bua bipumbishi bia mu mvula anyi mu mushipu, mikanu ne njiwu ya bukubi idi mua kuikalaku. Muaba ne tshilaminu tshia kumpala ne miaba ya diabanyina biakudia bidi ne bua kuikala bikumbane bua bisemuna bia bujitu bidi bienda mu njila mu bikondo bionso, nansha mu mvula nansha mu mushipu. Nzubu mikuabu idi ne bua kuikala ne mushindu wa mashinyi makese kufikaku. Petesha njila minene ne mikese mimpe ne mikubibue mu miaba ya kusombela, ne mushindu wa kufika ne mu mvula ne mu mushipu ku nzubu kua muntu ne muntu ne ku nzubu idi ya bantu ba bungi. Elangana meji bua majinga a bantu badi ne lutatu lua kuendakana anyi kabayi ne mushindu wa kukufika.

Dikuba bantu ku tupia: Dikonkonona dia njiwu ya tupia didi ne bua kuikala mu dilongolola dia muaba. Longolola bua kuikale bipapu bia metre 30 bia dikosa nabi tupia bua metre onso 300 mu bitupa bidibu base bu mu tshitudilu. Kudi ne bua kuikala mutantshi wa metre kupita 2 pankatshi pa nzubu ne nzubu; mbitambe buimpe bua mutantshi eu wikale misangu ibidi bule bua nzubu bua kuepuka se: nzubu idi yupuka kayilu kupona pa nzubu idi mituangane nayi.

Ela meji bua bilele bia muaba au bia dilamba ne bia dibabaja bintu (bu mudi mushindu wa ditshuwa ne muaba udibu basue kulambila). Ela meji bua kufila matshuwa mimpe, bintu bia kutemesha nabi mudilu kakuyi bualu ne bua kulongesha badi basombe muaba au bamanye mushindu wa kuenza nabi mudimu. Mbimpe wenze mudimu ne bintu bia diasa nabi ne bintu bia mu nzubu bidi kabiyi biosheka bipepele. Manyisha basombi ba muaba au (pamue ne aba badi ne lutatu lua kuenda anyi kabayi ne mushindu wa kufikaku) bua bidi bitangila malu adibu balongolole bua kujikila tupia, kutujima ne kupatula bantu.

Diluisha dienza dia malu mabi: Mushindu udibu benze muaba wa kusombela udi mua kuambuluisha bua kukepesha dienza dia malu mabi ne a tshikisu tshienzela muntu bua mudiye mulume anyi mukaji. Ela meji bua muaba ne bua difika ku miaba ya kudikuba, nzubu mile ne minene, dikenkesha butuku, mutantshi udi nkumba ne tshiowedi padi muntu upatuka mu muaba wa kusokomena, ne ditangila didi bantu batangidila bakuabu pa masoso. Nzubu idi miasa bua bantu ba bungi kusangilamu idi ne bua kuikala ne njila mikuabu ya kupatukilamu pa lukasa.

Mikanu ne njiwu bidi bishintuluka: Ikala ne tshibidilu tshia kukonkonona nsombelu, mikanu ne njiwu idi mua kuikalaku padi nsombelu ushinduluka. Dikonkonona edi didi mua kukonga mikanu ya bikondo bia mvula anyi bia mushipu, mashintuluka mu dikubibua, mazaji adi kaayi matayike mu muaba au mbita ivua mienzeke anyi idi yenzeka, peshi bipeta bia dishintuluka dia bungi bua bantu badi muaba au.

Bukubi bua miaba ya bantu ba bungi ne bintu bidibu base bua tshinsanga: Bamanyi bapiluke ba mishindu ya kuenza mudimu badi ne bua kukonkonona dishindama dia nzubu idibu base bua bantu ba bungi, miaba idi bantu ba bungi bapetangana ne nzubu mikuabu ya mu miaba idibu base idi mipete dikenga. Ela meji bua mikanu idi mua kuikalaku bua bukubi anyi bua makanda a mubidi.

Diambuluisha bua kupatula bintu bia mu nsombelu: Ela meji bua midimu ivua ipetesha bantu makuta ya kumpala kua dikenga, ne mpunga ya didipetela bintu bia mu nsombelu panyima pa dikenga. Keba bua kumanya miaba idi mishale idi bantu mua kudima ne kuya kudishila bimuna, anyi mushindu wa kufika mu bisalu ne/anyi mpunga ya kuangatshibua ku mudimu. Diambuluisha difila bua muaba wa kusokomena ne muaba wa kusombela didi ne bukole bua kuangatshisha bantu ku mudimu mu muaba au, bu mudi dipeta muaba mu dikuatshisha mu ngenzelu wa mudimu, dituala ne dipetesha bena mudimu. Enza mudimu ne programe ya dilongesha ne ya dishidimuna nayi bantu bua kukolesha makokeshi a bantu ba muaba au bua bamone mua kupatula bipeta mu tshikondo kampanda tshijadika ⊕ *tangila Mukenji 5 wa muaba wa kusokomena ne muaba wa kusombela* ne *Dikumbana dia biakudia ne didisha – Mukenji wa 7.1 ne wa 7.2 wa bintu bia mu nsombelu.*

Dikuata mudimu ne bintu ne dibilama: Enza plan wa dikuata mudimu ne bintu ne dibilama bua kujadika ne: nzubu yonso, midimu yonso ne bintu bionso bidibu benze bidi bienda bimpe (bintu bu mudi mâyi, nkumba, minkoloji ya mâyi, diumbusha dia butshiafu, bilongelu). Bitupa binene bia plan bidi bikonga didifila dia tshinsanga, diteka bisumbu bia bantu bikala ne bua kuenza mudimu ne bintu, dijadika midimu ne majitu, ne dienza plan wa mushindu wa kupetulula makuta adi matuke peshi wa diabanyangana dia ditula dia makuta.

Disasulula dia miaba ne diyitentulula muaba mukuabu: Mapangadika makanyine a diasulula muaba udi bantu basombele adi mua kulengeja dipingana dia bintu bia ku tshifukilu mu muaba udi bantu basombele munda ne kumpenga kua miaba ya kusombela. Kudi ne bua kuikala plan wa disasulula nende miaba, ne mbimpe kumuenza anu panutshidi nuelangana meji bua diambuluisha dia kufila ⊕ *tangila Mukenji wa 7 wa muaba wa kusokomena ne muaba wa kusombela: Dinenga dia muaba udi bantu basombele.*

Dilongesha bantu ba muaba au mishindu idi inenga ya kulama buloba didi diambuluisha bua muaba kuasulukawu ne bua bintu bia muaba au kupinganabi muabi mua kale. Kuoku mushindu, angata ku mudimu anu bantu ba muaba au bua benze midimu ya dikezula muaba ne disasulula bivuabu basepu.

3. Muaba udi bantu basombela

Muaba udi bantu basombela udi ne mushinga mukole bua bantu kuikalabu bimpe. Ndijinga dia nshindamenu dia muntu ne mbukenji buende bua kuikala ne muaba wa kuteka dîku diende, kudiumvua mukubibue ne kuenza midimu mishilashilangane ya kumbelu idi ne mushinga.

Mukenji 3 wa muaba wa kusokomena ne muaba wa kusombela: Muaba udi bantu basombela

Bantu badi bapeta miaba ya kusombela idi mikubibue ne miakanyine, idi ibapesha mushindu wa kuenza midimu bua kupeta bintu bia mu nsombelu bia nshindamenu mu bunême.

Malu manene a kuenza

1 ⟩ Ujadike bua ne: dîku dionso didi mu dikenga didi ne muaba wa kusombela muakanyine bua kuenza midimu ya ku mbelu ya pa tshibidilu.

- Pesha bantu muaba wa kusombela udi ukumbanangana ne majinga mashilashilangane a bena dîku bua kulala, kulamba biakudia ne kubidia, mu dinemeka bilele ne bikadilu bia bantu ba muaba au.
- Pesha bantu badi basomba mu muaba au musonga wa pa tshibidilu ne bimanu bua bamone mua kulama bintu biabu bia mu nzubu, bikale bakubibue ku mubidi, ne bunême, ne malu abu malama, bikale bakubibue ku mvula anyi ku munya.
- Teka bantu mu nsombelu udibu bapeta bukenke, kapepe ne luya anyi mashika bikumbane.

2 ⟩ Ujadike ne: muaba udi pabuipi menemene ne muaba udi bantu basombela udi wambuluisha bua bantu kuenzabu midimu yabu ya nshindamenu bimpe kakuyi lutatu.

- Elamu ne miaba mimpe ya kulambila, ya nkumba, ya kuowela mâyi, ya kusukuila bilamba, ya kuenzela midimu ya kudikuatshisha nayi, ya kujikijila mukodi ne ya kunayila.

3 ⟩ Kankamija dienza mudimu ne malu akadi benze bua muaba wa kusokomena, ngashilu wa nzubu ne bintu bia kuasa nabi bidi bianyishibue mu bilele ne mu nsangilu wa bantu ne bidi bilama bintu bidi bia ku tshifukilu bia muaba au bua matuku a bungi.

Bileji binene

Bia pa lukama bia bantu badi mu dikenga badi bapete muaba muakanyine udi bantu basombela munda mua miaba yabu ya kudikuba ne pabuipi menemene bua kuikalabu benza midimu yabu ya ku dituku ku dituku

- Bunene bua muaba udi bantu basombela udi ne bua kuikala kauyi mushadile ku metre carré 3,5 ku muntu, pa kumbusha muaba wa kulambila, wa kuowela mâyi ne nkumba

- Bunene ebu budi ne bua kuikala bua metre carré 4,5–5,5 ku muntu mu bitupa bia mashika anyi mu bimenga mudi muaba wa kulambila, wa kuowela mâyi ne/anyi nkumba mikale munda mua nzubu

- Bule bua munda mua nzubu bua kubangila panshi too ne kuulu menemene budi ne bua kuikala bupite metre 2 (metre 2,6 mu bitupa bia luya

Bia pa lukama bia miaba ya kudikuba idi ikumbaja mikenji ya ngenzelu wa mudimu ne ya ngashilu ne idi mianyishibue bilondeshile bilele bia bantu

Bia pa lukama bia bantu badi bapeta dikuatshisha dia muaba wa kusokomena badi badiumvua bakubibue mu muaba wabu wa kudikuba

Malu a kulonda

Muaba udi bantu basombela: Muaba udi bantu basombela udi ne bua kuikala muakanyine bua midimu ya ku dituku ku dituku bu mudi kulala, kulamba ne kudia, kusukula, kuvuala, kulama biakudia ne mâyi, ne kukuba bintu bia mushinga ne bikuabu bia bena dîku. Udi ne bua kupetesha bantu mushindu wa kulama malu adi abatangila ne kuikala batapuluke mudibi bikengedibua pankatshi pa balume ne bakaji, bisumbu bia bantu ba bidimu bimue ne mêku munda mua lubanza kampanda bilondeshile bilele ne mikenji ya mu nsombelu wa bantu ⊕ *tangila Mukenji 2 wa muaba wa kusokomena ne muaba wa kusombela: Diteka ne dilongolola muaba wa kusombela.*

Ela meji bua muaba udi bantu basombela bua bena dîku kudisangisha pamue, ne kutabalela bana ba mu maboko, bana bakese ne bantu badi basama anyi badi batapike. Teya ntema ku dishintulula dia dienza mudimu ne muaba mu munya ne butuku, ne longolola miaba ya madidishi, biibi ne bikosoluedi bua kuenza mudimu bimpe menemene ne muaba wonso wa munda mua nzubu ne katupa konso ka pambelu kadi kalamataku bu mudi tshikuku anyi miaba ya kunayila.

Bua bantu kuenzabu midimu yabu eyi mu bunême, miaba ya kudikuba idi ne bua kuikala mijika bimpe (bimana, madidishi, biibi ne tshisasa) ne panshi pakanyine. Ditamba kunguija bantu anyi dibalekela ku munya anyi ku mashika ne mvula didi divudija njiwu ya kupia masama anyi bipupu kutuadijabi. Muaba mukepele udi mua kufikisha bantu ku njiwu ya bukubi, ikepesha dikubibua dia bantu ne dilama dia malu adi abatangila nkayabu.

Muaba udi ukengedibua udi bantu basombela udi ne bua kulonda mikenji ya mu bilele ne mu nsombelu wa bantu, malu adiku, tshitupa tshia diandamuna didibu bafila bu diambuluisha, ne buludiki bua bakokeshi ba mu ditunga anyi bua bena mudimu wa diambuluisha bantu. Ela meji bimpe bimpe bua bipeta bidi mua kumueneka bia dienza makumi a muaba udi ukengedibua (metre carré 3,5 ku muntu, metre carré 4,5 ku muntu mu miaba ya mashika) ne umvuangana ne benzejanganyi nebe ba mudimu bua diakajilula dionso dia malu, nuya ne lukasa batangile ku bunene budi bukengedibua bua bantu bonso kuoku mushindu.

Padibi bilomba kuenza malu lukasa bua kupandisha bantu, ela meji bua dikuatshisha dia ku ntuadijilu bua:

- kuasa musonga mubuikila bua muaba udi ukengedibua bua bantu kusombela ne kutungunuka ne difila diambuluisha bua bimanu, biibi ne madidishi; anyi
- kuasa muaba wa kusokomena udi ne tshipapu tshikese tshibuikila ne kutungunuka ne kutshialabaja.

Mu imue nsombelu, muaba mukumbane udi mua kuikala bilondeshile anu bintu bidi bimueneka ku bianza. Bidi mua kuikala mu muaba wa kusombela mufinakane, mu bimenga bidi ne bantu ba bungi anyi mu nsombelu mikole ya mivu mudi bintu bia muaba wa kusokomena kabiyiku. Muaba mukumbane utudi baleje ngua dienza nawu mudimu mu tshitupa tshia malu a tshimpitshimpi ne padibi bikengela kujikija ntatu mu muaba wa kusokomena bua mutantshi mukese anyi bua lupitapita. Padi disomba dia muaba au dilepa, makumi a muaba wa kusokomena adi ne bua kuenjibua tshiakabidi. Mu tshitupa tshia diasulula, bidi bikengela kuangata ne mushinga mikenji mianyishibue ya muaba au ne ngenzelu ya dipatuka nayi.

Bueja binsanga ne mêku a bantu badi bakenga misangu ya bungi mu disungula dia mushindu wa dikuatshisha dinudi ne bua kufila. Yikilangana ne bantu badi bapitshisha mêba a bungi mu muaba udi mubuikila udi bantu basombela ne aba badi bikale ne lutatu lua kuendakana anyi kabayi ne mushindu wa kuendakana. Ujadike ne: mbipepele bua balema ne bantu badi basombe nabu kufikabu muaba udi bantu basombela. Bantu badi ne bulema, nangananga aba badi ne lungenyi lutekete ne badi ne meji mashadile, bidi mua kulomba bua ne: babasakidile muaba mukuabu.

Bilele bia bantu, dikubibua ne dilama dia malu a bantu nkayabu: Nemeka bikadilu ne bilele bia bantu bidiku ne mushindu udibi bilenga dijinga dia kukosolola muaba wa kusombela munda (bilamba bikudika, bimanu). Tshilejilu, enza bua muaba wa kusombela au ukumbane bua kupetesha bena dîku bakuabu anyi mêku mashilangane muaba wa kulala munda mua nzubu umue umue au.

Mu nzubu idi ne bibambalu bia bungi bua kulama malu a muntu nkayende ne a bena dîku mudi bantu ba bungi basangile, miaba ya kupitshila bua kufika ku muaba wa kusombela mikosolola bimpe ne mimunyika bimpe idi mua kuambuluisha bua kulama malu adi atangila muntu nkayende ne bukubi.

Mu nzubu mudi bantu ba bungi basangile, petesha bantu ba tshipungu tshimue mushindu wa kuikala muaba umue. Tshilejilu, bamue bena LGBTQI mbasue kusomba pamue ne balunda babu ne bantu ba tshipungu tshiabu pamutu pa kusomba ne bena dîku diabu.

Bukubi: Ujadike ne: kudi miaba ya bungi ya kupatukila mu nzubu, ne se: miaba ya munda mua nzubu idi ituangana ne miaba ya pambelu ya bantu ba bungi. Ujadike ne: bena mudimu mbamanye mushindu wa kumanyisha lutatu luonso lua bukubi pa bidi bitangila tshikisu mu dîku anyi dinyangangana, malu a tshikisu, dikengeshangana peshi dilengulula dia bana. Bakaji, bansongakaji ne bantu badi dijinga ne dikuatshisha ne bintu bia mankenda biabu bobu bine batu misangu mivule balomba dibasakidila muaba wa kusombela ⊕ *tangila Mukenji wa 1.3 wa WASH wa dikolesha mankenda: Mushindu wa kulama mankenda padi bakaji bikale ku tshijila tshia mashi ne padi bantu kabayi bakumbana mua kudikanda.*

Muaba udibu bapeteshe bantu miaba idi isangisha bantu ba bungi bua matuku makese, enza malu masunguluke bua kujikila dikengeshangana bua masandi ne dienzejangana masandi ne tshikisu. Enza mudimu pamue ne bena mu tshinsanga bua kumvua njiwu ne kuyijikija, ne teka ndongoluelu mukole wa dimanyishila didiabakena ne malu a kuenza anu apu ne adi bantu mua kujadika.

Malu a mu nsombelu a kutangila: Tshimuenekelu tshia muaba ne mushindu udibu bawase bidi ne bua kukonga muaba mubululuke wa bantu bonso mu miaba idi bena dîku basombela idi ipetesha mishindu ya bungi ya bantu kumona mua kuendelangana ne bakuabu.

Mu miaba ya luya, mudi mâyi, enza ne akaja miaba ya kudikuba bua ikale ibuenja mu nzubu kapepe kakumbane munda ne ikepesha dibuela dia munya. Nzubu yeye muikae muntumbuke munda udi wambuluisha bua kapepe kupita bimbe munda. Muaba mubuikila udibu mua kulamika ku nzubu pambelu udi wambuluisha bua kukepesha dibuela dia buludiludi dia munya mu nzubu ne udi ukuba ku mâyi a mvula. Ela meji bua kuenza mudimu ne muaba wa pambelu wa dilongoluela biakudia ne dibilamba wa kusakidila ku nzubu ne udi mubuikila pa mutu, ne muaba mutapuluke bua midimu mikuabu ya mu nsombelu. Musonga udi ne bua kuikala muinyika bua mâyi a mvula kupuekawu bimpe, muikale ne bitupa bipiteku bimanu kakese, pa kumbusha mu miaba mudi mpepele ya bungi ituta. Bintu bia kuasa nabi muaba wa kusokomena bidi ne bua kuikala bia bipepele, kabiyi bitamba kulama luya anyi mashika, bu mudi mabaya. Panshi pa nzubu pikale pazangika kuulu bua mâyi kaabuedi mu muaba wa kusombela udi mubuikila ⊕ *tangila Mukenji 2 wa muaba wa kusokomena ne muaba wa kusombela: Diteka ne dilongolola muaba wa kusombela.*

Mu miaba ya luya lukole, miume, bintu bia bujitu bia kuasa nabi (bu mudi malaba anyi mabue) bidi biambuluisha bua kulama luya anyi mashika makumbane nansha mudiku mua kuikala dishintuluka dia luya anyi dia mashika butuku ne mundamunya. Ku musangu ne ku mukuabu, enza mudimu ne bintu bia bipepele bia kuasa nabi bidi bikumbana bua kukuba ku munya. Teya ntema ku mushindu wa diasa ne bintu bia bujitu mu miaba idi bikumina bifuane kuenzeka. Petesha bantu miaba idi mibuikila ne idi ne kapepe kapita bimpe kuoku mushindu ne bikalabi biakanyine. Kuoku kuikale anu malata a plastike anyi ntenta, pesha bantu tshia kubuikila kuulu tshidi tshitshibulula ne tshikale tshipitshisha kapepe munda muatshi bua kukepesha dibanda dia luya. Biibi ne madidishi kabitangidi ku luseke ludi lupepele lua luya lutamba kuvuila. Panshi pa nzubu munda padi ne bua kuikala palamakane ne bimanu bia pambelu kakuyi kushala mpunga pankatshi pabi, bua mpuishi ne bisambuluji bia masama kabibuedi munda.

Mu miaba ya mashika, mbimpe kuipidija bule bua nzubu bua kukepesha bunene bua munda budi bulomba difila luya. Miaba ya kudikuba idi bantu basombela dituku dijima idi ilomba bintu bia kuasa nabi bia bujitu bidi ne bukole bua kukandamena dishintuluka dikole dia mashika anyi luya. Bua miaba ya kudikuba idi bantu balua anu bua kulala butuku, diasa ne bintu bia bipepele bidi ne bukole bushadile bua kukandamena dishintuluka dia mashika anyi luya ne bidi mua kukuba ku munya mukole nditambe kuakanyina. Kepesha dibuela dia lupepele, nangananga kumpenga kua biibi ne kua madidishi, bua muntu udi munda kudiumvuaye bimpe eku muikale kabidi upeta kapepe kimpe bua bintu bidi bifila luya anyi matshuwa a kulambila.

Dipitshisha kapepe kakanyine didi diambuluisha bua kulama bimpe muaba udi muntu usombela munda, dipangisha tshikutakanyi ne dikepesha ditangalaka dia masama a tshiambu. Didi dikepesha buenzeji bua mishi ya mbabula idibu balambila munda mua nzubu, idi mua kukebesha masama a dieyela anyi kunyanga mêsu. Ela meji bua dipitshisha kapepe ka ku tshifukilu kuoku mushindu.

Diluisha bisambuluji bia masama: Miaba ya malaba a panshi panshi, bishadile bia bintu bidi binyanguke ne nzubu idi munda mutupu bidi mua kuikala miaba ya dikoleshila bisambuluji bia masama bidi mua kulua kukebela bantu njiwu ya makanda a mubidi. Bua miaba ya kusombela idi bantu ba bungi basangile, disungula dia muaba ne didifila bua kuepela njiwu ya bisambuluji bia masama mmalu a mushinga adi ambuluisha bua kukepesha buenzeji bua masama matuala kudi bisambuluji ebi ⊕ *tangila Mukenji 4.2 wa WASH wa diluisha bisambuluji bia masama: Malu adi mêku ne muntu pa nkayende mua kuenza bua kuluisha bisambuluji bia masama.*

4. Bintu bia mu nzubu

Dikuatshisha ne bintu bia mu nzubu didi dikankamija dipingaja ne dilama makanda a mubidi, bunême ne bukubi, ne dienza midimu ya kumbelu ya ku dituku ne ku dituku munda ne pambelu pa nzubu. Mukenji eu udi utangila bintu bia kuladila, dilamba biakudia ne dibilama, didia ne dinua, kapepe kimpe, dikenkesha ne bivualu bia muntu ne muntu. Nshapita wa WASH udi umvuija malu makuabu a bungi pa bidi bitangila bintu bu mudi mishetekela, mbeketshi, bintu bia kulamina mâyi ne bia mankenda.

Mukenji 4 wa muaba wa kusokomena ne muaba wa kusombela: Bintu bia mu nzubu

Dikuatshisha ne bintu bia mu nzubu didi dikankamija dipingaja ne dilama dia makanda a mubidi, bunême ne bukubi, ne dibangisha kuenza midimu ya mu nzubu ya ku dituku ku dituku munda ne pambelu pa nzubu.

Malu manene a kuenza

1. Konkonona malu bua kujadika ne: mêku adi ne mushindu wa kupeta bintu bidi bibambuluisha bua kubangishilula ne kutungunuka ne kuenza midimu ya nshindamenu ya kumbelu.

- Ela meji bua majinga mashilangane bilondeshile bidimu bia bantu, ni mbalume ni mbakaji, bulema, bilele ne malu a mu nsombelu wa bantu, ne bunene bua dîku.
- Teka pa muaba wa kumpala dipeta dia bintu bia midimu ya mu nzubu, bilamba bia muntu kuvuala, bintu bia mankenda bia muntu, ne diambuluisha bua bukubi ne makanda a mubidi.

2. Angata dipangadika dia mushindu wa kufila dikuatshisha dia bintu bia mu nzubu mu mushsindu muimpe ne udi muakanyine.

- Tangila tshidi mua kupetshibua mu tshitupa atshi ku diambuluisha dia makuta anyi dia tike ya diangata nayi bintu mu disumba bintu bia muaba au, bia mu tshitupa tshia ditunga anyi bifumina ku matunga makuabu bua diabanya dia bintu bia ku mubidi.
- Tangila bilumbu bia mu muaba udi bantu basombele bidi bitangila mushindu udibu bakute bintu anyi babifila.

3. Londesha malu adi atangila dikalaku dia bintu bia mu nzubu, bulenga buabi ne mushindu udibu benza nabi mudimu, ne akajilula malu bikalabi bilomba kuenza nanku.

- Longolola bua kuujilula kabidi bintu pikalabi bienze bua ne: bantu badi anu batungunuka ne kutambakana.

- Londesha malu a bisalu bisungula bua dikalaku dia bintu, mishinga yabi ne bulenga buabi. Akaja mushindu udi dikuatshisha difidibua padi malu enda ashintuluka.

Bileji binene

Bantu badi ne bungi bukumbane bua bilamba bia kuvuala bilenga ne biakanyine

- Muntu ne muntu udi ne bua kuikala ne bilamba kabiyi bishadile ku bibidi, bia bunene budi bukumbane ne bidi biakanyine bilondeshile bilele bia bantu, mivu, tshikondo tshia luya anyi tshia mashika, ne bidi biakanyine majinga kayi onso a pa buawu

Bantu badi ne bungi bukumbane bua bintu biakanyine bia kuladila bidi bibakuba, bibapetesha makanda ne biambuluisha bua kulama malu abu nkayabu padibu balala

- Bidi bikengela mbulanketa umue ne bia kuladila (lusela, matela, dra ya kudibuikila) ku muntu. Mu miaba ya mashika nebilombe bua kusakidila mbulanketa/tshia kuadija panshi bua mashika adi panshi kaabuedi muntu
- Bidi bilomba kuabanya mishetekela miela buanga muaba udibi bikengela kuenza nanku

Bantu badi ne bungi bukumbane bua bintu bua kulamba, kudia ne kulama biakudia

- Bua dîku dionso anyi bua kasumbu ka bantu banayi anyi batanu: ngesu ibidi minene ya dîku dijima, mikale ne bikuatshidi ne bibuikidiji, dilongo dimue dinene dia kulongoluela anyi mua ditekela biakudia, kele ka tshikuku kamue ne nkutu minene ibidi
- Ku muntu: dilongo dimue dia kudila, bintu bia muntu ne muntu bia kudia nabi ne dikopo dimue dia kunuina

Bia pa lukama bia bantu badi mu dikenga badi ne mushindu wa kupeta bungi bukumbane bua bintu bimpe ne bia kupeta kakuyi lutatu bua kulama luya anyi mashika bikumbane mu nzubu, kulamba biakudia ne kukenkesha mu nzubu

Bungi bua malu adi menzeke adi mafikishe bantu ku ditapika mu dienza mudimu ne matshuwa, mu dilama anyi mu dikeba bintu bia kulamba nabi

- Teka tshipiminu tshia nshindamenu ne tangila mudibi bienda bipueka too ne ku 0

Malu a kulonda

Bintu bia mu nzubu bia nshindamenu bidi ne bua kuikalaku bungi bukumbane ne bilenga bua:

- kulala, kulama luya anyi mashika makumbane ne bilamba bia muntu ne muntu;
- kulama mâyi, kulamba ne kulama biakudia, kudia ne kunua;
- kupeta bukenke;

- kulamba, kusabisha mâyi ne kunanga mu nzubu, kuelamu ne kasolonyi anyi nzembu ⊕ *tangila Mukenji 5 wa dikumbana dia biakudia ne didisha: Dikumbana dia biakudia dia pa tshibidilu;*
- bintu bia mankenda, kuelamu ne bintu bitu bakaji benza nabi mudimu ku ngondo anyi badi badinyangila bilamba bua dipanga didikanda ⊕ *tangila Mukenji 1.2 ne 1.3 ya WASH ya dikolesha mankenda;*
- bintu bia kudikuba nabi ku bisambuluji bia masama, bu mudi, tshilejilu, mishetekela ⊕ *tangila Mukenji 4.2 wa WASH wa diluisha bisambuluji bia masama;* ne
- bintu bia kujima nabi mudilu ne kudikuba ku mishi.

Disungula dia bintu bia mu nzubu bidi biakanyine: Bintu bia mu nzubu bidi ne bua kufidibua mu dilongolola dia bintu bionso bia mu nzubu. Mu disunguluja mushindu wa bintu, bungi buabi ne bulenga buabi, teka bintu bidi mua kusungila muoyo pa muaba wa kumpala. Ela meji bua:

- midimu ya nshindamenu ya ku dituku dionso bua muntu ne muntu, bua dîku ne bua tshinsanga;
- mêyi a mu bilele bia bantu, ngikadilu muakanyine ne malu a bena kale;
- bintu kabiyi ne njiwu ne bipepele bua kuenza nabi mudimu (pa kumvuija anyi mu diambuluisha anu kakese pa bidi bitangila mushindu wa kuenza nabi mudimu);
- dinenga dia bintu, mushindu udibi bienda bijika ne dijinga dia kubipeta tshiakabidi;
- nsombelu ya bantu idiku ne malu adibu balongolole;
- mushindu wa kupeta bintu mu muaba au;
- majinga masunguluke bilondeshile bisumbu bia bantu badi mu dikenga, bu mudi bakaji, bansongakaji, balume, bansongalume, bana batekete, bakulakaje, balema ne bantu peshi bisumbu bia bantu bakuabu badi batekete; ne
- buenzeji bua bintu bisungula ebi mu muaba udi bantu basombele ⊕ *tangila Mukenji wa 7 wa muaba wa kusokomena ne muaba wa kusombela: Dinenga dia muaba udi bantu basombele.*

Dikubibua: Bintu bionso bia plastike bidi ne bua kuikala ebi bidibu benze bua kuelamu biakudia. Bintu bionso bia tshiamu bidi ne bua kuikala bienza ne tshiamu tshidi katshiyi tshikuata dimomena peshi tshilaba mukubu.

Enza bua ditshuwa ne bitupa bia muaba wa kusokomena bikale bitapulula bimpe. Teka matshuwa adibu balambila nawu munda pa tshishimikidi tshidi katshiyi mua kukuata kapia. Teka tshibubu tshidi katshiyi tshikuata mudilu kumpenga kua disoso dienza mu muaba wa kusokomena batangile pambelu. Teka ditshuwa kule ne mushiku wa mbelu bua kumona mua kufikaku kakuyi lutatu mu dienza nadi mudimu. Bintu bia kutemesha nabi mudilu bidi ne bua kuikala bilama kule ne ditshuwa dine, ne tshintu bu mudi kasolonyi nka kuteka kule ne bana batekete.

Dikala ne luya anyi mashika makumbane mmumue ne: bantu mbasombe bimpe bumvue luya anyi mutelela mukumbane, badibuikile ne kabayi babole. Muntu ne muntu udi umvua bimpe bua bilamba, mbulanketa ne bia kuadija pa bulalu. Matela a kuadija panshi ne bia kuvuija nabi luya munda anyi kutalaja nabi mu nzubu nebiambuluisha bua muntu kuikala mu nsombelu idi isankisha. Mapangadika onso adi mua kuikalaku adi ne bua kuangatshibua bua muntu ne muntu ne bua mêku bua kuepuka ditalala dikole dia mubidi anyi luya lukole lua mubidi.

Mêku adi apeta bintu bia kulamba nabi ne nzembu ku mushinga mukumbane: Bidi bikengela kasolonyi anyi bintu bikuabu bidi bifila bukole bua kukenkesha mu nzubu, kulamba nabi, kupeta kapepe kimpe katalale anyi ka luya lukese ne kumanyishangana malu ne bakuabu. Dikeba anyi disumba kasolonyi peshi bintu bidi bifila bukole didi ditudisha makuta misangu ne misangu, ne bidi bikengela kudilongolola mushindu udibi bikengela. Kankamija bilele bia dilamba didi dilama bintu bia kulamba nabi, mu mudi dienza mudimu ne mbabula idi kayiyi yangata makala a bungi, dilongolola dia nkunyi ya kuela muiku, dilama dia mudilu, mishindu ya kulamba biakudia ne disangila dia tshikuku. Yukilangana ne bantu badi mu dikenga ne tshinsanga tshidi tshibakidile pa bidi bitangila muaba ne mushindu wa kupeta bintu bia kuenza nabi mudilu bua kujikija bilumbu bidi bitangila bukubi bua muntu ne muntu ne bua dinenga dia muaba udi bantu basombele.

Bintu bidi bienza bua kufila bukenke bidi ne bua kufidibua bilondeshile dijinga bua se: muntu ne muntu ikale mukubibue munda ne pambelu pa muaba wa kusombela mu miaba idi dikenkesha dia pa tshibidilu kadiyiku. Pa kumbusha alameta ne buji, ela meji bua kuenza mudimu ne bintu bidi bienza bua kufila bukenke bidi kabiyi bilomba nzembu mikole bu mudi miendu ya LED ne ma-pano solere.

Dilongolola didi diashila pa bisalu bua kupeta bintu bia mu nzubu: Dikonkonona dia bisalu bua kupeta bintu bia mu nzubu didi ne bua kuikala tshitupa tshia dikonkonona dialabale dia ndongoluelu wa bisalu. Difila dia bintu bia mu nzubu didi ne bua kukankamija bisalu bia muaba au kuoku mushindu. Tangila bimpe makuta adi atuka bua bintu ebi mu diangata bu tshitupa tshia makuta onso adibu batula mu dîku. Londesha malu aa mu kupita kua tshikondo bua kushintulula ne kuakaja malu mushindu udibi bikengela kuenza ⊕ *tangila Dikuatshisha bantu ku diambuluisha dia bisalu.*

Diabanya dia bintu: Longolola mishindu mimpe ne miakane ya diabanya bintu mu diyukidilangana ne bakokeshi ba muaba au ne bantu badi mu dikenga. Ujadike ne: bantu anyi mêku adi matekete mmabadibue mu liste ya diabanya dia bintu ne badi mua kumanya malu adibu bamanyisha bua diabanya ne nansha diabanya dine. Bidi bikengela kusungula bimpe miaba ya diabanya bintu, pa kuela meji bua mutantshi udi bantu benda, tshimuenekelu tshia muaba muine ne mushindu wa kuambula bintu binene, bu mudi bintu bia kuasa nabi muaba wa kusokomena. Ela meji bua kubalamu ne bintu bia kulamina bintu bikuabu ne diambula dia bintu bia mu nzubu ne bia muntu nkayende.

Dilondesha malu dia panyima pa diabanya dia bintu: Konkonona malu bua kujadika ne: ngenzelu wa diabanya ne bintu bine bia mu nzubu bia kuabanya mbiakanyine. Bikalabu kabayi benza mudimu ne bintu ebi anyi bikale babipana mu tshisalu, peshi bikalaku dipitshisha dia matuku kakuyi mushindu wa kubipeta, akaja ngenzelu peshi bintu. Umanye ne: majinga neyikale ne bua kushintuluka mu kupita kua tshikondo ne programe idi ne bua kuakanangana ne mashintuluka aa.

5. Dikuatshisha mu ngenzelu wa mudimu

Dikuatshisha mu ngenzelu wa mudimu ntshitupa tshinene tshia diambuluisha didibu bafila bua kupeta muaba wa kusokomena ne muaba wa kusombela. Didi dikankamija bantu badi mu dikenga bua kupetulula bobu nkayabu makanda ne dilengeja ngikadilu ne bukubi bua muaba wabu wa kudikuba ne muaba wa kusombela. Mbualu bua mushinga mukole bua mêku anyi binsanga bidi mu dikenga kuikalabi bidifile ne muoyo mujima mu disungula dia miaba yabu ya kusombela, mu diela meji bua miaba ya kudikuba, dilongolola dia muaba ne dia bintu bia kuasa nabi, ne mu ditangila anyi dienza mudimu wa diasa miaba ya kudikuba ne miaba mikuabu.

Mukenji 5 wa muaba wa kusokomena ne muaba wa kusombela: Dikuatshisha mu ngenzelu wa mudimu

Bantu badi bapeta pa dîba dikuatshisha diakanyine mu ngenzelu wa mudimu.

Malu manene a kuenza

1. Jingulula bilele bia kumpala kua dikenga bivuabu nabi bua dilongolola dia muaba ne diasa, bintu bidi kuoku, mamanya ne makokeshi adiku.

- Yukilangana ne bantu badi mu dikenga, bena mudimu wa luibaku ne bakokeshi ba muaba au bua numvuangane pa bilele bia luibaku ne bintu bia kuasa nabi, ne bua kupeta mamanya adi akengedibua bua kujadika bulenga bua ngashilu.

2. Bueja bantu badi dikenga dikuate pamue ne bakokeshi ne bena mudimu ba muaba au mu ngenzelu wa diasa dia muaba.

- Londa mêyi ne mikenji idibu balonda mu dilongolola dia muaba ne bua diasa, disungula dia bintu bia kuasa nabi ne mikenji ya bulenga, bilondeshile bule bua matuku adibu balongolole bua muaba wa kusokomena, muaba wa kusombela ne diambuluisha bena mêku ne bua kunenga.
- Enza muebe muonso bua kulonda bilele bia diasa ne mpunga ya didipetela bintu bia mu nsombelu bia muaba au.

3. Kankamija bilele bidi kabiyi ne njiwu ya bungi bia mu diasa bua kukumbaja majinga adiku muaba wa kusokomena ne kukepesha njiwu ya matuku atshilualua.

- Bua nzubu anyi miaba ya kudikuba idi minyanguke anyi miupuke, manya njiwu ne mpukapuka idi mua kuikala mu bivuabu base, malu adi menze bua nzubu eyi inyanguke anyi malu adi mua kulua kunyanguka mu matuku adi kumpala.

- Longela ku bilele bia diasa bia muaba au pamue ne ngenzelu wabu wa mudimu, ubilengeje ne uleje mishindu mipiamipia ya mua kuenza kuoku mushindu; pepeja malu bua kumona mushindu muimpe wa kulongesha bantu bua kukankamija bilele biakanyine bia mu diasa.

4 ⟩ Ujadike ne: bantu badi ne mushindu wa kupeta dikuatshisha dikumbane dia mu ngenzelu wa mudimu.

- Ela meji bua dijinga dia kuikala ne bena mudimu bapiluke, mushindu wa kulonda mêyi ne mikenji ya luibaku, ne mushindu wa kukolesha bukokeshi mu ngenzelu wa mudimu munkatshi mua bantu badi mu dikenga.
- Teya ntema kudi bantu badi kabayi ne makanda a bungi, kabayi ne bukokeshi anyi mpunga wa kudifila mu midimu ya luibaku mu mushindu udi ubakuba ne wa ngenzelu muimpe wa mudimu, peshi asa muyuki bua kubuela mu nzubu udi mumana kuasa ne udi muimpe kayi ne bualu.

5 ⟩ Enza mushindu muimpe wa dilombola mudimu bua kupeta bintu, makuta, bena mudimu, dikuatshisha mu ngenzelu wa mudimu ne njila ya kulonda bua kupeta dianyisha dia malu adi malombibue bua kufika ku bipeta bilenga.

- Londa ngenzelu ne mikenji ya bikadilu idi miakanyine mu malu a dikeba bantu badi mua kuenza mudimu, ditabila bantu badi mua kuenza mudimu, disumba dia bintu, diumvuangana bua mudimu ne diasa dia muaba.
- Kankamija dienza mudimu ne mamanya, ne bintu bia mudimu ne bia diasa nabi bidiku muaba au, ne angata ku mudimu bantu ba muaba au bua kulama ne kulengeja miaba ya kudikuba.

Bileji binene

Bia pa lukama bia programe mudi bakokeshi ba muaba au badifile mu dipatula mikenji ya luibaku ne mu dilondesha midimu ya luibaku

Bia pa lukama bia midimu ya luibaku idi ileja didifila ne tshisumi dia bantu badi dikenga dikuate

Bia pa lukama bia miaba wa kudikuba idibu base, balongolole, bapingaje muayi mua kale, balengeje anyi balame bilondeshile bilele bilenga bia luibaku mu nsombelu kampanda musunguluke ne njiwu idi mua kuikalaku

Bia pa lukama bia mêku adi amanyisha mudiwu mapete dikuatshisha mu ngenzelu wa mudimu ne mibelu miakanyine

Malu a kulonda

Didifila ne dipangadija dia bantu badi dikenga dikuate: Didifila mu muaba wa kusokomena ne mu midimu ya luibaku bidi ne bua kuikala biumvuangana ne bilele bidiku bia muaba. Programe ya dilongesha bantu ne ya dilonga midimu ya bianza idi mua kupetesha mishindu ya bungi menemene bua bantu bonso badi dikenga dikuate kudifila (bantu badi dikenga dikuate buludiludi ne bantu badi babakidile) mu tshikondo tshia luibaku. Petesha bakaji ne balema mishindu ya kudifila mu mudimu. Bantu badi ne makanda makese bua kuenza midimu mikole badi mua kuambuluisha mu dienza midimu bu mudi dilondesha dia malu mu muaba udibu basa, dilama bintu bionso bia mudimu, dikuatshisha mu ditangila dia mudimu, ditabalela bana anyi dilamba dia biakudia bua badi badifile mu mudimu wa luibaku. Umanye ne: bantu badi mu dikenga badi mua kuikala ne amue malu adi mua kubapumbishisha mudimu bua mutantshi mukese. Bisumbu bia bena mudimu ba budisuile anyi bantu badi bangatshibue ku mudimu bua difutu badi mua kuambuluisha mu mudimu wa luibaku bua mêku ne mêku, nangananga mêku adi malombola kudi bakaji, bana, bakulakaje anyi balema. Dikuatshisha dia nunku didi ne mushinga bualu bisumbu abi bidi mua kuikala mu njiwu ya kubakengesha bua bende masandi padibu bakeba dikuatshisha bua mudimu wa luibaku.

Bueja bansonga mu midimu ya luibaku: Kuikala mu mudimu wa luibaku kudi mua kupetesha bansonga makokeshi a mushinga, dieyemena, didiumvua bangatshibue ne mushinga ne dipetangana ne bena tshinsanga.

Ujadike ne: bana badi ne bidimu kabiyi bikumbane bua kuenza mudimu ki mbangatshibue mu mudimu wa luibaku muaba wa kusokomena peshi mu programe ya difutu bua mudimu wa muaba wa kusokomena nansha. Bana badi ne bidimu pankatshi pa bidi bianyishibue bua kuenza mudimu (pa tshibidilu bidimu 14 anyi 15) ne bidimu 18 badi ne bua kudifila mu mudimu mu mushindu udi muakanyine bidimu biabu ne dikola diabu. Ujadike ne: didifila diabu didi dilonda mêyi ne mikenji ya ditunga idi itangila nsombelu eu. Bidi bikengela kuangata mapangadika bua kujadika ne: badi balonda mikenji ya bukua-matunga ne mikenji ya ditunga idi yakuila malu a mudimu bua kuepuka njiwu ne diangata ku mudimu bana batshidi bapuekele. Bilumbu anyi nkonko yonso idi mua kujuka pa bidi bitangila mudimu wa bana badi ne bua kubimanyisha bamanyi bapiluke anyi midimu ya mu nsangilu wa bantu idi ikuba bana ⊕ *tangila Mukanda wa CPMS*.

Dimanya dishindame mu ngenzelu wa mudimu: Pesha bantu mibelu pa malu bu mudi dilongolola dia muaba ne diwakaja, ngibakilu ya muaba au, dikonkonona dia bidi binyanguke, diupula ne diumbusha dia bintu bidibu bupule, diasa, dilongolola dia muaba, dikonkonona dia nzubu idi mimana kuasa muaba au ne bukubi bua dimanyika bu muena muaba. Bualu ebu budi mua kuambuluisha bua kujadika ne: miaba ya kudikuba idi ikumbaja mikenji idibu bateke. Dimanya dia malu a bisalu bia bintu bia kuasa nabi ne bia benji ba mudimu nediambuluishe padi, bia muomume ne dikuatshisha dia bamanyi ba mikenji ne ba malu a mbulamatadi ⊕ *tangila Mukenji 6 wa muaba wa kusokomena ne muaba wa kusombela: Bukubi bua dimanyika bu muena muaba.*

Dinemeka mikenji ya luibaku: Keba bua kumanya bikalabu banemeka anyi batumikisha pa tshibidilu mikenji ya luibaku ya muaba au anyi ya ditunga. Biobi kabiyi nanku, lomba bantu bua bikale benza nayi mudimu ne bayinemeka. Mikenji eyi idi ne bua kuleja bilele bidi bantu ba muaba au balonda mu diasa, yangata ne mushinga luya anyi mashika a muaba au, bintu bidiku, makokeshi a kuasa ne a dilama bidibu base, mushindu wa kupeta ne mushinga muakanyine. Ujadike ne: programe ya muaba wa kusokomena idi yanyishila mêku bua kukumbaja anyi bua kufika ku dikumbaja ku kakese ku kakese mêyi ne mikenji idi mianyishibue, nangananga mu programe idi yenza mudimu ne dikuatshisha ne makuta bua kukumbaja majinga a muaba wa kusokomena. Kuoku kakuyi mikenji, teka Mikenji idi ikengedibua mu dieleshangana diboko ne bakokeshi ba muaba au ne benji ba muine mudimu eu (kuelamu ne bantu badi dikenga dikuate, bikalaku mushindu) bua kujadika ne: badi balonda malu adi malomba bua bukubi ne ngenzelu wa mudimu.

Dikolesha makokeshi a dienza mudimu: Kolesha makokeshi a tshinsanga pa kubambuluisha mu dilongesha ne dimanyisha malu munkatshi mua bantu badi mu dikenga, bakokeshi ba muaba au, benji ba mudimu wa diasa ba muaba au, bena mudimu bapiluke ne badi kabayi bapiluke, bena maloba, bamanyi ba mikenji ne benzejanganyi netu ba mudimu ba muaba au.

Mu miaba itu makenga alua ku bikondo anyi atua apingana, bueja bamanyi bapiluke ba ngenzelu wa mudimu ne bamanyi ba muaba au badi bamonemone malu mu dijikija diakanyine dia ntatu mu muaba au anyi badi bamanye bienzedi bitambe buimpe bia kulonda. Bantu aba badi mua kumvuija bimpe bilele bia kuela meji ne kuibaka ne kuambuluisha bua kujikija bilumbu mu mushindu mulengeja.

Dipeta bintu bia luibaku: Padi bintu bia kuasa nabi mua kupeteka lukasa, bantu badi mu dikenga badi mua kuasa bobu nkayabu miaba ya kudikuba. Dijikija ntatu ya miaba ya kudikuba edi didi mua kuikala dienza mu bitupa bisunguluke anyi mu tshisumbu tshia bintu tshimana kujadika, ne bia mudimu wa luibaku bidi biakanyine. Dikonkonona ne dijoja dia dia lukasa dia bisalu ne dikonkonona dia buenzeji pa bintu bidi muaba udi bantu basombele bidi mua kuambuluisha bimpe bua kusungula bintu bia luibaku.

Dipeta bintu bia luibaku muaba unudi didi mua kulenga malu a mpetu a muaba au, benji ba mudimu peshi bintu bia ku tshifukilu bidiku. Mu imue nsombelu, bintu bilenga bidi biakanyine kabiena mua kupetshibua mu muaba au. Mu nsombelu ya mushindu eu, enza mudimu ne bia mudimu bikuabu peshi ne ngenzelu mikuabu ya dipatula nayi bintu, anyi ndongoluelu ya bungenda-mushinga ya miaba ya kudikuba, kadi ela meji bua buenzeji bua dienza mudimu ne bia mudimu bidi kabiyi bimanyike mu bilele bia bantu ba muaba au. Kuangatshi bintu bia kuasa nabi bidibu bapatula mu dikengesha bena mudimu ba muaba au ne bana to.

Nzubu minene ya bantu ba bungi idi mimpe: Asa anyi longolola nzubu minene ya bantu ba bungi kusombela mutantshi mukese anyi bua kashidi bu mudi bilongelu ne miaba ya luondapu bua kayikadi miaba idi mua kunyanga makanda a mubidi a bantu ne idi ishala mimane panyima pa tshipupu. Nzubu ya mushindu eu idi ne bua kunemeka mikeji ya luibaku ne kupeta dianyisha. Ujadike ne: bantu bonso badi mu bukubi ne badi mua kubuela mu nzubu eyi, kuelamu ne aba badi ne lutatu lua kuendakana ne dipetangana ne bakuabu (biobi mua kuenzeka, lombola pamue ne malongolodi adi akuila balema). Ikila ne bakokeshi badi bakanyine mu dilongolola ne mu diasa nzubu ya mushindu eu. Teka ngenzelu wa mudimu muakane ne wa dilama nzubu bimpe.

Disumba dia bintu ne diludika mudimu wa luibaku: Enza ndongamu wa luibaku udi ukonga bitupa binene bia mudimu bu mudi dituku dia ntuadijilu ne dia dijikija dia mudimu, ne matuku ne tshikondo tshianenga dipingaja dia bantu badi bamuangale. Bualu ebu budi ne mushinga nansha bikala diasa dia nzubu dikale dilombola kudi muena nzubu anyi kudi muena mudimu udibu ne bua kufuta. Ndongamu udi ne bua kuangata ne mushinga dituku didibu balongolole didi ntatu ya mu bikondo bia mvula anyi bia mushipu ne bua kutuadija ne kuleja plan wa malu makuabu a kuenza pikala malu adi kaayi matekemena mua kuenzeka mu matuku adi kumpala. Teka diludika dia mudimu wa luibaku ne ndongoluelu wa dilondesha nende malu bua bintu bia kuasa nabi, benji ba mudimu ne ditangila dia muaba wa mudimu. Ndongoluelu eu udi ne bua kutangila malu bu mudi dipeta dia bintu, dibisumba, dibiambula, dibiambuisha ku mashinyi ne ditangila malu abi mu bule bua ndongamu eu mujima.

Angata ku mudimu bantu ba bungi ba muaba au baudi mua kuangata bua kukolesha mamanya abu ne kuambuluisha dipeta bintu bia mu nsombelu dia bantu badi dikenga dikuate. Angata ku mudimu bamanyi bapiluke ba mudimu (bu mudi ba-enjenyere, ba-arshitekte, bazodi ba bimenga, benzeji ba midimu peshi ba-avoka) bua kuenzabu midimu misunguluke.

Ujadike ne: mbajandule malu adi atatshisha a mu muaba udi bantu basombele. Kankamija bantu bua kuenza tshiakabidi mudimu mu mushindu udi muanyishibue mu bantu ne bintu bia luibaku bidi bishale, bikalabi ne: badi mua kujadika mudibu ne bukenji bua kupeta bintu ebi ne bulenga buabi ⊕ *tangila Mukenji wa 7 wa muaba wa kusokomena ne muaba wa kusombela: Dinenga dia muaba udi bantu basombele.*

Diakajilula ne dilama: Diambuluisha didibu bafila ku ntuadijilu bua muaba wa kusokomena ditu pa tshibidilu dipetesha anu mushindu udi ukengedibua wa muaba udi bantu basombela mubuikila anyi mujika. Nansha nanku, ngibakilu ya ku ntuadijilu ne bintu bia kuasa nabi bidi ne bua kupetesha mêku mushindu wa kulama, kulengeja ne kuakajilula muaba wa kusokomena bua kukumbajabi majinga abu a matuku a bungi. Diakajilula miaba didi ne bua kuenjibua mu bukubi mu dienza mudimu ne bia mudimu ne bia diasa nabi bidi bipeteka muaba au, bidi bantu bibidilangane nabi ne bia mushinga mukumbane, kuoku mushindu.

Bintu bia mudimu bia tshinsangasanga: Longolola ngenzelu ya kulonda mu mushindu wa kuenza mudimu ne kulama bimpe ne kuteka muaba wabi bintu bia mudimu bia tshinsangasanga anyi bidi bantu basangile mu dienza nabi mudimu.

6. Bukubi bua dimanyika bu muena muaba

Bukubi bua dimanyika bu muena muaba mbuena kuamba ne: bantu badi mua kusombela mu nzubu yabu kabayi batshina ne: badi mua kubapatulamu ku bukole, bikala mu nsombelu idibu ba bungi mu muaba umue wa kusombela, mu miaba ya kusombela idi kayiyi mimanyike kudi mbulamatadi, mu binsanga bia bantu badi babakidile peshi kunyima kua dipingana diabu. Budi tshishimikidi tshia bunême bua kupeta nzubu muakanyine ne bua manême makuabu a bungi a muntu. Mu mudimu wa diambuluisha bantu, ngenzelu wa malu udi wenda udiunda − peshi wa diya bitulu bitulu − udi mua kuikala ngenzelu udi mutambe kuakanyina. Ngenzelu eu udi witaba ne: badi mua kukankamija bantu badi bamuangale bua kulengeja nsombelu yabu mu nzubu ya mishindu mishilangane. Kabiena bisua kumvuija ne: badi ne bua kudianjila kuambuluisha bena nzubu to, ne kabiena anu bifila lungenyi lua ne: muntu washadi kashidi muaba kampanda anyi walu muena muaba au nansha. Benji ba mudimu wa diambuluisha bantu bua kupeta muaba wa kusokomena mbalongolole ngumvuilu wa tshidi kuikala mu "bukubi bukumbane" mu diela dia meji bua mishindu ya miaba ya kudikuba idi ikuatshisha badi batekete ne badi bafuane kujimija bukenji bua kuikala muena tshitupa tshia buloba. Bua kumanya malu a bungi adi akengela kukonkonona kumpala kua bionso ne kujingulula lungenyi lua "bukubi bukumbane" ⊕ tangila *Mikanda idibu batele: Payne and Durand-Lasserve (2012)*.

Mukenji 6 wa muaba wa kusokomena ne muaba wa kusombela: Bukubi bua dimanyika bu muena muaba

Bantu badi dikenga dikuate badi ne bukubi bua dimanyika bu bena muaba mu muaba wabu wa kudikuba ne mu muaba wa kusombela mu mishindu mishilangane.

Malu manene a kuenza

1. Bangisha ne malu adi akengela kukonkonona kumpala kua bionso mu dienza dia programe ne mu dimuteka mu tshienzedi.

- Enza muebe muonso bua kuanji kukumbaja malu a bungi adi malombibue bilondeshile mikenji pa bidi bitangila dimanyika bu muena muaba (lungenyi lua "bukubi bukumbane"), pa kutangila nsombelu udiku ne bipumbishi.

- Lombola malu ne enza mudimu pamue ne bakokeshi ba muaba au, bamanyi ba mikenji ne nsangilu ya bena mudimu ya muaba au.

2. Jingulula tshidi mêyi ne mikenji yumvuija ne malu malelela adi mu tshialu.

- Leja pa kalata ndongoluelu ne mapangadika mu malu a dikala muena muaba mu mishindu mishilangane ya muaba wa kusokomena ne muaba wa kusombela panyima pa dikenga; manya mushindu udi malu aa mikale ne buenzeji kudi bisumbu bia badi batambe kuikala mu njiwu.

- Enza mudimu pamue ne bakokeshi ba muaba au bua kumanya mêyi adibu ne bua kulonda ne adibu kabayi ne bua kulonda, ne bikondo bidi bikengela bua kukumbaja mine malu aa.
- Umvua mushindu udibu batangila malanda mu malu a dikala muena muaba ne mushindu wa kujikija bilumbu, ne mushindu udi bualu ebu ne bua kuikala bushintuluke katshia ku ntuadijilu kua dikenga.

3 > Umvua mushindu udi ndongoluelu, mapangadika ne bilele bia dikala muena lupangu bikale bilenga bukubi bua dimanyika bu muena muaba bua bisumbu bidi mu njiwu.

- Angata bukubi bua dimanyika bu muena muaba bu tshileji tshia butekete.
- Jingulula mikanda kayi idi bantu badi badifile mu programe ne bua kuikala nayi dijinga, mumanye ne: aba badi batambe kuikala batekete badi mua kuikala kabayi ne mikanda eyi, anyi kabayi ne mushindu wa kuyipeta.
- Ujadike ne: kabena bakonyangaja diambuluisha difila bua kuluadi mumvuangana adi pankatshi pa muena nzubu ne mufutshidi anyi dilua muena nzubu bua kashidi.

4 > Teka mu tshienzedi programe ya diambuluisha bua kupeta muaba wa kusokomena ne muaba wa kusombela bua kukankamija bukubi bua dimanyika bu muena muaba.

- Enza mudimu ne bamanyi ba muaba au bua kuakaja programe bilondeshile mishindu mishilangane ya dikala muena muaba, nangananga bua bisumbu bia badi batekete.
- Ujadike ne: mikanda idi ikengedibua, bu mudi diumvuangana bua kuikala muena muaba, mmilongolola bimpe ne idi ileja manême a bonso badi mu diumvuangana edi.
- Kepesha njiwu mushindu wa se: programe wa muaba wa kusokomena kalu kujula dikokangana anyi kufikisha bantu ku dikokangana munkatshi mua tshinsanga ne binsanga bia bantu bidi pabuipi apu.

5 > Kankamija dikubibua ku bualu bua dipatula muntu ku bukole mu nzubu.

- Bobu bapatule muntu anyi bimueneka ne: mbafuane kumupatula, keba bua kuledila malu a nunku bua umanye malu makuabu a kuenza bua kujikija bilumbu bia muaba wa kusokomena ne dikuatshisha dia bitupa bikuabu bia mudimu.
- Fila diambuluisha diebe mu dijikija dia bilumbu.

....

Bileji binene

Bia pa lukama bia bapetshi ba muaba wa kusokomena badi ne bukubi bua dimanyika bu bena muaba bua muaba wabu wa kudikuba ne muaba wabu wa kusombela mu bule bua tshikondo tshidi tshikengedibua bua programe wa dikuatshisha kampanda

Bia pa lukama bia bapetshi ba muaba wa kusokomena recipients badi ne mukanda muakanyine wa diumvuangana bua bukubi bua dimanyika bu muena muaba bua muaba wabu wa kudikuba

Bia pa lukama bia bapetshi ba muaba wa kusokomena badi ne ntatu ya dikala bena muaba udibu bapete, bobu nkayabu anyi ku diambuluisha dia mukanda kampanda udi ubakuila, bamanyi ba mikenji ne/anyi mishindu ya dijikija bilumbu

- ⊕ *Tangila Dîyi dinene dia bukubi 4.*

Malu a kulonda

Dikala muena muaba mmalanda adi munkatshi mua bisumbu anyi mua bantu adi atangila malu a nzubu ne a mpangu, majadika bilondeshile mikenji, bilele, mumvuangana adi bantu balongolole nkayabu anyi a bitendelelu. Ndongoluelu ya dikala muena muaba idi ijadika muntu kayi udi mua kuenza mudimu ne bintu kayi, bua matuku bungi kayi ne mu nsombelu kayi. Kudi malu mashilashilangane a bungi adibu balongolole bua dikala muena muaba, kubangila ku dikala muena muaba bua kashidi ne mumvuangana bua kufutshila muaba too ne ku diteka muntu pa muaba bua malu a tshimpitshimpi ne disombela dia pa muaba didi kadiyi dilongolola. Nansha dilongolola dia dikala muena muaba dikale dia mushindu kayi, bantu bonso badi anu ne bukenji bua kupeta muaba wa kusombela, lupangu ne kuikala muena nzubu. Bantu badi mu miaba ya kusombela idibu badienzele amu nanku, batu misangu ya bungi bantu badi bamuangale munda mua ditunga diabu, badi mua kuikala kabayi ne bukenji budibu babanyishila bua kuikala bena buloba, kadi badi amu ne bukenji bua kupeta muaba mukumbane wa kulala ne dikubibua ku dipatshibua ku bukole mu nzubu yabu. Bua kujadika ne: kudi bukubi bukumbane bua dimanyika bu muena muaba, bidi bikengela kumanya malu bu mudi mikanda idi ikengedibua bua kuikala muena muaba ne kuenza mudimu mu bulongame ne mishindu ya didianjila kukonkonona malu adi akengedibua.

Bukubi bua dimanyika bu muena muaba budi tshitupa tshinene tshia bukenji bua kupeta muaba wa kulala. Budi bujadika dikubibua dia mu mikenji ku dipatshibua dia muntu ku bukole, disuyibua ne mikanu mikuabu, ne budi buambuluisha bantu bua kusombela mu nzubu yabu mu bukubi, mu ditalala ne mu bunême. Bantu bonso, nansha bakaji, badi ne tshia bua kuikala ne ndambu kampanda wa bukubi bua dimanyika bu muena muaba. Mbualu bua mushinga mukole bua kumanya mushindu udibu bangata ne batumikisha malanda a dikala muena muaba, kuelamu ne mishindu ya dijikija nayi bilumbu, ne mushindu udiwu mashintuluke katshia anu ku ntuadijilu kua dikenga. Bipeta bifunda bia dikonkonona dia bukubi bua dimanyika bu muena muaba bidi mua kukonga bungi bua bilumbu, bungi bua badibi bapatule ku bukole ne bungi bua badi badiumvua bikale ne bukubi bua dimanyika bu muena muaba.

Mua kujadika ku kakese ku kakese dikala muena muaba: Umue wa ku mishindu idi mitambe buimpe bua kukolesha bukubi bua dimanyika bu muena muaba ndia kuashila malu pa ndongoluelu ya dikala muena muaba idiku bua muntu kupeta ndambu wa dianyishibua dia mu nsangilu wa bantu ⊕ *tangila Mikanda idibu batele: UN Habitat and GLTN Social Tenure Domain Model,* ne *Payne and Durand-Lasserve (2012).*

Malu a kutangila mu bimenga: Bantu ba bungi badi bamuangale mu bimenga mbasombele mu miaba idibu badienzele nkayabu anyi mu nzubu ya difutshila kakuyi diumvuangana dimanyike dia muena nzubu, diumvuangana bua kufutshila ne/anyi dia kusomba mu nzubu. Nanku, nsombelu wabu udi misangu ya bungi muikale ne njiwu ya kubapatula ku bukole ne mishindu mifuanangane ya dibakengesha ne dibasuyasuya. Mishindu ya diambuluisha bua kupeta muaba wa kusokomena ne muaba wa kusombela mu bimenga idi ne bua kutangila nsombelu mikole idiku ya dikala muena muaba ne kuangata ne mushinga lungenyi lua diya ku kakese ku kakese bua kulua muena muaba bua bafutshidi, bantu badi basombele mu nzubu kabiyi bilonda mikenji, bantu badi basombe ku bukole mu nzubu ya bende ne bakuabu.

Kuenzedianganyi bibi: Mu imue nsombelu, diandamuna difila mu mudimu wa diambuluisha bantu bua kupeta muaba wa kusokomena didi mua kufikisha ku dipatshibua dia bisumbu bia badi batekete. Mu mikuabu, diela kashonyi pa bilumbu bia bukubi bua dimanyika bu muena muaba didi mua kuvudija njiwu ya dipatshibua dia bisumbu bia badi batekete. Diya ne lungenyi lua kudianjila kukonkonona malu adi akengela kukonkonona nedileje njiwu ya bukubi bua dimanyika bu muena muaba idi bisumbu bishilangane mua kutuilangana nayi. Mu imue nsombelu mudi njiwu ya bukubi bua dimanyika bu muena muaba mipite bukole, mbitambe buimpe bua kubenga kuenza bualu nansha bumue.

Amue malu adi afikisha ku dipatshibua mu nzubu: Mukanu wa kuipatshibua mu nzubu udi mua kufumina ku malu mashilashilangane adi mabuelakane, a bungi a kudiwu mikale kabidi akebesha dikengeshangana ne dienzelangana bibi. Tudi mua kutela malu aa:

- dipanga mushindu wa kufuta makuta a nzubu, misangu ya bungi bualu muntu kena ne mushindu wa kupeta bintu bia mu nsombelu bu mudi bukenji bua kuenza mudimu;
- dipanga kuikalaku dia diumvuangana difunda ne bena nzubu bua kufutshila, didi ditekesha bantu bualu nzubu idi ibanda mishinga dîba dionso ne balua kupatula muntu ku bukole;
- matandu ne bena nzubu;
- malu a kansungasunga menzela bantu badi mu dikenga;
- dikandika bua kulengeja muaba udi muntu musombele, didi diteka aba badi kabayi ne dianyisha dia kuasa mu njiwu ya kuipatshibua dîba dionso;
- bantu badi benza mudimu anyi badi basombele mu miaba idibu mua kuasa kadi kabayi ne mushindu wa kuakaja nsombelu wabu bilondeshile mikenji ya mbulamatadi;
- disumba anyi dipana dia mpangu didi dienzeka bilondeshile malu a kabukulu anyi a bitendelelu, ne nunku kadiyi dianyishibue mu mikenji peshi didi malu a kabukulu anyi a bitendelelu kaayi anyisha;
- bua bakaji: dishipa dia dibaka, malu a tshikisu a muena dibaka ne mishindu mikuabu ya luonji mu lubanza, anyi lufu lua mulume; ne

- dipangika dia mikanda ya bumuntu bua bakaji (badi mua kuikala bafundibue ku mikanda ya batatuabu anyi babayabu) ne bua bisumbu bikuabu bia bantu badibu kabayi banange anyi badibu bakengesha.

Dipatshibua mu nzubu ne ditekibua muaba mukuabu: Diteka bantu mu muaba mukuabu wa kusombela didi mua kuikala dilonda mikenji idi yakuila manême a muntu bua kukuba makanda a mubidi ne dikala talala dia bantu bavua basombe muaba kampanda uvua ubateka mu njiwu ya bipupu bia ku bintu bia ku tshifukilu, njiwu ya ku bintu bia muaba udi bantu basombele anyi bua kulama bintu bia mushinga mukole bidi bisanganyibua muaba udi bantu basombele. Nansha nanku, bidi mua kuenzeka ne: bakuate mudimu bibi ne mikenji idibu bele bua kukuba makanda a mubidi a bantu, dikala diabu talala anyi bintu bia muaba udi bantu basombele. Dienza malu mushindu eu bua kubingisha dipata dia bantu mu muaba kampanda padiku kakuyi njiwu milelela, anyi padiku mishindu mikuabu ya kuenza malu, kadiena dilonda mikenji ya bukua-matunga idi yakuila manême a bantu to.

7. Dinenga dia muaba udi bantu basombele

Dinenga dia muaba udi bantu basombele didi ditangila dilongolola dia malu didi ditaba majitu bua kukumbaja majinga adiku mpindieu kakuyi dinyanga malu bifuane biapangisha bipungu bitshidi bilua bua kukumbaja majinga abi. Dilengulula bilumbu bia muaba udi bantu basombele mu mutantshi mukese didi mua kunyanga dipetulula dia makanda, kukolesha ntatu idiku mpindieu anyi kukebesha ntatu mikuabu kabidi ⊕ *tangila Dîyi dinene dia bukubi dia 1* ne *Dipangadika 3 ne dia 9 dia Mukenji munene wa diambuluisha bantu badi bakenga.*

Mukenji wa 7 wa muaba wa kusokomena ne muaba wa kusombela: Dinenga dia muaba udi bantu basombele

Dikuatshisha difila bua kupeta muaba wa kusokomena ne muaba wa kusombela didi dikepesha bikole buenzeji bubi buonso bua programe pa muaba wa ku tshifukilu udi bantu basombele.

Malu manene a kuenza

1 ⟩ Bueja dikonkonona dia buenzeji pa bintu bia muaba udi bantu basombele ne mushindu wa dibiangata mu dilongolola dionso dia muaba wa kusokomena ne muaba wa kusombela.

- Konkonona bukole buadi nabu dikenga pa bintu bia muaba udi bantu basombele, ne njiwu ya mu bintu ebi ne matekete abi, bua kukepesha bikole bipeta bibi bia mishindu idibu basungule bua kupetesha bantu muaba wa kusokomena ne muaba wa kusombela.

- Bueja plan wa dilongolola nende bintu bia muaba udi bantu basombele mu midimu ne mu ngenzelu ya dilondesha malu.

2 ⟩ Sungula bintu ne ngenzelu ya mudimu idi mua kunenga bikole munkatshi mua mishindu mishilashilangane idiku.

- Mbipe usungule mishindu idi kayiyi ijikija bintu bia mushinga bia ku tshifukilu bia muaba au, anyi mua kulua kunyanga muaba udi bantu basombele mu matuku a bungi adi kumpala.

- Angula ne lama bintu bidiku bua kuenza nabi kabidi mudimu, anyi kubifundila bipatshila bikuabu, nansha ebi bidi bipesa bipesa.

3 ⟩ Umbusha bintu bia bukoya mu mushindu muimpe, pa dîba, bilondeshile bilele bia bantu ne mu mushindu udi wenza bua bintu bidi binyunguluke bantu kunengabi mu miaba yonso ya kusombela.

- Eleshangana diboko ne bena midimu ya WASH, ya makanda a mubidi, bena midimu ya mbulamatadi ne bakokeshi bakuabu, bena mu tshitupa tshia badi badienzela mudimu nkayabu ne bakuabu benzejanganyi netu ba mudimu bua kuteka anyi kuteka tshiakabidi bilele bidi binenga bia diumbusha bintu bia bukoya.

4 ⟩ Enza, pingajilula ne kankamija ndongoluelu ya dipeta bintu bidi bifila nzembu bua matuku a bungi, bintu bidi bimpe, bidi bantu mua kutekemena ne kupeta, ne kabiyi binyanga muaba udi bantu basombele.

- Ujadike bikala bintu bidiku bidibu balongolole bua kufila nzembu bidi ne buenzeji kampanda bubi pa bintu bia mushinga bia ku tshifukilu, bikale binyanga, makanda a mubidi ne bukubi.
- Ushindike ne: mishindu mipiamipia yonso ya difila nzembu anyi idibu bakajilule idi ikumbaja majinga a badi benza nayi mudimu, ne longesha mua kuenza nabi mudimu ne londesha malu bikalabi bikengela kuenza nanku.

5 ⟩ Kuba, akajilula ne lengeja mushinga wa bintu bidi binyunguluke bantu mu miaba ya mudimu (bu mudi miaba ya kusombela bua mutantshi mukese) mu dienza nabi mudimu ne panyima pa dienza nabi mudimu.

- Konkonona malu a nshindamenu a muaba udi bantu basombele ne mpetu ya ku tshifukilu ya muaba au bua muaba ne muaba wonso ne keba bua kumanya mikanu idi mua kuikalaku, kuelamu ne eyi idi ifumina ku dienda nabi mushinga anyi ku dienza nabi mudimu mu matanda mu matuku mashale.
- Umbusha njiwu idiku ne idi imueneka mu muaba au ne longolola dinyanguka dinene dionso dia muaba wa kusombela, eku wenda ukepesha menemene diumbusha dia bisuku bituku kuonso eku ne dinyanga dia dikamisha dia mâyi mu tshitupa atshi.
- Shiya muaba mu mushindu wikala mua kupetesha bantu ba muaba au mushindu wa kuenza nawu mudimu pa lukasa, ne biobi mua kuenzaka, mu mushindu mutambe buimpe kupita muvuawu kumpala.

··

Bileji binene

Bia pa lukama bia midimu ya muaba wa kusokomena ne muaba wa kusombela idibu badianjile kuenza dikonkonona dia muaba udi bantu basombele

Bungi bua malu adibu balombe a mu plan wa dilongolola ne dilondesha malu a muaba udi bantu basombele adibu bateke mu tshienzedi

Bia pa lukama bia miaba ya kudikuba idibu base mu dienza mudimu ne bintu bia luibaku ne ngenzelu ya disumba bintu bidi kabiyi bipatula carbone ka bungi

Bia pa lukama bia bia bintu bia bukoya bia muaba au bidibu benza nabi kabidi mudimu, babifundila bipatshila bikuabu anyi babiakajilula

- Tshipatshila > bia pa lukama 70 ku bunene

Bia pa lukama bia miaba ya kusombela bua matuku makese idibu balongolole miluе kuikala milengele idi bantu mua kusombela kupita muvuayi kumpala kua kuenzabu nayi mudimu

Malu a kulonda

Dikonkonona dia buenzeji pa bintu bidi muaba udi bantu basombele didi dikonga malu asatu: diumvuija dia nshindamenu dia bintu bia muaba au udi bantu basombele dikalabu ne bua kuangata bua kuenza dikonkonona edi; dijingulula dia mudimu udibu basua kuenza ne njiwu idiwu mua kujula mu muaba udi bantu basombele; ne dijingulula dia bipeta bikala njiwu eyi ne bua kumueneka.

Bidi mua kuambuluisha bua kuyukila ne bena midimu ya bintu bia muaba udi bantu basombele badi bakanyine. Mu malu manene a kuelela meji mu dikonkonona dia buenzeji bua muaba udi bantu basombele mudi:

- mushindu uvua bantu bapeta bintu bia mushinga bia ku tshifukilu bia muaba au kumpala kua dikenga ne uvuabu benza nabi mudimu, kuelamu ne kasolonyi ne bintu bia luibaku, mushindu wa kupeta mâyi ne diumbusha bintu bia bukoya;
- bungi bua bintu bia mushinga bia ku tshifukilu bidi bipetshibua muaba au ne bukole bua dikenga budi bulenge bintu ebi; ne
- bilumbu bia mu nsombelu wa bantu, bia malu a mpetu ne a bilele bia bantu (kuelamu ne midimu idi isungulula balume ne bakaji) bidi mua kushintulula dinenga dia diandamuna difila ne kulengeja bulenga ne dikuatshisha buadi mu ka-bujima.

Dipeta dia bintu bia kuasa nabi: Mu dikeba bua kupeta bintu bia ku tshifukilu bu mudi mâyi, mitshi, lusenga, bulaba ne bisosa, ne kasolonyi ka ditemesha naku mudilu wa kuosha nawu madioto ne bia kubuikila nabi pa mutu, umanye buenzeji bua bintu bia muaba udi bantu basombele. Kankamija dienza mudimu ne bintu bishilashilangane, dienzulula mudimu ne bintu biangula ku bidi bishale ne dipatula dia bintu bikuabu bia kuasa nabi. Dikuna dia mitshi didi mua kuikala mushindu muimpe wa kupatula bintu bia luibaku bidi binenga. Kuenji mudimu ne bintu bidibu bapatule mu dikengesha dia bantu bakulumpe ne bana nansha ⊕ *tangila Dikuatshisha bantu ku diambuluisha dia bisalu.*

Disungula dia muaba wa kuasa: Dikonkonona dia buenzeji bua muaba udi bantu basombele didi ne bua kuambuluisha bua kusungula muaba wa kuasa. Tshilejilu, diteka miaba ya kusombela pabuipi ne njila anyi nzubu idi mimana kuenza didi mua kukepesha buenzeji bua bintu bia muaba udi bantu basombele pa bidi bitangila diasa bintu bipiabipia. Ela meji bua njiwu idi mua kuikalaku bua luya anyi mashika adiku ⊕ *tangila Mukenji 2 wa muaba wa kusokomena ne muaba wa kusombela: Diteka ne dilongolola muaba wa kusombela.*

Didika dia buloba: Lama mitshi ne bisosa bikuabu bua kushindamija buloba ne kupetesha dileji dikumbane ne dikubibua ku miunya. Enza mudimu ne tshimuenekelu tshia ku tshifukilu tshia tshitupa tshia buloba atshi bua kuenza bintu bu mudi njila minene ne mikese, ne minkoloji ya mâyi bua kukepesha menemene didika dia buloba ne disapalala dia mâyi. Biobi bikengela kuenza nanku, enza minkoloji ya mâyi, njila ya dikamisha mâyi idi ipitshila muinshi mua njila anyi kumpenga kua njila muaba udibu bakune bisosa bua kujikila didika dia buloba. Muaba udi buloba buikale ne mpulumuku ne bia pa lukama bipite pa 5, bidi bikengela kulonda ngenzelu ya diasa nayi pa muaba idi ileja dimanya bua kujikila didika dipitepite dia buloba.

Mushindu wa kumbusha bipese bipese bia bintu ne dienza mudimu tshiakabidi ne bintu binyanguke anyi dibifundila bipatshila bikuabu: Dilongolola bua kumbusha diakamue bipese bipese bia bintu kunyima kua dikenga didi dikankamija diangula ne dilama dia bipese bia bintu ebi bua kuenzulula nabi mudimu, kubifundila bipatshila bikuabu anyi kubimansha mu mushindu muimpe.

Kudi mushindu wa kuenza tshiakabidi mudimu ne bintu bia bukoya bidi bisanganyibua mu miaba ya midimu ya diambuluisha bantu, anyi kubifundila bipatshila bikuabu. Dienzulula mudimu ne bintu mu miaba ya midimu ya diambuluisha bantu mu ngenzelu wa diumbusha misangu ne misangu bintu bia bukoya didi dilondesha mmuenenu wa malu wa bantu pa bidi bitangila diumbusha dia bintu bia bukoya ne dikala pabuipi dia matanda adi ajinga kusumba bintu bitapulula. Miaba ya midimu ya diambuluisha bantu idi ipesha bantu mpunga wa kufuka lungenyi bua kumona tshia kuenza kabidi ne bintu bia kuasa nabi ⊕ *tangila Mukenji 3.1 wa WASH wa mushindu wa kumbusha tumvi* ne *Mukenji 5.1 ne 5.3 ya WASH ya mushindu wa kumbusha bintu bia bukoya.*

Nzembu: Mu dienza mudimu pa bidi bitangila ditumikisha dia nzembu, ela meji bua mashika anyi luya, bintu bia ku tshifukilu bidiku, dinyanguka dia kapepe munda mua nzubu ne pambelu, buenzeji bua makanda a mubidi, bukubi ne malu adi musombi wa muaba au musue. Kuoku mushindu, programe idi ne bua kukepesha majinga a nzembu a mêku. Diela meji bua kuenza mudimu ne bintu bidi kabiyi bitudisha makuta a bungi bua nzembu, pa kuenza mudimu ne ngenzelu idi kayiyi ilomba muntu bua kuenza bualu kampanda bua kufila luya anyi kutalaja mu nzubu, ne kuenza mudimu ne bintu bia mu nzubu bidi kabiyi bilomba nzembu ya bungi bu mudi miendu ya ditemesha ku munya, didi dikepesha makuta adi mêku atula ne dinyanguka dia bintu bia muaba udi bantu basombele ⊕ *tangila Mukenji 5 wa dikumbana dia biakudia ne didisha: Dikumbana dia biakudia dia pa tshibidilu.*

Keba bua kumanya njiwu idiku bua bantu mikebesha kudi difila dia bintu bia nzembu binyanguke, bu mudi tshilejilu, nshinga ya nzembu minyanguke, ntuku ya kasolonyi mitubuke anyi bilaminu binene bia kasolonyi bikale bipueka. Eleshangana diboko ne bena mbulamatadi ba muaba au ne bapanyishi ba bintu ebi bua kulongolola, kufila ne kulama midimu ya dipetesha bantu nzembu anyi kasolonyi. Makuta a kudi mbulamatadi anyi mafila kudi bena diambuluisha bakuabu adi mua kuambuluisha mu mushindu mukuabu bua kujadika bukubi ne kukepesha dinyanguka dia kapepe anyi malomba a bantu a kupeta bintu bia ku tshifukilu.

Mushindu wa kulama bintu bia ku tshifukilu: Muaba udi bintu bikese bia ku tshifukilu bidi mua kuambuluisha padiku dilomba didi anu dienda dikola dia kuashila bantu miaba ya kusombela, mbualu bua mushinga bua kuikala ne plan wa mushindu wa kulama bintu ebi. Pikalabi bikengela kuenza nanku, uyukile ne bamanyi bapiluke ba pambelu. Plan wa mushindu wa kulama bintu udi mua kufila lungenyi lua kusumba kasolonyi pambelu ne mishindu ya kudisha bimuna, kupatula bia pa madimi ne mishindu mikuabu ya kudipetela bintu idi mikale bilondeshile bintu bia mushinga bia ku tshifukilu bidiku. Miaba mialabale ya kusombela ne milama bimpe idi mua kunenga matuku a bungi muaba udi bantu basombele kupita miaba ya kusombela mikese ya bungi mitangalake, idi kayiyi mipepele bua kuyilama anyi kulondesha malu ayi. Nansha nanku, miaba mialabale ya bantu kusombela ba bungi pamue idi mua kutatshisha bikole binsanga biakididianganyi bidi pabuipi apu kupita miaba ya kusombela idi mikese ne mitangalake. Benji ba mudimu wa miaba ya kudikuba badi ne bua kuela meji misangu yonso bua buenzeji budi diambuluisha didibu bafila ne bua kuikala nabu pa majinga a bantu badi bakidilangane a bintu bia ku tshifukilu ⊕ *tangila Dipangadika dia 9 dia Mukenji munene wa diambuluisha bantu badi bakenga* ne *Mukanda wa LEGS*.

Nsombelu ya mu bimenga ne ya ku misoko: Bantu badi ku misoko batu pa tshibidilu badipetela bintu bia kudiambuluisha nabi anu mu bintu bia ku tshifukilu bidi pabuipi ne muaba udibu basombele, bishilangane ne bantu badi basombele mu bimenga. Nansha nanku, bimenga bitu biangata mishiki minene ya bintu bia ku tshifukilu bu mudi mitshi, lusenga ne sima, tushola ne bintu bikuabu bia ku tshifukilu bia kuasa nabi, bidi bifumina ku muaba mupita bunene udibi babipatula. Bidi bikengela kuangata mapangadika bilondeshile malu adi mamanyike mu dienza mudimu ne mishiki minene ya bintu bia kuasa nabi mu bimenga anyi mu programe mikuabu minene ya dienza miaba ya kudikuba, idi mua kuikala ne buenzeji bunene mu bintu bidi muaba udi bantu basombele kupita ne mu tshitupa tshia muaba udi programe eu ne bua kuenzeka.

Tshisakidila tshia 1
Liste wa dikonkonona nende malu a muaba wa kusokomena ne muaba wa kusombela

Nkonko idi ilonda eyi idi yambuluisha bu liste wa dikonkonona nende malu bua kujadika ne: mbapete malu makanyine adibu bafunde adi mua kutokesha diandamuna dia kufila bua muaba wa kusokomena ne muaba wa kusombela panyima pa dikenga. Kabena benzeja muntu bua kukuata mudimu ne nkonko eyi to. Enza nayi mudimu ne uyakaje mushindu udibi biakanyine.

Nebilombe bua kupeta mu mushindu mutapuluke malu adibu bamanyishe pa bidi bitangila bikebeshi bia dikenga bidi bisokome, nsombelu wa dikubibua, bungi bua nshindamenu bua bantu badi bamuangale ne bua bantu badi bakidilangane, ne bantu banene ba kupetangana nabu ne ba kuyikila nabu.

Dikonkonona ne dilombola dia mudimu

- Kudiku ndongoluelu kampanda udibu bateke wa dilombola nende malu kudi bakokeshi badi bualu ebu butangila ne malongolodi adi ambuluisha bantu anyi?
- Mbipeta bifunda kayi bia nshindamenu bidiku pa bidi bitangila bantu badi mu dikenga ne mmalu kayi a njiwu adi mamanyike ne nnjiwu ne mmatekete kayi bidiku mu muaba wa kusokomena ne muaba wa kusombela?
- Kudiku plan kampanda udi mulongolola bua kutokesha diambuluisha difila anyi?
- Mmalu kayi adibu bamanyishe a mu dikonkonona dia ntuadijilu adi mamane kuikalaku?
- Mbalongololeku dikonkonona dia midimu ya bungi ne/anyi bitupa bishilashilangane bia mudimu ne dikonkonona edi didiku dikonga muaba wa kusokomena, muaba wa kusombela ne bintu bia mu nzubu anyi?

Dimanya dia bungi bua bantu

- Dîku dimue didi mua kuikala ne bantu bungi kayi?
- Mbantu bungi kayi badi bakenga badi basombele mu mêku mashilashilangane? Ela meji bua bisumbu bidi bidisombele kabiyi bipetangana ne mêku, bu mudi bisumbu bia bana badi kabayi ne baledi babu, mêku adi ne bantu ba bungi, anyi makuabu. Funda bipeta bilondeshile bikala bantu balume anyi bakaji, bidimu biabu, bulema ne bisa biabu, miakulu anyi bitendelelu bilondeshile nsombelu udiku.
- Mmêku bungi kayi adi mu dikenga adi mapange muaba muakanyine wa kudikuba, ne mmuaba kayi udi mine mêku aa?
- Mbantu bungi kayi, bikala balume anyi bakaji, bidimu biabu ne bulema, badi kabayi bena mêku masunguluke badi kabayi ne muaba muakanyine wa kudikuba anyi kabayi nansha ne muaba muine wa kudikuba, ne mmuaba kayi udibu basanganyibua?

- Mmêku bungi kayi adi mu dikenga adi mapange muaba muakanyine wa kudikuba adi kaayi mamuangale ne adi mua kupeta dikuatshisha anu mu muaba uvuabu basombele kale?

- Mmêku bungi kayi adi mu dikenga adi mapange muaba muakanyine wa kudikuba adi mamuangale ne adi alomba diakuatshisha ne muaba wa kusokomena mu mêku adi mabakidile anyi badi mu miaba ya kusombela bua matuku makese?

- Mbantu bungi kayi, babulula bikalabu balume anyi bakaji ne bidimu biabu, badi kabayi ne mushindu wa kufika ku nzubu ya bantu ba bungi bu mudi bilongelu, nzubu ya luondapu ne nzubu idi bantu ba bungi basangile?

Njiwu

- Nnjiwu kayi ya katataka idiku bua muoyo, makanda a mubidi ne bukubi idi ifumina ku dipangila dia muaba muakanyine wa kudikuba, ne mbantu bungi kayi badi mu njiwu eyi?

- Nnjiwu kayi idi kayiyi anu ya katataka bua mioyo ya bantu, makanda abu a mubidi ne bukubi idi ifumina ku dipangila dia muaba muakanyine wa kudikuba?

- Mmunyi mudi ndongoluelu ya dimanyika bu muena muaba, mapangadika ne bilele bikale ne buenzeji pa bukubi bua dimanyika bu muena muaba bua bantu badi batekete ne badi kabayi banyishibue?

- Nnjiwu kayi ya pa buayi idiku bua bantu badi batekete, kuelamu bakaji, bana batekete, bana ba bitende badi kabayi ne baledi babu, ne balema anyi badi ne masama a munanunanu, bua mudimu bapange muaba muakanyine wa kudikuba, ne mbua tshinyi?

- Dikalaku dia bantu badi bamuangale didi ne buenzeji kayi pa bantu badi babakidile?

- Nnjiwu kayi idi mua kumueneka bua diluangana anyi disungululangana mu bisumbu anyi pankatshi pa bisumbu mu bantu badi mu dikenga, nangananga bua bakaji ne bansongakaji?

Mpetu ne bipumbishi

- Mmpetu kayi ya bintu, ya makuta ne ya bantu ya bantu badi mu dikenga idiku bua kukumbaja amue majinga anyi majinga onso a tshimpitshimpi a muaba wa kusokomena?

- Mmalu kayi adiku adi atangila dikalaku bia buloba, mushindu wa kuikala muenabu ne kuenza nabu mudimu adi alenga bukokeshi bua bantu badi mu dikenga uba kukumbaja majinga abu a lukasalukasa a muaba wa kusokomena, kuelamu ne miaba ya kusombela idi bantu basangile bua matuku makes muaba udibi bikengela?

- Nnjiwu kayi idi mua kumueneka idi bantu badi bakidilangane mua kutuilangana nayi mpala mu dilama bantu badi bamuangale mu nzubu mudibu bobu bine basombele anyi mu tshitupa tshia buloba tshidi pabuipi apu?

- Mmpunga kayi idiku ne mbipumbishi kayi bidiku bidi bilenga dienza mudimu ne nzubu ya munda mutupu idi mikaleku bua kutekamu bantu badi bamuangale bua matuku makese?

- Kudi mushindu wa kupeta tshitupa tshia buloba tshidi katshiyi tshiasa tshiakanyine bua kuasa miaba ya kusombela bua matuku makese, pa kutangila tshimuenekelu tshia buloba ne malu makuabu a mu muaba udi bantu basombele anyi?
- Mmalu kayi adi mikenji ilomba ne bipumbishi bidi mua kulenga dilubuluka dia malu a kujikija nawu ntatu ya muaba wa kusokomena?

Bintu bia luibaku, diela lungenyi ne dienza mudimu wa luibaku

- Mmalu kayi adibu benze ku mbangilu bua kujikija lutatu lua muaba wa kusokomena anyi mbintu kayi bidi nabi bantu badi mu dikenga, bidi bantu badi mu dikenga anyi benji ba mudimu bakuabu bafile?
- Mbintu kayi bia luibaku bidiku bidibu mua kuangula mu muaba udi bintu binyanguke bua kuenza nabi mudimu mu dibakulula dia miaba ya kudikuba?
- Mbilele kayi bia luibaku bidi bimanyike bia bantu badi mu dikenga ne mbintu kayi bidibu benza nabi mudimu bua kuasa bishimikidi, musonga ne bimanu bia nzubu bia pambelu?
- Mmalu kayi makuabu adibu balongolole mu diela lungenyi peshi mbintu kayi bidi mua kumueneka muaba au ne bidi bantu badi mu dikenga bamanye anyi bidibu mua kuitaba?
- Mmalu kayi a mu diela lungenyi adi mua kujadika bukubi ne mushindu udiku wa kupeta malu adibu balongolole bua kujikija lutatu lua muaba wa kusokomena ne adi bantu bonso badi mu dikenga mua kuenza nawu mudimu?
- Mmushindu kayi udi malu masunguluke adibu benze bua kujikija lutatu muaba wa kusokomena akepesha njiwu ne mateketa a matuku atshilualua?
- Mmushindu kayi wa pa buawu udibu base miaba ya kudikuba, ne mbanganyi badi bayase?
- Mmushindu kayi mene udibu bapeta bintu bisunguluke bia luibaku, ne mbanganyi badi babipeta?
- Mmunyi mudibu mua kulongesha peshi kuambuluisha bakaji, bansonga, balema ne bakulakaje bua kudifilabu mu diasa dia miaba ya kudikuba yabu bobu bine, ne mbipumbishi kayi bidiku?
- Muaba udi bantu anyi mêku mapange bukokeshi anyi mushindu wa kudiashila miaba yabu bobu bine ya kudikuba nebilombe dikuatshisha dikuabu bua kubambuluisha anyi? Tuangate tshilejilu diambuluisha ne bena mudimu wa budisuile anyi bena mudimu ba kufuta peshi dikuatshisha mu ngenzelu wa mudimu.

Midimu ya kumbelu ne ya kudipetela nayi bintu bia mu nsombelu

- Mmidimu kayi idi yambuluisha kumbelu ne ya didipetela nayi bintu bia mu nsombelu idi yenzeka mu tshitupa atshi anyi pabuipi ne miaba ya kudikuba ya bantu badi mu dikenga, ne mmushindu kayi udi difila dia muaba ne diela lungenyi bikale bilenga midimu eyi?

- Mmpunga kayi ya dikuatshisha ya mu mikenji ne ya mu bintu bia muaba udi bantu basombele idi inenga idi mua kufidibua ku diambuluisha dia dipetesha bintu bia luibaku ne diasa dia muaba wa kusokomena ne muaba wa kusombela?

Midimu ya nshindamenu ne nzubu idi bantu basangile ba bungi

- Mmâyi bungi kayi adi apeteka mpindieu adi muntu mua kunua ne kulama mankenda, ne mmishindu kayi ne mbipumbishi kayi bidi bimueneka mu dikeba bua kuandamuna ku majinga a dilama muaba muimpe bidi bantu batekemene?
- Nnzubu kayi ya bantu ba bungi (bu mudi nzubu ya luondapu, bilongelu ne miaba ya bitendelelu), idiku mpindieu? Mbipumbishi kayi ne mmishindu kayi idiku ya kufika ku nzubu eyi?
- Padibu bangate nzubu minene idi bantu basangile, ne nangananga bilongelu, bua kutekamu bantu badi bamuangale, mmalu kayi adibu balongolole ne ntshikondo bule kayi tshikalabu ne bua kupingaja nzubu eyi bua midimu ivuayi miashila?

Bantu badi bakidilangane ne buenzeji bua muaba udi bantu basombele

- Mmalu kayi adi atatshisha bantu badi bakidilangane?
- Nntatu kayi ya mu bulongolodi ne ya ku mubidi idi itangila diteka mu nzubu bantu badi bamuangale munkatshi mua bantu badi bakidilangane peshi mu miaba ya kusombela bua matuku makese?
- Nntatu kayi idiku ya ku bintu bia muaba udi bantu basombele pa bidi bitangila dipeta dia bintu bia luibaku mu muaba au?
- Nntatu kayi idiku ya ku bintu bia muaba udi bantu basombele pa bidi bitangila, tshilejilu, mushindu udi bantu badi bamuangale mua kupeta kasolonyi, muaba muimpe, diumbusha dia bintu bia bukoya, ne didisha dia nyama?

Bintu bia mu nzubu bidibu nabi dijinga

- Bantu badi mu dikenga badi mua kuikala dijinga ne bintu kayi bia nshindamenu bidi kabiyi biakudia?
- Badiku mua kupeta bintu bidi kabiyi biakudia ebi mu muaba au anyi?
- Kudiku mushindu wa kuenza mudimu ne makuta anyi ne tike ya diangata nayi bintu anyi?
- Nebilombe dikuatshisha mu ngenzelu wa mudimu bua kusakidila ku dilongolola dia kufila diambuluisha dia muaba wa kusokomena anyi?

Bilamba bia kuvuala ne bia kuladila

- Mmishindu kayi ya bilamba, ya mbulanketa ne bilamba bia kuadija bidi nabi bantu basunguluke bu mudi bakaji, balume, bana batekete ne bana ba mu maboko, bakaji ba mafu ne bakaji bamusha, balema ne bakulakaje? Kudiku malu a pa buawu adi atangila nsombelu ne bilele bia bantu anyi?
- Mbantu bungi kayi, balume ne bakaji ba bidimu bionso, bana batekete ne bana ba mu maboko badi ne bilamba, mbulanketa peshi bilamba bia kuadija bidi kabiyi biakanyine anyi bungi bukumbane bua kudikuba ku bipeta bibi bia luya anyi mashika, ne bua kulama kulama makanda abu a mubidi, bunême ne dikala bimpe?

- Nnjiwu kayi idi mua kumueneka bua mioyo ya bantu, makanda abu a mubidi ne dikubibua dia muntu ne muntu bua bantu badi mu dikenga bikalabu kabayi bakumbaje dijinga diabu dia kupeta bilamba, mbulanketa ne bia kuadija bidi biakanyine?
- Mmalu kayi adi malombibue bua kuluisha bisambuluji bia masama, nangananga diabanya dia mishetekela, bua mêku kuikalawu ne makanda a mubidi ne kuikala bimpe?

Dilamba ne didia, matshuwa ne bia kuenza nabi mudilu

- Mbintu kayi bia dilambila ne bia didila bivua mêku apeta pa tshibidilu kumpala kua dikenga?
- Mmêku bungi kayi adi kaayi ne mushindu wa kupeta bintu bikumbane bia kulambila ne kudila?
- Mmushindu kayi uvua bantu badi mu dikenga balamba pa tshibidilu ne bafila luya mu miaba idibu basombele kumpala kua dikenga, ne mmuaba kayi uvuabu balambila?
- Mbintu kayi bivuabu benza nabi mudimu pa tshibidilu bua kulamba ne kufila luya mu nzubu kumpala kua dikenga, ne bavua babipeta kuepi?
- Mmêku bungi kayi adi kaayi ne ditshuwa dia kulambila ne tshintu tshia kufila natshi luya mu nzubu, ne mbua tshinyi?
- Mmêku bungi kayi adi kaayi ne bungi bukumbane bua bintu bia kuenza nabi mudilu bua kulamba ne kufila luya mu nzubu?
- Mmishindu kayi idiku ne ntatu kayi (nangananga mu malu a bintu bia muaba udi bantu basombele) ya dipeta bintu biakanyine bia kuenza nabi mudilu bua bantu badi mu dikenga ne bantu badi pabuipi nabu?
- Mbuenzeji kayi budi nabu dikeba dia bintu biakanyine bia kuenza nabi mudilu pa bantu badi mu dikenga, ne nangananga bantu bakaji ba bidimu bionso?
- Bilumbu bia mu bilele bia bantu pa bidi bitangila dilamba ne didia mbia kuangata ne mushinga anyi?

Bintu bia kuenza nabi mudimu

- Mbintu bia mudimu kayi bia nshindamenu bia kulongolola nabi, kuasa anyi kulama nabi muaba wa kusokomena bidiku bua mêku?
- Mmidimu kayi ya dikuatshisha bua kupeta bintu bia mu nsombelu idi kabidi mua kukuata mudimu ne bintu bia mudimu bia nshindamenu ebi bua kuasa, kulama ne kumbusha bintu bidi bipesa bipesa?
- Mmidimu kayi ya dilongesha anyi ya dimanyisha mu bantu yikala mua kuambuluisha bantu bua kuenzabu bimpe mudimu ne bia mudimu ebi?

Tshisakidila 2
Diumvuija dia mishindu ya miaba ya kusombela

Mishindu ya miaba ya kusombela idi yambuluisha bua kusunguluja bangabanga miaba idi bantu badi mu dikenga basombele ne mushindu muine udibu basombelemu. Kujingulula dikenga ku diambuluisha dia mishindu ya miaba ya kusombela eyi nekuambuluishe mu dilongolola dia ngenzelu ya difila nayi dikuatshisha. Sangisha malu makuabu a pa mutu adi atangila dilongolola diumvuija bimpe ⊕ *tangila Tshisakidila 3: Bimanyinu bikuabu bia mishindu ya miaba ya kusombela.*

Tshisumbu tshia bantu	Mushindu wa muaba wa kusombela	Diumvuija	Bilejilu
Bantu badi kabayi bamuangale	Nzubu anyi buloba budi muenabu musombelamu	Muntu udi musombelamu ke muena nzubu ne/anyi buloba (udi mua kuikala muena nzubu anyi lupangu mudibu balongolole anyi mu yeye nkayende) peshi mbasangile nzubu eu anyi buloba ebu ne muntu mukuabu.	Nzubu, apartema, buloba
	Nzubu anyi buloba bua difutshila	Difutshila didi diambuluisha muntu anyi dîku bua kupeta nzubu anyi buloba bua kusombela bua tshikondo kampanda ku mushinga kansanga, muena tshintu ushala anu muena tshintu tshiende, bilondeshile diumvuangana difunda anyi dia mukana ne muena tshintu udi mua kuikala muntu anyi mbulamatadi.	
	Nzubu anyi buloba budi bantu balue kudisombela mu bobu nkayabu	Mêku mmasombele mu nzubu anyi ne/anyi mu buloba bua bende kabayi ne dianyisha dimanyike dia muena muaba au anyi dia muleji-mpala udibu bateke bua muaba au.	Nzubu ya munda mutupu, apartema, buloba kabuyi buasa
Bantu badi bamuangale Batangalake	Diumvuangana bua difutshila	Difutshila didi diambuluisha muntu anyi dîku bua kupeta nzubu anyi buloba bua kusombela bua tshikondo kampanda ku mushinga kansanga, muena tshintu ushala anu muena tshintu tshiende. Ndiashila pa diumvuangana difunda anyi dia mukana ne muena tshintu udi mua kuikala muntu anyi mbulamatadi. Difuta dia makuta didi mua kuenjibua kudi muntu nkayende anyi kudi tshinsanga tshia bantu peshi ne makuta a mbulamatadi anyi a bena mudimu wa diambuluisha bantu.	Nzubu, apartema, ne bitupa bia maloba bia muaba udiku udi bantu mua kuasa

Tshisumbu tshia bantu	Mushindu wa muaba wa kusombela	Diumvuija	Bilejilu
Bantu badi bamuangale	Diumvuangana bua diakidila	Bantu badi bakidilangane badi bafila muaba wa kusokomena bua bantu anyi bua mêku ne mêku a badi bamuangale.	Nzubu, apartema, ne maloba akadi mamane kuikala ne bantu anyi adibu balongolole kudi bantu badi bakidilangana
	Didisombela pa muaba dia muntu nkayende	Mêku adi mamuangale adi alua kudisombela nkayawu mu muaba kampanda kakuyi dianyisha dia badi bualu ebu butangila (bu mudi muena nzubu, mbulamatadi wa muaba au, malongolodi adi ambuluisha bantu ne/anyi bantu badi babakidile).	Nzubu ya munda mutupu, apartema ya munda mutupu, buloba kabuyi buasa bidi kumpenga kua njila munene

Tshisumbu tshia bantu	Mushindu wa muaba wa kusombela	Diumvuija	Bilejilu
Ya bantu ba bungi basangile	Diteka bantu ba bungi kaba kamue	Nzubu anyi miaba mimana kuasa idiku mudi mêku mashilashilangane mua kupeta muaba wa kusokomena. Bintu bidibu base ne midimu ya nshindamenu bidi bifidibua bua tshinsanga tshia bantu anyi kudi mushindu wa bantu bonso kupetabu bintu ebi.	Nzubu minene ya bantu ba bungi, miaba ya dipatuila bantu, dibakidila ne dibalama mutantshi mukese, nzubu idibu balekele, nzubu mu mpangu minene, nzubu itshidibu basa
	Diteka bantu dilongolola	Muaba udibu base bua kuakidila bantu badi bamuangale, udibu balongolole ne bikale balama, ne muaba udi bantu mua kupeta bintu bidibu base, nzubu ne midimu bikalaku.	Diteka dianyishibue dia bantu mu nzubu milama kudi mbulamatadi, ONU, ma-ONG anyi nsangilu wa bantu. Kuelamu kabidi ne miaba idi bantu mua kusomba bua matuku makese anyi idibu mua kuakidila bantu peshi miaba ya dipatuila bantu
	Diteka bantu didi kadiyi dilongolola	Mêku a bungi adi alua kudisombela ne onso pamue mu muaba kampanda, benza mushindu eu muaba mupiamupia udi bantu basombele. Dîku ne dîku anyi onso pamue adi mua kuikala ne diumvuangana didibu benze ne muena muaba anyi muena nzubu bua kufutshila nzubu anyi muaba. Bitu bienzeka nunku misangu mivule kabiyi ku didianjila kumvuangana ne bantu badi bualu ebu butangila (bu mudi muena nzubu, mbulamatadi wa muaba au ne/anyi bantu badi babakidile). Ku ntuadijilu ki mbanji kulongolola midimu ya nshindamenu idi ne bua kuikala muaba au to.	Miaba ne nzubu idi kayiyi milongolola bua kuakidila bantu

Tshisakidila 3
Bimanyinu bikuabu bia mishindu
ya miaba ya kusombela

Tablo eu udi uleja bimanyinu bikuabu bidi biumvuija mishindu ya miaba ya kusombela idibu baleje mu ⊕ *Tshisakidila 2: Diumvuija dia mishindu ya miaba ya kusombela.* Dienza nende mudimu bua kumvua bimpe bimpe tshidi dikenga dikale didi ne bua kutokesha ngenzelu ya dilongolola nayi malu.

Umanye ne: Disungula dia bimanyinu ne diumvuija diabi mbishilangane bilondeshile nsombelu udiku ne bidi ne bua kulonda buludiki budi buakanyine. Enza bimanyinu bikuabu bidi bikengedibua bua nsombelu kampanda musunguluke.

Mulongo	Bilejilu	Malu a kumanya
Mishindu ya bantu badi bamuangale	Bena tshimuangi, bakebi ba muaba wa kunyemena, bantu badi bamuangale munda mua ditunga diabu, bena tshimuangi badi bapingane, bantu bavua bamuangale munda mua ditunga diabu badi bapingane, bantu bakuabu ba muomumue (tshilejilu, bamuangadi ba matunga makuabu)	⊕ *Tangila Humanitarian profile support guidance (www.humanitarianresponse.info).*
Badi bakenga kabiyi mu buludiludi	Bantu bavua badianjile kuikala muaba au, bantu badi bakidilangane	Bantu badi bakidilangane batu misangu mivule bumvua bibi bua bantu badi dikenga dikuate buludiludi, tshilejilu padibu babanyangana nabu midimu ya mu tshinsanga ya bantu ba bungi bu mudi bilongelu, anyi padibu balua mêku adi akidilangana.
Nsombelu wa tshitupa tshia buloba	Mu bimenga, ku ntshiama, ku misoko	Ku ntshiama: muaba udi pankatshi pa bitupa bia mu bimenga bidi biasa bimpe ne bitupa bia ku misoko.
Dinyanguka dia muaba	Muaba ki mmunyanguke, mmunyanguke ndambu, mmunyanguke menemene	Dileja mushindu udi muaba munyanguke didi ne bua kumvuija bikala nzubu anyi muaba wa kusokomena muikale kauyi ne bualu bua bantu kusombelamu.
Tshikondo/tshitupa	Bua tshikondo tshipi, bua ndambu wa matuku, bua matuku mulongolongo, bua kashidi Bua tshimpitshimpi, tshisabu, dipetulula makanda, udi unenga	Diumvuija dia miaku ne dia biambilu ebi didi dishilangana ne bidi bikengele kubiumvuija anu ku ntuadijilu kua diambuluisha difila.

Mulongo	Bilejilu	Malu a kumanya
Ndongoluelu ya dikala muena tshintu	Bilondeshile mikenji, bilele bia bankambua, bia bitendelelu, bisangisha mishindu yonso	Mumvuangana adi kaayi manyishibue a dikala muena buloba anyi muena nzubu ngaa adi akonga disombela mu nzubu didi dilonda mikenji ne didi kadiyi dilonda mikenji, dikosoluelangana mpangu didi kadiyi dianyishibue mu bitupa bia buloba bidibu bamane kuabuluila bantu bilondeshile mikenji, ne mishindu kabukabu ya diumvuangana bua difutshila idi kayiyi mimanyike. Mu imue nsombelu, badi mua kuenza mudimu ne mishindu mivule ya dikala muana muaba anu bua lupangu lumuelumue alu, muntu ne muntu udi mu diumvuangana edi muikale ne amue manême.
Mishindu ya mua kuikala muena nzubu	Dikala muena tshintu, dikala anu ne bukenji bua kuenza mudimu ne tshintu, difutshila, bantu ba bungi basangile muaba wa kusombela pamue	
Mishindu ya mua kuikala muena buloba	Tshintu tshia muntu nkayende, tshia tshinsanga, tshia bantu ba bungi basangile, mudi bantu mua kubuela, tshia ditunga/mbulamatadi	
Mushindu wa muaba wa kusokomena	Ntenta, miaba ya kudikuba midienzela ya nankunanku, miaba ya kudikuba bua matuku makese, miaba ya kudikuba bua matuku a bungi, nzubu, apartema, muaba wa kufutshila udi mu nzubu munene, bilaminu bia mashinyi (garage), makadika adi bantu balala, ma-kontenere	⊕ *Tangila Tshisakidila 4: Mishindu ya diambuluisha.*
Dilama dia muaba	Mulama, mulama anyi mulombola pa bule, mudilamina, kakuena dilama dia muaba	Mulama: kakuena dikandika dia muena muaba, ne bakokeshi mbanyishe. Mulama anyi mulombola pa bule: padi kasumbu ka bantu kikale ne mudimu wa kulama bungi kampanda bua miaba. Mudilamina: kudi kasumbu kadi kaludika tshinsanga anyi kudi komite ya munda mua tshinsanga tshia bantu.

Tshisakidila 4
Mishindu ya diambuluisha

Mulongo mujima wa mishindu ya diambuluisha misunguluke bilondeshile nsombelu idi mua kusangishibua bua kukumbaja majinga a bantu badi mu dikenga. Ela meji bua malu mimpe ne malu mabi a mushindu ne mushindu wonso ne enza programe udi mutambe kuakanyina.

Mushindu wa diambuluisha	Diumvuija
Bintu bia mu nzubu	⊕ *tangila Mukenji 4 wa muaba wa kusokomena ne muaba wa kusombela: Bintu bia mu nzubu.*
Bintu bionso bia muaba wa kusokomena	Bintu bia luibaku, bintu bia kuenza nabi mudimu ne bionso bidi bikengedibua bua kuenza anyi bua kulengeja muaba wa kusombela. Tangila bikalabi bilomba bua kufila bintu binene bia luibaku bu mudi makunji ne mitshi misonga ya dikuata nayi ntenta, peshi bikala mêku ne bua kubifila. Ela meji bua dijinga dia kuleja bantu mishindu mikuabu ya dienza mudimu, kubakankamija, kubalongesha anyi ya dibatabuluja ku malu makuabu.
Bintu bionso bia kuenza nabi muaba wa kusokomena	Bintu bia kuenza nabi mudimu wa luibaku ne bikuabu bionso bidi bikengedibua bua kuasa anyi kulengeja nabi muaba wa kusombela.
Ntenta	Miaba ya kudikuba idi mimana kuenza ne idi bantu mua kuambula idi ne tshia kubuikila pa mutu ne bintu bia kujika mu buloba.
Diambuluisha bua kupingana ne bua kupita kuya	Dikuatshisha dia bantu badi mu dikenga badi basue kupingana ku muaba wabu wa kale anyi kuya kusombela mu muaba mukuabu mupiamupia. Diambuluisha dia mushindu eu didi mua kukonga mulongolongo wa midimu bu mudi difila mushindu wa kuambuisha bintu ku mashinyi, makuta a njila anyi tike, peshi bintu bu mudi bia mudimu, bia kuasa nabi ne bilaminu bia maminu.
Dilongolola bidi binyanguke	Dilongolola didi diumvuija diakajilula nzubu udi munyanguke anyi wa kale bua alue kuoku muimpe bua bantu kusombelamu bilondeshile mudi mêyi ne mikenji bilomba. Bikala nzubu minyanguke anu kakese, kudi mushindu wa kuyilongolola kabiyi kutamba kuenza mudimu wa bungi bua kuyipingaja muayi mua kale. Bua bantu badi bamuangale bidi mua kulomba bua kulongolola nzubu idi yakidila bantu ba bungi anyi kulengeja anu nzubu idi midianjile kuikalaku bu mudi bilongelu bua kupetesha bantu ba bungi muaba wa dikubibua.

Mushindu wa diambuluisha	Diumvuija
Dipingaja bintu muabi mua kale	Dipingaja nzubu muayi mua kale didi dilomba dikolesha ne/anyi dishintulula bishimikidi bia nzubu. Tshipatshila ntshia kuenza bua ne: nzubu alue mutambe kushindama bua mikanu ya matuku atshilualua bu mudibu bamuase ne bintu bimpe bidi bimukolesha. Nzubu ivua minyanguke bua dikenga idi mua kulomba bua bayipingaje muayi mua kale kabiyi anu diyilongolola. Bua bantu badi bamuangale, bidi mua kulomba bua kupingaja nzubu ya mêku adi makidilangane mushindu uvuayi kale, bikalabi ne: idi mua kuikala ne njiwu.
Diambuluisha badi bakidilangane	Bantu badi kabayi ne mushindu wa kualukila ku mabu batu misangu mivule bashala ne dîku ne balunda anyi ne binsanga bia bantu badibu bapetangana nabu mu malu abu a kale, a bitendelelu anyi badibu nabu ne malanda makuabu. Diambuluisha bantu badi bakidilangane bua kutungunukabu ne kulama bantu badi mu dikenga didi dikonga diambuluisha bua kualabaja anyi kuakaja muaba wa kusokomena wa dîku didi diakidilangane, anyi kufila diambuluisha ne makuta ne bintu bua makuta adibu batula ku dituku ku dituku
Diambuluisha bua kufutshila muaba	Diambuluisha mêku adi mu dikenga bua kufutshila nzubu ne muaba didi mua kukonga makuta mafila bu mapa, diambuluisha bua kupeta diumvuangana diakane anyi mibelu pa bidi bitangila mikenji idi itangila malu a mpangu. Difutshila mbualu budi butungunuka ne kutudisha makuta, nunku longolola ngenzelu ya dipatuka nayi, mu dikankamija midimu idi bantu mua kuenza kumpala kua dîba bua kudipetela bidi bikengedibua anyi kupetelaku bintu bia mu nsombelu ⊕ *tangila Mukenji 3 wa muaba wa kusokomena ne muaba wa kusombela: Muaba udi bantu basombela* ne *mukenji 6: Bukubi bua dimanyika bu muena muaba.* (Tshia kumanya: Diambuluisha bua kufutshila didi mua kubueja makuta munkatshi mua bantu badi bakidilangane anyi kujikija nzubu yonso ya difutshila ne kupuekeshisha mushinga wa makuta.)
Miaba ya kudikuba bua matuku makese	Dijikija malu a dipetesha bantu miaba ya kudikuba bua matuku makese, idibu ne bua kumbusha diakamue padibu bapita ku tshitupa tshidi tshilonda tshia difila miaba ya kudikuba. Pa tshibidilu batu basa miaba eyi ku mishinga mishadile.
Miaba ya kudikuba ya lupitapita	Miaba ya kudikuba ya lukasalukasa mienza ne bintu ne ngenzelu ya mudimu idibu balongolole bua bintu bia lupitapita kuluabi bintu bidi biasa bua kulua kunengabi matuku a bungi. Muaba wa kusokomena eu udi ne bua kuikala wa ulengela ku kakese ku kakese, udibua mua kuenza nawu kabidi mudimu, kuupanyisha anyi kuutentula mu miaba ya matuku makese ne kuya kuyiteka miaba idi mua kushala bua kashidi.
Nzubu mishindame	Bitupa bia nzubu bilongolola, bienza ne biasa bua kuikalabi ndekelu wa bionso munda mua nzubu udi ushala bua kashidi, kadi kabiyi bikale biobi nkayabi bitupa bisakidila bia nzubu to. Nzubu ya nshindamenu idi ipetesha mêku mushindu wa kuyidiundisha mu matuku atshilualua bilondeshile mishindu idibu nayi ne mpetu yabu bobu bine. Tshipatshila ntshia kuenza muaba wa kusombela udi muimpe ne muakanyine udi ne tshibambalu tshimue anyi bibidi pamue ne milonda ya mâyi ne nkumba ne bintu bia mu nzubu bidi bikengedibua ⊕ *tangila Mukenji 3 wa muaba wa kusokomena ne muaba wa kusombela: Muaba udi bantu basombela* ne *mukenji 4: Bintu bia mu nzubu.*

Mushindu wa diambuluisha	Diumvuija
Dibakulula/ diasulula	Diupula ne dibakulula nzubu idibu kabayi mua kulongolola.
Miaba ya dimanyishila malu	Miaba ya dimanyishila malu idi ipesha bantu badi mu dikenga mibelu ne buludiki. Malu adibu bamanyisha mu miaba eyi adi mua kutokesha bimpe manême a bantu a kupeta mibelu ne dikuatshisha, mishindu ya kusungula ne kuenza bua kupingana; manême a kupeta buloba, difutu bua bidibu bajimije, mibelu ne dikuatshisha mu ngenzelu wa mudimu, dialukila, dipingana ne disomba tshiakabidi muaba kampanda; ne njila ya dimanyishila malu adi apita mu tshialu; ne mishindu ya kulomba diakajilula dia malu, bu mudi dilumbulula ku tubadi ne kupeta diambuluisha didi dilonda mikenji.
Dimanya malu a mikenji ne a mbulamatadi	Kupetesha bantu dimanya dia malu a mikenji ne a mbulamatadi kudi kuambuluisha bantu badi mu dikenga bua kumanya manême abu ne bua kupeta dikuatshisha dia mbulamatadi didibu nadi dijinga kabayi batula dikuta anyi batula makuta anu makese. Bidi bikengela kuteya ntema ya pa buayi ku majinga a bisumbu bia bantu badi batambe kuikala batekete.
Bukubi bua dimanyika bu muena muaba	Diambuluisha bantu badi mu dikenga bua kulama manême a dikala muena nzubu ne/anyi lupangu didi diambuluisha bua kubakuba bilondeshile mikenji ku dibatshibua ku bukole, ku disuyibua anyi ku mikanu mikuabu, ne didi difila bukubi, ditalala ne bunême ⊕ *tangila Mukenji 6 wa muaba wa kusokomena ne muaba wa kusombela: Bukubi bua dimanyika bu muena muaba.*
Dilongolola dia bintu bidibu basa ne dia miaba ya kusombela	Badi benza mudimu ne dikuatshisha mu dilongolola bintu bidibu basa ne miaba ya kusombela bua kulengeja midimu ya tshinsanga kampanda ne kuambuluisha dilongolola dijikija dia malu a dipeta miaba ya kusombela idi inenga matuku bungi kampanda ne bua diasulula. Badi mua kuabanya dikuatshisha mu dilongolola bintu bidibu basa ne miaba ya kusombela mu bitupa bibidi: tshitupa tshidi tshilombola bangabanga kudi bena mudimu wa difila muaba wa kusokomena ne tshitupa tshilombola kudi bena bitupa bikuabu bia mudimu.
Diambuluisha bua kupetesha bantu ba bungi muaba wa kusombela pamue	Badi mua kuangata nzubu idiku bu miaba ya disangishila bantu ba bungi anyi bu miaba ya dipatuila ne diakidila bantu bua kubapesha muaba wa lukasa wa kudikuba. Nzubu eyi idi mua kuikala bilongelu, nzubu ya bena tshinsanga, bipalu bia kunayila bidi bibuikila, nzubu ya bitendelelu anyi nzubu idi munda mutupu. Nzubu ya mushindu eu idi mua kulomba bua kuyakaja anyi kuyilongolola bua bantu kusombelamu ⊕ *tangila Mukenji 3 wa muaba wa kusokomena ne muaba wa kusombela: Muaba udi bantu basombela.* Mu diangata bilongelu bua kuladikamu bantu badi dikenga dikuate, keba bua kumanya ne bua kuenza mudimu diakamue ne bintu bikuabu bidibu base bua tulasa kupinganatu ⊕ *tangila Mêyi maludiki adi atangila miaba ya bantu ba bungi* ne *Mukanda wa INEE.*
Dilama dia miaba ne dia nzubu idi bantu ba bungi basangile	⊕ *Tangila Mêyi maludiki adi atangila miaba ya bantu ba bungi.*

Mushindu wa diambuluisha	Diumvuija
Diumbusha dia bipesa bipesa bia bintu ne dia bitalu	Diumbusha dia bipesa bipesa bia bintu didi diambuluisha bua kulengeja dikubibua dia bantu ne dipetesha mushindu wa kufika kudi bantu badi mu dikenga. Tangila kabidi buenzeji bua bintu bia muaba udi bantu basombele ⊕ *tangila Mukenji 2 ne wa 7 wa muaba wa kusokomena ne muaba wa kusombela.* Ambula ne keba bua kumanya bantu badi bafue mu mushindu udi muakanyine ⊕ *tangila Makanda a mubidi 1.1 ne WASH 6.*
Diasulula ne/anyi dienza bintu bidi mua kuambuluisha tshinsanga tshia bantu	Asulula anyi ibaka bintu bidibu basa bu mudi milonda ya mâyi, dikezula dia muaba, njila, dikamisha dia mâyi, bilamba bia mu njila ne nzembu ⊕ *Tangila Nshapita wa WASH bua buludiki, ne Mukenji 2 wa muaba wa kusokomena ne muaba wa kusombela: Diteka ne dilongolola muaba wa kusombela.*
Diasulula ne/anyi dibaka nzubu idi isangisha bantu ba bungi	***Malu a tulasa:*** Bilongelu, miaba idi bana mua kunayila, miaba mimpe ya kunayila ⊕ *tangila Mukanda wa INEE*; ***Midimu ya luondapu:*** Miaba ya luondapu ne mpitadi ⊕ *tangila Mukenji 1.1 wa ndongoluelu ya makanda a mubidi: Dipetesha bantu midimu ya luondapu*; ***Dikubibua:*** Biro bia bampulushi anyi nzubu idibu base mu tshinsanga; ***Midimu ya mu tshinsanga:*** Miaba idi bantu badisangisha bua kuangata mapangadika, kudiolola ne kutendelela, muaba wa kulamina bia ditemesha nabi mudilu, nzubu ya kulambila ne ya diumbushila bintu bia bukoya; ne ***Midimu ya makuta:*** Bisalu, malaba ne miaba ya kulamina bimuna, muaba wa dilamina bintu bia mu nsombelu ne bia dienda nabi mushinga.
Dilongolola ne dikosa dia bitupa bia maloba mu bimenga/misoko	Mu dilongolola dia tshiakabidi dia miaba idi bantu basombela kunyima kua dikenga kampanda, bueja bakokeshi ba muaba au ne balongolodi ba miaba ya mu bimenga mu mudimu eu, mushindu wa se: bantu bafike ku dinemeka mêyi ne mikenji pamue ne malu adi bantu ne bantu bonso badi benza mudimu eu bipatshila ⊕ *tangila Mukenji 2 wa muaba wa kusokomena ne muaba wa kusombela: Diteka ne dilongolola muaba wa kusombela.*
Dipingaja bantu mu miaba yabu	Dipingaja bantu mu miaba yabu nngenzelu udi ukonga dibaka tshiakabidi mu muaba mukuabu nzubu wa bena dîku anyi tshinsanga, mpetu ne bintu bidi biambuluisha bantu ba bungi.

Tshisakidila 5
Mishindu ya kuenza malu

Ngenzelu wa difila diambuluisha udi ne buenzeji pa ngikadilu wa difila, tshikondo, bunene ne mushinga wadi. Sungula mishindu ya kuenza malu bilondeshile ngumvuilu wa bisalu bia muaba au, bu mudi malu a mishinga ya bintu bia nshindamenu, a diangata bena mudimu ne a difutshila, bua kumona mua kuambuluisha mu dijukuluka mu malu a mfranga ⊕ *tangila Dikuatshisha bantu ku diambuluisha dia bisalu.* Ela meji bua buenzeji budi mishindu misungula ya kuenza malu mua kuikala nabu pa bunene bua didifila ne ngumvuilu wa dikala muena tshintu, makole adi asaka malu a balume anyi bakaji, dipetangana mu nsombelu wa bantu ne mpunga ya dipeta bintu bia mu nsombelu.

Mushindu wa kuenza malu	Diumvuija
Diambuluisha mu ngenzelu wa mudimu ne dijadika dia ngikadilu mulenga	Diambuluisha mu ngenzelu wa mudimu didi tshitupa tshinene tshia diandamuna dionso difila bua kupeta muaba wa kusokomena ne wa kusombela, nansha diambuluisha dikale dia bishi ⊕ *tangila Mukenji 5 wa muaba wa kusokomena ne muaba wa kusombela: Dikuatshisha mu ngenzelu wa mudimu.*
Dikuatshisha ne makuta	Mu diambuluisha bantu ne makuta, mêku ne binsanga bidi mua kupeta bintu anyi midimu peshi kukumbaja majinga abu a miaba ya kudikuba ne miaba ya kusombela. Pa kutangila njiwu idiku ne malu mabuelakane a mudimu eu, sakidila diambuluisha mu ngenzelu wa mudimu ne dikolesha dia makokeshi ku dikuatshisha ne makuta. Dituma dia makuta bilondeshile mudi bisalu bienda didi dikonga mishindu idi ilonda eyi: ***Dituma dia makuta bilondeshile malu malomba:*** Didi mushindu muimpe padibi bikengela kukumbaja malu masunguluke adi malomba; tshilejilu, kutuma makuta bitupa bitupa. ***Makuta bungi butshintshikila anyi tike:*** Didi diambuluisha bua kupeta bintu bisunguluke anyi kupeta bapanyishi ba bintu. ***Dituma makuta kadi ne malu adibu balomba, bungi kabuyi butshintshikila anyi bua malu a bungi.*** ***Dipeta midimu ya makuta*** bu mudi bisumbu bia balami ba makuta, disombeshangana dia makuta, dibuela mabanza makese, asiranse ne tshia nshinta. ⊕ *tangila Dikuatshisha bantu ku diambuluisha dia bisalu.*
Dikuatshisha ne bintu bia ku mubidi	Dipetesha bantu badi dikenga dikuate bintu ne pashishe dibabanyinabi buludiludi didi umue mushindu wa kuenza malu padi bisalu bia muaba au kabiyi bikumbana bua kupetesha bantu bintu mu mushindu mulenga anyi bungi buakanyine ne bikale bifika anu pa dîba ⊕ *tangila Dikuatshisha bantu ku diambuluisha dia bisalu.*

Mushindu wa kuenza malu	Diumvuija
Mudimu muenza ku dilomba ne diwenzeja kudi bena mudimu bakuabu	Dilomba bantu bua kuenza mudimu anyi bua bobu kuwenzeja pabu kudi bantu bakuabu bua kukumbaja bipatshila bia muaba wa kusokomena ne muaba wa kusombela ku diambuluisha dia mishindu ya midimu milombola kudi bamfumu ba mudimu bobu nkayabu, kudi bantu badibu balombe bua kuenzabu mudimu anyi bena ma-ajanse ya mudimu ⊕ *tangila Mukenji 5 wa muaba wa kusokomena ne muaba wa kusombela: Dikuatshisha mu ngenzelu wa mudimu.*
Dikolesha dia makokeshi	Dikolesha mamanya a bantu ne dibalongesha bidi bifila mpunga bua benzejanyi netu ba mudimu kukoleshabu makokeshi abu a mu difila diandamuna, muntu ne muntu pa nkayende ne bonso pamue, ne bua kueleshangana diboko ne kutangila pamue ntatu idibu bonso batuilangana nayi, ne bia mudimu bu mudi dienza ne ditumikisha mêyi ne mikenji ya dikolesha dia mamanya ⊕ *tangila Mukenji 5 wa muaba wa kusokomena ne muaba wa kusombela: Dikuatshisha mu ngenzelu wa mudimu.* Dikolesha dimpe dia mamanya didi ne bua kupetesha bamanyi bapiluke mushindu wa kushindamena pa midimu ya dilombola idibu benza kudi benzejanganyi netu ba mudimu ba muaba au ne kufila dikuatshisha diabu kudi bantu ba bungi menemene badi bapeta dikuatshisha.

Bua tablo udi uleja dikuatshisha didi mua kufidibua ne mishindu ya kuenza malu idi mu diumvuangana ne mishindu ya miaba ya kusombela, suaku utangile: www.spherestandards.org/handbook/online-resources

Tshisakidila 6

Mishindu ya diambuluisha idi mua kumueneka ne dienza malu bilondeshile mishindu ya miaba ya kusombela

			Mishindu wa muaba wa kusombela									
			Badi kabayi bamuangale			Badi bamuangale				Basangile kaba kamue		
						Batangalake						
			Nzubu anyi buloba budi muenabu musombele	Nzubu anyi buloba bua difutshila	Nzubu anyi buloba budibu basombele kakuyi dianyisha	Diumvua-ngana dia difutshila	Diumvua-ngana dia kuakidila muntu	Didienzela bualu dia muntu nkayende	Nzubu udi bantu ba bungi basangile	Muaba wa kusombela mulongo-lola	Muaba wa kusombela kauyi mulongolola	Badi bakenga kabiyi butudiludi
Mishindu ya diambu-luisha	Bunene bua muaba wa kusokomena bua diku	Bintu bia mu nzubu	X	X	X	X	X	X	X	X	X	X
		Bintu bionso bia muaba wa kusokomena	X	X	X	X	X	X	X	X	X	X
		Bintu bia kuasa nabi muaba wa kusokomena	X	X	X	X	X	X	X	X	X	X
		Ntenta	X	X	X	X	X	X		X	X	
		Diambuluisha bua kupingana ne bua kushala anu mattuku makese				X	X	X	X	X	X	
		Dilongolola	X	X	X	X	X		X			X
		Dipingaja anu mua kale	X	X	X	X	X					X
		Diambuluisha badi bakidilangane					X			X	X	X
		Diambuluisha bua kufutshila				X						
		Miaba ya kudikuba bua matuku makese	X	X	X			X		X	X	
		Miaba ya kudikubua ya tshisabu	X	X	X			X		X	X	
		Nzubu mishindame	X	X	X					X		
		Dibakulula/ diasulula	X							X		

Bunene bua miaba ya kusombela	Mushindu wa muaba wa kusombela							
	Badi kabayi bamuangale		Badi bamuangale					
			Batangalake		Basangile kaba kamue			
Miaba ya dimanyishila malu	X	X	X	X	X	X	X	X
Dimanya dia malu a mikenji ne a mbulamatadi	X	X	X	X	X	X	X	X
Bukubi bua dimanyika bu muena muaba	X	X	X	X	X	X	X	
Dilongolola dia bintu bia kuasa ne dia muaba wa kusombela		X	X		X	X	X	X
Dilongolola ne dikosolola dia miaba mu bimenga/ku misoko	X	X	X	X	X		X	
Diambuluisha bua nzubu idi bantu ba bungi basangile					X	X	X	X
Ditangila miaba ya kusombela ne miaba idi isangisha bantu ba bungi					X	X	X	X
Diumbusha dia bipesa bipesa bia bintu dia dia bitalu	X	X	X	X	X	X	X	X
Diasulula ne/anyi diasa bintu bidi biambuluisha bantu ba bungi	X	X	X	X	X	X	X	X
Diasululane/anyi diasa nzubu ya bantu ba bungi	X	X	X	X	X	X	X	
Dilongololane dikosa bitupa bia maloba mu bimenga/ku misoko	X	X	X	X	X	X	X	X
Diteka bantu muaba mukuabu	X		X	X	X	X	X	X

Mishindu ya kuenza malu	Mushindu wa muaba wa kusombela				
	Badi kabayi bamuangale	Badi bamuangale			
			Batangalake	Basangile kaba kamue	
Diambuluisha mu ngenzelu wa mudimu ne dijadika dia ngikadilu mulenga	X	X	X	X	X
Dikuatshisha ne makuta	X	X	X	X	X
Dikuatshisha ne bintu bia ku mubidi	X	X	X	X	X
Mudimu muenza ku dilomba ne diwenzeja kudi bena mudimu bakuabu	X	X	X	X	X
Dikolesha dia makokeshi	X	X	X	X	X

Mikanda idibu batele ne mikuabu ya kubala

Mikanda ya mikenji ya bukua-matunga

Article 25 Universal Declaration of Human Rights. Archive of the International Council on Human Rights Policy, 1948. www.claiminghumanrights.org

General Comment No. 4: The Right to Adequate Housing (Art. 11.1 of the Covenant). UN Committee on Economic, Social and Cultural Rights, 1991. www.refworld.org

General Comment 7: The right to adequate housing (Art. 11.1 of the Covenant): forced evictions. UN Committee on Economic, Social and Cultural Rights, 1997. www.escr-net.org

Guiding Principles on Internal Displacement. OCHA, 1998. www.internal-displacement.org

Pinheiro, P. *Principles on Housing and Property Restitution for Refugees and Displaced Persons.* OHCHR, 2005. www.unhcr.org

Refugee Convention. UNHCR, 1951. www.unhcr.org

Malu a pa tshibidilu

Camp Closure Guidelines. Global CCCM Cluster, 2014. www.globalcccmcluster.org

Child Protection Minimum Standards (CPMS). Global Child Protection Working Group, 2010. http://cpwg.net

Emergency Handbook, 4th Edition. UNHCR, 2015. https://emergency.unhcr.org

Humanitarian Civil-Military Coordination: A Guide for the Military. UNOCHA, 2014. https://docs.unocha.org

Humanitarian inclusion standards for older people and people with disabilities. Age and Disability Consortium, 2018. www.refworld.org

Livestock Emergency Guidelines and Standards (LEGS). LEGS Project, 2014. https://www.livestock-emergency.net

Minimum Economic Recovery Standards (MERS). SEEP Network, 2017. https://seepnetwork.org

Minimum Standards for Education: Preparedness, Recovery and Response. The Inter-Agency Network for Education in Emergencies [INEE], 2010. www.ineesite.org

Minimum Standard for Market Analysis (MISMA). The Cash Learning Partnership (CaLP), 2017. www.cashlearning.org

Post-Disaster Settlement Planning Guidelines. IFRC, 2012. www.ifrc.org

UN-CMCoord Field Handbook. UN OCHA, 2015. https://www.unocha.org

Mishindu milongolola ya miaba ya kusombela

Humanitarian Profile Support Guidance. IASC Information Management Working Group, 2016. www.humanitarianresponse.info

Shelter after Disaster. Shelter Centre, 2010. http://shelterprojects.org

Miaba idi bantu ba bungi mua kusombela bua matuku makese

Collective Centre Guidelines. UNHCR and IOM, 2010. https://www.globalcccmcluster.org

Makuta, tike ya bintu, dikonkonona dia bisalu/bulema

All Under One Roof: Disability-inclusive Shelter and Settlements in Emergencies. IFRC, 2015. www.ifrc.org

CaLP CBA quality toolbox. http://pqtoolbox.cashlearning.org

Tshikisu tshienzela muntu bua mudiye mulume anyi mukaji

Guidelines for Integrating Gender-Based Violence Interventions in Humanitarian Action. Inter-Agency Standing Committee (IASC), 2015. Part 3, section 11: Shelter, Settlement and Recovery. https://gbvguidelines.org

IASC Gender Handbook for Humanitarian Action. IASC, 2017. https://reliefweb.int

Security of Tenure in Humanitarian Shelter Operations. NRC and IFRC, 2014. www.ifrc.org

Dikubibua dia bana

Minimum Standards for Child Protection in Humanitarian Action: Standard 24. Alliance for Child Protection in Humanitarian Action, Global Protection Cluster, 2012. http://cpwg.net

Bilongelu ne nzubu minene ya bantu ba bungi

Guidance Notes on Safer School Construction (INEE Toolkit). INEE, 2009. http://toolkit.ineesite.org

Nsombelu ya mu bimenga

Urban Informal Settlers Displaced by Disasters: Challenges to Housing Responses. IDMC, 2015. www.internal-displacement.org

Urban Shelter Guidelines. NRC, Shelter Centre, 2010. http://shelterprojects.org

Bukubi bua dimanyika bu muena muaba

Land Rights and Shelter: The Due Diligence Standard. Shelter Cluster, 2013. www.sheltercluster.org

Payne, G. Durand-Lasserve, A. *Holding On: Security of Tenure – Types, Policies, Practices and Challenges.* 2012. www.ohchr.org

Rapid Tenure Assessment Guidelines for Post-Disaster Response Planning. IFRC, 2015. www.ifrc.org

Securing Tenure in Shelter Operations: Guidance for Humanitarian Response. NRC, 2016. https://www.sheltercluster.org

The Right to Adequate Housing, Fact Sheet 25 (Rev.1). OHCHR and UN Habitat, 2014. www.ohchr.org

The Right to Adequate Housing, Fact Sheet 21 (Rev.1). OHCHR and UN Habitat, 2015. www.ohchr.org

Mikanda mikuabu ya kubala

Bua kupeta ngenyi mikuabu ya kubala, suaku uye mu www.spherestandards.org/handbook/online-resources

Mikanda mikuabu ya kubala

Evictions in Beirut and Mount Lebanon: Rates and Reasons. NRC, 2014.
https://www.alnap.org/help-library/evictions-in-beirut-and-mount-lebanon-rates-and-reasons

Housing, Land and Property Training Manual. NRC, 2012. www.nrc.no/what-we-do/speaking-up-for-rights/training-manual-on-housing-land-and-property/

Land and Conflict: A Handbook for Humanitarians. UN Habitat, GLTN and CWGER, 2012.
www.humanitarianresponse.info/en/clusters/early-recovery/document/land-and-conflict-handbook-humanitarians

Rolnik, R. *Special Rapporteur on Adequate Housing (2015) Guiding Principles on Security of Tenure for the Urban Poor.* OHCHR, 2015.
www.ohchr.org/EN/Issues/Housing/Pages/StudyOnSecurityOfTenure.aspx

Security of Tenure in Urban Areas: Guidance Note for Humanitarian Practitioners. NRC, 2017. http://pubs.iied.org/pdfs/10827IIED.pdf

Social Tenure Domain Model. UN Habitat and GLTN. https://stdm.gltn.net/

Dilombola dia mudimu wa luibaku

How-to Guide: Managing Post-Disaster (Re)-Construction projects. Catholic Relief Services, 2012.
https://www.humanitarianlibrary.org/resource/managing-post-disaster-re-construction-projects-1

Muaba udi bantu basombele

Building Material Selection and Use: An Environmental Guide (BMEG). WWF Environment and Disaster Management, 2017. http://envirodm.org/post/materialguide

Environmental assessment tools and guidance for humanitarian programming. OCHA. www.eecentre.org/library/

Environmental Needs Assessment in Post-Disaster Situations: A Practical Guide for Implementation. UNEP, 2008. http://wedocs.unep.org/handle/20.500.11822/17458

Flash Environmental Assessment Tool. OCHA and Environmental Emergencies Centre, 2017. www.eecentre.org/feat/

FRAME Toolkit: Framework for Assessing, Monitoring and Evaluating the Environment in Refugee-Related Operations. UNHCR and CARE, 2009.
www.unhcr.org/uk/protection/environment/4a97d1039/frame-toolkit-framework-assessing-monitoring-evaluating-environment-refugee.html

Green Recovery and Reconstruction: Training Toolkit for Humanitarian Action (GRRT). WWF & American Red Cross. http://envirodm.org/green-recovery

Guidelines for Rapid Environmental Impact Assessment (REA) in Disasters. Benfield Hazard Research Centre, University College London and CARE International, 2003.
http://pdf.usaid.gov/pdf_docs/Pnads725.pdf

Shelter Environmental Impact Assessment and Action Tool 2008 Revision 3. UNHCR and Global Shelter Cluster, 2008.
www.sheltercluster.org/resources/documents/shelter-environmental-impact-assessment-and-action-tool-2008-revision-3

Quantifying Sustainability in the Aftermath of Natural Disasters (QSAND). IFRC and BRE Global. www.qsand.org

Makanda a mubidi

Tshibungu tshia
malu a diambuluisha
bantu badi bakenga

Mêyi manene
a bukubi

Mukenji munene
wa diambuluisha
bantu badi bakenga

Makanda a mubidi

Ndongo-luelu ya makanda a mubidi	Luondapu lua nshindamenu						
	Masama a tshiambu	Makanda a mubidi a bana	Makanda a mubidi a disangila ne a lulelu	Diondopa mputa ne bimanyinu bia mukumu	Makanda a lungenyi	Masama adi kaayi a tshiambu	Luondapu lua mutantshi mukese
MUKENJI WA 1.1 Dipetesha bantu midimu ya luondapu	MUKENJI 2.1.1 Dibabidila	MUKENJI 2.2.1 Masama adibu mua kubabidila pa kusadisha bana bisalu	MUKENJI 2.3.1 Diondopa masama a lulelu, a bamamu ne a bana ba mu maboko	MUKENJI 2.4 Diondopa mputa ne bimanyinu bia mukumu	MUKENJI 2.5 Diondopa dia masama a lungenyi	MUKENJI 2.6 Diondopa dia masama adi kaayi a tshiambu	MUKENJI 2.7 Luondapu lua mutantshi mukese
MUKENJI WA 1.2 Bena mudimu wa luondapu	MUKENJI 2.1.2 Ditangila, dimona tshipupu ne difila diambuluisha dia nzanzanza	MUKENJI 2.2.2 Diondopa masama a bana ba mu maboko ne a bana batekete	MUKENJI 2.3.2 Luonji mu disangila ne diondopa badibu basangile nabu ku bukole				
MUKENJI WA 1.3 Manga adi akengedibua ne biamu bia kuondopa nabi	MUKENJI 2.1.3 Dimanya masama ne dimona tshia kuenza		MUKENJI 2.3.3 Kishi ka VIH				
MUKENJI WA 1.4 Difila makuta a luondapu	MUKENJI 2.1.4 Didilongolola ne difila diambuluisha padiku tshipupu						
MUKENJI WA 1.5 Dimanyisha malu a makanda a mubidi							

TSHISAKIDILA TSHIA 1	Liste wa dikonkonona nende malu a makanda a mubidi
TSHISAKIDILA 2	Bilejilu bia formilere ya luapolo ya ditangila malu a ku lumingu
TSHISAKIDILA 3	Mishindu ya kuenza makumi a bileji binene bia makanda a mubidi
TSHISAKIDILA 4	Bintu bia mulungu

Tshikebelu

Ngenyi minene mu malu a makanda a mubidi

Muntu yonso udi ne bukenji bua kupeta luondapu ludi luakanyine ne lua pa dîba

Mikenji ya nshindamenu ya Sphere idi itangila malu a luondapu ndiumvuija dilenga dia bukenji bua kupeta luondapu mu nsombelu ya mudimu wa diambuluisha bantu. Mikenji eyi mmishindamene mu mitabuja, mêyi manene, majitu ne manême adi mamanyisha mu Tshibungu tshia malu a diambuluisha bantu badi bakenga. Idi ikonga bukenji bua kuikala ne muoyo ne bunême, bukenji bua dikubibua ne dikala talalaa, ne bukenji bua kupeta diambuluisha dia bumuntu bilondeshile dijinga didiku.

Bua kupeta liste wa mikanda minene ya mikenji ne ya ndudikilu wa malu idi yumuija Tshibungu tshia malu a diambuluisha bantu badi bakenga, ne amue malu adibu bumvuije bua bena mudimu wa diambuluishangana, ⊕ *tangila Tshisakidila tshia 1: Nshindamenu wa Sphere udi ulonda mikenji.*

Tshipatshila tshia luondapu mu dikenga kampanda ntshia kukepesha bungi bupite bua bantu badi anu basamasama ne bua badi bafua

Makenga adi akuata bantu atu anyanga bikole makanda abu a mubidi ne dikala bimpe. Dipeta luondapu ludi mua kusungila muoyo mbualu bukole mu bitupa bia ntuadijilu bia bualu bua tshimpitshimpi. Luondapu ludi kabidi mua kukonga dikankamija malu a makanda a mubidi, dibabidila masama, diondopa, dipeshilula makanda ne luondapu lua mutantshi mukese mu tshitupa kayi tshionso tshia diambuluisha.

Dikenga didi mua kunyanga makanda a mubidi a bantu ba bungi mu mushindu wa buludiludi (ditapika anyi diangula lufu bua dikenga) ne udi kauyi wa buludiludi (dishintuluka dia malu a nsombelu, dimuangala ku bukole, dipangila dikubibua dia mikenji anyi kumona lutatu lua kupeta luondapu).

Mushindu udi bantu bunguila ba bungi kaba kamue, miaba ya kudikuba kayiyi miakanyine, miaba kayiyi mikezuke, mâyi bungi kabuyi bukumbane ne kaayi mimpe, ne biakudia kabiyi bikumbane, bionso ebi bidi bivudija njiwu ya didia dibi ne dibudika dia masama a tshiambu. Malu makole menemene adi atatshisha lungenyi adi kabidi anyanga makanda a lungenyi. Dinyanguka dia mishindu ya dikuatshisha nsombelu wa bantu ne ndongoluelu ya didiambuluisha nayi bidi mua kufikisha ku diangata mishindu mibi ya mua kupita ne malu ne kuikala ne tshikadilu tshia bulanda tshia dikeba ka pa luse. Lutatu lua kupeta luondapu ne dipangika dia manga bidi mua kukosesha luondapu ludi amu lutungunuka bu mudi luondapu lua bamamu ne lua aba badi ne kishi ka VIH, disama dia diabete ne masama a lungenyi.

Tshipatshila tshia kumpala tshia diambuluisha difila bua makanda a mubidi mu tshikondo tshia dikenga ntshia kujikila ne kukepesha bungi bupitepite bua badi bafua ne bua badi anu basamasama. Bilejilu bia bungi bua bantu badi bafua ne badi anu basamasama, ne pa nanku majinga a luondapu, nebishilangane bilondeshile mushindu ne bunene bua dikenga ne dikenga dionso.

Bileji bidi bitambe kuikala ne dikuatshisha bua kulondesha malu ne kukonkonona bukole bua dikenga kampanda ke bungi bujima bua badi bafua (CMR) ne bungi bujima bua bana ba muinshi mua bidimu 5 badi bafua (U5CMR), bungi budi bubandile bikole. Divulangana misangu ibidi anyi kupita apu dia bungi bua nshindamenu bua CMR anyi U5CMR didi dileja ne: kudi muanda munene wa tshimpitshimpi bua makanda a mubidi a bantu ba bungi ne didi dilomba diandamuna difila anu pa lukasa ⊕ *tangila Tshisakidila 3: Mishindu ya kuenza makumi a bileji binene bia makanda a mubidi.*

Kuoku kakuyi bungi bua nshindamenu budi bumanyike, bungi budi bulonda ebu ke bungi bua ntuadijilu bua muanda wa tshimpitshimpi:

- CMR >1/10 000/dituku
- U5CMR >2/10 000/dituku

Dipangadika dia bungi bua ntuadijilu bua muanda wa tshimpitshimpi didi ne bua kuangatshibua bilodeshile ditunga. Tshilejilu, pikala bungi bua nshindamenu bua U5CMR bumane kupita bungi bua ntuadijilu bua muanda wa tshimpitshimpi, kabiakuikala bimpe bua kuindila bua ne: bungi ebu buvulangane misangu ibidi to.

Kankamija ne lubuluja ndongoluelu ya makanda a mubidi idiku

Mmuenenu wa malu wa ndongoluelu ya makanda a mubidi neakumbaje ku kakese ku kakese bukenji bua kuikala ne makanda a mubidi mu tshikondo tshia dikenga ne kupetulula makanda; nunku mbualu bua mushinga bua kuela meji bua mushindu wa kukankamija ndongoluelu idiku. Diangata bantu ku mudimu (bena ditunga ne ba matunga makuabu) nedilombe malu makuabu mu bidimu bikese anyi mu bidimu bia bungi bitshilualua bua ndongoluelu ya makanda a mubidi ya mu ditunga. Kunyima kua dikonkonona malu, diambuluisha dilongolola bimpe mu malu a makanda a mubidi didi mua kulengeja ndongoluelu ya makanda a mubidi idiku, dishindama diayi ne dilubuluka diayi mu matuku atshilualua.

Ku ntuadijilu kua dikenga, teka pa muaba wa kumpala dikonkonona dia lukasa dia bitupa bisungula ne bidi bisangisha malu kabukabu mu malu a makanda a mubidi. Dipanga kumanya malu onso ne dipanga kufika mu bitupa bikuabu kabiena ne bua kupangisha bua kuangata dipangadika pa dîba mu malu adi atangila makanda a mubidi a bantu to. Enza dikonkonona didi diumvuija bimpe malu a bungi kakuyi dijingakana.

Makenga a mu bimenga adi alomba mmuenenu wa malu mushilangane mu diambuluisha bua makanda a mubidi

Diambuluisha bantu mu bimenga didi ne bua kuangata ne mushinga bungi bua bantu badi basombe kaba kabue, ndudikilu ya malu idi mimana kuenza mu muaba udi bantu basombele, nsombelu ya bantu ne midimu ya mu nsangilu wa bantu idi mimane kuikalaku. Mbualu bukole bua kumanya bantu badi mu njiwu anyi badi kabayi ne mushindu wa kuondopibua. Bunene bua dijinga budi mua kubuitshidija lukasa bualu budi mua kuenjibua. Bantu badi bakeba muaba wa kusokomena mu bimenga binene ne bikese kabatu anu bamanye midimu ya luondapu idiku anyi mushindu wa kufikaku, bifuane kuvudija nunku masama a tshiambu. Dipeta bantu aba nedibambuluishe bua kumona mua kupita ne malu mapiamapia adi atatshisha lungenyi mu bimenga, bu mudi mushindu udi kauyi muakanyine wa kupeta muaba wa kusokomena, biakudia, luondapu, midimu anyi ntuangajilu idi yambuluisha mu nsombelu wa bantu.

Manunganyi ne malu a mafi adibu bamanyisha adi mua kutangalaka lukasa mu bimenga. Enza mudimu ne biamu bua kumanyisha diakamue malu majalame adi atangila luondapu ne midimu. Bafidi ba luondapu ba mu tshitupa tshibidi ne tshisatu batu misangu mivule ne malu a bungi a kuenza mu bimenga, nunku kolesha makokeshi abu a dipetesha bantu luondapu lua nzananza. Ubakankamije bua badifile mu ndongoluelu didimuija ne diambuluisha bantu bua masama a tshiambu ne kolesha makokeshi abu pa bidi bitangila difila midimu yabu ya pa tshibidilu idibu bamanye bimpe.

Mikenji ya nshindamenu eyi ki nya dienza nayi mudimu pa nkayayi to

Mikenji ya nshindamenu idi mu nshapita eu idi ileja malu a mushinga a bukenji bua kuikala ne luondapu luakanyine ne idi yambuluisha bua kukumbaja ku kakese ku kakese bukenji ebu mu buloba bujima. Bukenji ebu budi buenda pamue ne bukenji bua kupeta mâyi ne miaba mikezula, biakudia ne muaba wa kusokomena. Dikumbaja dia Mikenji ya nshindamenu ya Sphere mu tshitupa tshimue didi disaka diya kumpala mu bitupa bikuabu. Lombola malu pamue ne bena bitupa bikuabu ne enza nabu mudimu pamue.

Lombola malu tshiapamue ne bakokeshi ba muaba au ne bena midimu mikuabu idi yambuluisha bua kujadika ne: majinga adi akumbajibua, se: kabena benda bavudijangana malu tshianana tshianana, ne ngikadilu wa diambuluisha didibu bafila bua luondapu mmukumbane. Mbualu bua mushinga kabidi bua kuikala bulombodi pankatshi pa benji ba mudimu wa luondapu bua kukumbaja majinga kakuyi kansungasunga ne kujadika bua ne: bantu badi bikale bualu bukole bua kubapeta, bantu badi mu njiwu anyi badi kabayi banyishibue kudi bakuabu badi pabu ne mushindu wa kupeta luondapu. Malu adibu baledile mu bitupa bishilashilangane bia Mukanda eu adi afila ngenyi ya amue malu adi mua kuikala apetangana.

Muaba udi mikenji ya ditunga mikale mishadile ku Mikenji ya nshindamenu ya Sphere, enza mudimu ne mbulamatadi bua kuyivuija mibandile ku kakese ku kakese.

Diangata dipangadika pa bidi bitangila malu adi ne bua kuenjibua kumpala kua wonso didi ne bua kuenjibua bilondeshile malu mimpe adi mamanyike munkatshi mua bitupa bishilangane bia mudimu ne badi ne bua kuakonkonona padi nsombelu wenda ushintuluka.

Mikenji ya bukua-matunga idi ikuba mu bujalame bukenji bua kupeta luondapu

Luondapu ludi ne bua kufidibua kakuyi kansungasunga ne kudi ne bua kuikala mushindu wa kulupeta, mmumue ne: ludi ne bua kuikalaku, ludi bantu mua kuanyisha, bantu bonso badi ne mushindu wa kulupeta ne ndua ngikadilu mulenga. Matunga adi ne tshia kujadika bua ne: badi banemeka bukenji ebu mu bikondo bia makenga ⊕ *tangila Tshisakidila tshia 1: Nshindamenu wa Sphere udi ulonda mikenji.*

Bukenji bua dipeta luondapu budi mua kukumbajibua anu bikala:

- bantu bikale bakubibue;
- benji ba mudimu badi batangila malu a luondapu bikale balongeshibue bimpe ne bikale balonda mêyi manene a bulenga ne mikenji ya ngenzelu wa mudimu ya buloba bujima;
- ndongoluelu wa luondapu muikale ukumbaja Mikenji ya nshindamenu; ne
- ditunga dikale ne bukokeshi ne dijinga dia kuenza ne kulama ngikadilu milenga ne mishindame idibu mua kufidila luondapu.

Dibunda, dikanyina ne dipangisha ne tshikisu bena mudimu wa luondapu bua kuenza mudimu wabu, dipangisha bantu bua kufika ku miaba ya luondapu ne diambula dia babedi bua kuya kubondopa ndinyanga dia mikenji ya bukua-matunga ya mudimu wa diambuluisha bantu. Malu aa adibu bafunde bua kukuba bantu mmangatshila mu majitu manene adiku a kunemeka ne kukuba bantu badi batapike ne badi basama.

Malongolodi adi ambuluisha bantu adi ne tshia kutangila bimpe bimpe ngikadilu wa mukanu kayi wonso ne kumona tshia kuenza. Tshilejilu, badi mua kujikija muanda wa dibudimbua kudi tshiluilu kampanda tshia ditunga bishilangane ne mukanu ufumina kudi bantu ba muaba au ⊕ *tangila Malu a pa buawu a kuelela meji bua kukuba luondapu* kuinshi eku.

Diumvuangana ne Mêyi manene a bukubi ne Mukenji munene wa diambuluisha bantu badi bakenga

Benji ba mudimu wa luondapu badi ne bua kutabalela ne bumuntu buonso bantu badi batapike ne badi basama, kubambuluisha kakuyi kansungasunga, bilondeshile dijinga didiku. Dilama malu adi atangila bantu pa nkayabu, dikuba bipeta bifunda ne malu a bantu mbualu bua mushinga mukole bua kukuba bantu ku tshikisu, dibenzela bibi ne ku ntatu mikuabu.

Misangu mivule baminganga ke batu ba kumpala bua kufila diambuluisha padiku malu a tshikisu menzela bantu, nansha malu a tshikisu menzela muntu bua mudiye mulume anyi mukaji, dinyanga dia bana ne dibalengulula. Longesha bena mudimu bua kumanya ne kumanyisha bilumbu kudi bena mudimu wa diambuluisha bantu anyi wa dikuba bantu mu dienza mudimu ne ndongoluelu ya dimanyishila malu masokome anyi ya difunda nayi bantu. Bidi mua kulomba bua ne: buondope muana udi nkayende anyi mutapuluke ne baledi bende; kadi bu mudiye kayi ne mumulami bilondeshile mikenji udi mua kufila dianyisha bua bobu kumuondopa, bidi bijula lutatu lua pa bualu lua dikubibua dia muana. Yikila ne muana ne bakokeshi ba muaba au badi bualu ebu butangila bikalaku mushindu. Bukenji bua kuikala ne muoyo ne kupeta luondapu mbua mushinga mukole bua kukumbaja bipatshila bitambe bulenga bia muana ne budi mua kupita ku bujitu bukenji bua difila dianyisha. Mapangadika adi ne bua kutangila nsombelu udiku ne mikenji ne bilele bia bantu. Dipatula bana badi nkayabu ne dibatuma mu ditunga dikuabu bua kubondopa ne luendu luabu bitu bilomba mikanda idibu batangila ne dîsu dikole pamue ne dibuela dia midimu ya bukubi ne dia bakokeshi ba muaba au mu buine bualu ebu.

Bidi bitamba kuenzeka mpindieu bua kuondopa bantu mu mbuu, nansha mu bitupa bia mbuu bia bukua-matunga, peshi diakamue padibu balua nabu ku muelelu. Bualu ebu budi bujula ntatu ya pa buayi ya bukubi ne malu mabuelakane a tshididi, ne budi bulomba dilongolola malu ne ntema, didilongolola ne dikepesha dia njiwu ya bukubi.

Konkonona bimpe bimpe dieleshangana maboko dia basalayi ne badi kabayi basalayi, nangananga mu bikondo bia mvita. Basalayi ne bisumbu bia baluanganyi badi mua kuikala bafidi banene ba luondapu, nansha bua bantu badi kabayi basalayi. Bena midimu ya diambuluisha bantu badi mua kuenza mudimu ne makokeshi a basalayi – pikalaku kakuyi mushindu mukuabu wa kuenza – bu mudi bintu bidibu base bua kutua mpanda ku diasulula dia bintu bia difikisha nabi nzembu ku miaba ya luondapu anyi kufila dikuatshisha ne bia mudimu bu mudi diambuisha bintu bia diondopangana nabi anyi diambula babedi. Nansha nanku, bidi bikengela kuela meji bua kukeba diambuluisha dia basalayi mu nsombelu wa dipeta luondapu ne mmuenenu ya malu ya dishala anu pankatshi ne dibenga kubuelela luseke lumue anyi lukuabu ⊕ *Tshibungu tshia malu a diambuluisha bantu badi bakenga* ne *Nsombelu idi ne basalayi ba mu ditunga anyi ba bukua-matunga* mu *Sphere ntshinyi*?

Mu ditumikisha Mikenji ya nshindamenu, badi ne bua kunemeka Mapangadika onso tshitemba a mu Mukenji munene wa diambuluisha bantu badi bakenga. Bidi bikengela kuteka njila ya dimanyishila malu adi apita mu tshialu mu bikondo bidibu bafila diambuluisha mu malu a luondapu ⊕ *tangila Dipangadika 5 dia Mukenji munene wa diambuluisha bantu badi bakenga.*

Malu a pa buawu a kuelela meji bua kukuba luondapu

Bidi bilomba bua ne: bantu ba mu tshinsanga, ba mu ditunga ne ba bukua-matunga badienzeje misangu yonso bua kujikila dinyanga dia miaba ya luondapu, mashinyi adi ambula babedi ne dibunda bena mudimu wa luondapu. Mikanu neyishilangane bikole bilondeshile nsombelu ne badi ne bua kutangila bualu buayi ne kuyimanyisha. Bua kukuba luondapu, buondopianganyi badi ne bua kuela meji bua bilumbu bidi bilonda ebi bidi mua kujuka mu mudimu wabu ne mu ditua mpanda dia bibambalu bidi bitangila malu a luondapu ne midimu mikuabu idi bualu ebu butangila.

Mu bikondo bionso bia malu a tshimpitshimpi – ne nangananga mu diluangana dia mvita – bena mudimu wa luondapu badi ne bua kushala anu pankatshi, kabayi babuelela luseke lumue anyi lukuabu ne kuenza malu bilondeshile mêyi manene aa, tshianana bitupa bidi biluangana mvita, bena tshinsanga anyi babedi bine badi mua kupeta lutatu bua kumvua bimpe bualu ebu.

Mu difila midimu ya mushinga idi isungila mioyo, londa mêyi manene a mudimu wa diambuluisha bantu ne fila luondapu kakuyi kansungasunga bilondeshile anu dijinga didiku. Bua kukankamija dishala anu pankatshi ne dibenga kubuela mu malu a bantu, utabalele badi batapike ne babedi kakuyi ditapululangana, ujadike ne: mubedi mmukubibue ne lama malu masokome a muntu ne malu adi atangila kusama kuende.

Padi bantu ba muaba au pamue ne bakokeshi ne bisumbu bia baluanganyi banuitaba, bidi mua kuambuluisha bua kukuba luondapu. Benji ba mudimu wa luondapu badi ne bua kulongesha bantu badi pabuipi nabu ne kulama mmuenenu wa dibenga kudibueja mu malu a bantu ne kushala anu pankatshi. Mushindu udibu batabalela bantu mu nzubu wa luondapu, midimu idibu benzamu ne muaba udi muine nzubu eu (tshilejilu, pabuipi ne kamponya ka basalayi) nebikale kabidi ne bua kushintulula mmuenenu ya malu eyi.

Nzubu ya luondapu itu pa tshibidilu ikandika bingoma, kabiyi mua kubuela mu nzubu anyi mu mashinyi a babedi. Ngenzelu eu udi ukankamija dibenga kubuela mu malu a bantu, udi mua kuambuluisha bua kuepuka dikokangana anyi diluishangana dikole munda mua nzubu, ne kuenza bua ne: bantu kabalu kukeba bua kunyanga muine muaba eu wa luondapu.

Angata mapangadika a bukubi adi amueneka bua kukuba nzubu ne bena mudimu ku njiwu. Ne amu pine apu, keba bua kumanya mushindu udi mapangadika a bukubi mua kushintulula mushindu udi bantu bonso bamona ne bitaba muaba eu wa luondapu.

Malongolodi a mudimu wa diambuluisha adi ne bua kuela meji bua njiwu ne malu mimpe mu mushindu udiwu alongolola midimu yayi ne mushindu udi bualu ebu bushintulula dieyemena ne ditaba dia bantu ba muaba au. Mu imue nsombelu, bidi mua kuikala bimpe bua kubenga kudileja (tshilejilu, dibenga kuleja patoke bintu anyi muaba), kadi mu nsombelu mikuabu bidi mua kuikala bimpe bua kufunda bintu binene bua kuleja muaba.

1. Ndongoluelu ya makanda a mubidi

Ndongoluelu wa makanda a mubidi udi wenda bimpe udi mua kuandamuna ku majinga onso a luondapu mu tshikondo tshia dikenga bienza ne: nansha kuoku kulue dikenga dinene bua disama bu edi dia Ebola, midimu mikuabu ya luondapu idi mua kutungunuka. Nebatungunuke ne kuondopa masama adi mapepele, ne programe ya ditabalela dia nzanzanza dia bamamu ne dia makanda a bana neyitungunuke kabidi, bikepesha nunku bungi bupite bua badi bafua ne bua badi basamasama. Muntu yonso udi ukankamija, wasulula anyi ulama malu a makanda a mubidi udi wambuluisha ndongoluelu mujima. Ndongoluelu wa makanda a mubidi udi ukonga bitupa bionso, kubangila ku bondopianganyi ba mu ditunga, ba mu provense, ba mu distrike ne ba mu tshinsanga too ne badi batabalela mêku, kuelamu ne basalayi ne aba badi badienzela midimu pa nkayabu.

Mu tshikondo tshia dikenga, batu misangu mivule batekesha ndongoluelu ya makanda a mubidi ne difila dia luondapu, nansha kumpala mene kua dilomba kudiundadi. Bena mudimu wa luondapu badi mua kujimina, manga a kuondopa nawu kaatshiyi amueneka peshi nzubu ya luondapu kuikala minyanga. Mbualu bua mushinga bua kumvua bukole budi nabu dikenga pa ndongoluelu ya makanda a mubidi bua kujadika malu adi akengela kuenza kumpala kua wonso mu diambuluisha dia bantu.

Benji ba mudimu wa diambuluisha batu anu misangu mikese benza mudimu mu nsomblu wa tshimpitshimpi mudi kamuyi ndongoluelu wa makanda a mubidi mumana kulongolola. Padi ndongoluelu kampanda muikale mutekete, nebilombe bua kumukolesha anyi kumulubuluja (tshilejilu, ku diambuluisha dia njila ya dituma bantu, dikeba ne dikonkonona malu a makanda a mubidi adibu bamanyishe).

Mu tshitupa etshi, mikenji idi yakuila malu manene atanu a ndongoluelu muimpe wa makanda a mubidi:

- dipetesha bantu midimu mimpe ya luondapu;
- bena mudimu wa luondapu balongesha bimpe ne basakibue bua kuenza mudimu wabu;
- disumba, dilama ne dienza mudimu bimpe ne manga, bintu ne biamu bia kusokolola nabi masama;
- difila diakane dia makuta a luondapu; ne
- dimanyisha malu ne dikonkonona dimpe dia malu a makanda a mubidi.

Malu aa adi apetangana mu mishindu mishilashilangane. Tshilejilu, mudimu kawakuenjibua bimpe bikala benji ba mudimu wa luondapu bakese anyi kakuyi manga adi akengedibua.

Buludiki ne bulombodi bidi ne mushinga bua kujadika ne: badi bakumbaja majinga mu mushindu udi kauyi wa kansungasunga. Tshibambalu tshia malu a makanda a mubidi tshitu pa tshibidilu tshiangata buludiki ne bulombodi mu diambuluisha didibu bafila, ne tshidi mua kulomba dikuatshisha dia kudi batangidi bakuabu ba malu a makanda a mubidi. Imue misangu, tshibambalu etshi tshidi mua kupanga bukokeshi anyi muoyo wa kukumbaja mudimu watshi mu mushindu muimpe ne udi kauyi wa kansungasunga, nunku mudimu mukuabu udi ne tshia kuambula bujitu ebu. Bikala Tshibambalu tshia malu a makanda a mubidi katshiyi ne mushindu anyi bikalatshi kabayi mua kutshitaba mu bitupa bionso bia ditunga, bena mudimu wa diambuluisha bantu badi ne bua kukeba bua kutua mpanda ku ndongoluelu muanyishibue udiku, nangananga mu tshikondo tshia malu makole a tshimpitshimpi. Ujadike bimpe mushindu wa kuenza mudimu pamue ne benji ba mudimu badi kabayi bena mbulamatadi ne bakuabu, ne bukokeshi buabu bua kufila anyi kulombola luondapu bua bantu.

Dipeta bantu muaba udibu mbualu bua mushinga mukole, kadi bidi bikengela kutangila bualu ebu ne ngumvuilu mutokesha bimpe wa tshidi mêyi manene ne malu a mu mudimu wa diambuluisha bantu biumvuija bua bantu kupeta dikuatshisha didi kadiyi dileja luseke kampanda ne kadiyi ne kansungasunga. Bulombodi budi ne bua kumueneka mu bitupa bionso ne munkatshi mua bitupa bia luondapu kubangila kudi balombodi ba ditunga too ne ba binsanga ne bena midimu ya bitupa bikuabu bu mudi bena WASH, bena didisha ne dilongesha, pamue ne bisumbu bia benji ba mudimu ya bitupa bishilangane bu mudi bena mudimu wa dikuatshisha badi basama mu lungenyi ne mu nsombelu wa bantu, badibu benzele malu a tshikisu bua mudimu balume anyi bakaji ne aba badi ne kishi ka VIH.

Mukenji wa 1.1 wa ndongoluelu ya makanda a mubidi: Dipetesha bantu midimu ya luondapu

Bantu badi bapeta luondapu luimpe lulongolola ludi kaluyi ne bualu, luikale ne dikuatshisha ne luangata mubedi ne mushinga.

Malu manene a kuenza

1 ⟩ Petesha bantu luondapu lukumbane ne luakanyine mu bitupa bishilangane bia ndongoluelu wa makanda a mubidi.

- Teka midimu ya luondapu pa muaba wa kumpala mu ditunga anyi mu tshitupa tshia mudimu tshia pabuipi menemene mu bikondo bia tshimpitshimpi, bilondeshile dikenga didiku, bunene bua tshipupu tshia disama ne bukokeshi bua ndongoluelu wa makanda a mubidi.
- Sunguluja mishindu mishilangane ya ditabalela idi ne bua kuikalaku mu bitupa bishilashilangane (mu dîku, mu tshinsanga, ku muaba wa luondapu ne ku lupitadi).

2 Teka peshi kolesha njila ya ditapulula ne ndongoluelu ya dituma nayi bantu.

- Funda mumvuangana a kulonda bua kutapulula bantu mu nzubu ya luondapu anyi mu tshialu mu bikondo bia mvita, bua se: bamone mua kusunguluja bantu badi ne bua kupeta diambuluisha dia lukasa ne kubondopa lukasa anyi kubapesha disulakana bangabanga ne kubatuma anyi kubambula ne kubafila ku muaba mukuabu bua kubuondopabu kabidi.
- Enza bua bikale batuma bantu bimpe munkatshi mua milongo ya luondapu ne ya midimu, pamue ne midimu ya diambula bantu idi ibakuba ne ibendesha lukasa kakuyi bualu, ne munkatshi mua bitupa bu mudi bia didisha ne dikubibua dia bana.

3 Akaja anyi enza mudimu ne mumvuangana adi manyishibue miaba yonso a luondapu, a malu a kuenza bua masama mashilashilangane ne a mushindu muimpe wa dienza mudimu ne manga.

- Enza mudimu ne mikenji ya mu ditunga, bu mudi liste ya manga adi akengedibua, ne akajilula malu aa bilondeshile nsombelu wa tshimpitshimpi.
- Londa mêyi maludiki a bukua-matunga bikala aa a mu ditunga mikale a kalekale anyi kaayiku.

4 Fila luondapu ludi lushindika manême a babedi a kuikala ne bunême, dikala ne malu abu nkayabu, dikala ne malu abu masokome, dikala bakubibue ne ditaba ku budisuile.

- Enza bua malu a bantu ikale makubibue ne malama anu buabu nkayabu mushindu wa se: muntu yonso amone mua kupeta luondapu, nansha bantu batubu babanda misangu ya bungi mu tshinsanga, bu mudi aba badi ne kishi ka VIH peshi masama a mu bilamba).

5 Fila luondapu luimpe ne epuka dienzelangana bibi, malu adi kaayi mimpe anyi adi atatshisha mu diondopa bantu.

- Teka njila ya dimanyishila malu mabi adi enzeka mu diondopa ne mushindu wa kualondakaja.
- Jadika ngenzelu wa dimanyisha nende malu onso a dinyangangana peshi a luonji mu disangila.

6 Enza mudimu ne mapangadika makanyine a dibabidila dipia masama ne dialuisha (IPC), bu mudi mikenji ya nshindamenu ya WASH ne mishindu ya diumbusha butshiafu mu mpitadi, ne mu miaba yonso ya luondapu.

- Mu tshikondo tshia bipupu bia masama bu mudi dia cholera anyi dia Ebola, keba mêyi maludiki mumvuija bimpe kudi malongolodi a pa buawu bu mudi OMS (Bulongodi bua buloba bujima bua makanda a mubidi), UNICEF ne MSF (*Médecins Sans Frontières*).

7 Longolola ne jika badi bafue mu mushindu muimpe udi uleja kanemu, udi ulonda bilele bia bantu, ne bilondeshile ngenzelu milenga bua makanda a mubidi a bantu.

Bileji binene

Bia pa lukama bia bantu badi bapeta luondapu lua nshindamenu mu dienda dîba dimue kumbukila kumabu

- Bipite bia pa lukama 80

Bia pa lukama bia nzubu ya luondapu idi ne midimu ya luondapu idibu bafila kumpala kua yonso

- Bipite bia pa lukama 80

Bungi bua malalu a babedi ba mu lupitadi (pa kumbusha malalu a ku nzubu wa tshileledi) bua bantu 10 000

- Kabuyi bushadile ku 18

Bia pa lukama bia bantu badi balomba dibatuma ku luondapu lua mulongo mubandile

Bia pa lukama bia babadi badibu batume ku miaba mikuabu pa dîba diakane

Malu a kulonda

Bantu nebapete luondapu bilondeshile luondapu ludiku, mushindu udi bantu bonso mua kukufika nkayabu, kumona makuta a kufuta ne kuitaba luondapu luine.

Dikalaku: Badi mua kufila luondapu mu nzubu ya luondapu idi miasa kaba kamue, idibu mua kutentemuna anyi ya mu tshinsanga. Bungi bua nzubu eyi, mishindu yayi ne miaba idibu bayase nebikale bishilangane bilondeshile nsombelu udiku. Mêyi manene a kulonda bua kulongolola nzubu ya luondapu adi nunku:

- Nzubu umue wa luondapu bua bantu 10 000; ne
- Lupitadi lumue lua distrike anyi lua ku musoko bua bantu 250 000.

Nansha nanku, bungi ebu kabuena bujadika ne: bantu bonso badi bapeta luondapu kuakanyine mu nsombelu yonso to. Ku misoko, tshipatshila tshilenga tshidi mua kuikala tshia nzubu umue bua bantu 50 000, pamue ne programe ya dibeja bantu mu tshinsanga ne mu miaba ya diondopela bantu idi kayiyi miasa kaba kamue. Mu bimenga, nzubu mikuabu ya luondapu idi mua kuikala muaba wa kumpala wa dipetela luondapu ne yambuluisha nunku bantu bua kupeta luondapu lua nzanzanza bua bantu ba bungi bapite pa 10 000.

Kuikala ne bukokeshi bua kutabalela bantu ba bungi bua kubondopa kudi ne mushinga wa bungi mu bikondo bia tshimpitshimpi. Kanuvudiji misangu ibidi ibidi midimu idiku nansha, bualu dienza nunku didi anu mua kujimijija mpetu ne kukepesha dieyemena dia bantu mu nzubu eyi idi mimane kuikalaku. Bantu nebikale ne bua kupinganyina nzubu eyi ne dieyemena padibu bakanga nzubu ivuabu benze anu bua matuku makese.

Londesha bungi bua misangu idi bantu bakeba midimu eyi. Bungi bukese bua misangu budi mua kuleja ne: midimu ayi kayena mimpe, kudi bijikilu bia buludiludi anyi bidi kabiyi bia buludiludi, bantu mbasue midimu mikuabu, mbanekeshe bungi bua bantu anyi kudi ntatu mikuabu idi ipangisha bantu bua kufika muaba wa luondapu. Bungi bubandile bua misangu budi mua kufila lungenyi lua se: kudi lutatu kampanda bua makanda a mubidi a bantu peshi mbapuekeshe bungi bua bantu ba kuambuluisha, peshi budi mua kuleja ne: kudi ntatu mikuabu ya difika miaba eyi. Bipeta bionso bifunda badi ne bua kubikonkonona bilondeshile mudi bantu balume anyi bakaji, bidimu biabu, bulema, tshisa tshiabu anyi malu makuabu adi mua kuikala ne mushinga mu nsombelu eu. Bua kuenza makumi a bungi bua misangu idibu bakeba midimu ⊕ *tangila Tshisakidila 3.*

Ditabibua: Yikila ne bitupa bionso bia mu tshinsanga bua kumanya ne kujikija malu adi apangisha bantu bua kupeta midimu kabukabu ya mu tshinsanga ne nseke yonso ya dikokangana, bu mudi bisumbu bidi mu njiwu. Enza mudimu pamue ne bakaji, balume, bana, bantu badi ne kishi ka VIH ne badi mu njiwu mikole ya dikapeta, balema ne bakulakaje, bua kujingulula bikadilu bidi biambuluisha bua kuikala ne makanda. Diyikila ne bantu mu lungenyi lua luondapu nedisake mubedi ku didifila ne nedilengeje ditabalela bantu bua musangu mule.

Difuta makuta: ⊕ *Tangila Mukenji wa 1.4 wa ndongoluelu ya makanda a mubidi: Difila makuta a luondapu.*

Luondapu mu tshinsanga: Luondapu lua nzanzanza ludi lukonga ditabalela mêku ne bantu bonso. Bantu badi mua kupetela luondapu lua nzanzanza kudi bondopianganyi ba mu tshinsanga (agents de santé communautaires, ASC) peshi bena budisuile, balongeshanganyi netu, peshi mu dieleshangana diboko ne bena komite ya luondapu ba mu musoko bua kukolesha didifila dia babedi ne dia tshinsanga. Ditabalela bantu didi mua kubangila ku programe ya dibabidila masama too ne ku dikolesha dia makanda a mubidi anyi dimona malu a kuenza bua disama kampanda ne bilondeshile nsombelu udiku. Programe yonso idi ne bua kujadika dipetangana ne nzubu wa luondapu lua nzanzanza wa pabuipi menemene bua kushindika luondapu ludi lulongolola, ditangila dia baminganga ne dilondesha malu a programe. Bikala ba-ASC bamone bantu bikale ne didisha dibi dikole, nebilombe bua kubatuma ku midimu ya didisha mu miaba ya luondapu anyi miaba mikuabu ⊕ *tangila Mukenji wa 1.2 wa dikonkonona dikumbana dia biakudia ne didisha: Dikonkonona dia didisha.* Bueja ditabalela mu programe ya tshinsanga mu bitupa bikuabu bu mudi tshia WASH ne tshia didisha ⊕ *Mukenji wa 1.1 wa WASH wa dikolesha mankenda* ne *Dikumbana dia biakudia ne didisha – mukenji 2.1 wa tshia kuenza bua kuluisha didisha dibi.*

Kudi ne bua kuikala ndongoluelu ya **dituma dia lukasalukasa** pamue ne mishindu ya kuambula nayi bintu mimana kujadika, mimpe ne mikubibue dîba dionso, matuku onso ne lumingu luonso. Kudi ne bua kuikala munganga muakididianganyi pankatshi pa mutumianganyi ne mufidi wa luondapu udi wadikidila mubedi.

Manême a babedi: Enza bua miaba ne midimu ya luondapu yikale inemeka malu adi atangila bantu pa nkayabu ne kulama malu abu masokome, bu mudi diasa tuzubu tutapuluke tua diyikidila ne babedi. Dianjila kukeba dianyisha dia ku budisuile dia babedi peshi dia balami babu kumpala kua dienza bualu kampanda bua kuondopa anyi kupanda muntu. Konkonona malu onso a pa buawu adi mua kulenga dianyisha dia ku budisuile ne bukubi, bu mudi bidimu bia muntu, bikalaye mulume anyi mukaji, ni udi ne bulema, muakulu wende peshi tshisa tshiende. Teka njila ya dimanyishila malu a babedi adi enzeka mu tshialu ne lukasa luonso pikalaku mushindu. Kuba bipeta bifunda bia babedi ⊕ *tangila Mukenji wa 1.5 wa ndongoluelu ya makanda a mubidi: Dimanyisha malu a makanda a mubidi.*

Nzubu miakanyine ne mimpe: Londa mumvuija a lungenyi a mushindu wa dienza mudimu ne manga ne mushindu wa kuenza bimpe ne manga a luondapu ne biamu bia kuondopa nabi ⊕ *tangila Mukenji wa 1.3 wa ndongoluelu ya makanda a mubidi: Manga adi akengedibua ne biamu bia kuondopa nabi.*

Ujadike ne: nzubu mmiakanyine, nansha padiku malu a tshimpitshimpi. Longolola miaba ya diyikidila ne muntu pa nkayende, bua bungi bulongolola bua babedi, malalu ikale mutantshi wa metre 1 bumue ne bukuabu, kapepe kikale kapita, nzubu wa dilamina bintu kabiyi ne tuishi (ki mpambelu to) munda mua lupitadi, nzembu mikumbane bua kutumikisha biamu bidi biambuluisha, ne bintu biakanyine bia WASH. Padiku bipupu bia masama, akajilula malu adi malomba bua bintu biasa pamue ne mêyi maludiki bu mudi, tshilejilu, aa adi atangila miaba ya ditapuluila bantu, dibakenketela ne dibateka pa nkayabu.

Ela meji bua mapangadika a kuangata bua kuvuija miaba ya luondapu mimpe kayiyi ne bualu, mikubibue ne mipepele bua kufikaku mu tshikondo tshia dikenge bu mudi disapalala dia mâyi anyi diluangana dia mvita.

Dibabidila dipia masama ne dialuisha (IPC) mbualu bua mushinga mu nsombelu yonso bua kuluisha masama ne dikandamana dia tuishi. Nansha mu nsombelu udi kayi wa dikenga, babedi 12 pa 100 mu tshi-bungi nebapie disama kampanda padibu eku benda babondopa, ne bantu 50 pa 100 badi bapia masama panyima pa dipandibua badi bangata manga adi ashipa tuishi adi mamanyike bimpe kadi kaatshiyi kabidi abambuluisha.

Bitupa binene bia IPC bidi bikonga dipatula ne diteka mu tshienzedi mêyi maludiki (pa bidi bitangila malu a kudimukila a pa tshibidilu, malu a kudimukila mu disambuluja dia masama ne ngenzelu idi bamInganga ne bua kulonda bua kushipa tuishi), dikala ne kasumbu ka IPC mu miaba yonso, dilongesha bena mudimu wa luondapu, dilondesha malu a programe ne dibueja mu ndongoluelu ya ditangila nayi malu disokolola dia dipia tuishi mu miaba ya luondapu ne dikandamana dia tuishi. Miaba ya luondapu idi ne bua kuikala ne bena mudimu bungi bukumbane ne mêba makumbane a mudimu, bungi bukumbane bua malalu (bulalu bumue budi ne bua kuikala ne muntu anu umue), mikale ilama bintu bia muaba udi bantu basombele ne idi ne bua kulama bikadilu bimpe bia mankenda ⊕ *tangila Mukenji wa 1.2 wa ndongoluelu ya makanda a mubidi: Bena mudimu wa luondapu,* ⊕ *tangila Nzubu miakanyine ne mimpe,* kuulu eku ne bintu bidibu base ne bia kuenza nabi mudimu bia WASH, ⊕ *tangila Mukenji 6 wa WASH: WASH mu miaba ya luondapu.*

Malu a kudimukila a pa tshibidilu adi ne bua kuikala mu mapangadika adi mangata bua IPC ne adi akonga:

- *Dibabidila ditapika ku bintu bitue:* Bidi bikengela kudimuka mu dienza mudimu ne nshingi ya ditela nayi, tuele tua dipanda natu ne bintu bikuabu bidi bitue, tshilejilu padibu basukula bintu bidibu benze nabi mudimu anyi padibu bimansha nshingi ikadibu benze nayi mudimu. Muntu yonso udi mutapike ku tshintu tshitue badi ne bua kumuambuluisha ne mapangadika mangata bua kujikila masama pashishe (PEP) bua kishi ka VIH mu mêba 72 adi alonda ⊕ *tangila Luondapu lua nshindamenu – mukenji 2.3.3 wa makanda a mubidi a disangila ne a lulelu: kishi ka VIH.*

- *Dienza mudimu ne biamudimu bidi bikuba muntu (PPE):* Pesha muntu ne muntu bintu bia PPE bidi biakanyine bilondeshile njiwu ne mudimu udiye ne bua kuenza. Konkonona mushindu mudianjila kumona udi muntu mua kupia disama (tshilejilu, ku disapuka, ditangalaka, dilengibua anyi dilenga tshintu) ne mushindu wa disambuluka dia disama, mutantshi udi bintu bia PPE binenga ne mushindu udibi biakanyine bua mudimu (kabiyi bibuela anyi bikale bikandamena bintu bia luayiyi), ne dikumbana dia biamudimu ebi. Nebasakidile bintu bikuabu bia PPE bilondeshile mushindu udi disama mua kusambulukilangana: ku dilengangana (tshilejilu, nkanzu mule anyi gan ya ku bianza), ku mamata (munganga udi ne bua kuvuala maske a bapandianganyi padiye mutantshi mushadile ku metre 1 ne mubedi) anyi mu lupepele (maske a dieyela). ⊕ *Tangila Mukenji 6 wa WASH: WASH mu miaba ya luondapu.*

- Mapangadika makuabu adi akonga mankenda a bianza, mushindu wa diumbusha butshiafu bua mu miaba ya luondapu, dilama muaba mukezuke, disukula bintu bia mudimu bia baminganga, dilama mankenda padi muntu weyela anyi ukosola, ne diumvua dia mêyi manene a dijikila dipia tuishi tua masama ⊕ *tangila Mukenji 6 wa WASH: WASH mu miaba ya luondapu.*

Malu mabi adi enzeka: Mu buloba bujima, bualu bubi butu buenzekela babedi 10 pa 100 ku badi mu lupitadi (nansha kabiyi mu tshikondo tshia dikenga), misangu ya bungi bua ngenzelu idi kayiyi mimpe mu dipandangana, bua bilema bienza mu difundilangana manga ne bua masama mapetela mu muaba wa luondapu. Badi ne bua kufunda bualu bubi buonso budi buenzeke mu mukanda munene ne kulama mukanda eu mu nzubu yonso ya luondapu ne badi ne bua kukonkonona mukanda eu bua kulongelaku malu.

Mushindu wa kuenza ne bitalu: Londa bilele ne mitabuja a bantu ba muaba au bua kujika bimpe badi bafue ne kanemu. Bidi bilomba kuanji kumanya udi mufue bangabanga ne kupingaja tshitalu kudi bena dîku. Nansha kuoku kuikale tshipupu tshia disama anyi tshia ku bintu bifuka, diluangana anyi dishipa dia bantu ba bungi, malu a kuenza ne bitalu adi alomba dieleshangana maboko pankatshi pa bena mudimu wa luondapu, bena malu a WASH, bena malu a mikenji, bena mudimu wa dikuba bantu ne bamanyi ba malu a bitalu bia bantu.

Misangu mikese kutu kumueneka njiwu ya makanda a mubidi padiku bitalu. Amue masama (tshilejilu bu mudi dia cholera anyi dia Ebola) atu alomba dienza malu a pa buawu. Diumbusha bitalu bia badi bafue didi mua kulomba bintu bia PPE, bintu bia diangula nabi, mashinyi a diambula ne muaba wa kulamina bitalu, pamue ne mikanda idi itangila badi bafue. ⊕ *Tangila Mukenji 6 wa WASH: WASH mu miaba ya luondapu.*

Mukenji wa 1.2 wa ndongoluelu ya makanda a mubidi: Bena mudimu wa luondapu

Bantu badi bapeta bena mudimu wa luondapu badi mamanya makumbane mu bitupa bionso bia luondapu.

Malu manene a kuenza

1 > Konkonona bungi bua bena mudimu badiku ne mudibu bababanye bilondeshile dilondangana dia milongo mu ditunga bua kujadika bilema ne bitupa bidi ne bena mudimu bakese.

- Tangila bungi bua bena mudimu bua bantu 1 000 mu dilonda muanzu ne muaba wa mudimu.

2 > Longesha bena mudimu bamanye miaba yabu ulonda mêyi a mu ditunga ne a bukua-matunga.

- Umanye se: bena mudimu mu bikondo bikole bia tshimpitshimpi badi mua kuikala ne midimu mialabaja ne bidi bilomba kubalongesha ne kubakuatshisha.
- Longolola malongesha a dishidimuna padi mudimu wa kuenza mupite bungi.

3 > Ambuluisha bena mudimu wa luondapu bamone mua kuenzela mudimu mu muaba muimpe.

- Angata mapangadika onso audi mua kuangata bua kukuba bena mudimu wa luondapu mu diluangana dia mvita ne akuila mapangadika aa.
- Longesha bena midimu ya baminganga malu a makanda a mubidi mu muaba wa mudimu ne bapeshe bisalu bua kubakuba ku disama dia hepatite B ne dia tetanos.
- Bapeshe bintu bikumbane bia IPC ne bia PPE bua bamone mua kuenza midimu yabu.

4 > Enza malu adi akoka ne a mafutu adi akepesha dishilangana dia mafutu ne diabanyangana dia bena mudimu didi kadiyi diakane dia bena mudimu wa luondapu pankatshi pa Tshibambalu tshia malu a makanda a mubidi ne bakuabu benji ba midimu ya luondapu.

5 > Leja Tshibambalu tshia malu a makanda a mubidi ne bisumbu bikuabu bia muaba au ne bia mu ditunga bidi biakanyine bipeta bia bena mudimu wa luondapu ne malu a didiakaja.

- Umanye ditambakana ne diumbuka dia bena mudimu wa luondapu mu bule bua diluangana.

Bileji binene

Bungi bua bondopianganyi ba mu tshinsanga bua bantu 1 000

- Bupite bondopianganyi ba mu tshinsanga 1–2

Bia pa lukama bia bakaji badi balela bambuluisha kudi bena mudimu bapiluke (badoktere, baminganga, bakaji baleleshanganyi)

- bipite bia pa lukama 80

Bungi bua bena mudimu bapiluke badi bambuluisha bakaji badi balela (badoktere, baminganga, bakaji baleleshanganyi) bua bantu 10 000

- bupite bantu 23 bua bantu 10 000

Mbalongeshe bena mudimu wa luondapu bonso badi benza midimu ya diondopangana mumvuangana a baminganga ne malu a kuenza bua disama ne disama

Malu a kulonda

Dikalaku dia bena mudimu wa luondapu: Munkatshi mua bena mudimu wa luondapu mudi badoktere, baminganga, bakaji baleleshanganyi, bamfumu ba lupitadi, bena mudimu wa laboratware, bamanyi ba manga ne bondopianganyi ba mu tshinsanga, pamue ne bena mudimu wa dilama ne wa diambuluisha. Bungi ne ngikadilu mujima wa bena mudimu bidi ne bua kukumbanangana ne bantu ne midimu idi ikengela. Dikala ne bena mudimu bungi bushadile didi mua kufikisha ku dikala ne mêba a mudimu mapitepite ne ku luondapu ludi kaluyi luimpe. Bueja bena mudimu wa luondapu badiku mu diambuluisha mu bikondo bia tshimpitshimpi.

Mu diangata bantu ba muaba au ku mudimu ne mu dibalongesha, londa mêyi a mu ditunga (anyi a bukua-matunga bikala a mu ditunga kaayiku). Diangata ku mudimu bantu ba matunga makuabu didi ne bua kulonda mêyi ne mikenji ya ditunga ne ya Tshibambalu tshia malu a makanda a mubidi (tshilejilu, bijadiki bia dimanya dia mudimu, nangananga bua mudimu wa diondopangana).

Ela meji bua kuondopa bantu badi bikole bua kubapeta miaba idibu ku musoko ne mu bimenga, nangananga aba badi pabuipi ne muaba udibu baluangana mvita. Bena mudimu badi ne bua kutabalela bantu ba bisa bionso, miakulu yonso ne bisumbu bionso. Angata bena mudimu wa luondapu badi bamanye mudimu kakese mu tshinsanga ne ubalongeshe bua kupetangana ne bena tshinsanga, malu a kuenza bua disama dionso mu tusumbu tudi tutambakana anyi mu miaba ya luondapu miasa, ne longolola ngenzelu mimpe ya mua dituma bantu. Bidi mua kulomba bua kulongolola amue malu adi asaka bantu bua kuanyishabu bua kuya kuenzela mudimu mu miaba ya ntatu.

Bondopianganyi ba mu tshinsanga (ASC): Dilonglola malu a mu tshinsanga pamue ne ba-ASC (ne bena budisuile) didi dipetesha mushindu munene wa kufika kudi bantu badi bikole bua kubapeta, bu mudi aba badi kabayi banyishibue anyi badi babandibua. Kuoku kuikale bipumbishi bua mitantshi idi bantu basombele anyi ntatu bua malu adibu mua kuitaba peshi kubenga mu bisanga bishilangane, muondopianganyi wa mu tshinsanga umue udi pamuapa mua kuambuluisha anu bantu 300 pamutu ba bantu 500.

Midimu ya ba-ASC mmishilangane. Badi mua kubalongesha diambuluisha dia nzanzanza anyi malu a kuenza bua disama dionso, peshi tshia kuenza bua kumanya masama. Badi ne bua kubatuangaja ne muaba wa luondapu wa pabuipi bua kujadika butangidi buakanyine ne ditabalela dilongolola. Misangu ya bungi, kabatu mua kubueja ba-ASC bonso mu ndongoluelu wa makanda a mubidi diakamue padi bualu bua tshimpitshimpi bumane kupita to. Mu imue nsombelu, ba-ASC batu ba tshibidilu mua kuenza mudimu anu ku misoko, nunku bidi mua kulomba ngenzelu mushilangane wa malu mu bikondo bia makenga mu bimenga.

Ditabibua: Dikumbaja matekemena a bantu bilondeshile nsombelu ne bilele biabu nedikoleshe didifila dia babedi. Bena mudimu badi ne bua kuleja ngikadilu mushilashilangane wa bantu pa kusangana munda muabu bantu ba nsombelu mishilangane mu malu a mpetu, a bisa, a miakulu ne a bisumbu bia ngenyi mishilangane mu disangila dia balume anyi bakaji, ne nkatshinkatshi mu malu makanyine a balume anyi bakaji.

Ngikadilu: Malongolodi adi ne bua kulongesha ne kutangila malu a bena mudimu bua kujadika ne: mamanya abu nga lelu lelu ne bienzedi biabu mbimpe kabiyi ne bualu. Enza bua programe ya dilongesha ilonde mêyi a mu ditunga (miakaja bilondeshile malu a tshimpitshimpi) anyi mêyi adi manyishibue mu bukua-matunga.

Longolola dilongesha pa malu aa:

- mumvuangana a mu diondopangana ne malu a kuenza bua disama ne disama;
- ngenzelu ya pa tshibidilu ya kulonda mu mudimu (bu mudi bintu bia IPC, mushindu wa kumbusha butshiafu bua mu miaba ya luondapu);
- dikubibua ne dikala bimpe kakuyi bualu (biakajia bilondeshile njiwu idiku); ne
- mikenji ya bikadilu (bu mudi mikenji ya bumunganga, manême a babedi, mêyi manene a mudimu wa diambuluisha bantu, dilama dia bana, dikubibua diabu ku dibendesha masandi ne dibanyanga) ⊕ *tangila Luondapu lua nshindamenu – mukenji 2.3.2 wa makanda a mubidi a disangila ne a lulelu: Luonji mu disangila ne mushindu wa kuondopa badibu basangile nabu ku bukole* ne *Mêyi manene a bukubi.*

Ditangila pa tshibidilu dia malu ne dilondakaja bulenga buawu nebikankamije bikadilu bimpe. Dilongesha bantu dia musangu anu umue kadiakujadika ngikadilu mulenga to. Enza bua Tshibambalu tshia malu a makanda a mubidi tshimanye bantu badibu balongeshe, malu adibu balonge, bantu badi babalongeshewu, tshikondo ne muaba uvuabu balongele mine malu aa.

Mukenji wa 1.3 wa ndongoluelu ya makanda a mubidi: Manga adi akengedibua ne biamu bia kuondopa nabi

Bantu badi ne mushindu wa kupeta manga adi akengedibua ne biamu bia kuondopa nabi bidi bimpe kabiyi ne bualu, biakanyine ne bidibu bajadike bulenga buabi.

Malu manene a kuenza

1 ⟩ Enza liste mianyishibue ya manga adi akengedibua ne ya biamu bia kuondopa nabi bua kuleja dilondangana dia malu adi akengela kuenza kumpala mu diondopangana.

- Konkonona liste ya mu ditunga idiku ya manga adi akengedibua ne ya biamu bia kuondopa nabi anu ku mbangilu kua diambuluisha difila ne uyakaje ku nsombelu udiku.

- Teya ntema ya pa buayi ku manga adibu balondesha adi apetshibua anu ku dilomba dia pa buadi.

2 ⟩ Teka ndongoluelu mimpe ya mua kuenza malu bua kujadika dikalaku dia manga adi akengedibua ne biamu bia kuondopa nabi bimpe bidi kabiyi ne bualu.

- Elamu ne mushindu wa diambula manga a bisalu, dialama ne wowu kuikala anu mu mashika, pamue ne diangata ne dilama dia bintu bidi bienza ne mashi.

3 ⟩ Itaba mapa a manga ne a bintu bia kuondopa nabi anu bikalabi bilonda mêyi maludiki mamanyike mu bukua-matunga.

....

Bileji binene

Bungi bua matuku adi manga adi akengedibua kaayi apeteka

- Kaayi apita matuku 4 mu matuku 30

Bia pa lukama bia nzubu ya luondapu idi ne manga adi akengedibua

- Bipite bia pa lukama 80

Bia pa lukama nzubu ya luondapu idi ne biamu bia kuondopa nabi bidi bikengedibua ne bidi bienda bimpe

- Bipite bia pa lukama 80

Manga onso adibu bapesha babedi ki mmanji kupita dituku dia kuanua to

....

Malu a kulonda

Dilama dia manga adi akengedibua: Mu manga adi akengedibua mudi manga a kuondopa nawu, bisalu ne bintu bienza ne mashi. Dilama dimpe dia manga didi dijadika ne: neyikaleku, kadi didi kabidi dikandika dienza mudimu ne manga adi kaayi mimpe anyi akadi mapite matuku a kuanua. Malu manene a mu dilama dimpe ke disungula, didianjila kumona malu, disumba, dilama ne diabanya.

Disungula didi ne bua kushingamena pa liste wa ditunga wa manga adi akengedibua. Enza muebe muonso bua kujikija, tshilejilu, dipangika dia manga a masama adi kaayi a tshiambu, a makanda a lulelu, a difila disulakana mu luondapu lua mutantshi mukese ne a mu dipandangana, a diladika nawu, a makanda a lungenyi, manga adibu balondesha malu au (tangila kuinshi eku) ne makuabu.

Didianjila kumona malu didi ne bua kushindamena pa mushindu udi bantu bangata manga, bungi bua bantu badi basamasama ne dikonkonona dia nsombelu udiku. Manga adi apeteka mu ditunga adi mua kupangika pamuapa bikalabu banyange matanda a mu ditunga adi enza manga, babumbule nzubu ya dialamina peshi bikalabu baladikije disumba dia manga mu matunga makuabu.

Ngenzelu ya kulonda bua disumba idi ne bua kulonda menemene mikenji ya ditunga, mikenji ya dwane ne njila ya dijadika bulenga bua tshintu mu disumba dia bintu mu matunga makuabu. Enza bua kuikale njila milengeja ya kulonda bikalabu baladikije malu (ku diambuluisha dia Tshibambalu tshia malu a makanda a mubidi, ajanse munene, bakokeshi badi batangila malu a tshipupu mu ditunga anyi mulombodi wa mudimu wa diambuluisha bantu). Kuoku kakuyi ndongoluelu, sumba bintu bidibu bamane kuanyisha bulenga buabi, bidi kabiyi bianji kupita dituku dia kubinua ne bifunda mu muakulu wa mu ditunga ne wa bena mudimu wa luondapu.

Dilama: Manga adi ne bua kulamibua bimpe mu bule bua njila mujima wa diafidila. Buanga ne buanga budi ne malu adi malombibue bua kualama. Manga kaene ne bua kulamibua matekibue panshi tshianana to. Longolola muaba mutapuluke bua manga akadi mapite matuku (mukanga), bua bintu bidi mua kukuata kapia (bikale bipita kapepe kimpe, bikuba ku kapia), bintu bidibu balondesha (bilama ne dîsu dikole) ne bintu bidi bilomba anu dibilama mu mashika anyi luya lutshintshikila.

Diabanya: Teka mishindu ya dienza malu mimpe, mikubibue, midianjila kuelela meji ne diambula nayi bintu mifunda mu mikanda kubangila anu ku nzubu minene ya dilamina manga too ne ku nzubu ya luondapu. Benzejanganyi netu ba mudimu badi mua kulonda ndongoluelu wa "*push*" (disumba bintu didienzela) peshi wa "*pull*" (difila bintu ku dilomba).

Dimansha dimpe dia manga akadi mapite dituku dia kuanua: Luisha dinyanga dia muaba udi bantu basombele ne njiwu idi mua kubaluila. Londa mêyi ne mikandu ya mu ditunga (makaja ku nsombelu ya tshimpitshimpi) peshi mêyi maludiki a bukua-matunga. Diosha dia bintu ne luya lukole lubekesha didi ditudisha makuta a bungi, ne dilama dia manga ditu dienda anu bua matuku makese ⊕ *tangila Mukenji 6 wa WASH: WASH mu miaba ya luondapu.*

Biamu bia kuondopa nabi bidi bikengedibua: Jadika ne sumba biamu ne biamudimu bidi bikengedibua (bu mudi manga a laboratware, mashinyi a manene) mu bitupa bionso bia luondapu bidi bilonda mikenji ya ditunga anyi ya bukua-matunga. Longolola kabidi ne tuamu tudi tuambuluisha balema. Utangile bua ne: badi benza natu mudimu bimpe, ku diambuluisha dia dituakaja dia pa tshibidilu ne difila dia tutupa tukuabu, tudibu mua kupeta mu muaba au kuoku mushindu. Sasulula biamu ebi bimpe kakuyi bualu. Abanya tuamu tua kuondopa natu peshi pingaja tukuabu pa muaba wa tudi tujimine, ne umvuija bimpe mushindu wa kuenza natu mudimu ne ditulama. Yikila ne bena mudimu wa diakajilula bintu bua kumanya malu adi atangila bunene, diakaja, dienza mudimu ne dilongolola. Kuikadi wabanya bintu bia bungi musangu umue to.

Bintu bidibu bamane kuanyisha bulenga buabi bidi ne dikuatshisha mu bitupa bia kumpala bia dikenga peshi mu didilongolola bua kuikala badiakaje. Munda muabi mudi manga adi akengedibua ne biamu bia kuondopa nabi bidibu bamanye kuanyisha ne bidi mishindu mishilashilangane bilondeshile luondapu ludibu bafila. Bulongolodi bua OMS ke budi bua kumpala mu difila dia bintu bia lukasalukasa bua makanda a mubidi ne manga a masama adi kaayi a tshiambu, pamue ne manga adi ambuluisha bua masama a munda, bimanyinu bia mukumu ne bikuabu. Bulongolodi bua FNUAP (Fonds des Nations Unies pour la population) buobu budi bua kumpala mu difila dia manga adi ambuluisha makanda a mubidi a disangila ne a lulelu.

Manga adibu balondesha malu au: Pa tshibidilu, batu balondesha bikole manga adi asulakaja, a makanda a lungenyi ne a dimanyika dipatuka dia mashi kunyima kua lulelu. Bu mudi matunga 80 pa lukama munkatshi mua aa adi ne mpetu mishadile kaayi ne mushindu wa kudisumbila manga mimpe adi afila disulakana, lomba Tshibambalu tshia malu a makanda a mubidi ne mbulamatadi bua kulengeja mushindu wa bantu kupeta manga aa adibu balondesha malu au.

Bintu bienza ne mashi: Eleshangana diboko ne bena mudimu wa dipingajana mashi ba mu ditunga, muaba udibu basanganyibua. Angata mashi anu kudi aba badi baafila ku budisuile. Teta bintu bionso bua kumona nangananga kishi ka VIH, ka hepatite B ne C, ne diteta bua kumanya grupe ya mashi ne dipetangana diawu. Lama ne abanya bintu ebi bimpe bimpe kakuyi bualu. Longesha bena mudimu ba mu lupitadi mushindu mulenga wa dienza mudimu ne mashi ne bintu bienza ne mashi.

Mukenji wa 1.4 wa ndongoluelu ya makanda a mubidi: Difila makuta a luondapu

Bantu badi bapeta luondapu lua nzanzanza kabayi bafuta dikuta mu bule bua dikenga dijima.

Malu manene a kuenza

1. Longolola bua bakandike bantu difuta makuta anyi bimanyike diafuta bua matuku makese mu miaba idibu babalomba bua kuenza nunku ku diambuluisha dia ndongoluelu ya mbulamatadi.

2. Kepesha ditula dia makuta didi kadiyi dia buludiludi anyi bipumbishi bikuabu bia makuta bidi bipangisha bantu bua kufika ne kupeta midimu ya luondapu.

Bileji binene

Bia pa lukama bia nzubu ya luondapu idi kayiyi ilomba makuta kudi batu bua luondapu lua nzanzanza (kuelamu ne ditetesha mubidi, diondopibua, makebulula ne difila dia manga)

- Tshipatshila tshia 100 pa lukama

Bia pa lukama bia bantu badi kabayi bafuta buludiludi dikuta nansha dimue padibu bapeta anyi benza mudimu ne luondapu (kuelamu ne ditetesha mubidi, diondopibua, makebulula ne difila dia manga)

- Tshipatshila tshia 100 pa lukama

Malu a kulonda

Makuta adi bantu bafuta: Dilomba bantu bua bafute makuta bua midimu mu tshikondo tshia tshimpitshimpi didi dipangisha bantu bua kukeba luondapu ne kupanga mushindu wa kuondopibua.

Dimanyika difuta dia makuta mu miaba ya luondapu ya mbulamatadi nedikale bushuwa ne bua kulela ntatu ya mfranga. Ela meji bua kuambuluisha nzubu ya luondapu ya mbulamatadi anyi ya bantu bakuabu ne mafutu a bena mudimu ne malu adi asaka ku dienza mudimu, manga makuabu a kuondopa nawu, biamu bia kuondopa nabi ne tuamu tua diambuluisha natu babedi. Bikalabu bimanyike difutshisha luondapu bua matuku makese, ujadike ne: mbumvuije bimpe babedi malu adi atangila tshikondo ne tshidibu bimanyikijile difutshisha makuta, ne londesha malu a mudi bantu bapeta midimu eyi ne bulenga buayi.

Badi mua kukepesha ***makuta adi bantu batula kaayi a buludiludi*** pa kubapetesha midimu mu binsanga ne pa kuenza mudimu ne ngenzelu milongolola bua kuambula ne kubatuma miaba mikuabu.

Dikuatshisha ne makuta: Bipatshila bia Makanda a mubidi bua bantu bonso bua 2030 bidi biamba ne: bantu badi ne bua kupeta luondapu kabayi bamona lutatu lua ditula makuta tshianana tshianana to. Kakuena tshijadiki tshia se: dikuatshisha bantu ne makuta mu mushindu kampanda musunguluke bua kupetabu makanda a mubidi mu bikondo bia makenga didi ne buenzeji kampanda buimpe pa bipeta bidi bimueneka bia makanda a bantu to, bilondeshile dipatula dia mukanda dia musangu eu ⊕ *tangila Sphere ntshinyi?* pamue ne *Dikuatshisha bantu ku diambuluisha dia bisalu.*

Malu mamonamona adi afila lungenyi lua se: dikuatshisha bantu ne makuta bua kupeta makanda a mubidi didi mua kuambuluisha bikala:

- balue kuimakaja bualu bua tshimpitshimpi;
- kuoku kuikale mudimu udibu balongolola bua kufila dikuatshisha, bu mudi tshilejilu ditabalela bakaji ba mafu anyi masama a munanunanu;
- kuoku kuikale bikadilu bilenga bia dikeba luondapu ne dilomba dikole; ne
- bikale bakumbaje majinga makuabu a mushinga a mêku bu mudi a biakudia ne a muaba wa kusokomena.

Mukenji wa 1.5 wa ndongoluelu ya makanda a mubidi: Dimanyisha malu a makanda a mubidi

Luondapu ndushindamene pa bijadiki ku diambuluisha dia disangisha, dikonkonona ne dienza mudimu ne bipeta bifunda bidi ne mushinga bia malu a makanda a mubidi a bantu.

Malu manene a kuenza

1. Kolesha anyi lubuluja ndongoluelu wa dimanyisha malu a makanda udi ufila malu makumbane, majalame ne a lelu lelu bua kufila diandamuna dimpe ne diakane bua makanda a bantu.

- Ujadike ne: ndongoluelu wa dimanyisha malu a makanda a mubidi udi ukonga benji ba mudimu bonso, mmupepele bua kumuteka mu tshienzedi ne mmupepele bua kusangisha, kukonkonona ne kumvuija malu bua kuludika diambuluisha dia kufila.

2. Kolesha anyi lubuluja ngenzelu ya didianjila kudimuija pa dîba ne kufila diambuluisha (EWAR) padiku bipupu bua malu ons a njiwu adi alomba diambuluisha dia lukasalukasa.

- Angata mapangadika bua masama ne malu adi ne bua kulua kumpala a kutangila bilondeshile njiwu ya bipupu bia masama ne nsombelu wa malu a tshimpitshimpi udiku.
- Elamu ne bitupa bia malu bilondeshile malu adi menzeke ne bileji bidiku.

3. Umvuangana bua bipeta bua bipeta bifunda bia muomumue bia kuenza nabi mudimu pamue ne mumvuija abi, ne enza nabi mudimu.

- Ela meji bua bishiferi bidi bipetangana, bu mudi bungi bua bantu, bunene bua mêku ne ditapulula dia bantu bilondeshile bidimu biabu.
- Jadika dikosolola dia bitupa bia kuludika ne bimanyinu bia miaba idi bantu basombele.

4. Umvuangana bua ngenzelu mianyishibue ya kuenza nayi mudimu bua benji ba mudimu bonso ba makanda a mubidi mu dienza mudimu ne dimanyisha malu a makanda a mubidi.

5. Jadika njila ya kulonda bua kukuba bipeta bifunda bua kushindika manême ne dikubibua dia bantu, bena mudimu wa dimanyisha malu ne/peshi bantu badi baamanyisha.

6. Ambuluisha muenji wa mudimu ntunga-mulongo bua kusangisha, kukonkonona, kumvuija ne kutangalaja ngumu ya malu a makanda a mubidi kudi benzejanganyi netu ba mudimu bonso pa dîba ne pa tshibidilu, ne bua kuludika diangata dia mapangadika bua programe ya makanda a mubidi.

- Elamu kabidi ne dibala dia midimu yonso ya makanda a mubidi ne dienza nayi mudimu, pamue ne dikonkonona ne diumvuija dia bipeta bifunda bia malu a bipupu bia masama.

Bileji binene

Bia pa lukama bia luapolo ya didianjila kudimuija pa dîba ne kufila diambuluisha/ ditangila yonso idibu bafile pa dîba

- Bipite bia pa lukama 80

Bungi bua misangu ya luapolo ya dimanyisha malu a makanda a mubidi mienza kudi muenji wa mudimu ntunga-mulongo mu malu a makanda a mubidi

- Ku ngondo ne ku ngondo yonso

Malu a kulonda

Ndongoluelu wa dimanyisha malu a makanda a mubidi: Ndongoluelu wa dimanyisha malu a makanda a mubidi udi wenda bimpe udi ujadika dipatula, dikonkonona, ditangalaja ne dienza mudimu ne malu majalame ne mamanyisha pa dîba adi akuila malu manene a makanda a mubidi, dienda bimpe dia ndongoluelu ya makanda a mubidi ne ngikadilu wende. Bipeta bifunda bidi mua kuikala bileja ngikadilu anyi bungi ne bidi mua kufumina ku miaba kabukabu bu mudi makebulula a dibadika, difunda bantu ku mikanda ya mbulamatadi, makebulula a bungi bua bantu, makebulula a majinga adiku, dosie ya bantu ne luapolo ya nzubu ya luondapu (bu mudi ndongoluelu ya ditangila makanda a mubidi). Udi ne bua kuikala ne nkatshinkatshi bikumbane bua kuela ne kuleja ntatu idi kayiyi mitekemena bu mudi bipupu bia masama peshi dikuluka dijima dia ndongoluelu peshi midimu ya makanda a mubidi. Dimanyisha malu nedileje ntatu ne majinga a bitupa bionso bia ndongoluelu wa makanda a mubidi.

Sangisha malu adi mapangike ku diambuluisha dia dikonkonona dikuabu peshi makebulula makuabu. Ela meji bua ditambakana dia bantu badi basambuku mikalu ya matunga, ne malu adi akengedibua peshi adiku. Ikala ne tshibidilu tshia kukonkonona bua kumanya ne: nganyi udi wenza tshinyi ne muaba kayi.

Ndongoluelu ya dimanyisha malu a ditangila makanda a mubidi (HMIS) peshi luapolo ya pa tshibidilu idi yenza mudimu ne malu a luondapu adibu bamanyishe a mu nzubu ya luondapu bua kukonkonona mushindu udibu bafila midimu ya luondapu. Idi ilondakaja mishindu misunguluke idibu bafila diambuluisha, mudibu buondopa masama, tshidibu benza ne mpetu bu mudi dilondakaja dikalaku dia manga, dia bantu badi bangatshibue ku mudimu ne bungi bua badi benza mudimu bine.

Ditangila makanda a mubidi mbualu budibu benza dîba dionso ne mu mishindu yonso bua kusangisha, kukonkonona ne kumvuija bipeta bifunda bia malu a luondapu. Ditangila malu a masama didi dilondesha mu mushindu wa pa buawu masama mashilangane ne mishindu idi masama aa enda mu bantu, ne misangu mivule luapolo ya HMIS ke itu ileja malu aa.

Didianjila kudimuija pa dîba ne kufila diambuluisha (EWAR) mbualu bua kuenza pa tshibidilu mu ndongoluelu wa ditangila makanda a mubidi. Didi disokolola ne dipatula didimuija bua bualu buons bua makanda a bantu budi bulonda diandamuna dia lukasa, bu padiku bintu bia mulungu mu bantu anyi masama adi mafuane kulua kutangalaka

⊕ *tangila Luondapu lua nshindamenu – mukenji 2.1.2 wa masama a tshiambu: Ditangila, dimona tshipupu ne difila diambuluisha dia nzananza.*

Ngenzelu mianyishibue ya dienza mudimu: Enza bua kuikale mumvuija a malu a muomumue ne mishindu ya kumanyisha nayi malu mu bitupa bidi bantu basombele, mu miaba yonso ya luondapu ne munkatshi mua bena mudimu wa luondapu. Bidi bikengela kumvuangana pa malu bu mudi:

- diumvuija dia masama;
- bileji bia malu adi akengela kulondesha;
- kudi luapolo ne bua kufumina (bu mudi mpitadi idi kayiyi miasa kaba kamue, mpitadi ya ku ntshiama, miaba ya diondopela bantu);
- njila ya ditumina luapolo; ne
- bungi bua misangu ya dituma, ya dikonkonona ne ya dimanyisha bipeta bifunda.

Ditapulula dia bipeta bifunda: Bipeta bifunda bia malu a luondapu bidi ne bua kubitapulula bilondeshile mudi bantu bikale balume anyi bakaji, bidimu biabu, bulema, bikalabu bantu badi bamuangale anyi badi bakidilangane, nsombelu udiku (tshilejilu badi mu tshitudilu/kabayi mu tshitudilu) ne tshitupa tshia diludika dia ditunga didibu (provense, distrike) bua kuludika diangata dia mapangadika ne kumona ni kudi dipanga buakane bua bisumbu bidi mu njiwu.

Bua EWAR, tapulula bipeta bia bungi bua badi bafua ne bua badi basamasama bua bana ba muinshi mua bidimu 5 ne bua badi ne bidimu bipite pa bitanu. Tshipatshila tshidiku ntshia kufila didimuija ne lukasa; badi mua kuitaba bipeta bifunda nansha biobi kabiyi biumvuija mu katoba ne mu katoba. Bipeta bifunda bia makebulula a bipupu, dilondakaja mudi disama dienda mu bantu, difunda mulongo ne dilondakaja kabidi malu a mudi masama amueneka bidi ne bua kuikala ne bipeta bifunda bitapulula bimpe.

Dilama dia bipeta bifunda, dikubibua ne dilama malu masokome a bantu: Dianjila kudimuka bua kukuba bantu ne bipeta bifunda bidi bitangila muntu ne muntu. Bena mudimu kabena ne bua kumanyisha muntu mukuabu udi kayi nansha utabalela buludiludi mubedi malu adi atangila mubedi, anu bikalaku dianyisha dia mubedi muine. Ela meji bua bantu badi ne lungenyi lutekete, badingapale peshi kabayi ne tshiumvuidi tshimpe, ludi mua kuikala lubapangisha bua kufila dianyisha diabu ku budisuile. Umanye ne: bantu ba bungi badi ne nsombelu bu mudi eu wa dikala ne kishi ka VIH badi mua kuikala kabayi bamanyishe balela babu nsombelu wabu. Tabalela bimpe bipeta bifunda bidi biakuila njiwu mikebesha ku dikengeshangana anyi ku mishindu mikuabu ya dinyanga manême a bantu, nangananga dikuata bantu ku bukole bua kusangila nabu. Ela meji bua kumanyisha benji ba mudimu badi bakanyine peshi midimu idi bualu ebu butangila bikala muntu mufile dianyisha dia ku budisuile ⊕ *tangila Dîyi dinene dia bukubi dia 1 ne Dipangadika 4 dia Mukenji munene wa diambuluisha bantu badi bakenga.*

Mikanu bua luondapu: Dikanyina bena mudimu wa luondapu, peshi malu onso a luonji adi atangila bena mudimu wa luondapu badi ne bua kumanyisha malu aa pa kulonda ngenzelu idi mianyishibue mu tshitupa atshi ne mu ditunga ⊕ *tangila Ngenyi minene mu malu a makanda a mubidi (kuulu eku) ne Mikanda idibu batele ne mikuabu ya kubala (kuinshi eku).*

2. Luondapu lua nshindamenu

Luondapu lua nshindamenu ludi lutangila bikebeshi binene bia difuafua dia bantu ne dia bungi bua badi basamasama munkatshi mua bantu badi mu dikenga. Enza mudimu pamue ne bibambalu bia malu a makanda a mubidi ne benji ba mudimu bakuabu bua kumvuangana pa maidimu idi ne bua kuenjibua kumpala kua yonso, dîba ne muaba wa kuyenzela. Jadikila malu a kuenza kumpala kua makuabu pa nsombelu udiku, dikonkonona dia njiwu ne bijadiki bidi bimueneka.

Bantu badi mu dikenga nebikale ne majinga mashilangane makuabu, mikale anu enda ashintuluka. Badi mua kutuilangana ne malu bu mudi dikalangana dia bantu ba bungi kaba kamue, ditambakanangana misangu yonso, didisha dibi, dipangila mâyi, peshi mvita idi anu itua ipela. Bidimu bia bantu, bikala balume anyi bakaji, bulema peshi bikala muntu ne kishi ka VIH, muakulu anyi tshisa tshia muntu bidi kabidi mua kushintulula majinga ne bidi mua kuikala bijikilu binene bibapangisha bua kupeta luondapu. Ela meji bua majinga a bantu badi basombele mu miaba idi ne bena mudimu anu bakese anyi badi bualu bukole bua kubapeta.

Numvuangane ne Tshibambalu tshia malu a makanda a mubidi ne benji ba mudimu bakuabu ba makanda a mubidi, pa kutuishila lungenyi pa njiwu eyi idi mifuane kumueneka ne kukebesha kusamasama ne kufuafua bipitepite. Programe ya makanda a mubidi idi ne bua kufila luondapu luakanyine, luimpe, ludi luangata ne mushinga nsombelu udiku, bintu bia mudimu ne mpetu bikalabu nabi dijinga. Malu a kuenza kumpala kua wonso adi mua kushintuluka padi nsombelu ulengela anyi padiye ulua kubipa kabidi. Bualu ebu budi ne bua kuenjibua pa tshibidilu, bilondeshile malu mamanyike adiku ne mudi nsombelu wenda ushintuluka.

Diakamue padi bungi bua badi bafua bulua kukepela anyi padi nsombelu ulua kushindama, midimu ya luondapu idi mikumbane tshishiki idi mua kuenjibua. Mu nsombelu idi anu yenda itungunuka, bualu ebu budi mua kulua tshisumbu tshia midimu ya luondapu lua nshindamenu, mudibu balumvuije mu ditunga.

Tshitupa etshi tshidi tshiela kashonyi pa luondapu lua nshindamenu ludi lukengedibua mu bitupa binene bia diandamuna dia tshimpitshimpi didibu bafila: masama a tshiambu, makanda a mubidi a bana, makanda a mubidi a disangila ne a lulelu, diondopa mputa ne bimanyinu bia mukumu, makanda a lungenyi, masama adi kaayi a tshiambu ne luondapu lua mutantshi mukese.

2.1 Masama a tshiambu

Dikenga didi dikuata bantu, nansha diodi dia ku bintu bifuka, ku diluangana anyi bua nzala, misangu ya bungi ditu difikisha ku dimona bantu ba bungi basamasama ne bafua bua masama a tshiambu. Padi bantu baya ku miaba ya kusombela peshi ya kudikuba idi ne bantu bapite bungi, badi baya kutuilangana ne masama bu mudi diela munda ne kantembele, adi atangala lukasa. Dinyanguka dia nkumba anyi dipangila mâyi mimpe bidi bilua kulela masama a bungi adi apeteka ku mâyi ne mu bisambuluji bia masama adi enda asambulukilangana ne lukasa. Bu mudi bantu bikale anu ne bukubi bukese mu mubidi bidi bibafikisha ku dipia masama misangu ya bungi. Dipangila kampanda mu ndongoluelu ya makanda a mubidi didi mua kukosesha diondopa didi dinenga matuku mulongolongo, tshilejilu bua badi ne kishi ka VIH ne disama dia tshiadi (TB), disala bantu bisalu bia pa tshibidilu, ne diondopa dia masama mapepele bu mudi masama a mu dieyela.

Masama makole a mu dieyela, diela munda, kantembele ne malaria bitshidi anu bibadibua bu bikebeshi binene bia kusamasama munkatshi mua bantu badi dikenga dikuate. Didisha dibi dikole didi dikolesha kabidi masama aa, nangananga mu bana ba muinshi mua bidimu 5, ne mu bakulakaje.

Tshipatshila tshia mu dikenga ntshia kujikila masama a tshiambu anu ku ntuadijilu, kumona tshia kuenza ne masama onso, ne kujadika bua kufila diandamuna dia lukasa ne diakanyine padiku tshipupu. Malu adibu benza bua kujikija masama a tshiambu adi ne bua kukonga dibabidila, ditangila, disokolola bipupu, dimanya masama ne dimona tshia kuenza, ne difila diambuluisha padiku tshipupu.

Mukenji 2.1.1 wa masama a tshiambu: Dibabidila

Bantu badi bapeta luondapu ne malu adibu bamanyishe bua kubabidila masama a tshiambu.

Malu manene a kuenza

1 〉 Jadika njiwu ya masama a tshiambu munkatshi mua bantu badi mu dikenga.

- Konkonona malu a makanda a mubidi akadibu bamanyishe bikalauku ne bipeta bifunda bia ditangila pamue ne ngikadilu wa didia ne mushindu wa kupeta mâyi mimpe ne muaba mukezula.
- Enza dikonkonona dia njiwu pamue ne bantu badi mu dikenga, ne bakokeshi ba muaba au ne bena mudimu wa luondapu.

2 〉 Enza mudimu ne bena bitupa bikuabu bua kuangata mapangadika a pa tshibidilu a dibabidila masama ne teka programe milongolola ya dikankamija makanda a mubidi mu tshinsanga.

- Angata ne mushinga malu masunguluke adi bantu batshina, manunganyi ne mitabuja bidi mua kunyanga bikadilu bidi biambuluisha bua kuikala ne makanda mimpe a mubidi.
- Enza mudimu pamue ne bena bitupa bikuabu badi badifile mu diyikila ne bantu, bu mudi bakankamiji ba mankenda peshi bena mudimu wa didisha mu tshinsanga, bua kujadika ne: nudi nufila mukenji anu umue.

3 〉 Teka mu tshienzedi mapangadika a disala bantu bisalu bua kujikila masama.

- Jadika dijinga dia kuenza kampanye ka ditua bisalu bua masama a tshiambu mamanyike bilondeshile njiwu idiku, mushindu udibi mua kuenjibua ne nsombelu udiku.
- Pinganyina difila dia bisalu bia pa tshibidilu ku diambuluisha dia programe wa bisalu mumana kulongolola pa lukasa padibi bikumbana bua kuenza nanku.

4 〉 Teka mu tshienzedi mapangadika mangata bua dibabidila masama mudibi bikengedibua.

- Pesha ne jadikila babedi bonso badi mu lupitadi bua bikale ne mishetekela miela buanga idi inenga matuku a bungi (LLINs) mu bitupa bionso bidi ne malaria.

5 〉 Teka mu tshienzedi mapangadika mangata bua dibabidila dipia masama ne dialuisha (IPC) mu bitupa bionso bia luondapu bilondeshile njiwu idiku ⊕ *tangila Mukenji wa 1.1 wa ndongoluelu ya makanda a mubidi* ne dikuatshisha dia WASH mu *Mukenji 6 wa WASH: WASH mu miaba ya luondapu.*

Bileji binene

Bia pa lukama bia bantu badi bitaba bikadilu binene bidibu bakankamija mu midimu ya dilongesha ne mu mikenji mifila mu malu a makanda a mubidi

Bia pa lukama bia mêku adi mu dikenga adi amanyisha ne: bavua bapete mamanyisha makanyine pa bidi bitangila njiwu ya masama a tshiambu ne tshidi tshikengela kuenza bua kuajikila

Bia pa lukama bia mêku adi mu dikenga adi mua kumvuija mapangadika asatu adibu bangate bua kujikila masama a tshiambu

Babedi bonso badi mu lupitadi bua luondapu badi ne mishetekela miela buanga budi bunenga matuku a bungi (LLINs) mu bitupa bidi ne malaria

Buenzeji bua masama manene a tshiambu mbulue kushindama peshi kabuena budiunda pa kufuanyikija ne nsombelu wa kumpala kua dikenga

Malu a kulonda

Dikonkonona dia njiwu: Enza dikonkonona dia njiwu pamue ne bantu badi bakenga, bakokeshi ba muaba au ne bena mudimu wa luondapu. Konkonona njiwu idiku bilondeshile nsombelu ne muaba udi bantu basombele, bu mudi mu miaba idi bantu bapitepite bungi basombele kaba kamue ne mu bimenga. Ela meji bikole bua bitupa bishilangane bia bantu bua malu masunguluke a disama kampanda, dipangila bukubi mu mubidi anyi bua njiwu mikuabu.

Mapangadika a dibabidila adi asangisha bitupa bishilangane: Angata mapangadika a pa tshibidilu a dibabidila bu mudi mankenda makanyine, diumbusha dia butshiafu, mâyi mimpe ne bungi bukumbane, ne diluisha bisambuluji bia masama. Muaba wa kusokomena muimpe, dishiya ntata pankatshi pa miaba ya kudikuba ne dipitshishamu kapepe bidi mua kuambuluisha bua kukepesha disambuluja dia masama. Diamusha bana anu mabele a mu tshiadi ne dipeta didisha diakanyine bidi biambuluisha buludiludi bua kuikala ne makanda a mubidi ⊕ tangila *Dipangadika 3 dia Mukenji munene wa diambuluisha bantu badi bakenga, Mukenji wa 1.1 wa WASH wa dikolesha mankenda, Mukenji 2.1 ne 2.2 ya WASH ya dipa bantu mâyi, Mukenji 5.1 too ne 5.3 ya WASH ya mushindu wa kumbusha bintu bia bukoya, Mukenji 2 wa muaba wa kusokomena ne muaba wa kusombela* ne *Dikumbana dia biakudia ne didisha – mukenji 4.1 ne 4.2 wa didisha bana ba mu maboko ne bana batekete.*

Dikankamija makanda a mubidi: Saka binsanga bia bantu bua kufila mamanyisha mu mishindu ne mu miakulu idi miakanyine bua bakulakaje, balema, bakaji ne bana. Angata dîba dia kuteta ne kushindika mikenji pa bidi bitangila malu makole.

Disadisha bisalu: Dipangadika dia kuenza kampanye ka disadisha bisalu didi ne bua kushindamena pa malu asatu aa:

- **Dikonkonona dia malu a njiwu a pa tshibidilu** bu mudi didisha dibi, bujitu bunene bua disama dia munanunanu, dikala dia bantu bapite bungi kaba kamue, nsombelu ya WASH idi kayiyi miakanyine, ne njiwu ya masama masunguluke bu mudi tshitupa tshia buloba tshidi bantu basombele, luya anyi mashika, mivu ne mushindu udi bantu bikale ne bukubi mu mubidi.

- **Mushindu udiku wa kuenza kampanye**, bilondeshile dikonkonona dia ngikadilu wa tshisalu, pamue ne dikalaku dia tshisalu tshine, bukole buatshi, bulenga, bikalatshi ne tukoleshi tua mubidi anu tumue anyi tua bungi, tshia dinuisha anyi tshia ditua, ne dishala diatshi mutantshi mule. Ela meji bua malu adi endesha mudimu bu mudi dipeta bantu, ntatu ya dîba, mushindu wa kuambula bintu, malu malomba, mfranga ya ditula ne mushindu wa kupeta dianyisha dia ku budisuile.

- **Nsombelu wa pa tshibidilu**, kuelamu ne ntatu ya mu bikadilu bimpe ne idi ne dikuatshisha bu mudi buluishi bua bena tshinsanga, malu adi kaayi a buakane bua dipangika dia mpetu ne bua ntatu ya malu a tshidi anyi a dikubibua, peshi mikanu mimanyike idibu bakanyina bantu badi balua kutuangana bisalu.

⊕ Tangila *Luondapu lua nshindamenu – Mukenji 2.2.1 wa makanda a mubidi a bana: Masama adibu mua kubabidila pa kusadisha bana bisalu* ne *Disala bantu padibu mu dikenga dikole: Mushindu wa kuangata mapangadika, OMS, 2017,* udi wakuila bikoleshi bia mubidi 23, ne cholera, disama dia buongo, kantembele ne kishi ka rotavirus.

Dibabidila malaria: Muaba udi malaria asambulukilangana bikole ne mu mushindu mushadileku, abanya mishetekela ya LLINs bua bantu badi badishibue bibi bikole menemene ne mêku, bakaji ba mafu, bana ba muinshi mua bidimu 5, bana badi bikale nkayabu ne bantu badi ne kishi ka VIH. Pashishe uteke pa muaba wa kumpala bantu mu programe ya didisha dia pa mutu, mêku adi ne bana badi ne bidimu bishadile ku bitanu ne mêku adi ne bakaji ba mafu. Pesha bakaji ba mafu manga bua kujikila masama bilondeshile mumvuangana a mu ditunga ne mishindu ya dikandamena manga. Mu miaba idi didisha dibi dikole ne idi bantu ba bungi bafua ne kantembele, ela meji bua bipatshila bantu mu dibapesha manga a kujikila malaria a ku tshidimu ne ku tshidimu.

Masama adi tumue tua Aedes tufila: Tumue tua Aedes ke tudi tufila mubidi luya wa dengue, chikungunya, kishi ka Zika ne mubidi luya udi uvuija mubidi wa manyimanyi (fièvre jaune). Babidila disama ku dibueja diluisha dia bisambuluji bia masama mu ndongamu. Bantu badi ne bua kuvuala bilamba bidi bijika mubidi ku disumibua, ne mêku adi ne bua kuenza mudimu ne mâyi mimpe ne kuikala ne bilele bimpe bia diumbusha bintu bia bukoya ne dikala ne bintu bidi bipata tumue peshi mishetekela ya LLINs bua bana batekete mêba adibu balala mundamunya ⊕ *tangila Mukenji 4.2 wa WASH wa diluisha bisambuluji bia masama: Malu adi mêku ne muntu pa nkayende mua kuenza bua kuluisha bisambuluji bia masama.*

Mukenji 2.1.2 wa masama a tshiambu: Ditangila, dimona tshipupu ne difila diambuluisha dia nzanzanza

Ndongoluelu ya ditangila ne dimanyisha nayi malu idi idimuija kumpala kua dîba padiyi imona tshipupu ne ifila diambuluisha dia nzanzanza.

Malu manene a kuenza

1 ⟩ Kolesha peshi teka ngenzelu wa didianjila kudimuija pa dîba ne kufila diambuluisha (EWAR).

- Pangadija bua masama a kudianjila kutangila ne malu a kuenza, bilondeshile njiwu ya tshipupu tshia disama idi mua kuikalaku.
- Longesha buondopianganyi ba mu bitupa bionso malu adi atangila masama a kudianjila kutangila ne ngenzelu ya diamanyisha kudi bakokeshi badi batangila malu a makanda a mubidi ne kufila didimuija.
- Manyisha benzejanganyi netu ba mudimu bonso luapolo ya EWAR ya ku lumingu bua bamone tshidi tshikengela kuenza.

2 ⟩ Teka tusumbu tudi tuenza makebulula a bipupu.

- Utangile bua ne: badi babangisha kuenza malu ne lukasa luonso padibu bafila didimuija.
- Enzeja dikebulula dia pa bule muaba udi tusumbu katuyi ne mushindu wa kufika kudi bantu badi mu dikenga, bu mudi mu miaba idi bantu bikale anu baluangana mvita.

3 ⟩ Ujadike bua ne: badi mua kuenza mateta a lukasa peshi a mu laboratware bua mashi adibu bakoke bua kujadike ne: kudi tshipupu tshia disama ⊕ *tangila Luondapu lua nshindamenu – mukenji 2.1.3 wa masama a tshiambu: Dimanya masama ne dimona tshia kuenza.*

··

Bileji binene

Bia pa lukama bia madimuija adibu bamanyishe mu mêba 24 adi alonda

- Bia pa lukama 90

Bia pa lukama bia madimuija adibu bamanyishe ne bajadike mu mêba 24 adi alonda

- Bia pa lukama 90

Bia pa lukama bia madimuija adibu bajadike ne adibu bakonkonone mu mêba 24 adi alonda

- Bia pa lukama 90

Malu a kulonda

Didianjila kudimuija pa dîba ne kufila diambuluisha (EWAR): Ku bulombodi buenza pamue ne benzejanganyi netu ba mudimu bonso, kuelamu ne Tshibambalu tshia malu a makanda a mubidi, bena mudimu netu ne tshisanga tshia bantu, kolesha peshi teka ndongoluelu wa EWAR muleji mpala wa bantu badi dikenga dikuate ⊕ *Mukenji wa 1.5 wa ndongoluelu ya makanda a mubidi: Dimanyisha malu a makanda a mubidi*. Ndongoluelu udi ne bua kuikala mukumbane bua kupeta manunganyi, malu adi enzeka adi kaayi a pa tshibidilu ne luapolo ya mu tshinsanga.

Ditangila ne didimuija kumpala kua dîba: Kolesha ndongoluelu wa EWAR pamue ne benzejanganyi nebe ba mudimu, ne numvuangane pa bidi bitangila bitupa bidi ne bua kufila luapolo, difika dilondangane dia bipeta bifunda, bintu bia dienza nabi luapolo, bintu bia kukonkonona nabi bipeta bifunda, diumvuija dia malu ne bungi bua misangu ya difila luapolo.

Dipatula didimuija ne difila luapolo: Madimuija mmalu adi kaayi a pa tshibidilu adi enzeka adi mua kuleja bitupa bia ntuadijilu bia tshipupu. Umvuija bungi busunguluke bua ndekelu bua didimuija bua disama ne disama dionso ne fila luapolo ne lukasa luonso. Enza mudimu ne luapolo ya malu adi menzeke idibu bafuma ku difila kudi bena mudimu wa luondapu peshi konkonona luapolo idi mishindamene pa bileji bidiku (ku lumingu luonso anyi misangu ne misangu). Funda diakamue madimuija onso ne uamanyishe tusumbu tua makebulula a bipupu bua kujadika malu aa.

Dikonkonona didimuija: Konkonona dimanyisha dia didimuija mu mêba 24 adi alonda. Dikonkonona didi mua kuenjibua pa bule, bu mudi ku telefone, ne didi diumvuija disangisha bipeta bifunda bikuabu ne dikonkonona dia disama peshi masama bilondeshile bimanyinu bidi bimueneka, dituku didibi bituadije, muaba, bikala bantu balume anyi bakaji, bidimu biabu, bipeta bia luondapu ne malu mashilanshilangane a diteta dia mubidi.

Dimona dituadija dia tshipupu: Bikalabu bakonkonona didimuija, enza dikebulula mu tshialu mu mêba 24 adi alonda. Ujadike ne: tusumbu tudi ne mamanya makumbane bua kukonkonona madimuija, kuenza dikebulula mu tshialu, kusokolola tshipupu tshidibu belela meji ne kuangata bilejilu bidibu mua kuteta mu laboratware. Dikebulula nedijadike tshipupu bikalabu bafike ku bungi bua ndekelu bua masama peshi kushindika bikala didimuija dileja masama a ku musangu ne ku mukuabu anyi bungi bubandile bua masama a ku tshidimu ne ku tshidimu.

Konkonona masama, angata bintu bia bilejilu bia kuteta ne enza dikonkonona dia njiwu idi mua kuikalaku. Ebi mbipeta bidi mua kumueneka:

- ki ndisama to;
- ndisama dimueneke kadi ki ntshipupu tshituadije to; peshi
- ndisama dimueneke ne bidi bimueneka/mbajadike ne: ntshipupu tshituadije.

Bimue bipupu badi mua kubijadika anu mu dikonkonona dienza mu laboratware; kadi, nansha bipupu bidibu belela meji bidi mua kulomba anu bua kuenza malu diakamue.

Bungi bubandile bua kufila didimuija ne bua tshipupu

	Bungi bubandile bua kufila didimuija	Bungi bubandile bua tshipupu
Cholera	Bantu 2 bikale bela munda bikole mua mâyi-mâyi, ne dijika dikole dia mâyi mu mubidi mu bantu ba bidimu 2 peshi kupita apu, anyi bafue bua diela munda bikole dia mâyi-mâyi mu muaba umue-umue au munkatshi mua lumingu lumue Muntu 1 mufue bua diela munda bikole dia mâyi-mâyi wa bidimu 5 peshi kupita apu Muntu 1 muikale wela munda bikole ne bia mâyi-mâyi, bamupete ne disama dia cholera ku diambuluisha dia ditetesha mubidi dia lukasa mu tshitupa kampanda	Muntu 1 mujadikibue
Malaria	Dipangadika diangata mu ditunga bilondeshile nsombelu	Dipangadika diangata mu ditunga bilondeshile nsombelu
Kantembele	Muntu 1	Dipangadika diangata mu ditunga
Disama dia buongo (méningite)	Bantu 2 munkatshi mua lumingu lumue (mu bantu <30 000) Bantu 3 munkatshi mua lumingu lumue (mu bantu 30 000 too ne 100 000)	Bantu 5 mu lumingu lumue (mu bantu <30,000) Bantu 10 mu bantu 100 000 mu lumingu lumue (mu bantu 30 000 too ne 100 000) Bantu 2 bajadikibue mu lumingu lumue mu tshitudilu
Mubidi luya udi upatula mashi	Muntu 1	Muntu 1
Fièvre jaune	Muntu 1	Muntu 1

Dikebulula bipupu ne diandamuna difila kumpala kua dîba: Enza dikebulula dikuabu bikalabu bajadike ne: kudi tshipupu peshi bikale bela meji ne: ntshipupu. Jadika tshikebeshi/muaba uditshi tshifumina, mbantu kayi badi bapetshibue, mishindu idi masama aa asambulukilangana ne mbantu kayi badi mu njiwu, bua kumona mua kuangata mapangadika makanyine a diluisha nawu disama.

Enza makebulula adi umvuija dilonga dia bipupu, adi akonga:

- bungi bua masama, bungi bua badi bafue ne bungi bua bantu, dîba ne muaba udi disama dituadijile, bua kumona mua kuzola mushonyi udi uleja dibanda ne dipueka dia masama ne kalata kadi kadi ne tutoba tuleja miaba ivua disama;
- liste ya milongo idi ilonda disama ne disama dionso ne ikonkonona mushindu udi tshipupu tshitangalake, tshilejilu bungi bua bantu badi babuele mu lupitadi, ntatu idibu bapete, bungi bua masama adi mafikishe ku lufu; ne
- dienza makumi a bintu bia kutuadija nabi bilondeshile nomba mimanyike ya bantu.

Fuikakaja lungenyi ludi lumvuija mushindu udi disama mua kulua ne mudi bantu mua kudipeta. Ela meji bua tuishi tukebeshi tua masama, kuditu tufumina ne njila wa disambuluja dia masama.

Konkonona lungenyi lufuikakaja ne keba bua kupeta diumvuija dia tshipupu tshia disama. Diumvuija edi didi mua kuikala ditambe kusunguluka kupita diumvuija dia disama didibu benza nadi mudimu mu ditangila dia malu a masama. Diakamue padi makebulula a mu laboratware amana kushindika ne: kudi tshipupu tshidi tshifumina ku miaba ya bungi mishilashilangane, londa diumvuija dia tshipupu tshia disama edi; bidi mua kuenzeka pamuapa bua ne: kakuena dijinga dia kutungunuka ne disangisha bintu bia kuteta bua kusokolola disama.

Manyisha bipeta ne lukasa luonso ne pa tshibidilu, ne ubilongolole bilondeshile mamanya a ndekelu. Teka mu tshienzedi mapangadika adi mangata bua kuluisha masama bilondeshile bantu badipu pa lukasa biobi mua kuenzeka.

Midimu yonso eyi idi mua kuenzeka dîba dimue, nangananga padi tshipupu tshienda tshitungunuka ⊕ *tangila Luondapu lua nshindamenu – mukenji 2.1.4 wa masama a tshiambu : Didilongolola ne difila diambuluisha padiku tshipupu.*

Mukenji 2.1.3 wa masama a tshiambu: Dimanya masama ne dimona tshia kuenza

Kudi mushindu wa bantu kupeta dimanya dimpe dia masama ne luondapu luakanyine bua masama a tshiambu bidi biambuluisha bikole bua kukepesha menemne bungi bua bantu badi basamasama ne bua badi bafua.

Malu manene a kuenza

1. ⟩ Longolola mikenji mitokesha bimpe idi ikankamija bantu bua kukeba ditabalela dia bimanyinu bu mudi mubidi luya, lukosu ne diela dia munda.

- Longolola mikanda mifunda, mikenji ya kumanyisha ku tudiomba peshi ku tuamu tua alo-alo mu dienza mudimu ne mishindu ne miakulu idiku.

2. ⟩ Enza mudimu ne mumvuangana a mukenji muanyishibue bua malu a kuenza bua disama bua kupetesha bantu luondapu.

- Ela meji bua kuteka mu tshienzedi malu adi akengela kuenza mu tshinsanga bua masama bu mudi dia malaria, diela dia munda ne kusama kua bisulusulu.

- Tuma bantu badi ne kusama kukole mu mpitadi mibandile bua bapete luondapu anyi babalame muaba wa pa nkayabu.

3 ⟩ Fila bukokeshi buakanyine bua dimanya masama ne diakebulula mu laboratware, pamue ne bintu bia mudimu ne ngenzelu wa dijadika nende bulenga.

- Jadika mushindu wa kuenza mudimu ne mateta a dimanya masama a lukasa anyi a mu laboratware bua tuishi tua masama, ne mushindu wa luondapu udibu ne bua kufila (tshilejilu, mateta a dimanya masama mu tshinsanga).

4 ⟩ Wenze bua diondopa kadikoseki bua bantu badi bapeta luondapu lua matuku mulongolongo bua masama a tshiambu bu mudi dia tshiadi (TB) ne bua badi ne kishi ka VIH.

- Bueja programe ya diluisha nayi TB anu panyima pa dijadika bimpe bimanyinu bia disama.
- Enza mudimu pamue ne bena programe ya VIH bua kujadika difila luondapu bua aba badi bikale ne kishi ka VIH ne ka TB.

Bileji binene

Bia pa lukama bia miaba ya luondapu idi yambuluisha bantu badi mu dikenga bua kuenza mudimu ne mumvuangana manyishibue a diondopa nawu bantu bua disama kampanda disunguluke

- Enza dikonkonona dia ku ngondo ku ngondo dia dosie bua kutangila mudi malu enda aya

Bia pa lukama bia bantu bavuabu belele meji ne: badi basama ne badibu balue kushindika ne: badi basama bushuwa bilondeshile diumvuangana dianyishibue

Malu a kulonda

Mumvuangana a mushindu wa kuondopa: Mumvuangana adi ne bua kukonga ngenzelu wa dimanya disama, diondopa ne diludika bantu ku muaba wa kupeta luondapu. Biapanga ngenzelu eu kuikalaku mu dikenga kampanda, tangila mêyi maludiki a bukua-matunga. Keba bua kumanya mishindu ya tuishi tudi tukandamena manga adibu bafila (utangila kabidi ne ditambakana dia bantu), nangananga bua malaria, bua TB ne bua tshifoyide. Ela meji bua bisumbu bia badi mu njiwu ya bungi ya dipia masama bu mudi bana ba bidimu bishadile ku bibidi, bakaji ba mafu, bakulakaje, bantu badi ne kishi ka VIH ne bana badi ne didishibua dibi dikole, badi mu njiwu mikole ya kupia amue masama a tshiambu.

Masama makole a mu dieyela: Mu bikondo bia dikenga, bantu batu batamba kuteketa bua dikalangana ba bungi kaba kamue, mishi munda mua nzubu ne kamuyi mupita kapepe kimpe, ne bua didisha dibi ne/anyi dipangika dia vitamine A. Kepesha bungi bua bantu badi bafua ku diambuluisha dia dimanya pa dîba badi basama, dibapesha manga adi ashipa tuishi (antibiotike) a dinua ne dituma mu miaba ya luondapu aba badi bikale basama bikole.

Diela munda ne diela munda dia mashi: Luisha bungi bua badi bafua pa kuvudija mishindu ya kuondopa bantu ku diambuluisha ne ku dienza mudimu ne mâyi a mukele a dinua bua kupingajilula mâyi mu mubidi ne disakidila dia zinc bua luondapu mu mêku, mu tshinsanga anyi bua luondapu lua nzanzanza. Badi mua kuondopela mu miaba ya difidila mâyi a mukele a dipingajilula mâyi mu mubidi idibu balongolole mu tshinsanga.

Mushindu wa kupita ne malu mu tshinsanga: Babedi badi ne malaria, ne disama dia bisulusulu anyi ne diela munda badi mua kubondopa kudi ba-ASC balongeshibue. Ujadike ne: programe yonso idi ipetangana ne nzubu wa luondapu udi pabuipi menemene udi utangila programe eyi. Ujadike ne: bantu bonso badi ne mushindu muakane ne udi kauyi wa kansungasunga wa kupeta programe eyi.

Mateta a mu laboratware: Teka ntuangajilu muinenke wa laboratware idi ne bua kuteta bintu bionso bidibu ne bua kuteta mu ditunga, mu provense ne mu matunga makuabu. Ujadike ne: kudi mateta a lukasa a dimanya disama a malaria, cholera ne mubidi luya wa dengue, pamue ne diteta mashi bua kumanya hemoglobine. Petesha mushindu muakanyine wa diambula bintu bia kuteta bua kukebulula tuishi tukuabu tuledi tua masama (bu mudi mushindu wa Cary-Blair bua disama dia cholera).

Longesha buondopianganyi mishindu ya dimanya masama, dijadika bulenga, ne mu disangisha dia bintu bia kuteta, dibiambula ne difunda malu ku mikanda. Enza diumvuangana dia kulonda bua diteta dia ndekelu mu laboratware minene ya mu ditunga, ya mu provense anyi ya mu matunga makuabu. Diteta dia ndekelu dia bintu didi dikonga mateta a matuku a bungi a bintu, diteta dia dilonga bintu bia luayiyi bia mu mubidi ne dia bikoleshi bia mubidi, peshi mateta a ARN bua fièvre jaune, a fièvre ya mashi apatuka ne ya hepatite E. Teka mumvuangana a kulonda bua mishindu milenga ya diambula tuishi tukebeshi tua masama, nangananga bua fièvre ya mashi atuka, tshikupi anyi masama makuabu a muomumue. Konkonona mikenji idiku ya diambuisha bintu ku ndeke bua kuambuisha bintu bia kuteta.

Mbikole bua kuluisha ***disama dia tshiadi (TB)*** bualu dikandamena manga didi amu dienda dikola. Teka programe anu bikalabu bajadike mushindu wa kupeta bantu ne kubapesha luondapu munkatshi mua ngondo mipite pa 12 too ne 15. Bakadi bapete disama dia tshiadi didi dikandamena manga a bungi (TB MR, didi dikandamena manga manene abidi adi ashipa kishi ka TB, isoniazide ne rifampicine) ne disama dia TB didi dikandamena bikole menemene manga (XDR TB, didi dikandamena manga manene anayi adi ashipa kishi ka TB). Onso abidi adi alomba diondopa bantu bikole matuku mulongolongo ne ditula makuta a bungi. Mu bikondo bia dikenga, bitu bikole misangu ya bungi bua kupeta diteta didi dikengedibua bua kumanya disama ne kudilondesha bua kujadika disungula dimpe dia bantu badi ne disama ne kumona mua kubafundila manga a TB.

Mukenji 2.1.4 wa masama a tshiambu:
Didilongolola ne difila diambuluisha padiku tshipupu
Mbadilongolole bimpe bua bipupu ne badi babiluisha lukasa mu mushindu muimpe.

Malu manene a kuenza

1. Enza ndongamu mulongolola bimpe wa didilongolola ne difila diambuluisha padiku tshipupu mu diumvuangana ne benzejanganyi netu ba mudimu bonso ne bitupa bionso.

- Tuma lungenyi ku dilongesha bena mudimu banene badi mu miaba ya njiwu ya bungi.
- Dianjila kuteka manga adi akengedibua, bintu bia kuondopa nabi, mateta a lukasa, bintu bia PPE ne biamudimu bikuabu (bu mudi bia cholera ne diela munda) mu miaba idi mifuane kubuela tshipupu ne mu miaba idi mikole bua kufika.

2. Angata mapangadika a kulonda bua masama masunguluke diakamue padibu bamona ne: kudi tshipupu mu muaba kampanda.

- Jadika dijinga dia kuenza kampanye ka ditua bantu basungula bisalu.
- Kolesha mapangadika a IPC, kuelamu ne difila miaba ya diteka bantu pa nkayabu bua cholera, hepatite E anyi bua bipupu bikuabu.

3. Teka ne lombola bantu badi ne bukokeshi bua difila diambuluisha ne dienza mudimu padiku tshipupu.

- Jadika mushindu wa kuambula ne kulama bimpe manga ne bintu bia kuondopa nabi, nangananga mulongo wa dilama bintu mu mashika bua bisalu.
- Sakidila bukokeshi bua nzubu ya luondapu, bu mudi ntenta bua cholera anyi bua disama dia buongo.
- Jadika mushindu wa kufika ne kutuala bintu bia kuteta ku laboratware ya muaba au, ya mu ditunga ne ya matunga makuabu.

4. Lombola midimu eyi pamue ne bena bitupa bikuabu mushindu udibi bikengela, kuelamu ne dikubibua dia bana.

....

Bileji binene

Bia pa lukama bia bena mudimu wa luondapu badi mu miaba ya njiwu ya bungi badibu balongeshe pa bidi bitangila ndongamu wa diambuluisha ne mumvuangana a kulonda padiku tshipupu

Bungi bua masama a lufu mbukepeshibue bufike ku bungi budi buanyishibue

- Cholera <1 pa lukama
- Disama dia buongo <15 pa lukama

- Hepatite E <4 pa lukama mu bantu bonso pa tshibidilu, 10–50 pa lukama mu bakaji badi ne mafu akadi mu ngondo isatu ya ndekelu
- Difteri (dia dieyela) <5–10 pa lukama
- Mfuenke <4 pa lukama mu bana ba tshidimu tshimue, <1 pa lukama mu aba badi ne tshidimu tshimue too ne bidimu binayi
- Dengue <1 pa lukama

Malu a kulonda

Ndongamu wa didilongolola ne difila diambuluisha padiku tshipupu: Enza ndongamu eu pamue ne benzajanganyi netu ba mudimu wa luondapu, Tshibambalu tshia malu a makanda a mubidi, bena tshinsanga ne bakokeshi. Bena mudimu netu ba WASH, ba didisha, ba muaba wa kusokomena ne ba tulasa, mbulamatadi muakididianganyi, maloko ne basalayi (bikalabi ne mushinga) badi kabidi ne bua kudifila mu mudimu eu. Ujadike ne: midimu mikuabu ya mushinga ya makanda a mubidi kabena bayibuejakajangana mu difila dia diambuluisha padiku tshipupu.

Ndongamu udi ne bua kumvuija:

- ngenzelu wa dilombola nende diambuluisha mu ditunga, mu tshitupa tshia ditunga ne mu tshinsanga padiku tshipupu;
- ngenzelu ya disoka nayi bena tshinsanga ne dimanyisha njiwu idiku;
- dikolesha dia EWAR: ditangila dia masama, disokolola tshipupu, dikebulula tshipupu (tshia disama);
- tshia kuenza bua disama ne disama;
- mapangadika mangata bua kuluisha disama bilondeshile nsombelu udiku;
- mapangadika adi asangisha bitupa bishilashilangane;
- mumvuangana a kulonda bua diambula dimpe ne njila ya ditumina bintu bia kuya kuteta mu laboratware bua kukebulula masama;
- ndongamu mikuabu ya lukasa ya kudiundisha nayi midimu mu bitupa bishilangane bia luondapu, kuelamu ne diteka miaba ya dilama bantu pa nkayabu mu nzubu ya luondapu;
- makokeshi a diluisha nawu tshipupu ne malu malomba a ku musangu a bena mudimu wa luondapu; ne
- dikalaku dia manga adi akengedibua, bisalu, biamu bia kuondopa nabi, bintu bia mu laboratware ne bia PPE bua bena mudimu wa luondapu, kuelamu ne disumba dia bintu mu matunga makuabu (tshilejilu, manga onso a bisalu adibu balame).

Diluisha tshipupu ndishindamene pa dimanyishangana dimpe dia njiwu idiku ne bisumbu bia badi badifile ne muoyo mujima bua kuluisha tshipupu. Jikila tshipupu biakane mushindu wa se: katshitangalaki ku miaba mikuabu ne bua kukepesha bungi bua bantu bakuabu mu muaba udi tshipupu. Kuenza nunku nekulombe dikeba ne tshisumi ne disokolola dia masama pa lukasa ne dimona tshia kuenza. Petesha miaba ya diteka bantu pa nkayabu bikalabi bikengela kuenza nanku (tshilejilu bua cholera anyi bua hepatite E). Lengesha diluisha dia bisambuluji bia masama bua kukepesha bungi bua bantu badi bapia tuishi, enza mudimu ne mishetekela ya LLIN ne bikadilu bilenga bia mankenda.

Dienza kampanye ka disadisha bisalu

Disama dia buongo: Bantu badi ne luayiyi lua mubidi lua grupe A, C, W ne Y badi mua kukebesha bipupu mu bikondo bia makenga. Bisalu bia A ne C bidiku bua kuenza nabi mudimu padiku bipupu. Disadisha bisalu dia pa tshibidilu mu bikondo bia makenga ki ndilombibue ne kakuena mushindu wa kudienza bua bena bisumbu bia C ne W. Sungula bisumbu bia bantu ba bidimu bisunguluke ba kusala bisalu bilondeshile bungi bua bantu budi bumanyike bua kutuadija nabu, anyi bantu badi kubangila ku ngondo isambombo too ne ku bidimu 30. Bu mudibi bilomba dikoka mâyi a mu muongo bua kuenza diteta dia ndekelu bua kumanya disama, fila diumvuija ditokesha bimpe dia masama.

Mubidi luya wa kishi udi upatuisha mashi: Diondopa ne dimanya disama dia mubidi luya wa kishi udi upatuisha mashi, bu mudi dia Ebola peshi mubidi luya wa Lassa, mbishindamene pa mêyi maludiki a mu ditunga ne a bukua-matunga mafila ne dîsu dikole. Bualu ebu budi bukonga mumvuangana a kulonda pa bidi bitangila bisalu bipiabipia ne mishindu mipiamipia ya diondopa nayi. Didifila dijima dia bena tshinsanga mu tshikondo tshia bipupu ebi didi ne mushinga mukole.

Fièvre jaune: Mbilombibue bua kutua bantu ba bungi bisalu diakamue padibu bajadika ne: kudi muntu umue udi ne disama edi mu muaba kampanda bua bantu badi bamuangale ne badi bakidilangane. Enza nunku mu diangata kabidi mapangadika bua kuluisha bisambuluji bia masama bia Aedes ne kuikala ne dîsu dikole mu diteka bantu pa nkayabu padiku masama.

Tuneke: Disama dia tuneke didi mu Programe mualabale wa disadisha bisalu (PEV) wa OMS, ne badi ne bua kubangishilula disala bantu bisalu panyima pa bitupa bia mbangilu bia bualu bua tshimpitshimpi. Bangisha disadisha bantu ba bungi bisalu bikalabu bapete muntu mutshibukile panshi bua tuneke.

Cholera: Diondopa dimpe ne mumvuangana a kulonda padiku tshipupu bidi ne bua kuikalaku ne badi ne bua kubilombola kudi bitupa bishilashilangane. Enza mudimu ne bisalu bia cholera mushindu udi OMS ulomba ne sakidila ngenzelu mikuabu idiku bua kuluisha disama dia cholera.

Hepatite A ne E: Masama aa adi ne njiwu ya bungi, nangananga mu bitudilu bia bena tshimuangi. Babidila ne luisha bipupu mu dienza mudimu ne muaba mukezula, dikolesha mankenda ne dipa bantu mâyi mimpe.

Kantembele: ⊕ *Tangila Luondapu lua nshindamenu – mukenji 2.2.1 wa makanda a mubidi a bana: Masama adibu mua kubabidila pa kusadisha bana bisalu.*

Mfuenke anyi difteri: Bipupu bia mfuenke bitu bimueneka bikole padi bantu bamuangala. Bu mudiku njiwu bua bantu bakulumpe badi bapeta bisalu bia difteri, mfuenke ne tuneke (DPT), bidi bimpe kudimuka pa bidi bitangila dienza kampanye ka disala bantu bua mfuenke. Enza mudimu ne malu a tshipupu bua kujibikila mapanga a pa tshibidilu a dikolesha mubidi. Mushindu wa kumona mua kupita ne masama udi ukonga diondopa masama ne antibiotike ne dibabidila masama kumpala kua dîba mu bantu badi basangile nzubu umue mudi muana anyi mukaji ne difu. Bipupu bia difteri kabitu bitamba kujuka, kadi bitu anu ne njiwu mu miaba idi bantu ba bungi kaba kamue kadi kabayi ne bukubi buimpe ku disama dia difteri. Mu bitudilu, bitu bienzeka bua dienza kampanye ka ditua bantu ba bungi bisalu bia difteri mu bipeshedi bisatu bishilangane bia bisalu. Diondopa dia masama didi dikonga dipesha bantu musangu umue manga adi ajikija lulengu lua tuishi ne adi ashipa tuishi tuine.

Bungi bua badi bafua: Bungi bua bantu badi bafua budibu mua kuitaba bua masama masunguluke budi bushilangana bilondeshile nsombelu udiku ne bukubi bua mu mubidi budiku. Enza muebe muonso bua kukepesha bungi bua badi bafua. Bungi bubandile bua bantu badi bafua budi buleja dipanga dia mushindu wa dipeta luondapu luakanyine, dimueneka dia bantu ku shoo ne dibondopa matuku mamane kupita, dikalanganaku dia bantu ba bungi badi bikale anu basamasama, peshi luondapu ludi kaluyi luimpe. Londesha misangu ne misangu bungi bua badi bafua, ne angata mapangadika adi akengela kuangata diakamue bikala bungi ebu bupite buvua butekemena.

Ditabalela bana: Mu bikondo bia bipupu, ela meji bua bana badi ne bua kuikala tshisumbu tshia pa buatshi mu dilongolola ne mu dienza dia programe. Lombola mudimu ne tuma bana mu bitupa bishilangane bia makanda a mubidi ne bia bukubi bua bana. Tangila malu a njiwu ya ditapulula bana ne baledi babu. Njiwu eyi idi mua kufumina ku bungi bua baledi badi bafua ne badi basamasama anyi ku mushindu udibu benze programe. Tuma lungenyi ku dijikila ditapulula dia mêku ne utangile bua ne: kudi dianyisha dia budisuile dia baledi enyi dia muana bua luondapu. Angata mapangadika bua kulama bilongelu bikangula, muikale utabalela bua kuteka ngenzelu idi ikengedibua ya dikontolola nayi malu ne dilongesha malu a makanda a mubidi.

2.2 Makanda a mubidi a bana

Mu bikondo bia dikenga, bana batu misangu ya bungi batambe kuteketa bua kubuela tuishi, kupia masama ne kupeta njiwu mikuabu ya lufu ne bua makanda abu a mubidi. Nsombelu mminyanguke, ne programe ya dikolesha mubidi idi mua kuikala payi mikoseke. Njiwu idi mua kuikala kabidi mibandile bikole bua bana badi bikale nkayabu ne batapuluke ne baledi.

Bidi bilomba kufila diambuluisha didi ditangija ku majinga a bana. Ku ntuadijilu, diambuluisha edi nedikale ne bua kushindamena pa diondopa bua kupandisha muoyo, kadi ku ndekelu didi ne bua kukepesha dikenga ne kukankamija dikola ne didiunda. Programe idi ne bua kutangila malu a bikebeshi binene bia ditamba kusamasama ne kufua. Mu buloba bujima, njiwu eyi ke masama makole a mu dieyela, diela munda, kantembele, malaria, didisha dibi ne bikebeshi bia disamasama ne difua dia bana ba bungi ba mu maboko.

Mukenji 2.2.1 wa makanda a mubidi a bana:
Masama adibu mua kubabidila pa kusadisha bana bisalu

Bana ba ngondo isambombo too ne bidimu 15 mbakubibue ku disama ne badi ne mushindu wa kupeta midimu ya pa tshibidilu ya Programe mualabale wa disadisha bisalu (PEV) mu bikondo bia dikenga.

Malu manene a kuenza

1 ⟩ Ujadike bikalaku dijinga dia kusadisha bisalu, ne mushindu muakanyine wa kuenza malu bua kufila diambuluisha mu bualu ebu bua tshimpitshimpi.

- Ashila bualu ebu pa dikonkonona dia njiwu (tshilejilu, bantu ne tshikondo tshia mvula anyi mushipu), ni kudi mushindu wa kuenza kampanye (kuelamu ne dijinga dia kufila manga misangu ya bungi, ni adiku), ne nsombelu udiku (bu mudi dikala talalaa, majinga adi afuilakana). Bualu ebu budi ne bua kuenjibua misangu ne misangu padi dikenga dienda dishintuluka ⊕ *tangila Luondapu lua nshindamenu – mukenji 2.1.1 wa masama a tshiambu: Dibabidila.*

2 ⟩ Enza kampanye ka disadisha bana ba bungi bisalu bia kantembele bua bana ba ngondo isambombo too ne bidimu 15, nansha bikalabu bamane kubasala, padi bungi butshinka bua bonso bakadibu basale bisalu bia kantembele bushadile ku bana 90 pa lukama peshi kabuyi bumanyike.

- Kumbajija kabidi ne vitamine A bua bana ba ngondo 6 too ne 59.
- Utangile bua ne: bana ba mu maboko bonso badi pankatshi pa ngondo isambombo ne tshitemba badibu basale bapete tshisalu tshikuabu tshia kantembele padibu bakumbaja ngondo tshitemba.

3 ⟩ Uteke tshiakabidi Programe mualabale wa disadisha bisalu diakamue padibi bikumbana bua kuenza nanku.

- Utangile bua ne: nzubu ya luondapu lua nzanzanza anyi ndongoluelu ya bisumbu/dimanyisha bantu malu idi itambakana idi ilonda ndongamu wa mu ditunga wa difila bisalu bua masama adibu mua kubabidila matuku kaayi mashadile ku 20 ku ngondo yonso.

4 ⟩ Tangila bana badi balua mu nzubu ya luondapu anyi mu mpitadi idi kayiyi miasa kaba kamue bua kumanya bisalu bikadibu bangate ne kubapesha bisalu bionso bidi bikengela kubapesha.

Bileji binene

Bia pa lukama bia bana ba ngondo isambombo too ne bidimu 15 badi bapete bisalu bia kantembele, mu kampanye ka disala bana ku kantembele

- >bia pa lukama 95

Bia pa lukama bia bana ba ngondo isambombo too ne bidimu 15 badi bapete bungi bukumbane bua vitamine A, mu kampanye ka disala bana ku kantembele

- >bia pa lukama 95

Bia pa lukama bia bana ba ngondo 12 badi bapete bungi bukumbane bua DPT misangu isatu

- >bia pa lukama 90

Bia pa lukama bia nzubu ya luondapu lua nzanzanza idi ifila midimu ya pa tshibidilu ya PEV matuku kaayi mashadile ku 20/ngondo

Malu a kulonda

Disadisha bana bisalu: Bisalu bidi biambuluisha bikole bua kujikila difua dia bantu ba bungi mu makenga makole. Mêyi maludiki a mu ditunga adi mua kuikala kaayi akuila bua malu onso a tshimpitshimpi anyi bua bantu badi basambuke mikalu ya ditunga, nunku enza lukasa bua kujadika bisalu bidi bikengedibua ne enza ndongamu wa dibifila udi ukonga ne mishindu ya kubipeta. ⊕ *Tangila Luondapu lua nshindamenu – mukenji 2.1.1 wa masama a tshiambu* bua kupeta buludiki mu dikonkonona dia njiwu ne mapangadika a kuangata bua disala bisalu ne *Mukenji wa 1.3 wa ndongoluelu ya makanda a mubidi: Manga adi akengedibua ne biamu bia kuondopa nabi* pa bidi bitangila disumba ne dilama dia bisalu.

Disadisha bisalu bia kantembele: Disadisha bisalu bia kantembele mbualu budi bukengela kuenza kumpala kua malu onso mu diambuluisha padiku dikenga.

- *Bungi bua bantu:* Konkonona bipeta bifunda bia bantu bonso badi bapetshibue bua bantu badi bamuangale ne badi bakidilangane bua kujadika bikala bungi bua bantu bonso badibu basale bua kantembele anyi bavuabu bapete mu kampanye kenza bua kusala ku kantembele bupite bana 90 pa lukama mu bidimu bisatu bishale. Enza kampanye ka bisalu bia kantembele bikala bungi bua bantu bavuabu basale bushadile ku bana 90 pa lukama, kabuyi bumanyike anyi kuikale dielakana. Fila kabidi musangu umue umue au dikumbajija dia vitamine A. Utangile bua ne: bana kabayi bashadile ku 95 pa lukama mu bana bapiabapia badi balue mu tshitudilu ba ngondo isambombo too ne bidimu 15 mbamane kupeta bisalu.
- *Bidimu bia bana:* Bamue bana bakadi bakole badi mua kuikala babule bisalu bia pa tshibidilu, kampanye ka kantembele ne disama dine dia kantembele. Bana aba badi mu njiwu ya kusama kantembele ne badi mua kusambulujila bana bakuabu ba mu maboko ne badi batekete disama dia kantembele, ne buobu aba badi mu njiwu mikole ya lufu bua disama edi. Pa nanku, sala bana bonso too ne ku badi ne bidimu 15. Biobi kabiyi mua kuenjibua, dianjila kusala bana ba ngondo 6 too ne 59.
- *Disala tshiakabidi:* Bana bonso ba ngondo tshitemba too ne bidimu 15 badi ne bua kupeta bisalu bia kantembele misangu ibidi bilondeshile programe ya mu ditunga ya pa tshibidilu ya disala bana. Bana badi pankatshi pa ngondo

isambombo ne tshitemba bavua bapete bisalu bia kantembele (tshilejilu, mu kampanye ka tshimpitshimpi) badi ne tshia kupeta bungi bukuabu bua bisalu bifila bisangu ibidi bua bidimu bidi bilombibue bilondeshile ndongamu wa mu ditunga (pa tshibidilu ngondo tshitemba ne ngondo 15 mu bitupa bidi mu njiwu mikole).

Tuneke: Ela meji bua kuenza kampanye ka diluisha tuneke mu muaba udi tuneke tumueneke anyi paditu tufuane kunyanga programe idiku ya dijikija tuneke, mushindu udibu baleje mu mukanda wa *Disala bantu padibu mu dikenga dikole: Mushindu wa kuangata mapangadika* ⊕ *tangila Luondapu lua nshindamenu – mukenji 2.1.1 wa masama a tshiambu: Dibabidila.*

Programe wa PEV wa ditunga: Teka tshiakabidi pa lukasa programe wa PEV bua kukuba bana ku kantembele, difteri ne mfuenke, ne kepesha njiwu ya masama a mu dieyela. Programe ya PEV ya ditunga idi mua kuikala dijinga ne bisalu bikuabu bia kusakidila pa mutu ⊕ *tangila Luondapu lua nshindamenu – mukenji 2.1.4 wa masama a tshiambu : Didilongolola ne difila diambuluisha padiku tshipupu.*

Bulenga bua bisalu: Utabalele misangu yonso bua kujadika ne: bisalu bidi anu bilenga. Londa mêyi a muenji wa manga pa bidi bitangila dialama ne diateka mu muaba wa mashika ⊕ *tangila Mukenji wa 1.3 wa ndongoluelu ya makanda a mubidi: Manga adi akengedibua ne biamu bia kuondopa nabi.*

Dianyisha ku budisuile: Peta dianyisha ku budisuile dia baledi anyi balami ba muana kumpala kua kufila tshisalu. Bualu ebu budi bukonga kabidi diumvuija njiwu idiku ne malu makuabu adi mua kuvuila muana.

Mukenji 2.2.2 wa makanda a mubidi a bana: Diondopa masama a bana ba mu maboko ne a bana batekete

Bana badi bapeta luondapu lua kumpala ludi lujikija bikebeshi binene bia kusamasama ne kufua kua bana.

Malu manene a kuenza

1 ⟩ Petesha luondapu ludi luakanyine mu bitupa bishilangane (mu nzubu ya luondapu, mu mpitadi idi kayiyi miasa kaba kamue anyi mu programe ya mu tshinsanga).

- Enza mudimu ne mibelu idi mu 'Makanda a mubidi a bana ba mu maboko mu nsombelu ya dikenga' bua luondapu lua nshindamenu bua bana ba mu maboko ⊕ *tangila Mikanda idibu batele.*

- Ela meji bua kuangata mushindu mulongolola wa tshia kuenza bua masama mu tshisanga (iCCM) ne Mushindu mulongolola wa dijikija masama a bana (IMCI).

2 ⟩ Teka ndongoluelu muanyishibue wa dikonkonona ne ditapulula nende malu mu nzubu yonso idi yondopa bana ba mu maboko anyi bana batekete badi basama.

- Utangile bua ne: muana udi ne bimanyinu bia njiwu ya lufu (kayi ukumbana bua kunua anyi kuamua mabele, uluka bintu bionso, uminyina, ulala tshifuafua anyi ujimija lungenyi) bamuondope diakamue kakuyi dijingakana.

- Elamu ne dikonkonona dia kusama ne bua bintu bia mulungu padiku kumueneka njiwu mibandile.

3 ⟩ Enza bua manga adi akengedibua ikaleku mu bungi buakanyine ne mafunda bimpe bua kuondopa masama a pa tshibidilu a bana mu bitupa bionso bia luondapu.

4 ⟩ Tangila bana bua kumona ni badi bakola bimpe ne ni badi badia bimpe.

- Tuma bana bonso badi badishibue bibi ku midimu ya didishangana.

- Fila luondapu lua mu lupitadi bua bana badi bikale badishibue bibi menemene bikale kabidi ne ntatu ya bungi ya makanda a mubidi.

5 ⟩ Enza diumvuangana diakanyine dia malu a kulonda bua masama bua kuondopa bana ne kubapesha bisalu bia masama adibu mua kubabidila, bu mudi dia difteri ne dia mfuenke, mu muaba udi njiwu ya dibudika dia tshipupu mikale mibandile.

- Bikalaku mushindu enza mudimu ne mumvuangana adiku.

6 ⟩ Ela meji bua mamanyisha a kulongesha bantu bua makanda a mubidi bua kukankamija mêku bua adifile mu bikadilu bilenga bidi biambuluisha bua kuikala ne makanda a mubidi ne kuepuka masama.

- Kankamija malu a dienza bu mudi diamusha bana anu mabele a mu tshiadi, didisha bana ba mu maboko, diowa dia bianza, dilama bana ba mu maboko babuikila bimpe ne kankamija dikolesha dia bana batekete.

7 ⟩ Ela meji bua mamanyisha a kulongesha bantu bua makanda a mubidi bua kukankamija bantu mu dikeba luondapu kumpala kua dîba bua disama dionso bu mudi mubidi luya, lukosu anyi diela munda munkatshi mua bana batekete ne bana ba mu maboko.

- Angata mapangadika bua kupeta bana badi kabayi ne muntu mukulumpe anyi muledi udi ubatabalela.

8 ⟩ Keba bua kumanya bana badi ne bulema anyi badi bashadile mu dikola diabu.

- Fila mibelu ne tuma bana aba kudi bena midimu ya luondapu anyi ya diambuluisha bua kupetulula makanda.

Bileji binene

Bungi busanga bua bana ba muinshi mua bidimu 5 badi bafua

- Bushadile ku bana 2 mu 10 000 ku dituku ⊕ *tangila Tshisakidila 3 bua dienza makumi*

Diondopa dimpe dia malaria difila pa dîba bua bana bonso ba bidimu bishadile ku 5 badi basama malaria

- Mu mêba 24 kubangila padi bimanyinu bituadije kumueneka
- Pa kumbusha bana ba muinshi mua bidimu 5 badi ne didisha dibi dikole menemene

Mâyi a mukele a kunua bua kupingajilula mâyi (SRO) ne dikumbajija dia zinc bifila pa dîba bua bana bonso ba muinshi mua bidimu 5 badi bela munda

- Mu mêba 24 kubangila padi bimanyinu bituadije kumueneka

Luondapu lukumbane lufila pa dîba bua bana bonso ba bidimu bishadile ku 5 badi ne disama dia bisulusulu

- Mu mêba 24 kubangila padi bimanyinu bituadije kumueneka

Malu a kulonda

Luondapu lua nshindamenu bua bana ba mu maboko: Petesha bana bonso ba mu maboko luondapu luimpe ku diledibua, ne nebitambe kuikala bimpe mu nzubu wa luondapu ne bilondeshile ⊕ *tangila* 'Malu adibu balongolole bua bakaji ba mafu ne badi baya bua kulela' (IMPAC) ne 'Makanda a mubidi a bana ba mu maboko mu nsombelu ya dikenga'. Nansha bikala muana muledibue bamuondope anyi kabayi bamuondope kudi mumanyi wa mudimu, luondapu lua nshindamenu lua bana ba mu maboko ludi lukonga:

- ditabalela luya lua mubidi (diladikija diowesha muana mâyi, dimulama muaba udi kauyi mubole ne dimupesha luya pa kumuambula dikoba dilenge diende dikoba);
- dibabidila masama (dikankamija bilele bikezuke bia ku dilela, diowa bianza, diuvuwa muofu, ne ditabalela dikoba ne mêsu a muana);
- diambuluisha bua kudisha muana (diamusha muana diakamue ne dimupesha anu mabele a mu tshiadi, kabayi bakama mabele a ntuadijilu (colustrum) ne bayimansha nansha);
- dilondesha malu (konkonona bimanyinu bia njiwu bia dipia masama anyi nsombelu idi mua kulomba bua kutuma muana muaba mukuabu); ne
- diondopa muana panyima pa diledibua (bamuondope kumbelu anyi pabuipi ne kumbelu mu lumingu lua kumpala ludiye ne muoyo, bamanye ne: mêba 24 a kumpala nga mushinga mutambe bukole bua kutangila ne kutabalela muana udi ufuma ku diledibua; longolola bua baye kutangila muana kumbelu misangu isatu mu lumingu lua kumpala ludiye ne muoyo).

Mushindu mulongolola wa dijikija masama a bana (IMCI) udi ushindamena pa diondopa bana ba muinshi mua bidimu 5 mu tshitupa tshia luondapu lua nzanzanza. Wewe mumane kuteka IMCI, bueja mibelu ya baminganga mu mumvuangana a kulonda adi manyishibue ne longesha bimpe bena mudimu wa luondapu.

Mushindu mulongolola wa tshia kuenza bua masama mu tshinsanga (iCCM) udi ngelelu wa meji wa difila luondapu lua pa dîba ne ludi luakanyine bua malaria, disama dia bisulusulu ne diela munda bua bantu badi ne lutatu bua kufika ku nzubu ya luondapu, nangananga bana ba muinshi mua bidimu 5.

Mushindu wa kuenza bua diela munda: Ondopa bana badi bela munda ne mâyi a mukele a kunua bua kupingajilula mâyi (SRO) adi kaayi atamba kubuelakanangana bikole ne bikuabu bintu pamue ne dikumbajija dia zinc misangu ne misangu. Zinc udi ukosesha diela munda, ne mâyi a mukele adi ajikila dijika dia mâyi mu mubidi. Kankamija batabaledi ba bana bua batungunuke peshi bakoleshe diamusha bana mabele a mu tshiadi mu bule bua tshikondo etshi, ne bua kudiundisha didisha dionso pashishe.

Mushindu wa kuenza bua disama dia bisulusulu: Bikala bana ne lukosu, keba bua kumanya ni badi beyela lukasa lukasa anyi beyela ne lutatu ne bikale ne tshiadi tshiondoke. Bikalabi nanku, ondopa bana aba ne manga makanyine a dinua adi ashipa tuishi (antibiotike). Tuma bana badi ne bimanyinu bikole bia njiwu anyi ne kusama kukole kua bisulusulu bua bapete luondapu lua ntuadijilu.

Bungi bua misangu idi muntu weyela budi bulondesha bungi bua bidimu biende:

Diledibua too ne ngondo 2: >60 mu munite umue	Ngondo 12: >50 mu munite umue
Tshidimu 1 too ne bidimu 5: >40 mu munite umue	Bidimu 5: >20 mu munite umue

Kishi ka VIH: Muaba udi kishi ka VIH katangalake bikole kupita muntu 1 pa lukama, teta bana bonso badi ne didisha dibi dikole menemene. Bamamu ne batabaledi ba bana badi bafuane kuikala ne kishi ka VIH badi balomba dibakuatshisha ne dibapesha mibelu miakanyine ⊕ *tangila Mikenji ya dikumbana dia biakudia ne didisha.*

Didisha bana badi batapuluke ne baledi babu: Longolola didisha dilombola bimpe dia bana badi batapuluke ne baledi babu anyi badi nkayabu.

Diditatshisha bua dikubibua dia bana: Angata midimu ya luondapu ya pa tshibidilu bua kumanya bana badibu balengulule, badibu banyange ne badibu bakengeshe. Malu aa uamanyishe bena midimu ya dikuba bana. Bueja ngenzelu ya kusunguluja ne ya dimanya tshia kuenza bua malu a balume anyi bakaji mu midimu ya luondapu ya pa tshibidilu bua bamamu, bana ba mu maboko, bana batekete ne bakadi bitende.

Dituma bana ku miaba ya dibadisha: ⊕ *Tangila Mukenji 3 wa dikumbana dia biakudia ne didisha: Dipangika dia bintu bitambe bukese bidi bidisha mubidi,* ne *Mukenji 2.2 wa tshia kuenza bua kuluisha didisha dibi: Didisha dibi dikole menemene.*

Dinyanguka dia kapepe mu nzubu: Ela meji bua kufila matshuwa makuabu a kulambila bua kukepesha mishi ne masama a dieyela adiyi ituala ⊕ *tangila Mukenji 3 wa muaba wa kusokomena ne muaba wa kusombela: Muaba udi bantu basombela ne mukenji 4: Bintu bia mu nzubu.*

Bintu bia mulungu: ⊕ *Tangila Tshisakidila 4.*

2.3 Makanda a mubidi a disangila ne a lulelu

Anu ku ntuadijilu kua dikenga, kudi ne bua kuikala manga adi akengedibua bua makanda a mubidi a disangila ne a lulelu. Teka midimu yonso diakamue padi mushindu umueneka wa kuenza nanku.

Midimu eyi idi ikengedibua idi tshitupa tshia diandamuna dilongolola didibu bafila bua makanda a mubidi ne idi ipeta diambuluisha mu dienza mudimu ne manga adibu bafila bua makanda a mubidi a lulelu ⊕ *tangila Mukenji wa 1.3 wa ndongoluelu ya makanda a mubidi: Manga adi akengedibua ne biamu bia kuondopa nabi.*

Ditabalela malu onso a makanda a mubidi a disangila ne a lulelu didi diumvuija dilengeja midimu idiku, disakidila midimu idi kayiyiku ne kulengeja ngikadilu wayi. Diumvua ngibakilu wa ndongoluelu ya makanda a mubidi nediambuluishe bua kujadika mushindu wa kukuatshisha ndongoluelu eu ⊕ *tangila Mukenji wa 1.1 too ne wa 1.5 wa ndongoluelu ya makanda a mubidi.*

Bantu bonso, ne aba badi mu nsombelu ya dikenga, badi ne bukenji bua kuikala ne makanda a mubidi a disangila ne a lulelu. Ditabalela makanda a mubidi a disangila ne a lulelu didi ne bua kunemeka bilele ne mitabuja a bantu badi mu tshinsanga eku dikale dikumbaja kabidi mikenji ya bukua-matunga idi yakuila manême a bantu ne idi mianyishibue mu buloba bujima. Utabalele majinga a bansonga, bakulakaje, balema ne bisumbu bia bantu badi mu njiwu, nansha bobu basungule nsombelu kayi wa mu disangila peshi basue kudileja mudibu balume anyi bakaji.

Mu bikondo bia tshimpitshimpi bitu bitamba kuenzeka bua bantu kuikala ne luonji mu disangila, pamue ne dikengeshangana ne dinyangangana. Benji ba mudimu bonso badi ne bua kudienza tshintu tshimue bua kujikila malu ne kufila diambuluisha, mu dieleshangana diboko menemene ne bena tshitupa tshia difila bukubi. Sangisha bimpe malu a kumanyisha ne bilondeshile ngikadilu mulenga. Manyisha bipeta bifunda bilondeshile anu mumvuangana a kulonda adi manyishibue ⊕ *tangila Mêyi manene a bukubi* ne *Mukenji wa 1.5 wa ndongoluelu ya makanda a mubidi: Dimanyisha malu a makanda a mubidi.*

Mukenji 2.3.1 wa makanda a mubidi a disangila ne a lulelu: Diondopa masama a lulelu, a bamamu ne a bana ba mu maboko

Bantu badi bapeta luondapu ne dilondangana dimpe dia lulelu didi dijikila ditamba kusamasama ne kufua munkatshi mua bamamu ne bana badi bafuma ku diledibua.

Malu manene a kuenza

1. Utangile bua kuikale misangu yonso midimu ya dilelesha mimpe ne ya mankenda, ya luondapu lua nshindamenu bua bana badi bafuma ku diledibua, ya luondapu lua tshimpitshimpi bua bamamu badi balela ne ya luondapu lua bana badi bafuma ku diledibua.

- Teka ndongoluelu wa dituma bantu pamue ne dimanyisha dia malu ne mushindu wa kuambula bantu kumbukila muaba udibu basombele kubafikisha ku muaba wa luondapu anyi ku lupitadi ludi luenza mudimu dîba dionso.

2 > Pesha bakaji bonso badi ne mafu amueneka patoke bintu bia kuya nabi ku dilela bidi bikezuke padibu kabayi ne mushindu wa kupeta baleleshanganyi bapiluke ne nzubu ya luondapu.

3 > Yikilangana ne bena tshinsanga bua kumanya malu adi bantu ba muaba au basue, bilele biabu ne mmuenenu wabu wa malu pa bidi bitangila dipangisha dimita.

- Bueja balume ne bakaji, bansongalume ne bansongakaji mu diyidilangana bikale batapulula ne muntu ne muntu pa nkayende.

4 > Longolola bungi kampanda bua mishindu idi ipangisha dimita idi inenga matuku mulongolongo idibu mua kulua kulongolola pashishe ne eyi idi inenga matuku makese bua ikaleku mu nzubu ya luondapu bilondeshile dilomba didiku, mu muaba wa muntu pa nkayende ne udi ulama malu adi atangila muntu nkayende.

- Fila mibelu idi ishindika mushinga wa disungula dienza ku budisuile ne bulenga buadi.

Bileji binene

Luondapu lua kudi bamanyi ba mudimu ludiku misangu yonso bua kuondopa bamamu badi bafuma ku dilela ne bana badi bafuma ku diledibua

- Luondapu lua nshindamenu bua bamamu badi balela ne bana badi bafuma ku diledibua: nzubu mipite pa itanu bua bantu 500 000
- Luondapu lukumbane lua tshimpitshimpi bua bamamu badi balela ne bana badi bafuma ku diledibua: kabiyi bishadile ku nzubu umue bua bantu 500 000

Bia pa lukama bia bana badi baledibue batabalela kudi bena mudimu bapiluke

- Tshipatshila tshidi tshikengedibua: bia pa lukama 80

Ndongoluelu udiku wa dituma nende bamamu badi balela ne bana badi bafuma ku diledibua ku miaba ya luondapu lua tshimpitshimpi

- Udiku dîba dionso, matuku onso ne lumingu luonso

Bia pa lukama bia bana badi baledibue mu nzubu ya luondapu basabula munda

- Tshipatshila: 5 too ne 15 pa lukama

Miaba yonso ya luondapu lua nzanzanza idi imanyisha mudiyi ne mishindu mipite pa inayi ya dipangisha dimita pankatshi pa ngondo isatu ne isambombo panyima pa ntuadijilu wa dikenga.

Malu a kulonda

Luondapu lua bamamu badi balela ne lua bana badi bafuma ku diledibua: Bantu bu 4 pa lukama munkatshi mua bantu bonso nebikale bakaji ba mafu, ne bantu bu 15 pa lukama ba kudibu nebikale ne bua kutuilangana ne kusama kua pa lulelu mu bule bua tshikondo tshidibu ne mafu anyi pa dîba dia kulela, ne kusama eku nekulombe luondapu lua tshimpitshimpi lua pa lulelu. Ndelu bu 5 too ne 15 pa lukama neyilombe bua kupanda mukaji udi ulela bua kusabula muana. Mu buloba bujima, bana 9 too ne 15 pa lukama badi bafuma ku diledibua nebalombe bua babondope pa lukasa menemene bua kubapandisha. Bana bu 5 too ne 10 pa lukama badi bafuma ku diledibua kabena beyela nkayabu diakamue padibu baledibua ne bilomba dibeyeleshisha, ne tshia bibidi tshia kudibu netshilombe dibafululula. Munkatshi mua malu manene adi apangisha bana bua kueyela mudi diledibua wa kabishi anyi tshituka ne malu makuabu adi enzekela munda kumpala kua diledibua adi afikisha ku dipanga dikole dia kueyela ⊕ tangila Luondapu lua nshindamenu – Mukenji 2.2.2 wa makanda a mubidi a bana: Diondopa masama a bana ba mu maboko ne a bana batekete.

Luondapu lua nshindamenu lua bamamu badi balela ne lua bana badi bafuma ku diledibua ludi lukonga difila manga a antibiotike a ditua, manga a dikolesha nawu munda mua mukaji (oxytocine wa ditua, misoprostol), manga a ditua adi aluisha diuminyina (sulfate de magnésium), diumbusha bintu bia dipangisha dimita bidi bishale pa kuenza mudimu ne biamu bia mudimu bidi biakanyine, diumbusha tshiamunda ne bianza, diambuluisha dipatuka dia muana mu njila wende (ne tshiamu tshia dikoka natshi), ne difululula dia mamu ne dia muana udi ufuma ku diledibua.

Luondapu lukumbane lua tshimpitshimpi lua bamamu badi balela ne lua bana badi bafuma ku diledibua ludi lukonga dienza malu onso atudi batele kulu eku pamue ne dipanda muntu pa kumutua buanga budi buladisha tulu tukole (dipanda bua kusabula muana, dipanda kuinshi kua difu), ne diela mashi dia lungenyi ne didi kadiyi ne bualu dienza mu dinemeka malu manyishibue adi ne bua kuenjibua ne budimu. Luondapu panyima pa ditula difu ndiondopa bidi mua kusungila muoyo didi munkatshi mua luondapu lua tshimpitshimpi bua bamamu badi balela ne bana badi bafuma ku diledibua, ne ludi ne tshipatshila tshia kukepesha bungi bua badi bafua ne kusama bua ntatu ya dituka dia mafu (difu diditukila nkayadi) ne ditula dibi dia mafu. Diondopa didi dikonga dimanyika dipueka dia mashi (pamuapa pa kupanda muntu), dilunga dia mashi bua tuishi tudi tubuele mu mubidi ne difila mapangadika adi mangata bua kujikila disama dia tetanos.

Bidi bikengela bua dîba dionso kuikale luondapu lua nshindamenu ne luondapu lukumbane lua tshimpitshimpi lua bamamu badi balela ne bana badi bafuma ku diledibua.

Ndongoluelu wa dituma nende bakaji anyi bana badi bafuma ku diledibua udi ne bua kujadika ne: badi ne mushindu wa kuya ne kupingana ku nzubu ya luondapu lua nzanzanza idi ifila luondapu lua nshindamenu lua tshimpitshimpi bua bamamu badi balela ne bana badi bafuma ku diledibua ne ku lupitadi ludi lufila luondapu lukumbane lua tshimpitshimpi bua bamalu badi balela ne bana badi bafuma ku diledibua.

Dilondangana dimpe dia lulelu: Yikilangana ne bisumbu kabukabu bia mu tshinsanga bua kujingulula malu adibu basue ne mmuenenu wabu wa malu bilondeshile bilele biabu. Ujadike ne: bantu ba mu tshinsanga aba mbamanye muaba ne mushindu wa kupeta manga adi ambuluisha bua kubenga kuimita. Manyisha bantu malu mu mishindu ne mu miakulu ya bungi idiku bua kujadika ne: badi ne mushindu wa kuamanya. Yikilangana ne bakokeshi ba mu tshinsanga bua kumona mua kutangalaja malu aa mu bantu.

Bena mudimu balongesha badi bumvue malu adi muntu udibu bambuluisha musue, bilele biende ne nsombelu wende badi ne bua kumupesha mibelu pa bidi bitangila dibenga kuimita. Difila mibelu didi ne bua kuela kashonyi pa dilama malu masokome a muntu ne malu adi atangila muntu pa nkayende, disungula didi muntu wenza ku dianyisha ne muoyo mudisuile, dikuatshisha dia ngenzelu ya baminganga ne idi kayiyi ya baminganga, bipeta bibi bidi mua kumueneka mu ngenzelu eyi, diondopa ne dilondesha malu pashishe, ne mibelu bua kumbusha mu mubidi bintu bidi bipangisha bua kuimita.

Kudi ne bua kuikala mishindu mishilashilangane ya dipangisha dimita diakamue bua kukumbaja majinga adi madianjila kumueneka. Benji ba mudimu badi ne bua kuikala balongeshibue bua kumbusha bintu bidi bipangisha dimita bia matuku a bungi bidibu mua kulongolola.

Midimu mikuabu: Bangisha luondapu lukuabu lua bamamu ne lua bana badi bafuma ku diledibua ne lukasa padiku mushindu, bu mudi luondapu lua kumpala kua diledibua ne lua panyima pa diledibua.

Dienza mudimu pamue ne bena bitupa bikuabu: Enza mudimu pamue ne bena tshitupa tshia didisha bua kujadika ne: badi batuma bakaji ba mafu ne badi bamusha bana ku midimu ya didisha idi miakanyine, bu mudi wa didisha dikumbajija dia bantu basungula ⊕ *tangila Dikumbana dia biakudia ne didisha – mukenji 2.1 ne 2.2 wa tshia kuenza bua kuluisha didisha dibi.*

Mukenji 2.3.2 wa makanda a mubidi a disangila ne a lulelu: Luonji mu disangila ne diondopa badibu basangile nabu ku bukole

Bantu badi bapeta luondapu ludi luimpe kaluyi ne bualu ne ludi lukumbaja majinga a bantu badi bakenge bua luonji mu disangila.

Malu manene a kuenza

1. Keba bua kumanya bulongolodi budi ne bujitu bua kulombola ngenzelu wa malu udi usangisha bitupa bia bungi bua kukepesha njiwu ya luonji mu disangila, kujadika ditumibua dia bantu ne kufila diambuluisha dijima kudi bantu badi bakengeshibue.

- Enza mudimu pamue ne bena bitupa bikuabu bua kukolesha dijikila ne diambuluisha dia kufila.

2 › Manyisha bantu ba mu tshinsanga midimu idiku ne mushinga wa dikeba diakamue luondapu panyima pa luonji mu disangila ne muntu.

- Leja malu adibu balongolole kujikila disama bu edi dia kishi ka VIH padi muntu wangatshibua ku bukole ne lukasa luonso padiku mushindu (mu mêba 72 adi alonda disangila edi).
- Fila manga a lukasa adi apangisha bua kuimita mu mêba 120 adi alonda.

3 › Longolola miaba mimpe mu nzubu ya luondapu idi mua kuakidila bantu badibu bakengeshe ne luonji mu disangila ne bapeteshe luondapu lua baminganga ne ubatume ku miaba ya luondapu.

- Leja patoke ne enza mudimu ne mumvuangana matokesha a malu a kuenza ne liste wa manême a babedi.
- Longesha benji ba mudimu wa luondapu pa bidi bitangila diyikila ne muntu dia busambu, dilama malu masokome a muntu ne dikuba mamanyisha ne bipeta bidi bitangila anu muntu eu udibu bakengeshe.

4 › Ondopa bantu mudimu mua kubondopa kudi baminganga ne ubatume ku midimu mikuabu idi yambuluisha idi kuoku bua bantu badibu bekengeshe ne luonji mu disangila.

- Longolola mushindu wa dituma bantu badi mu nsombelu mikole ya njiwu idi ilomba diambuluisha dia lukasa.
- Teka ngenzelu ya kulonda bua kutuma bantu pankatshi pa midimu ya luondapu, ya mikenji, ya dikubibua, ya dikala talalaa, ya diondopa lungenyi ne dikala mu tshinsanga.

Bileji binene

Nzubu yonso ya luondapu idi ne bena mudimu balongeshibue, ne bintu ne biamudimu bungi bukumbane bua diondopa badi bakenga bua disangila nabu ku bukole bilondeshile mumvuangana a malu a kuenza a mu ditunga anyi a bukua-matunga

Bantu bonso badi bakengeshibue ne luonji mu disangila badi bamanyisha ne: bavua bapete luondapu mu mushindu muimpe ne udi ulama malu masokome a bantu

Bantu bonso badi bakengeshibue ne luonji mu disangila badibu basungule bua kubambuluisha badi bapeta:

- Malu adibu balongolole bua kujikila disama mu mêba 72 adi alonda bualu budi buenzeke anyi disangila ne muntu
- Manga a lukasa lukasa adi apangisha dimita mu mêba 120 adi alonda bualu budi buenzeke anyi disangila ne muntu

Malu a kulonda

Dibabidila luonji mu disangila ne dikuata bakaji ku bukole didi dilomba dienza malu mu bitupa bionso bia mudimu ⊕ *tangila Mukenji 2.1 wa WASH wa dipa bantu mâyi* ⊕ *tangila Mukenji 3.2 wa WASH wa mushindu wa kumbusha tumvi* ⊕ *tangila Dikumbana dia biakudia ne didisha – mukenji 6.3 wa diambuluisha ne biakudia ne mukenji wa 7.2 wa bintu bia mu nsombelu; Mukenji 2 ne 3 wa muaba wa kusokomena ne muaba wa kusombela* ⊕ *tangila Dîyi dinene dia bukubi dia 1 ne Dipangadika 4 ne dia 8 dia Mukenji munene wa diambuluisha bantu badi bakenga.* ⊕ *Tangila Mukenji wa 1.1 too ne wa 1.3 wa ndongoluelu ya makanda a mubidi* bua kupeta malu makuabu adibu bamanyishe pa bidi bitangila divuija miaba ya luondapu mimpe kayiyi ne bualu ne kufila luondapu luimpe.

Diondopa dia kudi baminganga, pamue ne diondopa dia masama a lungenyi ne dituma bantu badi bakengeshibue, badi ne bua kubienzela mu nzubu ya luondapu lua nzanzanza ne mu bisumbu bia bondopianganyi badi kabayi bashala kaba kamue ⊕ *tangila Ndongoluelu ya luondapu 1.2* ne *Mukenji 2.5 wa luondapu lua nshindamenu*. Dienza nunku didi dilomba bena mudimu badi bamanye mudimu wabu bua kufilabu luondapu ne mibelu ya busambi, ya pa dîba ne mu mushindu udi ulama malu masokome a bantu, kudi bana bonso, bakulumpe ne bakulakaje pa bidi bitangila:

- manga a lukasa adi apangisha dimita;
- diteta bua kumanya bikala mukaji ne difu, malu adi bantu ne bua kumanya pa bidi bitangila dimita ne diludika dia bantu bua ditula dia mafu dimpe mu dinemeka mikenji;
- diondopa didianjila kulongolola dia masama a mu bilamba;
- malu adibu balongolole bua kujikila disambulujilangana kishi ka VIH ⊕ *tangila Mukenji 2.3.3 wa makanda a mubidi: kishi ka VIH*
- dibabidila dia hepatite B;
- diondopa mputa ne dibabidila tetanos; ne
- dituma bantu ku midimu mikuabu, bu mudi midimu ya luondapu, ya diondopa lungenyi, ya mikenji ne ya mu nsombelu wa bantu.

Enza bua kuikale bungi buakanangane bua balume ne bakaji badi bondopangana badi bakula bimpe muakulu wa muaba au ne wa babedi, ne ulombe bafidianganyi ne bakudimunyi ba miakulu balume ne bakaji bua kuenzabu midimu yabu kakuyi kansungasunga ne kabiyi bisendame. Longesha bondopianganyi malu a baminganga adibu mua kuenza bua bantu badibu bakengeshe ne luonji mu disangila, bashindamene pa diyukidilangana dia busambi, dimanya malu adi mapite ne dikonkonona, diondopa ne difila mibelu. Padibi mua kuenzeka ne kuikale dijinga, longesha bantu pa bidi bitangila dimanya malu a bitalu bia bantu ne mushindu wa kusangisha bijadiki bia mu malu a bitalu.

Bana badibu bakengeshe ne luonji mu disangila: Badi ne bua kutabalela bana kudi bondopianganyi badi balongeshibue mu malu a dienza ne bana padibu balale nabu ku bukole. Lekela bana basungule muntu mulume anyi mukaji udi mua kubuondopa. Bueja pa lukasa benji ba mudimu wa dikuba badi bapiluke mu bilumbu bionso.

Didifila dia bena tshinsanga: Enza mudimu pamue ne babedi ne bena tshinsanga bua kulengeja mushindu wa kupeta ne kuitaba luondapu ne kufila programe ya dibabidila masama mu bule bua dikenga dionso. Teka ngenzelu ya dimanyina malu masokome adi enzeka mu tshialu ne dilondesha dia lukasa dia malu adi afika ku matshi. Buejamu kabidi balume, bakaji, bansongalume ne bansongakaji, ne bisumbu bia bantu bidi mu njiwu bu mudi balema ne bisumbu bia ba-LGBTQI.

Njila idi ilonda mikenji: Wikale mumanye ndongoluelu wa mu ditunga wa dimanya malu a bitalu ne mikenji miakanyine pa bidi bitangila luonji mu disangila. Manyisha bantu badi bakengeshibue mikenji yonso idi ilomba bua kumanyisha bualu idi mua kupangisha bua kulama malu masokome a bantu adi babedi bambile bantu badi babondopa. Dienza nunku didi mua kushintulula dipangadika diabu dia kutungunuka ne kukeba luondapu, kadi nudi ne bua kudilonda ne kanemu.

Mu matunga a bungi, ditula mafu ku bukole ndianyishibue mu mikenji mu nsombelu bu mudi diangatshibua ku bukole. Bikala bualu buenzeke mushindu eu, muntu udi ne bua kupeta mushindu anyi badi ne bua kumutuma muaba wa dipeta luondapu kakuyi kansungasunga.

Nansha mudi ditangila malu a luonji mu disangila dikale ne mushinga, mishindu mikuabu ya malu a tshikisu menzela muntu bua mudiye mulume anyi mukaji bu mudi luonji lua mu disangila mu dibaka, diselesha dia bana, diselesha bantu ku bukole ne dikosa bitupa bia lulelu bia bakaji kayena anu ivulangana mu bikondo bia dikenga, kadi idi kabidi mua kuvulangana mu imue nsombelu mu bule bua dikenga ne idi ne buenzeji bunene bua pa buabu pa makanda (a mubidi, a disangila ne a lungenyi) a bantu badi balomba dibambuluisha dia nsungasunga. Mêyi maludiki makuabu a bukua-matunga adi anu enda itaba bikole dikalaku dia luonji mu disangila, ne dia mishindu mikuabu eyi ya malu a tshikisu menzela muntu bua mudiye mulume anyi mukaji pamue ne buenzeji buayi pa makanda a bantu ⊕ *tangila IASC Guidelines for Integrating Gender-Based Violence Interventions in Humanitarian Action*.

Mukenji 2.3.3 wa makanda a mubidi a disangila ne a lulelu: Kishi ka VIH

Bantu badi bapeta luondapu ludi lujikila disambulujilangana dia kishi ka VIH ne lukepesha bungi bua bantu badi basamasama ne badi bafua bua kishi aka.

Malu manene a kuenza

1 ⟩ Teka ne londa malu a kudimukila ne ngenzelu ya kulonda bua dienza mudimu wa dielangana mashi dikubibue ne dia lungenyi.

2 ⟩ Pesha bantu bonso badi bamueneka ne: bakadi ne kishi luondapu ludi luambuluisha bua kupetulula bukubi mu mubidi (ART), nangananga bakaji badi mu programe ya dibabidila disambuluja dia disama dia mamu kudi muana.

- Londakaja ne tshisumi bantu badi ne kishi ka VIH bua batungunuke ne kuangata luondapu.

3 ⟩ Fila tundundu tua didikuba natu mu disangila tua balume tudi ne busenu ne tundundu tua bakaji muaba ukadibu benza natu mudimu.

- Enza mudimu pamue ne bakokeshi ne bantu badi mu dikenga bua kumvua mushindu udibu benza malu mu tshitupa atshi, kufikisha bantu ba bungi ku ditaba diabanya dia tundundu tua didikuba natu ne kujadika ne: diabanya dia tundundu edi ndiakanyine kuenjibua mu bilele bia bantu.

4 ⟩ Lomba bakaji bonso badi ne mafu bua kutetesha mubidi padibi bimueneka ne: kishi ka VIH nkatangalake bikole mu muaba au kupita muntu 1 pa lukama.

5 ⟩ Bangisha diakamue padibi mua kuenzeka malu malongolola a dienza pashishe bua kujikila disama (PEP), kadi mu mêba 72 adi alonda bua badi bakengeshibue ne luonji mu disangila ne bua badi mua kupetela kishi ku mudimu wabu.

6 ⟩ Fila buanga bua cotrimoxazole bua kubabidila masama makuabu adi mua kukuata muntu bua:

a. babedi badi ne kishi ka VIH; ne
b. bana badi baledibue kudi bamamu badi ne kishi ka VIH, ba mbingu inayi too ne isambombo; tungunuka too ne padibi bimueneka ne: kabatshiena ne kishi ka VIH.

7 ⟩ Ujadike bua nzubu ya luondapu lua nzanzanza ikale ne manga adi ashipa tuishi ne fila luondapu lua bimuenekelu bia disama kudi babedi badi ne bimuenekelu bia masama a mu bilamba.

Bileji binene

Mashi onso adibu bapingaje bantu mbaatete ne kaena ne tuishi tudi mua kusambulukilangana ku diela dia mashi, nangananga kishi ka VIH

Bia pa lukama bia bantu bavua balonda kumpala luondapu ludi luambuluisha bua kupetulula bukubi mu mubidi (ART) ne badi batungunuka ne kupeta manga a ART

- Bantu 90 pa lukama

Bia pa lukama bia bakaji badi bapeta midimu ya luondapu badibu basangane ne kishi ka VIH, muaba udi kishi ka VIH katangalake bikole kupita muntu 1 pa lukama

- Bantu 90 pa lukama

Bia pa lukama bia bantu badi bafuane kupeta kishi ka VIH badi baya mu nzubu ya luondapu bapeta diambuluisha dia PEP mu mêba 72 adi alonda dîba didibu mua kuikala bapete kishi

- Bantu 100 pa lukama

Bia pa lukama bia bana ba mu maboko badi mua kuikala bapete kishi ka VIH badi bapeta buanga bua cotrimoxazole padibu ne mbingu inayi too ne isambombo

- Bantu 95 pa lukama

Malu a kulonda

Malu manene a kuenza adi kulu eku badi ne bua kualonda mu diambuluisha dionso difila mu bikondo bia dikenga, nansha dimanyika dia mushindu udi kishi ka VIH katangalake mu tshitupa atshi dikale bishi.

Bueja tshinsanga tshidi mu dikenga ne bisumbu binene bia bantu bidi bualu ebu butangila (bondopianganyi, bakokeshi, bakaji, ba-LGBTQI, balema) mu difila midimu ya diluisha kishi ka VIH, ne ujadike mudibu bamanye muaba udibu mua kupetela manga adi ambuluisha bua kupetulula bukubi mu mubidi (ARV). Kuoku kumane kuikala nsangilu wa bantu badi ne kishi ka VIH, yikilangana nabu ne ubabueje mu dilongolola ne mu dienza dia programe.

Diabanya dia tundundu tua didikuba natu dienza mu tshinsanga munkatshi mua bisumbu bia bena mulongo umue didi diambuluisha. Bisumbu binene bia bantu ne bansonga nebikale ne bua kumanya misangu mivule muaba udi bena mulongo nabu badisangisha, ne bena budisuile badi mua kuabanyina bena mulongo nabu. Longesha bisumbu binene bia bantu pa dibapesha malu adi alonda bilele biabu adibu mua kumanyisha bua bamanye mushindu mulenga wa kuenza mudimu ne tundundu tua didikuba natu ne wa kuimansha tukadibu benze natu mudimu. Enza bua tunduntu tuikaleku bua bantu ba mu tshinsanga, bena mudimu wa diambuluisha, basalayi anyi bampulushi, bendeshi ba mashinyi manene a diambula bintu ne bakuabu.

Dielangana mashi: ⊕ *Tangila Mukenji wa 1.1 ne wa 1.3 ya ndongoluelu ya makanda a mubidi.*

Ditabalela ne diondopa muntu panyima pa musangu udiye mua kuikala mupete kishi bidi ne bua kukonga difila mibelu, dikonkonona njiwu ya dipeta kishi ka VIH, dianyisha ku budisuile, dikonkonona kudi disama difumine, ne difila manga adi ambuluisha bua kupetulula bukubi mu mubidi. Kupeshi diambuluisha dia PEP kudi muntu udi mumanyike mudiye ne kishi ka VIH. Nansha mudibi bilombibue bua kufila mibelu ne kuteta mubidi kumpala kua kubangisha ne PEP, biobi kabiyi mua kuenzeka nanku kunengakanyi bua kubangisha diambuluisha dia PEP to ⊕ *tangila Luondapu lua nshindamenu – mukenji 2.3.2 wa makanda a mubidi a disangila ne a lulelu: Luonji mu disangila ne diondopa badibu basangile nabu ku bukole.*

Midimu yonso idi itangila diluisha kishi ka VIH mu bikondo bia dikenga: Teka pa lukasa biobi mua kuenzeka midimu idi ilonda eyi:

Didimuija bantu bua kishi ka VIH: Fila malu adi bantu bonso mua kumanya, nangananga bisumbu bia bantu badi mu njiwu mikole, pa bidi bitangila dijikila kishi ka VIH ne masama makuabu a mu bilamba.

Tshia kumanya: Bulongolodi bua Caritas Internationalis ne benamu kabena bakankamija dienza mudimu ne bintu bidi bantu benze bua kupangisha lulelu, anyi dibiabanya mu mushindu kayi wonso udibi bimueneka

Dijikila kishi ka VIH: Petesha bisumbu bia bantu badi mu njiwu ya bungi midimu idi ikepesha njiwu idibu mua kudikebela bu mudi bintu bia kuditua nabi nshingi bidi kabiyi ne tuishi, ne luondapu lua nshinta bua bantu badi baditua bintu bia lulengu, muaba udi midimu eyi mimane kuikalaku ⊕ *tangila Mukenji 2.5 wa luondapu lua nshindamenu: Diondopa dia masama a lungenyi.*

Difila mibelu ne diteta mubidi bua kishi ka VIH: Petesha (peshi pingajilula) midimu ya difila mibelu ne diteta mubidi idi misuikila ku diumvuija bantu tshidi ART. Bantu ba kumpala badibu ne bua kuteta bua kishi ka VIH mbakaji ba mafu ne balume babu, bana badi ne didisha dibi dikole mu muaba udi kishi ka VIH katangalake bikole kupita muntu 1 pa lukama, ne bisumbu bikuabu bidi mu njiwu.

Didiulangana ne disungululangana: Mbia mushinga bua kujadika ne: ngenzelu ne programe kabiena bivudija didiulangana. Enza malu ne tshisumi bua kukepesha didiulangana ne disungululangana mu bitupa bidi bimanyike mudibi ne bantu ba bungi badi badiula bakuabu ne mudi bikadilu bia disungulula bantu.

Diambuluisha ne manga a ART: Diakamue padibi mua kuenzeka, petesha bantu bonso badi nalu dijinga luondapu ludi luambuluisha bua kupetulula bukubi mu mubidi, ki nganu aba bakavua batuadije kuluangata to.

Dibabidila disambuluja dia kishi dia mamu kudi muana: Teta bakaji ba mafu ne balume babu ne manyisha kumpala kua dîba bikala muana ne kishi ka VIH. Pesha bakaji badi bamane kumanyika mudibu ne kishi anyi badibu bafuma ku dibapeta ne kishi ka VIH manga a ART. Tuma bana ba mu maboko badi ne kishi ku midimu ya diondopa bana badi ne kishi ka VIH. Pesha bakaji badi ne kishi ka VIH mibelu misunguluke pa bidi bitangila didisha bana ba mu maboko, ne malu adi malongolola bua kubakuatshisha ne kubadimuija ⊕ *tangila Dikumbana dia biakudia ne didisha – Mukenji 4.1 ne 4.2 ya didisha bana ba mu maboko ne bana batekete.*

Midimu ya diluisha dipia diakamue kishi ka VIH/TB: Longolola diteta dia mubidi bua TB ne tuma muaba mukuabu bantu badi ne kishi ka VIH. Petesha luondapu lua TB kudi bantu bakavua bamane kuikala mu programe wa diondopibua ⊕ *tangila Luondapu lua nshindamenu – Mukenji 2.1.3 wa masama a tshiambu: Dimanya masama ne dimona tshia kuenza.* Suikakaja midimu ya diteta mubidi bua kishi ka TB ne kishi ka VIH mu nsombelu iditu tutambe kutangalaka mu bantu ne teka midimu ya diluisha dipia kishi ka TB mu nzubu ya luondapu.

2.4 Diondopa mputa ne bimanyinu bia mukumu

Mu nsombelu yonso wa dikenga, bujitu bunene bua bantu badi basamasama ne bua badi bafua budi bufumina ku ditapika mputa. Dilomba dinene dia midimu ya diondopa bimanyinu bia mukumu ndifuanyike kupita ne lukasa makokeshi a ndongoluelu ya makanda a mubidi ya muaba au. Bua kukepesha buenzeji bua ditapika mputa ne njiwu ya dinyanguka dia ndongoluelu ya makanda a mubidi, ditapulula dia bantu misangu yonso didi ne bua kuenjibua ne bidi bikengela kumanya tshia kuenza bua malu adi menzeke adi mafike ku dikengesha bantu ba bungi nunku, pamue ne luondapu lua tshimpitshimpi, luimpe ne ludi luambuluisha, ne lua diakajilula nsombelu. Tshitupa etshi tshidi tshiakuila diandamuna dia ndongoluelu wa makanda a mubidi ku ditapika dia mputa. Mibelu ya nsungasunga pa bidi bitangila bintu bia mulungu, makanda a lungenyi ne luonji mu disangila mbayifile mu bitupa bikuabu ⊕ *tangila Tshisakidila 4: Bintu bia mulungu; Mukenji 2.5 wa luondapu lua nshindamenu* ne *Luondapu lua nshindamenu – Mukenji 2.3.2 wa makanda a mubidi a disangila ne a lulelu.*

Mukenji 2.4 wa diondopa mputa ne bimanyinu bia mukumu: Diondopa mputa ne bimanyinu bia mukumu

Bantu badi bapeta luondapu luimpe ne ludi luambuluisha bua bimanyinu bia mukumu mu bule bua dikenga bua kumona mua kujikila difua, disamasama dia bantu, diumvua kusama ne bulema bidibu mua kuepuka.

Malu manene a kuenza

1. Ondopa bantu bonso ne mu miaba yonso bua mikumu idibu bapete.

- Teka ne lukasa ndongoluelu mimpe ya dituma nayi bantu pankatshi pa nzubu mishilangane ya luondapu ne bua kumbukila mu binsanga bidi mu dikenga kuya ku miaba ya luondapu.
- Teka mpitadi idi itambakana peshi mpitadi ya ku misoko bikala bantu kabayi mua kupeta luondapu ludibu bafila mu nzubu idi miasa kaba kamue.

2. Utangile bua ne: bondopianganyi badi ne ndudi ne mamanya adi akengedibua bua kuondopa mputa.

- Sangisha bitupa bionso kubangila ku badi bafila luondapu lua kumpala too ne ku aba badi ndekelu wa bionso bapandangana ne baladishangana tulu tukole.

3. Enza peshi kolesha mumvuangana a kulonda adi manyishibue bua ditapulula ne diondopa mputa ne bimanyinu bia mukumu.

- Elamu ne ndongoluelu ya diludika bantu bua dikubibua dia bana, bantu badi bakengeshibue ne luonji mu disangila, ne badi balomba dibakuatshisha bua makanda a lungenyi ne a mu nsombelu wa bantu.

4. Petesha bantu bonso badi bafuane kutapika mputa malu adibu balongolole bua kujikila disama dia tetanos, bu mudi bantu badi batapike mputa mibululuke ne aba badi badifile mu midimu ya diambuluishangana ne ya ditokesha miaba.

5. Enza bua kuikale mikenji idi ikengedibua ya bukubi ne ya bulombodi mu miaba yonso idi yondopa bantu bua bimanyinu bia mukumu ne mputa, nansha mu mpitadi ya ku musoko.

6. Enza bua bantu bikale ne mushindu wa kupeta pa dîba midimu ya diakajilula, biamu bidi biambuluisha bia nzanzanza ne bidi muntu mua kuendela bua babedi badi batapike.

- Ujadike ne: biamu bidi biambuluisha bu mudi nkuasa ya balema ne mitshi ya kuendela anyi biambuluishi bikuabu bia kuendela badi mua kubilongolola mu muaba au.

7 ⟩ Enza bua bantu bapete pa dîba midimu ya makanda a lungenyi ne ya dikuatshisha dikala bimpe mu nsombelu.

8 ⟩ Teka peshi kolesha ndongoluelu ya dimanyisha malu a makanda a mubidi bua ikale ikonga bipeta bifunda bia badi batapike ne badi bapete mikumu.

- Teka pa muaba wa kumpala mikanda ya pa tshibidilu ya baminganga bu mudi mukanda munene wa difundila malu a muntu ne muntu bua babedi bonso badi bapete mikumu.

- Enza mudimu ne mumvuija adi manyishibue bua kubueja ditapika dia mputa mu bipeta bifunda bia ndongoluelu ya dimanyisha malu a makanda a mubidi.

Bileji binene

Bia pa lukama bia nzubu ya luondapu idi ne ndongamu wa tshimpitshimpi padi bantu ba bungi batapike, udibu bakonkonona ne bakajilula pa tshibidilu

Bia pa lukama bia nzubu ya luondapu idi ne mumvuangana a malu a kuenza bua bantu badi batapike mputa minene, bu mudi biamudimu bilongolola bia ditapulula nabi bintu

Bia pa lukama bia nzubu ya luondapu idi ne bena mudimu badi bapete malongesha a nshindamenu mu mushindu wa diondopa mputa minene

Bia pa lukama bia nzubu ya luondapu idi iteka mu tshienzedi mapangadika a dilengeja ngikadilu bua kukepesha bungi budi bua tshilejilu bua bantu badi basamasama ne badi bafua bilondeshile bipeta bifunda bidiku

Malu a kulonda

Dilongesha ne mamanya pa bidi bitangila diondopa mputa ne bimanyinu bia mukumu bidi ne bua kukonga:

- diondopa ditapika dia bantu ba bungi, bua aba badi bafila diambuluisha ne badi balombola midimu;
- diambuluisha dia kumpala dia pa tshibidilu;
- ditapulula dilongolola mu tshialu ne mu nzubu ya luondapu; ne
- dimanya kumpala kua dîba, difululula, diondopa mputa, diluisha kusama ne dikuatshisha dia lukasalukasa dia lungenyi.

Mumvuangana malongolola manyishibue adi ne bua kuikalaku anyi badi ne bua kuakolesha bua kukumbaja malu adi alonda aa:

- diteka mu milongo dia disungulula bilondeshile bukole bua nsombelu ya pa tshibidilu ne ya tshimpitshimpi didi dikonga dikonkonona, diteka pa muaba wa kumpala, difululula dia pa tshibidilu ne bimanyinu bia diludika nadi malu a tshimpitshimpi;

- luondapu lua tshimpitshimpi lua kumpala ludi muntu upetela muaba udibu balufila; ne

- diludika bantu bua luondapu lua tshimpitshimpi ne lua pa bualu, nangananga dipandangana, luondapu lua panyima pa dipandibua ne diakajilula.

Mikenji idi ikengedibua ya bukubi ne ya bulenga: Nansha muaba udibu bafila luondapu lua bimanyinu bia mukumu mu diambuluisha padiku bualu kampanda bukole anyi diluangana didi amu ditungunuka, badi ne bua kujadikila bantu Mikenji idi ikengedibua. Munkatshi mua malu a kutangila mudi:

- dienza mudimu dimpe ne dia lungenyi ne manga, tuamu ne bintu bia mashi, kuelamu ne mulongo wa dipetela bintu;

- dibabidila ne diluisha masama;

- nzembu mikumbane bua bantu kuikala ne bukenke, kumanyishangana malu ne dienza mudimu ne biamu bia luondapu bia nshindamenu bu mudi biamu bia difululula nabi bia tshimpitshimpi ne ngesu ya dipishila bintu ku luya lukole menemene; ne

- mushindu wa diumbusha bintu bia bukoya bia miaba ya luondapu.

Diambuluisha dia nzanzanza difila kudi bena tshinsanga: Diambuluisha dia nzanzanza diakanyine ne difila pa dîba pa badi kabayi bondopianganyi didi disungila mioyo ya bantu bikalabu badifila mu mushindu mulenga ne misangu yonso. Bambuluishanganyi ba nzanzanza bonso badi ne bua kuenza mudimu ne mmuenenu mulongolola bimpe wa badi batapike. Mbualu bua mushinga mukole bua kubalongesha mushindu udi ukengedibua wa kuondopa mputa, bu mudi disukula ne disuika dia mputa.

Bueja kabidi diambuluisha dia nzanzanza mu mêku ne mu tshinsanga, pamue ne buludiki pa bidi bitangila dîba ne muaba wa dikebela diambuluisha dia kudi bamInganga. Bamanyishe njiwu ya pa buayi ya nsombelu udiku, bu mudi bintu bidi kabiyi anu bishindame peshi njiwu ya ditapika mu dikeba bua kusungila mioyo ya bantu.

Ngenzelu wa **ditapulula** udi wambuluisha bua kuteka babedi mu milongo bilondeshile bunene bua mputa idibu batapike ne dijinga dia kuondopibua. Didi disunguluja aba bikala ne bua kuambuluishibua bikole padi bamInganga babuondopa ne lukasa kakuyi dijingakana. Kudi mishindu mivule ya ditapulula bantu. Umue mushindu udi wenza bikole mudimu ne mekala atanu: dikunze bua babedi badi ne bua kuondopibua kumpala kua bonso menemene, dia manyimanyi bua badi balondele, dia mâyi a kaleji bua badi bashadile, dia bule bua babedi badi kabayi ku bukokeshi bua muaba wa luondapu peshi badi balomba luondapu lua mutantshi mukese, ne difikuluke bua badi bafue.

Luondapu lua tshimpitshimpi lua kumpala lua kudi benji ba mudimu wa luondapu: Bena mudimu wa luondapu bonso ba mulongo mubandile bu mudi badoktere, badi ne bua kubalongesha pa bidi bitangila mushindu wa dienza malu misangu yonso bua bantu badi basama ne badi batapike bikole ⊕ *tangila mmuenenu wa malu wa ABCDE mu mukanda wa IFRC International First Aid and Resuscitation Guidelines.* Difululula dia kumpala ne malu a kuenza bua kusungila muoyo, bu mudi dipesha muntu manga a luayiyi ne ma-antibiotike, dimanyika dituka dia mashi ne diondopa dia diula dia tshiadi ne kapepe, badi mua kubifila mu nsombelu ya bungi bangabanga ne kutuma mubedi mu midimu ya pa buayi.

Manga a diladishangana, luondapu lua bimanyinu bia mukumu ne dipandangana: Luondapu lua tshimpitshimpi, lua dipanda muntu ne lua diakajilula ludi ne bua kuenjibua anu kudi malongolodi adi ne mamanya makanyine. Bondopianganyi badi ne bua kuenza mudimu bilondeshile tshitupa tshiabu tshia mudimu tshidibu bamanye bimpe, ne bintu bikumbanyine bidi bibambuluisha mu midimu yabu. Luondapu ludi kaluyi luakanyine anyi kaluyi lukumbanyine ludi mua kutamba kuenzela muntu bibi kupita dibenga kumuenzela bualu. Dipanda muntu didibu benza kabayi banji kuondopa muntu ne kabayi bamuondopa pashishe ne diakajilula didi amu ditungunuka bidi mua kulua kupangisha bua kupingajilula makokeshi a luendu lua mubidi wa mubedi.

Mpitadi ya ku misoko: Bidi mua kulomba bua kuenza mudimu ne mpitadi ya ku misoko ya matuku makese, nangananga mu bikondo bia dikenga dikole, ne Tshibambalu tshia malu a makanda a mubidi anyi midimu minene ya mbulamatadi ne benji bakuabu ba mudimu wa makanda a mubidi badi ne bua kulombola mpitadi eyi. Mikenji ne dikala bimpe dia luondapu bidi ne bua kukumbaja mikenji ya ditunga ne ya bukua-matunga ⊕ tangila Mikanda idibu batele bua kupeta buludiki bukuabu.

Diakajilula ne dipingajilula muntu mu nsombelu: Diakajilula dienza kumpala kua dîba didi mua kukolesha dipanduka, kuikala ne bipeta bimpe menemene mu diambuluisha dia baminganga ne dia dipandibua, ne kuenza bua ne: nsombelu wa bantu bavua batapike alue kulengela kabidi. Bisumbu bia baminganga badi bambuluisha babedi badi mu lupitadi badi ne bua kukumbana bua kufila diakajilula dia kumpala kua dîba. Funda pa kalata makokeshi a diakajilula ne mishindu ya diludika bantu ne umvua dipetangana didi pankatshi pa ndongamu ya dikala bimpe mu nsombelu idiku ne dikuatshisha bantu ne makuta. Leja disuikakana ne miaba ya diakajilula peshi malongolodi a diakajilula bantu a mu tshinsanga bua kufila luondapu ludi lutungunuka.

Bangabanga ne dibapatula, konkonona majinga adiku a babedi badi batapike peshi badi bapete bimanyinu bia mukumu, nangananga aba bavua ne bulema bua katshia kuonso aku. Enza bua kuikale dilondakaja dia baminganga ne dia diakajilula, dilongesha dia babedi ne babatabaledi, biamu biambuluishi bidi bikengedibua (bu mudi mitshi ya diendela peshi nkuasa ya balema), makanda a lungenyi ne dikuatshisha dia mu nsombelu, ne mushindu wa kupeta midimu mikuabu idi ikengedibua. Teka ndongamu ne bisumbu bia luondapu bua bitupa bishilashilangane pamue ne bamanyi bapiluke ba mudimu wa diakajilula ne benji ba mudimu badi ne mamanya mu diondopa dia masama a lungenyi ne dikuatshisha dia mu nsombelu. Makanda a lungenyi ne dikuatshisha dia mu nsombelu bua aba badi bashintulule nsombelu wabu bua mputa ivuabu batapike bidi ne bua kutuadija patshidibu babedi mu lupitadi. Mbia mushinga bua kuikale dipetangana ne midimu ya dikuatshisha idi amu itungunuka ⊕ tangila Mukenji 2.5 wa luondapu lua nshindamenu: Diondopa dia masama a lungenyi.

Malu a pa buawu a dielela meji mu ngondapilu – diluisha bidi bisama: Diondopa dimpe dia bidi bisama panyima pa ditapika mputa didi dikepesha njiwu ya kupeta disama dia bisulusulu ne dikuatakana dikole dia mashi mu mijilu, ne diambuluisha mubedi bua kutuadija kuondopibua ne mâyi anyi ne kapepe (physiothérapie). Didi dikepesha diandamuna ku dikengakana dia mubidi, difikisha ku dikepesha ditamba kusamasama masama a mioyo, ne dikepesha dikengakana dia lungenyi. Badi ne bua kuondopa bisama bikole bia ku bimanyinu bia mukumu bilondeshile dilondangana dia bisama didi OMS muenze. Bisama bia mu buongo bidi bifumina ku ditapika dia mijilu bidi mua kuikalaku kubangila ku ntuadijilu ne badi ne bua kubiondopa mu mushindu muakanyine ⊕ *tangila Mukenji wa 1.3 wa ndongoluelu ya makanda a mubidi: Manga adi akengedibua ne biamu bia kuondopa nabi* ne *Mukenji 2.7 wa luondapu lua nshindamenu: Luondapu lua mutantshi mukese: Palliative care* ⊕ tangila Dilondangana dia bisama dia OMS.

Malu a pa buawu a dielela meji mu ngondapilu – diondopa mputa: Mu bikondo bia bungi bia dikenga, babedi ba bungi nebalue bua kubondopabu mêba mapite pa asambombo panyima pa ditapika. Difika panyima pa dîba didi ditamba kuvudija njiwu ya dimona mputa ubola ne lufu lua muntu ludi mua kufuminaku. Bondopianganyi badi ne bua kumanya mumvuangana a malu a kuenza bua kuondopa mputa (nansha diosheka) ne diepuka ne diondopa dia mputa, padiyi minene ne padi bantu bafike kunyima kua dîba bua kubondopa. Mumvuangana aa adi akonga difila manga makanyine adi ashipa tuishi, diumbusha dia baminganga bapandianganyi dia bintu bidi bibuele mu mubidi ne bitupa bia mubidi bikadi bibole, pamue ne disuika mputa.

Tetanos: Padi bipupu bia ku tshifukilu bidituta diakamue, njiwu ya tetanos idi mua kuikala mibandile bikole. Pesha bantu badi ne mputa mibuluuluke bisalu bia tetanos bidi ne toxoide (DT anyi Td – bisalu bia difteri ne bia tetanos – peshi DPT, bilondeshile bidimu bia muntu ne bisalu bikadiye mupete). Bantu badi ne mputa ya manyanu anyi ikadi mibole menemene badi kabidi ne bua kupeta mfindilu umue wa globuline idi ikuba ku tetanos (TIG) bikalabu kabavua babatue bisalu bia tetanos.

2.5 Makanda a lungenyi

Ntatu ya makanda a lungenyi ne ya mu nsombelu itu itamba kumueneka munkatshi mua bakulumpe, bansonga ne bana padi bantu bikale mu bikondo bia dikenga. Bikebeshi binene bia dikengakana mu bikondo bia dikenga bidi biteka bantu mu njiwu mikole ya dimona ntatu mu nsombelu, mu bikadilu, mu lungenyi ne mu buongo. Dikuatshisha muntu bua makanda a lungenyi ne lungenyi luimpe didi dilomba dienza malu adi asangisha bitupa bia bungi. Mukenji eu udi ushindamena pa malu adi benji ba mudimu wa diondopangana ne bua kuenza ⊕ *tangila Mukenji munene wa diambuluisha bantu badi bakenga* ne *Mêyi manene a bukubi* bua kupeta mamanyisha makuabu pa bidi bitangila bua kuikala ne lungenyi luimpe mu nsombelu mu bitupa bishilashilangane.

Mukenji 2.5 wa makanda a lungenyi: Diondopa dia masama a lungenyi

Bantu ba bidimu bionso badi ne mushindu wa kupeta luondapu ludi lutangila malu a makanda a lungenyi pamue ne dinyanguka dia mushindu udi lungenyi ne bua kuenda.

Malu manene a kuenza

1 > Lombola midimu ya difila dikuatshisha dia makanda a lungenyi ne dia nsombelu muimpe mu bitupa bishilashilangane.

- Teka tshisumbu tshia mudimu tshidi tshisangisha benji ba mudimu ba bitupa bishilangane bua kutangila malu a makanda a lungenyi ne a nsombelu muimpe mu bantu. Tshisumbu etshi tshidi mua kuikala ku bulombodi bua bulongolodi bua makanda a mubidi diatshimue ne bulongolodi bua malu a diambuluisha bantu.

2 > Enza programe bilondeshile majinga adi mamueneke ne mpetu idiku.

- Konkonona ndongoluelu ya makanda a lungenyi idiku, mamanya a bena mudimu, ne mpetu anyi midimu mikuabu idiku.
- Enza dikonkonona dia majinga, mumanye ne: nsombelu ya makanda a lungenyi idi mua kuikala midianjile kuikalaku, mikebesha kudi dikenga anyi bua bionso bibidi pamue.

3 > Enza mudimu pamue ne bena tshinsanga, kuelamu ne bantu badibu badiula, bua kukolesha didiambuluisha dia muntu nkayende ne dikuatshisha dia mu nsombelu wa bantu.

- Kankamija diyikidilangana mu tshinsanga pa mishindu ya kujikija bilumbu mu diumvuangana, bashindamene pa meji a bena tshinsanga, malu adibu bamonemone ne mpetu yabu.
- Lama peshi kankamija dipingajilula dia njila ya dikuatshisha nayi bantu ivua midianjile kuikalaku bu mudi bisumbu bia bantu bakaji, bia bansonga ne bia badi ne kishi ka VIH.

4 > Ludika bena mudimu ne bena budisuile pa mushindu wa kufila diambuluisha dia kumpala dia nsombelu muimpe wa lungenyi.

- Enza mudimu ne mêyi manene a diambuluisha dia kumpala dia bikadilu bimpe bua kujikija dikengakana dikole dia lungenyi lua muntu kunyima kua yeye mumane kutuilanana ne malu menzeke adi mua kuikala mamunyungushe bikole ku mubidi.

5 > Enza bua diondopa dia masama a lungenyi kudi baminganga dikaleku mu nzubu yonso wa luondapu.

- Longolola dilongesha dia mutantshi muipi ne lombola bondopianganyi ba pa tshibidilu bua bakonkonone ne bateke ngikadilu ya makanda a lungenyi pa muaba wa kumpala.

- Longolola mushindu wa diludika bantu munkatshi mua bamanyi bapiluke ba malu a makanda a lungenyi, bondopianganyi ba pa tshibidilu, dikuatshisha dia mu tshinsanga ne midimu mikuabu.

6 › Enza bua bantu badi balubakana bua dikengakana didi amu ditungunuka bua bapete diambuluisha bua kuikala ne bikadilu bimpe.

- Biobi mua kuenzeka, longesha ne lombola bantu badi kabayi bamanyi bapiluke.

7 › Kuba manême a bantu badi mu nsombelu mikole ya makanda a lungenyi mu tshinsanga, mu mpitadi ne mu midimu mikuabu.

- Ikala ukumbula pa tshibidilu mpitadi ya badi basama mitu ne nzubu ya disombela ya bantu badi mu nsombelu mikole ya makanda a lungenyi kubangila anu ku ntuadijilu kua dikenga.

- Tangila malu a bantu badibu balengulule ne badibu bakengeshe mu midimu mikuabu ne longolola luondapu.

8 › Kepesha bikole malu mabi adi afumina ku dikuatshika maluvu ne dinua bintu bia lulengu.

- Longesha bena mudimu bua kutandula ne kufila diambuluisha dikese, kukepesha malu mabi adi mua kuluila muntu, ne mushindu wa kuambuluisha muntu bua akose dikuatshika ne dinua bintu bia lulengu.

9 › Angata mapangadika bua kulubuluja ndongoluelu wa makanda a lungenyi udi ushala matuku a bungi mu dilongolola dia dipetulula makanda dia kumpala ne mu bikondo bia dikenga didi anu dienda ditungunuka.

Bileji binene

Bia pa lukama bia midimu ya luondapu idi ilondela idi ne bena mudimu balongeshibue ne balombola ne ndongoluelu ya ditangila nayi masama a lungenyi

Bia pa lukama bia midimu ya luondapu ya kumpala idi ne bena mudimu balongeshibue ne balombola ne ndongoluelu ya ditangila nayi masama a lungenyi

Bungi bua bantu badifile mu midimu ya didiambuluisha mu nsombelu wa bantu

Bia pa lukama bia badi benza midimu ya luondapu badi bapete ditabalela bua nsombelu ya makanda a lungenyi

Bia pa lukama bia bantu badi bapete ditabalela bua nsombelu ya makanda a lungenyi badi bamanyisha dienza mudi ngenzelu wa mudimu mulengele ne dikepela dia bimanyinu bia disama

Bungi bua matuku avua manga a nshindamenu a diondopa nawu lungenyi kaayiku mu matuku 30 mashale

- Bushadile ku matuku 4

Malu a kulonda

Dikuatshisha difila mu milongo ya bungi: Bikondo bia makenga bitu bilenga bantu mu mishindu mishilangane, bilomba mishindu mishilangane ya diambuluisha. Bualu bunene bua kuenza mu dilongolola dia makanda a lungenyi ne dikuatshisha bua kuikala ne bikadilu bimpe munkatshi mua bantu bua kulubuluja ndongoluelu wa milongo mishilangane ya dikuatshisha idi ikumbaja majinga mashilangane, bu mudibi bileja mu tshimfuanyi tshidi tshizola kuinshi eku. Pyramide eu udi uleja mushindu udi malu mashilangane a kuenza akumbajangana bumue ne bukuabu. Milongo yonso ya pyramide idi ne mushinga ne idi ne bua kuikala bayitumikisha yonso pamue.

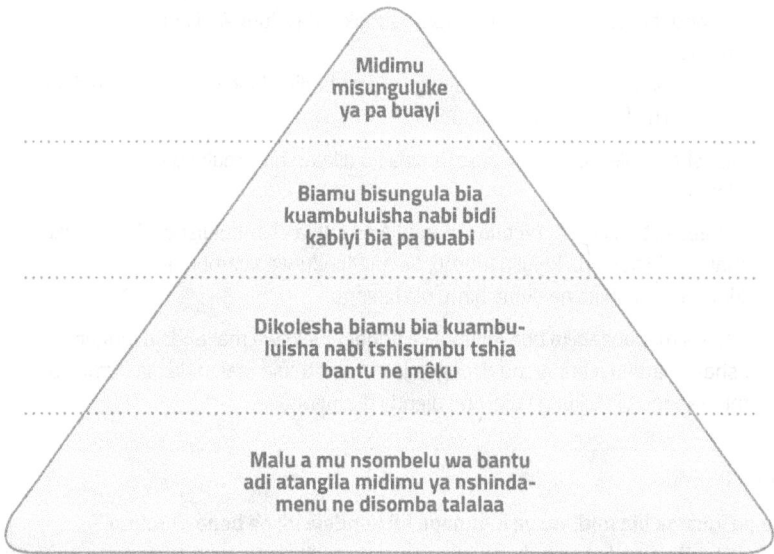

Pyramide muenza ne milongo ya bungi wa midimu ne dikuatshisha bidibu bafila (Tshimfuanyi tshia 10)
Biangatshila mu: IASC Reference Group for Mental Health and Psychosocial Support in Emergency Settings (2010)

Dikonkonona: Bungi bua masama a lungenyi budi ne mushinga wa bungi mu bikondo kayi bionso bia dikenga. Dilonga dia bungi bua misangu idi disama dimueneka kadiena ne mushinga bua kubangisha midimu nansha. Enza mudimu ne ngelelu wa meji wa didifila dia lukasa ne, kuoku mushindu, bueja makanda a lungenyi mu dikonkonona diakuabu. Dikonkonona kadiena ne bua kuimanyina anu pa bualu bumue bua mu diondopa to.

Didiambuluisha ne dikuatshisha mu tshinsanga: Saka bondopianganyi ba mu tshinsanga, bakokeshi ne bena budisuile bua badifile mushindu wa se: bena mu tshinsanga, nansha bantu badi kabayi banyishibue, bakoleshe didiambuluisha ne dikuatshisha dia mu nsombelu wa bantu. Badi mua kuenza midimu bu mudi dienza miaba mimpe ya bukubi ne ngikadilu idi yambuluisha bantu bua kuyikidilangana mu tshinsanga.

Diambuluisha dia nzanzanza bua muntu kuikala ne bikadilu bimpe mu bantu: Diambuluisha dia nzanzanza edi didi dilomba bua dikaleku bua bantu badi mua kuikala batutakena ne malu adi mabakengeshe bikole ku mubidi anyi bua luonji mu disangila, aba badi bamone malu mabi adi menzeke ne badi batapike mputa minene. Edi ki ndiambuluisha bia baminganga to. Ndiambuluisha dia nshindamenu, dia bumuntu ne dia kukuatshisha badi mu dikenga. Didi dikonga kuteleja muntu ne ntema, kukonkonona majinga a nshindamenu ne kujadika ne: adi akumbajibua, kukankamija dikuatshisha dia mu nsombelu wa bantu ne dikuba muntu ku malu mabi makuabu. Kadiena didivuila nkayadi ne kadiena dilomba anu kulomba bua bantu bakule bua dikenga diabu. Kunyima kua buludiki bua mutantshi muipi, bakokeshi ba mu tshinsanga, bondopianganyi ne bakuabu badi badifile mu diambuluisha badi mu dikenga badi mua kufila diambuluisha dia nzanzanza bua muntu kuikala ne bikadilu bimpe munkatshi mua bantu bua aba badi mu dikenga dikole. Nansha mudi diambuluisha dia nzanzanza bua muntu kuikala ne bikadilu bimpe munkatshi mua bantu ne bua kuikalaku miaba yonso, diambuluisha dijima dia makanda a lungenyi ne a bikadilu bimpe munkatshi mua bantu didi ne bua kuenda pamue ne mapangadika makuabu.

Tshisangilu tshia musangu umue pa bidi bitangila bikadilu bia bantu tshidi tshitua mpanda ku ditapulula mu dikankamija bantu bua bobu kulonda mu tshikoso kadi misangu yonso mudibu badiumvua, meji adibu bela ne tshidibu benza ku malu adi abavuila bua bualu kampanda budi bubatatshi lungenyi bikole mu matuku mashale. Tshisangilu etshi katshiena ne dikuatshisha nansha dikese, ne kabena ne bua kutshienza nansha.

Mishindu mikuabu ya diambuluisha bua kuikala ne bikadilu bimpe mu bantu: Bondopianganyi badi kabayi bapiluke badi mua kuambuluisha bua kuikala ne bikadilu bimpe mu bantu bua aba badi batekete mu lungenyi, badi ne tunyinganyinga ne kusama kukole kua lungenyi kunyima kua mikumu ivuabu bapete padibu babalongesha bimpe, babalombola ne babakuatshisha. Bualu ebu budi bukonga diondopa muntu apete bukole bua kumanya malu peshi kumanya mua kusomba ne bakuabu.

Diondopa dia masama a lungenyi dia kudi baminganga: Manyisha bena mudimu wa luondapu ne bena budisuile bonso malu mu tshikoso, bamanye ne: diondopa dia kusama kua lungenyi didiku. Longesha bondopianganyi bilondeshile mumvuangana mashila pa bijadiki bu mudi mhGAP. Kuoku mushindu, sakidila muena mudimu wa luondapu lua masama a lungenyi bu mudi munganga wa masama a lungenyi mu nzubu minene ya luondapu ya pa tshibidilu. Longolola muaba udi bantu mua kuyikila ne munganga nkayende ⊕ *tangila mhGAP Humanitarian Intervention Guide*.

Mu masama atu amueneka misangu ya bungi mu midimu ya luondapu mu bikondo bia tshimpitshimpi mudi dipala, diteketa mu lungenyi ne dikala ne disama kampanda dia mu buongo, tshiseke. Makanda a lungenyi a mamu adi ne mushinga wa pa buawu bualu adi ne buenzeji bukole pa mushindu wa ditabalela muana.

Bueja milongo ya makanda a lungenyi mu ndongoluelu wa dimanyisha malu a makanda a mubidi ⊕ *tangila Tshisakidila 2: Formilere wa HMIS*.

Manga adi akengedibua bua kuondopa masama a lungenyi: Longolola mushindu wa kuikala misangu yonso ne manga adi akengedibua bua kuondopa masama a lungenyi, pa kuikala ne buanga nansha bumue ku mulongo ne ku mulongo wonso wa manga a diondopa nawu (adi ondopa kusama kua lungenyi, diteketa mu lungenyi, tunyinganyinga, ne tshiseke, ne manga adi ambuluisha bua kujikila bipeta bikuabu bia manga a masama a lungenyi.) ⊕ *Tangila Interagency Emergency Health Kit bua manga a masama a lungenyi atudi bafunde* ne *Mukenji wa 1.3 wa ndongoluelu ya makanda a mubidi: Manga adi akengedibua ne biamu bia kuondopa nabi.*

Dikuba manême a bantu badi ne masama a lungenyi: Mu bikondo bia dikenga, bantu badi ne masama makole a lungenyi batu batambe kuikala batekete bua bidi bitangila dibenga kunemeka manême a bantu bu mudi dibanyanga, dibalengulula, dibalekelela ne dipanga muaba wa kusokomena, biakudia ne luondapu. Teka mudimu nansha umue tshianana bua kutangila majinga ba bantu ba mu midimu.

Tshisabu tshia panyima pa dikenga: Makenga adi alomba diambuluisha bantu atu avudija bungi bua masama a lungenyi mu matuku a bungi pashishe. Nanku mbualu bua mushinga bua kulongolola luondapu ludi lunenga matuku a bungi mu bitupa bidi bilengibue. Kuenza nunku kudi kukonga dikolesha ndongoluelu ya mu ditunga ya makanda a lungenyi idiku ne dibuejamu bisumbu bia bantu badi kabayi banyishibue (nangananga bena tshimuangi). Midimu ya dileja bilejilu ku bantu, pamue ne difila makuta bua matuku makese a tshikondo tshia tshimpitshimpi, idi mua kushindika lungenyi ne kufila bukole bua kukoka nabu dikuatshisha dikuabu ne makuta makuabu bua kulubuluja ndongoluelu wa makanda a lungenyi.

2.6 Masama adi kaayi a tshiambu

Dijinga dia kushindamena pa masama adi kaayi a tshiambu (NCD) mu bikondo bia diambuluisha bantu badi bakenga didi dileja divulangana dia bungi bua matuku adi muntu mua kutekemena bua kulala panu mu buloba bujima busangisha pamue ne malu a njiwu mu bikadilu bia bantu bu mudi dinua makanya ne ndilu mibi. Bantu bu 80 pa lukama mu badi bafua bua NCD badi basanganyibua mu matunga malanda peshi adi ne mpetu mishadile, ne nsombelu ya tshimpitshimpi idi ikolesha bualu ebu.

Munkatshi mua bantu bakulumpe bu 10 000, mudi pamuapa bantu pankatshi pa 1 500 ne 3 000 bikale ne disama dia luendu lukole lua mashi, pankatshi pa 500 ne 2 000 bikale ne diabete, ne pankatshi pa 3 ne 8 bakenga bua dijibakana dia mijilu ya muoyo mu lupolo lua pa tshibidilu lua matuku 90.

Masama neashilangane kadi misangu ya bungi munkatshi muawu nemuikale disama dia diabete, masama a muoyo ne a luendu lua mashi (bu mudi disama dia muoyo ukuma bikole, dia muoyo wimana, dia AVC, dia munanunanu dia tuonyi), disama dia munanunanu dia bisulusulu (bu mudi dia asthme ne dia dijibakana dia bisulusulu misangu ne misangu) ne dia cancer.

Diambuluisha dia ntuadijilu didi ne bua kutangila malu a kusama kukole ne kuepuka dimakaja dia luondapu, ne pashishe kudi ne bua kulua programe idi mikumbane tshishiki.

Mbakule mu mushindu wa pa buawu bua makanda a lungenyi ne a luondapu lua mutantshi mukese mu ⊕ *Mukenji 2.5 wa luondapu lua nshindamenu: Diondopa dia masama a lungenyi* ne *Mukenji wa 2.7: Luondapu lua mutantshi mukese*.

Mukenji 2.6 wa masama adi kaayi a tshiambu: Diondopa dia masama adi kaayi a tshiambu

Bantu badi ne mushindu wa kupeta programe ya dibabidila masama, dienza mateta a mubidi bua kumanya masama ne luondapu lua nshindamenu bua masama makole ne diondopa didi dinenga matuku a bungi dia masama adi kaayi a tshiambu.

Malu manene a kuenza

1 〉 Keba bua kumanya majinga a badi ne masama adi kaayi a tshiambu (NCD) ne bua kumanya bikala midimu ya kumpala kua dikenga mikalaku.

- Manya bisumbu bidi ne majinga adi ne bua kupita kumpala kua wonso, nangananga bisumbu bia aba badi ne njiwu ya masama a lufu bu mudi dia diabete didi dilomba bua kuditua insuline anyi disama dikole dia asthme.

2 〉 Teka mu tshienzedi programe ya ngenzelu wa diya bitulu bitulu bilondeshile malu adi akengela kuenza bua kusungila muoyo ne ne kufila disulakana ku bisama.

- Utabalele bua ne: babedi badibu bapete ne masama adi ateka muoyo mu njiwu (tshilejilu, disama dikole dia asthme, acide mupite bungi mu mashi a muena diabete) bapete luondapu luakanyine. Luondapu ludi luakanyine luolu kaluyiku, fila luondapu lua mutantshi mukese ne lua dikuatshisha.
- Epuka dikosa ne lukasa luondapu bua babedi bavuabu bapete ne disama kumpala kua dikenga.

3 〉 Buaja ditabalela dia bantu badi ne masama adi kaayi a tshiambu mu bitupa bionso bia ndongoluelu wa makanda a mubidi.

- Teka ndongoluelu wa dituma bantu bua kumona mua kupita ne masama makole ne ntatu mu luondapu lua mulongo muibidi anyi muisatu, ne bua luondapu lua mutantshi mukese ne lua dikuatshisha.
- Tuma babedi badi ne bua kupeta diambuluisha bua didisha peshi dikumbana dia biakudia muaba udibi bikengela kuenza nanku.

4 〉 Teka programe ya didilongolola ya mu ditunga bua masama adi kaayi a tshiambu.

- Sakidila manga ne bintu bia nshindamenu mu bintu bia diondopangana nabi bidi bimana kulongolola bua kuambuluisha nabi lukasa lukasa.
- Longolola bua mubedi ne mubedi yonso ikale ne bungi bukumbane bua manga a kudiambuluisha nawu pamue ne mibelu pa bidi bitangila dipeta dia luondapu lua tshimpitshimpi bikala bualu ne bua kumukuata.

Bileji binene

Bia pa lukama bia nzubu ya luondapu lua kumpala idi yondopa ne lukasa masama adi kaayi a tshiambu

Bungi bua matuku avua manga a nshindamenu a masama adi kaayi a tshiambu kaayiku mu matuku 30 mashale

- Bushadile ku matuku 4

Bungi bua matuku avua bintu bia mudimu bia nshindamenu bua masama adi kaayi a tshiambu kabiyiku (anyi kabiyi bienza mudimu) mu matuku 30 mashale

- Bushadile ku matuku 4

Bondopianganyi bonso badi buondopa masama adi kaayi a tshiambu mbalongesha pa bidi bitangila mushindu wa kuenza bua masama adi kaayi a tshiambu

Malu a kulonda

Dikonkonona majinga ne njiwu bua kumanya masama adi kaayi a tshiambu adi alua pa muaba wa kumpala: Enza malu bilondeshile nsombelu ne tshitupa tshia diambuluisha didibu bafila. Didi mua kulomba dikonkonona dia dosie, diena mudimu ne bipeta bifunda bia kumpala kua dikenga, ne dienza makebulula mu mêku anyi dikonkonona dia bipupu dienza pamue ne dikebulula mu bitupa bishilashilangane. Sangisha bipeta bifunda pa bidi bitangila mushindu udi masama masunguluke adi kaayi a tshiambu matangalake ne buenzeji buawu, ne keba bua kumanya majinga adi mafuane kujiwula muntu peshi nsombelu idi ileja kusama kukole.

Konkonona dikalaku dia midimu dia kumpala kua dikenga kulua, ne mushindu uvuabu benza, nangananga bua masama makole bu mudi dia cancer anyi disama dia munanunanu dia tuonyi, bua kujadika malu a kutekemena ne bukokeshi bua ndongoluelu wa makanda a mubidi bilondeshile nsombelu au. Tshipatshila tshia matuku makese kumpala ne tshia matuku mulongolongo adi ne bua kulua ntshia kukuatshisha ne kupingaja mine midimu eyi.

Majinga a luondapu lukole: Kuoku mushindu, enza bua kuikale luondapu ludi amu lutungunuka bua babedi badi ne majinga makole bu mudi diondopa tuonyi, diondopibua ne radio ne diondopibua ne manga a shimi. Fila mamanyisha matokesha ne adi muntu mua kupeta pa bidi bitangila njila ya dituma bantu ku miaba mikuabu. Tuma bantu ku luondapu lua mutantshi mukese bikalaku mushindu ⊕ *tangila Mukenji 2.7 wa luondapu lua nshindamenu: Luondapu lua mutantshi mukese.*

Dibueja dia luondapu lua masama adi kaayi a tshiambu mu ndongoluelu wa makanda a mubidi: Fila luondapu lua nshindamenu bua masama adi kaayi a tshiambu mu mulongo wa kumpala wa luondapu mu diumvuangana ne mikenji ya mu ditunga, peshi mu dilonda buludiki bua bukua-matunga mu tshikondo tshia tshimpitshimpi muaba udi mikenji ya mu ditunga kayiyiku.

Enza mudimu pamue bena tshinsanga bua kulengeja disokolola dia masama kumpala kua dîba ne dimona mua kuludika bantu kudibu mua kuya. Bueja ba-ASC mu nzubu ya luondapu lua ntuadijilu, ne difila pamue ne bakokeshi ba mu binsanga, bondopianganyi ba ka-bukulu ne bena tshitupa tshia badi badienzela mudimu nkayabu. Bena midimu ya dimanyisha malu ku bantu badi mua kuambuluisha ne midimu ya diondopa masama adi kaayi a tshiambu munkatshi mua bantu badi mitantshi mile ne bikole bua kubapeta.

Akaja ndongoluelu wa dimanyisha malu a makanda a mubidi udiku bua nsombelu wa dikenga, anyi enza mupiamupia, bua kukonga dilondakaja dia malu a masama manene adi kaayi a tshiambu: luendu lukole lua mashi, diabete, asthme, disama dia munanunanu dia dijibakana dia bisulusulu, dipangika dia mashi mu tshitupa tshia muoyo ne dipaluka tshiseke ⊕ *tangila Mukenji wa 1.5 wa ndongoluelu ya makanda a mubidi: Dimanyisha malu a makanda a mubidi* ne *Tshisakidila 2.*

Manga ne biamu bia kuondopa nabi: Tangila liste wa mu ditunga wa manga adi akengedibua ne biamu bia kuondopa nabi, pamue ne ngenzelu ya mudimu ne mateta manene a mu laboratware, bua kuondopa masama adi kaayi a tshiambu. Shindamena pa luondapu lua kumpalampala ⊕ *tangila Mukenji wa 1.3 wa ndongoluelu ya makanda a mubidi: Manga adi akengedibua ne biamu bia kuondopa nabi.* Bikalaku dijinga, lomba bua dienza mudimu ne manga a mushinga adi akengedibua ne biamu bia kuondopa nabi mu diumvuangana ne buludiki bua bukua-matunga ne budibu balonda mu tshikondo tshia tshimpitshimpi pa bidi bitangila masama adi kaayi a tshiambu. Petesha bantu mushindu wa kupeta manga adi akengedibua ne biamu bia kuondopa nabi mu bitupa biakanyine bia luondapu. Badi mua kuenza mudimu ne manga a masama adi kaayi a tshiambu tshiapamue ne manga a diondopa nawu bantu mu tshikondo tshia tshimpitshimpi kudi bena midimu mishilashilangane mu bitupa bia mbangilu bia dikenga bua kuvudija dikalaku dia manga adi akengedibua ne bintu bia mudimu. Kuenji mudimu ne manga aa bua kufila manga bua matuku a bungi to.

Dilongesha: Longesha bena mudimu wa luondapu ba bitupa bionso pa bidi bitangila malu a kuenza bua kuambuluisha badi ne masama adi kaayi a tshiambu ne longesha bena mudimu bonso malu a adi atangila diondopa dia kumpalampala dia masama adi kaayi a tshiambu, kuelamu ne ngenzelu ya mudimu ya pa tshibidilu mu diludika dia bantu ku miaba idibu bua kuya ⊕ *tangila Mukenji wa 1.2 wa ndongoluelu ya makanda a mubidi: Bena mudimu wa luondapu.*

Dikankamija ne dilongesha bantu malu a makanda a mubidi: Manyisha bantu malu adi atangila midimu ya diondopa masama adi kaayi a tshiambu ne muaba udibu mua kupeta luondapu. Malu a dimanyisha adi ne bua kupetshibua kudi bonso, nansha bakulumpe ne balema, bua kukankamija bikadilu bilenga, kushintulula malu adi alela njiwu, ne kulengeja diditabalela ne dilamata ku luondapu. Bikadilu bilenga bidi mua kukonga tshilejilu dikala ne tshibidilu dia kudibidija mubidi peshi kukepesha dinua dia maluvu ne mfuanka. Enza mudimu pamue ne bitupa bikuabu bia mu tshinsanga bua kuenza mamanyisha ne mishindu ya kufikisha mamanyisha aa mu bantu, mushindu wa se: ikale makanyine bidimu bia bantu, bikala balume anyi bakaji, ne malu a mu bilele biabu. Akaja ngenzelu ya dibabidila ne diluisha masama bilondeshile nsombelu, mu diangata ne mushinga bijikilu bidiku bu mudi dipangika dia biakudia peshi dikalangana dia misumba ya bantu kaba kamue.

Ndongamu ya dibabidila ne didilongolola: Ela luondapu lua masama adi kaayi a tshiambu mu ndongamu ya mu ditunga ya padiku tshipupu ne malu a tshimpitshimpi, mujadike ne: nduakanyine mishindu mishilangane ya nzubu ya luondapu (tshilejilu, nzubu mikese ya luondapu anyi mpitadi minene idi ne midimu ya diondopa tuonyi). Badi ne bua kulongolola bua kufila luondapu bua masama adi kaayi a tshiambu mu nzubu ya luondapu mikese idi kayiyi kaba kamue anyi mu nsombelu ya tshipupu.

Enza mukanda munene wa kufunda mêna a babedi badi ne kusama kukole ne badi ne majinga manene, ne enza mumvuangana manyishibue a malu a kuenza bua kubaludika kudibu mua kuya dikenga diodi ne bua kulua.

2.7 Luondapu lua mutantshi mukese

Luondapu lua mutantshi mukese ludi ne kipatshila ka dibabidila ne difila disulakana ku makenga ne bisama bidi bienda pamue ne luondapu lua ku ndekelu kua muoyo wa muntu. Ludi lukonga dimanya, dikonkonona ne diambuluisha muntu bua bisama ne majinga makuabu a mubidi, a mu lungenyi ne a mu nyuma. Bueja Ditabalela dia muntu ku malu a mubidi, a lungenyi ne a mu nyuma anu ku dilomba dia mubedi nkayende anyi dia dîku diende, ne elamu kabidi ne ndongoluelu ya dikuatshisha bua babedi, mêku abu ne bua bantu badi babatabalela. Luondapu elu lua ku ndekelu kua muoyo ludi ne bua kufidibua kabiyi kutangila tshikebeshi tshia disama.

Mukenji 2.7 wa luondapu lua mutantshi mukese: Luondapu lua mutantshi mukese

Bantu badi ne mushindu wa kupeta luondapu lua mutantshi mukese ne lua ku ndekelu kua muoyo ludi lusulakaja ku bisama ne makenga, ludi lukumbaja malu tshishiki bua babedi kudiumvua bimpe, ne bunême ne kuikala ne nsombelu mulenga, ne ludi lufila dikuatshisha kudi bena dîku.

Malu manene a kuenza

1. Teka mêyi ne buludiki bua kukankamija luondapu lua mutantshi mukese misangu yonso.

- Bueja mêyi a mu ditunga ne a bukua-matunga bua bisama ne diluisha bimuenekelu bia masama mu nzubu ya luondapu.
- Enza mêyi a dilonda mu ditapulula dia bantu bilondeshle kusama kua mubedi ne didianjila kumanya dia disama ne mpetu idiku.

2. Enza ndongamu wa diondopa nende bantu ne wa difidila luondapu lua mutantshi mukese kudi babedi bakadi pa kufua.

- Enza bua kuikale disulakaja ku bisama ne bunême mu lufu mu bikondo bikole bia tshimpitshimpi, mudibi bikengedibua.

- Keba bua kumanya bikala mubedi anyi dîku diende bamanye nsombelu wende pamue ne malu adi amutatshisha, adiye wangata na mushinga ne mitabuja ende.

3 > Bueja luondapu lua mutantshi mukese mu bitupa bionso bia ndongoluelu wa makanda a mubidi.

- Teka ntuangajilu mikole ya difila nayi dikuatshisha ne luondapu mu mushindu udi utungunuka.
- Enza bua bena tshinsanga bikale ba kumpala mu difila luondapu ludi muntu upetela mu dîku.

4 > Longesha bondopiananyi bua kufila luondapu lua mutantshi mukese, pamue ne diluisha bisama ne bimuenekelu bia masama, ne dikuatshisha bua masama a lungenyi ne a mu nsombelu wa bantu.

- Londa mikenji ya ditunga, anyi ya bukua-matunga muaba udi mikenji ya ditunga kayiyiku.

5 > Fila bintu bia kuondopa nabi ne biamudimu bidi bikengedibua.

- Mu bilaminu bia bintu mu nzubu ya luondapu muikale manga a luondapu lua mutantshi mukese ne biamu bia kuondopa nabi bidi biakanyine bu mudi mikusu ya bilamba ya divuadika badi badinyangila bilamba ne sonde ya dikoka nayi menyi.
- Wikale mumanye mêyi ne mikandu adi atangila manga adibu balondesha bikole, mêyi adi mua kupumbishisha dikalaku dia manga adi akengedibua misangu yonso.

6 > Enza mudimu ne ndongoluelu ne ntuangajilu ya muaba au bua kukuatshisha babedi, babatabaledi ne mêku abu mu tshinsanga ne kumbelu.

- Fila bintu bidi mua kuambuluisha bua majinga a kumbelu, bu mudi mikusu ya bilamba ya divuadika muntu udi udinyangila bilamba, sonde ya dikoka nayi menyi ne bia disuika nabi mputa.

Bileji binene

Bungi bua matuku avua manga a nshindamenu a luondapu lua mutantshi mukese kaayiku mu matuku 30 mashale

- Mashadile ku matuku 4

Bia pa lukama bia bena mudimu badibu balongeshe pa bidi bitangila diluisha dia pa tshibidilu dia bisama ne bimuenekelu bia masama peshi mu luondapu lua mutantshi mukese mu muaba ne muaba wa luondapu, mu lupitadi, mu lupitadi ludi kaluyi luasa muaba umue ne mu lupitadi lua ku musoko

Bia pa lukama bia babedi badibu bamanye ku diambuluisha dia ndongoluelu wa luondapu mudibu ne dijinga dia kupeta luondapu lua ku ndekelu kua muoyo ne bavua balupete

Malu a kulonda

Bambuluishanganyi ba mu bikondo bia dikenga badi ne bua kumanya ne kunemeka mishindu idibu bangatshila mapangadika mu malu a luondapu ya muaba au ne malu adi bantu ba muaba au bangata ne mushinga bua masama, makenga, matuku a ndekelu a muntu ne difua diende. Bidi ne mushinga bua kufila disulakana ku bisama, ne babedi bakadi pa kufua badi ne bua kupeta luondapu ludi luenza bua ne: badiumvue bimpe, nansha bikala kusama kuabu kufumine ku ditapika mputa mibi ya lufu, ku disama dia tshiambu anyi kukuabu.

Dienza ndongamu wa luondapu: Anji kumanya babedi badi bualu ebu butangila ne nemeka bukenji buabu bua kuangata mapangadika ne muoyo mudisuile pa bidi bitangila dibondopa. Fila mamanyisha adi kaayi makodiakane ne angata ne mushinga majinga abu ne malu adibu batekemene. Ndongamu wa luondapu badi ne bua kumuanyisha ne udi ne bua kuikala muashila pa malu adi babedi basue. Bapeteshe mushindu wa kupeta dikuatshisha bua masama a lungenyi ne a mu nsombelu wa bantu.

Dikalaku dia manga: Amue manga a luondapu lua mutantshi mukese bu mudi a difila disulakana ku bisama adi mu milongo ya nshindamenu ne ya pa mutu mu manga a difila mu bikondo bia tshimpitshimpi, ne mu Liste wa manga adi akengedibua. Manga adi bena midimu mishilashilangane bafila mu bikondo bia tshimpitshimpi (IEHK) adi ambuluisha mu bitupa bia ntuadijilu bia dikenga, kadi kaena makanyine bua masama a munanunanu muaba udibu mua kuteka ndongoluelu idi inenga ⊕ *tangila Mukenji wa 1.3 wa ndongoluelu ya makanda a mubidi: Manga adi akengedibua ne biamu bia kuondopa nabi* ne *Mikanda idibu batele ne mikuabu ya kubala.*

Dîku, tshinsanga ne dikuatshisha dia mu nsombelu: Enza mudimu pamue ne bena bitupa bikuabu bua kumvuangana pa mushindu wa diludika babedi ne bena mêku abu bua kupeta dikuatshisha dilongolola. Dienza nunku didi dikonga dipeta ndongoluelu ya ditunga ya malu a nsombelu wa bantu ne dikala bimpe peshi malongolodi adi afila dikuatshisha ne muaba wa kusokomena, bintu bia mankenda ne bia bunême, dikuatshisha ne makuta, dikuatshisha bua masama a lungenyi ne a bikadilu bimpe mu bantu, ne dikuatshisha dia mu mikenji bua kujadika ne: badi bakumbaja bajinga pa tshibidilu a ku dituku dionso.

Enza mudimu pamue ne bena bitupa bidi bualu ebu butangila bua kulondakaja mêku adi matapuluke bua se: babedi bapete mushindu wa kuyukilangana nabu.

Enza mudimu pamue ne bena ntuangajilu ya ditabalela bantu mu tshinsanga, badi balongeshe misangu ya bungi bafidi ba luondapu kumbelu ne bena mudimu wa luondapu lua bikadilu bilenga mu bantu ba mu tshinsanga, bua bafile dikuatshisha dia pa mutu bua babedi ne bena mêku abu ne bamone mua kuambuluisha mu diondopela bantu kumbelu bikalabi bilomba kuenza nanku (tshilejilu, bua bantu badi ne kishi ka VIH).

Dikuatshisha dia mu nyuma: Dikuatshisha dionso ndia kulongolola bilondeshile malomba a mubedi anyi a dîku diende. Enza mudimu pamue ne balombodi ba bitendelelu ba muaba au bua kumanya bantu badi batabalela bakuabu bua malu a mu nyuma badi bikale ne mitabuja amue ne a mubedi anyi bikale tshitendelelu tshimue. Batabaledianganyi aba badi mua kuangatshibua bu bambuluishi ba babedi, bondopianganyi ne bena mudimu wa diambuluishangana.

Ludika balombodi ba bitendelelu ba muaba au pa bidi bitangila mêyi manene a dikuatshisha dia lungenyi luimpe mu bantu bua babedi badi ne kusama kukole.

Teka ngenzelu ya kueyemena idi bantu mua kulonda nseke ibidi pankatshi pa ndongoluelu wa luondapu ne balombodi ba malu a mu nyuma bua babedi bonso, babatabaledi peshi bena mêku abu badi balomba dikuatshisha edi.

Jadika dikuatshisha bua bilele bimpe ne bia bunême bua dijika dia bafue mu dieleshangana diboko ne bena tshinsanga ba muaba au, bilondeshile mêyi maludiki a mu ditunga anyi a bukua-matunga ⊕ *tangila Mukenji wa 1.1 wa ndongoluelu ya makanda a mubidi: Dipetesha bantu midimu ya luondapu.*

Tshisakidila tshia 1
Liste wa dikonkonona nende malu a makanda a mubidi

Didilongolola

- Keba malu adibu bamanyishe audi mua kupeta bua bantu badi mu dikenga.
- Keba tualata tudiku, foto mikuatshila muulu peshi bindidimbi bia ku satelite, ne bipeta bifunda bia ndongoluelu wa dimanyisha malu a bitupa bia buloba (GIS) bia tshitupa tshidi dikenga dikuate.
- Keba bipeta bifunda bia bungi bua bantu, bia buludiki bua mbulamatadi ne bia luondapu.

Dikubibua ne dipeta mushindu

- Jadika dikalaku dia mpukapuka idi itungunuka ya ku bintu bidi bifukibue anyi mikebesha kudi bantu.
- Jadika nsombelu mujima wa dikala talalaa, pamue ne dikalaku dia biluilu.
- Jadika mushindu udi nawu malongolodi adi ambuluisha bantu wa kupeta bantu badi dikenga dikuate.

Dimanya dia bungi bua bantu ne nsombelu wabu

- Jadika bungi bua bantu badi dikenga dikuate, ubatapulule balume ku luseke ne bakaji ku luseke, bilondeshile bidimu ne bulema.
- Manya bisumbu bidi mu njiwu mikole, bu mudi bakaji, bana, bakulakaje, balema, bantu badi ne kishi ka VIH anyi bisumbu bia badibu badiwula kudi bakuabu.
- Jadika bunene bua nkatshinkatshi bua mêku ne tshinka bungi bua mêku adi malombola kudi bakaji ne kudi bana.
- Jadika ndongoluelu wa mu nsombelu wa bantu udiku ne mikenji idi iludika malu a balume anyi bakaji, pamue ne mmuenenu wa malu wa bukokeshi ne/anyi buenzeji mu tshinsanga ne mu dîku.

Dimanyisha malu adi atangila makanda a mubidi

- Manya ntatu ya makanda a mubidi ivuaku kumpala kua dikenga kukuatadi bantu mu tshitupa atshi.
- Manya ntatu ya makanda a mubidi ivuaku mu ditunga didi bena tshimuangi bafumine, peshi tshitupa tshidi bantu badi bamuangale munda mua ditunga bafumine.
- Keba bua kumanya njiwu idiku bua makanda a mubidi, bu mudi bipupu bia masama bidi bifuane kujuka.
- Manya bipumbishi bivuaku kale ne bidiku bia luondapu, mikenji ya mu nsombelu ne mitabuja, pamue ne bilele bimpe ne bibi bia bantu.
- Manya kuvua bantu bapetela luondapu kumpala.

- Konkonona nseke kabukabu ya ndongoluelu wa makanda a mubidi ne mushindu udiyi yenda ⊕ *tangila Mukenji wa 1.1 too ne wa 1.5 ya ndongoluelu ya makanda a mubidi.*

Bungi bua badi bafua

- Enza makumi bua kupeta bungi busanga bua badi bafua.
- Enza makumi bua kupeta bungi bua bantu ba bidimu kampanda badi bafua (bu mudi bungi bua bana ba bidimu bishadile ku 5 badi bafua).
- Enza makumi bua kupeta bungi bua badi bafua bua tshikebeshi kampanda.
- Enza makumi bua kupeta bungi bua badi bafua pa kubufuanyikija ne bungi bukuabu.

Bungi bua badi basamasama

- Jadika buenzeji bua masama manene adi anyanga makanda a bantu ba bungi.
- Jadika buenzeji bua masama manene bua bantu ba bidimu bungi kampanda, bua balume anyi bakaji, bikalaku mushindu.

Mpetu idiku

- Jadika bukokeshi bua Tshibambalu tshia malu a makanda a mubidi tshia mu ditunga didi mu dikenga.
- Jadika ngikadilu wa nzubu ya luondapu ya mu ditunga, pamue ne bungi busanga buayi bilondeshile mushindu wa luondapu ludiyi ifila, mushindu udi bintu bidibu base binyanguke, ne mushindu wa kukufika.
- Jadika bungi bua bena mudimu wa luondapu badiku ne mamanya adibu nawu.
- Jadika makuta adibu balongolole adiku bua makanda a mubidi ne ngenzelu wa diapeta.
- Jadika bukokeshi ne ngikadilu wa dienza mudimu wa programe ya makanda a mubid a bantu idiku bu mudi Programe mualabaja wa bisalu (PEV).
- Jadika dikalaku dia mumvuangana manyishibue a malu a kuenza, manga adi akengedibua, biamu ne biamudimu bia kuondopa nabi, ne ndongoluelu ya bintu bidi biambuluisha mu mudimu.
- Jadika ngikadilu wa ndongoluelu ya diludika bantu idiku.
- Jadika mulongo wa mikenji ya IPC mu nzubu ya luondapu.
- Jadika ngikadilu wa ndongoluelu udiku wa dimanyisha malu a makanda a mubidi.

Bipeta bifunda bia ku bitupa bikuabu bidi ne mushinga

- Ngikadilu wa didisha bantu.
- Ngikadilu ya muaba udi bantu basombele ne ya WASH.
- Bungi bua biakudia ne dikumbana dia biakudia.
- Muaba wa kusokomena – ngikadilu wa muaba wa kusokomena.
- Dilongesha – dilongesha bantu malu a makanda a mubidi ne mankenda.

Tshisakidila 2
Bilejilu bia formilere ya luapolo ya ditangila malu a ku lumingu

2.1 Formilere wa ditangila nende bungi bua badi bafua (busanga)*

Muaba: ....

Dituku dia kubangila mu Dimue: .... Too ne mu Dia lumingu: ....

Bungi bua bantu bonso ku mbangilu wa lumingu elu: ....

Badi baledibue lumingu elu: .... Badi bafue lumingu elu: ....

Badi balue lumingu elu (biobi mua kuenzeka): .... Badi baye lumingu elu: ....

Bungi bua bantu ku ndekelu kua lumingu: .... Bungi bua badi ne bidimu muinshi mua 5: ....

	<Bidimu 5		≥Bidimu 5		Bungi busanga
	Balume	Bakaji	Balume	Bakaji	
Tshidi tshikebeshe lufu dîba adi					
Kusama kukole kua bisulusulu kuinshikuinshi					
Cholera (bienze bu)					
Diela munda – dia mashi					
Diela munda – dia mâyimâyi					
Ditapika mputa – kadiyi ku mpukapuka					
Malaria					
Lufu lua mamu – lua buludiludi					
Kantembele					
Disama dia buongo (méningite) (bienze bu)					
Disama panyima pa diledibua (matuku 0–28)					
Tshikuabu					
Katshiyi tshimanyike					
Bungi busanga bilondeshile bidimu, bakaji anyi balume					
Tshikebeshi tshinene					
Disama dia SIDA (bienze bu)					
Didisha dibi					
Lufu lua mamu – kabiyi buludiludi					
Masama adi kaayi a tshiambu (tela)					
Tshikuabu					
Bungi busanga bilondeshile bidimu, bakaji anyi balume					

*Formilere eu ngua dienza nende mudimu padi bantu ba bungi bafua ne kakuyi nunku mushindu wa kusangisha malu onso adi atangila lufu lua muntu ne muntu bualu kakuena dîba dia kuenza nanku.

–*Badi mua kusakidila bikebeshi bikuabu bia difua dia bantu ba bungi bilondeshile nsombelu ne mushindu wa tshipupu tshia disama.*

–*Kuoku mushindu, badi kabidi mua kutapulula bipeta bilondeshile bidimu, tshilejilu ngondo 0–11, bidimu 1–4, bidimu 5–14, bidimu 15–49, bidimu 50–59, bidimu 60–69, bidimu 70–79, bidimu 80 ne kupita apu.*

–*Luapolo idi imanyisha bungi bua badi bafue kayena ifumina anu ku nzubu ya luondapu to, kadi idi ikonga kabidi ne eyi idi ifumina kudi banene ba muaba au, bamfumu ba bitendelelu, bena mudimu ba mu tshinsanga, bisumbu bia bakaji ne mpitadi minene.*

–*Biobi mua kuenzeka, diumvuija dia masama ndia kufunda mu nyima mua dibeji edi.*

2.2 Formilere wa ditangila nende bungi bua badi bafua (luapolo ya bantu ne bantu) *

Muaba: ....

Dituku dia kubangila mu Dimue: ....   Too ne mu Dia lumingu: ....

Bungi bua bantu bonso ku mbangilu wa lumingu elu: ....

Badi baledibue lumingu elu: ....   Badi bafue lumingu elu: ....

Badi balue lumingu elu (biobi mua   Badi baye lumingu elu: ....
kuenzeka): ....

Bungi bua bantu ku ndekelu kua   Bungi bua badi ne bidimu muinshi
lumingu: ....   mua 5: ....

No	Muntu mulume, mukaji	Bidimu (matuku=m, ngondo=n, bidimu=b)	Tshikebeshi tshia buludiludi tshia lufu													Bikebeshi binene						
			Kusama kukole kua bisulusulu	Cholera (bienze bu)	Diela munda – dia mashi	Diela munda – dia mâyimâyi	Ditapika mputa – kadiyi ku mpukapuka	Malaria	Lufu lua mamu – lua buludiludi	Kantembele	Méningite (bienze bu)	Disama panyima pa diledibua (matuku 0–28)	Masama adi kaayi a tshiiambu (tela)	Tshikuabu (tela)	Katshiyi tshimanyike	Disama dia SIDA(bienze bu)	Didisha dîbi	Lufu lua mamu (kabiyi buludiludi)	Tshikuabu (tela)	Dituku (dd/nn/tt)	Muaba muine (tshii. bloc no.)	Mufuile mu lupitadi anyi kumbelu
1																						
2																						
3																						
4																						
5																						
6																						
7																						
8																						

* Formilere eu ngua dienza nende mudimu padiku dîba dikumbane dia kufunda malu adi atangila lufu lua muntu ne
muntu; udi wambuluisha bua kuenza dikonkonona bilondeshile bidimu, muaba ne bungi bua misangu idibu bena
mudimu ne miaba ayi.

– Bungi bua misangu ya dituma luapolo (ku dituku anyi ku lumingu luonso) budi bilondeshile bungi bua bantu badi
bafue.

– Badi mua kusakidila bikebeshi bikuabu bia lufu bilondeshile nsombelu udiku.

– Luapolo idi imanyisha bungi bua badi bafue kayena ifumina anu ku nzubu ya luondapu to, kadi idi ikonga kabidi ne
eyi idi ifumina kudi banene ba muaba au, bamfumu ba bitendelelu, bena mudimu ba mu tshinsanga, bisumbu bia
bakaji ne mpitadi minene.

– Biobi mua kuenzeka, diumvuija dia masama ndia kufunda mu nyima mua dibeji edi.

– Kuoku mushindu, badi kabidi mua kutapulula bipeta bilondeshile bidimu, tshilejilu ngondo 0–11, bidimu 1–4,
bidimu 5–14, bidimu 15–49, bidimu 50–59, bidimu bipite 60.

2.3 Tshilejilu tshia formilere wa difila nende luapolo lua didianjila kudimuija pa dîba ne kufila diambuluisha (EWAR)

Formilere eu ngua dienza nende mudimu mu tshitupa tshikole tshia dikenga dîba didiku malu a bungi a njiwu adi mafuane kumueneka bua makanda a mubidi a bantu ba bungi, bu mudi bimanyinu bia mukumu, bintu bia mulungu, peshi dibudika dia bipupu bia masama.

Dituku dia kubangila mu Dimue: .... Too ne mu Dia lumingu: ....
Tshimenga/musoko/nzubu/tshitudilu: ....
Provense: .... Distrike: ....
Teritware: .... Dîna dia muaba: ....
▪ Mubedi wa mu lupitadi ▪ Mubedi wa pambelu ▪ Nzubu wa luondapu ▪ Lupitadi ludi kaluyi luasa kaba kamue
Mudimu anyi midimu idi yambuluisha: ....
Mufidi wa luapolo ne nimero yende ya telefone: ....
Bungi bua bantu bonso: .... Bungi bua badi ne bidimu muinshi mua 5: ....

A. BIPETA BITAPULULA BIA KU LUMINGU

Masama mapiamapia:	Badi basamasama		Badi bafua		Bungi busanga
	<Bidimu 5	Bidimu 5 ne pa mutu	<Bidimu 5	Bidimu 5 ne pa mutu	
BUNGI BUA BADI BABUELE					
BUNGI BUA BADI BAFUE					
Kusama kukole kua bisulusulu					
Diela munda bikole dia mâyimâyi					
Diela munda bikole dia mashi					
Malaria – bienze bu/dijadikibue					
Kantembele					
Disama dia buongo – bienze bu					
Mubidi luya lukole lua mashi					
Mubidi manyimanyi ne luya lukole					
Diteketangana dia mubidi (PFA)					
Tétanos					
Mubidi luya mukuabu >38,5°C					
Bimanyinu bia mukumu					
Bintu bia mulungu					
Makuabu					
Bungi busanga					

–Badi mua kupeta muntu ne masama a bungi; nufunde didi dipite bukole. *Nubale disama dionso anu musangu umue.*
–Bala anu masama adi mamueneke (anyi bantu badi bafue) mu lumingu lua ditangila.
–Funda "O" (tshijengu) kuoku kakuyi muntu udi musame anyi mufue mu lumingu ku dimue dia ku masama adi mafunda mu formilere eu.
–Bungi bua badi bafua mbua kufunda anu mu mulongo wa badi bafua, KI mmu mulongo wa badi basamasama to.
–Badi ne bua kufunda mu nyima mua formilere eu diumvuija dia disama ne disama dionso didi mu ditangila edi.
–Badi mua kusakidila anyi kumbusha bikebeshi bia kusamasama bilondeshile dimanya dia bipupu bia masama ne dikonkonona dia njiwu ya disama.
–Tshipatshila tshia ditangila dia EWAR ntshia kudianjila kumanya malu adi mua kuenzeka bua makanda a bantu adi alomba diandamuna dia lukasalukasa.
–Bipeta bifunda pa bidi bitangila malu bu mudi didia dibi badi ne bua kubipeta ku diambuluisha dia makebulula (ditangalaka dia disama), pamutu pa ditangila (buenzeji bua disama).

B. DIDIMUIJA BUA TSHIPUPU

Dîba dionso diudi umona bu ne: kudi dimue dia ku masama adi alonda aa, suaku utume SMS anyi ubikile ku nimero eyi .... peshi ufundile ku adrese eu wa ku Internet .... umanyisha malu onso adi akengedibua pa bidi bitangila dîba, muaba ne bungi bua badi basama ne bua badi bafue: cholera, shigellose, kantembele, tuneke, tshifoyide, tétanos, hepatite A anyi E, dengue, disama dia buongo, diftérie, mfuenke, mubidi luya wa mashi, bimanyinu bia mukumu ne bintu bia mulungu. Liste eu wa masama neashilangane bilondeshile dimanya dia bipupu bia masama mu ditunga.

2.4 Tshilejilu tshia formilere wa difila nende luapolo lua pa tshibidilu lua ndongoluelu wa dimanyisha malu a makanda a mubidi (HMIS)

Muaba: ....

Dituku dia kubangila mu Dimue: .... Too ne mu Dia lumingu: ....

Bungi bua bantu bonso ku mbangilu wa lumingu elu/ngondo eu: ....

Badi baledibue lumingu elu/ngondo eu: .... Badi bafue lumingu elu/ngondo eu: ....

Badi balue lumingu elu/ngondo eu (biobi mua kuenzeka): ....

Badi baye lumingu elu/ngondo eu: ....

Bungi bua bantu ku ndekelu kua lumingu/ngondo: ....

Bungi bua badi ne bidimu muinshi mua 5: ....

Badi basamasama	Muinshi mua bidimu 5 (bapiabapia)		Bidimu 5 ne pa mutu (bapiabapia)			Bungi busanga		Badi basama tshiakabidi	
Disama didibu bapete	Mulume	Mukaji	Bonso	Mulume	Mukaji	Bonso	Bapiabapia	Bonso	
Kusama kukole kua bisulusulu									
Diela munda bikole dia mâyimâyi									
Diela munda bikole dia mashi									
Malaria – bienze bu/ dijadikibue									
Kantembele									
Disama dia buongo – bienze bu									
Mubidi luya lukole lua mashi									
Mubidi manyimanyi ne luya lukole									
Diteketangana dia mubidi (PFA)									
Tétanos									
Mubidi luya mukuabu >38,5°C									
VIH/SIDA									

Badi basamasama	Muinshi mua bidimu 5 (bapiabapia)		Bidimu 5 ne pa mutu (bapiabapia)		Bungi busanga		Badi basama tshiakabidi	
Disama didibu bapete	Mulume	Mukaji	Bonso	Mulume	Mukaji	Bonso	Bapiabapia	Bonso
Masama a mêsu								
Masama a dikoba								
Didisha dibi dikole								
Masama a mu bilamba								
Mputa ku bitupa bia lulelu								
Dipatuka mâyi ku bulume								
Dipatuka mâyi ku bukaji								
Disama dia mudilu kunshadifu (PID)								
Diledibua ne mêsu a mpota								
Diledibua ne masasa								
Masama adi kaayi a tshiambu								
Luendu lukole lua mashi								
Dipangika dia mashi mu tshitupa tshia muoyo								
Diabete								
Asthme								
Disama dia munanunanu dia dijibakana dia bisulusulu								
Tshiseke								
Makuabu NCD a munanunanu								
Makanda a lungenyi								
Dinyanguka bua dinua dia maluvu anyi bintu bikuabu								
Diteketa dia lungenyi ne dinyanguka mu dikola								
Dinyanguka dia bikadilu (bu mudi diyanguka dia lungenyi)								
Dibuluka peshi dipala dikole								

Badi basamasama	Muinshi mua bidimu 5 (bapiabapia)		Bidimu 5 ne pa mutu (bapiabapia)		Bungi busanga		Badi basama tshiakabidi	
Disama didibu bapete	Mulume	Mukaji	Bonso	Mulume	Mukaji	Bonso	Bapiabapia	Bonso
Dinyanguka dia nankunanku too ne dikole dia lungenyi/ tunyinganyinga								
Dididilakena bua kusama didi baminganga kabayi mua kumvuija								
Didienzela bibi (bu mudi diteta bua kudishipa)								
Dididilakena bua bikadilu bikuabu								
Ditapika mputa								
Mputa munene ku mutu/muongo								
Mputa munene pa tshiadi								
Mputa munene ku nsongo								
Mputa wa nankunanku								
Mputa mukese								
Bungi busanga								

Kuoku mushindu, badi kabidi mua kutapulula bipeta bilondeshile bidimu, tshilejilu ngondo 0–11, bidimu 1–4, bidimu 5–14, bidimu 15–49, bidimu 50–59, bidimu bipite 60

Tshisakidila 3
Mishindu ya kuenza makumi a bileji binene bia makanda a mubidi

Bungi bujima bua badi bafua (CMR)

Diumvuija: Bungi bua badi bafue mu bantu bonso badi muaba au, ne balume ne bakaji, ba bidimu bionso.

Bua kupeta bungi ebu:

$$\frac{\text{Bungi busanga bua badi bafue mu lupolo lua tshikondo}}{\text{Bungi bua bantu badi mu njiwu too ne pankatshi pa tshikondo} \times \text{Bungi bua matuku mu lupolo lua tshikondo}} \times \text{bantu 10 000} = \text{Bafue/bantu 10 000/dituku}$$

Bungi bua bana ba muinshi mua bidimu 5 badi bafua (U5MR)

Diumvuija: Bungi bua badi bafue munkatshi mua bana ba bidimu bishadile ku 5 mu bantu bonso.

Bua kupeta bungi ebu:

$$\frac{\text{Bungi busanga bua badi bafue mu bana ba bidimu bishadile ku 5 mu lupolo lua tshikondo}}{\text{Bungi busanga bua bana ba muinshi mua bidimu 5} \times \text{Bungi bua matuku mu lupolo lua tshikondo}} \times \frac{\text{bantu}}{10\ 000} = \frac{\text{Bafue/bana 10 000 ba muinshi mua bidimu 5/dituku}}{}$$

Bungi bua masama mapiamapia

Diumvuija: Bungi bua misangu mipiamipia idi disama kampanda dimueneka mu lupolo lujadika lua tshikondo munkatshi mua bantu badi mu njiwu ya kupia disama edi.

Bua kupeta bungi ebu:

$$\frac{\text{Bungi bua misangu mipiamipia bua disama kampanda mu lupolo lua tshikondo}}{\text{Bantu badi mu njiwu ya kupia disama} \times \text{Bungi bua ngondo mu lupolo lua tshikondo}} \times \text{bantu 1000} = \frac{\text{Misangu mipiamipia ya disama kampanda/bantu 1 000/ngondo}}{}$$

Bungi bua badi ne masama a lufu (CFR)

Diumvuija: Bungi bua bantu badi bafua ku disama kampanda buabanya ku bungi bua bantu badi ne disama edi.

Bua kupeta bungi ebu:

$$\frac{\text{Bungi bua bantu badi bafua ku disama mu lupolo lua tshikondo}}{\text{Bantu badi ne disama edi mu lupolo lua tshikondo}} \times 100 = x\%$$

Bungi bua badi baya ku nzubu ya luondapu

Diumvuija: Bungi bua misangu idi babedi ba pambelu balua ku muntu ne ku tshidimu. Kuoku mushindu, leja dishilangana dia misangu mipiamipia idibu balue ne misangu ya kale. Angata misangu **mipiamipia** idibu balue bua kupeta bungi ebu. Nansha nanku, bitu bikole misangu mivule bua kuleja dishilangana didi pankatshi pa misangu mipiamipia ne misangu ya kale ivuabu balue, nunku batu bayisangisha misangu ya bungi bua kupeta misangu yonso idibu balue mu bule bua dikenga kampanda.

Bua kupeta bungi ebu:

$$\frac{\text{Bungi busanga bua misangu idibu balue mu lumingu lumue}}{\text{Bantu bonso basanga}} \times \frac{\text{mbingu}}{52} = \frac{\text{Misangu ya dilua/}}{\text{muntu/tshidimu}}$$

Bungi bua badi baye kutetesha mubidi pa munganga ne ku dituku

Diumvuija: Bungi bua nkatshinkatshi bua bantu bonso basanga badi baye kutetesha mubidi (bua masama mapiamapia ne a kale) pa munganga ne ku dituku.

Bua kupeta bungi ebu:

$$\frac{\text{Bungi bua bonso badi bateteshe mubidi mu lumingu lumue}}{\text{Bungi bua baminganga FTE* mu nzubu wa luondapu}} \div \frac{\text{Bungi bua matuku adi nzubu wa luondapu mukangula ku lumingu}}{}$$

*Bungi bua FTE (full-time equivalent) budi buleja bungi bukumbanangane bua baminganga badi benza mudimu mu nzubu kampanda wa luondapu.

Tshilejilu, baminganga 6 bobu bikale benzela mudimu mu tshibambalu tshidi tshiakidila babedi ba pambelu kadi babidi ba kudibu bikale benza mudimu bua mutantshi mukese, nanku bungi bua FTE bua baminganga nebuikale = bantu 4 badi benza mudimu ku dîba ne ku dîba + bantu 2 badi benza mudimu bua mutantshi mukese = baminganga 5 badi FTE. .

Tshisakidila 4
Bintu bia mulungu

Bantu badi mua kulungibua padibu padi bintu bia mulungu mua kupitshila mukana, mu diulu, pa dikoba, mu mêsu anyi padibi bikafika mu tshifu. Bana ke batu batambe kuikala mu njiwu bualu badi batamba kueyela lukasalukasa, bikale ne tshipapu tshinene tshia dikoba tshidi patupu pa kufuanyikija ne bujitu bua mubidi wabu, bikale ne dikoba ditambe kuikala dipitshisha bintu, ne bikale pabuipi menemene ne panshi. Dikala pabuipi ne bintu bia mulungu didi mua kunyanga dikola dia muana, dienza bua muana alue kushawuka ne ikale udia bibi, ne didi mua kufikisha ku disama anyi ku lufu.

Malu adi akengela kuenza ku mbangilu
Padi mubedi ufika ku nzubu wa luondapu, biobi bimanyike ne: uvua mulenge bintu bia mulungu anyi muikale ne bimanyinu bia mushindu eu:

- angata amue mapangadika bua kukuba bena mudimu wa luondapu, nangananga divuala dia biamudimu biakanyine bidi bikuba muntu (PPE);
- tapulula babedi;
- enza malu adi mua kuambuluisha bua kusungila muoyo;
- tuadija kumbusha bintu bia mulungu (tshilejilu, vula mubedi bilamba, peshi uvuwa bitupa bivua bilenge bintu ebi ne mâyi a bungi a nsabanga), ne mbitambe buimpe bua kuenza nunku pambelu pa nzubu wa luondapu bua bantu bakuabu kabalu kubilenga kabidi; pashishe
- londa mishindu mikuabu ya diondopa, bu mudi diondopa didi dikuatshisha.

Mishindu ya diondopa
Idi mua kushilangana bilondeshile matunga. Pa tshibidilu, bidi mua kulomba difila tshishipi tshia mulungu, ne diondopa didi dikuatshisha (bu mudi diambuluisha muntu bua kueyela).

Tablo udi kuinshi eu udi uleja bimanyinu bia muntu udi mulenge bintu bia mulungu ne bishipi bia mulungu bitubu bafila pa tshibidilu.

Bimanyinu bia dilungibua ku bintu bia mulungu ne mishindu idiku ya kuondopa muntu

Mulongo wa tshintu tshia mulungu	Mishindu ya pa tshibidilu idi ileja mudi bantu balenge tshintu etshi	Bishipi bia mulungu (mêyi a ditunga adi mua kushilangana)
Bintu bidi binyanga buongo bu mudi sarin, tabun anyi VX	Tumonyi tua mêsu tukese; dimona bitayitayi; mutu usama; bintu bia bungi bipatuka; mu tshiadi mufimpakane ne dieyela dia lutatu; muengu; diluka; diela munda; didikoka dia mifungu; dipaluka; dijimija dia lungenyi.	Atropine Oximes (pralidoxime, obidoxime) Benzodiazepines (bua kuimanyika dipaluka)
Bintu bidi bitadisha mabuba bu mudi gaz moutarde	Binsonji bipueka; mêsu asunsuma; mpota; kamonyi ka dîsu kanyanguke; dikoba disama dienze matoba makunze ne ditala mabuba; lutatu lukole bua kueyela.	Diondopa didi dikuatshisha +/- thiosulphate de sodium Tshilejilu, diela buanga bua mâyi mu mêsu, antibiotike bua tshitupa kampanda tshia mubidi, disukula dikoba, bikangudi bia tujila tua mu bisulusulu, Enza mudimu ne thiosulphate de sodium padiku kusama kukole
Cyanure	Dikeba kapepe; dipanga mua kueyela; mpalu; dibuejakaja malu; muengu.	Nitrite d'amyle (diambuluisha dia nzanzanza) Thiosulphate de sodium ne nitrite de sodium peshi ne 4 DMAP anyi Hydroxocobalamine anyi Edétate dicobaltique
Bintu bidi bitekesha muntu bu mudi gaz BZ	Mukana ne dikoba biume; muoyo ututa bikole; muntu katshiyi umanya malu; didiakuila; dimona bintu bidi kabiyiku; mubidi upia luya; malu kaayi malongoloke; tumonyi tua mêsu tutonoke.	Physostigmine
Bintu bia bipuekeshisha binsonji ne bia ditangalaja nabi bena tshimvundu	Mu diulu musunsuma ne muosha; binsonji bipueka; mate apueka; tuminu tupueka; mu tshiadi mufimpakane; mutu usama; muengu.	Nangananga diondopa didi dikuatshisha
Chlore	Mêsu makunze ne apueka binsonji; disunsuma mu diulu ne pa muminu; dikosola; dikeba kapepe anyi diumvua bu ne: kakuena kapepe; dieyela lubilu; diela tushiba; dîyi dipate; diula dia bisulusulu.	N-acétylcystéine (NAC)
Thallium (bua kushipa nkose)	Munda musama; muengu; diluka; diela munda; difu dipate; mpalu; didiakuila; diteketa dia lungenyi; dijimija dia nsuki ne boya; kusama kua mifungu ne dipanga bukole bua kunyungisha mubidi; ataxie; muntu kayi ukumbana mua kumanya malu kabidi.	Bleu de Prusse

Mulongo wa tshintu tshia mulungu	Mishindu ya pa tshibidilu idi ileja mudi bantu balenge tshintu etshi	Bishipi bia mulungu (mêyi a ditunga adi mua kushilangana)
Plomb	Dipanga kumvua nzala; diluka; difu dipate; munda musama; ditokoloka mubidi; dipanga dia ntema; butekete; diteketa dia bitupa bikuabu bia mubidi.	Chelation
Bintu bienza ne phosphate (bu mudi amue manga a bishi ne gaz idi inyanga buongo)	Mate apatuka; binsonji bipueka; disukula menyi; dinyina; tshifu tshidinyenga; diluka.	Atropine Oximes (pralidoxime, obidoxime)

Mushintulula ku buludiki bua OMS, Mankenda mu muaba udi bantu basombele mu bikondo bia tshimpitshimpi.

Mikanda idibu batele ne mikuabu ya kubala

Makanda a mubidi ne manême a muntu
The Right to Health: Fact Sheet No.31. OHCHR and WHO, 2008. http://www.ohchr.org

Bulombodi bua basalayi ne badi kabayi basalayi
Civil Military Coordination during Humanitarian Health Action. Global Health Cluster, 2011. www.who.int

Humanitarian Civil-Military Coordination: A Guide for the Military. UN OCHA, 2014. http://www.unocha.org

Dikubibua ne mikenji ya bukua-matunga ya mudimu wa diambuluisha bantu
Ambulance and pre-hospital services in risk situations. ICRC, 2013. www.icrc.org

Common Ethical principles of health care in times of armed conflict and other emergencies. ICRC, Geneva, 2015. https://www.icrc.org

Ensuring the preparedness and security of health care facilities in armed conflict and other emergencies. ICRC, 2015. www.icrc.org

Guidance Note on Disability and Emergency Risk Management for Health. World Health Organization, 2013. http://www.who.int

Health Care in Danger: The responsibilities of health care personnel working in armed conflicts and other emergencies. ICRC, 2012. www.icrc.org

Minimum Standards for Child Protection in Humanitarian Action: Standard 24 Shelter and Child Protection. Child Protection Working Group (now the Alliance for Child Protection in Humanitarian Action), 2012. https://resourcecentre.savethechildren.net

Monitoring and Reporting Mechanism (MRM) on Grave Violations Against Children in situations of Armed Conflict. UN and UNICEF, 2014. http://www.mrmtools.org

Bulombodi
Health Cluster Guide. Global Health Cluster, 2009. http://www.who.int

Reference module for cluster coordination at the country level. IASC, 2015. www.humanitarianresponse.info

Makanda a mubidi mu bikondo bia tshimpitshimpi
Blanchet, K et al *Evidence on public health interventions in humanitarian crises.* The Lancet, 2017: http://www.thelancet.com

Classification and Minimum Standards for foreign medical teams in sudden onset disasters. WHO, 2013. http://www.who.int

Ensuring Access to Health Care Operational Guidance on Refugee Protection and Solutions in Urban Areas. UNHCR, 2011. http://www.unhcr.org

Public Health Guide in Emergencies. The Johns Hopkins and Red Cross Red Crescent, 2008. http://pdf.usaid.gov

Refugee Health: An approach to emergency situations. Médecins Sans Frontières, 1997. http://refbooks.msf.org

Spiegel et. al. *Health-care needs of people affected by conflict: future trends and changing frameworks.* The Lancet, 2010. http://www.thelancet.com

Mêyi maludiki a baminganga

Clinical Guidelines - Diagnosis and Treatment Manual. MSF, 2016. http://refbooks.msf.org

Ndongoluelu ya makanda a mubidi

Analysing Disrupted Health Sectors. A Modular Manual. WHO, 2009. http://www.who.int

Elston et al. *Impact of the Ebola outbreak on health systems and population health in Sierra Leone.* Journal of Public Health, 2015. https://academic.oup.com

Everybody's Business. Strengthening Health Systems to Improve Health Outcomes. WHO, 2007. http://www.who.int

The Health System Assessment Approach: A How to Manual 2.0. USAID, 2012. www.hfgproject.org

Parpia et al. *Effects of Response to 2014-2015 Ebola Outbreak on Deaths from Malaria, HIV / AIDS and Tuberculosis West Africa. Emerging Infection Diseases Vol 22.* CDC, 2016. https://wwwnc.cdc.gov

Recovery Toolkit: Supporting countries to achieve health service resilience. WHO, 2016. http://www.who.int

Toolkit assessing health system capacity to manage large influx of refugees, asylum-seekers and migrants. WHO/UNHCR/IOM, 2016. http://www.euro.who.int

Dikala talalaa

Comprehensive Safe Hospital Framework. WHO, 2015. http://www.who.int

Patient Safety: Making Health Safer. WHO, 2017. http://www.who.int

Dibabidila dipia masama ne dialuisha

Essential environmental health standards in health care. WHO, 2008. http://www.who.int

Essential Water and Sanitation Requirements for Health Structures. MSF, 2009. http://oops.msf.org

Guideline for Isolation Precautions: Preventing Transmission of Infectious Agents in Healthcare Settings. CDC, 2007 updated 2017. https://www.cdc.gov

Guidance for the selection and use of Personal Protective Equipment (PPE) in healthcare settings. CDC, 2004. https://www.cdc.gov

Guidelines for safe disposal of unwanted pharmaceuticals in and after emergencies. WHO, 1999. http://apps.who.int

Guidelines on Core Components of Infection Prevention and Control Programmes at the National and Acute Health Care Facility level. WHO, 2016. http://www.who.int

Management of Dead Bodies after Disasters: A field Manual for First Responders, Second Edition. ICRC, IFRC, 2016. www.icrc.org

Safe management of wastes for health-care activities, Second edition. WHO, 2014. http:/www.who.int

Bena mudimu wa luondapu

Classifying health workers: mapping occupations to the international standards. WHO. http:/www.who.int

Global strategy on human resources for health. Workforce 2030. WHO, 2016. http:/www.who.int

Human resources for Health Information System, Minimum Data Set for Health Workforce Registry. WHO, 2015. http://www.who.int

Health workforce requirement for universal health coverage and the SDGs. WHO, 2016. http:/www.who.int

International Standard Classification of Occupation: Structure, group definitions and correspondence tables. ILO, 2012. http:/www.ilo.org

WISN Workload indicators of staffing need, user's manual. WHO, 2010. http:/www.who.int

Working together for health. World Health Report 2006. WHO 2006. http:/www.who.int

Manga a kuondopa nawu

Emergency Reproductive Health Kit. UNFPA, 2011. https:/www.unfpa.org

Guidelines of Medicine Donations. WHO, 2010. http:/www.who.int

Interagency Emergency Health Kit. WHO, 2015. http:/www.who.int

Model Formulary for children. WHO, 2010. http:/apps.who.int

Model List of Essential Medicines 20th List. WHO, 2017. http:/www.who.int

Non-Communicable Diseases Kit. WHO, 2016. http:/www.who.int

Revised Cholera Kits. WHO, 2015. http:/www.who.int

The Interagency Emergency Health Kit 2017: Medicines and Medical Devices for 10 000 People for Approximately Three Months. WHO. 2017. https:/www.who.int

Biamu bia kuondopa nabi pamue ne ebi bidi anu biambuluisha

Core Medical Equipment. WHO, 2011. http:/www.who.int

Decommissioning Medical Equipment and Devices. WHO http:/www.who.intint

Global Atlas of Medical Devices. WHO, 2017. http:/www.who.int

Guidelines on the provision of Manual Wheelchairs in less resourced settings. World Health Organization, 2008. http:/www.who.int

Medical Device technical series: Medical device regulations, medical devices by health care facilities, needs assessment for medical devices, procurement process resource guide, medical device donations, medical equipment maintenance programme overview. WHO, 2011. http:/www.who.int

Priority Assistive Products List. The GATE Initiative, WHO and USAID, 2016. http:/www.who.int

Manga a kuondopa nawu adi mamanyike

Access to Controlled Medications Programme, WHO Briefing Note. WHO, 2012.
http:/www.who.int

Availability of Internationally Controlled Drugs: Ensuring Adequate Access for Medical and Scientific Purposes. International Narcotics Control Board and WHO, 2010.
http:/www.incb.org

Availability of narcotic drugs and psychotropic substances in emergency situations, INCD report, pages 36-37. International Narcotics Control Board, 2014. www.incb.org

Ensuring Balance in National Policies on Controlled Substances. Guidance for availability and accessibility of controlled medicines. WHO, 2011. http:/www.who.int

Manga adi menza ne mashi

Blood safety and availability. WHO, 2017. http:/www.who.int

Guidelines on management of blood and blood components as essential medicines, Annex 3. WHO, 2017. http:/apps.who.int

Universal Access to Safe Blood Transfusion. WHO, 2008. http:/www.who.int

Difila makuta a luondapu

Cash-based Interventions for Health Programmes in Refugee Settings: A Review. UNHCR, 2015. http:/www.unhcr.org

Cash for Health: Key Learnings from a cash for health intervention in Jordan. UNHCR, 2015. http:/www.unhcr.org

Monitoring progress towards universal health coverage at country and global levels. WHO, 2014. http:/apps.who.int

Removing user fees for primary health care services during humanitarian crises. Global Health Cluster and WHO, 2011. http:/www.who.int

Dimanyisha malu a makanda a mubidi

IASC Guidelines: Common Operating Datasets in Disaster Preparedness and Response. IASC, 2011 https:/interagencystandingcommittee.org

Global Reference List of 100 Core Health Indicators. WHO, 2015. http:/www.who.int

Standards for Public Health Information Services in Activated Health Clusters and Other Humanitarian Health Coordination Mechanisms. Global Health Cluster, 2017.
www.humanitarianresponse.info

Dikonkonona dia majinga a makanda a mubidi ne diteka dia midimu ya luondapu pa muaba wa kumpala

Assessment Toolkit: Practical steps for the assessment of health and humanitarian crises. MSF, 2013. http:/evaluation.msf.org

Global Health Observatory Data Repository: Crude birth and death rate by country. World Health Organization, 2017. http:/apps.who.int

Rapid Risk Assessments of Acute Public Health Events. WHO, 2012.
http:/www.who.int

SARA Service Availability and Readiness Assessment Survey. WHO/USAID, 2015.
http:/www.who.int

Dibabidila masama a tshiambu

Integrated Vector Management in Humanitarian Emergencies Toolkit. MENTOR Initiative and WHO, 2016. http://thementorinitiative.org

Vaccination in Acute Humanitarian Crises: A Framework for Decision Making. WHO, 2017. http://www.who.int

Masama a tshiambu (masama masunguluke)

Dengue: Guidelines for Diagnosis, Treatment, Prevention and Control: New Edition. WHO, 2009.
http://www.who.int

Guidelines for the control for shigellosis. WHO, 2005. http://www.who.int

Interim Guidance Document on Cholera surveillance. Global Task Force on Cholera Control and WHO, 2017. http://www.who.int

Liddle, K et al. *TB Treatment in a Chronic Complex Emergency: Treatment Outcomes and Experiences in Somalia.* Trans R Soc Trop Med Hyg, NCBI, 2013. www.ncbi.nlm.nih.gov

Managing Meningitis Epidemics in Africa. WHO, 2015. http://apps.who.int

Management of a measles epidemic. MSF, 2014. http://refbooks.msf.org

Meningitis Outbreak Response in Sub-Saharan Africa. WHO, 2014.
http://www.who.int

Pandemic Influenza Preparedness (PIP) Framework for the sharing of influenza viruses and access to vaccines and other benefits. WHO, 2011. http://apps.who.int

Dimona tshipupu ne difila diandamuna pa dîba

Early detection, assessment and response to acute public health events, Implementation of Early Warning and Response with a focus on Event-Based Surveillance. WHO, 2014.
http://www.who.int

Early warning, alert and response (EWAR) a key area for countries preparedness for Health Emergencies. WHO, 2018. http://apps.who.int

Weekly Epidemiological Record. WHO. http://www.who.int

Outbreak Surveillance and Response in Humanitarian Crises, WHO guidelines for EWARN implementation. WHO, 2012. http://www.who.int

Didilongolola ne difila diambuluisha padiku tshipupu

Communicable disease control in emergencies, A field Manual. WHO, 2005.
http://www.who.int

Epidemic Preparedness and Response in Refugee Camp Settings, Guidance for Public health officers. UNHCR, 2011. http://www.unhcr.org

Outbreak Communication Planning Guideline. WHO, 2008. http://www.who.int

Makanda a mubidi a bana

IMCI Chart Booklet. WHO, 2014. http://www.who.int

Integrated Community Case Management in Acute and Protracted Emergencies: case study for South Sudan. IRC and UNICEF, 2017. https://www.rescue.org

Newborn Health in Humanitarian Settings Field Guide Interim Version. IAWG RH in Crises, 2016. http://iawg.net

Overview and Latest update on iCCM: Potential for Benefit to Malaria Programs. UNICEF and WHO, 2015. www.unicef.org

Polio vaccines: WHO position Paper Weekly epidemiological record. WHO, 2016. http://www.who.int

Updates on HIV and infant feeding. UNICEF, WHO, 2016. http://www.who.int

Makanda a mubidi a disangila ne a lulelu

Adolescent Sexual and Reproductive Health Toolkit for Humanitarian Settings. UNFPA and Save the Children, 2009. http://iawg.net

Inter-Agency Reproductive Health Kits for Crisis Situations, 5th Edition. UNFPA/IAWG, 2011. http://iawg.net

Inter-agency Field Manual on Sexual and Reproductive Health in Humanitarian Settings. IWAG on Reproductive Health in Crises and WHO, 2018. http://iawg.net

Medical eligibility criteria wheel for contraceptive use. WHO, 2015. http://who.int

Minimum Initial Service Package (MISP) for Reproductive Health in Crisis Situations: A distance learning module. IWAG and Women's Refugee Commission. 2011. http://iawg.net

Selected practice recommendations for contraceptive use, Third Edition. WHO, 2016. http://www.who.int

Safe abortion: Technical & policy guidance for health systems. WHO, 2015. http://www.who.int

Luonji mu disangila ne diondopa badibu basangile nabu ku bukole

Clinical Care for Sexual Assault Survivors. International Rescue Committee, 2014. http://iawg.net

Caring for Child Survivors of Sexual Abuse Guidelines for health and psychosocial service providers in humanitarian settings. IRC and UNICEF, 2012. https://www.unicef.org

Clinical Management of Rape Survivors: Developing protocols for use with refugees and internally displaced persons, Revised Edition, pp.44–47. WHO, UN Population Fund, and UNHCR, 2004. www.who.int

Clinical Management of Rape Survivors: E-Learning. WHO 2009. http://apps.who.int

Guidelines for Integrating Gender-Based Violence Interventions in Humanitarian Action, Reducing Risk, promoting resilience and aiding recovery. Inter-Agency Standing Committee, 2015. https://gbvguidelines.org

Guidelines for Medico-Legal Care of Victims of Sexual Violence. WHO, 2003. http://www.who.int

Kishi ka VIH

Consolidated Guidelines on the Use or ART Drugs for Treating and Preventing HIV Infection: Recommendations for a public health approach - Second edition. WHO, 2016. www.who.int

Guidelines for Addressing HIV in Humanitarian Settings. UNAIDS and IASC, 2010. http://www.unaids.org

Guidelines for the delivery of antiretroviral therapy to migrant and crisis-affected populations in Sub Saharan Africa. UNHCR, 2014. http://www.unhcr.org

Guidelines for management of sexually transmitted infections. WHO, 2003. www.emro.who.int

Guidelines on post-exposure prophylaxis for HIV and the use of Cotrimoxazole prophylaxis for HIV-related infections among adults, adolescents and children. WHO, 2014. http://www.who.int

HIV prevention in emergencies. UNFPA, 2014. http://www.unfpa.org

PMTCT in Humanitarian Settings Inter-Agency Task Team to Address HIV in Humanitarian Emergencies Part II: Implementation Guide. Inter-Agency Task Team, 2015. http://iawg.net

WHO policy on collaborative TB/HIV activities Guidelines for national programmes and other stakeholders. WHO, 2012. http://www.who.int

Diondopa mputa ne bimanyinu bia mukumu

American Heart Association Guidelines for CPR & ECC. American Heart Association, 2015 and 2017. https://eccguidelines.heart.org

Anaesthesia Handbook, Annex 3: ICRC Pain Management. Reversed WHO pain management ladder. ICRC, 2017. https://shop.icrc.org

Child Protection in Humanitarian Action Review: Dangers and injuries. Alliance for Child Protection in Humanitarian Action, 2016. https://resourcecentre.savethechildren.net

Classification and Minimum Standards for Foreign Medical Teams in Sudden Onset Minimum Technical Standards and Recommendations for Rehabilitation. WHO, 2016. http://www.who.int

Disasters. WHO, 2013. http://apps.who.int

eCBHFA Framework Community Based Health and First Aid. ICRC, 2017. http://ifrc-ecbhfa.org

EMT minimum data set for reporting by emergency medical teams. WHO, 2016. https://extranet.who.int

Guidelines for trauma quality improvement programmes. World Health Organization, 2009. http://apps.who.int

International First Aid and Resuscitation Guidelines. IFRC, 2016. www.ifrc.org

Interagency initiative comprising a set of integrated triage tools for routine, surge and prehospital triage allowing smooth transition between routine and surge conditions. WHO and ICRC. http://www.who.int

Recommended Disaster Core Competencies for Hospital Personnel. California Department of Public Health, 2011. http://cdphready.org

Technical Meeting for Global Consensus on Triage. WHO and ICRC, 2017. https://www.humanitarianresponse.info

The European Resuscitation Council Guidelines for Resuscitation. European resuscitation council, 2015. https://cprguidelines.eu

The WHO Trauma Care Checklist. WHO, 2016. http://www.who.int

von Schreeb, J et al. *Foreign field hospitals in the recent sudden-onset disasters in Iran, Haiti, Indonesia, and Pakistan.* Prehospital Disaster Med, NCBI, 2008. https://www.ncbi.nlm.nih.gov

War Surgery, Working with limited resources in armed conflict and other situations of violence. International Committee of the Red Cross, 2010. https://www.icrc.org

Makanda a lungenyi

A faith-sensitive approach in humanitarian response: Guidance on mental health and psychosocial programming. The Lutheran World Federation and Islamic Relief Worldwide, 2018. https://interagencystandingcommittee.org

A Common Monitoring and Evaluation Framework for Mental Health and Psychosocial Support in Emergency Settings. IASC, 2017. https://reliefweb.int

Assessing Mental Health and Psychosocial Needs and Resources: Toolkit for Humanitarian Settings. WHO and UNHCR, 2012. http://www.who.int

Building back better: sustainable mental health care after emergencies. WHO, 2013. http://www.who.int

Facilitate community self-help and social support (action sheet 5.2) in guidelines on Mental Health and Psychosocial Support in Emergency Settings. IASC, 2007. https://interagencystandingcommittee.org

Group Interpersonal Therapy (IPT) for Depression. WHO, 2016. http://www.who.int

Inter-Agency Referral Form and Guidance Note for Mental Health and Psychosocial Support in Emergency Settings. IASC, 2017. https://interagencystandingcommittee.org

mhGAP Humanitarian Intervention Guide: Clinical Management of Mental, Neurological and Substance Use Conditions in Humanitarian Settings. WHO and UNHCR, 2015. http://www.unhcr.org

Problem Management Plus (PM+): Individual psychological help for adults impaired by distress in communities exposed to adversity. WHO, 2016. http://www.who.int

Psychological First Aid: Guide for Field Workers. WHO, War Trauma Foundation and World Vision International, 2011. http://www.who.int

Psychological First Aid Training Manual for Child Practitioners. Save the Children, 2013. https://resourcecentre.savethechildren.net

Reference Group for Mental Health and Psychosocial Support in Emergency Settings in Mental Health and Psychosocial Support in Humanitarian Emergencies: What Should Humanitarian Health Actors Know. IASC, 2010. http://www.who.int

Masama adi kaayi a tshiambu

Disaster Risk Management for Health: Non-Communicable Diseases Fact Sheet 2011. WHO, 2011. http://www.who.int

Jobanputra, K. Boulle, P. Roberts, B. Perel, P. *Three Steps to Improve Management of Noncommunicable Diseases in Humanitarian Crises.* PLOS Medicine, 2016. http://journals.plos.org

Lozano et al. *Global and regional mortality from 235 causes of death for 20 age groups in 1990 and 2010: a systemic analysis for the Global Burden of Disease Study 2010.* The Lancet, 2012. https://www.ncbi.nlm.nih.gov

NCD Global Monitoring Framework. WHO, 2013. http://www.who.int

NCDs in Emergencies – UN Interagency Task Force on NCDs. WHO, 2016. http://www.who.int

Slama, S et al. *Care of Non-Communicable Diseases in Emergencies.* The Lancet, 2016. http://www.thelancet.com

WHO Package of Essential Non-Communicable Disease Interventions, Tools for implementing WHO PEN. WHO, 2009. http://www.who.int

Luondapu lua mutantshi mukese
Caring for Volunteers Training Manual. Psychosocial Centre IFRC, 2015. http://pscentre.org

Disaster Spiritual Care Handbook. Disaster Services, American Red Cross, 2012. https://interagencystandingcommittee.org

Guidance for managing ethical issues in infectious disease outbreaks. WHO, 2016. http://apps.who.int

IASC guidelines on mental health and psychosocial support in emergency settings. IASC, 2007. http://www.who.int

IAHPC List of Essential Medicines for Palliative Care. International Association for Hospice and Palliative Care, 2007. https://hospicecare.com

Matzo, M et al. *Palliative Care Considerations in Mass Casualty Events with Scarce Resources.* Biosecurity and Bioterrorism, NCBI, 2009. https://www.ncbi.nlm.nih.gov

Powell, RA. Schwartz, L. Nouvet, E. Sutton, B. et al. *Palliative care in humanitarian crises: always something to offer.* The Lancet, 2017. http://www.thelancet.com

Palliative Care, Cancer control: knowledge into action: WHO guide for effective programmes. WHO, 2007. http://www.who.int

Silove, D. *The ADAPT model: a conceptual framework for mental health and psychosocial programming in post conflict settings.* War Trauma Foundation, 2013. https://www.interventionjournal.com

Nouvet, E. Chan, E. Schwartz, LJ. *Looking good but doing harm? Perceptions of short-term medical missions in Nicaragua.* Global public health, NCBI, 2016. https://www.ncbi.nlm.nih.gov

19th WHO Model List of Essential Medicines chapter 2 2, Medicines for pain and palliative care. WHO, 2015. http://www.who.int

Bintu bia mulungu
Initial Clinical management of patients exposed to chemical weapons. WHO, 2015. http://www.who.int

Mikanda mikuabu ya kubala
Bua kupeta ngenyi mikuabu ya kubala, suaku uye mu
www.spherestandards.org/handbook/online-resources

Mikanda mikuabu ya kubala

Bulombodi bua basalayi ne badi kabayi basalayi
UN-CMCoord Field Handbook. UN OCHA, 2015.
https://www.unocha.org/legacy/what-we-do/coordination-tools/UN-CMCoord/publications

Bulombodi
Global Health Cluster. http://www.who.int/health-cluster/en/

Ndongoluelu ya makanda a mubidi
Approach to Health Systems Strengthening. UNICEF, 2016.
https://www.unicef.org/health/files/UNICEF_HSS_Approach_-_5Jun16.pdf

Health System Strengthening, from diagnosis to Planning. Action Contre Le Faim, 2017.
https://www.actionagainsthunger.org/publication/2017/03/health-system-strengthening-diagnosis-planning

Monitoring the Building Blocks of Health Systems: A handbook of indicators and their measurement strategies. WHO, 2010.
http://www.who.int/healthinfo/systems/monitoring/en/

Newbrander et al. *Rebuilding and strengthening health systems and providing basic health services in fragile states.* NCBI, Disasters, 2011.
www.ncbi.nlm.nih.gov/pubmed/21913929

Strategizing national health in the 21st century: a handbook. WHO, 2017.
http://www.who.int/healthsystems/publications/nhpsp-handbook/en/

van Olmen, J et al. *Health Systems Frameworks in their Political Context: Framing Divergent Agendas.* BMC Public Health, 2012.
https://bmcpublichealth.biomedcentral.com/articles/10.1186/1471-2458-12-774

Dikala talalaa
Diagnostic Errors: Education and Training, Electronic Tools, Human Factors, Medication Error, Multi-morbidity, Transitions of care. WHO, 2016.
http://apps.who.int/iris/bitstream/handle/10665/252410/9789241511636-eng.pdf?sequence=1&isAllowed=y

Hospital Safety Index Guide for Evaluators, 2nd ed. WHO, 2015.
http://apps.who.int/iris/handle/10665/258966

Technical Series on Safer Primary Care: Patient engagement: Administrative errors. WHO, 2016. http://www.who.int/patientsafety/topics/primary-care/technical_series/en/

Manga a kuondopa nawu
Management of Drugs at Health Centre Level, Training Manual. WHO, 2004.
http://apps.who.int/medicinedocs/en/d/Js7919e/

Biamu bia kuondopa nabi pamue ne ebi bidi anu biambuluisha
Global Model Regulatory Framework for Medical Devices including in vitro diagnostic medical devices. WHO, 2017.
http://www.who.int/medical_devices/publications/global_model_regulatory_framework_meddev/en/

List of Prequalified in vitro diagnostic products. WHO, 2011.
http://www.who.int/diagnostics_laboratory/evaluations/PQ_list/en/

Manga a kuondopa nawu adi mamanyike
Model Guidelines for the International Provision of Controlled Medicines for Emergency Medical Care. International Narcotics Control Board, 1996.
www.incb.org/documents/Narcotic-Drugs/Guidelines/medical_care/Guidelines_emergency_Medical_care_WHO_PSA.pdf

Difila makuta a luondapu
Doocy et al. *Cash-based approaches in humanitarian emergencies, a systematic review.* International Initiative for Impact Evaluation, 2016. http://www.3ieimpact.org/media/filer_public/2016/05/19/sr28-qa-sr-report-cash-based-approaches.pdf

Wenjuan Wang et al. *The impact of health insurance on maternal health care utilization: evidence from Ghana, Indonesia and Rwanda.* Health Policy and Planning, NCBI, 2017.
www.ncbi.nlm.nih.gov/pubmed/28365754

Dimanyisha malu a makanda a mubidi
Checchi et al. *Public Health Information in Crisis-Affected populations. A review of methods and their use for advocacy and action.* The Lancet, 2017.
http://www.thelancet.com/journals/lancet/article/PIIS0140-6736(17)30702-X/abstract

Creating a master health facility list. WHO, 2013.
http://www.who.int/healthinfo/systems/WHO_CreatingMFL_draft.pdf

Thierin, M. *Health Information in Emergencies.* WHO Bulletin, 2005.
http://www.who.int/bulletin/volumes/83/8/584.pdf

Dikonkonona dia majinga a makanda a mubidi ne diteka dia midimu ya luondapu pa muaba wa kumpala
Checchi, F et al. *Public health in crisis-affected population. A practical guide for decision makers, Network Paper 61.* Humanitarian Practice Network, December 2007.
https://odihpn.org/resources/public-health-in-crisis-affected-populations-a-practical-guide-for-decision-makers/

Prioritising Health Services in humanitarian crises. Health and Education Research Team, 2014.
http://www.heart-resources.org/2014/03/prioritising-health-activities-in-humanitarian-crises/

Waldman, R.J. *Prioritising health care in complex emergencies.* The Lancet, 2001.
http://www.thelancet.com/journals/lancet/article/PIIS0140-6736(00)04568-2/fulltext?_eventId=login

World Health Statistics, 2016: Monitoring for the SDGs. WHO, 2016.
http:/www.who.int/gho/publications/world_health_statistics/2016/en/

Dibabidila masama a tshiambu
Vaccination in Humanitarian Emergencies, Implementation Guide. WHO, 2017.
http:/www.who.int/immunization/documents/general/who_ivb_17.13/en/

Dimona tshipupu ne difila diandamuna pa dîba
Checklist and Indicators for Monitoring Progress in the Development of IHR Core Capacities in States Parties. WHO, 2013. http:/www.who.int/ihr/publications/checklist/en/

Integrated Disease Surveillance and Response Community Based Surveillance Training Manual. WHO, 2015. http:/www.afro.who.int/publications/integrated-diseases-surveillance-and-response-african-region-community-based

Didilongolola ne difila diambuluisha padiku tshipupu
Key messages for social mobilization and community engagement in intense transmission areas, Ebola. WHO, 2014.
http:/www.who.int/csr/resources/publications/ebola/social-mobilization-guidance/en/

Makanda a mubidi a bana
Disaster Preparedness Advisory Council, Ensuring the Health of Children in Disasters. Pediatrics. 2015.
http:/pediatrics.aappublications.org/content/early/2015/10/13/peds.2015-3112

Hoddinott, J. Kinsey, B. Child growth in the time of drought. Oxford Bulletin of Economics and Statistics. 2001.
https:/are.berkeley.edu/courses/ARE251/2004/papers/Hoddinott_Kinsey.pdf

Including children with disabilities in humanitarian action, Health Booklet. UNICEF, 2017.
http:/training.unicef.org/disability/emergencies/index.html

Revised WHO classification and treatment of childhood pneumonia at health facilities, evidence summaries. WHO, 2014.
http:/apps.who.int/iris/bitstream/10665/137319/1/9789241507813_eng.pdf

Diondopa mputa ne bimanyinu bia mukumu
Emergency Trauma Care. World Health Organization, 2017.
http:/www.who.int/emergencycare/gaci/activities/en/

EMT initiative. WHO, 2017. https:/extranet.who.int/emt/page/home

Global guidelines for the prevention of surgical site infection. WHO, 2016.
http:/www.who.int/gpsc/ssi-prevention-guidelines/en/

Implementation Manual Surgical Safety Checklist, First Edition. WHO, World Alliance for Patient Safety, 2008 http:/www.who.int/patientsafety/safesurgery/ss_checklist/en/

Joshi, GP et al. Defining new directions for more effective management of surgical pain in the United States: highlights of the inaugural Surgical Pain Congress™. The American Surgeon, NCBI, 2014. https:/www.ncbi.nlm.nih.gov/pubmed/24666860

Malchow, Rj et al. *The evolution of pain management in the critically ill trauma patient: Emerging concepts from the global war on terrorism.* Critical Care Medicine, NCBI, 2008.
https://www.ncbi.nlm.nih.gov/pubmed/18594262

Providing Care for an Influx of Wounded. MSF, 2008.
http://oops.msf.org/OCBLog/content/OOPSLOGV3/LOGISTICS/operational-tools/
Pocket%20guide%20to%20Case%20Management%20of%20an%20Influx%20of%20
Wounded%20OCB-v2.0-2008.pdf/Pocket%20guide%20to%20Case%20Management%20
of%20an%20Influx%20of%20Wounded%20OCB-v2.0-2008.pdf

Makanda a lungenyi
Toolkit for the Integration of Mental Health into General Healthcare in Humanitarian Settings.
International Medical Corps, 2018.
http://www.mhinnovation.net/collaborations/IMC-Mental-Health-Integration-Toolkit

Masama adi kaayi a tshiambu
Action Plan for the global strategy for the prevention and control of non-communicable diseases 2008/2013. WHO, 2009.
http://www.who.int/nmh/publications/9789241597418/en/

Demaio, A. Jamieson, J. Horn,R. de Courten, M. Tellier, S. *Non-Communicable Diseases in Emergencies: A Call to Action.* PLOS Currents Disasters, 2013.
http://currents.plos.org/disasters/article/non-communicable-diseases-in-emergencies-a-call-to-action/

Global Status Report on Non-communicable diseases. WHO, 2010.
http://www.who.int/nmh/publications/ncd_report2010/en/

The Management of cardiovascular disease, diabetes, asthma and chronic obstructive pulmonary disease in Emergency and Humanitarian Settings. WHO, 2008.

Luondapu lua mutantshi mukese
A faith-sensitive approach in humanitarian response: Guidance on mental health and psychosocial programming. The Lutheran World Federation and Islamic Relief Worldwide, 2018.
https://interagencystandingcommittee.org/mental-health-and-psychosocial-support-emergency-settings/documents-public/faith-sensitive-approach

Crisis Standards of Care: A Systems Framework for Catastrophic Disaster Response. Institute of Medicine. 2012. https://www.nap.edu/catalog/13351/crisis-standards-of-care-a-systems-framework-for-catastrophic-disaster

Ethics in epidemics, emergencies and disasters: research, surveillance and patient care: training manual. WHO, 2015. http://apps.who.int/iris/bitstream/handle/10665/196326/9789241549349_eng.pdf?sequence=1

Faith Leader Toolkit. Coalition for Compassionate Care in California, 2017.
http://coalitionccc.org/tools-resources/faith-leaders-toolkit/

Knaul, F. Farmer, P.E. et al. *Report of the Lancet Commission on Global Access to Palliative Care & Pain Control.* The Lancet, 2017.
https://www.ncbi.nlm.nih.gov/pubmed/29032993

Bintu bia mulungu

Chemical Hazards Compendium. UK Government, 2013.
https://www.gov.uk/government/collections/chemical-hazards-compendium

Emergency preparedness and Response, Fact Sheets on Specific Chemical Agents. Center for Disease control and prevention, 2013.
https://emergency.cdc.gov/chemical/factsheets.asp

Guidelines for the Identification and Management of Lead Exposure in Pregnant and Lactating Women. CDC, 2010.
https://www.cdc.gov/nceh/lead/publications/leadandpregnancy2010.pdf

The Public Health Management of Chemical Incidents, WHO Manual. WHO, 2009.
http://www.who.int/entity/environmental_health_emergencies/publications/Manual_Chemical_Incidents/en/index.html

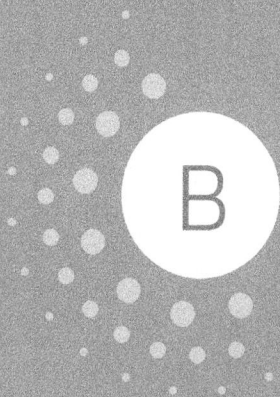

B Bisakidila

Tshikebelu

Tshisakidila tshia 1
Nshindamenu wa Sphere udi ulonda mikenji

Tshibungu tshia malu a diambuluisha bantu badi bakenga tshidi tshileja malu adi bantu ba bungi bitaba ne mêyi manene a bantu bonso adi atangila mudimu wa diambuluisha bantu ne majitu a padiku bipupu anyi diluangana dia mvita, ne tshileja ne: malu aa adi amueneka mu mikenji ya bukua-matunga. Liste udi ulonda wa imue mikanda ya mushinga itudi batele mu tshikoso udi ukonga bia mudimu bia mushinga mutambe bukole mu malu a mikenji ya bukua-matunga idi yakuila pa mikenji ya manême a bantu ya bukua-matunga, mikenji ya bukua-matunga ya mudimu wa diambuluisha bantu (IHL), mikenji idi yakuila bena tshimuangi ne mudimu wa diambuluisha bantu. Katshiena tshikeba bua kuleja mikenji anyi malu adi enzeka mu tshitupa kampanda tshia buloba nansha. Mikanda mikuabu mitela ne biledidi bia ku Internet bua amue mêyi maludiki, mêyi manene, mikenji ne bintu bikuabu bidi bikankamija dibiteka mu tshienzedi bidi mua kupeteka mu site wa Internet wa Sphere, www.spherestandards.org. Mbafunde malu anu bua mikanda idi ilomba diumvuija, idibu balue kusakidila anyi idi ne bitupa bisunguluke bidi biakuila tshipupu anyi diluangana dia mvita.

Mukanda wa Sphere udi uleja malu masunguluke adi atatshisha adi asanganyibua mu mikenji ya bukua-matunga. Pa tshibidilu, mikenji eyi idi ikonga bukenji bua muntu bua dikubibua ne dikala ne bunême; kabayi bamuenzela malu a kansungasunga; ne bukenji bua kupeta mâyi ne muaba muimpe, muaba wa kusombela, biakudia bikumbane ne didia, ne makanda a mubidi. Nansha mudibu bumvuije bimpe amue a ku manême aa mu bipungidi bisunguluke bia bukua-matunga, mbabiele bionso mu tshimue tshia ku bia mudimu bisunguluke bia bukua-matunga bidi biakuila manême a bantu a pa tshibidilu, mu manême a bantu ne a tshididi anyi mu manême a mu nsombelu wa bantu ne a bilele bia bantu.

Tshisakidila etshi tshidi tshikonga mikanda idi milongolola bilondeshile biena-bualu bidi mu bitupa bitanu:

1. **Manême a bantu, bukubi ne dikala ne butekete**
2. **Diluangana dia mvita ne dikuatshisha dia bumuntu**
3. **Bena tshimuangi ne bantu badi bamuangale munda mua ditunga**
4. **Bipupu ne dikuatshisha dia bumuntu**
5. **Mishindu ya diludika nayi mudimu wa diambuluisha bantu badi bakenga, buludiki ne mêyi manene pa bidi bitangila manême a bantu, dikubibua ne dikala ne butekete mu didiakaja bua malu a tshimpitshimpi ne bua kufila dikuatshisha** www.spherestandards.org/handbook/online-resources

Bua kujadika mudi mukanda ne mukanda wonso mutokesha bimpe pa bidi bitangila dikala diawu mu bitupa ebi, mbayiteke bua ilondangane mushindu eu: a) bipungidi ne mikenji ya pa tshibidilu anyi b) mikenji ne mêyi manene a ONU ne mikuabu idi mianyishibue pa tshibidilu munkatshi mua matunga mashilashilangane.

1. Bia mudimu bia bukua-matunga bidi bitangila manême a bantu, dikubibua ne dikala ne butekete

Mikanda idi ilonda eyi idi yakuila nangananga manême a bantu adi mamanyike mu bipungidi ne mumvuangana a buloba bujima. Mbelemu kabidi imue mikanda minene idi yakula bua bidimu (bua bana ne bakulumpe), dikala mulume anyi mukaji, ne bua bulema, bualu malu aa ngamue a ku bishimikidi bidibu batamba kuitaba miaba yonso bia malu adi afikisha bantu ku diteketa padiku tshipupu anyi mu diluangana dia mvita.

1.1 Bipungidi ne mikenji ya pa tshibidilu pa bidi bitangila manême a bantu, dikubibua ne dikala ne butekete

Mikenji ya bipungidi bia manême a bantu idi itangila anu matunga adi mabuele mu tshipungidi kampanda, kadi mikenji ya pa tshibidilu (tshilejilu, dikandika dikengeshangana) idi itangila matunga onso. Mikenji ya manême a bantu idi ikuata mudimu mu bikondo bionso, pa kumbusha pamuapa malu abidi aa:

- Badi mua kukepesha amue manême a bantu ne a malu a tshididi mu bikondo bia tshimpitshimpi bimanyisha mu ditunga, bilondeshile Kanungu 4 ka Tshipungidi tshia bukua-matunga tshia manême a bantu ne a tshididi ("ditupa").
- Mu bikondo bimanyike bia diluangana dia mvita, badi ne bua kulonda mikenji ya IHL kumpala kua bionso padiku kumueneka dipanga kumvuangana dionso ne mikenji idi yakuila manême a bantu.

1.1.1 Manême a bantu a buloba bujima

Dimanyisha dia buloba bujima dia manême a muntu dia mu 1948, dianyisha kudi Tshisangilu tshinene tshia ONU mu Dipangadika diatshi dia 217 A(III) dia mu dia 10 Tshisua-munene 1948. www.un.org

> **Diumvuija:** Dimanyisha edi dia buloba bujima dia manême a muntu diakenzabu mu 1948 kudi Tshisangilu tshinene tshia ONU diakaleja bua musangu wa kumpala mudi manême a muntu a nshindamenu ne bua kukubibua mu buloba bujima. Ki ntshipungidi to, kadi batu badiangata pa tshibidilu mudidi dilue kuikala tshitupa tshia mikenji ya pa tshibidilu ya bukua-matunga. Tshiambilu tshia kumpala tshia mêyi a mbangilu tshidi tshifila lungenyi lua "bunême budi nabu" bantu bonso bu tshishimikidi tshinene tshia manême a muntu, ne Kanungu ka 1 kadi kamba ne: "Bantu bonso mbaledibue bikale ne budikadidi ne bunême ne bukenji bia muomumue."

Tshipungidi tshia bukua-matunga tshia manême a bantu ne a tshididi tshia mu 1966 (ICCPR), tshianyisha kudi Tshisangilu tshinene tshia ONU mu Dipangadika diatshi dia 2200A (XXI) dia mu dia 16 Tshisua-munene 1966, tshiakabangisha mudimu watshi mu dia 23 Luabanya 1976, Matunga Masanga, Mukanda wa bipungidi, vol. 999, dib. 171 ne vol. 1057, dib. 407. www.ohchr.org

Diumvuangana dia musangu muibidi disakidila ku Tshipungidi tshia ICCPR tshia mu 1989 (didi dikeba bua kukandika dikosela muntu tshibawu tshia lufu), dianyisha kudi Tshisangilu tshinene tshia ONU mu Dipangadika diatshi dia 44/128 dia mu dia 15 Tshisua-munene 1989, diakabangisha mudimu wadi mu dia 11 Kashipu 1991, Matunga Masanga, Mukanda wa bipungidi, vol. 1642, dib. 414. www.ohchr.org

> **Diumvuija:** Matunga adi mapunge mu ICCPR adi ne tshia kunemeka ne kujadika manême bua bantu bonso badi basanganyibua mu teritware wawu anyi badi ku bukokeshi buawu, nansha mudiwu itaba bukenji bua bisumbu bia "bantu" bua kudisunguila tshidibu basue ne manême a muomumue bua balume ne bakaji. Amue manême (adi maleja ne mutoto*) kabena pamuapa mua kuakepesha, nansha mu tshikondo tshia malu a tshimpitshimpi adi mapite bukole mu ditunga.

> **Manême a mu ICCPR:** bunême bua kuikala ne muoyo;* dibenga kuenzela muntu malu a dimukengesha anyi malu makuabu a tshikisu, adi kaayi a bumuntu peshi adi apuekeshangana milongo;* dibenga kuteka muntu mu bupika;* dibenga kukuata muntu tshianana tshianana peshi tshikuatakuata; diangata muena buloko ne bumuntu ne bunême; dibenga kuela muntu mu buloko bualu mmutupe ku diumvuangana dienza bua mudimu;* budikadidi bua kuendakana ne bua kusombela muaba kampanda; dipata dia bantu ba matunga makuabu anu padi mikenji yanyisha; dikala muomumue ku tubadi, dilumbuluishibua diakane ne diangatshibua bu muntu udi kayi ne bualu bangabanga ne kulumbuluishibua ku tubadi; dibenga kupinganyina bilema bivua muntu muenze bua kumulumbuluisha tshiakabidi;* diangatshibua miaba yonso mushindu wa muomumue bilondeshile mikenji;* dinemeka malu adi atangila muntu pa nkayende; budikadidi bua kuela meji, kutendelela ne kuikala ne kondo ka muoyo;* budikadidi bua mmuenenu wa malu, bua kuakula ne bua kusangila mu ditalala; budikadidi bua kudisangisha ne bantu bakuabu; bunême bua kubuela mu dibaka ne kuenza dîku; dikubibua dia bana; bunême bua kuenza masungula ne kudifila mu dilombola dia malu a ditunga; bunême bua tusumbu tukese tua bantu bua kuikala ne biatu bilele, bitendelelu ne miakulu.*

Tshipungidi tshia bukua-matunga tshia manême a malu a mpetu, a nsombelu ne a bilele bia bantu tshia mu 1966 (ICESCR), tshianyisha kudi Tshisangilu tshinene tshia ONU mu Dipangadika diatshi dia 2200A (XXI) dia mu dia 16 Tshisua-munene 1966, tshiakabangisha mudimu watshi mu dia 3 Tshiongo 1976, Matunga Masanga, Mukanda wa bipungidi, vol. 993, dib. 3. www.ohchr.org

> **Diumvuija:** Matunga adi mapunge mmitabe bua kufila mamona abu a bungi adiku bua "kukumbaja ku kakese ku kakese" manême a mu tshipungidi etshi, adi balume ne bakaji ne bua kuikala nawu mu mushindu wa muomumue.

Manême a mu ICESCR: bua kuenza mudimu; kupeta difutu diakane; kuenza anyi kudisanga ne tusumbu tudi tuluila bena mudimu; kupeta dikubibua dia mu nsombelu peshi asiranse; kuenza dîku, kuelamu ne dikubibua dia bamamu kunyima kua dilela dia muana ne dikubibua dia bana ku dibakengesha; kuikala ne nsombelu wa mulongo muakanyine, kuelamu ne biakudia, bia kuvuala ne nzubu; kuikala ne makanda mimpe a mubidi ne a lungenyi; kulonga tulasa; ne kudifila mu bilele bia mu nsombelu ne kusankila mu dilubuluka dia mamanya ne dia'bilele bia bantu.

Tshipungidi tshia bukua-matunga tshia dijikija dia mishindu yonso ya kansungasunga kashila pa malu a dikoba tshia mu 1969 (ICERD), tshianyisha kudi Tshisangilu tshinene tshia ONU mu Dipangadika diatshi dia 2106 (XX) dia mu dia 21 Tshisua-munene 1965, tshiakabangisha mudimu watshi mu dia 4 Tshiongo 1969, Matunga Masanga, Mukanda wa bipungidi, vol. 660, dib. 195. www.ohchr.org

Tshipungidi tshia dijikija dia mishindu yonso ya kansungasunga kenzela bakaji tshia mu 1979 (CEDAW), tshianyisha kudi Tshisangilu tshinene tshia ONU mu Dipangadika diatshi dia 34/180 dia mu dia 18 Tshisua-munene 1979, tshiakabangisha mudimu watshi mu dia 3 Kabitende 1981, Matunga Masanga, Mukanda wa bipungidi, vol. 1249, dib. 13. www.ohchr.org

Tshipungidi tshia manême a muana tshia mu 1989 (CRC), tshianyisha kudi Tshisangilu tshinene tshia ONU mu Dipangadika diatshi dia 44/25 dia mu dia 20 Kasuabanga 1989, tshiakabangisha mudimu watshi mu dia 2 Kabitende 1990, Matunga Masanga, Mukanda wa bipungidi, vol. 1577, dib. 3. www.ohchr.org

Diumvuangana dia mu 2000 didibu mua kusakidila ku Tshipungidi tshia CRC pa bidi bitangila dibueja dia bana mu diluangana dia mvita, dianyisha kudi Tshisangilu tshinene tshia ONU mu Dipangadika diatshi dia A/RES/54/263 dia mu dia 25 Lumungulu 2000, diakabangisha mudimu wadi mu dia 12 Luishi 2002, Matunga Masanga, Mukanda wa bipungidi, vol. 2173, dib. 222. www.ohchr.org

Diumvuangana dia mu 2000 didibu mua kusakidila ku Tshipungidi tshia CRC pa bidi bitangila dipanyisha dia bana, bundumba bua bana ne bimfuanyi bia butaka bia bana, dianyisha kudi Tshisangilu tshinene tshia ONU mu Dipangadika diatshi dia A/RES/54/263 dia mu dia 25 Lumungulu 2000, diakabangisha mudimu wadi mu dia 18 Tshiongo 2002, Matunga Masanga, Mukanda wa bipungidi, vol. 2171, dib. 227. www.ohchr.org

> **Diumvuija:** Matunga bu onso a buloba bujima mmitabe Tshipungidi etshi tshia CRC. Tshidi tshishindika tshiakabidi manême a nshindamenu a muntu bua bana ne tshisunguluja dîba didibu dijinga ne dikubibua dia pa buadi (tshilejilu, padibu batapuluke ne mêku abu). Mumvuangana adi alomba tshienzedi tshimpe pa bidi bitangila bilumbu bisunguluke bia dikubibua dia bana bua matunga adi mitabe mumvuangana aa.

Tshipungidi tshia manême a balema tshia mu 2006 (CRPD), tshianyisha kudi Tshisangilu tshinene tshia ONU mu Dipangadika diatshi dia A/RES/61/106 dia mu dia 13 Tshisua-munene 2006, tshiakabangisha mudimu watshi mu dia 3 Lumungulu 2008, Matunga Masanga, Disangisha dia bipungidi, Nshapita IV, 15. www.ohchr.org

> **Diumvuija:** Tshipungidi tshia CRPD tshidi tshishindika manême a balema adibu bitaba mu bipungidi bikuabu bionso bidi biakuila manême a muntu, eku tshikale tshiakuila nangananga bua kumanyisha mu bantu malu adi atangila balema, dibenga kubenzela malu ne kansungasunga ne kuenza bua bapete diambuluisha dia midimu mikuabu ne dibuela mu miaba mikuabu. Tshidi tshiakuila kabidi mu mushindu wa pa buawu bua "nsombelu ya njiwu ne malu a tshimpitshimpi mu diambuluisha dia bantu" (Kanungu ka 11).

1.1.2 Dishipa dia bantu, dikengeshangana ne mishindu mikuabu ya dinyanga manême a bantu

Tshipungidi tshidi tshitangila dikandika ne dinyoka ditupa ku mukenji mu dishipa dia bantu tshia mu 1948, tshianyisha kudi Tshisangilu tshinene tshia ONU mu Dipangadika diatshi dia 260 (III) dia mu dia 9 Tshisua-munene 1948, tshiakabangisha mudimu watshi mu dia 12 Tshiongo 1951, Matunga Masanga, Mukanda wa bipungidi, vol. 78, dib. 277. www.ohchr.org

Tshipungidi tshidi tshikandika dikengeshangana ne dinyoka muntu peshi dimuenzela malu makuabu ne tshikisu, kaayi a bumuntu anyi adi amupuekeshangana milongo tshia mu 1984, tshianyisha kudi Tshisangilu tshinene tshia ONU mu Dipangadika diatshi dia 39/46 dia mu dia 10 Tshisua-munene 1984, tshiakabangisha mudimu watshi mu dia 26 Kabalashipu 1987, Matunga Masanga, Mukanda wa bipungidi, vol. 1465, dib. 85. www.ohchr.org

> **Diumvuija:** Kudi matunga mapite bungi adi mabuele mu tshipungidi etshi. Dikandika dia dikengeshangana ndimanyike kabidi bikole mpindieu mu mikenji ya pa tshibidilu ya bukua-matunga. Kakuena muntu udi mua kubingisha dikengeshangana bualu kudi mushindu kampanda wa bualu bua tshimpitshimpi anyi wa diluangana dia mvita nansha. Matunga kaena ne bua kupingaja (kualuja) muntu nansha umue mu teritware udi muntu eu muikale ne malu malelela adiye utshinyina bua kuya bualu mbafuane kuya kumukengesha.

Mukenji wa ku Rome wa Kabadi ka bukua-matunga kadi kalumbuluisha bashipi ba mikenji wa mu 1998, muanyisha kudi Tshipangu tshia Baleji-mpala ba matunga ku Rome, mu dia 17 Kashipu 1998, wakabangisha mudimu wawu mu dia 1 Kashipu 2002, Matunga Masanga, Mukanda wa bipungidi, vol. 2187, dib. 3. www.icrc.org

> **Diumvuija:** Kanungu ka 9 ka Mukenji eu (Bimanyinu bia ditupa ku mukenji), muanyisha kudi Kabadi ka bukua-matunga kadi kalumbuluisha bashipi ba mikenji (Cour pénale internationale, CPI) mu 2002, kadi kumvuija bimpe bimpe dishipa dia mikenji mu tshikondo tshia mvita, dishipa dia mikenji mu dienzela bantu malu mabi ne dishipa dia bantu, mu diela nunku mêyi pa bidi bitangila tshitupa tshinene tshia mikenji ya bukua-matunga ya pa tshibidilu

idi yakuila dishipa dia mikenji. Kabadi ka CPI kadi mua kuenza makebulula ne kulumbuluisha bilumbu bionso bidi Tshipangu tshia Bukubi tshia ONU tshimutumina (nansha bikala ditunga dia muntu udibu bafunde kadiyi dibuele mu tshipungidi etshi), pamue ne bilumbu bionso bidibu babanda nabi bena matunga adi mabuele mu tshipungidi etshi ne: mbenze mu matunga abu, anyi mu teritware wa ditunga diabu.

1.2 Mêyi manene ne mêyi maludiki adi Bulongolodi bua Matunga Masanga ne mbulamatadi ya matunga makuabu mangate ne mamanyishe patoke pa bidi bitangila manême a muntu, dikubibua ne dikala ne butekete

Ndongamu wa bukua-matunga wa tshidi mua kuenjibua bua dikulakaja wa ku Madrid wa mu 2002, muenza kudi Tshisangilu tshibidi tshia buloba bujima tshia ONU pa bidi bitangila dikulakaja, ku Madrid, mu 2002, muanyisha kudi Tshisangilu tshinene tshia ONU mu Dipangadika diatshi dia 37/51 dia mu dia 3 Tshisua-munene 1982. www.ohchr.org

Mêyi manene a Matunga Masanga adi akula bua bantu bakulumpe a mu 1991, manyisha kudi Tshisangilu tshinene tshia ONU mu Dipangadika diatshi dia 46/91 dia mu dia 16 Tshisua-munene 1991. www.ohchr.org

2. Bia mudimu bia bukua-matunga bidi bitangila diluangana dia mvita, mikenji ya bukua-matunga ya mudimu wa diambuluisha bantu ne dikuatshisha dia bumuntu

2.1 Bipungidi ne mikenji ya pa tshibidilu pa bidi bitangila diluangana dia mvita, mikenji ya bukua-matunga ya mudimu wa diambuluisha bantu ne dikuatshisha dia bumuntu

Mikenji ya bukua-matunga ya mudimu wa diambuluisha bantu (IHL) idi isunguluja mikalu idi dikokangana ne tshikisu mua kupita bua kulua "diluangana dia mvita" ne yenza nunku bua mikenji eyi ya pa buayi ikuate mudimu. Komite wa bukua-matunga wa Nkuruse mukunze (CICR) ke mulami udi mumanyike wa bipungidi bia IHL ne udi ufila mamanyisha ne mumvuija makuabu a bungi mu site wende wa Internet, kuelamu kabidi ne mumvuija adi mamanyike a Bipungidi bia ku Genève ne Mumvuangana abi, ne mêyi adi alombola Dilonga dia Mikenji ya bukua-matunga ya pa tshibidilu ya mudimu wa diambuluisha bantu. www.icrc.org

2.1.1 Bipungidi bia nshindamenu bia IHL

Bipungidi binayi bia ku Genève bia mu 1949

Diumvuangana dia mu 1977 disakidila ku Bipungidi bia ku Genève, Dikubibua dia badi bakenga bua diluangana dia mvita ya bukua-matunga (Diumvuangana I)

Diumvuangana dia mu 1977 disakidila ku Bipungidi bia ku Genève, Dikubibua dia badi bakenga bua diluangana dia mvita idi kayiyi ya bukua-matunga (Diumvuangana II). www.icrc.org

> **Diumvuija:** Bipungidi binayi bia ku Genève – mudi matunga onso mapunge ne bidi bantu bonso bitaba kabidi bu tshitupa tshia mikenji ya pa tshibidilu – bidi biakuila bua dikubibua ne bua malu a kuenzela badi batapike ne badi basama muaba udi mvita itua ipela pa buloba (I) ne mu mbuu (II), malu a kuenzela bena buloko ba mu mvita (III) ne dikubibua dia bantu badi kabayi basalayi mu tshikondo tshia diluangana dia mvita (IV). Bidi bikuata mudimu nangananga padiku diluangana dia mvita pankatshi pa matunga, pa kumbusha Kanungu 3 kadi mu bipungidi bionso kadi kakuila diluangana dia mvita idi kayiyi ya bukua-matunga, ne amue malu makuabu adibu bitaba mpindieu bu mikenji ya pa tshibidilu mu diluangana dia mvita idi kayiyi ya bukua-matunga. Mumvuangana abidi a mu 1977 au akavuija bipungidi abi bipiabipia mu tshikondo atshi, nangananga mu diumvuija dia tshivua baluanganyi ba mvita ne mu diela mêyi ne mikandu pa bidi bitangila diluangana dia mvita idi kayiyi ya bukua-matunga. Matunga a bungi ki mmitabe Mumvuangana aa to.

2.1.2 Bipungidi pa bidi bitangila bia mvita bikandika, mine ya dijiika mu buloba ne bintu bia mu bilele bia bantu

Pa kumbusha "mikenji ya ku Genève" itudi baleje kuulu eku, kudi kabidi kasumbu kakuabu ka mikenji itubu babikila ne: "mikenji ya ku La Haye" idi itangila diluangana dia mvita. Mikenji eyi idi ikonga tshipungidi tshidi tshiakuila dikuba dia bintu bia mu bilele bia bantu ne bipungidi bia bungi bidi biakuila pa mishindu ya bia mvita bidibu belele mikalu anyi bidibu bakandike, nangananga ebi bia dieyela, ne bidi bienza ne manga a shimi ne a bintu bidi ne muoyo, bia mvita bia pa tshibidilu bidi bishipa kabiyi bisunguluja anyi bidi bikengesha bantu tshianana tshianana, pamue ne mine ya dijiika mu buloba idi ishipa bantu ne bia lufu bidi bitayika panyima pa bamane kubiela. www.icrc.org

2.1.3 Mikenji ya IHL ya pa tshibidilu

Mikenji ya IHL ya pa tshibidilu idi ileja mikenji ya diluangana dia mvita idi matunga mitabe, ku diambuluisha dia mêyi adiwu mele, malu abu a tshididi ne bilele biawu, bayangata bu mêyi a pa tshibidilu adi matunga onso ne bua kulonda, nansha wowu mitabe anyi kaayi mitabe bipungidi ebi bia IHL. Kakuena liste wa mêyi a pa tshibidilu adibu bitaba, kadi diumvuija didi ditambe kuikala ne bukokeshi ndilonga didi dilonda edi.

Dilonga dia Mikenji ya bukua-matunga ya pa tshibidilu ya mudimu wa diambuluisha bantu (CIHL), ICRC, Henckaerts, J-M. ne Doswald-Beck, L., Cambridge University Press, Cambridge ne New York, 2005. www.icrc.org

> **Diumvuija:** Dilonga edi didi dikonga tuambe ne: tshitupa tshijima tshia mikenji idi yakuila pa diluangana dia mvita. Didi dienza liste wa mêyi masunguluke 161 ne dileja bikala dîyi ne dîyi dionso dikuata mudimu mu diluangana dia mvita ya bukua-matunga ne/anyi mu diluangana dia mvita idi kayiyi ya bukua-matunga. Nansha mudi bamue bumvuiji ba mikenji badiwula ngenzelu wa mudimu wa dilonga edi dia CIHL, ndifumine ku ngenzelu wa makebulula menza mu mushindu wa diyikilangana ne bantu ba bungi ne mutambe kujalama munkatshi mua bidimu bipite pa dikumi, ne bantu ba bungi badi bitaba bukokeshi bua tshisumbu tshia mikenji eyi ne diumvuija diayi.

2.2 Mêyi manene ne mêyi maludiki adi ONU ne malongolodi makuabu a mbulamatadi mitabe pa bidi bitangila diluangana dia mvita, mikenji ya IHL ne dikuatshisha dia bumuntu

"Tshivuluiji" tshia Tshipangu tshia Bukubi tshia ONU tshia mu 2002 tshidi tshiakuila dikubibua, tshifundulula mu 2003 (S/PRST/2003/27). undocs.org

> **Diumvuija:** Etshi ki ndipangadika didi disuika matunga to, kadi mmukanda udi ufila mibelu bua Tshipangu tshia Bukubi tshia ONU pa bidi bitangila mushindu wa kuteka ditalala ne nsombelu ya tshimpitshimpi mu diluangana dia mvita, idi ifumina ku diebejangana malu ne midimu bungi kampanda ya ONU ne komite ya pa tshibidilu ya midimu mishilashilangane (IASC).

Mapangadika a Tshipangu tshia Bukubi tshia ONU pa bidi bitangila diangatangana ne tshikisu ne dinyanga bakaji mu diluangana dia mvita, nangananga dipangadika dia kumpala dia mushindu eu, dia nimelo 1325 (2000) pa bidi bitangila bakaji, ditalala ne bukubi, divua muanda wa mushinga mukole mu ditua tshiadi bua kuluisha tshikisu tshienzela bakaji mu bikondo bia mvita, ne pashishe kuakalonda Dipangadika dia 1820 (2008), Dipangadika dia 1888 (2009), Dipangadika dia 1889 (2009) ne Dipangadika dia 1325 (2012). Mapangadika onso a Tshipangu tshia Bukubi tshia ONU bilondeshile tshidimu ne nimelo adi asanganyibua ku: www.un.org

3. Bia mudimu bia bukua-matunga bidi biakuila bena tshimuangi ne bantu badi bamuangale munda mua ditunga diabu (IDP)

3.1 Bipungidi bidi biakuila bena tshimuangi ne bantu badi bamuangale munda mua ditunga diabu

Pa kumbusha bipungidi bia bukua-matunga, tshitupa etshi tshidi tshikonga bipungidi bibidi bia Buobumue bua bena Afrika (kale, Bulongolodi bua Buobumue bua bena Afrika, peshi OUA), bualu bionso bibidi mbiakule bua malu avua katshia kaayi menzeke mu nsombelu wa bantu.

Tshipungidi tshia mu 1951 pa bidi bitangila nsombelu wa bena tshimuangi (tshishintulula), tshianyisha kudi Tshisangilu tshia Matunga Masanga tshia Baleji-mpala ba matunga pa bidi bitangila nsombelu wa bena tshimuangi ne bantu badi kabayi ne ditunga, tshiakenzelabu ku Genève, kubangila mu dia 2 too ne dia 25 Kashipu 1951, tshiakabangisha mudimu watshi mu dia 22 Tshisanga 1954, Matunga Masanga, Mukanda wa bipungidi, vol. 189, dib. 137. www.unhcr.org

Diumvuangana dia mu 1967 pa bidi bitangila nsombelu wa bena tshimuangi, dianyisha kudi Tshisangilu Tshinene tshia ONU, mu Dipangadika dia 2198 (XXI), tshiakenzabu kubangila mu dia 2 too ne dia 16 Tshisua-munene 1966, Matunga Masanga, Mukanda wa bipungidi, vol. 606, dib. 267. www.unhcr.org

> **Diumvuija:** Bu mudi Tshipungidi etshi tshikale dipunga dîyi dia kumpala dia bukua-matunga pa bidi bitangila bena tshimuangi, tshidi tshiumvuija muena tshimuangi bu muntu udi "muikale pambelu pa ditunga diabu, ne ditshina dilelela dia se: badi mua kumukengesha bua dikoba diende, bua tshitendelelu, bua tshisa, bua dikala muena tshisumbu kampanda tshia bantu anyi bua mmuenenu wende wa malu a tshididi, ne kayi ne mushindu peshi bua ditshina edi kayi usua bua kukeba bukubi bua dine ditunga adi anyi bua kupinganamu, bualu udi utshina ne: badi mua kuya kumukengesha..."

Tshipungidi tshia OUA tshia mu 1969 tshidi tshilombola malu masunguluke a ntatu ya bena tshimuangi ba mu Afrika, tshianyisha kudi Tshisangilu tshia Bamfumu ba Matunga ne ba Mbulamatadi mu Tshisangilu tshiabu tshia pa tshibidilu tshia musangu muisambombo, tshiakenzelabu ku Addis-Abeba, mu dia 10 Kabitende 1969. www.unhcr.org

> **Diumvuija:** Tshipungidi etshi tshidi tshitaba ne tshialabaja diumvuija dia Tshipungidi tshia mu 1951, didi diakula bua bantu badibu benzeje ku bukole bua kumbuka mu ditunga diabu kabiyi anu bu tshipeta tshia dibakengesha, kadi kabidi bua dibundibua, dikuata malaba abu kudi bantu ba ditunga dikuabu, dikokeshibua kudi ditunga dikuabu peshi bua malu adi menzeke adi manyange bikole nsombelu wa bantu. Tshidi kabidi tshitaba bua kuangata

bisumbu bidi kabiyi bia mbulamatadi bu bienji bia malu adi akengesha bantu ne katshiena tshilomba bua ne: bena tshimuangi baleje diumvuangana dia buludiludi didi pankatshi pabu bobu bine ne njiwu ya matuku atshilualua.

Tshipungidi tshia Buobumue bua bena Afrika pa bidi bitangila dikuba ne diambuluisha bantu badi bamuangale munda mua ditunga diabu mu Afrika (Tshipungidi tshia ku Kampala) 2009, tshianyisha kudi Tshisangilu tshia pa buatshi tshia Buobumue bua bena Afrika, tshiakenzelabu ku Kampala, tshiakabangisha mudimu watshi mu dia 6 Tshisua-munene 2012. au.int

> **Diumvuija:** Etshi ke tshipungidi tshia kumpala tshidi tshisangisha matunga mashilashilangane pa bidi bitangila bantu badi bamuangale munda mua ditunga diabu.

3.2 Mêyi manene ne mêyi maludiki adi ONU ne malongolodi makuabu a mbulamatadi mitabe pa bidi bitangila bena tshimuangi ne bantu badi bamuangale munda mua ditunga diabu

Mêyi manene adi alombola dimuangala dia bantu munda mua ditunga diabu a mu 1998, akanyishabu mu Kabitende 2005 kudi bamfumu ba matunga ne ba mbulamatadi, mu Tshisangilu tshia buloba bujima tshiakenzelabu ku New York mu Tshisangilu tshinene tshia ONU mu Dipangadika diatshi dia 60/L.1 (132, UN Doc. A/60/L.1) bu "tshia mudimu tshia mushinga mukole tshia bukua-matunga bua kukuba bantu badi bamuangale munda mua ditunga diabu". www.ohchr.org

> **Diumvuija:** Mêyi manene aa mmashindamene pa mikenji ya bukua-matunga ya mudimu wa diambuluisha bantu badi bakenga ne pa mikenji idi yakuila manême a muntu ne mikenji mikuabu ya muomumue idi yakuila bena tshimuangi, ne mbaenze ne lungenyi lua wowu kuambuluisha bu mukenji munene wa bukua-matunga udi ne bua kulombola mbulamatadi, malongolodi a bukua-matunga ne benji ba midimu bakuabu bonso badi malu aa atangila mu difila dikuatshisha ne bukubi kudi bantu badi bamuangale munda mua ditunga diabu.

4. Bia mudimu bia bukua-matunga pa bidi bitangila bipupu ne dikuatshisha dia bumuntu

4.1 Bipungidi pa bidi bitangila bipupu ne dikuatshisha dia bumuntu

Tshipungidi tshia mu 1994 pa bidi bitangila dikubibua dia bena mudimu ba Matunga Masanga ne badi badisange nabu, tshianyisha kudi Tshisangilu tshinene tshia ONU mu Dipangadika diatshi dia 49/59 dia mu dia 9 Tshisua-munene 1994, tshiakabangisha mudimu watshi mu dia 15 Tshiongo 1999, Matunga Masanga, Mukanda wa bipungidi, vol. 2051, dib. 363.

Diumvuangana dia mu 2005 didibu mua kusakidila ku Tshipungidi tshia mu 1994 pa bidi bitangila dikubibua dia bena mudimu ba Matunga Masanga ne badi badisange nabu, tshianyisha kudi Tshisangilu tshinene tshia ONU mu Dipangadika diatshi dia A/60/42 dia mu dia 8 Tshisua-munene 2005, tshiakabangisha mudimu watshi mu dia 19 Tshimungu 2010, Matunga Masanga, Mukanda wa bipungidi, vol. 2689, dib.59. www.un.org

> **Diumvuija:** Mu Tshipungidi etshi, dikubibua ndimanyine anu pa midimu idi ONU mua kuenza bua kuteka ditalala, anu bikala buine bulongolodi ebu buambe ne: "kudi njiwu ya pa buayi" (bualu bulomba budi kabuyi ne dikuatshisha). Diumvuangana didi dilongolola tshilema tshinene etshi tshia mu Tshipungidi ne dialabaja dikubibua didi dilonda mikenji ku midimu yonso ya ONU, kubangila ku dikuatshisha dia bumuntu padiku bualu bua tshimpitshimpi too ne ku diteka dia ditalala ne difila diambuluisha dia bumuntu, mu malu a tshididi ne a diyisha ditunga kumpala.

Tshipungidi tshia ku Tampere tshia mu 1998 pa bidi bitangila dipetesha bantu biamu bia dibatuangaja nabi mu mitantshi mile bua kukepesha bipeta bia bipupu ne bua midimu ya diambuluisha bantu padiku tshipupu, tshianyisha mu 1998 kudi Tshisangilu tshia mbulamatadi ya matunga pa bidi bitangila biamu bia dituangaja nabi bantu padiku malu a tshimpitshimpi, tshiakabangisha mudimu watshi mu dia 8 Tshiongo 2005, Matunga Masanga, Mukanda wa bipungidi, vol. 2296, dib. 5. www.itu.int

Tshipungidi tshidi tshikonga bena ONU tshia mu 1992 pa bidi bitangila dishintuluka dia mivu (*Convention-Cadre des Nations unies de 1992 sur les changements climatiques, CCNUCC*), tshianyisha kudi Tshisangilu tshia Matunga Masanga pa malu a bintu bidi bitunyunguluke ne dilubuluka, tshiakenzelabu ku Rio de Janeiro, kubangila mu dia 4 too ne dia 14 Kabalashipu 1992, tshivua tshianyishibue kudi Tshisangilu tshinene tshia ONU mu Dipangadika diatshi dia 47/195 dia mu dia 22 Tshisua-munene 1992, tshiakabangisha mudimu watshi mu dia 21 Luabanya 1994, Matunga Masanga, Mukanda wa bipungidi, vol. 1771, dib. 107. unfccc.int

- **Diumvuangana dia ku Kyoto dia mu 1997 didi diakuila tshipungidi tshia CCNUCC**, diakenzabu mu dipetangana dia musangu muisatu dia Tshisangilu tshia matunga adi mapunge (COP-3) mu Tshipungidi tshidi tshikonga matunga, ku Kyoto, mu ditunga dia Japon, tshiakabangisha mudimu watshi mu dia 16 Luishi 2005, Matunga Masanga, Mukanda wa bipungidi, vol. 2303, dib. 148. unfccc.int
- **Diumvuangana dia ku Paris dia mu 2015**, diakenzabu mu dipetangana dia musangu wa 21 mu Tshisangilu tshia matunga adi mapunge mu Tshipungidi tshidi tshikonga matunga (COP-21), ku Paris, mu ditunga dia France, mu Tshisua-munene 2015, tshiakabangisha mudimu watshi mu Kasuabanga 2016. unfccc.int

> **Diumvuija:** Tshipungidi tshia CCNUCC, Diumvuangana dia ku Kyoto ne Diumvuangana dia ku Paris bionso mbienze tshipungidi tshimue tshidi tshikonga matunga. Bidi biakuila pa dijinga dia lukasa lukasa dia kuteka mu tshienzedi didiakaja bua dishintuluka dia mivu ne pa ngenzelu ya mua kukepesha njiwu, ne dikolesha bukokeshi bua matunga ne dikandamana diawu, nangananga mu matunga mudi bipupu bia ku tshifukilu bienzeka misangu ne misangu. Bidi biela kashonyi pa ngenzelu ya mua kukepesha bipeta bia bipupu ne mushindu wa kupita mu njiwu, nangananga pa bidi bitangila dishintuluka dia mivu.

4.2 Mêyi manene ne mêyi maludiki adi ONU ne malongolodi makuabu a mbulamatadi mitabe pa bidi bitangila bipupu ne dikuatshisha dia bumuntu

Dikolesha dia dilombola dia dikuatshisha dia bantu mu malu a tshimpitshimpi dienza kudi Matunga Masanga, ne tshisakidila tshiadi, Mêyi manene adi alombola, Tshisangilu tshinene tshia ONU, Dipangadika dia 46/182 dia mu dia 19 Tshisua-munene 1991. www.unocha.org

> **Diumvuija:** Bualu ebu buakafikisha ku dienza dia Tshibambalu tshia ONU tshia Malu a mudimu wa diambuluisha bantu badi bakenga, tshiakalua pashishe Biro bia ONU bidi bilombola Malu a mudimu wa diambuluisha bantu badi bakenga (OCHA) mu 1998.

Mukanda wa mudimu wa ku Sendai bua kukepesha njiwu ya ku bipupu bua 2015–2030 (Mukanda wa mudimu wa ku Sendai). www.unisdr.org

> **Diumvuija:** Mukanda wa mudimu wa ku Sendai ntshia mudimu tshidi tshipingane pa muaba wa Mukanda wa mudimu wa ku Hyogo (HFA) 2005–2015: Dikolesha matunga ne bisumbu bijima bia bantu bua kukandamena bipupu. Bakawanyisha mu dimanyisha diakenzabu mu Tshisangilu tshia buloba bujima tshia ONU tshia musangu muisatu tshia mu 2015 bua kukepesha njiwu ya ku bipupu, ne Tshisangilu tshinene tshia ONU tshiakawitaba (mu Dipangadika 69/283). Biro bia Matunga Masanga

bidi bitangila dikepesha dia njiwu ya ku bipupu (UNISDR) bidi bitua mpanda ku diteka mu tshienzedi dia mukanda eu. Ndiumvuangana ku mêyi dia ku budisuile didi kadiyi dienzejangna malu ku bukole mu bule bua bidimu 15, ne tshipatshila tshia kukepesha bikole menemene njiwu ne difua dia bantu, dijimija dia bintu bia mu nsombelu ne makanda a mubidi padiku bipupu.

Mêyi maludiki a mu 2007 adi atangila dipepeja ne diela mikenji mu ditunga pa bidi bitangila diambuluisha dia bukua-matunga ne dikuatshisha bantu bua kupetulula makanda a ku ntuadijilu padiku tshipupu, (Mêyi maludiki a IDRL) 2007, akanyishabu kudi Tshisangilu tshia bukua-matunga tshia musangu wa 30 tshia Kasumbu ka Nkuruse mukunze ne Ngondo mukunze (tshidi tshikonga Matunga adi mapunge mu Bipungidi bia ku Genève). www.ifrc.org

5. Mikanda ya diludika nayi mudimu wa diambuluisha bantu, mêyi maludiki ne mêyi manene a manême a muntu, dikubibua ne dikala batekete mu didilongolola bua malu a tshimpitshimpi ne difila diambuluisha

Kudi mpindieu mulongolongo wa mêyi adi akuila malu a bungi ne midimu misunguluke ya kuenza mu diambuluisha bantu mu bikondo bia malu a tshimpitshimpi. Bu mudi bia mudimu ebi kabitshiyi kabidi bisunguluja malu pankatshi pa diluangana dia mvita, nsombelu ya bena tshimuangi ne diambuluisha padiku tshipupu, mbakongakaje kuinshi eku amue mêyi bilondeshile mitu ya malu eyi: mikenji ya malu onso a pa tshibidilu; dikala muomumue dia balume ne bakaji ne dikubibua ku tshikisu tshienzela muntu bua mudiye mulume anyi mukaji; bana mu bikondo bia tshimpitshimpi; ne bena tshimuangi ne bantu badi bamuangale munda mua ditunga diabu.

1. Mikenji idi yenda pamue ne ya Sphere

Minimum Standards for Child Protection in Humanitarian Action (CPMS). Alliance for Child Protection in Humanitarian Action (The Alliance), 2012. https://resourcecentre.savethechildren.net

Minimum Standard for Market Analysis (MISMA). The Cash Learning Partnership (CaLP), 2017. www.cashlearning.org

Minimum Standards for Education: Preparedness, Response, Recovery. Inter-Agency Network for Education in Emergencies (INEE), 2010. http://s3.amazonaws.com

Livestock Emergency Guidelines and Standards (LEGS). LEGS Project, 2014. https://www.livestock-emergency.net

Minimum Economic Recovery Standards (MERS). The Small Enterprise Education and Promotion Network (SEEP), 2017. https://seepnetwork.org

Humanitarian inclusion standards for older people and people with disabilities. Age and Disability Consortium, HelpAge International, Handicap International, 2018. https://reliefweb.int

2. Mikenji mikuabu, mêyi maludiki ne mikanda bilondeshile biena-bualu

2.1 Mikenji ya pa tshibidilu pa bidi bitangila dikubibua ne bulenga mu midimu ya diambuluisha bantu

Mikenji ya bikadilu bua Kasumbu ka bukua-matunga ka Nkuruse mukunze ne Ngondo mukunze ne bua malongolodi adi kaayi a mbulamatadi (ma-ONG) mu diambuluisha padiku dikenga ⊕ *tangila Tshisakidila 2.*

Fundamental Principles of the International Red Cross and Red Crescent Movement 1965, adopted by the 20th International Conference of the Red Cross. www.ifrc.org

IASC Operational Guidelines on the Protection of Persons in Situations of Natural Disasters. Inter-Agency Standing Committee and Brookings–Bern Project on Internal Displacement. 2011. https://www.brookings.edu

IASC Guidelines on Mental Health and Psychosocial Support in Emergency Settings 2007. UN Inter-Agency Standing Committee. www.who.int

IASC Guidelines on Inclusion of Persons with Disabilities in Humanitarian Action. https://interagencystandingcommittee.org

IASC Policy on Protection in Humanitarian Action 2016. UN Inter-Agency Standing Committee. https://interagencystandingcommittee.org

Principles and Good Practice of Humanitarian Donorship 2003, endorsed by the Stockholm conference of donor countries, UN agencies, NGOs and the International Red Cross and Red Crescent Movement, and signed by the European Commission and 16 states. www.ghdinitiative.org

Professional Standards for Protection Work. 2018. International Committee of the Red Cross (ICRC). https://shop.icrc.org

International Law and Standards Applicable in Natural Disaster Situations (IDLO Legal Manual) 2009, International Development Law Organization (IDLO). https://www.sheltercluster.org

2.2 Dikala muomumue dia balume ne bakaji ne dikubibua ku tshikisu tshienzela muntu bua mudiye mulume anyi mukaji (GBV)

GBV Constant Companion. Global Shelter Cluster, GBV in Shelter Programming Working Group. 2016. https://sheltercluster.org

Gender Handbook in Humanitarian Action 2006, "Women, Girls, Boys & Men, Different Needs – Equal Opportunities, a Gender Handbook for Humanitarian Action". Inter-Agency Standing Committee. http://www.unhcr.org

Gender Preparedness Camp Planning: Settlement Planning, Formal Camps, Informal Settlements Guidance. Global Shelter Cluster, GBV in Shelter Programming Working Group. 2016. https://www.sheltercluster.org

IASC Guidelines for Integrating Gender-based Violence Interventions in Humanitarian Action. 2015. New York; UN Inter-Agency Standing Committee and Global Protection Cluster. www.gbvguidelines.org

Integrating Gender-Sensitive Disaster Risk Management into Community-Driven Development Programs. Guidance Notes on Gender and Disaster Risk Management. No.6. World Bank. 2012. https://openknowledge.worldbank.org

Making Disaster Risk Reduction Gender-Sensitive: Policy and Practical Guidelines. Geneva; UNISDR, UNDP and IUCN. 2009. https://www.unisdr.org

Need to Know Guidance: Working with Men and Boy Survivors of Sexual and Gender-Based Violence in Forced Displacement. UNHCR. 2011. www.globalprotectioncluster.org

Need to Know Guidance: Working with Lesbian, Gay, Bisexual, Transgender and Intersex Persons in Forced Displacement. UNHCR. 2011. www.globalprotectioncluster.org

Predictable, Preventable: Best Practices for Addressing Interpersonal and Self-Directed Violence During and After Disasters. Geneva; IFRC, Canadian Red Cross. 2012. www.ifrc.org

2.3 Bana mu bikondo bia malu a tshimpitshimpi

Field Handbook on Unaccompanied and Separated Children. 2017. Inter-agency Working Group on Unaccompanied and Separated Children; Alliance for Child Protection in Humanitarian Action. https://reliefweb.int

IASC Minimum Standards for Child Protection in Humanitarian Action. 2012. New York; UN Inter-Agency Standing Committee and Global Protection Cluster (Child Protection Working Group). cpwg.net

Inter-agency Guiding Principles on Unaccompanied and Separated Children. 2004. ICRC, UNHCR, UNICEF, World Vision International, Save the Children UK and the International Rescue Committee. https://www.icrc.org

2.4 Bena tshimuangi ne bantu badi bamuangale munda mua ditunga diabu (IDP)

Mudimu wa UNHCR (udi utangila malu a bena tshimuangi) udi ne bukenji bua pa buabu bua kukuba bena tshimuangi bilondeshile Tshipungidi ne Diumvuangana bidi biakuila bena tshimuangi. Nenusangane malu makuabu a bungi mu site wa Internet wa UNHCR. www.unhcr.org

IASC Handbook for the Protection of Internally Displaced Persons (March 2010). UN Inter-Agency Standing Committee. 2010. www.unhcr.org

Tshisakidila 2
Mikenji ya Bikadilu bua Kasumbu ka bukua-matunga ka Nkuruse mukunze ne Ngondo mukunze ne bua Malongolodi adi kaayi a mbulamatadi (ma-ONG) mu diambuluisha padiku bipupu

Milongolola kudi Nsangilu wa bukua-matunga wa Nkuruse mukunze ne Ngondo mukunze tshiapamue ne Komite wa bukua-matunga wa Nkuruse mukunze[1]

Tshipatshila

Mikenji ya Bikadilu eyi idi ikeba bua kulama mikenji idi itangila ngikadilu wetu. Kayena yakuila bua malu makese onso adi atangila ngenzelu wa mudimu, bu mudi mushindu udi muntu mua kuenza makumi a biakudia bia kuabanya peshi mushindu wa kuasa tshitudilu tshia bena tshimuangi nansha. Kadi, idi ikeba bua kulama mikenji mibandile ya budikadidi, mudimu muimpe ne bipeta bidi ma-ONG adi madifile mu diambuluisha padiku tshipupu ne Kasumbu ka bukua-matunga ka Nkuruse mukunze ne Ngondo mukunze bipatshila. Ntshisumbu tshia mikenji ya ku budisuile, mikolesha kudi dijinga dia bulongolodi budi buyitaba bua kulama mikenji idibu bafundemu.

Mu diluangana dia mvita, badi ne bua kumvuija Mikenji ya Bikadilu eyi ne kuyitumikisha bilondeshile mikenji ya bukua-matunga ya mudimu wa diambuluisha bantu.

Mbaleje kumpala Mikenji ya Bikadilu. Pashishe kudi kulonda bisakidila bisatu bidi biumvuija muaba wa dienzela mudimu utudi tujinga bua kumona muenjibue kudi mbulamatadi idi ituakidila, mbulamatadi mifidi ya mpetu ne malongolodi adi menza kudi mbulamatadi ya bungi (OIG) bua kumona mua kuvuija mudimu wa dikuatshisha bantu mupepele bua kuwenza bimpe.

Diumvuija dia miaku

ONG: Muaku ONG (Organisation non gouvernementale) udi uleja muaba eu malongolodi onso, bikala a mu ditunga anyi a bukua-matunga, adi madienze pa nkayawu matapuluke ne mbulamatadi wa ditunga mudibu baenze.

IHNG: Bua bipatshila bia mukanda eu, mbafumbe muaku IHNG (Institution humanitaire non gouvernementale) bua kukongakaja bitupa bidi bienze Kasumbu ka bukua-matunga ka Nkuruse mukunze ne Ngondo mukunze – Komite wa bukua-matunga wa Nkuruse mukunze, Nsangilu wa bukua-matunga wa Nkuruse mukunze

---

1 *Mpetu mmifumine kudi: Caritas Internationalis,* Catholic Relief Services,* Nsangilu wa bukua-matunga wa Nkuruse mukunze ne Ngondo mukunze,* International Save the Children Alliance,* Lutheran World Federation,* Oxfam,* World Council of Churches,* Komite wa bukua-matunga wa Nkuruse mukunze (* bena mu Komite mulombodi wa mudimu wa diambuluisha bantu).*

ne Ngondo mukunze ne Kumpanyi ya mu ditunga idimu – ne ma-ONG mushindu udibu bauvuije kuulu eku. Mikenji eyi idi yakuila nangananga bua malongolodi a IHNG adi madifile mu diambuluisha bantu padiku tshipupu.

OIG: Muaku OIG (*Organisation intergouvernementale*) udi uleja malongolodi adi menza kudi mbulamatadi ibidi anyi kupita apu. Nunku udi ukonga Midimu yonso ya Matunga Masanga ne malongolodi a mu bitupa bikuabu bia buloba.

Bipupu: Muaku tshipupu udi uleja bualu bubi budi buenzeke budi bufikisha ku difuisha bantu, dikengeshisha bantu bikole ne dibamuenesha kasuba, ne dijimija dia bintu bipite bungi.

Mikenji ya Bikadilu

Mêyi manene a Bikadilu a Kasumbu ka bukua-matunga ka Nkuruse mukunze ne Ngondo mukunze ne ma-ONG mu programe ya diambuluisha padiku tshipupu

1. Bujitu bua kuleja bumuntu ke bualu bua kumpala ku malu onso

Bukenji bua kupeta dikuatshisha dia bumuntu, ne bua difila dine dikuatshisha edi, ke dîyi dia nshindamenu dia mudimu wa diambuluisha bantu budi bena muabu ba matunga onso ne bua kuikala nabu. Mutudi bena mu tshinsanga tshia bukua-matunga, tudi tuitaba bujitu butudi nabu bua kufila dikuatshisha dia bumuntu muaba wonso udibu nadi dijinga. Nanku dipeta bantu badi dikenga dikuate kakuyi tshipumbishi mbualu bua mushinga mukole mu dikumbaja dia bujitu abu. Bualu bua kumpala budi butusaka bua kufila diambuluisha padiku tshipupu mbua kupepeja dikenga dia bantu munkatshi mua aba badi kabayi bakumbana mua kupita ne ntatu mikebesha kudi tshipupu etshi. Diambuluisha dia bumuntu ditudi tufila ki ntshienzedi tshia dileja luseke lutudi balamate anyi tshia malu a tshididi nansha, ne ke mushindu udibu ne bua kudiangata.

2. Diambuluisha didi difidibua kabiyi kutangila dikoba, mitabuja peshi ditunga dia bantu badi badipeta ne kakuyi disungulula dibi dia bantu dia mushindu kayi wonso. Malu a kumpala a kuenza mu diambuluisha mmatshinka bilondeshile anu majinga adiku

Muaba wonso udibi mua kuenzeka, netuashile difila dia dikuatshisha pa dikonkonona dijima dia majinga dia bantu badi tshipupu tshikuate ne makokeshi a bantu ba muaba au adi madianjile kuikalaku bua kukumbaja majinga au. Mu programe yetu yonso mijima, netulonde dîyi dia kufila bintu bilondeshile bungi budi bupetangana ne bukuabu. Bantu badi bakenga badi ne bua kupeta disulakana muaba kayi wonso udibu; muoyo udi ne mushinga wa bungi mu bitupa bionso bia ditunga. Nunku, difila dietu dia diambuluisha nedileje bunene bua dikenga dididi dikeba bua kusulakaja. Mu diteka mu tshienzedi ngenzelu eu wa malu, tudi tuitaba mudimu munene udi bakaji bikale nawu mu binsanga mutu bipupu bitamba kuenzeka ne netujadike bua ne: programe yetu ya diambuluisha idi ikolesha mudimu eu, ne kayena yenda iyikepesha to. Diteka mu tshienzedi dia ndudikilu wa malu wa mushindu eu wa buloba bujima, udi kayi ne kansungasunga ne mudikadile didi anu mua kupatula bipeta bimpe bituikala tuetu ne benzejanganyi netu ba mudimu mua kupeta bintu bidi bikengedibua bua kufila mu diambuluisha diakane dia mushindu eu, ne kufika mu mushindu wa muomumue kudi bantu bonso badi bakenga.

3. Kabena ne bua kuenza mudimu ne diambuluisha bua kutua mpanda ku mmuenenu kampanda wa malu a tshididi anyi a tshitendelelu nansha

Diambuluisha dia bantu nedifidibue bilondeshile majinga a bantu, a mêku ne a binsanga bia bantu. Nansha mudi malongolodi a IHNG mua kuikala itaba mmuenenu ya malu masunguluke a tshididi anyi a bitendelelu, tudi tuamba tujadika ne: dikuatshisha bantu kadiena ne bua kuikala bilondeshile dilamata dia bantu badi bapeta bintu ku mmuenenu ya malu au to. Katuakusuikila dilaya, difila anyi diabanya dia dikuatshisha ku dianyisha peshi ku ditaba dia malu kampanda a tshididi anyi a bitendelelu nansha.

4. Netudienzeje bua kubenga kuenza malu bu biamudimu bia malu a tshididi bia mbulamatadi wa ditunga kampanda mu matunga makuabu

Malongolodi a IHNG mmidimu idi midikadile ne mbulamatadi. Nanku tudi tumanyisha yetu njila ya kulonda ne ngenzelu ya diteka nayi malu mu tshienzedi, ne katuakukeba bua kuteka mu tshienzedi malu a tshididi a mbulamatadi kayi yonso nansha, anu bikala malu aa apetangana ne njila utudi tulonda bua kuenza malu mu budikadidi. Bikala tudi bamanye anyi ku dilengulula dia malu, katuakuanyisha bua bobu kuenza netu mudimu, tuetu bine anyi bena mudimu betu, bua kusangisha malu adi atangila tshididi, basalayi peshi mpetu bua mbulamatadi anyi bua bisumbu bikuabu bidi bikale ne bipatshila bikuabu bidi kabiyi bia diambuluisha bantu menemene, peshi katuakuenza malu bu biamudimu bia malu a tshididi bia mbulamatadi mifidi ya mpetu mu matunga makuabu nansha. Netuenze mudimu ne dikuatshisha ditudi tupeta bua kukumbaja majinga ne dikuatshisha edi kadiakuikala dilombola kudi dijinga dia mufidi wa bintu dia kuimansha bintu bia pa mutu bidiye nabi to, peshi kudi tshipatshila kampanda tshia malu a tshididi tshia mufidi kayi yonso wa bintu. Tudi tuangata ne mushinga ne tutua mpanda ku difila dia ku budisuile dia bena mudimu ne dia mpetu mifila kudi bantu badi baditatshisha bua kukuatshisha mudimu wetu ne tuitaba budikadidi bua tshienzedi bukankamija kudi muoyo wa budisuile wa mushindu eu. Bua kumona mua kukuba budikadidi buetu, netukebe bua kuepuka dindila bua kupeta mpetu idi ifumina anu ku luseke lumuepele.

5. Netunemeke bilele ne bikadilu bia bantu

Netudienzeje bua kunemeka bikadilu, bintu bilongolola ne bilele bia binsanga bia bantu ne bia matunga mutudi tuenzela mudimu.

6. Netukebe bua kuashila diambuluisha dietu padiku tshipupu pa makokeshi a muaba au

Bantu bonso ne binsanga bionso bia bantu – nansha padiku tshipupu – badi ne makokeshi pamue ne mateketa. Muaba udibi mua kuenzeka, netukoleshe makokeshi aa mu diangata ku mudimu bantu ba muaba au, mu disumba bintu bia muaba au ne mu diendangana mishinga ne kumpanyi ya muaba au. Muaba udibi mua kuenzeka, netuenze mudimu ku diambuluisha dia ma-IHNG a muaba au tuangata bu benzejanganyi netu ba mudimu mu dilongolola dia malu ne mu diateka mu tshienzedi, ne netueleshangane diboko ne ndongoluelu ya mbulamatadi ya muaba au padibi biakanyine kuenza nanku. Netuteke kumpala kua malu onso dilombola dia midimu yetu tuetu bine ya diambuluisha bantu padiku tshipupu. Bualu ebu nebuenzeke bimpe menemene mu matunga adi mikale ne tshipupu kudi bantu badi midimu ya difila diambuluisha itangila buludiludi, ne munkatshi muabu tudi ne bua kubala baleji-mpala ba midimu ya ONU badi mudimu eu utangila.

7. Tudi ne bua kukeba mishindu ya kubueja bantu badi bapeta diambuluisha mu ditangila dia diambuluisha edi didibu bafila

Bantu badi bapeta diambuluisha kabena ne bua kubitabijija ku bukole diambuluisha difila padiku tshipupu. Badi mua kufila diambuluisha dimpe ne diasulula dia nsombelu didi dinenga muaba udi bantu banudi nuipatshila bua kuambuluisha bikale badifile mu diela meji, ditangila ne diteka mu tshienzedi programe wa diambuluisha. Netudienzeje bua kukumbaja didifila dia tshinsanga mu bujima buatshi mu programe yetu ya difila diambuluisha ne diasulula.

8. Diambuluisha difila didi ne bua kukepesha mateketa a bantu bua tshipupu mu matuku adi alua ne kukumbaja kabidi majinga a nshindamenu

Malu adibu benza bua kufila disulakana adi ne buenzeji buimpe anyi bubi pa malu adi mua kuenzeka mu matuku a bungi atshilualua. Bu mutudi bamanye bualu ebu, netudienzeje bua kuteka mu tshienzedi programe ya difila diambuluisha idi ikepesha bulelela butekete bua bantu badi bapeta diambuluisha bua bipupu bia matuku atshilualua ne netubambuluishe bua kuasulula nsombelu idi inenga matuku a bungi. Netuteye ntema ya pa buayi ku malu adi atatshisha mu muaba udibu basombele mu diela meji ne mu dilombola programe ya diambuluisha. Netudienzeje kabidi bua kukepesha menemene buenzeji bubi bua dikuatshisha dia bumuntu, mu dikeba bua kuepuka bua dilama bantu bikale anu bindila diambuluisha didi difumine muaba mukuabu munkatshi mua matuku mulongolongo.

9. Tudi tudiumvua tuetu bine ne dibanza dia kuandamuna kudi bantu bine batudi tukeba bua kuambuluisha ne kudi bantu batudi bitabe bua kuangata mpetu kudibu

Misangu mivule tutu tuenza malu bu batuangaji mu dieleshangana maboko didi pankatshi pa aba badi basue kuambuluisha ne aba badi dijinga ne diambuluisha mu bikondo bia bipupu. Nunku tudi tudiumvua tuetu bine ne bujitu bua kuandamuna ku nseke yonso ibidi. Malu onso atudi tuenza ne bafidi ba bintu ne bapetshi ba bintu adi ne bua kuleja mmuenenu wa malu mubululuke ne mutokesha. Tudi bamanye ne: tudi ne bua kuenza luapolo lua midimu yetu, bua bidi bitangila mpetu itudi tupeta ne bua ngenzelu muimpe wa mudimu. Tudi bamanye bujitu bua kujadika dilondesha diakanyine dia malu adi atangila bintu bidibu babanya bua kuambuluisha bantu ne bua kuenza dikonkonona dia pa tshibidilu dia buenzeji bua dikuatshisha difila padiku tshipupu. Netukebe kabidi bua kuenza luapolo, mu mushindu mubululuke, pa bidi bitangila buenzeji bua mudimu wetu, ne malu adi apangisha anyi adi akolesha buenzeji ebu. Programe yetu neyishindamene pa mikenji mibandile ya benji ba mudimu ba dipoko ne bamanyi bapiluke bua kumona mua kukepesha menemene dinyangakaja dia bintu bia mushinga.

10. **Mu midimu ya difila ngumu, mamanyisha ne disuisha malu ku bantu, tudi ne bua kuangata bantu badi bakenga bua tshipupu bu bantu ba kunemeka, kadi ki mbu bintu bidi kabiyi ne ditekemena nansha**

Dinemeka muntu udi ukenga bua tshipupu pa kumuangata bu muntu udi muomumue netu kadiena ne bua kujimina nansha kakese dîba ditudi tufila diambuluisha. Mu malu atudi tumanyisha ku bantu, netuikale ne bua kufila tshimfuanyi tshilelela tshia nsombelu wa tshipupu muaba udib baleja patoke makokeshi ne malu adi bantu badi mu tshipupu batekemene, ne katuakuleja anu mateketa abu ne malu adibu batshina nansha. Nansha mutuikala ne bua kueleshangana diboko ne tudiomba bua kumona mua kulengesha mushindu wa kuambuluisha bantu, katuakulekela bua malomba a pambelu anyi a munda a malu a kusuisha ku bantu kuangatawu muaba kumpala kua mukenji munene wa difila diambuluisha dionso mu bujima buadi. Netubenge bua kutembangana ne bena midimu mikuabu ya diambuluisha mu tshipupu bua kusankisha anu bena tudiomba mu nsombelu idi mudimu eu wa tudiomba mufuane kunyanga mudimu unudi nuenzela bapetshi ba diambuluisha peshi bukubi bua bena mudimu betu anyi bua bantu badi bapeta diambuluisha edi.

Muaba wa dienzela mudimu

Tuetu bamane kuitaba nkayetu bua kudienzeja bua kulonda Mikenji itudi baleje kuulu eku, tudi tuleja kuinshi eku amue mêyi maludiki a tshilejilu adi umvuija muaba wa dienzela mudimu utudi tujinga bua kumona muenjibue kudi mbulamatadi mifidi ya mpetu, mbulamatadi idi ituakidila ne malongolodi adi menza kudi mbulamatadi ya bungi – nangananga midimu ya Matunga Masanga – bua kumona mua kuvuija didifila dia ma-IHNG dipepele mu difila diambuluisha padiku tshipupu.

Mêyi maludiki aa mmafila bu mibelu ya kulonda. Ki mmenza bu mikenji idi ne bukokeshi pa bantu to, ne katuena tutekemena bua se: mbulamatadi ne ma-OIG aleje mudiwu itaba mêyi maludiki aa pa kutua tshiala pa mukanda kampanda to, nansha mudi bualu ebu mua kuikala tshipatshila bua matuku atshilualua. Mbafile mêyi maludiki aa ne lungenyi lua ditokesha malu ne dieleshangana diboko mu mushindu wa se: benzejanganyi netu ba mudimu bafike ku dimanya malanda atudi tuipatshila bua kudia nabu.

Tshisakidila tshia I: Malu atudi tulomba mbulamatadi ya matunga adi akenga bua bipupu

1. **Mbulamatadi idi ne bua kumanya ne kunemeka malu adi ma-IHNG enza ne budikadidi, bua kuambuluisha bantu kakuyi kansungasunga**

Ma-IHNG mmalongolodi adi ne budikadidi. Mbulamatadi miakididi idi ne bua kunemeka budikadidi ebu ne dibenga kansungasunga.

2. Mbulamatadi miakididi idi ne bua kupepejila ma-IHNG malu bua amone mua kufika lukasa kudi bantu badi bakenga bua tshipupu

Bikala ma-IHNG ne bua kuenza malu mu diumvuangana menemene ne mêyi manene a mudimu wa diambuluisha bantu, badi ne bua kuajakila mushindu wa lukasa ne kauyi wa kansungasunga wa kufika kudi bantu badi bakenga bua tshipupu, bua wowu kumona mua kufila dikuatshisha dia bumuntu. Ebu mbujitu bua mbulamatadi muakididi, bu tshitupa tshia bujitu buende bua dienza mudimu ne bukokeshi buende, ki mbua kujikila diambaluisha dia mushindu eu to, ne kuitaba mudimu udi ma-IHNG enza kakuyi kansungasunga ne kabiyi kulonda malu kampanda a tshididi. Mbulamatadi miakididi idi ne bua kupepejila bena mudimu wa diambuluisha dibuela dia lukasa, nangananga pa kumbusha malu adibu balomba bua kupeta mukanda wa kupitshila mu ditunga, kubuelamu ne kupatukamu, peshi pa kulongolola malu bua se: bikale mua kupeta mikanda eyi ne lukasa. Mbulamatadi idi ne bua kuanyishila ndeke idi yambula bintu bia bukua-matunga bidibu bafila bua kuambuluisha bantu pamue ne bena mudimu pa kuyitabila bukenji bua kupitshila mu ditunga ne bua kuikila, mu bule bua tshitupa tshionso tshia diambuluisha bantu mu malu a tshimpitshimpi.

3. Mbulamatadi idi ne bua kupepeja malu bua dibuela dia pa dîba dia bintu bidibu bafila bua kuambuluisha bantu ne malu adibu bamanyisha padiku bipupu

Badi batuma bintu bidibu bafila bua kuambuluisha ne biamudimu munda mua ditunga kampanda anu bua kukepesha dikenga dia bantu, ki mbua kuenda nabi mushinga anyi kupetelaku makasa nansha. Pa tshibidilu, badi ne bua kuanyishila bintu bia mushindu eu bua kupitshilabi mu ditunga kakuyi difuta dikuta ne kakuyi dibikandika, ne kabena ne bua kulomba mikanda mijadiki ya kudibi bifumina kudi baleji-mpala ba matunga menyi peshi mikanda ya tshisumbidi, ya dibueja nayi bintu mu ditunga ne/anyi ya dituma nayi bintu ku babende, anyi mikandu mikuabu to. Kabena ne bua kulomba bua kufuta dianyisha dia kubueja nadi bintu mu ditunga, bua dikila dia ndeke anyi bua tshitudilu tshia mazuwa nansha.

Dibueja dia bintu mu ditunga bua mutantshi mukese dia bintu bia kuenza nabi mudimu wa diambuluisha, kuelamu ne mashinyi, ndeke mikese ne biamu bia mudimu bua kutuangaja bantu, badi ne bua kudipepeja kudi mbulamatadi muakididi udi upeta bintu pa kumbusha bua mutantshi mukese mikandu idi ilomba bua kufuta mukanda wa dibueja nawu bintu anyi dibifundisha. Bia muomumue, mbulamatadi kayena ne bua kukandika dipingaja dia bintu bia mudimu wa diambuluisha kuvuabi bifumine ku ndekelu ku mudimu wa diambuluisha nansha.

Bua kupepeja diyukidilangana dia bantu padiku tshipupu, tudi tukankamija mbulamatadi miakididi bua kuteka imue miaba ya diyikidila ku bisanji, idi malongolodi adi afila diambuluisha mua kuenza nayi mudimu bua kumanyisha malu munda mua ditunga ne pambelu pa ditunga anu bua malu adi atangila tshipupu, ne bua kumanyisha mine miaba eyi kudi tshinsanga tshidi tshipeta diambuluisha kumpala kua tshipupu kulua. Idi ne bua kuanyishila bena mudimu wa diambuluisha bua kuenzabu mudimu ne mishindu yonso ya dimanyishila malu idi ikengedibua bua midimu yabu ya diambuluisha bantu.

4. Mbulamatadi idi ne bua kukeba bua kufila mamanyisha malombola bimpe adi atangila tshipupu ne mudimu wa dilongolola malu

Malu onso adibu benza bua kulongolola ne kulombola mudimu wa diambuluisha adi ndekelu wa bionso ku bujitu bua mbulamatadi muakididi. Dilongolola ne dilombola dia midimu bidi mua kulengejibua bikole bikalabu bamanyisha ma-IHNG malu adi akengedibua bua mudimu eu wa diambuluisha ne ndongoluelu ya mbulamatadi bua kulongolola ne kuteka mu tshienzedi madikolela a difila diambuluisha pamue ne malu adi atangila njiwu idibu mua kutuilangana nayi bua bukubi. Tudi tulomba mbulamatadi bua kumanyishayi malu a mushindu eu kudi ma-IHNG.

Bua kupepeja dilombola dimpe ne dikuata mudimu dimpe dia madikolela a diambuluisha, tudi tulomba mbulamatadi miakididi bua iteke, kumpala kua tshipupu kulua, muaba umuepele wa dipetelangana bua ma-IHNG ikala ne bua kulua bua kupetanganawu ne bakokeshi ba ditunga.

5. Diambuluisha padiku tshipupu mu diluangana dia mvita

Mu diluangana dia mvita, midimu ya diambuluisha bantu mmilombola kudi malu adi makanyine adibu balongolole mu mikenji ya bukua-matunga ya mudimu wa diambuluisha bantu.

Tshisakidila II: Malu atudi tulomba mbulamatadi mifidi ya bintu

1. Mbulamatadi mifidi ya bintu idi ne bua kumanya ne kunemeka malu adi ma-IHNG enza ne budikadidi, bua kuambuluisha bantu kakuyi kansungasunga

Ma-IHNG mmalongolodi adi ne budikadidi ne mbulamatadi mifidi ya bintu idi ne bua kunemeka budikadidi ebu ne dibenga kansungasunga. Mbulamatadi mifidi ya bintu kayena ne bua kukuata mudimu ne ma-IHNG bua kulubuluja tshipatshila kampanda tshia malu a tshididi anyi tshia ngenyi ya bantu.

2. Mbulamatadi mifidi ya bintu idi ne bua kufila makuta ne dijadikila dia bantu kuenzabu mudimu ne budikadidi

Ma-IHNG adi itaba makuta ne dikuatshisha dia bintu bia ku mubidi bia kudi mbulamatadi mifidi ya bintu mu lungenyi lua muomumue ne ludibu bafila bintu ebi kudi bantu badi bakenga bua tshipupu; lungenyi lua bumuntu ne lua budikadidi. Diteka mu tshienzedi dia malu a kuambuluisha nawu bantu ndekelu wa bionso mbujitu buomekela bulongolodi bua IHNG, ne buine bulongolodi ebu ke budi ne bua kubukumbaja bilondeshile ndudikilu wa malu wa bulongolodi ebu bua IHNG.

3. Mbulamatadi mifidi ya bintu idi ne bua kukuata mudimu ne dikuatshisha diayi bua kuambuluisha ma-IHNG bua amone mua kufika kudi bantu badi bakenga bua tshipupu

Mbulamatadi mifidi ya bintu idi ne bua kumanya mushinga wa ditaba bujitu bua mushindu kampanda bua bukubi ne budikadidi bua bena mudimu wa IHNG kufikabu kakuyi bualu miaba idi bipupu. Idi ne bua kuikala midiakaje bua kuyikila bimpe ne mbulamatadi miakididi pa bidi bitangila malu a mushindu eu bikalabi bikengela kuenza nanku.

Tshisakidila III: Malu atudi tulomba malongolodi adi menza kudi mbulamatadi ya bungi

1. Ma-OIG adi ne bua kuangata ma-IHNG, a mu ditunga adi ne a pambelu, bu benzejanganyi nabu ba mudimu ba mushinga mukole

Ma-IHNG mmadiakaje bua kuena mudimu pamue ne midimu ya ONU ne malongolodi makuabu menza kudi mbulamatadi ya bungi bua kufila diambuluisha dimpe padiku tshipupu. Adi enza nunku ne lungenyi lua dieleshangana diboko didi dinemeka muoyo mutoke ne budikadidi bua benzejanganyi nabu bonso ba mudimu. Malongolodi menza kudi mbulamatadi ya bungi idi ne bua kunemeka budikadidi ne dibenga kansungasunga dia ma-IHNG. Bena midimu ya ONU badi ne bua kuyikilangana ne ma-IHNG mu dilongolola dia mishindu ya kufila diambuluisha.

2. Ma-OIG adi ne bua kuambuluisha mbulamatadi miakididi pa kufila muaba mujima wa dilombuela mudimu wa diambuluisha dia bukua-matunga ne dia muaba au padiku tshipupu

Ma-IHNG kaatu pa tshibidilu ne bukenji bua kufila muaba mujima wa dilombuela midimu ya diambuluisha padiku bipupu bidi bilomba diambuluisha dia bukua-matunga. Ebu mbujitu buomekela mbulamatadi muakididi ne bakokeshi ba Matunga Masanga badi bualu ebu butangila. Tudi tubalomba bua bafile mudimu eu pa dîba ne mu mushindu muakanyine bua kuambuluisha ditunga didi dipete dikenga ne tshinsanga tshia bantu ba mu ditunga ne ba bukua-matunga badi badifile mu diambuluisha padiku tshipupu. Nansha bia mushindu kayi, ma-IHNG adi ne bua kuenza muawu muonso bua kujadika ne: midimu yabu yonso idi ilombodibua bimpe.

Mu diluangana dia mvita, midimu ya diambuluisha bantu mmilombola kudi malu adi makanyine adibu balongolole mu mikenji ya bukua-matunga ya mudimu wa diambuluisha bantu.

3. Ma-OIG adi ne bua kukuba ma-IHNG mushindu wa muomumue udiwu akuba midimu ya Matunga Masanga

Muaba udi midimu ya dikuba ipetshibua bua ma-OIG, badi ne bua kuyipesha kabidi benzejanganyi nabu ba mudimu ba mu ma-IHNG padibi bilomba bua kuenza nanku.

4. Ma-OIG adi ne bua kumanyisha ma-IHNG malu a mushinga a muomumue ne adiwu amanyisha bena midimu ya ONU

Tudi tulomba ma-OIG bua ikale amanyisha benzejanganyi nabu ba mudimu ba mu ma-IHNG malu onso adibu bamanyisha adi atangila diteka mu tshienzedi dia diambuluisha dimpe padiku tshipupu.

Tshisakidila 3
Bikepeshilu ne bijikilu bia miaku

ART	luondapu bua kupingaja bukubi mu mubidi
CBA	diambuluisha ne makuta
CDC	*Centers for Disease Control and Prevention* (Miaba idibu baluisha ne bababidila masama)
CHS	Mukenji munene wa diambuluisha bantu badi bakenga udi utangila bulenga ne bujitu bua kuandamuna
CHW	muondopianganyi mu tshisumbu tshia bantu
CICR	*Comité international de la Croix-Rouge* (Komite wa bukua-matunga wa Nkuruse mukunze)
cm	centimetre
CMR	Bungi bua bantu bonso badi bafua
CPMS	Mikenji ya nshindamenu bua bukubi bua bana
CRPD	Tshipungidi tshia Mikenji idi yakuila balema
DTC	tshisalu tshia difteri, tetanos ne nshingu wa kabala
EWAR	Didianjila kudimuija pa dîba ne kufila diambuluisha
FANTA	*Food and Nutrition Technical Assistance* (Diambuluisha mu ngenzelu wa mudimu mu malu a biakudia ne didisha)
FAO	Bulongolodi bua ONU budi butangila malu a biakudia ne madimi
FICR	*Fédération internationale des Sociétés de la Croix-Rouge et du Croissant-Rouge* (Nsangilu wa bukua-matunga wa Nkuruse mukunze ne Ngondo mukunze)
FRC	chlore udi mushale tshianana
GBV	tshikisu tshienzela muntu bua mudiye mulume anyi mukaji
HMIS	ndongoluelu wa ditangila nende malu mamanyisha a makanda a mubidi
HWTSS	dilengeja dia mâyi ne dialama bimpe kumbelu
IASC	Komite wa pa tshibidilu wa malongolodi madisange
iCCM	Dilongolola dia malu didi dibueja mu tshisumbu tshia bantu
ICCPR	Tshipungidi tshia bukua-matunga tshia manême a bantu ne a tshididi
IMC	*indice de masse corporelle* (tshimanyinu tshia bujitu bua mubidi)
IDP	bantu badi bamuangale munda mua ditunga
IHL	mikenji ya bukua-matunga ya mudimu wa diambuluisha bantu
IMCI	mushindu mulongolola wa kuondopa masama a bana
INEE	*Inter-Agency Network for Education in Emergencies* (Dituangana dia midimu ya dilongesha mu bikondo bia malu a tshimpitshimpi)
IPC	dibabidila dipia masama ne dialuisha
IYCF	didisha dia bana ba mu maboko ne bana batekete
km	kilometre

LEGS   *Livestock Emergency Guidelines and Standards* (Mêyi ne mikenji ya kulonda bua kufila diambuluisha dia lukasalukasa bua bimuna)

LGBTQI   Bena diangatangana dia mishindu yonso ya pa tshibidilu ne idi kayiyi ya pa tshibidilu

LLIN   mushetekela muela buanga bushipi bua tuishi budi bunenga

MAM   didisha dibi dikole kakese

MEAL   dilondesha malu, dikonkonona, dikala ne bujitu bua kuandamuna ne dilonga malu

MERS   *Minimum Economic Recovery Standards* (Mikenji idi ikengedibua bua dipetulula mpetu)

MISMA *Minimum Standard for Market Analysis* (Mukenji udi ukengedibua bua dikonkonona dia bisalu)

MOH   Tshibambalu tshia malu a Makanda a mubidi

MSF   *Médecins sans Frontières* (Baminganga kabayi mikalu)

MUAC   bunene bua nyunguluilu wa diboko

NCDs   masama adi kaayi a tshiambu

NTU   tshipiminu tshia disaluka dia mâyi

OCHA   Biro bia ONU bidi bitangila Dilombola dia midimu ya diambuluisha bantu badi bakenga

OHCHR Biro bia ONU bidi bitangila Manême a bantu

OMS   Bulongolodi bua buloba bujima bua makanda a mubidi

ONG   *organisation non gouvernementale* (bulongolodi budi kabuyi bua mbulamatadi)

ONU   Bulongolodi bua Matunga Masanga

OUA   Bulongolodi bua Buobumue bua bena Afrika (Ielu, Buobumue bua bena Afrika, UA)

PAM   Programe wa Biakudia bia buloba bujima

PEP   mapangadika mangata pashishe bua kubabidila masama

PEV   *Programme élargi de vaccination* (Programe mualabale wa disala bisalu)

PPE   biamudimu bidi bikuba muntu

RNI   bungi bua tshilejilu bua bidishi bia ku dituku

SEEP   *Small Enterprise Education and Promotion* (Dituangana pamue bua kulongesha ne kulubuluja matanda makese)

STIs   masama a ku bilamba

TB   disama dia tshiadi

U5CMR bungi bujima bua bana ba muinshi mua bidimu 5 badi bafua

UNFPA Lupetu lua ONU bua kuambuluisha bantu

UNHCR Biro bia ONU bidi bitangila Malu a bena tshimuangi (Mudimu wa ONU bua bena tshimuangi)

UNICEF Lupetu lua ONU bua kuambuluisha bana

WASH   dipa bantu mâyi, dilama muaba muimpe ne dikolesha mankenda

WFH   bujitu bua mubidi bilondeshile bule

T

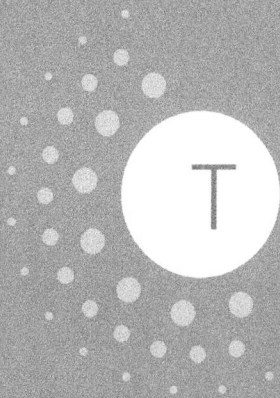

Tshikebelu
tshia miaku

Tshikebelu tshia miaku

V